· 中国政法大学精品系列教材 ·

国际经济法

（第二版）

中国政法大学教材编审委员会 审定

主 编　莫世健

撰稿人　（以撰写章节先后为序）

莫世健　张丽英　兰　兰

杨　帆　李　巍　史晓丽

中国政法大学出版社

2014·北京

中国政法大学精品系列教材
编审委员会

作者简介

莫世健 法学博士，澳门大学讲座教授、法学院院长，中国政法大学兼职教授，海牙国际比较法研究院衔称委员（Titular Member of International Academy of Comparative Law, The Hague），中国国际经济贸易仲裁委员会仲裁员，中国海事仲裁委员会仲裁员，国际商事仲裁协会会员，开罗地区国际商事中心仲裁员，南非仲裁基金会仲裁员，中国国际经济法学会副会长。已出版中英文著作17部，发表中英文论文130余篇。

张丽英 法学博士，中国政法大学教授，博士生导师，校国际法学院副院长，兼任中国海事仲裁委员会仲裁员，中国海商法协会理事，中国国际经济法协会理事。主要从事国际经济法、海商法、海上保险法、国际贸易法和国际私法研究，已出版多部论著，发表多篇论文。

李　巍 中国政法大学教授，校国际经济法研究所副所长，兼任北京市国际法学会理事。主要从事国际经济法、国际贸易法和WTO法律研究。主要论著有《〈联合国国际货物销售合同公约〉的评释》等。

史晓丽 法学博士，中国政法大学教授，校国际经济法研究所所长，兼任中国国际经济法学会理事，中国法学会WTO研究会理事，北京国际贸易法学会理事，北京国际法学会常务理事。主要从事国际投资法、国际经济法、国际贸易法研究。主要著作有《WTO法律制度》、《WTO规则与中国外贸管理制度》等。

杨　帆 法学博士，中国政法大学副教授，校国际经济法研究所副所长。主要从事国际经济法、知识产权法等研究。主要著作有《国际技术标准与知识产权》、《国际技术贸易法》等。

兰　兰 中国政法大学副教授。主要从事国际经济法、国际税法、国际金融法等研究。主要论文有《国际税收公约——解决国际重复征税的必经之途》、《经济全球化下的电子商务与税收管辖权》等。

编写说明

　　为了深化教学改革，提高教学质量，中国政法大学教材编审委员会组织中国政法大学长期从事教研的专家、学者，打造一套在全国有重大影响的中国政法大学精品系列教材。

　　本套教材力求适应高等教育教学改革的新要求，体现21世纪高等教育的新思想和新观念，在内容上注意吸收国内外教育、科研的最新成果，正确阐述本学科的基本理论、基础知识，努力做到知识性、理论性和实践性的统一。具体地讲，本套教材的编写力求体现以下特征：

　　1. 权威性。本套教材的编写人员在专业领域中具有较高的学术水准、丰富的实践经验和教学经验，从而确保了每种教材在本学科领域中具备权威影响力。

　　2. 基础性。本套教材体现"三基"，即基本概念、基本理论和基本体系，保证传授知识的完整性和系统性。

　　3. 新颖性。本套教材体现"三新"，即知识点新、法律法规（司法解释）新、体例新，给读者呈现出一席全新而前沿的知识盛宴。

　　4. 实用性。本套教材注重理论和实践相结合，重视收集典型案例、整理资料索引、编写多种引导学生自测的思考练习。

　　5. 针对性。本套教材主要是针对本科生撰写的，但对研究生入学考试和相关职业考试也有重要的参考价值。

　　本套教材在编写体例上继承了传统教材的优点，做到科学、规范、统一，并力求有所创新，以适应新世纪高等教育发展的全新要求。

　　参与编写本套教材的人员，或为学界有重要影响的学科带头人，或为在各自领域有较大影响的学术骨干，或为在学术研究中崭露头角的学科新秀，他们均是具有丰富教学经验的一线教师，深谙法学教育的特点与规律。本套教材即是他们在教学和研究领域长期钻研的结晶。

本套教材的出版虽经长期酝酿、反复推敲，但疏漏之处仍在所难免，希望读者不吝指正。

中国政法大学教材编审委员会
2007 年 8 月

第二版说明

本书于2008年第一次出版。当时是作为法大精品教材工程的一部分完成的。精品教材工程的宗旨是尽可能地将学术研究和知识传授有机结合，通过理论和实践相结合、法条和案例相结合的研究方法，力求对国际经济法的体系、原则、概念和问题提供客观、简明且全面的介绍和分析，并尽可能地在体例和观点方面有所突破。

过去几年中，国际经济法领域发生了许多重大变化。作为本科教材的本书，不可能囊括所有重大变化，但有些变化和发展则必须纳入本书，以确保知识传授体系的有效性和客观性。此版对相关章节主要作了如下修改：

1. 第二章：更新了《国际货物买卖统一法公约》和《国际货物买卖统一合同成立法公约》的资料，更新了《联合国国际货物销售合同公约》（简称《公约》）的成员资料，对中国于2013年1月取消了对《公约》合同书面格式的保留作了说明，并增加了对《公约》第42条关于卖方义务的讨论。

2. 第三章：增加了对现行的《国际贸易术语通则® 2010》或 Incoterms® 2010 较为详细的介绍。

3. 第五章：增加了2009年关于无单放货司法解释的内容和《鹿特丹规则》相关内容。

4. 第六章：增加了对2006年《关于审理海上保险纠纷案例若干问题的规定》的讨论和对《中华人民共和国保险法》2009年修改的主要条款的讨论。

5. 第九章：对《与贸易相关的知识产权协定》的内容予以补充和讨论。

6. 第十章：增加和调整了对争端解决机制的讨论，并充实了对GATT第20条的讨论。

7. 第十二章：充实了对《服务贸易总协定》相关条款的讨论。

8. 第十三章：根据《企业所得税法》和 2011 年颁布的《个人所得税法》相关规定调整了本章相关内容。

9. 第十四章：结合新颁布的《民事诉讼法》和《涉外民事关系法律适用法》对本章相关内容进行了修改。

除以上主要修改外，各章节的作者也对各自负责的章节作了必要的文字补充和修改，以求尽可能地提供一个客观、准确的知识体系。

此版各章的撰写者与第一版相同，具体为（以撰写章节先后为序）：莫世健（第 1~4 章）、张丽英（第 5~6 章）、兰兰（第 7、13 章）、扬帆（第 8~9 章）、李巍（第 10~12 章）、史晓丽（第 14 章）。

作为本书主编，我对各位作者的积极参与和贡献表示感谢。由于我本人已于 2011 年底到澳门大学担任法学院院长，与北京同事的协调不如以前方便。史晓丽教授积极有效的协调和支持使本书的再版工作得以顺利完成，在此，我对史晓丽教授的支持和贡献表示特别感谢。

国际经济法知识体系博大精深，是一个高速发展的动态体系。虽然本书作者都很认真，但由于各种局限，此版中难免会存在一些错误和缺陷。我们殷切欢迎各界有识之士的评判和建议，并希望在大家的关注下，本书能够继续改进、提高。让我们共同努力营造一个良性的国际经济法学习研究环境，共同为我国国际经济法研究的发展壮大贡献力量！

莫世健

澳门大学讲座教授、法学院院长

中国政法大学国际法学院兼职教授

2014 年 5 月 6 日

前　　言

　　本书是作为法大精品教材工程的一部分完成的。为了将学术研究和知识传授有效地结合，本书尽可能地采取了理论和实践相结合、法条和案例相结合的研究方法，力求对国际经济法的基本体系、原则、概念和问题等提供客观、简明且全面的介绍和分析，并力求在体例和观点方面有所突破。本书的参与者都希望通过新的尝试，探索出一条更有效、更科学地传播国际经济法知识的途径。

　　本书采取了大国际经济法概念，尽可能多地包括国际经济法的相关问题。本书共14章：第一章国际经济法概论；第二章国际货物买卖和《联合国国际货物销售合同公约》的适用；第三章国际货物买卖和国内法、惯例的适用；第四章国际货物买卖支付法律问题；第五章国际货物运输法；第六章国际货物运输保险法；第七章国际金融法；第八章国际投资法；第九章国际知识产权贸易法；第十章世界贸易组织多边贸易体制；第十一章世界贸易组织货物贸易规则；第十二章世界贸易组织服务贸易规则；第十三章国际税法；第十四章国际商事争议的解决。

　　本书的参与者共6位（以承担章节排列为序）：莫世健完成了第1～4章，张丽英完成了第5～6章；兰兰完成了第7、13章；杨帆完成了第8～9章；李巍完成了第10～12章；史晓丽完成了第14章。作为本书的编者，我真诚感谢各位撰稿人的积极努力和及时完成个人章节的敬业精神。由于我自己近半年来公务和杂事繁忙，本书迟迟不能交稿，对此我对本丛书的主编徐显明教授表示歉意，也对法大出版社的同事表示歉意。希望此本姗姗来迟的新书不会使大家失望，也希望各位读者对各位作者书写风格和体例间的个性差别能够理解。

　　国际经济法知识体系博大精深，且更新速度很快。本书的参与者都本着认真负责的态度对相关专题进行了深入、全面的调查和研究，但本书中的各类错误仍在所难免。我们殷切欢迎各界有识之士对本书的缺点、弱点多加批评指正，并希望本书在大家的关注下，能够不断改进、提高。让我们共同努力营造一个良性的国际经济法学习研究环境，并共同为我国国际经济法研究的发展、壮大贡献力量。

莫世健

2008 年 4 月 21 日

|目 录|

第一章
国际经济法概论

本章要点

　　国际经济法概念分析，国际经济法"独立性"分析，国际经济法和国际公法、国际私法关系讨论，国际经济法主体分析，国际经济法渊源概念和形式分析。国际经济法是一门独立学科，其独立特点、法律规则体系、与其他国际法学科的关系，以及导致其独立性的原因是学生必须客观理解和掌握的。

第一节　国际经济法的概念

一、概念分析

　　国际经济法的概念是所有介绍国际经济法的教科书和专著所必不可少的部分，是研究国际经济法的起点。在国内，有代表性的国际经济法教材对于国际经济法的概念都有大致统一的理解和表述，均将国际经济法定义理解为：调整国际经济关系的法律规范或各种法律规范的总称。[1]部分稍有调整的定义也未突破原来定义的框架、风格或模式，即"国际经济法是调整……法律规范……"。例如，有学者将国际经济法定义为：调整国际经济活动和国际经济关系的法律规范的总和。[2]此变化是在调整对象方面增加了"国际经济活动"以区别于"国际经济关系"，但国际经济活动和国际经济关系之间的实质差别以及此类差别对于国际经济法概念的实质影响尚须证明。当然还有不少其他大同小异的定义和概念，[3] 在此不一一赘述。概言之，我国国际经济法学界对国际经济法概念的主流意识认为：国际经济法是调整国际经

---

〔1〕　陈安：《国际经济法学刍言》（上卷），北京大学出版社 2005 年版，第 3 页；车丕照：《国际经济法概论》（上卷），清华大学出版社 2003 年版，第 3 页；余劲松、吴志攀主编：《国际经济法》，北京大学出版社、高等教育出版社 2000 年版，第 3～4 页。

〔2〕　王传丽主编：《国际经济法》，高等教育出版社 2005 年版，第 10 页。

〔3〕　对于不同但大致相同概念的综述，见余劲松主编：《国际经济法问题专论》，武汉大学出版社 2004 年版，第 5～6 页；张晓东：《国际经济法原理》，武汉大学出版社 2005 年版，第 17～18 页。

济关系的法律规范总称。虽然也有学者将采取此风格或模式的定义批评为"同义反复"，[1]但必须承认此定义仍然代表了我国绝大多数国际经济法学者对于国际经济法学科或法律部门的最基本理解，此定义也成为我国国际经济法学科的最主要基础之一。这是所有学习国际经济法课程的学生和研究国际经济法的学者所必须接受的事实。如果为了学习的便利我们必须对国际经济法的概念进行定义的话，笔者也同意"国际经济法是调整国际经济关系的法律规范总称"的表述。

"国际经济法是调整国际经济关系的法律规范总称"到底是什么意思？有什么涵义呢？这是需要通过法律概念分析解决的问题。

概念分析是法律分析方法的基本技巧之一，也是学生应当掌握的基本技巧。如果我们对于前面所采取的国际经济法概念进行分析的话，我们会发现该概念主要构成包括三个要素：国际、经济关系和法律规范。对这三个要素的进一步分析能够帮助我们进一步理解国际经济法概念的确切和全面的涵义及其特点。

"国际"一词的中文涵义是国家之间或与各国有关的事物。[2]该词的对应英文词可以是 international 或 transnational。International 强调国际的、两国的、超越国界的或世界性特点，而 transnational 则强调超越国界的和跨国性特点。[3]所以，国际经济法的"国际"一词通常翻译为 international。由于国际经济法学科是一门与国际经济活动和国际法律规则密切结合的学科，知道国际经济法概念中对应的英语词汇对于准确理解国际经济法概念有着重要作用。可以说，国际经济法概念的"国际"因素强调国家间、两国间和国际性特点，此特点是区分国内经济法和国际经济法的主要标志。然而在实践中，"国际"一词的法律认定却是常常引起争议的问题。特别是在中国，"国际"和"涉外"成为两个经常混淆但好像又有区别的概念。例如，外资投资法是国际经济法研究的主要内容之一，但在中国法律的语境下，外资投资法处理的是涉外经济关系，而不是"国际"经济关系。涉外经济关系是一种带有特定"涉外"因素的经济关系，而"涉外"因素既不同于"国际"因素，也不同于没有涉外因素的纯国内经济关系。关于"国际"一词的中英文涵义前文已经介绍，即从中文的"国家之间或与各国有关的事物"可以延伸到英文（international）的"国际的、两国的、超越国界的或世界性特点"。用这些形容"国际"的词形容外资投资法都有一定牵强。因为外资投资法实际上解决的是外国资本在本国投资所产生的法律问题。因此，我们可以推论，在中国法律的特定语境下，"国际"一词的涵义有时也会延伸到"涉外"，即有外国因素的经济关系。所以，为了能够客观地反映国际经济法概念中"国际"一词的法律涵义，笔者认为此语境下的"国际"必须既包括真正的"国际"（即国家之间的经济关系），也包括"涉外"经济关系（即有涉外因素或者其他国家

---

[1]　张晓东：《国际经济法原理》，武汉大学出版社 2005 年版，第 18 页。
[2]　中国社会科学院语言研究所词典编辑室编：《现代汉语词典》，商务印书馆 1995 年版，第 423 页。
[3]　陆谷孙主编：《英汉大词典》，上海译文出版社 1994 年版，第 920、2014 页。

连接因素的经济关系）。其他国家的连接点可以通过当事人国籍、财产所在地、资金来源、经济行为或后果发生地、违约地等建立。

"经济关系"的理解则是一个比较复杂的概念。从文字上看，"经济关系"一词是由"经济"和"关系"两词构成，可以理解为与经济相关的关系或由经济产生的关系。究竟应当如何解读"经济关系"一词呢？应当从文意上解读，还是应当将其作为一个经济学或者法学的专门术语解读呢？我国有影响的几部关于国际经济法的教材都没有试图从文字本身解读"经济关系"，而是直接或者间接地将"经济关系"作为一种政治经济学概念解读。例如，有学者认为，"所谓经济关系就是人们在物质资料生产过程中结成的相互关系，即社会关系的总和。人们在从事生产活动以及与之相适应的分配、交换、消费等经济活动中必须形成一定的经济关系。"[1] 这种观点代表我国学者对于国际经济法概念里"经济关系"解读的主流意识。同时也有少数学者认为，如果将国际经济法的"经济关系"定义为"所有与上层建筑相对应的社会关系……包括所有涉及财产的社会关系"，该定义过宽，[2] 故主张将国际经济法概念里的经济关系定义为"跨国财产流转关系和国家对跨国财产流转的管理管制关系，所以国际经济法是指调整营业地不在同一国境内的国家、国际组织、法人和自然人（或个人）之间的财产流转关系（或称民事流转关系）以及国家对这种跨国财产流转的管理和管制关系的国际法规范和国内法规范的总称"[3] 在后面的非主流定义中，"经济关系"被具体化为"财产流转关系"以及对"财产流转的管理管制关系"。笔者认为，将"经济关系"简化为"财产流动关系和财产流转的管理管制关系"不足以反映国际经济法所包括的各类经济关系。关键的问题在于非主流定义并未解决许多基本概念的解读和应用所产生的不确定性。例如，"财产"是什么？"流转"是什么意思？货币是财产吗？各国的货币政策是对财产流转的管理吗？服务贸易一定有财产的流转吗？如果双方以抵销劳务的方式相互提供服务的话，财产是如何流转的呢？同理，争议解决是国际经济法必须研究的内容，但争议解决既可能不直接涉及财产的流转，也可能不是对财产流转的管理。由此而见，将"经济关系"简单地理解为"财产流转关系"比将"经济关系"定义为"社会关系"显得更形象、具体，但失去了准确性和可操作性。

与多数学者不同，笔者建议应当首先从"经济关系"文字本身的涵义入手解读"国际经济关系"。如果承认"经济"是一个经济学概念的话，其作为形容词的文字涵义应当指与社会物质生产和再生产活动相关的人、物或关系。[4] 而"关系"一词被"经济"修饰时则应当被理解为：人与人之间或人与事物之间和经济相关或者有

---

[1] 余劲松、吴志攀主编：《国际经济法》，北京大学出版社、高等教育出版社 2000 年版，第 4 页。

[2] 张晓东：《国际经济法原理》，武汉大学出版社 2005 年版，第 18 页。

[3] 张晓东：《国际经济法原理》，武汉大学出版社 2005 年版，第 18 页。

[4] 中国社会科学院语言研究所词典编辑室编：《现代汉语词典》，商务印书馆 1995 年版，第 598 页。

经济特点的联系。[1]笔者认为通过文意解读"经济关系"比通过政治经济学原理解读显得更通俗和实际一些，故建议将国际经济法概念中的"经济关系"，即"国际经济关系"理解为人与人之间或人与物之间在社会物质生产活动过程中所形成或产生的联系。按照同样的逻辑，如果以英文的 economic relation 为基础通过文意解读"经济关系"的话，解读的结果会更具体。在"经济关系"概念中，economic 一词作为形容词的通俗涵义是：与组织金融、工业和贸易等相关的（活动）；[2]而 relation 则指不同国家、团体和自然人（或个人）之间的特定联系或联系方式。[3]如果将两者合并的话，"经济关系"（或国际经济关系）则可理解为：在组织金融、工业和贸易等活动时所形成或产生的不同国家、团体和自然人（或个人）之间的特定联系或联系方式。综上所述，就字义而言，中英文表述的主要差别在于是采取如同"社会物质生产"之类的抽象表述，还是将此类经济学抽象词汇具体化，以金融、工业和贸易活动取代"社会物质生产"。同样作为工具书的字典，看来中文字典的编者在一定程度上受到了经济学理念的影响。

"法律规范"，作为一个法律概念或约定俗成的表述，应当是一个比较容易理解的概念。该表述也由两部分组成："法律"和"规范"。"法律"一词由"法"和"律"两字组成。"法"和"律"的细微差别应当是法理学研究的对象。在国际经济法概念中，"法律"是作为一个与"法"交叉使用的概念或者通用专业术语使用的。[4]在国际经济法的语境下包括国际法和国内法，也延伸至国际商事惯例和某类法院的判决（例如，普通法法院判决作为国内法形式成为"法律"，而国际法院判决则作为国际法渊源成为"法律"）。"规范"一词由"规"和"范"组成，[5]两者之间的差别对于国际经济法概念没有直接影响，故可以理解为各种类型、方式或等级的行为规则总称。所以，国际经济法语境下的"法律规范"指由国家、国际组织、国际经济活动参与人制定或认可，并由国家强制力或国际强制力保证实施的行为规则。

以上对于"国际"、"经济关系"和"法律规范"三要素的详细分析能够帮助我们更深刻、更全面、更客观、更准确地理解国际经济法作为调整国际经济关系的法律规范总称的特点和性质。这样的分析方法是从事法学研究的学生所应当掌握的最基本的技能之一和从事法律逻辑推理的起点。特别是从事国际法类学科（按照我国

---

[1]　中国社会科学院语言研究所词典编辑室编：《现代汉语词典》，商务印书馆 1995 年版，第 407 页。

[2]　Collins Cobuild, *English Dictionary*, Harper Collins Publishers, 1995, p.526.

[3]　Collins Cobuild, *English Dictionary*, Harper Collins Publishers, 1995, p.1395.

[4]　例如，通用的字典可以将"法"定义为：体现统治阶级的意志，由国家制定或认可，受国家强制力保证执行的行为规则的总称，包括法律、法令、条例、命令、决定等。见中国社会科学院语言研究所词典编辑室编：《现代汉语词典》，商务印书馆 1995 年版，第 296 页。

[5]　在法律的语境下，"规"是规则或成例的意思，而"范"则是范例和范围的意思。见中国社会科学院语言研究所词典编辑室编：《现代汉语词典》，商务印书馆 1995 年版，第 304、416 页。

现行的学科分类方法，国际法学科包括国际公法、国际私法和国际经济法三门下级学科）研究的学生所必备的基本技能之一。虽然我国目前尚未制定系统的法律解释原则体系，但《维也纳条约法公约》第31条第1款明确规定，条约应依其用语按其上下文并参照条约之目的及宗旨所具有之通常意义，善意解释之。本节前面部分对于国际经济法概念的分析采取的就是与第31条规定类似的分析方法。我国于1997年批准该条约，第31条也成为我国解释国际条约所必须遵循的原则。而本节采取的分析方法是《维也纳条约法公约》第31条使用的一种演示。

二、国际经济法"独立性"辨析

我国绝大多数从事国际经济法研究的学者都会同意国际经济法学具有不同于其他学科的独立性的观点。[1] 作为我国国际经济法学发展的先驱之一，陈安先生是主张国际经济法独立性的最典型代表之一。他曾旗帜鲜明地将边缘性、综合性和独立性论证为国际经济法的三个主要特点。[2] 概括地讲，对于国际经济法独立性的论证，多数学者基本都是遵循着比较国际经济法主体、客体和规则内容与其他法学二级或三级学科之间的差别而完成的。[3] 例如，陈安先生就是通过比较国际经济法与国际公法、国际私法和国内经济法之间的差别来建立国际经济法的边缘性、综合性和独立性的。[4] 余劲松教授则主要是从国际经济法的对象和其所包括的基本法律规范的范围论证国际经济法的特殊性和独立性。[5] 王传丽教授主要通过指出国际经济法和国际公法、国际私法的不同而得出了国际经济法已经发展成一个既包括公法规范又包括私法规范的综合法律体系的结论。[6] 车丕照教授主要强调了国际经济法经常涉及调整私人之间交易关系的法律规范、调整国家与私人间管理关系的法律规范和调整国家之间合作与协调关系的法律规范的特点，进而得出将国际经济法视为独立法学部门是一个理性选择的结论。[7] 概言之，国际经济法的独立性在于其他独立存在的法学二级或三级学科都不能全面、准确、有效地涵盖或反映国际经济法学科所特有的主体、客体和规则内容，因而有必要将国际经济法视为一门独立的学科或法学

---

〔1〕　明确持此立场的主要学者有姚梅镇教授、陈安教授、余劲松教授和车丕照教授等。见姚梅镇："国际经济法是一个独立的法学部门"，载《中国国际法年刊》1983年，第374页；陈安：《国际经济法学刍言》（上卷），北京大学出版社2005年版，第3页；余劲松主编：《国际经济法问题专论》，武汉大学出版社2004年版，第5页；车丕照：《国际经济法概论》，清华大学出版社2003年版，第7～9页。

〔2〕　见陈安：《国际经济法学刍言》（上卷），北京大学出版社2005年版，第3页。

〔3〕　在此有必要对于法学二级或三级学科的概念作简要说明。按照我国现行的教育部认可的学科分类体系，法学是一级学科，而国际法学是二级学科。国际法学下面的国际公法、国际私法和国际经济法则可以被视为三级学科。依此类推，则可能导致四级学科的产生。

〔4〕　陈安：《国际经济法学刍言》（上卷），北京大学出版社2005年版，第12～18页。

〔5〕　余劲松、吴志攀主编：《国际经济法》，北京大学出版社、高等教育出版社2000年版，第4～8页。

〔6〕　王传丽主编：《国际经济法》，高等教育出版社2005年版，第11页。

〔7〕　车丕照：《国际经济法概论》（上卷），清华大学出版社2003年版，第8页。

部门。笔者同意此结论。

毋庸置疑，国际经济法有其特点和独立性，但如何合理恰当地表示此独立性则是一个需要认真推敲的问题。有学者将国际经济法称为"学科"，例如，一直勤奋努力地推动国际经济法在我国的独立地位的陈安教授就曾经称国际经济法为"学科"。[1]有学者则称国际经济法为独立的"法学部门"，其代表是另一位在推动我国国际经济法的独立地位过程中作出过重大贡献的国际经济法研究先驱姚梅镇先生，他称国际经济法为独立的"法学部门"。[2]姚梅镇先生的弟子——余劲松教授则将国际经济法进一步称为独立的"法律部门"。[3]车丕照、王传丽和张晓东教授也称国际经济法为独立的"法律部门"。[4]因为现在多数学者已经不使用"法学部门"来描述国际经济法，故笔者仅就"学科"和"法律部门"两种表述之间的差别进行比较和研究。那么国际经济法究竟应当被表述为"学科"，还是"法律部门"呢？两者之间有差别吗？

对"学科"和"法律部门"二词的分析主要可以从两个方面考虑和比较，即文字（字典）涵义和实践（使用）中的涵义。从字面上看，"学科"可以被理解为按照学问的性质而划分的门类或学校教学的科目。[5]在实践中使用"学科"一词的权威参考应当是代表国家标准的《学科分类与代码》。[6]该文件将"学科"定义为相对独立的知识体系。可见，"学科"的文字涵义和实践使用中的涵义都与知识或学问的研究、传授和传播相关，有严格意义上的学科（国家正式认定或设立的知识体系）和广义上的学科（有相对的独立性，但未获国家正式承认的知识体系）之分。"法律部门"的文字涵义由"法律"和"部门"两词组合而成。"法律"一般可以理解为：由立法机关制定，由国家政权保证执行的行为规则；[7]"部门"一词则一般可以理解为：组成某一整体的部分或单位。[8]二词结合后的文字涵义为：由立法机关制定，由国家政权保证执行的行为规则体系之部分或单位。我国法律或官方文件尚未对"法律部门"一词作出正式解释。该词在我国实践中通俗使用的涵义可以参考我国司法考试所设立的标准。在司法考试复习资料中，"法律部门"概念被定义为：法律部门，也称部门法，是根据一定标准和原则所划定的调整同一类社会关系的法律规范

〔1〕　陈安：《国际经济法学刍言》（上卷），北京大学出版社2005年版，第3页。需要说明的是，陈安先生也向笔者表达过国际经济法可以根据场合被视为"学科"或"法律部门"的观点。

〔2〕　姚梅镇："国际经济法是一个独立的法学部门"，载《中国国际法年刊》1983年，第374页。

〔3〕　余劲松主编：《国际经济法问题专论》，武汉大学出版社2004年版，第5页。

〔4〕　车丕照：《国际经济法概论》（上卷），清华大学出版社2003年版，第5页；王传丽主编：《国际经济法》，中国政法大学出版社2003年版，第3页；张晓东：《国际经济法原理》，武汉大学出版社2005年版，第1页。

〔5〕　中国社会科学院语言研究所词典编辑室编：《现代汉语词典》，商务印书馆1995年版，第1309页。

〔6〕　国家技术监督局1992年11月1日制定，1993年7月1日实施，文件编号GB/T13745-92。

〔7〕　中国社会科学院语言研究所词典编辑室编：《现代汉语词典》，商务印书馆1995年版，第296页。

〔8〕　中国社会科学院语言研究所词典编辑室编：《现代汉语词典》，商务印书馆1995年版，第87页。

的总称。[1]"法律部门"一词的文字涵义和实践中通俗使用的涵义是一致的,而其通俗涵义更准确地反映了该词作为法律术语时的特性。所以,当使用"法律部门"一词描述国际经济法时,国际经济法则成为根据一定标准和原则所划分的调整国际经济关系的法律规范的总称。由此可见,将国际经济法描述为"学科"或"法律部门"会导致对于国际经济法地位解释的天壤之别。那么国际经济法究竟是"学科",还是"法律部门"?抑或两者有之呢?

笔者认为将国际经济法描述为"学科"比将其视为"法律部门"更符合国际经济法的特点。[2]"学科"是传授知识的体系,是为了有效地研究、探讨、发展、传播和教授某类具有相对独立特点的知识而设立的。"法律部门"一词则因为其定义中必不可少的"法律"或"法律规范"概念所包含的立法权和强制力而导致按照同一标准和原则所鉴别的同类法律规范的认定。这种认定会导致法律操作层面的困难和对国际经济法概念的曲解。系统地讲,笔者认为以下几个理由可以说明最好不将国际经济法定义为"法律部门":

第一,国际经济法概念所可能涵盖的内容有跨学科特点,而许多跨学科涉及的法律已经是某传统"法律部门"的"法律",故如果同时又变成国际经济法的"法律"会引起混乱。

第二,与许多传统的法律部门,例如民法、刑法和诉讼法等不同,国际经济法所包括的法律很少或都没有冠以"国际经济法"的称谓,这样在实践中很难直观和形象地建立国际经济法的法律部门。

第三,如果国际经济法被作为一法律部门传授,但实践中那些被视为国际经济法规范的法律并不真正的独立存在的话,将不利于学生对国际经济法知识的使用。

第四,国际经济法也包括商业惯例和实践,此部分规则不是由立法机关制定的,最多仅能够被具有一定强制力的机构依据法律原则加以承认和执行,因而不能完全满足"法律部门"的概念。

第五,独立的"学科"不一定需要独立的"法律部门"作为存在基础。"学科"是知识体系,可以按照知识的性质和特点区分。而"法律部门"是法律的部门,是在法律规则体系内按照一定标准和特点对于法律规则的归类和区分。"学科"的建立应当有利于知识的传播,而"法律部门"的建立应当有利于法律规则的运用。由此可见,国际经济法不一定必须是"学科",同时也可以是"法律部门"。而恰恰由于国际经济法的边缘性、交叉性和综合性,将其建立为如同宪法、民法或刑法类的具

---

[1] 《国家司法考试辅导用书》(第1卷),法律出版社2007年版,第23页。

[2] 笔者注意到,早有观点反对称国际经济法为"法律部门",但笔者的观点不是过去观点的简单重复。余劲松教授注意到:"反对者认为,国际经济法作为一门学科是可以接受的,但其作为一个法律部门或者一种法律体系是不能接受的……"参见余劲松主编:《国际经济法问题专论》,武汉大学出版社2004年版,第6页。

第
一
章

有相对统一标准和特点的独立"法律部门"有很多操作层面的困难。

综上所述，笔者认为最好将国际经济法描述或者定位为"学科"。作为一个"学科"，国际经济法是一个为了研究和传播法学知识的相对独立的知识体系，更符合那些能够被视为国际经济法规则的法律规范的特点。作为独立"学科"存在的国际经济法的地位并不低于作为独立"法律部门"存在的国际经济法。学科的地位能够更有效地体现国际经济法知识跨学科的特点，而在实践当中，"国际经济法"的标识不是适用某法律规则解决国际经济法实际问题的前提。但必须指出，笔者的观点仅是为了澄清学术问题而提供，就学习国际经济法课程而言，笔者接受国际经济法已为多数学者视为"法律部门"的事实。在实践中，为了便利知识的传播和研究，笔者有时也会采取国际经济法是一个法律部门的通俗说法。

究竟使用"学科"还是"法律部门"描述国际经济法比较合适的讨论不可避免涉及英文资料对于国际经济法地位的描述问题。中文的"法律部门"一词可以被译为英文的 branch of law。笔者也注意到，事实上也有英文资料将国际经济法形容为"branch of law"或"branch of international law"。[1]但笔者希望指出，英文资料中对国际经济法描述为 branch of law 的语境与中文将国际经济法定义为"法律部门"的语境不同。在笔者能够查到的关于国际经济法的英文资料中，没有学者真正明确地称：国际经济法是一个独立的、根据一定标准和原则所划分的调整国际经济关系的法律规范的总称。[2]施瓦曾伯格（Georg Schwarzenberger）是西方推动国际经济法发展的先驱之一，他也作过国际经济法应当成为一个 special branch of law 的表述，但他所强调的 special branch of law 是指在传授国际公法原则和知识时更专业的知识领域。[3]在此语境下，branch of law 与我国学者将国际经济法形容为"法律部门"的涵义不同。同理，西方学者将国际经济法视为 branch of international law 时，他们实际上是将国际法视为一个学科或知识体系（discipline）讨论的，而不是真正的独立存在的法律规

---

〔1〕 例如，Georg Schwarzenberger 和 Edward A. Laing 分别在 "The Provence and Standards of International Economic Law" ［2（1948）*INT' L L. Q.* 402，405］和 "*Equal Access/Non - Discrimination And Legitimate Discrimination In International Economic Law*" ［14（1996）*Wis. Int' l L. J.* 246，252］中称国际经济法为 major branch of international law；Joel P. Trachtman 在 "The International Economic Law Revolution" ［17（1996）*U. Pa. J. Int' l Econ. L.* 33，49］中称国际经济法为 branch of international law；Peter Hilpold，"Book Review"，15（2004）*Eur. J. Int' l L.* 593，595.

〔2〕 见前文对于国际经济法作为"法律部门"的分析。

〔3〕 施瓦曾伯格认为："It would seem that the time has come for the establishment of separate branches of international law, supplementing treatises on, and teaching in, the general principles of international law. Such specialisation will not only result in providing more adequate knowledge in the narrower fields, but is likely to enrich insight into the nature, functions and principles of the law of nations as such…" See Georg Schwarzenberger, "The Provence and Standards of International Economic Law", 2（1948）*INT' L L. Q.* 402，404.

范体系。[1]因此，不论英文的 branch of law 的字义如何，在笔者所能够查到的英文国际经济法的资料中，特别是西方那些对国际经济法发展作出过重大影响的学者的论著中，并没有像我国学者那样将国际经济法视为"法律部门"的记载。

最后，笔者希望指出，前文所提及的《学科分类与代码》仅细化到国际法二级学科，而没有设立国际法下面的三级学科。但此缺失并不能影响国际经济法作为独立学科存在的合法性。国际经济法已经作为我国法学专业学生必修课课程之一的事实，为国际经济法作为独立"学科"存在提供了一定的法律依据。但退一步讲，即使作为行政管理方式的学科分类不将国际经济法独立设立为"学科"的话，国际经济法仍然会作为独立"学科"存在。多数西方国家虽没有类似我国的学科分类系统，但仍然产生了许多杰出的国际经济法学者，他们至少到目前为止还在国际层面主导国际经济法的发展。

前面是笔者对于国际经济法独立性问题的看法。但是，就学习国际经济法而言，笔者也注意到现在国内学者对此问题有不同观点的事实，而不坚持学生一定要接受国际经济法是学科的观点。

第二节　国际经济法学科发展简史

无论是在国内层面，还是国际层面，"国际经济法"都是一门新兴学科。我国对于国际经济法的系统研究始于 1978 年，[2]也有主张认为始于 1979 年。[3]中国改革开放后的法律发展，在很多方面都受到国外（境外）法律发展经验的影响。国际经济法不可避免地也受到国外（境外）类似研究的影响。

国外国际经济法的研究应当始于 20 世纪 30 年代末或 40 年代初。此结论的依据是国际经济法的英语对应词 international economic law 最早出现的时间。据美国学者研究，international economic law 作为法律专用语言最早出现于由菲尔臣菲尔德（Ernst H. Feilchenfeld）所写的发表于 1939 年 *American Journal of International Law*（AJIL）第 33 期第 428 页的一篇述评。[4]其后，施瓦曾伯格（Georg Schwarzenberger）对于该专

---

[1] 例如，Inaamul Haque and Ruxandra Burdescu, "Monterrey Consensus On Financing For Development: Response Sought From International Economic Law", 27 (2004) *B. C. Int'l & Comp. L. Rev.* 219, 235.

[2] 陈安：《国际经济法学刍言》（上卷），北京大学出版社 2005 年版，第 5~6 页。

[3] 周忠海：《周忠海国际法论文集》，北京出版社 2006 年版，第 479 页。

[4] Detlev F. Vagts, "International Economic Law and The American Journal of International Law", (2006) 100 *Am. J. Int'l L.* 769. 说明：缩写 AJIL 和 Am. J. Int'l L 均指 American Journal of International Law.

用术语的推广作出了重要贡献。[1]但施瓦曾伯格并不能为 international economic law 作出一个抽象的概括定义。事实上，他原则上认为 international economic law 是国际公法的一个分支。[2] 在他早期关于国际经济法的论著中，他主要将"国际经济关系"（international economic relations）在二战后国际关系中的日益增强的重要地位作为建立一个国际法的新分支——国际经济法的理由。[3]但如同许多普通法系学者所惯于采取的研究方法一样，施瓦曾伯格没有能够为国际经济法提供一个简明扼要的抽象定义，他仅通过列举方式对 international economic law 的概念进行了定义和限定。因此他认为 international economic law 应当包括 6 个方面内容：①自然资源开发；②生产和销售货物；③隐形（invisible）的经济或金融交易；④货币和金融；⑤相关服务；⑥从事以上活动的组织的地位。[4] 20 世纪 30 ~ 70 年代可被视为国际经济法发展的早期，此期间英美那些支持国际经济法学者的积极贡献在于他们认识到传统的国际法或国际公法概念不能科学地涵盖或解释许多国际经济关系所引起的法律冲突，进而创立和逐步丰富了"国际经济法"这个新的法律概念和学科的内涵，但他们仅能够提供一个含糊的国际经济法概念，即认为国际经济法是国际公法的一个分支，[5] 包括所有涉及经济关系的国际公法规则。[6]

国际经济法在美国杰克逊（John H. Jackson）教授坚持不懈的努力下逐步取得了新的相对独立的地位，并逐步获得美国学界的承认。[7]杰克逊以其著名的专著 *The World Trading System*：*Law And Policy Of International Economic Relations* (1989) 一跃成为美国国际经济法当之无愧的领军人物，而与其同时代的另一位美国教授劳文菲尔德（Lowenfeld）也以其对国际经济法研究的丰硕成果为国际经济法的发展作出了卓越贡献。[8]杰克逊和劳文菲尔德延续了早期英美学者的研究成果，都认为国际经济

---

〔1〕 见 Georg Schwarzenberger，"The Development of International Economic and Financial Law by the Permanent Court of International Justice"，54（1942）*JURID. REV.* 21；Georg Schwarzenberger，"The Province and Standards of International Economic Law"，2（1948）*INT' L L. Q.* 402；和 Georg Schwarzenberger，"The Principles and Standards of International Economic Law"，117（1966）*RECUEIL DES COURS* 1.

〔2〕 高树异主编：《国际经济法总论》，吉林大学出版社 1989 年版，第 33 页。

〔3〕 Georg Schwarzenberger，"The Provence and Standards of International Economic Law"，2（1948）*Int' l L. Q.* 402，405.

〔4〕 Georg Schwarzenberger，"The Principles and Standards of International Economic Law"，117（1966）*RECUEIL DES COURS* 1，17.

〔5〕 例如，施瓦曾伯格认为国际经济法仅与那些国际公法范围内的经济现象相关。Schwarzenberger，"The Principles and Standards of International Economic Law"，117（1966，*I*）*RdC* 1，7.

〔6〕 Pieter Verloren Van Themaat，*The Changing Structure Of International Economic Law*，Kluwer Law International，1981，p. 9.

〔7〕 David Kennedy，"The International Style in Postwar Law and Policy"，1994 *Utah L. Rev.* 7.

〔8〕 例如，Andreas F. Lowenfeld，*International Economic Law*，Vol. 1 ~ 6，Mattew bender，1981 ~ 1982；Andreas F. Lowenfeld，*International Economic Law*. Oxford University Press，2002；Andreas F. Lowenfeld，*International Economic Law*（*International Economic Law Series*），2nd ed. ，Oxford University Press，2007.

法应当是一个独立的分支（separate branch），但未明确说明国际经济法的独立程度或与国际公法的区别程度。[1]例如，杰克逊教授的一句名言"毋庸置疑，认为90%的国际法工作都与不同形式的国际经济法相关的主张是符合现实的"（Indeed, it is plausible to suggest that ninety percent of international law work is in reality international economic law in some form or another）[2]就被理解为杰克逊主张国际经济法是国际公法一个分支的证明；[3]而劳文菲尔德列举式或经验式地阐明国际经济法范围的方式被认为是从传统国际法角度研究国际经济法的结晶，[4]甚至影响了美国权威法律工具书 *Black's Law Dictionary* 对国际经济法（international economic law）一词的解释。[5] 国内许多主张国际经济法是一个独立学科或者法律部门的学者都认为施瓦曾伯格、杰克逊或劳文菲尔德是主张国际经济法为独立的学科或者法律部门的代表。[6]但笔者认为，这些西方学者所主张的国际经济法的独立性不同于国内主流学派所称的广义说学派或"独立法派"所主张的国际经济法的独立性。[7] 西方学者是在国际法（即国际公法）的大框架下谈国际经济法的独立性，而国内广义说学者或"独立法派"学者是在国际经济法与国际公法平等的基础上谈其独立性。再者，在英美国家，国际经济法是作为一门课程、研究体系或者学科引入的，而在我国国际经济法是作为一个法律部门（或者学科）引入的。法律部门和学科之间的差别前文已有讨论，而国内主张国际经济法仅为一学科（即知识体系）的观点是少数派。[8] 由此可见，我

---

〔1〕 John H. Jackson, "International Economic Law: Reflections On the 'Boilerroom' Of International Relations", 10 (1995) *Am. U. J. Int'l L. & Pol'y* 595; Andreas F. Lowenfeld, *International Economic Law*, Oxford University Press, 2002.

〔2〕 John H. Jackson, "International Economic Law: Reflections On the 'Boilerroom' Of International Relations", 10 (1995) *Am. U. J. Int'l L. & Pol'y* 595, 596.

〔3〕 Joel P. Trachtman, "The International Economic Law Revolution", 17 (1996) *U. Pa. J. Int'l Econ. L.* 33, 35.

〔4〕 Peter Hilpold, "Book Review", 15 (2004) *Eur. J. Int'l L.* 593, 595.

〔5〕 该字典没有提供抽象的国际经济法描述，而是将国际经济法视为特殊类型的国际法，具体描述如下：
　　International Economic Law. International law relating to investment, economic relations, economic development, economic institutions, and regional economic integration.
　　Bryan A. Garner, ed., *Black's Law Dictionary*, 7th ed., West Group, 1999, p. 821.

〔6〕 陈安：《国际经济法学刍言》（上卷），北京大学出版社2005年版，第5页，将施瓦曾伯格列为狭义说（主张国际经济法是国际公法的新分支）的代表，而杰克逊和劳文菲尔德作为广义说（主张国际经济法是对立学科或法律部门）代表；车丕照：《国际经济法概论》（上卷），清华大学出版社2003年版，第5、7页；余劲松、吴志攀主编：《国际经济法》，北京大学出版社、高等教育出版社2000年版，第2~3页。

〔7〕 对广义说学派的讨论，见陈安：《国际经济法学刍言》（上卷），北京大学出版社2005年版，第5页。对"独立法派"的讨论，见车丕照：《国际经济法概论》（上卷），清华大学出版社2003年版，第5~8页。

〔8〕 前文已经指出，陈安先生也对笔者表达过国际经济法根据不同场合可以被视为学科或者法律部门的观点。

国国际经济法学者采取了比西方学者更积极的立场来推动国际经济法的发展。而在笔者看来，在我国，国际经济法独立性是我国国际法学研究已逐步进入"三国"（即国际公法、国际私法和国际经济法）分立状态的行政、科研管理体系和思维方式的必然结果，也是"三国"研究互动与行政和科研互动的必然结果。必须指出，我国国际法学下国际公法、国际私法和国际经济法"三国"并列的现象与我国其他法学研究领域内的"学科"或"法律部门"分类实践是一致的。例如，我国诉讼法分为刑事诉讼、民事诉讼和行政诉讼（行政诉讼一般被纳入行政法的范畴），我国的民商法领域也存有民法、商法和经济法并存的现象，而在 2007 年又出现了设立"社会保障法"独立学科或法律部门的建议。如果仅作为知识传播和研究的学科体系，不论如何划分，只要有一定的逻辑体系，笔者认为都是合理和有益的尝试。而在我国，当学科或法律部门的划分与行政对于法学教育的管理挂钩时，这些学科和法律部门的划分就不是简单的学术之争，而是涉及资源分配和学者地位的实质利益之争。在我国现行行政管理体制下的法学研究，不可避免地会受到行政干预和导向的限制和影响，而从一定程度上扭曲了学术知识体系考量的客观标准。

其实，任何新的理念、学科或知识体系的出现都必然构成对现有理念、学科或知识体系的冲击或冲突。在美国的国际经济法研究的历史上也有关于国际经济法作为独立学科的合法性和合理性的争论，例如，有学者就认为国际经济法作为独立学科的主张仅能起到在国际法领域增加教职的作用，但由于国际经济法与国际法的密不可分关系，国际经济法的独立将导致国际公法的残缺。[1] 这样的争论在我国国际经济法发展史上也出现过。[2] 由此可见，国际经济法独立性的争论及争论所涉及的部分实际问题在中国和英美国家有一定的类似经历。

就国际经济法发展简史而言，笔者认为，国际经济法是一门 19 世纪后新兴的学科，其产生和发展与国际各种经济活动的蓬勃发展相关。自第二次世界大战后期，由于国际关系中经济活动的发展和国家在国际经济交往中管理经济作用的加强，原有的调整国际关系的国际法律规则逐步显示出不足和缺陷，因而产生了思考和建立更有效适用的规则的必要。由于新的国际经济活动和国际经济关系是在旧的国际关系基础上或者框架内出现的，处理这些新活动和关系的法律规则必然只能从原有的国际法规则体系中产生。所以，早期的西方学者都认为国际经济法应当有一定的独

---

〔1〕 Seidl – Hohenveldern, *International Economic Law*, 2nd ed., 1992, p. 1. 该书作者认为：

…international economic law thus covers only a part, albeit an important one, of the discipline of public international law as a whole. This statement will be unwelcome to those who maintain that international economic law is or should be a discipline of its own, separate from public international law. Such a claim may be useful as a plea to increase the number of academic posts in the field of international law, yet in our opinion, international economic law is so closely embedded in the discipline of public international law that the latter would be crippled by such a separation.

〔2〕 陈安：《国际经济法学刍言》（上卷），北京大学出版社 2005 年版，第 22～30 页。

立性和新颖性，但其规则是国际法或者国际公法体系之部分。这样的结论符合国际经济法发展的逻辑，也反映了国际经济法学科与国际法或者国际公法学科的渊源联系。二战后，随着关贸总协定体系的日益强大，以及各种类型的国际经济协议、安排和活动的不断扩大，国际经济法学科相对独立的特点，或者国际经济法与国际公法之间的差别日趋明显，其在国际公法体系内的独立性受到更加广泛的承认。因为英美学者并没有采取严格的"三国"（国际公法、国际私法和国际经济法）学科分类体系，在国际法或者国际公法框架下相当独立的国际经济法足以作为学科而独立存在，所以，英美学者从来没有就国际公法和国际经济法（或者国际经济法和国际私法）之间的独立性展开过认真讨论，因为这样的讨论在法律逻辑上是没有必要的。在所谓独立性问题上，多数在国际经济法发展史上被公认为有过重要贡献的学者，都采取了比较模糊的方式来阐述或者描述国际经济法和国际公法的独立性问题。这样的处理方式并没有影响国际经济法作为一种独立学科的蓬勃发展。

中国自 1978 年采取改革开放政策后，法学研究也经历了从幼年向少年和成年发展的时期。由于中国法律体系主要是建立在大陆法律体系的理念和思维基础之上，在建立法学研究体系和厘清法律学科或者法律部门间的脉络或逻辑关系时，不可避免地会产生国际公法、国际私法和国际经济法学科之间关系的争论。在此特定的背景下，我国的国际法学界对于国际经济法独立性的研究和争论就有其特殊意义了。所谓的关于广义论或者狭义论（或者国际法派和独立法派）之间的争论已经不仅仅是国际经济法是否作为独立知识传授的问题，而实质上已经成为国际经济法是否能够作为一门如同国际公法和国际私法一样的学科或者法律部门存在的生死之战。特别是在我国特定的教育管理体制下，国际经济法作为独立学科存在会直接影响各种至关国际经济法学科生存能力的资源分配问题。因而，我国对于国际经济法独立性的研究和讨论与英美国家的此类讨论一开始就有着本质的不同。正是由于此差别，我国的独立性讨论在很大程度上也不同于英美国家的独立性讨论。在此意义上，我国国际经济法研究有其自己的特点，这样的特点决定我国主流学者所采取或建立的国际经济法体系也不完全等同于英美主流学者所采取和建立的体系。正是由于这样的历史背景，我国的国际经济法研究以后一定会逐步成为与英美国际经济法研究体系有共性也有特性的平行体系。但我国的国际经济法学科究竟能为世界国际经济法研究做多少贡献，则直接取决于我国国际经济法学者的积极努力和悟性了。

第三节　"三国"〔1〕关系辨析

一、"三国"的关联性

在我国法学研究体系，国际法是法学门类下面的一个二级学科，而"三国"，即国际公法、国际私法和国际经济法，则只能成为国际法下面的三级学科。在我国，国际公法、国际私法和国际经济法并存的局面已经形成，而三者的关系也只能在此特定背景下理解和讨论。

"三国"所涵盖的领域有一定的共性和个性是不争的事实。在国际法学的框架下，国际公法学科、国际私法学科和国际经济法学科都强调了国际法学科的不同特点。如果我们假定国际法所可能涵盖的所有法律问题和领域都必须分别纳入国际公法、国际私法和国际经济法体系的话，〔2〕"三国"必然成为国际法大家庭的三位成员，既有必然联系，也有各自独立的特点。由于三者都与国际相关，故三者之间会有部分重叠，这就是共性，至于重叠部分的大小则必然成为一个见仁见智的问题。笔者认为，"三国"的关系以及"三国"具体涵盖范围的差别主要因各人价值观念的差别而改变，没有绝对的对误之分，也很难成为合法或非法的原则争论。例如，从事国际公法和国际经济法研究的学者都可能研究 WTO 法律，但 WTO 规则同样也可能出现国际私法所研究的法律冲突问题。例如，笔者在 2001 年 10 月在西安举办的中国国际私法学会年会上就提交过题为《世贸专家小组程序中冲突法规的适用》的论文，〔3〕而国外学者也出版过研究国际公法规则在 WTO 框架下冲突的专著。〔4〕同理，国际民用航空问题也是一个国际公法、国际私法和国际经济法学者都能够研究的问题，但侧重面可能相同，也可能不同。学术是没有疆界的，也没有专属性和垄断性。因此，"三国"之间的区别和重叠问题上的不同观点，在很大程度上是一个合理性和效率之争，反映了不同的价值取向，而不是根本是非问题。

二、国际经济法与国际公法比较

国际公法概念必须放在特定语境下理解。在我国的学科分类体系内，国际公法

---

〔1〕　"三国"是指国际公法、国际私法和国际经济法三门并列于国际法二级学科之下的三级学科或者学科方向。

〔2〕　必须指出，"学科"或知识体系的建立和独立性是一个相对概念，不是一个法律上的可为或不可为问题。例如，有学者就建议将 WTO 研究设立为国际法的一个独立分支，见 Jiaxiang Hu，" The Role Of International Law In The Development Of WTO Law"，7 (2004) *J. Int'l Econ. L.* 143。在我国，虽然国际公法和国际经济法学者都研究 WTO 法，但事实上在国际公法学会和国际经济法学会之外已经设立了独立的中国法学会 WTO 法研究会。

〔3〕　见莫世健："世贸专家小组程序中冲突法规的适用"，2001 年中国国际私法学会年会论文。

〔4〕　见［比］约斯特·鲍威林：《国际公法规则之冲突——WTO 法与其他国际法规则如何联系》，周忠海等译，法律出版社 2005 年版。英文原著：Joost Pauwelyn，*Conflict of Norms in Public International Law：How WTO Law Relates to Other Law*，Cambridge University Press，2003.

是作为国际法这一二级学科下面的独立三级学科或者学科方向存在的，因而作为不同的表述，国际法和国际公法之间应当存在概念差别。英美国家的法学教育没有与中国类似的学科分类体系，因而国际法（international law）和国际公法（public international law）在英美国家或地区通常是交换使用的概念，没有上下位学科关系。例如，著名的法律词典 Black's Law Dictionary 将国际法（international law）和国际公法（public international law）作为同一词汇介绍;[1] 著名的国际经济法先驱之一杰克逊（Jackson）教授就是将国际法和国际公法作为同一概念使用的;[2] 其他学者在讨论国际经济法独立性时，有的将国际经济法视为国际法（international law）的部分,[3] 也有人将国际经济法视为国际公法之部分,[4] 还有人交替使用国际法和国际公法两个概念。[5] 由此可见，国际公法的定义以及国际经济法和国际公法之间的关系必须放在中国特定的语境下解释和理解才有意义。

　　如前所述，在我国现行的学科分类体系内，"国际法"和"国际公法"应当是不同概念，是上下位学科关系。但学科分类体系与实际的法学教育和法学研究属于不同概念。学科分类体系是一种行政管理体系，而法学教育和研究是受行政管理体系的一定限制，但又有相对大的自主权和自由度的领域。这种差别导致的后果是：国际法和国际公法之间的差别仅反映在学科分类这一行政管理层次上。而在国际法研究和教学领域，我国学者通常是将国际法和国际公法作为同一概念交替使用的。一个值得注意的有趣现象是：主要从事"国际公法"研究的学者（笔者从学科分类角度使用"国际公法"一词）一般都使用"国际法"的表述,[6] 而主要从事国际经济法研究的学者则多喜欢使用"国际公法"一词。[7] 这种现象如何解释呢？笔者认为这种差别的产生在中国特定环境下是一种必然。我国的国际法是"舶来货"，全部引自西方国际法理论，且主要是英美国际法理论体系，这样自然没有国际法和国际公法之间的差别了。而我国的法学教育和研究学科分类体系将"国际法"设为二级学

---

[1]　Bryan A. Garner ed. , *Black's Law Dictionary*, 7th ed. , West Group, 1999, pp. 822, 1244.

[2]　John H. Jackson, "International Economic Law: Reflections On The 'Boilerroom' Of International Relations", 10 (1995) *Am. U. J. Int'l L. & Pol'y* 595, 597.

[3]　见 Curtis Reitz, "Enforcement Of The General Agreement On Tariffs And Trade", 17 (1996) *U. Pa. J. Int'l Econ. L.* 555.

[4]　见 Joel P. Trachtman, "The International Economic Law Revolution", 17 (1996) *U. Pa. J. Int'l Econ. L.* 33, 35.

[5]　见 David Kennedy, "The International Style in Postwar Law and Policy", 1994 *Utah L. Rev.* 7.

[6]　例如，邵沙平主编：《国际法》，中国人民大学出版社 2007 年版；朱文奇主编：《国际法学原理与案例教程》，中国人民大学出版社 2006 年版。

[7]　例如，车丕照：《国际经济法概论》（上卷），清华大学出版社 2003 年版，第 11 页；余劲松、吴志攀主编：《国际经济法》，北京大学出版社、高等教育出版社 2000 年版，第 9 页；余劲松主编：《国际经济法问题专论》，武汉大学出版社 2004 年版，第 11 页；张晓东：《国际经济法原理》，武汉大学出版社 2005 年版，第 28 页。

科，其下设有国际公法、国际私法和国际经济法三个方向或者三级学科，这样就有必要将国际法和国际公法加以区分。再者，我国的国际经济法学者必然致力于推动国际经济法的独立，在现有的法学研究和教学体系下，国际经济法独立于"国际法"违反了学科设置逻辑体系，故只能独立于"国际公法"了。而此意义上的"国际公法"也就是从事国际法领域研究的学者所称的"国际法"了。由此可见，作为学科设置体系将"国际法"和"国际公法"加以区分是必要的，但这不是从事国际公法教学和研究学者的任务，而是从事行政管理的教育部相关部门的工作。在此特定的环境或语境下，为了避免学习中可能出现的混乱，笔者建议将作为二级学科存在的"国际法"概念定义为：规范和约束国际不同主体间关系的各种法律规范和行为准则之总和，主要包括国际公法、国际私法和国际经济法三个分支。"国际公法"的概念则在下段说明。

综前所述，在我国特定的环境和语境下，"国际公法"一词有两种涵义：①作为一个独立学科或知识体系时，"国际公法"与"国际法"是可替换概念；②作为一种学科分类体系，国际法是一个上位概念，而国际公法是国际法下面的学科分支或者学科方向。事实上，在接受了国际法作为一个法学二级学科总称的前提下，我们可以交叉地使用国际法和国际公法的表述。因此，本书中所讨论的国际经济法和国际公法的关系，也可以被视为国际经济法和国际法的关系。

国际公法和国际经济法所涵盖的领域有一定的重叠，也有一定的差别。对于国际经济法的概念，本章前面部分已经作过分析。国际公法的概念主要包括以下几种表述：

1. 国际公法是国家之间的法律，或者说主要是国家之间的法律，是以国家之间关系为调整对象的法律。[1]这是传统的国际公法狭义定义。

2. 国际公法是关于国家和其他国际社会成员在国际社会中的权利、义务和责任的法律规范，是对国家和其他国际法主体在国际关系中具有法律约束力的各种原则、规则和制度的总称。[2]

3. 国际公法是规范国际关系的法律原则，现代意义上的国际关系法律不仅包括国家，也包括国际组织、跨国公司、非政府组织和自然人（或个人）等国际活动的参加者。[3]

以上三个定义所代表的国际公法的范围不同。第一个定义最狭窄，明确仅以国家作为国际法主体，而国家间关系的表述则仅可能有限度地扩展到其他国际法主体，可以简称为传统定义或狭义定义。第二种和第三种定义都较宽，有一定相似度。第二种仅用其他国际法主体作为泛指，其潜在适用范围可能与第三种定义所涵盖的范

〔1〕 王铁崖主编：《国际法》，法律出版社1995年版，第1页。
〔2〕 邵沙平主编：《国际法》，中国人民大学出版社2007年版，第6页。
〔3〕 Bryan A. Garner, ed, *Black's Law Dictionary*, 7th ed., West Group, 1999, p. 822.

围相同，关键在于在具体环境下的解释，但第三种定义则明确将跨国公司和自然人（或个人）纳入国际公法范畴，故第三种定义显得最宽。因第二种和第三种定义涵盖面都较宽，故可视为同一类定义，简称当代国际公法定义或广义定义。

国际公法定义的宽窄对于讨论其与国际经济法的关系有重要意义。如果假定国际法总范畴最大数值为 100 的话，国际公法、国际私法和国际经济法则仅能在这 100 个数值内划分各自的领域。其中任何一个领域涵盖范围的扩大，都会至少导致两个或三个国际法分支相互间重叠部分的变化。因而，根据国际公法定义所涵盖范畴的变化，国际公法和国际经济法之间的重叠部分会发生相应的变化。这就是为什么杰克逊（Jackson）曾认为 90% 的国际法工作都与不同形式的国际经济法相关（Indeed, it is plausible to suggest that ninety percent of international law work is in reality international economic law in some form or another）。[1] 当然如果采取传统的狭义定义的话，国际公法和国际经济法之间重叠部分会相对减少。

虽然国际公法概念有狭义定义和广义定义之分，两个定义与国际经济法概念比较的方法和为比较而采取的参考因素却基本相同。因而，国际经济法与国际公法的主要区别和重叠将体现在以下几点：

1. 主体的差别。狭义国际公法定义的主体主要是国家和与国家地位类似的国际组织，广义国际公法定义的主体可以延伸到国际、国际组织、跨国公司和自然人（或个人）。而国际经济法的主体可以是国家、国际组织、公司（不限于跨国公司）、组织（法人和非法人组织）或自然人（或个人）。因此就主体而言，狭义的国家公法中的主体与国际经济法的主体差别较大，而广义的国际公法主体与国际经济法主体差别较小。国际经济法与两种定义在主体方面的差别是程度问题，但广义的国际公法和国际经济法的主体不是完全重叠的。此现象的主要原因是国内法可以成为国际经济法的渊源，而不能成为国际公法的渊源。在此意义上，坚持国际经济法仅为国际公法的一个分支的观点缺乏说服力。

2. 客体的差别。国际公法的客体受主体定位的限制，即仅涉及主体间的法律关系。在此逻辑基础上，主体范围愈宽或种类愈多，则主体间的法律关系会愈广泛和复杂。国际经济法的主体多于国际公法的主体，其客体所反映的法律关系当然多于国际公法所反映的法律关系，也会更加复杂。例如，自然人（或个人）一般仅在人权等涉及自然人（或个人）和国家关系问题上可以成为国际公法的主体，而自然人（或个人）可以在一般的商事民事交易中成为国际经济法的主体，此差别导致国际经济法所包括的法律关系更加复杂多样。

3. 法律渊源的差别。法律渊源是法律存在的形式。国际公法的渊源包括所有被国际公法主体所认可和接受的原则、规范和法律制度。主体的认可和客体的需要构

---

[1]　John H. Jackson, "International Economic Law: Reflections On The 'Boilerroom' Of International Relations", 10 (1995) *Am. U. J. Int' l L. & Pol' y* 595, 596.

成限定国际公法渊源的因素。在此前提下，国际公法的渊源可以包括条约、国际习惯、一般法律原则、国际组织的决定和决议、国际司法裁判。[1] 必须指出，英美学者一般会采取一个更广泛的渊源概念。例如，著名的剑桥国际法教授布朗利（Brownlie）认为国际法渊源包括：国际惯例、公约、一般法律原则、一般国际法原则、国际司法裁判、著名学者论著、国际法庭的咨询意见以及合法权益（legitimate interests）。[2] 另一位著名的英国国际法学者肖（Shaw）则将惯例、条约、一般法律原则、司法决定、著名学者专著、部分联合国决议或宣言、国际法委员会和其他国际组织意见及某些单方行为（unilateral acts）列为国际法渊源。[3] 我国学者和英美学者之间对于渊源概念理解的差别是利益博弈的必然结果。中国尚未广泛加入国际法游戏规则的制定，我国学者尚不能影响国际法理论的发展，故我国所承认的国际法渊源必然以国家主权为中心建立，以期达到通过主权控制国际法渊源之目的。反之，英美学者已经占据了国际法游戏规则制定的主导地位，他们当然愿意承认学者观点和各种咨询意见作为国际法渊源，以扩大和巩固英美国际法研究和游戏规则制定的主导和优势地位。从公平和实践角度看，在具体案例中，国际法渊源的认定必须按照相关的准则或者当事人承认的原则进行，而学者观点仅供参考。这就是为什么《国际法庭章程》第 38 条使用了较灵活的表述来限定法庭所使用的渊源。[4] 与国际公法或国际法的渊源比较，国际经济法渊源与前者有一定共性，也有区别。例如，公约可以成为国际经济法的渊源，WTO 协定是典型范例之一；但国内法和商事惯例可以成为国际经济法的渊源，不可能成为国际法的渊源。此类差别主要是由于国际公法和国际经济法主体以及客体间差别所致。为了解决国际经济法所包涵的特定法律关系，国内法（包括普通法系的判例法）和商事惯例（不同于已经成为国际法的国际惯例）必须成为国际经济法的渊源之一。因此，国际公法和国际经济法的主体和客

---

〔1〕 邵沙平主编：《国际法》，中国人民大学出版社 2007 年版，第 56~63 页。

〔2〕 Ian Brownlie, *Principles of Public International Law*, 4th ed., Oxford University Press, 1990, pp. 4~31.

〔3〕 Malcolm N Shaw, *International Law*, 5th ed., Cambridge University Press, 2003, pp. 68~115.

〔4〕 Art 38 of the Statute of the International Court of Justice states as follows:

1. The Court, whose function is to decide in accordance with international law such disputes as are submitted to it, shall apply:

a. international conventions, whether general or particular, establishing rules expressly recognized by the contesting states;

b. international custom, as evidence of a general practice accepted as law;

c. the general principles of law recognized by civilized nations;

d. subject to the provisions of Article 59, judicial decisions and the teachings of the most highly qualified publicists of the various nations, as subsidiary means for the determination of rules of law.

2. This provision shall not prejudice the power of the Court to decide a case ex aequo et bono, if the parties agree there to.

Art 59 states: " The decision of the Court has no binding force except between the parties and in respect of that particular case. "

体差别会影响到不同学科或法律分支渊源的构成和存在形式。

概言之，国际公法和国际经济法有一定联系，这种联系体现在各自的共性和个性中。主张国际经济法是国际公法的一个分支的人主要是强调两者在主体、客体和渊源方面的共性，而主张两者各自为独立学科、分支、法律部门的人则依赖于两者之间的差别，以及国际公法不可能延及国际经济法部分领域的事实。[1]正是由于国际公法和国际经济法之间的不可替代性，将国际经济法设立为独立学科遂成为理性选择。

三、国际经济法和国际私法比较

国际私法（private international law 或 international private law）是调整国际民商事法律关系的法律部门，[2]也可以被描述为调整在国际交往中所产生的民商事关系的法律部门。[3]这显然是一个非常广泛的概念。如果以此概念为基础与国际经济法概念比较的话，我们会发现国际私法与国际经济法的差别主要是调整对象的差别。国际私法调整的是"国际民商事关系"，而国际经济法调整的是"国际经济关系"。"国际民商事关系"与"国际经济关系"的主要不同也显示了国际私法和国际经济法之间的主要不同。简言之，"民商事关系"可以被认定为包括财产关系和人身关系两个内容，[4]而"国际民商事关系"则可被理解为国际社会中因不同国家的人民进行民商事活动（即财产和人身关系相关活动）所产生的一种社会关系。[5]因此，"国际民商事关系"也可以被理解为在主体、客体和法律事实方面含有一个或几个以上涉外因素（foreign elements）的民商事法律关系。[6]"国际经济关系"的概念在本章前面部分论述过，即可被理解为：在组织金融、工业和贸易等活动时所形成或产生的不同国家、团体和自然人（或个人）之间的特定联系或联系方式。"国际民商事关系"不能包括国家间的关系，而涉及"团体"的部分财产关系可能被纳入国际私法范围，由此可见，"国际经济关系"包括的范围宽于"国际民商事关系"包括的范围。此差别也显示了国际私法和国际经济法的主要差别。由于适用客体的不同，两个学科或法律部门所包括的规范内容有一定差别。同理，由于国际私法和国际经济法所涉及的内容在民商事关系层面有一定的重叠性，故两者所包括的法律规范内容也有重叠性。

前文关于国际私法和国际经济法的概念是基于一个广义的国际私法概念之上。事实上，国际私法的概念还可能被定义得更窄些，因此国际私法和国际经济法之间

---

〔1〕 例如，自然人（或个人）之间的商事和民事交易可以纳入国际经济法范畴，但不能纳入国际公法范畴。

〔2〕 黄进主编：《国际私法》，法律出版社1999年版，第1页。

〔3〕 杜新丽主编：《国际私法》，高等教育出版社2007年版，第1页。

〔4〕 黄进主编：《国际私法》，法律出版社1999年版，第2页。

〔5〕 黄进主编：《国际私法》，法律出版社1999年版，第2页。

〔6〕 杜新丽主编：《国际私法》，高等教育出版社2007年版，第1页。

的差别会更大些。这主要体现在国际私法（private international law）和冲突法（conflict of laws）两个可转换概念之间的差别。由于国际私法和冲突法都是"舶来货"，国外关于国际私法和冲突法概念的理解和运用不可避免地会影响也应当影响我国学者对于这些概念的理解和运用。在欧美国家，虽然有观点认为国际私法（private international law 或 international private law）是一个容易引起误导的表述，[1]但国际私法和冲突法两个概念已为多数学者所接受，并一直被视为同一概念或可替代概念使用的。[2]多数学者认为"冲突法"一词最初在 17 世纪由属于大陆法系的荷兰学者首创（de conflictu legum），而"国际私法"（或私国际法）一词最初由属于普通法系的美国学者斯托雷（Joseph Story）于 1834 年首先使用。[3]在国际私法发展史中的某个时期出现过大陆法系学者多喜欢使用"国际私法"一词，美国学者多喜欢使用"冲突法"一词，而英国学者却喜欢交替使用两者的现象。[4]但美英学者之间对于国际私法和冲突法用词的差别当今已经不再明显，国际私法（private international law 或 international private law）也已经成为一个美国学者经常使用的术语。[5]与此同时，欧洲学者也经常使用冲突法的表述。[6]这些变化是全方位国际交流的增加和不同法律传统之间相互影响增加的必然结果。

　　由于我国 1978 年后重建法律体系时主要参考了大陆法系模式，故国际私法也作为大陆法系概念之部分被引入了我国，但这不等于我国学者拒绝承认冲突法概念。我国国际私法研究先驱之一李双元先生已经明确接受了国际私法和冲突法可以互换的观点，并认为两者均指调整涉外民事关系的法律部门。[7]在此意义上定义的国际私法和冲突法同样是广义的概念。但是在承认国际私法和冲突法的互换性后再认真思考冲突法特点时，就会发现冲突法经常采取了一个比前文定义的国际私法更为狭

---

〔1〕 美国法学研究权威工具书 Black's Law Dictionary 就对 private international law 和 international private law 的使用持强烈的批评态度，认为 private international law 误导性地建议此类规则是与国际公法（public international law）平行的体系，但前者实际上仅是某国内法体系之部分。Bryan A. Garner, ed, *Black's Law Dictionary*, 7th ed., West Group, 1999, p. 822.

〔2〕 李双元：《国际私法（冲突法篇）》，武汉大学出版社 2001 年版，第 2 页。Elizabeth B Crawford, *International Private Law in Scotland*, W Green/Sweet & Maxwell, 1998, p. 1.

〔3〕 李双元：《国际私法（冲突法篇）》，武汉大学出版社 2001 年版，第 22 页。

〔4〕 李双元：《国际私法（冲突法篇）》，武汉大学出版社 2001 年版，第 22 页。

〔5〕 例如，Mary Helen Carlson, "U. S. Participation In The International Unification of Private Law: The Making of The UNCITRAL Draft Carriage of Goods By Sea Convention", 31 (2007) *Tul. Mar. L. J.* 615; Mahmood Bagheri, "Conflict Of Laws, Economic Regulations and Corrective/Distributive Justice", 28 (2007) *U. Pa. J. Int'l Econ. L.* 113; JH Dalhuisen, Legal Orders And Their Manifestation: The Operation of The International Commercial and Financial Legal Order And Its Lex Mercatoria", 24 (2006) *Berkeley J. Int'l L.* 129.

〔6〕 例如，见 Mathias Siems, "Convergence, Competition, Centros and Conflicts of Law: European Company Law In The 21st Century", *E. L. Rev.* 2002, 27 (1), *pp.* 47~59.

〔7〕 李双元：《国际私法（冲突法篇）》，武汉大学出版社 2001 年版，第 2 页。

窄的概念。例如，肖永平教授认为冲突法所讲的冲突是法律冲突，实际上是国际民商事法律冲突，即对同一民事关系所涉各国民事法律规定不同而发生的法律适用上的冲突。[1]如果将肖教授所定义的冲突法转化为国际私法概念的话，就会产生一个狭义的国际私法概念，即国际私法是解决或调整国际民商事法律关系冲突的法律规范。此概念强调的是法律冲突及其解决规范，而实体法部分仅能够作为解决冲突的一种方式出现，是解决冲突规范概念外延的结果。而将国际私法定义为调整在国际交往中所产生的民商事关系的法律部门时，解决冲突的程序规则和实体法本身都是调整国际民商事关系的法律。因此，如果采取此狭义定义的话，国际私法的领域所可能涵盖的内容会更窄些，与国际经济法的重叠范围也会相对减少。

在国外，使用"国际私法"一词的学者也有采取狭义定义的。例如，有学者认为国际私法（international private law）是任何法律体系中专门解决有涉外因素问题的法律部门（branch of law），它特别指某国私法体系中的那些能够帮助其法庭解决下列法律关系的规则，即：[2]①法庭需要遵守的管辖权规则；②用于决定涉外案件中当事人权利的法律制度，即法律选择（choice of law）规则；③对外国法庭裁决的承认范围，以及在需要执行时执行那些已获得承认的外国裁决的方式。

因此，国际私法可以被理解为某国法律在处理涉外案件时能够决定法庭管辖权、适用法和外国判决执行问题的冲突规则。[3]使用冲突法表述的学者也会采取类似的定义。[4]也有学者简单地将国际私法或冲突法理解为当个人权利被两个或多个法律管辖时的法律争议。[5]美国的《法律再述（第二版）》（Restatement）则将冲突法定义为：法庭解决争议时的标准、原则和规则的总称。[6]这些范例都表明英美法系学者多采取了狭义概念来定义国际私法或冲突法的概念。

虽然欧美国家不少学者采取了狭义的冲突法和国际私法定义，但也有学者采取了较广泛的国际私法定义。例如，有匈牙利学者建议将国际私法定义为直接约束那些与国家主权无关的、具有涉外因素的民事、家庭和劳动关系的法律规范总和。[7]此定义将国际私法概念定义得过于广泛，很难为英美学者接受。[8]也有美国学者认为广义的国际私法可以被理解为使自然人（或个人）间的国际交易规则统一化或协调

〔1〕　肖永平：《肖永平论冲突法》，武汉大学出版社2002年版，第9页。

〔2〕　Elizabeth B Crawford, *International Private Law in Scotland*, W Green/Sweet & Maxwell, 1998, p. 1.

〔3〕　Elizabeth B Crawford, *International Private Law in Scotland*, W Green/Sweet & Maxwell, 1998, p. 1.

〔4〕　例如，见 Raquel Xalabarder, "Copyright: Choice Of Law And Jurisdiction In The Digital Age", 8 (2002) *Ann. Surv. Int'l & Comp. L.* 79, 80.

〔5〕　William Tetley, "The Law of The Flag, 'Flag Shopping,' And Choice of Law", 17 (1993) *Tul. Mar. L. J.* 139.

〔6〕　*Restatement (Second) of Conflicts of Laws* § 4 (1) (1971).

〔7〕　F. MADL & L. VEKAS, *The Law of Conflicts and of International Economic Relations*. 2nd ed. , AKADEMIAI KIADO, 1998.

〔8〕　Katherine Topulos and Peter Roudik, "Book Review", 28 (2000) *Int'l J. Legal Info.* 443, 446.

化的国际过程。[1]与我国的国际私法广义定义代表主流观点不同，这些采取广义国际私法定义的学者在英美国家属于少数观点。这也是匈牙利学者对于国际私法的广义定义很难为英美学者接受的原因。但欧美学者中对于国际私法的不同理解和中国学者对于国际私法概念的不同理解一样，也反映了国际私法概念本身的不确定性和模糊性。汤姆斯·霍兰德（Thomas E Holland）就曾经称 international private law 为一个极端危险且模糊的术语（dangerously ambiguous term）。[2]我国学者主流意识接受广义定义的原因与我国法学研究和教育的体制相关。在笔者看来，研究国际私法和国际经济法的学者在我国面临的共同问题都是在学科管理体系中的生存地位问题。在此意义上，只有将学科或者法律部门的外延尽量扩大，才能够获得足够的生存空间和在管理体制中获得足够的独立空间。

必须指出，虽然多数学者认为英文的 private international law 和 international private law 是同义词，均可翻译为国际私法，但也有英美学者认为它们是不同概念。因此，有学者主张 private international law 是国际法的一部分，主要涉及程序问题，特别是国内法中那些有涉外因素问题的法律选择规则。[3]而 international private law 则主要指具有国际因素的实体法，即"私法"部分；[4]也必须指出，认为 private international law 和 international private law 是不同概念的观点在欧美国家是少数派观点，也没有被我国的主流学派接受。

在了解了国际私法的广义概念和狭义概念后，我们才能够进而说明国际私法和国际经济法的关系。如前所述，如果采取广义的民商事法律关系概念的话，国际经济法所涉及的国际经济关系的概念宽于国际民商事关系则成为区分两者的主要基础。简言之，国际经济关系的形式和主体都宽于国际民商事关系，故国际经济法和国际私法有一定的区别，也有重叠部分。如果采取狭义的国际私法或冲突法定义的话，国际私法规则仅限于在民商事案件中的法院管辖权确定、适用法律确定和外国判决的承认与执行的程序规则部分，而民商事实体法部分一般会被排除在外，这样国际经济法和国际私法的重叠会相应减少，而差别也会相应加大。由于广义的国际私法概念是我国国际私法学者的主流意识，我们应当在此基础上比较国际私法和国际经济法概念，并理解两者的关系。

---

〔1〕　Mary Helen Carlson，"U. S. Participation In The International Unification Of Private Law：The Making Of The UNCITRAL Draft Carriage Of Goods By Sea Convention"，31（2007）*Tul. Mar. L. J.* 615，616.

〔2〕　Thomas R Holland，*The Elements of Jurisprudence*，13th ed.，Oxford University Press，1924，p. 422.

〔3〕　David J. Gerber，"Prescriptive Authority：Global Markets as a Challenge to National Regulatory Systems"，26（2004）*HOUS. J. INT' L L.* 287，292.

〔4〕　Michael P. Van Alstine，"Dynamic Treaty Interpretation"，146（1998）*U. PA. L. REV.* 687，701 *n.* 53.

第四节　国际经济法的主体

一、主体概念及主体间关系

国际经济法是调整国际经济关系的法律规范总称。所以，能够从事国际经济活动并形成经济关系的主体都是国际经济法的主体。如果我们将国际经济法关系定义为在组织金融、工业和贸易等活动时所形成或产生的不同国家、团体和自然人（或个人）之间的特定联系或联系方式的话，[1] 国际经济关系的主体则包括国家、国际组织、公司、国内组织和自然人（或个人）。这些主体间所可能形成的关系则呈多样性和复杂性特点。例如，国家政府间可能因直接贸易交易而形成经济关系，而国家间的经济关系则包括国内公司、组织和自然人（或个人）与他国的公司、组织和自然人（或个人）之间形成的各种经济关系。由于国家间经济关系的复杂性，为了履行国家政府管理经济职能所签订的各类经济条约则成为国际经济法的法律规范部分，因此成为国际经济法学研究的对象。

国际经济关系是一个不可穷尽的概念。根据参与主体的不同，笔者认为可以列举以下几类说明国际经济关系的概念。

1. 国家政府间因直接参与经济活动所形成的关系。例如，政府间（包括不同国家的地方政府间或地方政府和他国中央政府间）提供的经济援助、贷款或以国家名义承担或参与（担保）的大型建设项目等都可以形成国际经济法所指的国际经济关系。

2. 国家政府和他国公司、组织或自然人（或个人）的直接经济联系所形成的关系。例如，政府跨国采购可以导致某政府和他国公司、组织或自然人（或个人）之间经济交易的产生；而他国公司、组织或自然人（或个人）在资本输入国的投资行为或资源勘探、开发行为则可能导致这些主体和当地中央政府或地方政府之间合同关系的产生。这些都构成国际经济关系。

3. 国家政府和国际组织间的直接经济交往所形成的关系。例如，国际组织可以向某国家中央政府或地方政府提供贷款或援助项目，同时某国家政府也可能为某国际组织在其境内的投资或向境内公司、组织或自然人（或个人）提供的贷款、援助项目等提供担保。当然某国家政府也可能与某国际组织合作在其境内启动经济建设项目等。这样也可以形成国际经济法所指的国际经济关系。

4. 国际组织间可能因直接经济交往或合作而形成经济关系。例如，国际组织一般指政府间的具有国际法主体资格的组织，它们间可相互提供咨询服务或形成贷款关系，同时两个或多个国际组织也可能成为投资、贷款或援助项目的合作者等。这些也是国际经济关系的具体形式。国际性非政府组织（NGO）参加经济活动时，可

---

[1]　见本章第一节讨论。

以被视为"组织"。

5. 国际组织与某国公司、组织或自然人（或个人）之间的直接经济关系。这种关系可能是直接的买卖关系、服务合同关系、贷款关系、租赁关系、投资关系、援助项目等，都属于国际经济关系范围。

6. 公司之间的直接经济交易。公司包括跨国公司和国内公司，也可以是各种类型的公司（有限责任公司、无限责任公司、公众公司或私人公司等）。这些公司是国际经济关系（包括跨国交易和有涉外因素的交易），诸如买卖、投资、服务、运输、保险、知识产权转让和金融交易的主体。

7. 组织之间的经济交易，此时的组织指国际组织外的、能够独立参加经济活动的所有非公司性质的法人或者非法人性质的组织，包括国际性或者国内性的非政府组织。此类组织可以根据相关法律规定参加不同类型的经济交易。

8. 自然人（或个人）之间的经济交易。自然人（或个人）也可以成为国际经济活动的主体。例如，《联合国国际货物买卖合同公约》（United Nations Convention on Contracts for International Sale of Goods, CISG）允许自然人（或个人）作为交易方从事国际买卖，而国际服务合同主体的一方往往也是自然人（或个人）。

9. 公司、组织和自然人（或个人）之间从事的经济交易，出于经济活动的需要，公司、组织和自然人（或个人）都可能联合或者单独作为交易方参加不同形式的国际经济活动，例如买卖、服务合同、投资、贷款等。此类交易是国际经济关系的主要形式。

以上是按照经济活动参加方或者经济关系主体为标准对国际经济活动的分类。考虑到国际经济关系的特点，还可以按照交易的性质，如买卖、投资、知识产权转让等，对国际经济活动分类，在此不一一列举。以上以主体为基础的经济关系分类显示了国际经济关系的复杂性和多样性。法律需要为经济服务，并能够适应经济发展的需要。因此，国际经济法关系的复杂性和多样性也决定了国际经济法规则的复杂性和多样性。

二、国家作为主体

国家政府（包括地方政府）可以作为主体直接或者间接参加多种类型的国际经济活动，同时国家也作为经济活动的主管机构间接地参加国际经济活动。[1] 所以，国家作为国际经济关系的主体有此双重涵义。政府跨国采购就是典型的政府作为经济交易主体参加国际经济活动的行为。[2] 各种政府债券也是政府参加国际经济活动

---

〔1〕 车丕照教授认为管理权是国家对国际经济交往进行干预和管理的权力。见车丕照：《国际经济法概论》（上卷），清华大学出版社 2003 年版，第 15 ~ 16 页。

〔2〕 例如，据报道，瑞士军方于 2007 年 8 月准备订购 6.5 万把新规格军刀，该采购按照 WTO 相关协议将面向全世界的供应商招标。见《新华网》2007 年 8 月 5 日关于"瑞士军方全球招标军刀订单 中国可能成赢家"的报道，转载于 http://news.sohu.com/20070805/n251417897.shtml。

的范例。政府间也可以签订商业合同。例如，1782年7月法国政府就和刚刚独立的当时代表北美十三洲的美国政府签订了贷款协议，支持新近成立的美国政府的财政运转[1]在现时生活中，政府机构会因其必须从事的各类民商事活动而与其他国内外经济活动主体发生民商事法律关系。例如，2007年7月就出现了俄罗斯防空通信站与其所租用大楼业主发生民事纠纷，而导致其通信中断的纠纷[2]此特定纠纷应当属于国内民商事纠纷，但如果业主有外国利益的话，则构成国际经济关系的一种。此外，政府机构对国内外环保、科研项目的支持，也能够以合同的形式作出安排；驻外使馆或其下属经济机构雇佣当地雇员、[3]购置不动产[4]和购买日常用品等行为都可能被视为一般的商业交易行为；而某国政府雇佣外国公民在当地工作也会形成国际经济关系；能源勘探和开发合同也多发生在外国公司和当地政府授权的专门机构之间。政府或者政府机构则可能因此类合同和活动成为民商事诉讼的被告[5]　此类行为都可能因交易某方或者交易内容有涉外因素而成为国际经济法调整的范围。

主权豁免原则直接影响国家作为主体参加国际经济活动的范围和形式。国际法中有传统的绝对豁免原则（absolute immunity 或 absolute sovereign immunity），该原则以国家独立和主权平等为基础，主张国家首脑、政府的行为完全不受他国法院的管辖[6]自20世纪初期开始，由于国家过多地参与同主权没有密切关系的商事活动，许多国家开始由绝对主权豁免原则或立场转向相对豁免原则或立场（restricted immunity，restrictive immunity 或 qualified immunity）[7]相对豁免原则主张国家所从事的与

---

〔1〕 Contract Between the King and the Thirteen United States of North America, signed at Versailles July 16, 1782, Hunter Miller ed, *Treaties and Other International Acts of the United States of America*, Volume 2, Government Printing Office, 1931, Documents 1 ~ 40：1776 ~ 1818, 合同文本载于 The Avalon Project at Yale Law School 网址：http：//www. yale. edu/lawweb/avalon/diplomacy/france/fr – 1782. htm.

〔2〕 见《人民网》2007年7月31日报道，载 http：//world. people. com. cn/GB/1029/42356/6046473. html.

〔3〕 按照主权相对豁免原则，此类合同可能被视为一般的雇佣合同。意大利法院持此观点。Ian Brownlie, *Principles of Public International Law*, 4th ed., Oxford University Press, 1990, p. 333.

〔4〕 在一个1962年的判例中，原告主张与前南斯拉夫使馆签署的土地买卖合同无效，而使馆合同是否享有绝对豁免权的问题产生。德国联邦法庭认为除非交易与某外国使馆履行其外交使命的职能相关，外交使馆签署的合同不享有豁免权。Christopher John Oehrle, "Note：German Sovereign Immunity Defense (Interpretation By The German Courts)", 6 (1991) *Fla. J. Int' l L.* 445.

〔5〕 例如，美国1976年《外国主权豁免法》（Foreign Sovereign Immunities Act 1976）规定外国政府的商业行为应受该法律保护，但当事人需要证明外国政府行为和美国的关联性，即外国政府在美国境内直接从事商业行为或外国政府在境外的商业行为导致了美国境内的直接后果。

〔6〕 王铁崖主编：《国际法》，法律出版社1995年版，第130页；Malcolm N Shaw, *International Law*, 5th ed., Cambridge University Press, 2003, pp. 621 ~ 628.（北京大学出版社2005年引入英文原版）

〔7〕 David P. Vandenberg, "Wake of Republic of Austria v. Altmann：The Current Status of Foreign Sovereign Immunity in United States Courts", 77 (2006) *U. Colo. L. Rev.* 739, 744.

其主权没有密切或必要联系的民商事活动不享有豁免。[1]而第一部限制国家主权豁免的公约是 1926 年的《布鲁塞尔公约》（International Convention for the Unification of Certain Rules Concerning the Immunity of State – Owned Vessels，或 Brussels Convention）。[2]该公约第 1 条规定仅对国家非商事性质的海事活动提供豁免。20 世纪 70 年代后，相对国家豁免权原则获得普遍承认，为了避免国家在国外经常成为民商事纠纷的被告，多数国家政府都尽量避免直接参加国际经济活动，而以国有公司或特别授权方式授权独立机构代表国家参加国际经济活动。相对主权豁免原则的盛行限制了国家作为民商事交易主体参与交易的场合。中国目前仍然坚持绝对豁免原则，但在实践中尽量避免国家作为主体直接参加经济交易。国有企业都是以独立的公司身份从事经济活动，以避免外国当事人在发生纠纷时将所有的国有企业作为连带责任人起诉。

概言之，国家可以作为国际经济法的主体直接参加经济交易或作为主管机构管理经济活动，从而形成国际经济关系。如果某国家直接参加非主权行为的经济活动，该国家将很可能在许多国家法院被要求承担与其他交易当事人同等的民商事责任。坚持主权绝对豁免的国家仅可能在其自己的领土内或者另一承认绝对豁免的国家内享有经济活动的绝对豁免。为了保证国际经济交流的稳定性和公平，即使坚持绝对豁免的国家也应当尽量限制主张绝对豁免的场合。国家管理国际经济活动的权力是主权的体现，是国际经济法不可缺少的部分。因而国家在国际经济关系中有重要作用。

三、国际组织作为主体

在国际经济交往高度发达的今天，国际组织是一个需要明确定义的概念。在过去两个世纪中，不同类型的国际组织随着各种形式的国际交流的加强而出现并发展壮大，其目的、规模和性质差别很大。所以，有对国际组织概念定义的必要。

国际组织是国际交流发展的必然产物。国际合作最初通过双边协议或安排进行，随后从双边协议或安排逐步出现了多边协议或安排。多数国际法学者认为 1648 年签订的《威斯特伐利亚和约》（Peace Of Westphalia）代表了历史上第一次主权国家间正式多边条约的签订，并象征着现代国际法的开始。[3]《威斯特伐利亚和约》主要指于 1648 年 1 月和 10 月分别磋商和签订的两项条约，即《奥斯纳布鲁克和约》（Treaty of Osnabrück）和《明斯特和约》（Treaty of Münster）。[4]也有观点认为《威斯特伐利亚和约》包括一系列分别签订的结束西班牙和新近独立的荷兰之间 80 年战

---

[1] Malcolm N Shaw, *International Law*, 5th ed., Cambridge University Press, 2003, pp. 628 ~ 638. （北京大学出版社 2005 年引入英文原版）

[2] 签订于 1926 年 4 月 10 日，见 176 L. N. T. S. 199.

[3] 见网址：http://en. wikipedia. org/wiki/Peace_ of_ Westphalia.

[4] 见网址：http://en. wikipedia. org/wiki/Peace_ of_ Westphalia.

争，以及结束当时的罗马帝国为一方，法国、瑞典和德国诸侯联盟为另一方的 30 年战争的条约安排。[1] 明斯特和奥斯纳布鲁克当时都属于威斯特伐利亚管辖，故均称为《威斯特伐利亚和约》，而现在明斯特市位于德国北莱茵－维斯特伐利亚省境内，奥斯纳布鲁克则位于德国下萨克森省境内。《威斯特伐利亚和约》主要意义在于结束了长期的战争状态，重新划分了欧洲领土归属，承认了法国、瑞典和荷兰的崛起，并削弱了罗马帝国在德意志联邦的统治地位。就国际组织发展而言，《威斯特伐利亚和约》所采取的多边磋商方式被视为后期国际组织发展的雏形。[2]

自 19 世纪开始，国家从事的经济活动增加，国家之间的联系加强，国际合作加强，各种类型和规模的国际组织应运而生。19 世纪召开的多个处理国际问题的会议成为一种联合处理国际问题的模式，成为当今国际组织主要决策方式之一。例如，1956 年的巴黎会议、1871 年的柏林会议、1884 和 1885 年的柏林会议等，都涉及当时部分欧洲国家共同关注的国际问题。[3] 现在国际组织通过会议沟通、讨论共同关注问题的决策模式与早期国际会议决策的基本模式相同。只不过早期的会议是临时性的，并以无组织约束的方式进行，而现在的国际组织的会议是按照组织的章程和程序举行的。

当今的国际组织主要可以分为两大类，即政府组织和非政府组织。政府组织是以国家或者与国家类似的经济体组成的机构，国家主权（sovereignty）或类似原则是此类国际组织成立和运作的基础，联合国、欧盟、WTO 等是这类国际组织的代表。非政府组织是由不同国家的非官方代表参与和组成的国际组织，其成员是公司、自然人（或个人）或具有专门特点或者兴趣的国内组织。例如，设立于 1863 年的总部位于瑞士的国际红十字会（International Committee of the Red Cross）是一个非官方的国际组织，其在各国的分会是各国志愿者组成的组织，而不是该国在红十字会中的官方代表。1919 年成立的国际商会（International Chamber of Commerce）也是非政府组织，其成员是各国的公司或者由公司组成的分会。不论具体的成员构成如何，此类组织的共同特点是它们与各国的主权无关，也不需要以主权平等作为会员和运作的基础。在人类历史中，非政府组织发展的数目大大多于政府组织的数目。据统计，在第一次世界大战爆发之前，全球已经建立了超过 400 个非政府组织。[4] 当今全球的非政府组织数目更是数不胜数。

正式国际组织和非政府组织的关键差别在于两者的国际法地位不同。正式国际组织需要履行其成员国委托的功能和职能，或者也可以说是成员国主权的有条件的让与，正式国际组织在国际法上必须享有一定的与主权国家相似的权力和地位，也

---

[1]　见网址：http://www.historylearningsite.co.uk/peace_of_westphalia.htm.

[2]　Philippe Sands and Pierre Klein, *Bowett's Law of International Institutions*, Sweet & Maxwell, 2001, p. 2.

[3]　Philippe Sands and Pierre Klein, *Bowett's Law of International Institutions*, Sweet & Maxwell, 2001, p. 2.

[4]　Philippe Sands and Pierre Klein, *Bowett's Law of International Institutions*, Sweet & Maxwell, 2001, p. 4.

享有一定的豁免权。但非政府组织的建立、运作和功能与国家主权无关，故除非国家通过国际条约的形式对于某非政府组织的国际地位和权利加以确认，非政府组织不能享有与正式国际组织同等的国际地位和权利。再加上非政府组织建立的任意性，本书所指的国际组织不包括非政府国际组织。非政府国际组织在国际经济关系中的地位问题将与一般组织概念一起讨论。

在本节中，正式国际组织（即国际组织）的认定是依照下列标准进行的：[1]①成员由国家、独立经济体或国家组成的国际组织构成；[2]②必须按照条约成立；③必须有自己的独立的、能够和各成员国的决策区分的决策能力；④必须有为组织活动和成员立法或设立规则的能力。以上四点是保证任何国际组织独立存在和运作的基础要件。否则，貌似正式国际组织的机构并没有自己独立的人格、身份或能力，将不能有效地与其成员区分，也无法独立完成任何国际法所承认的行为，因而就没有独立存在的事实。

由于正式国际组织具有与主权国家类似的职能和地位，故能够根据需要独立地参加国际经济活动，建立国际经济关系。例如，联合国和WTO都同样的面临建筑或者租用办公室、雇佣工作人员和采购生活工作必需品的问题。按照主权相对豁免原则，大部分此类交易将被视为一般的民商事交易，不能享受豁免。有些国际组织设立的宗旨则要求该组织从事特定的民商事活动，因而必须以主体身份参加国际经济关系。例如，国际金融公司（International Finance Corporation）是世界银行集团成员，但其使命是通过在世界银行的发展中国家成员的私营部门投资或提供咨询，促进成员国的可持续性项目，使其在经济上具有效益，在财务和商业上具有稳健性，在环境和社会方面具有可持续性。[3]此类投资或咨询行为与一般的民商事行为性质相同，除了《金融公司协定》第6条规定的几项豁免外，[4]国际金融公司享有合同方正常的权利，并承担相应义务。国际组织的地位、职能和特权经常是由设立组织的条约或者章程赋予的，在确定某国际组织在国际经济关系中的地位以及具体权利和义务时必须参考相关的条约和国内法规定。

四、公司作为主体

公司指所有依据相关国内法成立的性质不同的公司，包括跨国公司、股份公司、有限责任公司、上司公司、私人公司、合资公司、独资公司和自然人（或个人）公司等。公司是国内法产物，必须按照特定的国内法规定成立、运作和认定。相对于国

---

[1]　Philippe Sands and Pierre Klein, *Bowett's Law of International Institutions*, Sweet & Maxwell, 2001, p. 16.

[2]　Philippe Sands and Pierre Klein 的书中没有提到独立经济体，笔者考虑到 WTO 特点加入独立经济体作为与国家类似的概念。

[3]　见国际金融公司网址：http://www.ifc.org/ifcext/chinese.nsf/Content/Mission.

[4]　第6条规定的主要豁免包括：资产没收豁免，档案豁免，除外汇管制外的公司财产和资产不受地方法律限制，通信特权，官员、雇佣人员履行公务行为的豁免权，外汇、移民和旅行方面的特权，以及税收豁免权。

家和国际组织主体而言，公司、组织和自然人（或个人）被视为"私人"（private）性质的主体，是最常见的国内、国际经济活动主体。除了相关国内法规定赋予某类或某个公司一定特权外，所有的公司都是平等的经济活动主体，享有平等民商事权利，并承担相应义务。

五、一般组织作为主体

本书中的一般组织是一个松散的概念，包括国际性的非政府组织和按照国内法能够独立参加经济活动的"组织"或"经济组织"。国际性非政府组织与国内组织在参加国际经济活动中的地位相同，因而除非国际条约和国内法对于某特定国际组织赋予一定特权或国际地位，国际性非政府组织和国内组织在从事国内和国际经济活动时的地位没有差别，享有同等权利并承担相应义务。国际性非政府组织不能获得与国际组织同等地位的原因与国家主权（sovereignty）相关：国际组织的特殊地位和权利是国家主权的延伸；国际性非政府组织成员多为私人机构或自然人（或个人），因而不能获得与国家类似的地位和特权。

某组织是否能够作为国际经济活动的主体，以及其权利和义务的内容，必须按照相关国内法判断。中国的法律基础是大陆法模式。我国的《民法通则》第36、37条规定了法人概念和认定的条件。[1]按照这些规定，公司是法人，可以从事民商事活动，但有些组织因不能满足法人条件而不能从事民商事活动。但在实际的经济活动中，有些不能满足法人概念的组织也能够从事独立的民商事活动，故有必要允许它们独立从事民商事活动。因此，1982年的《经济合同法》和1985年的《涉外经济合同法》承认"经济组织"为合同交易方，但对"经济组织"概念未作明确定义。1999年的《合同法》则允许"组织"作为合同方参加交易，但仍未作明确定义。[2]鉴于此情况，我国的"组织"概念必须按照《民法通则》、《合同法》和《公司法》相关规定综合理解，包括公司以外的法人组织和能够独立参加合同交易的非法人组织，具体应当依该组织在具体合同中是否能够独立行使特定合同权利、履行特定合同义务并承担特定法律责任作为判断标准。公司外的法人可以包括法人制企业等法律允许存在的组织方式，也可以是虽不满足法人要件，但能够从事有限的民商事活动的各种形式的组织、社团等机构。中国的组织认定主要因为法人概念的存在而变得复杂化。普通法系国家和地区不采取法人概念来限制民商事活动的参与者，故组织参与国际经济活动没有任何技术问题。

---

〔1〕《民法通则》第36条第1款规定："法人是具有民事权利能力和民事行为能力，依法独立享有民事权利和承担民事义务的组织。"第37条规定法人必须具备的条件包括：①依法成立；②有必要的财产或者经费；③有自己的名称、组织机构和场所；④能够独立承担民事责任。

〔2〕《合同法》第2条第1款规定，本法所称合同是平等主体的自然人（或个人）、法人、其他组织之间设立、变更、终止民事权利义务关系的协议。

六、自然人（或个人）作为主体

自然人（或个人）是能够作为主体参与国际经济活动的。除相关国家法律有明确限制外，自然人（或个人）可以参与国际货物买卖、服务合同、技术转让等经济活动。我国的《对外贸易法》第 8 条允许法人、其他组织或者自然人（或个人）依法从事对外贸易活动。WTO 服务贸易的多种形式，如跨境消费和雇佣合同等均涉及自然人（或个人）主体。其他的经济活动形式，如投资、加工、生产等也都离不开以自然人（或个人）为主体的经济关系。因此，自然人（或个人）是活跃的国际经济法主体之一。

第五节　国际经济法的渊源

一、国际经济法渊源的概念

就字面涵义而言，法律渊源（sources of law）指法律的来源或源泉。而法律渊源一词是"舶来物"，其在英文中的涵义是我们正确解读法律渊源和国际经济法渊源概念所必须理解的。作为一个法律术语，英语的 sources of law 指能够为立法行为或司法判决提供权威或依据的事物，也有法律或法律分析起点的涵义。[1] 而在国际法特定范畴内，sources of law 有两个涵义：形式渊源（formal sources）和实质渊源（material sources）。[2] 形式渊源指制定有普遍约束力的规则的法定程序和方法，实质渊源提供具有普遍约束力规则存在的证据。[3] 国际经济法与国际法有着密切联系，故国际经济法渊源概念必须考虑法律渊源的一般概念和国际法渊源的特殊概念加以理解。因此，国际经济法渊源概念可以被理解为：制定有普遍约束力的各类国际经济法规范的程序和方法，国际经济法规范存在和表现的具体形式和解决国际经济纠纷所依据的各类有约束力的规范总和。

在国际经济法实践中，被视为法律渊源的规则主要包括条约、国际惯例、国内法、国际司法机构和准司法机构的裁决、国际组织决议五类。以下将分别讨论。

二、条约

条约（treaty）是国家或其他有缔约能力的国际法主体之间以法定程序正式签订的书面协议（agreement），也可以被视为国家或其他有缔约能力的国际法主体间的合同（contract）。条约是国际法文件的一种形式。"条约"本身的定义已经有国际色彩，但人们习惯上仍然经常使用"国际条约"（international treaty）的称谓。严格讲，"国际条约"的称谓在一定情况下是必要的；由于联邦制国家内成员或各州之间也有一定的缔约能力，所以，使用"国际条约"的称谓能够在必要时区分国家间的条约

---

〔1〕　Bryan A. Garner, ed. , *Black's Law Dictionary*, 7th ed. , West Group, 1999, p. 1401.

〔2〕　Ian Brownlie, *Principles of Public International Law*, 4th ed. , Oxford University Press, 1990, p. 1.

〔3〕　Ian Brownlie, *Principles of Public International Law*, 4th ed. , Oxford University Press, 1990, p. 1.

和联邦成员间的条约、协议或约定。再者，笔者认为中文中使用"国际条约"比使用"条约"的语感好些，这也许是中文书籍中经常出现"国际条约"表述的原因之一。

条约的表述是一个泛称。可以被视为条约的国际法文件可以有几个不同称谓，如条约（treaty）、公约（convention）、协议或者协定（agreement 或 pact）、议定书（protocol）、谅解书（accord）、章程或宪章（charter）、规约（statute）、宣言或声明（declaration）、盟约（covenant）和安排（arrangement）等。此类英文用词的区别没有严格意义上的法律界定，它们的中文对译词也没有严格的法律区别，如 convention、pact、accord 和 covenant 等都可以译为公约、条约、盟约等。本书是根据需要交叉使用这些术语的。虽然中英文用词不能从严格的法律意义界定，但这些术语的使用还是有一定的基本规则的。该规则就是按照条约的定义将那些与条约的法律性质相同或相似的文件纳入条约范畴，而将那些不符合条约定义或者差别较大的文件归入其他类别。例如，《联合国宪章》（Charter of the United Nations）虽然被称为宪章或章程，但实质上是条约，或被视为条约的一种。同理，《国际法院规约》（Statute of the International Court of Justice）虽然称为规约，但也是条约性质文件。宣言或声明（declaration）是与条约性质相似的文件，但有时它不能像条约一样设立具体的、可强制执行的法律义务。由此可见，称谓的变化有时会体现出文件之间的细微差别。其他文件，如联合国的各类决议，经常由于缺乏具体的执行力或强制力，且签订和生效程序都不如宣言或声明严格，而不能被视为与条约同类文件，故本书将此类国际组织决议作为独立渊源形式讨论。由于条约在履行具体义务时的强制力和约束力方面的差别，故有"造法性条约"（law - making treaties）的说法。所有条约都会产生条约义务（treaty obligation），而"造法性条约"还会同时产生条约义务外的法律义务（legal obligation），[1] 即创造具体义务和执行此义务的机制和后果。

根据不同标准，条约可以有不同分类方法。按照缔约方的数目，国际条约一般可分为双边条约和多边条约。双边条约是由两个国家、经济体或国际组织之间签订的条约，是缔约方之间直接磋商的结果。多边条约是由三个以上国家、经济体或国际组织之间签订的条约，是多方协调和妥协的产物。而按照条约的性质，条约分类方法更多。大的类别可以被分为国际公法条约、国际私法条约、国际经济法条约等。再细分一点，则可分为贸易条约、投资条约、税收条约、环保条约、空间条约、航空条约、海洋法公约、知识产权条约、司法协助条约等。由于根据不同特点认定条约的不同性质的类别是无法穷尽的，按照不同性质确定的条约分类也是无法穷尽的。

缔约程序是理解条约法律效力的一个关键问题。缔约程序主要涉及条约本身规定的程序和相关国内法程序两个方面。正式条约都应当明确规定其生效程序和条件，主要包括签订的时间、地点和方式，批准程序，批准通知的送达，最低批准国数目，

---

[1]　Ian Brownlie, *Principles of Public International Law*, 4th ed., Oxford University Press, 1990, p. 12.

生效后的加入程序，条约有效期间和修改程序等。这些是条约本身对于生效的规定。而绝大多数条约都需要完成相关国内法批准程序后才能在某缔约国生效。由于各国法律传统和宪法具体规定的差别，国内法生效程序差别较大。简言之，如果某签字国最终不能通过其国内法的批准程序，该国际条约对此国即不能生效。例如，由于美国国会的反对，美国政府于1948年签订的国际贸易组织（International Trade Organization）公约不能在美国生效，进而导致了该公约的流产。[1]

作为国际经济法渊源的条约主要是与国际经济关系密切相关的条约，可以分为多边条约和双边协定。多边条约主要涉及WTO事务的条约、区域贸易自由化安排、国际货物买卖条约、国际货物运输公约、国际投资协定、国际金融协定等。双边条约主要涉及的领域包括投资保护、自由贸易安排、税收安排和民商事争议解决协议或安排等。以上条约都是与国际经济关系密切相关的条约，此外还有一些与国际经济关系相关但不是密切或者直接相关的条约。例如，知识产权保护条约、航空公约、环保公约和人权公约等都会从一定程度和角度影响国际经济关系，但由于篇幅所限，本书将仅在必要时对此类条约作简单介绍。

三、国际惯例

对于国际经济法的国际惯例（international customs），必须清楚地加以定义。作为一个专业术语，国际惯例是国际公法的重要渊源之一，同时也是国际经济法的重要渊源。但国际公法意义上的国际惯例是指那些能够约束国际或其他国际法主体的惯例，而国际经济法意义上的国际惯例（可以称为国际民商事惯例、国际商事惯例或国际贸易惯例）还包括能够约束那些不构成国际法主体的公司、组织和自然人行为的民商事惯例。两种惯例的形成条件和约束力都有差别。

国际公法上的国际惯例是以《国际法庭规约》第38条的定义认定的。该条款将国际惯例定义为已经被接受为法律（law）的一般实践。按照此定义，国际惯例应当是那些已经为国家一般实践所接受为法律的规则、原则、准则或者做法。而能够构成法律的一般国家实践则必须带有一定的强制性或被接受此实践的国家视为有一定强制性（obligatory），[2] 否则无法成为"法律"。为了证明国际惯例的存在，一般需要考虑以下几个主要因素：[3]

1. 惯例的持续期是一个相关因素，但国际法上尚未就持续期的长短作出统一规定；

2. 惯例必须代表国家实践的相对统一性和一致性；

3. 惯例必须代表一定的普遍性；

4. 国家对于惯例法律义务的接受；

〔1〕 John Jackson, *Restructuring the GATT System*, Printer Publisher, 1990, p. 10.

〔2〕 Ian Brownlie, *Principles of Public International Law*, 4th ed., Oxford University Press, 1990, p. 4.

〔3〕 Ian Brownlie, *Principles of Public International Law*, 4th ed., Oxford University Press, 1990, pp. 5 ~ 11.

5. 惯例对于一贯坚持反对的国家没有约束力。

证明国际公法上惯例的存在需要至少满足以上各项条件。国际公法上的惯例适用于国际经济关系的典型范例之一是 WTO《关于争端解决规则与程序的谅解》（DSU）第 3 条第 2 款。该条款要求按照国际公法惯例澄清 WTO 相关的权利和义务。因此，了解国际公法惯例的概念和构成对于研究和运用国际经济法至关重要。

国际民商事惯例、国际商法惯例或国际贸易惯例（commercial custom 或 trade custom 或 custom）的概念不同于国际公法惯例的概念。一个明显的不同就是国际公法惯例必须是国家实践的产物，而国际民商事惯例是当事人之间实践的产物。后者的当事人可以是国家或国际组织，也可以是公司、组织或个人。所以，国际公法惯例的概念不能适用于国际民商事惯例。但两者之间的共同点是惯例都是一种惯常做法和实践，已经为法律关系的参与者认可并对某类法律关系参与者有一定约束力。

根据"共同接受"和"一定约束力"的特点，国际民商事惯例可以被定义为被国际经济关系当事人或国际民商事关系当事人在实践中长期接受和遵守，并对他们有一定约束力的原则、规则、规范或实践做法的总称。[1] 必须指出，国际公法惯例和国际民商事惯例的约束力有实质不同。国际公法惯例是由主权国家认可、接受并赋予其约束力的，故一经证实，国际公法惯例是可以直接作为法律执行的。但国际民商事惯例则不同。当事人或者多数当事人没有立法能力，他们只有缔约能力，故商事惯例可以作为合同条款执行，但不能够作为法律规则执行。[2] 合同条款仅对合同双方生效，但法律规则有普遍适用性。故国际民商事惯例是不能直接被法院作为"法律"执行的。在此意义上，国际民商事惯例的约束力是相对概念，有契约上的约束力和道义上的约束力，但不是法律上的约束力。在实践中，国际民商事惯例是通过两种方式执行的：①作为合同条款执行；②经法律授权后执行。前者的例子是如果当事人明确在货物买卖合同中采取了常用的贸易术语，如 CIF（c. i. f.）或 FOB（f. o. b.）等，此时法庭需按照当事人合同约定并参考《国际贸易术语通则® 2010》解释相关术语。后者的例子是我国《民法通则》第 142 条的必要时可以适用国际惯例的规定，此时的国际惯例是指国际通用的民商事惯例，所以，按照此条款，在证明国际惯例存在后即可以直接适用相关惯例。当然，笔者也注意到，《民法通则》第 142 条所指的国际惯例通常指国际私法意义上的解决法律冲突的惯例，此类惯例经常以法院实践或法院对于当事人实践的承认为代表，因而，与那些建立某种商业实践的惯例有一定不同。但本书所指的民商事惯例概念能够包括那些解决法律冲突的实

---

〔1〕　该定义是根据 Black's Law Dictionary 对 customs 定义改进的。见 Bryan A. Garner ed. , *Black's Law Dictionary*, 7th ed. , West Group, 1999, p. 390.

〔2〕　必须指出，此时定义的惯例（custom）与 Black's Law Dictionary 所定义的 custom 不同。Black's Law Dictionary 认为部分惯例已经成为具有法律效力的规则（legal custom），可以直接作为法律适用。此种惯例概念适用于某些普通法做法或实践也许是正确的，但不符合民商事惯例的现状。除非法律或者法院认可，所有民商事惯例都不能自动作为法律执行。

践。另一个通过法律承认惯例效力的范例是《合同法》第 22 条可以通过"交易习惯"认定行为是否构成承诺的规定。此条款没有使用"惯例"的表述，但此时的交易习惯（usage）应当与惯例同义。惯例（custom）和"交易习惯"（usage）的差别将在下段专门讨论。

惯例和交易习惯的表述不同，他们的英文对应词 customs 和 usage 也不同，但在国际经济法渊源意义上是否有区别呢？此问题必须从相关的英文词汇分析开始。惯例（custom）的中英文涵义前文已作过介绍，现在需要分析交易习惯（usage）的中英文涵义。英文 usage 的涵义比英文 customs 的涵义狭窄。两者都代表某被普遍接受的规则或作法，但按照这些词汇的英文习惯用法，惯例（custom）本身可以具有一定的法律效力（force of law）或约束力，而交易习惯（usage）仅代表某地区、某行业的惯例性（customary）或习惯性做法。[1] 此语境下的交易习惯被形容为具有惯例性（customary），而惯例性作为形容词带有惯例的特性，故交易习惯应当也有一定的约束力。但在长期的使用过程中，交易习惯（usage）是被作为效力在一定程度或意义上低于惯例（custom）的实践或做法而接受的，我们将此概念翻译成中文时，除非明确地修改或限定英文原意，也应当接受这些概念原有的地位、差别和特有涵义。因此，中文的交易习惯与中文的惯例不应当是完全等同的概念，在效力等级上，交易习惯低于惯例（因为有些惯例，例如国际公法上的惯例，可以被视为自身具有一定的法律效力），但在准确度方面，交易习惯更能够准确地反映民商事实践的性质，即当事人自愿接受和遵循的实践或做法。也许就是因为惯例（custom）和交易习惯（usage）有一定或细微差别，而交易习惯更准确，《联合国国际货物买卖合同公约》没有使用惯例（custom）的表述，而采取了实践（practice）和交易习惯（usage）的表述。也许是由于受《联合国国际货物买卖合同公约》的影响，我国的《合同法》也没有使用"惯例"的表述，而在多项条款中使用了"交易习惯"表述。[2]

最后，笔者必须指出，由于本书中所定义的民商事惯例（或贸易惯例或商事惯例）本身不具有法律的约束力，故在本书中惯例和交易习惯是可以交叉或替代使用的概念。两者都是国际经济法渊源。

四、国内法

国内法是国际经济法的重要组成部分。这也是国际经济法和国际公法的重要区别之一。国际经济活动是人类生活的需要和社会进步的必然结果。许多国际经济关系所涉及的内容，国家间条约或协议是规范不了的，只能通过国家的立法权用国内法方式加以规范。其中，法理原因在于国家仅能通过条约规范作为条约缔约方国家的行为，而无能力通过条约直接约束非缔约方的公司、组织或个人的直接经济交易；

---

[1] 见 Black's Law Dictionary 对 customs 和 usage 的定义比较。Bryan A. Garner ed. , *Black's Law Dictionary* , 7th ed. , West Group, 1999, pp. 390, 1539.

[2] 例如，见《合同法》第 22、26、60、61 条等。

技术原因则是经济交易形式和内容的复杂性，以及各国经济、社会、法律、文化等方面的差别所导致的立法理念和原则方面的差别，以及各国经济利益的冲突决定了建立全球统一的整套经济活动或民商事交易原则是不可能的。所以，国家可以就某类交易行为制定统一、有限的国际规则（如《联合国国际货物买卖合同公约》），但无法在所有国际经济关系中用公约或条约取代国内法。再者，即使有公约存在，也不意味着所有国家都受公约的约束。前文已经指出，公约仅对已经按照其国内法定程序批准或加入了该公约的国家生效，而对非缔约国没有任何约束力。现在世界上最重要的经济关系条约——WTO 体制目前也仅有 151 个成员，其中还包括 4 位非国家的独立经济体成员。[1]联合国的成员为 192 个国家，[2]而全球的国家约 230 多个。这些数据说明的问题非常简单，即 WTO 协定仅对其成员生效，没加入 WTO 协定的国家或独立经济体不享有权利，也不承担义务。同理，如果联合国制定了对某具体经济关系有约束力的决议或者条约的话，其成员应当有是否签署的选择权；即使全部成员都必须接受的话，联合国体制外的国家也不受其约束。因而，通过条约制定统一国家经贸规则是一个相对概念，总会有一些国家（地区、经济体）或事项不受条约的约束。由此可见，在现在的国际政治、经济和法律框架下，国内法约束国际经济关系的地位和作用是不可取代的。

国内法在很多方面都与国际经济关系相关，如买卖、运输、保险、支付、投资等都是国内法管辖内容。再者，许多国家都要求通过国内法转化方式将国际条约引入国内实施。在此意义上，虽然国内法内容与国际条约一致，但解决具体问题的法律规范是国内法规范，而不是国际法规范，故国内法在规范国际经济关系方面的重要性可见一斑。

国内法的概念在不同法律传统的国家有一定差别。在大陆法系传统国家和地区，国内法就是成文法，而在普通法系传统国家和地区，国内法也包括判例法。同理，如果某国家或者地区的法律明确承认当地的某些传统和习惯的话，其国内法概念也包括这些不成文的传统和习惯。例如，香港法是建立在英国普通法基础之上，但除了英国普通法传统外，香港法律还包括普通法引入前在香港实施的部分涉及婚姻、家庭和土地的中国法律和习惯。[3]这些被保留的所谓中国法律和习惯可以被成文法和判例修改，并且事实上随着时代的进步和成文法的逐步丰富已经大量减少，但在理论上，这些保留的习惯还是存在的。如果某国内法包括判例法和传统习惯的话，这些法律内容必须按照其自身的原则和规律解读。所以，在适用具体的国内法时，

〔1〕 截至 2007 年 8 月 11 日的数据。见 WTO 网址：http：//www.wto.org/. 独立经济体成员主要包括欧共体（欧盟）以及我国的香港、澳门和台湾地区。
〔2〕 截至 2007 年 8 月 11 日的数据，见联合国官方网址：http：//www.un.org/members/list.shtml.
〔3〕 Peter Wesley - Smith, *An Introduction to the Hong Kong Legal System*, 3rd ed., Oxford University Press, 1998, pp. 51~53.

有必要对此国内法的内涵客观地加以认定、解读和运用。

五、国际司法机构和准司法机构裁决

笔者认为，国际司法机构，例如国际法庭（International Court of Justice）、欧盟法庭（European Court of Justice）、海洋法法庭（International Tribunal for the Law of the Sea）和某些有特别使命的国际性法庭的与经济关系相关的判决（judgment）、裁决（ruling）或意见（opinion）也构成国际经济法渊源。例如，国际法庭于 1989 年裁决过一个美国政府和意大利政府间就意大利地方政府对美国在意大利投资的公司实施征用（requisition）后的赔偿所产生的纠纷。[1] 该纠纷涉及一个美国在意大利巴勒摩（Palermo）市投资的一个电子配件生产工厂。1968 年美国投资者决定关闭当地工厂，而关闭工厂会导致失业人口增加和当地政府税收减少，于是当地市政府颁布了行政命令，决定对该工厂征用 6 个月，以防止投资者关闭工厂，遂导致纠纷产生。投资者最后在意大利法院起诉了地方政府，并获得赔偿，但对于法院判决的赔偿额不满。美政府指责意政府违反两国间的《友好通商通航条约》（Treaty of Friendship, Commerce and Navigation 或 FCN Treaty），但意政府也不能满足美国提出的赔偿要求。双方遂将争议于 1985 年提交国际法庭。法庭于 1989 年决定意政府的做法没有违背两国间的通商、通航协定。[2] 该案对于国际投资纠纷的解决和《友好通商通航条约》的解释都有指导意义。同样，欧盟法院关于欧盟成员间经济关系的判决对于欧盟成员和其他与欧盟成员有类似经济关系的国家都有指导或参考意义。海洋法法庭是一个介于"法庭"和仲裁庭之间的机构。如果是仲裁庭，则是本节所指的准司法机构性质。《联合国海洋法公约》涉及海洋资源的开发、利用和管理，因而有些决定也会影响《海洋法公约》成员间的经济关系。因此，这些国际司法机构或准司法机构的判决、裁决或意见也可能成为国际经济法的渊源。

与国际经济法相关的准司法机构主要指解决投资争议国际中心（International Centre for Settlement of Investment Disputes 或 ICSID）。该中心对《解决国家和他国国民投资争端公约》（Convention on the Settlement of Disputes between States and Nationals of Other States，或 ICSID Convention）成员国公民和政府间的投资纠纷提供仲裁，因而是准司法机构。投资问题是国际经济关系主要形式之一，而 ICSID 的裁决不仅对当事方有约束力，对于公约成员也有约束力。所以，ICSID 的裁决（awards）构成国际经济法渊源。按照 DSU 第 25 条规定设立的 WTO 仲裁庭也应当是准司法性质的机构，[3] 其裁决对于当事方有约束力，裁决对于 WTO 规则的解释会影响以后出现的类

---

〔1〕　*Elettronica Sicula Spa（ELSI）*（1989）ICJ 15.

〔2〕　关于该案例的简介，见 John Shijian Mo（莫世健），*International Commercial Law*，3rd ed.，Butterworths，2003，pp. 576 ~ 577.（Lexis Nexis 和中国法制出版社于 2004 年联合引入英文原版）

〔3〕　DSU 第 25 条第 3 款规定争议方应当遵守裁决，且裁决仅需要通知争议解决机构（Dispute Settlement Body 或 DSB）即可生效，不需要经 DSB 的批准或授权。

似争议。

WTO 专家组和上诉机构的报告书是否构成国际经济法的渊源呢？这是一个需要认真思考的问题。WTO 协议是国际经济法的渊源，而且是主要渊源之一。专家组和上诉机构有按照国际法规则协助争议解决机构（Dispute Settlement Body 或 DSB）解决纠纷的义务。但专家组和上诉机构的报告，包括调查结果和对 WTO 协议的解释仅构成推荐性建议，需经过 DSB 的批准程序方可生效。[1] 但是，按照现有的程序，说 WTO 专家组和上诉机构的报告本身有约束力或指导性不符合实际情况，经过 DSB 批准的专家组和上诉机构的报告才有约束力和指导性的说法则更准确。由于 DSB 审查程序的存在，且 DSU 第 7 条明确规定专家组报告书为推荐性建议，而第 17 条第 14 款规定的批准程序则建议上诉机构报告书与专家组报告书地位类似，所以，专家组和上诉机构的报告书只有在经 DSB 批准后方可取得强制力。因此，笔者认为 WTO 专家组和上诉机构本身不是准司法机构，它们的报告书仅在经过 DSB 批准后才能构成国际经济法的渊源。

六、国际组织决议

国际组织指政府间的正式或官方组织。按照相关国际组织的章程，成员国可能已经将部分立法权交给了组织，并事先承诺接受组织按照其法定程序所作的决议，此类决议对成员就具有约束力，进而可以构成国际法渊源之一。例如，《联合国宪章》第 25 条明确规定："联合国会员国同意依宪章之规定接受并履行安全理事会之决议。"按照此规定，安理会的决议具有约束力，是成员必须履行的法律义务，故安理会关于国际经济关系的决议构成国际经济法渊源。

如果某国际组织章程没有明确规定其决议的法律效力，此类决议是否能够构成国际经济法渊源成为有争议的问题。我国学者争论较多的是联合国 1962 年《关于天然资源之永久主权宣言》[2]、1974 年《建立国际经济新秩序宣言》[3] 和《各国经济权利和义务宪章》[4] 等文件。[5] 有学者认为这些文件构成法律义务，因而是国际经济法渊源。但笔者同意车丕照教授的分析，认为这些文件内容多为"建议"性软法义务文件，因而不是严格意义上的法律渊源。缺乏必要的法律约束力和强制力，或缺乏必须履行的具体法律义务是区分此类软规则和法律规范的重要标志。

国际组织决议不同于条约。条约需经过条约缔结程序生效，而决议则按照组织

---

〔1〕　见 DSU 第 16 条、第 17 条第 14 款。

〔2〕　"Permanent Sovereignty over Natural Resources", General Assembly Resolution 1803（XVII）of 14 December, 1962.

〔3〕　"Declaration on the Establishment of a New International Economic Order", General Assembly Resolution 3201（S－VI）of 1 May, 1974.

〔4〕　General Assembly Resolution 3281（XXIX）of 12 December, 1974, "Charter of Economic Rights and Duties of States".

〔5〕　对不同观点的分析，见车丕照：《国际经济法概论》（上卷），清华大学出版社 2003 年版，第 33~37 页。

的议事程序作出。缔约程序包括每一缔约国单独的签署、批准和通知程序，从而保证每一缔约国自由意志的充分行使。而决议则按照组织议事日程作出，经常是多数或绝对多数成员的意见形成决议，除非全体一致通过，决议会构成对少数成员意志的否定。除非成员已经在组织章程中事先放弃权利，条约所体现的国家意志与决议所体现的国家意志是有区别的。两者的法律地位也会因此有差别。这也是为什么需要将国际组织决议和条约分别讨论的主要原因之一。

虽然笔者前面已经指出很多国际组织决议不是严格意义上的国际经济法渊源，但那些具有软法性质的国际组织决议在调整国际经济关系中的地位也不容忽视。笔者认为，那些不能直接执行的决议可能为国际经济关系各方的交易提供一定的指导原则，并能够通过自愿接受的方式影响国际经济关系（特别是国家间关系）的形成和发展。再者，这些软法性质决议的存在代表了国际社会多数国家对某类经济问题的立场和观点，为这些国家处理国际经济关系提供了一定的指导原则和磋商的基础或标准。在此意义上，国际组织的软法性质决议可以被视为国际经济法的辅助渊源或准渊源。

第六节　国际经济法基本原则概念辨析

很多国际经济法的教科书和专著都使用了"国际经济法基本原则"的表述。[1]但作者们对国际经济法基本原则内容的表述有一定差别。概括这些作者的观点，国际经济法基本原则主要包括：国家经济主权原则，[2]国家对天然财富与资源的永久主权原则[3]、国家主权和对其自然资源永久主权原则[4]、尊重国家主权原则[5]、平等互利原则[6]、公平互利原则[7]、信守约定原则[8]、国际合作以谋发展原

---

[1]　例如，车丕照：《国际经济法概论》（上卷），清华大学出版社 2003 年版，第 40～48 页；余劲松、吴志攀主编：《国际经济法》，北京大学出版社、高等教育出版社 2000 年版，第 22～25 页；王传丽主编：《国际经济法》，高等教育出版社 2005 年版，第 20～22 页；张晓东：《国际经济法原理》，武汉大学出版社 2005 年版，第 33～37 页。

[2]　余劲松、吴志攀主编：《国际经济法》，北京大学出版社、高等教育出版社 2000 年版，第 22～23 页。

[3]　王传丽主编：《国际经济法》，高等教育出版社 2005 年版，第 20 页。

[4]　张晓东：《国际经济法原理》，武汉大学出版社 2005 年版，第 34～35 页。

[5]　车丕照：《国际经济法概论》（上卷），清华大学出版社 2003 年版，第 41～43 页。

[6]　车教授明确指出国际经济法有平等互利原则，但尚未形成公平原则。见车丕照：《国际经济法概论》（上卷），清华大学出版社 2003 年版，第 43～45 页。

[7]　见余劲松、吴志攀主编：《国际经济法》，北京大学出版社、高等教育出版社 2000 年版，第 23 页；王传丽主编：《国际经济法》，高等教育出版社 2005 年版，第 22 页；张晓东：《国际经济法原理》，武汉大学出版社 2005 年版，第 35～36 页。

[8]　车丕照：《国际经济法概论》（上卷），清华大学出版社 2003 年版，第 46～48 页。

则〔1〕、经济合作以谋求发展原则〔2〕、国际合作原则〔3〕、履行国际义务原则〔4〕。这些原则的表述虽不同，但其中有些是类似或者交叉的概念。不同原则的存在和类似原则表述的差别说明学者对于基本原则问题尚未达成共识，但他们都承认基本原则概念的存在。

那么什么是基本原则呢？车丕照教授认为国际经济法基本原则是国际经济法各项具体规则的基础。〔5〕余劲松教授认为国际经济法基本原则是指那些获得国际社会广大成员的公认、对国际经济法各个领域均具有普遍意义并构成国际经济法基础的法律原则。〔6〕王传丽教授似乎认为国际经济法基本原则包括国际法的一般原则及其特有原则。〔7〕张晓东教授认为国际经济法的基本原则是指在国际经济活动中被世界各国和各当事人所公认，具有普遍指导意义而适用于国际经济法一切效率范围内，构成国际经济法律制度基础的法律原则。〔8〕以上不同表述中，余教授和张教授的理解大致相同，而车教授的定义与他们的理解有一定相似之处，但最为简练。笔者同意他们定义中关于基本原则是国际经济法各个分支、各个领域或一切效率范围基础的观点，此点构成所谓基本原则和国际经济法一般原则、规范、做法和实践之间的最重要差别。

正是基于基本原则必须能够适用于国际经济法各个领域、分支或范围的假设，笔者认为国际经济法究竟是否有所谓的基本原则是一个必须认真思考的问题。国际经济关系形式多样，跨度很大，关系复杂，涉及国家主体、国际组织主体、公司主体、组织主体和自然人主体之间可能形成的各类经济关系。这些不同的经济关系能够支持一个普遍适用的原则吗？笔者对此持怀疑态度。换一个角度，现在的那些被视为国际经济法基本原则的内容能够真的适用于国际经济法各个领域、分支或者范围吗？前面列举的各类原则显示，他们主要是国际公法中的原则，主要适用于国家间或国家和国际组织间的经济活动，而无法适用于国际贸易的一般买卖、消费服务和运输合同等私人或公司间形成的经济关系。同理，某些能够在一定范围内适用于国家间条约和私人交易的原则，例如，车教授所主张的信守约定原则，也许能够适用于条约的信守和合同的信守，〔9〕但不能适用于国家对于自然资源的主权行使和国

---

〔1〕 余劲松、吴志攀主编：《国际经济法》，北京大学出版社、高等教育出版社 2000 年版，第 24 页。
〔2〕 王传丽主编：《国际经济法》，高等教育出版社 2005 年版，第 21~22 页。
〔3〕 张晓东：《国际经济法原理》，武汉大学出版社 2005 年版，第 36 页。
〔4〕 张晓东：《国际经济法原理》武汉大学出版社 2005 年版，第 37 页。
〔5〕 车丕照：《国际经济法概论》清华大学出版社 2003 年版，第 40 页。
〔6〕 余劲松、吴志攀主编：《国际经济法》，北京大学出版社、高等教育出版社 2000 年版，第 22 页。
〔7〕 王传丽主编：《国际经济法》，高等教育出版社 2005 年版，第 21~22 页。
〔8〕 张晓东：《国际经济法原理》，武汉大学出版社 2005 年版，第 37 页。
〔9〕 车丕照：《国际经济法概论》（上卷），清华大学出版社 2003 年版，第 46~48 页。

家对于经济活动的管理权。[1]所以，笔者认为不但很难或者无法建立国际经济法的基本原则，而且现在被视为国际经济法基本原则的那些内容也无法满足"基本原则"所应当承担的角色。因此，笔者认为现在流行的关于国际经济法基本原则的理论体系有内在的矛盾和不合理性，即现在公认的国际经济法基本原则都不能满足为它们设立的定义所列举的条件。相比之下，王传丽教授将基本原则简单地理解为国际法一般原则和国际经济特殊原则[2]所暴露的矛盾也许更少些，但这样定义对国际经济法基本原则存在的意义支持不大。

笔者倾向于取消"国际经济法基本原则"这一命题。由于现有的基本原则名不副实，没有必要继续坚持这个自相矛盾的理论框架。如果有必要建立国际经济法基本原则体系的话，笔者认为应当客观地对这些基本原则加以分类和定义，特别是将"公法"性质的国际经济关系和"私法"性质的国际经济关系加以区分，设立不同的基本原则。能够适用于国际经济法中国际公法层面的基本原则，与私法层面的许多问题没有关联，没有必要为这两个不同领域设立共同原则。即使在"公法"和"私法"两个大的领域，也有必要根据需要和实践情况设立实施重点不同的基本原则。按照这样的标准设立的基本原则体系也许会对国际经济法实践有更积极有效的意义。

---

[1] 国家对于自然资源的主权活动和对经济的管理权都是国际经济法研究的内容，见车丕照：《国际经济法概论》（上卷），清华大学出版社2003年版，第16～18页。

[2] 王传丽主编：《国际经济法》，高等教育出版社2005年版，第20页。

第二章
国际货物买卖和《联合国国际货物销售合同公约》的适用

第
二
章

本章要点

　　《联合国国际货物销售合同公约》为国际货物买卖提供了统一规则。该规则体系独立于国内法律体系之外，但反映了不同法律思维和传统的妥协，对于推动全球化背景下的国际货物买卖法的统一进程有积极的贡献。自 1988 年生效以来，参加国数目和相关判决数量的不断增加都显示了《联合国国际货物销售合同公约》国际地位和接受度的提高。真正学懂和掌握《联合国国际货物销售合同公约》主要原则，对于保护我国当事人的合法权益、促进我国对外贸易的进一步发展有非常重要的意义。

第一节 《联合国国际货物销售合同公约》概述

　　《联合国国际货物销售合同公约》[1]（The United Nations Convention on Contracts for the International Sale of Goods，可缩写为 CISG 或 Vienna Sales Convention，以下简称《公约》）于 1980 年 4 月 11 日在联合国国际货物买卖合同会议（United Nations Conference on Contracts for the International Sale of Goods）上通过，并于 1988 年 1 月 1 日起生效。《公约》是目前影响力最大的规范国际货物买卖的公约，但它不是国际上最早的规范国际货物买卖的公约。

　　国际社会建立统一的国际货物买卖规则的努力最初始于 1930 年。当时由在罗马的统一私法国际协会（International Institute for the Unification of Private Law 或 UNIDROIT）承担。[2]统一私法国际协会最初于 1926 年作为国际联盟（League of Na-

---

〔1〕 可以翻译为《联合国国际货物买卖合同公约》或《联合国国际货物销售合同公约》，因联合国贸易法委员会的官方文本采取了《联合国国际货物销售合同公约》，故本书采取此译法。

〔2〕 Explanatory Notes to the CISG, available at the UNCITRAL website：http：//www.uncitral.org/pdf/english/texts/sales/cisg/CISG.pdf.

tions）的附属机构设立。[1]国际联盟解体后，统一私法国际协会按照 1940 年签订的《统一私法国际协会章程》（UNIDROIT Statute）于 1940 年重新成立。[2]统一私法国际协会的会员由依法签订、批准和加入了《统一私法国际协会章程》的国家组成，现有 63 个成员国。[3]中国是协会的成员之一。统一私法国际协会于 1964 年成功地起草了两部关于国际货物买卖的公约：一个是《国际货物买卖统一法公约》Convention relating to a Uniform Law on the International Sale of Goods），另一个是《国际货物买卖统一合同成立法公约》（Convention relating to a Uniform Law on the Formation of Contracts for the International Sale of Goods）。两者均于 1964 年 7 月 1 日于海牙通过。[4]截至 2012 年 8 月，《国际货物买卖统一法公约》和《国际货物买卖统一合同成立法公约》仅保留有两个缔约国，即冈比亚（Gambia）和英国（United Kingdom）。[5]这两个公约的法律效力遂成为问题。按照《国际货物买卖统一法公约》第 10 条和《国际货物买卖合同成立统一法公约》第 8 条规定，两个公约分别需要 5 个国家批准后方能生效。两个公约曾经分别同时获得 9 个国家的批准，故已经生效。但有 7 个国家已经先后退出了这两个公约。这两个公约都没有规定如果因成员退出而导致低于 5 名成员时，公约的法律效果如何判断问题。所以，公约现有成员状况可能产生两种解释：①每个公约因不足 5 名成员而自动失效；②公约继续在现有的两名成员中生效，因为公约的 5 名成员规定仅对批准和加入而言，不适用于退出的情形。笔者支持第一种解释，同时希望指出，即使按照第二种观点，两个公约的实际效力也非常有限，因为只有两个国家继续参加，且其中仅英国在国际货物贸易中有较重要影响。这两个公约已经没有实际意义。

《公约》由 1966 年 12 月成立的联合国国际贸易法委员会（United Nations Commission on International Trade Law，UNCITRAL）起草。由于 1964 年的两个公约没有受到国际社会的普遍接受，联合国国际贸易法委员会于 1968 年起着手研究建立新的国际货物买卖规则问题，[6]并于 1980 年 4 月 11 日将它完成的公约草案交联合国大会通过。在获得了 10 个成员国的批准或加入后，公约于 1988 年 1 月 1 日起正式生效。

---

〔1〕 见统一私法国际协会网站的自我介绍，载 http：//www. unidroit. org/english/presentation/main. htm.

〔2〕 见统一私法国际协会网站的自我介绍，载 http：//www. unidroit. org/english/presentation/main. htm.

〔3〕 成员国名单见协会官方网站：http：//www. unidroit. org/english/members/main. htm.

〔4〕 两个公约的文本见统一私法国际协会网站：http：//www. unidroit. org/english/conventions/c－main. htm.

〔5〕 成员国状况，见统一私法国际协会网站：http：//www. unidroit. org/english/implement/i－64ulis. pdf 和 http：//www. unidroit. org/english/implement/i－64ulf. pdf. 协会资料仍显示以色列为成员国，但以色列已经加入了《公约》。按照《公约》规定，其成员国必须退出 1964 年的两个公约。所以，两个 1964 年公约现在应当仅剩 3 个成员。

〔6〕 见联合国国际贸易法委员会网站：http：//www. uncitral. org/uncitral/en/about/origin. html.

截至 2013 年底，公约共有 80 个成员，[1] 成为目前名副其实的最有影响力的国际货物买卖公约。

《公约》可分为四部分，共 101 条，前言独立于四部分之外。第一部分和第三部分下还进一步细分章和节。例如，第一部分包括两章，而第三部分包括五章；每章下面根据需要设节。这样的结构有助于《公约》的解读和使用。概括地讲，第一部分涉及《公约》适用的相关问题；第二部分与合同的缔结相关；第三部分规范合同双方的权利义务以及风险转移问题和违约补救；第四部分包括其他与《公约》相关但不能归于前面各部分的条款，例如，《公约》的签订、生效或保留等事项。

由于篇幅所限，本章仅讨论与《公约》适用相关的主要法律问题，包括：《公约》的适用、合同缔结规则、卖方主要权利和义务、买方主要权利和义务、风险转移规则和违约补救 6 个方面的问题。

第二节　《公约》适用相关法律问题

一、公约生效一般原则

国际法学生必须懂得公约生效的一般原则和过程。《公约》首先是一个国际公约，也可称为"多边条约"。"多边条约"是与"双边条约"对应的概念。一般缔约国多于 3 个成员时即构成"多边条约"，同时也可以称为"公约"。而缔约国为两个

---

[1] 现有 80 名成员包括：阿尔巴尼亚（Albania），阿根廷（Argentina），亚美尼亚（Armenia），澳大利亚（Australia），奥地利（Austria），巴林（Bahrain），白俄罗斯（Belarus），比利时（Belgium），贝宁（Benin），波斯尼亚和黑塞哥维那（Bosnia – Herzegovina），巴西（Brazil），保加利亚（Bulgaria），布隆迪（Burundi），加拿大（Canada），智利（Chile），中国（China），哥伦比亚（Colombia），克罗地亚（Croatia），古巴（Cuba），塞浦路斯（Cyprus），捷克共和国（Czech Rep），丹麦（Denmark），多米尼加共和国（Dominican Republic），厄瓜多尔（Ecuador），埃及（Egypt），萨尔瓦多（El Salvador），爱沙尼亚（Estonia），芬兰（Finland），法国（France），加蓬（Gabon），格鲁吉亚（Georgia），德国（Germany），希腊（Greece），几内亚（Guinea），洪都拉斯（Honduras），匈牙利（Hungary），冰岛（Iceland），伊拉克（Iraq），以色列（Israel），意大利（Italy），日本（Japan），吉尔吉斯斯坦（Kyrgyzstan），拉脱维亚（Latvia），黎巴嫩（Lebanon），莱索托（Lesotho），利比里亚（Liberia），立陶宛（Lithuania），卢森堡（Luxembourg），毛里塔尼亚（Mauritania），墨西哥（Mexico），蒙古（Mongolia），黑山（Montenegro），荷兰（Netherlands），新西兰（New Zealand），挪威（Norway），巴拉圭（Paraguay），秘鲁（Peru），波兰（Poland），韩国（Republic of Korea），摩尔多瓦共和国（Republic of Moldova），罗马尼亚（Romania），俄罗斯（Russian Federation），圣文森特和格林纳丁斯（Saint Vincent & Grenadines），圣马力诺（San Marino），塞尔维亚（Serbia），新加坡（Singapore），斯洛伐克（Slovakia），斯洛文尼亚（Slovenia），西班牙（Spain），瑞典（Sweden），瑞士（Switzerland），叙利亚（Syria），前南斯拉夫的马其顿共和国（The former Yugoslav Republic of Macedonia），土耳其（Turkey），乌干达（Uganda），乌克兰（Ukraine），美国（United States），乌拉圭（Uruguay），乌兹别克斯坦（Uzbekistan），赞比亚（Zambia）。见联合国国际贸易法委员会网站：http: //www. uncitral. org/uncitral/en/uncitral_ texts/sale_ goods/1980CISG_ status. html.

时，则称为"双边条约"。"条约"在此意义上与"协定"是通用的。[1]作为国际法意义上的公约，《联合国国际货物销售合同公约》的签订、生效也必须符合国际法签订、生效的一般原则和程序。

公约的生效有两重涵义，即公约本身的生效和公约在某特定国家或区域生效或适用。

1. 公约按照其本身规定程序生效。例如，《联合国国际货物销售合同公约》第99条第1款规定：本公约在第10个缔约国按照规定程序登记了该国的正式批准、接受、核准或者加入决定12个月后生效。这就是说《联合国国际货物销售合同公约》需要至少10个国家的正式批准并在联合国秘书长处登记的时间都超过了12个月的期限后方能生效。[2]按照第99条的规定，登记是生效的必经程序，也是公约对成员国生效的必经程序。由于各国条约生效的国内法程序不同，[3]《联合国国际货物销售合同公约》第99条规定的登记内容可以是批准（ratification）或核准（approval），[4]也可是接受（acceptance）或加入（accession）。而不论批准、核准、接受或加入的国际法或者国内法定义如何，只要相关国家按照其国内法规定程序和《联合国国际货物销售合同公约》规定在联合国秘书处进行了登记，即可满足《联合国国际货物销售合同公约》本身所规定的生效要件。严格地讲，《公约》本身并未要求缔约国在登记前必须履行其国内法正当程序，而仅要求了对其决定的登记。因此，就《公约》本身而言，只要某国按照《公约》规定登记了其批准、接受、核准或加入的决定，即成为该《公约》的缔约方。但是，如果某国在登记前未经过正常国内法程序的话，《公约》在该国的实际效力和适用可能出现不确定因素，故这样的登记没有大的实际意义。登记的要求也见于《国际货物买卖统一法公约》第10条和《国际货物买卖统一合同成立法公约》第8条的规定。按照这些条款，两个公约各自需要至少5个国家批准后方能生效。我们可以由此推论，当这两个公约现有成员不足5个时，这些

---

[1] 《维也纳条约法公约》第2条第1款第1项规定："称'条约'者，谓国家间所缔结而以国际法为准之国际书面协定，不论其载于一项单独文书或两项以上相互有关之文书内，亦不论其特定名称如何。"

[2] 《公约》第89条指定联合国秘书长作为本公约的保管人。

[3] 各国法律可以规定某类条约或公约必须经过国内立法机构的批准方能生效，也可以规定某类条约不需国内批准程序，而通过国内备案、登记或知会程序即可对该国生效。以中国为例，《中华人民共和国缔结条约程序法》第7条第1款规定："条约和重要协定的批准由全国人民代表大会常务委员会决定。"第9条则规定："无须全国人民代表大会常务委员会决定批准或者国务院核准的协定签署后，除以中华人民共和国政府部门名义缔结的协定由本部门送外交部登记外，其他协定由国务院有关部门报国务院备案。"

[4] ratification可以译为批准，approval可以译为核准，但中文的"批准"和"核准"很难在法律上加以区分。同样，英文的ratification和approval在法律上也难以区分。它们的英文涵义根据语境可能不同，但有可能被交叉使用。故第99条将其并列，构成合法的可被登记的内容。

公约的适用条件因没有获得满足而不能生效。[1]

2. 公约的国内生效问题实际上也涉及两个方面的问题：一是国内规定的批准或者认可程序；二是公约的国内法转化问题。公约的国内法程序上的批准或认可根据各国法律规定不同而变化。例如，中国国内的条约或公约生效程序依《缔结条约程序法》相关规定分为批准、核准和备案三个程序。该法第 7 条要求条约和重要协定由全国人大常委会决定是否批准，并对此类条约和重要协定进行了列举。第 8 条规定第 7 条第 2 款所列范围以外的国务院规定须经核准或者缔约各方议定须经核准的协定和其他具有条约性质的文件签署后，由外交部或者国务院有关部门会同外交部，报请国务院核准后生效。而第 9 条则规定无须全国人大常委会决定批准或者国务院核准的协定签署后，除以政府部门名义缔结的协定由本部门送外交部登记外，其他协定由国务院有关部门报国务院备案即可生效。这三个条款代表了不同的国内法生效程序，而不同程序的关键是按照法律规定对于条约或者协定的性质加以认定和区分。[2] 公约或条约（包括协定）的国内法转化也是一个必须依国内法程序决定的问题。多数普通法系国家规定必须通过国内法专门的转化程序才能将国际条约或公约转化为国内法。因此，制定专门国内法、明确声明某国际条约被接受为国内法，或将国际条约实质内容通过复制或复述方式转化为国内法都是常用的方式。而在我国，则需根据不同条约采取不同转化方式。如果是涉及民事法律的公约和协定，需要援用《民法通则》第 142 条规定，即中国缔结或者参加的国际条约同中国的民事法律有不同规定的，适用国际条约的规定，但中国声明保留的条款除外；其他性质的公约、条约和协定则需要通过专门的转化程序变成国内法后执行。这一原则体现在 2002 年 10 月 1 日起实施的《最高人民法院关于审理国际贸易行政案件若干问题的规定》之中。按照该司法解释，与国际贸易行政案件审理相关的国际条约、公约或协定仅在与国内法规定一致时才构成可以直接适用的基础，否则必须援用国内法相关规定。该司法解释的直接后果是：如果相关公约、条约或者协定还没有通过国内法直接或者间接采纳的话，则不能被法院适用。因此，至少在全国人大常委会或全国人大还未就此问题作出明确规定前，最高法院的司法解释仍然是非民法性质的国际条约、公约或协定国内适用问题的主要参考依据。

《联合国国际货物销售合同公约》1988 年 1 月 1 日生效。中国于 1986 年 12 月 11

---

[1]　见本章第一节相关讨论。

[2]　必须指出，虽然《中华人民共和国缔结条约程序法》设立了三种条约或协定类别，但并未提出明确定义，故具体操作层面还有很大的不确定性，全国人大常委会和国务院的个案协调则成为解决这种不确定性的唯一有效途径。笔者同时希望指出，仅凭"协定"和"条约"的文字本身，是无法区分它们之间性质、等级或重要性的。因此，笔者认为在法律中对关键词加以明确定义是唯一的解决这种不确定性的有效方法。

日批准了该公约，并同时对于公约第 1 条第 1 款（b）项和第 11 条作了不适用性保留。[1] 中国政府已于 2013 年 1 月 16 日向联合国秘书处递交了撤回对于第 11 条保留的声明，从 2013 年 8 月 1 日起生效。[2] 联合国国际贸易法委员会官方网站关于《公约》适用情况的数据也不再显示中国对合同书面格式的保留。[3] 因此，按照仍然生效的保留，国际私法规则不能导致《公约》在我国适用，但自 2013 年 8 月 1 日以后签署的合同，如果适用《公约》的话，则不再必须采取书面格式。

二、《公约》适用要件分析

（一）真正了解适用要件的重要性

《公约》的适用条件或要件是研究《联合国国际货物销售合同公约》所必须首先了解的问题。在使用《联合国国际货物销售合同公约》解决国际货物买卖问题之前，我们必须能够正确地、合法地按照《公约》本身所设立的条件和程序确定《公约》的适用问题，否则就可能出现一些适用法律中的错误。例如，中国在加入《公约》时，对于第 1 条第 1 款（b）项的适用作过保留，[4] 所以，虽然我国的《民法通则》和《合同法》都允许当事人在国际买卖合同中选择适用法，但在中国法院不能因为当事人选择了《公约》而适用《公约》。仲裁庭一般也应当遵循同样原则。[5] 但在中国海事审判网所报道的一篇涉及《公约》的案例中，则出现了这样的结论：[6] 杭州市中级人民法院经审理认为：我国民法通则规定"涉外合同的当事人可以选择处理合同争议所适用的法律"，故海湾公司与杭钢公司协议选择适用的《公约》应作为处理本案争议的准据法。

此结论至少存在两个基本法律技术问题：①法院在决定《公约》是否适用时必须首先检查《公约》本身的适用要件或要求，而不是根据《民法通则》决定《公约》的适用；②即使中国法允许当事人的自治和选择，法院也不能按照此程序或方法认定《公约》适用，因为这种选择过程和通过国际私法或冲突法规则确定《公约》是否适用的做法恰恰是中国在加入《公约》时已经明确拒绝承认的，因而是中国法律禁止使用的方法。因而杭州中院在此案件中通过当事人选择确定《公约》适用的

---

〔1〕《公约》第 1 条第 1 款（b）项涉及通过国际私法或冲突规则导致《公约》适用的规定；第 11 条则承认口头合同的效力。这两个条款对于中国没有约束力。

〔2〕见 "China Withdraws" Written Form Declaration Under the United Nations Convention on Contracts for the International Sale of Goods (CISG)"，http：//www. unis. unvienna. org/unis/pressrels/2013/unisl180. html.

〔3〕见 UNCITRAL 官方网站，Status of the CISG，网址：http：//www. uncitral. org/uncitral/en/uncitral_texts/sale_ goods/1980CISG_ status. html.

〔4〕《公约》第 1 条第 1 款（b）项允许运用国际私法或冲突法规则导致《公约》的适用，但该条款对中国不适用，故在中国仅当缔约双方来自缔约国时可以适用《公约》。

〔5〕笔者认为虽然仲裁庭可以根据当事人的意愿和公平需要决定法律或规则的适用，但如果仲裁庭的决定明显或直接违反了当地法律规定的话，仲裁庭裁决的有效性可能成为问题。

〔6〕见题为"充分尊重当事人意思自治，杭州中院适用国际公约审结一起国际货物买卖案"的案例报道，载 http：//www. ccmt. org. cn/hs/news/show. php？ cId = 1529，2002 年 8 月 3 日发布。

做法欠妥，属于因不了解《公约》在中国适用的特定条件所导致的错误。法院显然没有理解中国对《公约》第1条第1款（b）项保留的意义。

对《公约》适用要件的误解在我国是一个较普遍的现象。例如，合同纠纷网于2006年1月8日转载的据说来自《人民法院报》的一篇文章中有这样的观点："我国公司和非缔约国公司之间订立的货物买卖合同，公约不能直接适用，除非他们选择了公约作为合同准据法。如杭州中级人民法院审理的'阿拉伯联合酋长国迪拜阿里山的海湾资源有限公司与杭州杭钢对外经济有限责任公司的国家货物买卖合同纠纷案'，就因当事人选择了公约作为准据法，而依公约规定判决了此案。"[1]该篇文章前面明明指出我国在加入《公约》时对于第1条第1款（b）项作过保留，后面却没有意识到允许当事人通过选择适用《公约》恰恰是被该项保留所禁止的行为。再者，该文作者明显没有读或者没有读懂《公约》第1条第1款所规定的适用要件。按照《公约》第1条第1款（a）项规定，如果该条款的适用要件已经满足，即当事人的营业地位于两个缔约国的话，不需选择即可直接适用《公约》。事实上，《公约》第1条第1款（a）项规定不仅允许直接适用《公约》，还可以解读出强制适用的意思。

《公约》是否强制适用是一个没有定论的问题。一方面，《公约》第1条的措辞好像是说满足条件后，就应当（或必须）适用《公约》；但另一方面，《公约》没有包括强制适用的条款，即如果某国法院在某合同满足第1条适用的规定时，仍然由于各种原因没有适用《公约》的，也没有什么补救措施。

以上案例也反映了一个法律研究和适用过程中的所谓"真正懂得"或"真正了解"法律内容的问题。掌握基本的法律解释方法和扎实的法律逻辑基础是我们真正学会《公约》条款和逐步建立正确解读和运用《公约》条款信心的必要条件。法律的各分支部门或知识体系都是融会贯通、相互支持的，我们应当真正学会基本的法律分析技巧和推理能力，能够与现实生活结合学习真实的法律。

（二）《公约》第1条第1款解读

《公约》的解读必须从文字开始。按照《公约》第101条规定，《公约》的阿拉伯文、中文、英文、法文、俄文和西班牙文文本均为官方文本，具有同等效力。在中国，常用的文本是英文和中文文本。这两种《公约》的官方文本都可以在联合国国际贸易法委员会的官方网站获得[2]实践中，我国的许多网站上都提供了《公约》的中文译文，但均未说明是否为官方文本或译本。事实上许多中文文本是非官

〔1〕　见许军珂："《联合国国际货物买卖合同公约》及其在我国的实践"，载 http：//www. contracts. com. cn/news/page/16_ 227_ 698. htm.

〔2〕　联合国国际贸易法委员会（UNCITRAL）官方网站有阿拉伯文、中文、英文、法文、俄文和西班牙6种文字的文本，见网址：http：//www. uncitral. org/uncitral/index. html.

方的译文，故效力和准确性都有疑问，从而导致法律解释和适用的不确定性或错误。[1]要解决问题，应当由全国人大或者最高人民法院正式认定联合国国际贸易法委员会提供的文本为《公约》的正式文本。这种中国官方正式认定《公约》中文本的程序是必要的，也是法治的要求，否则法律解释和适用的准确和公平则无法保障。

　　《公约》适用的主要依据是《公约》第 1 条的规定。该条款的中文原文转述如下：[2]本公约适用于营业地在不同国家的当事人之间所订立的货物销售合同：（a）如果这些国家是缔约国；或（b）如果国际私法规则导致适用某一缔约国的法律。

　　该条款涉及《公约》适用的前提和要件的解释，详细讨论如下：

　　1. 买卖合同双方的营业地必须来自不同的国家（contracting state）。这里的国家是指国际法上的主权国家，[3]而不包括一个国家内具有一定独立性的"法域"[4]或具有有限国际法地位的经济独立体。[5]合同双方来自不同国家的要求强调《公约》适用的国际性。

　　2. 合同双方身份是以营业地（place of business）为基础认定的。《公约》本身对于营业地概念没有提供明确定义，因此，各成员国法院有权依照本国法律所承认的认定合同当事人营业地的标准认定某国际货物买卖合同当事人的营业地。根据法律的性质和目的不同，国内法营业地认定的标准有差别。例如，公司法所需要的营业地认定标准与税法的认定标准不同，由于税法的目的是建立属人或者属地的税收管辖权，所以，税法上的营业地认定标准主要考虑便于建立政府和企业的联系，而公司法却需要考虑公司法所需要的公平和效率。合同当事人营业地认定问题实际上是合同主体身份认定问题，也是一种缔约能力问题，故合同法本身一般不作特别规定。概括而言，《公约》所指的营业地可以是公司注册地、公司实际办公地、总部所在地、实际控制地、主要营业所在地或大股东所在地。由于《公约》允许个人或者皮包公司从事国际货物买卖，故当某合同法没有规定营业地时，《公约》第 10 条（b）

---

[1] 笔者发现我国法院和许多学者、专家在适用、解读公约或外国法时有一个通病，即将相关的非官方中文译文视为法律原文，完全脱离英文原文的文字和语境，按照中文文字和语境解读相关法律。这种研究和适用法律方法极不科学。如果翻译者对原文有误解或者表述有偏差的话，这些偏差会被视为英文的原意，可能导致法律适用的严重错误。笔者仅使用英文条约或外国法律作为范例，因为笔者没有阅读、使用和判断其他外文准确性的能力。

[2] 本书使用的《公约》中文版均来自联合国国际贸易法委员会所提供的官方文本。

[3] 国际法上对主权国家定义有一定争论。一般接受的认定标准包括：有固定人口，有较明确和获得承认的领土，有有效和稳定的政府，建立与他国国际关系的能力和独立性。但具体的认定标准可能因具体环境不同而变化。见 Ian Brownlie, *Principles of Public International Law*, 4th ed., Oxford University Press, 1990, pp. 72 ~ 73.

[4] 由于其在一国框架内的相对独立性，我国的香港、澳门和台湾地区可以被视为一个中国内部的有一定独立地位的"法域"。

[5] 在 WTO 框架内，我国的香港、澳门、台湾地区和欧盟都是有 WTO 组织主体资格的独立经济体，但不是国际法意义上的国家。

项允许将该方的惯常居所作为其营业地。必须指出，虽然《公约》没有明确设立营业地认定标准，但也为营业地的认定提供了一些辅助标准或限定条件，主要包括：①合同当事人在缔约前相互披露和各自获取的信息成为当事人营业地认定的基础和限制范围，双方的营业地必须从此类信息中认定或选择；[1]②如果公开的信息中包括两个以上营业地的，则以与合同或合同履行有最密切联系的营业地为合同营业地，同时应当考虑双方的缔约意志和缔约前具体情况；[2]③当事人的国籍以及合同的性质不能构成认定营业地的基础。[3]

3. 《公约》仅适用于国际货物买卖或销售，而"货物买卖或销售"的定义必须参考《公约》第2条的各项规定，即第2条将多数消费者交易，[4]拍卖，法律强制出售，股票、投资、有价证券和购买现金的交易，购买船舶、飞机或其他飞行器合同，以及供电合同排除在《公约》适用范围之外。由于《公约》并没有明确"货物"（goods）的定义，具体货物买卖的认定必须在国内法的框架下进行。我国《合同法》对于"货物"也没有明确定义，在参考了普通法系货物买卖法（Sale of Goods Act）的基础上，[5]笔者认为我国货物买卖中的"货物"可以被理解为所有可以成为国际货物买卖合同标的的动产和有形产品，以及可以被分拆或与土地分割的物体、产品、土地附着物等，不仅包括已经存在的有形产品，也包括将被生产的有形产品，但排除法律禁止作为买卖合同标的的产品、证券和现金。由于《公约》第2条的特别规定，即使是符合国内法规定的国际货物买卖定义的合同，也可能由于第2条的限制而排除《公约》的适用。

4. 在确定某交易是否属于《公约》所涵盖的国际货物买卖合同时，也必须参考《公约》第3条的规定。按照该条款，来料加工不属于国际货物买卖，[6]而从属于整体合同的货物交易也不符合《公约》规定的国际货物买卖合同定义。[7]因为在上述交易中，卖方（加工方）所出售标的或主要标的不是"货物"，而是劳动、服务、技术、技能等无形产品。

5. 双方当事人营业地位于两个缔约国时可以按照《公约》第1条第1款（a）项适用《公约》。但该款规定是否意味着当该项条款满足时必须适用《公约》呢？这就是所谓的《公约》的强制性问题。就《公约》第1条第1款（a）项的文字本身而

〔1〕 见《公约》第1条第2款规定。

〔2〕 见《公约》第10条（b）项。

〔3〕 见《公约》第1条第3款。

〔4〕 国际消费者合同一般不适用《公约》，但卖方在合同签订前不知道或者不应当知道买方为消费者的交易除外。见《公约》第2条（a）项。消费者合同应当定义为买方为了个人生活消费购买货物的交易。

〔5〕 普通法系国家和地区的货物买卖法基本上一致，均源于英国1893年的《货物买卖法》。

〔6〕 见《公约》第3条第1款。

〔7〕 见《公约》第3条第2款。

言，我们能够推论出《公约》"应当"或"可以"适用的结论，但很难得出"必须"适用的结论。就该条款的立法目的或者立法意志而言，国际贸易法委员会秘书处就《公约》1978 年草案所作的评论或说明可以提供有价值的参考。秘书处认为，如果合同缔约人来自两个不同缔约国时，即使国际私法规则指向第三国法律，也适用《公约》。[1] 在国际贸易法委员会没有对《公约》作出正式说明的情况下，秘书处的草案评论和说明就成为最能代表国际贸易法委员会正式观点的文件。但必须指出，即使按照前项说明也很难得出《公约》必须强制实施的结论。该段说明主要作用是决定了第 1 条第 1 款 (a) 和 (b) 之间的关系，而没有专门强调《公约》的强制适用性。换言之，即使不出现国际私法规则导致非缔约国法律实施的情况，我们仍然无法得出《公约》必须强制适用的结论。关键问题在于如果《公约》必须适用的话，某缔约国法院在第 1 条第 1 款 (a) 项满足后仍然不适用《公约》的做法则构成国际法的违约行为。由此看来，《公约》的强制适用性是《公约》所没有明确规定或解决的问题。

6. 对第 1 条第 1 款 (b) 项的解读是我们必须面对的问题。该条款规定，如果某缔约国国际私法或冲突法规则导致《公约》适用的，则《公约》适用。对该条款的解读可以出现几种情形：①当事人的营业地在两个缔约国，该条款可同时导致《公约》的适用，但如果规则所指向的缔约国已经对 (b) 项作了保留的话，则只能按照 (a) 项规定适用《公约》；[2] ②只有一方当事人的营业地在缔约国，而国际私法规则导致该缔约国法律适用的话，则适用《公约》；③双方当事人均来自非缔约国，但国际私法规则导致某缔约国法律适用或当事人明确选择《公约》的话，则适用《公约》。必须明确指出，由于国际私法中"反致"规则的存在，第 1 条第 1 款 (b) 项可以直接导致《公约》的适用，也可以通过"反致"程序导致《公约》的适用。

以上为对《公约》适用主要要件的解读。

---

[1] 秘书处此部分评论的英文原文为："6. If the two States in which the parties have their places of business are Contracting States this Convention applies even if the rules of private international law of the forum would normally designate the law of a third country, such as the law of the State in which the contract was concluded. This result could be defeated only if the litigation took place in a third non – Contracting State, and the rules of private international law of that State would apply the law of the forum, i. e., its own law, or the law of a fourth non – Contracting State to the contract.", 见 Secretariat Commentary, http：//cisgw3. law. pace. edu/cisg/text/secomm/secomm – 01. html.

[2] 必须指出，在此特定的情形下，(a) 项和 (b) 项所导致《公约》适用的实际结果没有差别，但适用原理有法理差别。所有受过法律专门训练的人必须能够区分此差别，并正确运用规则。

第三节　合同缔结规则

一、要约和要约邀请概念比较

合同是缔约人意志的竞合，也反映了缔约人对于合同条款的共识和接受。缔约人的共同意志或共识是通过合同签订前的磋商过程达成的，而缔约主要过程则可被分为要约（或发价）和承诺（或接受）两个具有法律意义的步骤或行为。要约（offer）是作为合同一方的要约人（offeror，或称发价人）向受要约人（offeree，或称被发价人）发出的按照特定条件建立合同法律关系的表示。当受要约人向要约人表示愿意完全按照要约人的条件建立合同关系时，即构成所谓的承诺（acceptance）。要约内容和承诺内容达到一致时，合同关系即可成立。作为国际条约，《公约》必须具有一定的普遍性。为了统一各国不同的合同成立规则，《公约》制定了较明确的要约规则。要约规则的主要内容包括要约的定义、要约的生效时间和方式、要约的撤销和失效。

《公约》的第二部分就合同成立作出了明确规定。第 14 条第 1 款提供了要约（发价）的法律定义，该条款规定如下：向一个或一个以上特定的人提出的订立合同的建议，如果十分确定并且表明发价人在得到接受时承受约束的意旨，即构成发价。一个建议如果写明货物并且明示或暗示地规定数量和价格或规定如何确定数量和价格，即为十分确定。

该条款所定义的要约主要有五个特点：①向特定人发出，而特定人可以是多人；②有明确的缔约意志，即愿意受被要约人接受要约条款后所产生的法律后果约束的意志表示；③合同标的明确；④约定明确的货物数量或如何确定数量的方法；⑤约定明确价格或如何确定价格的方法。因此，不能满足《公约》第 14 条规定的缔约建议不构成《公约》下的要约。例如，在 1992 年匈牙利最高法院受理的一个涉及《公约》适用的案件中，买方的"要约"包括两种型号的机器，但没有明确价格或如何确定价格的条款，买方对此也未作补充，法院遂根据《公约》第 14 条裁定合同不成立。[1]

就要约内容而言，《公约》第 14 条似乎建议缔约意志、货物、数量和价格是要约所必须具有的最基本内容，即如果没有这些基本内容的话，则不构成要约。但必须指出，这些最基本内容与合同的重要条款是不同概念。前者决定要约是否存在，而后者决定合同内容是否发生了重大变化。因此，《公约》第 19 条第 3 款规定："有关货物价格、付款、货物质量和数量、交货地点和时间、一方当事人对另一方当事人的赔偿责任范围或解决争端等的添加或不同条件，均视为在实质上变更发价的条

---

[1] 见 *United Technologies International Inc v Magyar Legi Kozlekedesi Vallat（Malev Hungarian Airlines）* 的英文摘要：CLOUT Case 53，载 http://www.uncitral.org.

件。"该条款能够说明要约所应当包括的重要内容，但是部分内容（如交货地点和时间）的缺失不影响要约本身的成立。《公约》第 14 条和第 19 条的相关规定从不同角度为解释我国《合同法》第 14 条第 1 款关于要约"内容具体确定"要求所可能包括的涵义提供了参考。[1]

在法律上，要约邀请与要约不同，它是邀请他人发出要约的意思表示。在实践中，要约邀请也是一种缔约的意思表示，有可能最终导致合同的成立。要约邀请一般包括两类建议：明确邀请他人发出要约的建议和不能满足要约的法律要件但实现了一定缔约意思的建议。《公约》第 14 条第 2 款将要约邀请定义为："非向一个或一个以上特定的人提出的建议，仅应视为邀请作出发价，除非提出建议的人明确地表示相反的意向。"该条款将接受缔约建议方是否为特定人作为区分要约和要约邀请的主要标准或唯一标准，但同时允许要约人或发价人明确地将向非特定人发出的建议定性为要约。要客观的解读该条款，至少需要注意两点：①即使某建议包括明确的缔约意志、货物、价格和数量，但接受对象不确定的，一般被视为邀请；②即使是对不特定人发出的建议，如果发出人明确表明该建议是要约且符合要约其他要件要求的，则可构成要约。这两种结果之所以相反，关键在于发出人明确的意思表示和建议具有要约所应当具有的除特定受要约人外的其他法定要素。

要约生效相关规定见《公约》第 15、16 条，主要原则包括：①要约自要约送达受要约人时生效；②在要约生效前，要约人可以撤回要约；③要约生效后，要约人仅能在受要约人尚未接受可撤销要约前撤销该要约。这些原则中涉及几个重要概念。①"送达"的涵义在《公约》中是统一的，均见于《公约》第 24 条。该条款称：为公约本部分的目的，发价、接受声明或任何其他意旨表示"送达"对方，系指用口头通知对方或通过任何其他方法送交对方本人、其营业地或通讯地址，如无营业地或通讯地址，则送交对方惯常居住地。②撤回（withdrawal）和撤销（revocation）有不同的法律涵义，撤回适用于要约未生效前的取消，而撤销适用于可撤销要约生效后的取消。

二、接受和反要约相关规则

合同订立过程是当事人的互动的过程。要约人发出要约，受要约人可以接受、拒绝或者修改要约。完全接受或者实质性接受的，合同双方的缔约意志竞合，合同即告成立。明确拒绝、不理睬要约或对要约内容作出实质性修改的，构成对原要约的拒绝，而经过实质修改的要约不构成接受，而构成反要约。遂启动下一轮的要约—承诺、要约—拒绝或要约—反要约的互动过程。

《公约》第 18 条对于接受或承诺作出了明确规定。按照第 18 条第 1 款，受要约人明确声明或作出其他行为表示同意要约实质性条款的，即构成接受或承诺。所谓明确声明，是受要约人明确以口头或者书面方式通知或告知要约人其完全接受或全

---

〔1〕《合同法》本身对于要约内容具体确定的要求没有提供明确定义或解释。

部接受要约的实质性条款的缔约意思。此语境下的通知或告知也按《公约》第24条规定的"送达"方式生效，因此产生相应的程序要求。如果要约人对于接受或者承诺有特殊的时间或方式要求的，受要约人所作出的接受必须符合这些特定的要求。如果没有特别要求的，则需要通过交易的背景、习惯和要约发出的形式决定接受的合理时间和方式。第18条第1款所规定的有效接受也包括所谓的"其他行为"。此语境下的其他形式与明确通知或声明相对应，可以是行为，也可以是行为、书面交流和口头交流的结合，但此种特定的"其他行为"必须将接受要约条款和建立合同关系的意思"通知"要约人，即以有效的方式告知或使要约人意识到接受或承诺的存在。以其他行为接受要约并通知要约人的，自此种通知送达要约人时生效。第18条第1款"以其他行为作出的接受"和第3款"以某种实际履行行为作出的接受"的关键区别，在于按照第1款所作出的接受的意思表示必须通知或送达要约人，而后者无须此通知或送达程序。

在实践中，合同可因受要约人的某些实际履行行为而成立。《公约》第18条第3款允许受要约人在特定情况下通过某些实际履行行为表示其接受要约的意思。在此种情况下，履行行为被视为有效的接受，而无须以告知或者通知要约人为前提。由于此种接受方式特殊，且剥夺（或放弃）了要约人正式收到承诺通知的权利，第18条第3款仅允许受要约人根据要约的指示或当事人之间确立的习惯做法和惯例以实际履行作为接受要约的方式。以实际履行接受要约的，也必须在要约规定的时间或者合理时间内作出接受要约全部条款或实质性条款的行为表示。

反要约是受要约人可能对要约作出的反应之一。双方各自的缔约意志代表了他们签订合同的意向，只有当他们就合同主要条款达成共识后，他们才有共同的缔约意志。在要约人所发出的要约基础上修改或增加部分实质性条款，然后将修改后的缔约建议发还给要约人的过程就是受要约人向要约人发出反要约的过程，也是新一轮的缔约谈判过程的启动。《公约》第19条第1款称："对发价表示接受但载有添加、限制或其他更改的答复，即为拒绝该项发价，并构成还价。"按照此款规定，接受和反要约的差别是按照所谓"接受"的实质内容判断的。即使受要约人声称完全接受要约条款，但如果对货物价格、付款、货物质量和数量、交货地点和时间、一方当事人对另一方当事人的赔偿责任范围或解决争端条款等实质性条款作了修改的，则不能视为接受，而必须视为反要约，即一个新的要约。反要约发出后，当事人之间的缔约地位需要作相应调整。原来的受要约人变成了要约人，而原来的要约人则变成了受要约人，他们之间缔约前的权利义务也作相应调整。

根据《公约》第19条规定，受要约人对于要约内容的非实质性修改，可被视为有效的接受。有效接受导致合同的成立。而即使是非实质性修改，受要约人实际上也对要约条款作了改变，其后形成的合同条款与要约人最初的建议也会有差别。为了避免当事人之间对于合同条款内容的分歧，《公约》第19条第2款设立了一个有利于合同履行的假定，即如果要约人对于受要约人非实质性修改没有及时以口头或书面方式拒绝的话，则被视为已经同意了修改内容，在此基础上成立的合同以修改后内容为准。该条款的理性在于：既然已经认定修改为非实质性的，接受的生效即代表双方的缔约意志达成一致，而要约人已经被给予了在接受生效后主动否定修改有效性的权利和机会，如果要约人没有按照规定行使其权利和机会的话，则理应受到修改后条款的约束。这样的规定对于促进合同履行和保证合同稳定性有重要意义，但同时说明了正确、合理、合法解读实质性修改对于当事人权利义务的决定性影响。

促进和便利合同成立与履行是《公约》主要目的之一。反映在缔约规则方面，即《公约》第21条为逾期接受设立了规则，提供了逾期达到的接受仍导致合同成立的可能性。所谓逾期是指受要约人的接受没有在要约明确规定期间，或无明确规定时未在一个合理的期间内送达要约人的情形。《公约》所定义的逾期接受是以要约人实际收到接受通知的时间为标准判断的。只要接受通知实际送达要约人的时间超过了规定时间或无规定时间时超过了合理期间的话，即被视为逾期接受。《公约》将逾期接受分为两大类情况：邮寄或传送系统延误导致的逾期和其他类逾期，并制定了不同的生效规则。由于邮寄或传送系统（transmission）问题导致接受通知逾期送达的，只要被送达的信件或其他书面文件所包括的信息能够显示如果邮寄或传送系统正常的话，该通知能够在规定或合理期间内送达的，则可以假定该逾期接受有效，除非要约人立即口头或书面通知受要约人要约被视为无效。该规定援用了英美法系所谓的"邮箱规则"（postal rule），但允许要约人在最短的时间内明确否定该"邮箱规则"在具体交易中的作用。其他类别的逾期被假定为无效，但允许要约人在最短的时间内以口头或书面方式明确通知受要约人该逾期接受有效。概言之，《公约》第21条所规定的两种逾期接受的情形都要求要约人主动采取行为赋予或否定逾期接受的效力，但两种逾期接受的假定是相反的，导致后果完全不同，故合理认定逾期原因对于该条款的适用至关重要。需要特别注意的一个问题是对第21条第2款的潜在适用与合理解读。由于该条款使用了"其他书面文件"（other writing）和"传递"（transmission）的文字表述，没有特别限于"信件"和"邮寄"（post），该款所代表的"邮箱规则"有可能被扩展到一般信件外的其他书面文件。传真和电子邮件一般都可被视为书面文件形式，故第21条第2款有延伸至电子数据的可能，可能导致逾期接受法律问题的复杂化。

三、合同成立的形式要求

《公约》第11条允许当事人以书面、口头或其他形式建立合同关系。虽然《公约》第13条将"书面"形式扩展到电报和电传，但此条款不应作为对"书面"形式解读的限制。就文字而言，第13条的"包括"（include）是列举式说明，不是排他性限定，故《公约》的"书面"形式也可能扩展到电报和电传外且为国内法承认的其他书面形式。如果缔约国成员承认电子数据为书面形式的话，[1] 则对该国法院而言，通过电子数据成立的合同也是书面合同。由于部分国家对于合同形式有特别要求，故《公约》第 12 条允许缔约国在签署、加入或接受《公约》时，按照《公约》第 96 条的规定，以声明保留方式仅承认书面合同的效力。中国在 1986 年加入《公约》时，按照第 96 条规定作了保留，但于 2013 年 1 月撤销了对合同书面格式的保留。[2] 目前，按照第 96 条对合同形式作出保留的国家还有阿根廷、白俄罗斯、智利、匈牙利、拉脱维亚、立陶宛、巴拉圭、俄罗斯和乌克兰等国。[3]

第四节　买卖双方的主要权利和义务

一、卖方收取货款的权利和买方支付的义务

货物买卖合同双方的权利和义务是相对的。卖方的主要权利是买方的主要义务，反之亦然。在买卖合同中，卖方的主要权利之一是按照合同约定收取货款，而同时买方的主要义务之一是按照合同约定支付货款。按照《公约》的相关规定，[4] 买方支付的义务延伸至支付方式和程序安排的义务，即如果合同约定或者法律和规则、惯例要求买方在支付前完成特定程序或步骤的，则买方的支付义务包括完成这些程序或步骤的义务。例如，如果买方有义务按照合同支付特定的外汇，而按照法律规定，履行特定的外汇兑换手续即构成买方的支付义务之部分，买方不能以拒绝履行兑换程序要求的方式而消极地拒绝履行其按照合同支付的义务。但如果某种合同安排的支付币种、方式、数量为法律禁止的，则构成合同因法律禁止而无法履行的情况，此时，需要根据实际情况判断当事人是否就此情况承担任何责任，而不能简单地将问题视为买方的违约。

与收取货款权利或支付货款义务相关的重要问题之一是货物价格的确定。正常情况下，合同货物价款一定是明确的，因为要约人应当在要约中明确货物价格或者确定货物价格的方法、安排。但《公约》所规定的合同成立规则不具有排他性，即当事人可以按照这些规则成立合同，但不等于当事人在这些规则外不能成立合同。因此，《公约》第 4 条规定，除非《公约》明确规定外，《公约》与某合同是否有效无关，即某合同是否有效需要按照相关国内法规定确定。同时，该条款一开始即明

---

[1]　例如，中国《合同法》第 11 条规定，书面形式是指合同书、信件和数据电文（包括电报、电传、传真、电子数据交换和电子邮件）等可以有形地表现所载内容的形式。

[2]　见 "China Withdraws "Written Form" Declaration Under the United Nations Convention on Contracts for the International Sale of Goods（CISG）", http: //www. unis. unvienna. org/unis/pressrels/2013/unisl180. html. 中国的撤销声明自 2013 年 8 月 1 日生效。

[3]　相关资料见联合国贸易法委员会网站：http: //www. uncitral. org/uncitral/en/uncitral_ texts/sale_ goods/1980CISG_ status. html.

[4]　见《公约》第 53、54 条规定。

第
二
章

确声明："本公约只适用于销售合同的订立和卖方和买方因此种合同而产生的权利和义务。"该声明和第 4 条（a）款"关于合同有效性一般与《公约》无关"规定的综合解读至少导致两个结论：①当事人可以按照《公约》成立合同，但不等于当事人只能按照《公约》规则成立合同；②除《公约》有明确规定外，符合《公约》缔约规则的合同也可能无效，而不符合缔约程序的合同也可能有效。因此，第 4 条的规定为缺乏价格约定的合同的存在提供了空间。由于此类合同的存在，《公约》第 55 条提供了解决此类合同的不确定性的规则。按照该条款，"如果合同已有效的订立，但没有明示或暗示地规定价格或规定如何确定价格，在没有任何相反表示的情况下，双方当事人应视为已默示地引用订立合同时此种货物在有关贸易的类似情况下销售的通常价格。"此条款的功能在于将一个法定的默示引入了有效的合同，以建立确定合同所缺少的货物价格的统一规则。

支付地点是确保支付义务履行的重要方面。如果支付的地点不符合合同约定或者法律要求，买方就有权拒绝按照合同或者法律履行其支付义务。在实践中，当事人应当在合同中明确规定或者按照交易习惯确定支付的地点。在缺乏约定或者双方接受的交易习惯时，为了确保合同的履行，《公约》则提供了法定的支付地点，以补充合同所缺乏的必要内容。《公约》第 57 条规定，在缺乏其他约定或规定时，买方应在卖方营业地支付货款，但如果双方约定交付货物或者单据应当同时进行的，则在货物或单据的交付地支付货款。

支付时间与货物所有权转移和风险转移有关系，在货物买卖中有重要作用，但支付时间、所有权转移和风险转移的问题是可以分别处理的。支付时间之所以和所有权相关，是因为买卖双方的合同重大利益是以对货物的所有权和货款的占有权平衡的。如果卖方在收到货款前就将货物所有权或控制权转移给买方的话，则卖方将承担买方拒绝支付货款后，既不能获得货款，也不能控制货物的风险。如果买方在获得货物的所有权或控制权之前而支付货款的话，也将承担不能获得合同货物的风险。因此买卖双方都应当认真对待支付时间问题，以减少或避免自己的风险。支付问题的一般原则是双方可以自由约定支付的时间。在缺乏合同约定且没有惯例可循时，《公约》第 58 条提供了提供了两项补充原则：①买方应当在获得能使其控制货物的单据时支付货款；②卖方可以要求买方在卖方将货物交付给独立的第三方承运人前支付货款。但同时第 58 条规定，除非合同有直接或者间接规定，买方可以在检查货物前拒绝支付货款。第 58 条的适用需要合理的解读。由于支付时间对于双方合同权利和义务的平衡至关重要，第 58 条的内容似乎有些矛盾。但根据《公约》第 7 条所主张的"应考虑到本公约的国际性质和促进其适用的统一，以及在国际贸易上遵守诚信的需要"的解释原则，是可以有效适用第 58 条规定的。笔者认为，第 58 条中，买方在检查货物前可以拒付货款的权利会受到实际履行可行性的限制和双方讨价还价地位的影响。如果卖方处于强势，且坚持在收到单据或将货物交付给独立承运人前支付的话，买方只能够在单据交付前或者货物交付前检查货物，否则合同无法履行。

反之，如果买方处于强势的话，则卖方不得不放弃在交付单据或货物时收取货款的权利，否则合同无法履行。这些现实问题成为双方解读实施第58条规定的限定条件。

二、卖方交付合同货物的义务和买方获得合同货物的权利

按照合同约定交付货物是卖方的主要义务，而按照合同约定获得货物则是买方的主要权利。因此，按照合同约定交付货物成为卖方的最基本义务之一，而按照合同约定获得货物则成为买方的最基本权利之一。买卖双方的权利义务是相当的，但侧重点不同。卖方必须履行或遵守的义务，则是买方有权利期待或要求的权利。

《公约》主要是通过规范卖方交付义务的方式来确保买方基本权利实现的。《公约》第二章对卖方义务作出较详细规定。按照《公约》的相关规定，卖方交付合同货物的义务主要由两部分组成：①货物必须与合同规定一致；②交付的时间、地点和方式必须与合同约定一致。这两个义务将分别讨论。

货物必须与合同约定一致的义务不仅指货物的数量、质量和规格需符合约定，而且包括货物的包装和装箱方式也必须与合同约定一致。[1]如果当事人在合同中对于货物的质量、规格等技术细节未作详细约定的，则需参考《公约》所规定的认定货物是否符合合同的法定标准，以确定货物是否符合合同。在此意义上的货物是否符合合同的说法实际上是指判断卖方是否已经依法履行了其提供与合同相符货物义务的标准。《公约》第35条第2款提供了下列认定卖方是否已经履行了其提供符合合同货物义务的标准：

（1）一般目的：除非双方在合同中有明确约定，一般情况下只要卖方货物适用于同一规格货物通常使用的目的，即被视为符合合同；

（2）特别目的：除非合同有不同约定，卖方提交的货物需适用于订立合同时买方曾明示或默示地通知卖方的特定目的，但如果卖方能够提供证据表明签订合同时买方并未依赖或者不应当依赖卖方的技能和判断力的，则仅提供符合合同一规格货物通常使用目的的货物即可；

（3）与样品一致：当事人以样品为基础订立合同的，除非合同有特别约定，卖方所提供的货物的质量需与卖方向买方提供的货物样品或样式相同；

（4）包装标准：在缺乏明确约定时，卖方提供的货物需按照同类货物通用的方式装箱或包装，如果没有此种通用方式，则需按照足以保全和保护货物的方式装箱或包装。

以上规定是对卖方提供货物的质量、数量、规格、装箱和包装需符合合同约定的一般义务的细化，为弥补合同重要内容的缺失提供了标准和依据。以上规定在一定程度上与普通法系的货物买卖法中的类似规定具有可比性。例如，普通法系货物买卖法中也有卖方货物一般需具有市场性（merchantability 或 marketability）或需要符

---

[1]　《公约》第35条第1款。

合买方特别要求（fitness for purpose）的规定。另外也有以样品为基础成立的合同项下货物需要与样品一致的规定。[1]

以上卖方的义务如果从买方权利角度看的话，我们可以概括为：在无特殊约定时，买方有权要求卖方所提供的货物满足该类货物的一般目的或特别目的，而一般目的或特别目的的适用则需要按照合同成立的场合、背景、双方缔约前认知的信息内容等相关因素判断。当事人以样品为基础签订的合同属于有特殊约定的合同，买方有权期待实际交付的货物与样品一致，但除非另有专门约定，该货物是否满足同类货物的一般目的或特殊目的不能成为判断标准。就买方权利而言，不论合同对货物的约定如何，除非明确放弃，买方都有权期待卖方用合理或安全的方式包装货物。

卖方的交付义务也包括卖方的一般义务和《公约》规定的特别义务两个部分。卖方的一般义务是按照合同约定的时间、地点和方式交付货物的义务，而特别义务则是在一般义务不明确时对卖方交付义务的补充。买方则有权期待卖方按照合同约定或法律规定交付货物。《公约》对于交付的时间、地点和方式分别作了规定。

1. 就交付地点而言，《公约》第 31 条规定了三种情况下的交付义务：

（1）交付地点不明确，但合同涉及货物运输的，卖方需要将货物交给符合合同约定的第一承运人，视为交付；

（2）交付地点不清，但当事人知道货物的特定生产地或存放地的，卖方需在此特定地点交货；

（3）其他情况下，卖方可在合同成立时卖方的营业地交货。

2. 就交付时间而言，《公约》采取的原则也是以合同约定为准的一般原则。当合同约定不清或者确实时，《公约》第 33 条提供了下列补充原则：

（1）如果合同规定有一段时间，或从合同内容可以确定一段时间的，除非情况表明应由买方选定一个日期外，卖方可在该段时间内任何时候交货；

（2）在其他情况下，卖方应在订立合同后一段合理时间内交货。

以上规定涉及合理时间的判断。时间的合理性需要考虑双方在合同签订前获得的信息资料、合同目的、货物特点、双方缔约意志、商业惯例和当事人之间实践等相关因素确定。

3. 交货方式是一个较宽的概念。前面提及的货物的装箱和包装可被视为交付方式内容，但已经在被《公约》纳入了卖方提交与合同相符货物义务部分处理。交付方式也包括运输方式、堆放状况、存储方式和装卸方式等各类与运输货物相关的问题。处理此类问题的一般原则还是按照合同约定确定卖方义务，但当合同约定不清或者缺失时，需要依据《公约》第 32 条规定确定卖方义务。该条款提供了下列补充性原则：

（1）卖方需要在货物的包装、标签、单据、凭证或发货通知书中明确地表明该

---

[1] 相关讨论见 John Shijian Mo, *International Commercial Law*, 3rd ed., Butterworths, 2003, pp. 52 ~ 54.

批货物和相关合同的关系；

（2）如果卖方有义务安排货物的运输，他必须按照通常运输条件签订合同，并雇用适合的运输工具，把货物运到指定地点；

（3）即使卖方没有义务为货物购买保险，他也必须积极协助买方安排保险。

以上规定说明了交付方式概念外延的广阔性。由于这些问题都与卖方是否能够合理、有效、安全地将合同货物交付给买方相关，故构成卖方交付义务的部分，同时也构成买方有权期待的权利之部分。

卖方义务需要注意的还有《公约》第 42 条关于不受他方知识产权权利干扰的规定。该条款规定如下：

（1）卖方所交付的货物，必须是第三方不能根据工业产权或其他知识产权主张任何权利或要求的货物，但以卖方在订立合同时已知道或不可能不知道的权利或要求为限，而且这种权利或要求根据以下国家的法律规定是以工业产权或其他知识产权为基础的：①如果双方当事人在订立合同时预期货物将在某一国境内转售或做其他使用，则根据货物将在其境内转售或做其他使用的国家的法律；②在任何其他情况下，根据买方营业地所在国家的法律。

（2）卖方在上一款中的义务不适用于以下情况：①买方在订立合同时已知道或不可能不知道此项权利或要求；②此项权利或要求的发生，是由于卖方要遵照买方所提供的技术图样、图案、程式或其他规格。

这个条款要求卖方保证不出售涉及第三方知识产权争议的货物。因此，这个条款不能适用于卖方和买方间的知识产权争议。再者，该条款对如何确定是否存在知识产权争议的准据法作出特殊规定，包括两项基本原则：

（1）货物目的国或转售国的法律，而货物目的国或转售国则按照当时双方所体现的缔约意志或表示确定，具体地说是指双方所预期的目的地或转售国；

（2）不能确定双方预期的，则以买方营业地法律决定纠纷。这里的买方营业地法应当指实体法。由于知识产权保护法律的地域性特点，这样的准据法选择规定是有必要的。以上条款还包括两个特定的限定条件，即如果买方在订立合同时知道或不可能不知道货物中的知识产权瑕疵，或该瑕疵与买方的特定货物要求相关，则卖方不承担第 42 条第 1 款所设立的义务。是否知道是一个事实判断问题，而不可能不知道则是一个合理的推定。如果对合理推断是否能够成立有争议时，《公约》第 8 条第 2 款关于"通情达理人"标准（reasonable person test）则可作为推定的基础。

第五节 风险转移规则

一、风险在货物买卖中的概念

风险（risk）是买卖合同必须考虑的问题，但它是一个法律没有明确定义的概念。不论是中国的《合同法》、英美法系的货物买卖法（Sale of Goods Act），还是《联合国国际货物销售合同公约》，对此均未作明确定义。《布莱克法律词典》（Black's Law Dictionary）对风险提供了六个定义，而仅对与货物买卖相关风险提供了一个广阔的定义，即风险是指受伤、受损或者灭失的机会，也指危险、事故或危害。[1]因此，风险是一个需要在不同语境下分别定义的概念。就货物买卖（包括国际货物买卖）而言，此语境下的风险也可以分为广义的风险和狭义的风险。广义的风险指那些与履行货物买卖合同相关的或在履行合同过程中发生的能够影响买卖双方权利或义务的所有风险，包括自然灾害、意外事故、人为损坏、商业风险、政治风险和法律风险；而狭义的风险则应当仅包括这些风险中那些应当由买卖双方按照风险分配或转移原则承担的风险。狭义风险是以当事人是否应当按照风险承担或分配原则认定的，因为其他风险可以适用其他法律原则解决，例如，当事人违约是一种风险，但当事人的违约责任是解决此类风险的原则；自然灾害、商业风险、意外事故、政治风险、法律风险等当事人以外原因的大风险导致合同全部或者部分无法履行的，则由不可抗力原则提供解决基础，而不需作为"风险"问题处理。故货物买卖合同中，与风险转移和承担相关的"风险"是指那些在合同履行过程中应当由当事人按照风险原则分配或承担的风险，通常指当事人行为外的与货物灭失直接相关的风险。[2]因此，国外有学者认为所有此类"风险"的共同特点是它们都有意外性（accidental），与当事人的作为或者不作为无关。[3]然而，笔者认为，"风险"与

---

[1] 见 Bryan A Garner, Editor in Chief, *Black's Law Dictionary*, 7th ed. , Minn, West Group, 1999, p. 1328. 该部分的英文原文为风险指：The chance of injury, damage, or loss; danger or hazard.

[2] 李巍教授将"风险"理解为：排除卖方的违约风险以及正常的商业风险，而仅指由于自然灾害、意外事故或当事人以外的原因造成卖方正在履行或已经履行（交货）的货物遭受的损害灭失的风险。见李巍：《联合国国际货物销售合同公约评释》，法律出版社 2002 年版，第 246～247 页。本文的定义与李巍教授的定义有一定相似之处，但比李教授的理解更宽，能够包括部分应当由当事人自己承担的商业风险。笔者也注意到我国学者也有采取列举式方法定义风险的。例如，将风险定义为：货物可能遭受的各种意外损失，如盗窃、火灾、沉船、破碎、渗漏、扣押已经不属于正常损耗的腐烂变质，等等。见沈达明、冯大同编著：《国际贸易法新论》，法律出版社 1988 年版，第 126 页。另一列举式定义是：货物风险主要指货物在高温、水浸、水灾、严寒、盗窃或者查封等非正式情况下发生的短少、变质或者灭失等损失。见王传丽主编：《国际贸易法》，中国政法大学出版社 2003 年版，第 88 页。笔者认为，列举式能够说明某类情况可被视为风险，但没有提供一个确定其他未列举情形是否是"风险"的标准。

[3] 见 F. Enderlein and D. Maskow, *International Sales Law*, Oceana Publications, 1992, p. 261.

当事人的行为无关是比较准确的描述，而"意外性"不一定准确。例如，虽然具体的盗窃行为不可预料，但第三人的故意盗窃的可能性是可以预料的，但只要与当事人的作为或者不作为相关，即视为"风险"。在此种情况下，"意外性"的解释需要多重限定才能适用以显示该术语在此语境下的不确定性。

在一般情况下，风险是通过货物的灭损、丧失等体现的。例如，货物在装卸过程中被损坏，或者在运输过程中被盗窃、遗失等都是风险的体现或风险导致的后果。但有些时候，货物并未直接受到损坏，但合同的履行受到了风险的影响。例如，罢工、战乱、自然灾害和意外事故都可能影响合同的履行或者导致货物的损坏。在此语境下出现的风险有时被视为合同法意义上的不可抗力。所以，风险和不可抗力经常是相连或者交叉的概念。[1]但将风险定义为"风险"或"不可抗力"会导致不同的法律后果。如果风险被视为合同法上的"风险"的话，则合同需要履行或被视为已经履行，且合同一方承担风险后果；如果风险被视为合同法上的"不可抗力"的话，则合同可部分或者全部停止履行，合同的一方或者双方则需根据具体情况各自承担风险后果。因此，从一定角度看，不可抗力是一种风险的特别形式或者某类特定的风险，但合同法意义上的"风险"和"不可抗力"的认定对合同双方的权利义务会产生不同的影响。

如果我们尝试地为风险作一个学理定义的话，风险可以包括：人为风险、自然风险、意外事故、商业风险、政治风险和法律风险六大类。人为风险主要指第三人的故意或过失行为，也可以包括当事人的故意或者过失行为，但当事人的行为所造成的风险由违约责任原则解决，故此时的人为风险仅指在合同履行过程中因第三人的因素所产生或导致的风险，包括故意和过失两类。合同当事人以外的他人可能故意盗窃或者损坏合同货物，可能因过失导致货物的灭失，也可能故意或者过失妨碍合同的履行，此时货物虽然没有直接受到损坏，但合同可能延期履行或者增加了合同履行的成本。谁承担此类损失呢？自然风险主要指自然灾害对货物或货物履行所造成的风险，例如地震、海啸、洪水等。自然风险可能导致合同根本无法履行，也可能导致货物的部分灭失或者延误合同的履行。谁承担后果及如何承担后果呢？意外事故则是某个或一系列偶然事件对货物或者合同履行造成的损失或妨碍。谁承担此类损失呢？商业风险则指那些当事人能够预见或者不能预见的与商业环境或者商业利益相关的风险。在缔约时能够预见或者应当预见的风险属于正常的商业风险，当事人应当自己承担。但不能预见的风险所导致的损失由谁承担呢？政治风险则包

[1] 英美法货物买卖的权威著作 *Atiyah's Sake of Goods* 在描述风险和不可抗力关系时说："Because frustration is sometimes also relevant where goods are destroyed or even severely damaged, the two sets of legal principles are interconnected in various ways." 见 P S Atiyah, J N Adams, H MacQueen, *The Sale of Goods*, 10th ed., London, Longman, p. 349. 该书作者认为不可抗力经常导致货物的灭损，故风险和不可抗力相关。但本书的作者希望指出，即使货物没有直接受到灭损时，风险和不可抗力也是相关的。例如，根据约定海运保险的风险可能包括战争、盗窃或其他风险。

括各种与政治因素相关的风险，例如罢工、暴动、政权变革或战争等由广义的政治因素所引起的突发事件。此类事件对于合同可能造成不同程度的影响。如何判断影响程度、性质或承担后果的标准呢？法律风险则指由于当事人对法律的误解或者法律的改变对合同履行所产生的影响。合同可能会因此类原因而部分不能履行或者全部不能履行。如何处理此类风险呢？以上风险和它们所引起的法律后果是合同法所必须面对和解决的问题。

合同法是通过建立风险转移原则和不可抗力原则解决以上风险所导致的后果的。风险转移原则决定风险在何时、何地、以何种方式从卖方转移至买方；而不可抗力原则决定在何种情况下风险应当被视为不可抗力，因而导致合同部分或者全部的不能履行。风险转移原则的目的是决定谁承担风险和承担哪类风险，而不可抗力原则的作用是免除合同方因不可抗力而无法履行其合同义务时所可能产生的违约责任。本章仅就风险转移的主要原则进行分析。

二、风险转移的一般规则

各国法律不同，因而风险转移的具体规则也可能不同。但具体规则的差异不等于不能建立风险转移的一般规则或通用规则。在国际货物买卖的实践中，已经建立了至少两项风险转移规则：①当事人有权决定风险转移的时间、地点和方式；②除特殊约定，风险和所有权（property）随货物的交付而转移。这两项规则互补。第一条规则要求法院根据合同条款和缔约意志确定当事人是否就风险转移达成共识，或决定达成何种共识。第二条规则是对第一条原则的补充，建立了缺乏当事人约定时风险转移的基本原则。该规则要求首先确定当事人是否有特别约定，在没有特别约定时则假定风险和所有权以货物交付为标志从卖方转移至买方。第二条规则的解读需要注意下列问题：

1. 当事人没有特别约定是指当事人没有就风险转移所涉及问题作了任何直接或间接约定的情形。当事人约定的详尽程度虽然不同，但是不论约定内容是否完整，只要有约定，该假定即须作相应修改。例如，当事人对所有权转移作了特别约定的，该规则只能被解读为风险随交付转移。

2. 该规则强调风险和所有权一起转移是一个合理的假定。如果受到风险损坏的一方没有货物所有权，该方向他方追偿的权利会受到一定的限制或面临种种不利。所以，除非有特别约定，风险和所有权应当一起转移。

3. 交付是风险转移的一个重要标志。此时需要注意"交付"的解读。交付可以是实际意义上的交付，即有具体的货物交付行为发生；也可以是虚拟或象征性的交付，即法律意义上控制权的交付，并不同时伴随具体货物交付行为的发生。在前类情况下，买方或其代理人实际上已经控制了货物。在后类情况下，买方或其代理人实际上获得了控制货物的法律权利，能够通过行使此权利而获得货物的实际控制。

以上提及的第二条规则实际上已经成为各国法律中风险转移原则的基础或者原形，能够派生出许多具体的规则。这些规则主要是通过重新定义风险转移和交付关系或重新定义"交付"而形成的。例如，FOB 条款已经成为国际通用规则，风险随货物按照合同约定实际交付给承运人而转移给买方，但如果买方延误引起了实际交付延迟发生的话，风险则从按照合同应当交付的时间转移给买方。前者可被视为一种实际交付，因为货物实际交付给了买方的代理人。后者可被视为一种虚拟交付，即假定已经交付给了买方；也可被视为一种对风险和交付关系的重新解读，即即使没有交付发生，风险仍然可以转移。风险原则的构建必须体现公平、公正、合理和有利于合同履行原则。因此，不论法律规定的风险原则如何变化，我们总应该从公平、公正、合理、有效的角度解读和判断这些规则。

三、《公约》中风险转移主要规则

《公约》第四章的第 66 ~ 70 条设立了风险转移原则。当事人对风险转移没有明确约定的，根据具体情况适用相应规则，主要包括以下几项：

1. 买卖合同涉及货物运输，但卖方没有义务在某一特定地点交付货物的，自货物按照合同交付给第一承运人以转交给买方时起，风险移转到买方。

2. 如果卖方有义务在某一特定地点把货物交付给承运人，在货物于该地点交付给承运人以前，风险不移转到买方承担。但如果交货地点是卖方营业地以外地点的，而买方知道处于可交付状态的货物已在该地点，却拒绝接受货物的，风险自此时移转到买方。

3. 在运输途中销售的货物，从订立合同时起，风险移转到买方。但如果具体交易情况说明需要提前转移风险的，则从货物交付给签发载有运输合同单据的承运人时起，风险由买方承担。

4. 如果没有约定交付地点，或合同不涉及运输，或不是在运输途中出售货物的，则从买方接收货物时起，或如果买方不在适当时间内这样做，则从货物交给他处置但他不收取货物从而违反合同时起，风险移转到买方承担。

以上交付规则还受到其他条件的限制。例如，卖方必须通过在货物上加标记、以装运单据、向买方发出通知或其他方式清楚地注明有关合同项下货物，在买方履行此义务前，风险不移转到买方。同样，如果合同涉及非特定物的，买方则首先需要将非特定物变为特定物，即通过合理方式确认或表明合同项下货物，以此表明货物处于可交付状态，否则风险不转移。这些要求的作用是确定风险转移的公平。如果买方不知道那些同类货物中的部分货物是自己的或如何认定哪些货物是自己的，就无法采取相应措施加以保护。同理，如果不能确定哪些货物是买方的话，又怎么能够要求买方对这些不能够明确认定的货物承担风险呢？

风险转移原则的作用是确定买卖双方在合同履行过程中对风险承担的责任归属，负有责任的一方应当承担风险所引起的损失。《公约》第 66 条与确定或分配买卖双方的风险责任相关，也好像能够影响买卖双方权利义务，但其解读会引起一定的争议。该条款称："货物在风险移转到买方承担后遗失或损坏，买方支付价款的义务并不因此解除，除非这种遗失或损坏是由于卖方的行为或不行为所造成。"有学者认为，该条款是确定风险内容的基本原则，[1] 而不是风险承担原则。也有学者认为该条款是"过失划分原则"，[2] 但对"过失划分原则"的涵义未作描述。根据文字判断，"过失划分原则"是说按照双方是否有过失而决定风险是否转移。"过失划分原则"在某种情况下是成立的。例如，如果买方违约，没有按照合同约定的时间、地点和方式接受货物且货物处于可交付状态的，则风险可以照样按照约定的时间和地点转移给买方。FOB、CIF条款和《公约》第69条第1款都有类似规定。但该原则是否能适用于第66条需要商榷。关键问题在于：我们所定义的"风险"都是与当事人的作为或者不作为无关的风险，但第66条规定，如果货物灭失是由卖方的行为或不行为所造成的，则买方没有支付义务。因此，该条款可被解读为：买方不支付的原因不是因为风险没有转移或者风险回溯（retrospective assumption）给卖方，而是因为货物已经由卖方以作为或者不作为表现的违约行为而灭损，故而没有支付义务或有权以拒付行为抵销卖方的违约赔偿。因此，第66条没有规定卖方是否需要承担风险，而仅规定买方无需承担损失。此时的损失不是由风险引起的，而是由卖方的作为或者不作为引起的，故与风险承担无关。因此，笔者认为第66条应当被解释为认定买方在风险导致货损和违约导致货损情况下是否可以解除支付义务的条款，即货物因风险灭失的，买方支付义务不能解除，而货物因卖方违约（包括合同和侵权）而灭失的，买方支付义务可解除。由此可见，第66条并不是简单地讲风险转移或者风险承担的问题。

第六节　违约补救

一、违约补救措施概述

违约补救是合同法所必须包括的内容。没有合理、有效、公平的违约补救措施，就不能确保合同关系的稳定和当事人之间的公平。为了建立稳定、公正和有效的交易秩序，《公约》提供了一系列有特色的违约补救措施。按照补救措施的性质，可将《公约》中的补救措施分为以下几类：

1. 自救措施。《公约》的主要目的之一是促进合同的履行。因此，与现有的多数国内法规定不同，《公约》中规定了许多有利于当事人自己解决纠纷的自救措施。例如，即使一方违约，除非已经诉诸了其他相抵触措施，合同另一方仍然有权要求违约方继续履行义务。[3] 该规则将要求违约方继续履行作为一项权利提出，受害方有权作出选择。自救措施的另一形式是卖方在交货后对于不符合合同约定货物的自动补救措施。按照《公约》第48条第1款，在不与买方宣告合同无效权利冲突的前提

---

〔1〕　王京禾：《联合国国际货物销售合同公约解释》，中国对外经济贸易出版社1987年版，第194页。

〔2〕　王传丽主编：《国际贸易法》，中国政法大学出版社2003年版，第89页。

〔3〕　《公约》第46条第1款、第47条第1款和第63条第1款。

下，即使在交货日期之后，卖方仍可自付费用补救其履行中的缺陷，除非此种补救措施的采用造成买方不合理的迟延或不合理的不便，或无法确定卖方是否将偿付买方预付的费用。

2. 要求卖方校正违约行为。如果货物严重不符，构成根本违约的，买方有权要求卖方通过交付替代物方式校正其履行缺陷；但如果货物缺陷不严重，未构成根本违约的，买方则仅有权要求卖方就缺陷部分进行修理。[1]

3. 宣告合同无效。宣告合同无效是受害方的主要补救措施之一。当事人可以根据《公约》第25条根本违约规定宣布合同无效，也可以根据《公约》第49、61、73条相关规定宣布合同无效。宣布合同无效后，合同无须继续履行，而受害方仍然有依据其他条款寻求赔偿或补偿的权利。

4. 中止履行。在预期违约情形下，当事人可以按照第71条规定中止履行其合同义务，并可进而根据情况诉诸其他补救措施。

5. 买方自行减价权利。如果货物不符合同，不论价款是否已付，买方都可以减低价格，减价按实际交付的货物在交货时的价值与符合合同的货物在当时的价值两者间的比例计算。但是，如果卖方按照第37条或第48条的规定对任何不履行义务作出补救，或者买方拒绝接受卖方按照该两条规定履行义务，则买方不得自行降低价格。但必须指出，虽然买方不能自行减价，但买方应当仍然有权按照《公约》其他条款主张合理的赔偿。

6. 主张损害赔偿权利。买卖双方都有权按照《公约》第74～78条相关规定要求违约方承担损害赔偿责任。

以上是《公约》所提供的合同补救措施的主要内容，本书仅就其中的几项主要措施进行讨论。

二、根本违约概念分析

根本违约（fundamental breach）是《公约》所创立的一个重要概念，其目的在于设立一个认定导致合同无效的严重违约行为的标准。作为补救措施的重要手段之一，宣告合同无效的权利对于维护合同方的合法权益和确保公平至关重要。《公约》第25条通过以下方式对根本违约进行定义：一方当事人违反合同的结果，如使另一方当事人蒙受损害，以致实际上剥夺了他根据合同规定有权期待得到的东西，即为根本违反合同，除非违反合同一方并不预知而且一个同等资格、通情达理的人处于相同情况中也没有理由预知会发生这种结果。

以上条款的文字需要认真推敲、理解和解释，特别是应遵循《维也纳条约法公约》第31条第1款规定，依相关概念上下文之间的联系，并参照条约之目的及宗旨所具有之通常意义，进行善意解释。

《公约》第25条中几个基本概念和用词对于正确地理解、解释和运用根本违约

---

[1]《公约》第46条第2、3款。

概念非常重要。我们将从认定损害的严重性和判断损害的不可预见性两个方面讨论相关概念。

1. 损害的严重性。违约可能会导致损害结果，而只有结果达到严重程度时才构成根本违约。第 25 条对严重程度的判断是以结果是否实际上（substantially）剥夺了受害人根据合同规定有权期待（expect）得到的权利或利益为标准的。联合国贸易法委员会所提供的中文官方文本将"substantially"翻译为"实际上"，但除了"实际上"的涵义外，该英文本身还有"实质上"和"充分地"的涵义。因此，中文官方文本的用词较英文对应词的涵义窄些。两种文字表述的细微差别导致的法律适用差别暂且不论，根据《维也纳条约法公约》第 31 条的解释规则，我们必须对中文词"实际上"概念中加入一定的量化要求，即当事人所期待的相当部分内容权利或利益受损，导致其缔约目的无法实现。这样才能合理地满足损害严重性的要求。在判断损害严重性时需要注意的是对"期待"（expect）的解读。当事人期待内容是通过合同条款、缔约意志和缔约背景等情况确定的，而同时期待是一种合理的主观意向或预期的证实，而不是实际权利或利益的判断。因此，当事人在缔约时的特定环境中，根据其可获得或应当获得的各种信息有权作出一定的利益期待，即使以后事态的发展或环境的变化导致其期待无法实现，并不等于他当时无权作出此期待。在客观、合理地解读了"实际上"和"期待"两个关键概念后，我们才能合理解读第 25 条的"损害"或"严重损害"概念。

2. 损害的不可预见性。如果当事人没有且不可能预见已经发生的严重损害，则其违约行为不构成根本违约。第 25 条将损害的可预见性或可预知性作为判断是否构成根本违约的要件之一。按照该规定，主张根本违约的一方需要证明损害的严重性，而合同另一方（违约方）则可通过证明损害的不可预见性否定根本违约成立。不可预见性的论证需要两个步骤：①证明违约方实际上没有预见到已经发生的损害；②证明一个与违约方同等资格（same kind）、通情达理的人（reasonable person）处于相同情况（same circumstances）中也没有理由预见到已经发生的特定损害结果。论证损害的不可预见性涉及了三个非常有争议的概念，即同等资格（same kind）、通情达理的人（reasonable person）、相同情况（same circumstances）。通情达理的人（reasonable person）是一个普通法概念，可以沿用普通法的相关原则认定，而同等资格（same kind）和相同情况（same circumstances）的认定会因各国法院采取的标准不同而产生较大差异。在哲学上讲，完全同等资格和完全相同情况是不存在的，而将存在一定差异的"人"或"情况"认定为同等或相同则需要相当的"自由心证"权力。因此，《维也纳条约法公约》第 31、32 条为合理解释、适用第 25 条提供了一定的规则，但各国实践会有一定差异。这就是第 25 条适用的现实。

通过以上分析可以看出，第 25 条根本违约的适用不是一个简单的问题，而根本违约概念的复杂和适用结果的不确定性也能够反映不同法律体系理念在公约起草过程中的妥协和起草者并不期望第 25 条能够广泛、轻易适用的意图。

三、损害赔偿主要原则

除了具有《公约》特色的自救措施外，传统的损害赔偿措施见于《公约》第74～78 条，主要包括以下内容：

1. 实际损失是赔偿的基础。一方当事人违反合同应负的损害赔偿额，应与另一方当事人因他违反合同而遭受的包括利润在内的损失额相等。《公约》对于"利润"未作定义。各国法院可以按照本国对于"利润"的理解认定利润额。例如，CIF 合同要求卖方购买货物保险时按照合同价的 110% 投保可以被视为利润额认定的参考，但行业、地区和市场环境对于具体利润额的认定会产生影响。必须指出，虽然实际损失是赔偿的基础，但违约人最终的赔偿额受到其对损害预知度的限制。缔约时已知道或理应知道的事实和情况成为判断违约人预知度的基础，而对于那些没有预见且无法合理预见的损失，违约方不承担赔偿责任。[1]

2. 主张合同差价的权利。在宣布合同无效后的合理期间内，买方以合理方式购买替代物或卖方以合理方式出售合同项下货物的，有权向违约方主张合同价格和实际价格之间的差价，并根据具体情况主张其他赔偿。[2]如果没实际购买替代物或出售合同货物的，则有权按照合同价格和宣布合同无效时的市场差价主张赔偿。如果合同在货物接受后宣布无效的，则应当按照接受货物时的市场价格确定赔偿额。[3]

3. 主张利息的权利。如果一方当事人没有支付价款或任何其他拖欠金额，另一方当事人有权对这些款额收取利息，并可依法主张其他赔偿。[4]

以上赔偿原则并未穷尽所有可能的赔偿和补救措施。当事人还可以根据相关国内法规定，在与这些原则不冲突的情况下，同时主张其他国内法所允许的赔偿和补救措施。

四、减轻损害原则和保全货物的义务

减轻损害（mitigation of loss）是合同法通用原则。《公约》也特别强调了合同当事人减轻损害的义务。如果受害方没有采取合理、必要措施减轻损失或避免进一步损害的话，违约方有权要求在赔偿额中减除原可以减轻或避免的损失数额。[5]

保全货物（preservation of goods）义务是减轻损害原则的体现。不论是买方还是卖方，都有在他方违约时采取合理措施保全货物的义务。同时采取保全措施的一方对货物享有留置权，作为他方支付合理保全费用的保障。[6]减轻损害原则要求保全费用必须合理。如果保全费用不合理的，则采取保全措施方应当承担扩大损害的责任，即不能主张不合理的费用。如果违约方拒绝及时支付保全费用，或保全费用相

---

〔1〕《公约》第 74 条。
〔2〕《公约》第 75 条。
〔3〕《公约》第 76 条。
〔4〕《公约》第 78 条。
〔5〕《公约》第 77 条。
〔6〕《公约》第 85、86 条。

对货物价值不合理，或货物易变质、变坏或丧失价值的，有责任采取保全措施一方应当尽量及时、合理地通知他方货物需要及时处理的决定，并及时地出售或处理相关货物。[1]保全措施采取人有权从货款中扣除保全费用和其他合理费用，也需要向他方说明款项去向并根据情况向他方退还余款。[2]

第七节　结　论

《公约》的各项原则充分体现了当事人自治和鼓励当事人尽量通过可行方式履行合同的理念。在建立了较全面和系统规则的同时，《公约》赋予当事人广泛的修改《公约》条款的权利，以增加《公约》的灵活性，并提供了相当大的国内法和《公约》的协调空间。《公约》自1988年生效以来20年的实践充分证明，通过建立统一实体规则方式减少和避免国际货物买卖法律冲突的做法是可行的。

与其他国家的实践相比，《公约》在我国的适用显得相对薄弱。这种现象可能由多种原因引起。其中当事人和法院对于《公约》了解不够，因而没有坚持适用《公约》是可能的原因之一。虽然适用国内法也可以解决国际货物买卖中出现的问题，但国内法的适用不可避免地会导致各国当事人之间的国际私法冲突问题，进而可能影响判决的执行。当事人之间利益的博弈必然导致双方采取充分利用各自法律优势的攻防战略，而法律的冲突会影响当事人之间的经济交往，并最终影响国际贸易的发展。因此，我们应当真正掌握《公约》的体系和规则，并在我国实践中尽量推广《公约》的适用，以期达到建立公平、有效的国际货物买卖秩序的目的，并最终通过公平秩序的建立保护我国贸易的最大利益。

---

[1]《公约》第88条。
[2]《公约》第88条。

第三章
国际货物买卖和国内法、惯例的适用

本章要点

　　国际货物买卖是跨国交易，可能涉及不同国内法的适用和选择。《联合国国际货物销售合同公约》有其适用条件，可以适用于部分国际货物买卖合同。在其他情况下，相关的国内法或国际惯例应当适用。本章以中国合同法和普通法系的《货物买卖法》为基础介绍和讨论国际货物买卖的国内法适用问题，并对《国际贸易术语 2010》主要框架进行介绍和分析。

第一节　国内法和惯例在国际货物买卖中的地位和作用

一、国内法的地位和作用

　　国内法是国际货物买卖的准据法之一。现在全球约有 195 或 196 个国家，[1] 其中 192 个国家为联合国成员国。[2] 而这 192 个国家中仅有 78 个国家批准了《联合国国际货物销售合同公约》（简称《公约》）。[3] 当事人来自这 78 个国家外的非缔约国时，除非当事人明确接受，《公约》一般不能适用，但国际货物买卖或其他商事交易

---

〔1〕　笔者所能查到的资料不能提供准确数字。据报道，前外长李肇星在 2007 年 4 月认为有 196 个国家。见题为 "全世界有多少国家　李肇星告诉大学生：196 个" 的报道，载 http：//www. longhoo. net/gb/longhoo/news/edu/userobject1 ai629977. html. 也有报道认为 195 个国家，见 2008 年 3 月 18 日，作者为 Matt Rosenberg 的题为 "The Number of Countries in the World" 的报道，载 http：//geography. about. com/cs/countries/a/numbercountries. htm.

〔2〕　见联合国官方网站：http：//www. google. cn/search？q = how + many + countries + in + the + world& complete = 1&hl = zh − CN&newwindow = 1&start = 10&sa = N.

〔3〕　相关信息见联合国国际贸易法委员会网站：http：//www. uncitral. org/uncitral/en/uncitral_ texts/sale _ goods/1980CISG_ status. html.

需要一定规则体系的管辖，这就为国内法的适用留下了空间。再者，由于《公约》第 6 条允许当事人明确约定限制或排除《公约》的适用，因此即使在已经批准了《公约》的国家间也可能出现《公约》被当事人约定限制或排除适用的情形，这种情况也会导致国内法的适用。由此可见，在国际货物买卖的很多情况下，《公约》很可能不被适用，而相关国内法则很有可能通过当事人自愿选择或者法院确定方式成为这些买卖合同的准据法。还需要进一步指出的是，由于《公约》本身无法包罗万象，在实际运用中需要国内法的补充，因此，即使在《公约》作为某国际货物买卖合同准据法的时候，国内法特别是涉及合同效力、风险和财产转移、违约补救措施方面的规则仍然有适用的空间。基于以上原因，国内法必然是国际货物买卖合同的准据法之一。

作为国际货物买卖的准据法，国内法的适用需要注意以下几个方面或层次的问题：

1. 各国国内法规定不同，可能导致法律冲突。国内法的制定和实施是主权的体现，各国国内法必然有差别，只是差别的大小不同而已。普通法系国家和地区的国际货物买卖法差别不大，均是以 1893 年英国的《货物买卖法》（Sale of Goods Act）为蓝本发展而成。[1]相比之下，中国的《合同法》中设立了买卖合同专章，在形式和内容方面与普通法系的《货物买卖法》差别都较大。

2. 国内法的适用可以通过当事人自愿选择或者法庭决定准据法（governing law）两种方式确定。根据国际私法（Private International Law）或冲突法（Conflict of Laws）原则，当事人一般会被允许选择国际货物买卖合同准据法的。但是，法庭可能在必要时按照本国法相关规定否定当事人的选择，从而确定一个法庭认为更合适的适用法（applicable law）。其实准据法和适用法可指同一法律，这些不同表述强调了同一法律的不同特性或不同语境下的特点。[2]

3. 国内法有时可以成为决定某国际货物买卖合同的唯一准据法，有时也可能与另一公约或国内法一起成为某国际货物买卖合同的准据法。在后一种情况下，每个准据法或适用法管辖的问题或范围不同，即形成互补关系，且它们本身一定没有排斥他方在特定情况下互补共存的规定。

以上特点是我们在适用国内法解决国际货物买卖合同纠纷时所应当注意的问题。

---

〔1〕 普通法系国家和地区货物买卖法的相同性在英联邦国家或地区，如英国、澳大利亚、新西兰和香港等地显示明显。主要特点包括：①普通法法系的合同法均以判例法为基础，而《货物买卖法》则以成文法方式存在。②这些国家和地区的《货物买卖法》内容有许多相似之处。即使美国采取了《统一商法典》（Uniform commercial Code）方式（即没有制定专门的《货物买卖法》），该法典第二章（Article 2）中所规定的买卖原则仍有许多与英国的《货物买卖法》有相似之处。

〔2〕 例如，当事人选择的法律可以被称为"选择法"（chosen law）或"准据法"（governing law），而法庭通过适用国际私法规则决定使用的法律可以称为"准据法"（governing law）或"适用法"（applicable law）。

二、惯例的地位和作用

惯例（customs）不同于国内法或者国际公约，它是在商业交往中逐步形成，且逐步被当事人接受的习惯做法或实践，而国内法和国际公约都是国家主权的产物，且通过国家权力强制执行。

国际商事惯例不同于国际公法意义上的能够约束国家行为的国际惯例（international customs）。两者之间的主要差别可以通过以下两点说明：

1. 国际公法意义上的国际惯例已经成为公认的国际法渊源之一。《国际法院规约》第38条规定，法院在判决案件时可以适用"国际习惯，作为通例之证明而经接受为法律者"。这是因为主权国家已经在它们的实践中接受并且遵循这些惯例，因而国际法庭可以且应当视此类习惯为国际法渊源之一。国际商事惯例是从事国际贸易或商业行为的自然人和法人之间形成的习惯做法，也已经被这些自然人和法人所接受。但这些自然人和法人不同于国家，他们没有立法权。他们可以自愿接受任何商事惯例，但没有能力赋予这些惯例约束他人的法律效力。国际商事惯例是通过当事人的自愿接受抑或法律或权力机构的认可而产生强制性约束力的。

2. 国际公法意义上的国际惯例的形成是国家主权的体现，其上面没有更高的规则体系约束。而国际商事惯例总是受相关的国内法或国际公约的限制，并且可以被这些法律修改、确认或否定。

惯例可以分为国际惯例、地区惯例和行业惯例。国际惯例和地区惯例是以适用范围区分的，两者和行业惯例都可能重叠，即构成国际性行业惯例或地区性行业惯例。当然也有不按行业形成的惯例，《国际贸易术语》（Incoterms）即属此类：FOB、CIF或FCA等术语与货物价格和买卖双方交付义务相关，但与货物的性质或者买卖双方行业无关。因此，在决定商事惯例的适用时，我们必须注意到惯例之间的差别，以及这些差别对于证据要求的差别。

第二节 合同成立主要规则

合同成立的主要规则涉及合同的形式、要约和承诺规则以及合同的生效规则。随着经济全球化的进程，各国合同法的原则也显示了一定的趋同性。以中国《合同法》和普通法系的《货物买卖法》为例，虽然两者间存在差异，但两者间也有不少相同或相似规则。本节对于中国法和普通法的合同成立的主要原则进行简单比较研究。

就合同形式而言，中国《合同法》承认合同形式的多样性，即当事人可以在自愿基础上以任何可行的方式成立合同关系，包括书面、口头或者书面、口头和行为的混合方式等;〔1〕普通法也承认合同的多样性。〔2〕在此问题上,中国《合同法》与普通法合同法或《货物买卖法》是一致的。由于《货物买卖法》是合同法的一部分,而普通法国家和地区的《货物买卖法》对合同形式没有特殊规定,所以,普通法的货物买卖合同的形式原则与一般合同的形式原则基本相同。在此相同性的基础上,有必要指出两者的主要差别。笔者希望特别指出,虽然合同的成立形式基本相同,但普通法的《货物买卖法》将合同分为两类,即买卖合同（contract of sale）和买卖协议（agreement to sell）。对于货物所有权的转移不设附加条件约定的被视为买卖合同,而货物所有权在将来转移或按照特定条件转移的约定则被视为买卖协议。〔3〕可见,"买卖协议"（agreement to sell）作为一个中文的法律概念,体现不出英文概念所包含的意思。如果将"agreement to sell"翻译成"附条件合同"的话,"附条件合同"的表述与英文的"agreement to sell"表述的直译相去甚远。在直译和意译两者间的平衡中,笔者认为最好还是采取意译,即普通法的货物买卖法在合同形式方面将合同进一步分为买卖合同和附条件合同两类。

中国法和普通法的要约规则显示了一定的相似性,但又有差别。中国《合同法》第14条要求要约有具体内容和一经受约人承诺,要约人将接受约束的意思表示。以案例法为基础的普通法合同规则有类似规定,〔4〕但多数《货物买卖法》对此没有明确规定。虽然两个法律体系都要求要约有一定的具体内容,但对于认定具体内容的标准可能有差别。中国《合同法》和普通法的合同案例都没有明确说明认定要约内容是否具体的标准。〔5〕如果要约中缺乏货物价格、数量、货物交付、货款支付等约定时是否仍可被认为内容具体是一个有争议的问题。由于中国《合同法》第14条明确要求要约内容具体,所以中国法院可能对要约内容的要求采取比普通法法院更严格的标准。因此,同样的情况在两种法律体制下可能出现要约有效或者无效两种不同的结果。

承诺是对要约内容的完全接受,也可以被视为要约人和受要约人缔约意志的实质性竞合。中国法和普通法对于承诺的规定大致相同,均要求受要约人接受要约内容。

---

〔1〕　中国《合同法》第10条。

〔2〕　普通法系合同形式规定散见于多个合同判例之中。有些国家或地区的《货物买卖法》也明确规定了合同形式规则,例如,英国1979年《货物买卖法》第4条承认口头、书面和混合的合同形式的有效性。

〔3〕　例如,见加拿大安大略省《货物买卖法》（Ontario Sale of Goods Law）第2条和英国1979年《货物买卖法》第2条。

〔4〕　例如,见 G H Treitel, *The Law of Contract*, London, Sweet & Maxwell, 9th ed. , 1995, p. 8.

〔5〕　中国《合同法》第14条要求要约内容具体确定,且第12条规定了合同应当包括的一般条款,但要约到底要具体明确到什么程度仍属待定问题。同样,没有普通法案例明确说明要约所必须包括的具体内容认定标准,也没有教科书能够对此作出明确结论。例如,作为普通法系合同法名著之一的 *The Law of Contract* 对要约应当包括的内容也没有直接讨论。

　　中国法和普通法关于合同成立的规则显示了较大差距。普通法的案例表明要约人和受要约人的缔约意志实质性竞合后，合同即告成立。[1] 但中国合同法理论将合同成立和合同生效加以区分，即有些已经成立的合同不一定能够生效。[2] 再者，中国《合同法》有部分涉及合同生效的条款，这些条款的解释和适用可能导致一定的冲突和矛盾。例如，《合同法》第 25 条和第 26 条规定承诺到达要约人时合同成立，而第 32 条规定："当事人采用合同书形式订立合同的，自双方当事人签字或者盖章时合同成立。"这两项条款规定的合同成立时间有矛盾。如果当事人在合同磋商过程中没有约定采取书面合同方式缔约，那么在承诺到达要约人时合同即告成立。但如果在承诺生效后，当事人又约定采取书面合同的，则需要签订书面合同后合同才能成立。这两项条款的矛盾在于：如果在承诺生效后，一方要求签订书面合同且对方也同意，但在双方都同意后其中一方又拒绝签书面合同时，究竟应当按照《合同法》第 25、26 条认定合同已经成立，还是应当按照第 32 条认定合同尚未成立呢？两者的结果对当事人权利义务影响很大。如果我们主张合同按照第 25、26 条已经成立，且当事人同意采取书面合同的行为构成对已成立合同的解除的话，当事人没有按照第 32 条签订合同的行为是否能够导致双方回归到已经按照第 25 条和第 26 条成立的合同的立场呢？此问题的解决对于中国《合同法》解读有重要意义。中国法院现有的判例中就有如果当事人没有按照约定签署新书面合同的话，应当继续执行当事人已经成立的合同的判决。[3] 如果是这样的话，法院实际上在主张当事人同意签订新合同或者新书面合同的意思表示不足以构成对原来已有合同的否定，只有实际新合同的签订才能构成对原来合同的否定。如果真的能这样解释的话，《合同法》第 32 条的内容是无法与第 25 条和第 26 条所产生的结果协调的，且可能与合同法基本原理不符。当事人解除合同的意志和缔结新合同的意志可以是相连的，也可以是分开的。仅仅要求旧书面合同必须由新书面合同取代，可能不符合当事人的真实意志表示，不免显得武断或片面。当合同当事人来自不同法域或不同法律体系时，我们必须承认并尊重不同法律适用所可能产生的不同后果。

---

[1]　见 G H Treitel, *The Law of Contract*, London, Sweet & Maxwell, 9th ed. , 1995, pp. 18 ~ 19.

[2]　相关讨论详见王利明、崔建远：《合同法新论·总则》，中国政法大学出版社 1996 年版，第 184 ~ 188 页。

[3]　例如，在一个英文的案例报告中就出现了当事人在同意修改合同后，一方当事人拒绝签订新书面合同的情形。外方当事人希望以旧合同已被解除，而新合同尚未签订为理由拒绝承认合同存在，但法院认为当事人未达成新合同的，旧合同依然有效，故在当事人之间执行了已经签订的旧书面合同。该案例详情见 John Shijian Mo, *International Commercial Law*, 3rd ed. , Butterworths, 2003, pp. 42 ~ 43.

第三节 合同履行主要规则

合同的履行对于实现合同各方的权利义务至关重要。国内法都会对合同履行作出必要规定。中国《合同法》的第四章规定了合同履行的一般原则，而第九章则对买卖合同的履行作出了较为具体的规定。普通法系的《货物买卖法》也设有专门章节规范履行问题。概括地讲，合同履行主要原则主要涉及以下领域：

1. 货物的交付安排。包括交付的时间、地点、方式、包装要求和其他确保交付实现的规定。国内法一般都允许当事人自己约定交付细节，并规定了补充规则以填补当事人约定不全面所留的空间。

2. 与货物相关文件的交付。为了确保交易的便利，与货物相关的文件，如提单或类似单证，是可以与货物分开交付的，当事人有权就此作出特别约定。没有明确约定或者约定不全面的，可以参考国内法相关规定。

3. 货物与合同一致问题。合同是一种自治性约定，所以，卖方必须提交符合合同约定的货物，而买方有权期待收到符合约定的货物。所谓约定包括货物的质量、数量、性能、功能、外表、包装等与货物的描述或认定相关的约定。当事人有权就这些问题作出直接或者间接的约定，除法律有明确限制外，当事人的约定应当受到法律的保护。

4. 未尽事项由当事人协商补充原则。商业活动的形式多种多样，商业交往的多样性不可穷竭。所以，国内法的一般原则总是允许当事人就个别与履行相关的问题在自愿基础上作出补充安排。当事人不能达成补充协议或补充协议不符合法律规定的，则按照国内法相关原则解决未尽事项。

以上是合同履行过程所涉及的合同法一般原则。具体问题需要核对相关的国内法确定适用原则。

第四节 所有权转移和风险转移主要规则

一、所有权转移主要原则

所有权（property）转移是一个复杂的法律问题，涉及宪法、民法、财产法、合同法等多个法律部门，因而《公约》对此未作明确规定，而将此问题置于国内法管辖范围。中国《合同法》和普通法系的《货物买卖法》都从不同角度对所有权转移作了规定。本节将对相关法律原则进行简要比较、研究。

所有权转移所涉及的第一个法律问题是所有权的概念。不同国内法对于此问题的具体规定可能不同。例如，中国《合同法》第130条规定："买卖合同是出卖人转移标的物的所有权于买受人，买受人支付价款的合同。"但没有对"所有权"的法律概念作出具体规定或描述。我国的法律体系是建立在大陆法系传统之上，因而"所有权"被认为是物权的一种形式。中国《物权法》第 2 条第 3 款规定："本法所称物权，是指权利人依法对特定的物享有直接支配和排他的权利，包括所有权、用益物权和担保物权。"《物权法》第 39 条进一步将"所有权"定义为："所有权人对自己的不动产或者动产，依法享有占有、使用、收益和处分的权利。"《合同法》第 130 条所提及的"所有权"就是《物权法》第 39 条所定义的"所有权"。具体到货物买卖，就是指权利人对于某特定货物依法占有、使用、收益和处分的权利。普通法系《货物买卖法》的所有权规定与中国的规定有一定差别。与中国《合同法》不同的是，有些国家或地区的《货物买卖法》对"所有权"提出了简单的定义。例如，澳大利亚新南威尔士州和加拿大安大略省的《货物买卖法》都将"所有权"（property）定义为货物中的一般所有权，而不仅仅指特别的所有权权利。[1]这样的定义并未对所有权提供充分的理性说明，而仅说明《货物买卖法》所指的"所有权"是一个广义概念，而不是特定的某项权利。由于法律传统不同，普通法系国家和地区一般没有综合的"物权法"或"所有权法"。因此，需要参考相关的权威论著或经典案例。*Black's Law Dictionary* 为普通法的"所有权"（property）提供了一个较全面的定义。按照该词典，"所有权"指占有、使用和享有（enjoy）某确定物的权利（right），即所有人的权利（ownership）。[2]享有的权利扩展到收益权，[3]而所有人的权利包括处分权。[4]所以，普通法系《货物买卖法》所定义的"所有权"是指占有、使用、享有和处分某特定货物的权利，以及由此权利所派生出的其他一切权利。由此可见，中国《合同法》和普通法系《货物买卖法》对于"所有权"的理解基本一致，但它们定义的方式不同，且普通法系没有将所有权作为一个物权的下级概念对待。

　　所有权转移的最基本原则有两项：一是所有权按照当事人约定转移，可称为"约定转移原则"；二是在而缺乏明确约定时，所有权在交付时转移，可称为"交付转移原则"。这些原则已被纳入中国《合同法》第 133 条和普通法系的《货物买卖法》，如澳大利亚新南威尔士《货物买卖法》第 22 条。[5]中国法同时还规定了法律也可以强制规定所有权在某种特定情况下的转移时间和方式，可称为法定转移原则，该原则优先于交付转移原则。普通法的《货物买卖法》一般对此没有明确规定，但按照法理原则，如果某特别法律对货物所有权在某特定情况下的转移作出了强制性规定的，该规定当然会优先于交付转移的一般原则。因此，在此问题上中国和普通

〔1〕　这些法律的英文表述为：Property means the general property in goods and not merely a special property.

〔2〕　Bryan A. Garner ed. , *Black's Law Dictionary*, 7th ed. , West Group, 1999, p. 1232.

〔3〕　Bryan A. Garner ed. , *Black's Law Dictionary*, 7th ed. , West Group, 1999, p. 550.

〔4〕　Bryan A. Garner ed. , *Black's Law Dictionary*, 7th ed. , West Group, 1999, p. 1131.

〔5〕　中国《合同法》第 133 条规定："标的物的所有权自标的物交付时起转移，但法律另有规定或者当事人另有约定的除外。"澳大利亚新南威尔士《货物买卖法》第 22 条第 1 款规定："Where there is a contract for the sale of specific or ascertained goods, the property in them is transferred to the buyer at such time as the parties to the contract intend it to be transferred. "

法没有实质性差别。以上所列举的三项所有权转移原则为货物买卖交易中的所有权转移问题提供了指导原则和解决方案。

在实施以上三项原则时，普通法的规定与中国法不同。主要区别在于普通法的《货物买卖法》提供了在五种特定情况下认定当事人就财产转移的共同意志的标准，即设立了在缺乏明确意志表示时如何认定当事人默示的标准，而货物的所有权按照依法确认的当事人的默示转移。以澳大利亚新南威尔士《货物买卖法》为例，此五项标准或情况可以被概括如下（以下原则在当事人就交付没有明确约定时适用）：

1. 当事人就处于可交付状态（deliverable state）的特定物签订无条件买卖合同的，所有权在合同签订时转移到买方，且与具体的货物交付时间和货款支付时间无关。[1]

2. 如果买卖特定物的合同约定卖方必须履行特定义务使该货物处于可交付状态的，所有权在卖方履行了此特定义务且买方也知道卖方的履行情况时转移。[2]

3. 如果买卖特定的已处于交付状态的特定物的合同约定，卖方必须履行特定义务以确定合同的具体价格的，所有权在卖方履行了此特定义务且买方也知道卖方的履行情况时转移。[3]

4. 如果卖方以"买方认可"（sale on approval）或"售后付款"（sale or return）方式将货物在没有签订合同前先交付给买方的，[4] 所有权在发生下列情况时转移：①当买方向卖方明确表示认可或接受货物，或以其他行动接受该交易的；②买方没有明确表示接受但也未退货或拒绝的；③卖方规定的退货期限或合理期限已届满的。[5]该规则实际上在推定合同成立时所有权转移。

---

[1] 该部分的英文原文为："Where there is an unconditional contract for the sale of specific goods in a deliverable state, the property in the goods passes to the buyer when the contract is made, and it is immaterial whether the time of payment or the time of delivery, or both, be postponed."

[2] 该部分的英文原文为："Where there is a contract for the sale of specific goods, and the seller is bound to do something to the goods for the purpose of putting them in a deliverable state, the property does not pass until such thing be done and the buyer has notice thereof."

[3] 该部分的英文原文为："Where there is a contract for the sale of specific goods in a deliverable state, but the seller is bound to weigh measure test or do some other act or thing with reference to the goods for the purpose of ascertaining the price, the property does not pass until such act or thing be done and the buyer has notice thereof."

[4] 中国《合同法》第170、171条有关于试用买卖的规定。

[5] 该部分的英文原文为："Where goods are delivered to the buyer on approval or on sale or return or other similar terms, the property therein passes to the buyer:

(a) when the buyer signifies approval or acceptance to the seller, or does any other Act adopting the transaction;

(b) if the buyer does not signify approval or acceptance to the seller, but retains the goods without giving notice of rejection, then if a time has been fixed for the return of the goods, on the expiration of such time, and if no time has been fixed, on the expiration of a reasonable time. What is a reasonable time is a question of fact."

5. 如果合同涉及非特定物的买卖，只有在非特定物按照双方同意的方式和时间被无条件地划拨（unconditionally appropriate）为特定物时，所有权才能转移。双方同意可以是明示或者默示，也可以事先或事后达成。按照合同将特定物交付给买方、承运人或其他第三人的行为可被视为无条件划拨（unconditional appropriation）。[1]

必须指出的是，以上普通法规定的作用是在特定情况下确立所有权转移的原则和方式，但这些规定不是以法律强制性规定方式出现的，而是以推定当事人默示原则方式出现的。因此，从技术层面看，这些原则是推定当事人通过默示方式表达的共同意志的原则，而这些情况下的货物所有权是按照当事人的意志发生转移的。对这五种情况的处理也能够说明前文提及的中国法和普通法就"法定转移原则"态度的区别。普通法将以上情形视为确定当事人默示意志的过程，故不须援用"法定转移原则"，而如果中国法就此作出类似规定的话，则就会成为中国《合同法》所承认的法定转移原则的体现。

二、风险转移和承担主要原则

风险以及风险的转移和承担是货物买卖所必须面对和解决的问题。由于国际因素的存在，国际货物买卖的风险一般高于国内货物买卖。在本书第二章第五节中，我们对风险的概念、风险转移的一般原则及《联合国国际货物销售合同公约》中的风险转移原则作过论述。前文已经讲过的内容，在此不再赘述。本章仅对中国《合同法》和普通法系的《货物买卖法》中主要的风险转移规定进行简单讨论。

中国《合同法》中有 9 项涉及货物买卖风险转移和承担的条款，即第 103 条和第 142 ~ 149 条。这些条款所体现的风险转移和承担原则可以概括如下：

1. 风险转移以当事人约定和法律强制性规定为优先的原则。[2] 在此意义上，所有权转移原则和风险转移原则是一致的，[3]《合同法》第 103、144、145、148 条是

---

〔1〕 该部分的英文原文为："Where there is a contract for the sale of unascertained or future goods by description, and goods of that description and in a deliverable state are unconditionally appropriated to the contract either by the seller with the assent of the buyer or by the buyer with the assent of the seller, the property in the goods thereupon passes to the buyer. Such assent may be express or implied, and may be given either before or after the appropriation is made. Where in pursuance of the contract the seller delivers the goods to the buyer or to a carrier or other bailee（whether named by the buyer or not）for the purpose of transmission to the buyer and does not reserve the right of disposal, the seller is deemed to have unconditionally appropriated the goods to the contract."

〔2〕《合同法》第 142 条规定："标的物毁损、灭失的风险，在标的物交付之前由出卖人承担，交付之后由买受人承担，但法律另有规定或者当事人另有约定的除外。"

〔3〕 与《合同法》第 133 条规定一致。

按法律转移的范例。[1]

2. 风险转移的主要原则还是"交付转移原则"。[2]交付可以是实际交付，即按照约定或法律规定将货物实际交付（physical delivery）给买方或买方的代理人；也可以是虚拟交付（constructive delivery），即按照约定或法律规定将货物控制权交给买方或买方代理人。虽然《合同法》没有明确"交付"的内容，笔者认为第 142 条的交付应当包括这两种交付方式。

3. 违约人对其违约行为承担风险是风险转移的原则之一。例如，《合同法》第 143 条规定："因买受人的原因致使标的物不能按照约定的期限交付的，买受人应当自违反约定之日起承担标的物毁损、灭失的风险。"该原则与《国际贸易术语》中的风险转移原则是一致的。[3]《合同法》第 146 条规定也体现了此原则。[4]

4. 区分单证交付和货物风险转移的原则。在国际货物买卖过程中，单证交付和货物交付往往是分开的。除非当事人约定单证交付成为货物风险转移的标志（此为虚拟交付的形式之一），卖方"按照约定未交付有关标的物的单证和资料的，不影响标的物毁损、灭失风险的转移"。[5]该原则的作用是设立了一个单证交付和货物交付分开的假定，但同时要求卖方按照合同约定分别履行交付货物和交付单证的义务。

5. 区分风险责任和违约责任的原则。《合同法》第 149 条规定："标的物毁损、灭失的风险由买受人承担的，不影响因出卖人履行债务不符合约定，买受人要求其承担违约责任的权利。"该条款的作用是允许应当承担货物灭失风险的买方按照合同和法律规定起诉卖方违约导致的损害，但该条款运作的基础是能够区分风险损失和违约损失。否则无法实施或可能导致混乱。

以上是中国《合同法》中关于风险转移和承担的主要规定。部分规定实质上与《联合国国际货物销售合同公约》相关条款类似，显示了《公约》对中国《合同法》

---

〔1〕《合同法》第 103 条规定："标的物提存后，毁损、灭失的风险由债权人承担……"第 144 条规定："出卖人出卖交由承运人运输的在途标的物，除当事人另有约定的以外，毁损、灭失的风险自合同成立时起由买受人承担。"第 145 条规定："当事人没有约定交付地点或者约定不明确，依照本法第 141 条第 2 款第 1 项的规定标的物需要运输的，出卖人将标的物交付给第一承运人后，标的物毁损、灭失的风险由买受人承担。"第 148 条规定："因标的物质量不符合质量要求，致使不能实现合同目的的，买受人可以拒绝接受标的物或者解除合同。买受人拒绝接受标的物或者解除合同的，标的物毁损、灭失的风险由出卖人承担。"

〔2〕见《合同法》第 142 条的规定。

〔3〕例如 CIF 和 FOB 关于风险转移的规定。

〔4〕《合同法》第 146 条规定："出卖人按照约定或者依照本法第 141 条第 2 款第 2 项的规定将标的物置于交付地点，买受人违反约定没有收取的，标的物毁损、灭失的风险自违反约定之日起由买受人承担。"

〔5〕见《合同法》第 147 条的规定。

的影响。[1]

普通法系的《货物买卖法》采取了不同的方式和逻辑规范风险转移问题。以新南威尔士《货物买卖法》为例，风险转移的主要原则可以被概括如下：

1. 除当事人明确约定外，风险和财产总是一起转移的原则或假定。[2] 按照此原则，如果当事人就风险转移没有具体约定的，风险的转移和承担则按照前面所讲过的确定所有权转移的规则决定。

2. 除非有特殊约定，交付转移原则适用，即风险和所有权一般都随着货物的交付而转移。因此，对交付延误承担过失的一方也应当自货物应当按照合同交付之日起承担风险。[3]

3. 卖方协助买方安排海运保险的原则。按照该原则，如果买卖合同不要求卖方为海运货物购买保险的话，卖方则必须及时通知买方与货物相关的信息，以协助买方购买保险，违反此义务时，卖方需承担海运途中货物的风险。[4] 该条款与 FOB 合同中风险转移条款的协调是我们必须面对的问题。按照 FOB 合同，货物风险在始发港将货物交付给承运人时转移到买方。但按照新南威尔士《货物买卖法》第 35 条规定，这种情况下卖方有及时通知买方以协助买方购买保险的义务，否则风险不会转移。FOB 的规定和第 35 条规定是能够协调的，协调的基础是 FOB 条款本身。按照 FOB 卖方义务第 A7 项规定，卖方必须将货物的装船和交付情况及时通知买方。该义务也应当包括第 35 条规定提供必要信息以协助买方购买保险的义务。如果卖方违反了 FOB 条款的第 A7 项规定的话，必须承担相应的义务。该义务按照第 35 条第 3 款则具体表现为承担货物未保险的风险。因此，在此问题上，FOB 和第 35 条是可以协调的。

以上是普通法系关于货物风险转移的主要原则。由于许多具体规定与所有权转移原则相同，故在解读风险转移和承担原则时必须考虑相关的所有权转移的规则。

第五节 违约救助主要原则

违约救助是合同法的必要组成部分，是确保合同当事人的权益和合同公平的有力手段。就合同的违约救助而言，中国法和普通法有类似原则，也有不同规定。两者在国际货物买卖交易中都可能根据需要成为《联合国际货物销售合同公约》中违约补救措施的补充部分。下面分别就中国法和普通法的主要相关原则进行介绍和

---

[1] 对于《公约》和《合同法》的比较研究，见 John Shijian Mo，"The Code of Contract Law of the People's Republic of China and the Vienna Sales Convention"，*Vol* 15：1（1999）*American University International Law Review*，pp. 209～270.

[2] 新南威尔士《货物买卖法》第 25 条规定：Risk prima facie passes with property.

[3] 见新南威尔士《货物买卖法》第 25 条规定。

[4] 见新南威尔士《货物买卖法》第 35 条第 3 款规定。

分析。

在我国，国际货物买卖合同的违约救助原则主要散见于《合同法》第六、七、九章。相关主要原则可以概括如下：

1. 当事人有按照《合同法》第93～97、164～167条规定解除全部或部分合同的权利。这些条款具体规定在此不详述。

2. 当事人有按照《合同法》第99、100条规定主张债务抵销的权利。该权利可以构成对《联合国国际货物销售合同公约》中的违约救助措施的补充。

3. 债务人有权按照《合同法》第101～103条规定提存货物。《联合国国际货物销售合同公约》没有类似规定，因而该权利可以和《公约》共同适用。

4. 受害方有权按照《合同法》规定要求违约方承担违约责任。违约责任的主要形式包括：①继续履行；[1] ②违约人通过承担修理、更换、重作、退货、减少价款或者报酬等方式承担违约责任；[2] ③赔偿损失，[3] 但赔偿额"不得超过违反合同一方订立合同时预见到或者应当预见到的因违反合同可能造成的损失"。[4]

以上规定有些与《公约》规定的救助措施相同，有些则不同。根据买卖合同法的适用法的确定，它们可以独立适用，也可以与《公约》共同适用。

普通法系国际货物买卖合同的违约救助规定可见于合同法的相关判例、法规和《货物买卖法》。但是，当《货物买卖法》有明确规定时，优先适用法律规定的措施。以新南威尔士《货物买卖法》为例，国际货物买卖合同违约救助主要相关规则可以概括如下：

1. 如果一方违反了合同的根本性条款（condition），另一方则有权视为合同已被解除。[5]哪些条款属于根本性条款可以由当事人明确约定，也可由法院根据当事人的意志认定。

2. 买方违反其支付义务的，卖方有权按照合同要求买方支付。[6]

3. 买方违反其合同义务的，卖方有权要求赔偿。[7]

4. 卖方违反其合同义务的，买方有权要求赔偿。[8]

5. 事人有权根据相关法律规定主张违约方赔偿利息损失或承担其他法律责任。[9]

---

[1]　见《合同法》第107、109、110条规定。

[2]　见《合同法》第111条。

[3]　见《合同法》第108、112、113条规定。

[4]　见《合同法》第113条。

[5]　见新南威尔士《货物买卖法》第16条第2款规定。

[6]　见新南威尔士《货物买卖法》第51条规定。

[7]　见新南威尔士《货物买卖法》第52条规定。

[8]　见新南威尔士《货物买卖法》第53条规定。

[9]　见新南威尔士《货物买卖法》第55条规定。

6. 在买方按照合同支付全部货款前，根据具体情况，卖方对运输中的货物有召回权和留置权。[1]

以上为普通法所提供的国际货物买卖合同的主要救助措施。这些权利规定相对简单和直接。如果出现了法律没有明确规定情形的，普通法的合同法规则将能够提供足够的指导原则。

第六节　国际惯例的适用

一、概述

国际货物买卖的国际惯例主要指《国际贸易术语通则® 2010》（Incoterms® 2010）。《国际贸易术语通则® 2010》是由国际商会（International Chamber of Commerce, ICC）所编辑整理的国际商事惯例汇总。国际商会是国际非政府组织，其会员为不同国家的公司或非政府组织。[2] 国际商会没有立法权，其制定的规则至多具有行业公会规则的性质。但由于悠久的历史（国际商会成立于1919年）[3]和地位的唯一性（国际商会在120个国家拥有会员，是以此名义活动的唯一具有国际普遍接受力的跨行业国际商事组织），[4]国际商会所整理出版的《国际贸易术语》有国际商事示范规则的地位和作用。现在有效的《国际贸易术语》出版于2010年，故被称为《国际贸易术语通则® 2010》，以区别于以前的版本。[5]

《国际贸易术语通则® 2010》共收集了11个贸易术语，分为两组，即适用于任何单一运输方式或多式联运的术语和适用于海运及内陆水运的术语。具体分组情况如下：

1. 适用于任何单一运输方式或多式联运的贸易术语：

EXW　　　　工厂交货

FCA　　　　货交承运人

CPT　　　　运费付至

CIP　　　　运费、保险费付至

---

〔1〕　见新南威尔士《货物买卖法》第41～43条规定。

〔2〕　中国的国际经济贸易促进委员会（贸促会）是国际商会成员和国际商会在中国的代表。贸促会至少在名义上是非政府组织，即"中国贸促会是由中国经济贸易界有代表性的人士、企业和团体组成的全国民间对外经济贸易组织"。见《贸促会章程》第2条，载 http://www.ccpit.org/Contents/Channel_40/2006/0516/309/content_309.htm.

〔3〕　见国际商会网站：http://www.iccwbo.org/id93/index.html.

〔4〕　见国际商会网站：http://www.iccwbo.org/id19696/index.html.

〔5〕　国际商会在1936年、1967年、1976年、1980年、1990年和2000年整理出版过不同的《国际贸易术语》版本或范本。相关信息见国际商会网站：http://www.iccwbo.org/products-and-services/trade-facilitation/incoterms-2010/history-of-the-incoterms-rules/.

DAT	运输终点交货
DAP	目的地交货
DDP	交税后交货

2. 适用于海运及内陆水运的贸易术语：

FAS	船边交货
FOB	船上交货
CFR	成本加运费
CIF	成本、保险费加运费

《国际贸易术语通则® 2010》与《国际贸易术语通则 2000》在形式上的变化还是比较大的。在形式上，《国际贸易术语通则 2000》包括 13 个术语，分为 4 组，即 E 组（E 字打头术语）、F 组（F 字打头组）、C 组（C 字打头组）和 D 组（D 字打头组）。所谓术语是英文字母的缩写，缩写和其代表的英文字母多数都不能按照其字母直接解释，而必须按照其习惯用法特别是《国际贸易术语通则 2000》的定义理解。虽然字母有差别，但四组贸易术语的分类都与风险转移相关，故也可以用风险转移为标准区分这 4 组术语。

1. E 组。包括 1 个术语，即 EXW 或 Ex Work，可翻译为工厂交货，也可指在卖方的库房或营业地交货，风险在工厂交货时由卖方转移至买方。

2. F 组。包括 3 个术语，即：①FCA 或 Free Carrier，可译为交至承运人；②FAS 或 Free Alongside Ship，可译为船边交货；③FOB 或 Free on Board，可译为船上交货。就风险转移而言，这三个术语的共同特点是风险在将货物交付给买方指定的承运人或船舶时转移。

3. C 组。包括 4 个术语，即：①CFR 或 Cost and Freight，可译为成本加运费；②CIF 或 Cost，Insurance and Freight，可译为成本、保险加运费；③CPT 或 Carriage Paid to，可译为运费付至；④CIP 或 Carriage and Insurance Paid to，可译为运费、保险付至。这四个术语的共同特点是卖方将货物交付给卖方签约的承运人或船舶时转移。

4. D 组。包括 5 个术语，即：①DAF 或 Delivered at Frontier，可译为边境交付；②DES 或 Delivered Ex Ship，可译为目的港船上交货；③DEQ 或 Delivered Ex Quay，可译为目的港码头交货；④DDU 或 Delivered Duty Unpaid，可译为未完税交货；⑤DDP 或 Delivered Duty Paid，可译为完税交货。这些术语的共同特点是在目的地或目的港入关前交货；故风险也在这些地点交付时转移。

虽然《国际贸易术语通则 2000》每组术语所包括的具体内容不同，双方权利义务随之而变化，但风险转移的时间和地点实际上可以成为区分这些组别术语的标准之一。但《国际贸易术语通则® 2010》放弃了风险划分作为区分术语的标准，而以适用范围（或推荐的适用范围）作为区分术语的标准。客观地讲，《国际贸易术语通则® 2010》所采取的分类标准更便利于使用。

《国际贸易术语通则® 2010》的 11 个贸易术语都以同样的格式定义，即每个术语均包括10项具体权利义务，分别以A项（卖方权利义务）和B项（买方权利义务）方式定义。十项权利义务的性质在所有术语下是一致的，即：第1项与买卖双方的交付货物义务和支付义务相关；第2项与进出口手续相关；第3项与货物的运输和保险相关；第4项与货物交付相关；第5项与风险转移相关；第6项与履行费用相关；第7项与装船前后的通知相关；第8项与提供运输单证相关；第9项与货物检验相关；第10项是其他相关事项。每个术语的差别则体现在10个项目内容的变化上。

二、贸易术语主要原则

为了便利理解，《国际贸易术语通则® 2010》各术语的主要原则以概要方式转述如下。笔者希望强调，以下仅为术语内容概要，正式使用时需以《国际贸易术语通则® 2010》正式出版物为准。

1. Ex Works，工厂交货。即EXW（插入指定交货地点）《国际贸易术语通则® 2010》或Incoterms® 2010。

A 卖方义务	B 买方义务
A1 卖方一般义务 　　卖方必须提供符合买卖合同约定的货物和商业发票，及其他约定文件。 　　A1～A10中所指的任何文件在双方同意或符合惯例的情况下可以是等同的电子记录或程序。	B1 买方一般义务 　　买方必须按照买卖合同约定支付价款。 　　B1～B10中所指的任何文件在双方同意或符合惯例的情况下可以是等同的电子记录或程序。
A2 许可证、授权、安检通关和其他手续 　　如涉及出口，在买方要求并承担风险和费用的前提下，卖方须协助买方办理出口手续。 　　如涉及出口，在买方要求并承担风险和费用的前提下，卖方须提供其所掌握的安检通关信息。	B2 许可证、授权、安检通关和其他手续 　　如涉及出口，负责进出口许可或其他官方授权，同时承担相关风险和费用。
A3 运输合同与保险 　　a）运输合同 　　无安排运输合同的义务。 　　b）保险合同 　　无义务，但应买方要求并由其承担风险和费用，卖方则须提供购买保险所需的信息。	B3 运输合同与保险 　　a）运输合同 　　无安排运输合同的义务。 　　b）保险合同 　　无义务。

A 卖方义务	B 买方义务
A4 交货 　　须在指定或约定的交付地点，以将货物交给买方的处置方式交货，但不需将货物装上接收货物的运输工具。当无具体约定且有几个具体交付地点可供使用的话，卖方有权选择最有利于交货的地点。须在约定的日期或约定的期限内交货。	**B4 接收货物** 　　在卖方行为符合 A4 和 A7 规定时，买方则须接收货物。
A5 风险转移 　　除 B5 规定的货物灭失或损坏情形外，卖方承担按照 A4 规定完成交货前货物灭失或损坏的一切风险。	**B5 风险转移** 　　买方需承担自按照 A4 规定交货之时起货物灭失或损坏的一切风险。 　　如果买方未能按照 B7 规定发出通知，则自约定的交货日期或交货期限届满之日起，买方须承担风险，但以该项货物已清楚地确定为合同项下之货物者为限。
A6 费用划分 　　除 B6 规定的需由买方支付的费用外，卖方须负担按照 A4 规定完成交货前与货物相关的一切费用。	**B6 费用划分** 　　买方必须支付： 　　a) 自按照 A4 规定交货之时起与货物有关的一切费用； 　　b) 由于其未按约定接收货物或未按照 B7 规定发出适当通知而发生的额外费用，但以该项货物已清楚地确定为合同项下之货物者为限； 　　c) 货物出口应缴纳的关税、税款和其他费用，及海关手续费；及 　　d) 对卖方按照 A2 规定提供协助时所发生的一切花销和费用的补偿。
A7 通知买方 　　卖方须给予买方其接收货物所需通知。	**B7 通知卖方** 　　当买方有权确定接收货物的具体时间和地点时，买方须就此给予卖方及时和详实的通知。
A8 交货凭证 　　卖方对买方没有义务。	**B8 交货证据** 　　买方必须向卖方提供其已接收货物的适当证据。

第三章

续表

A 卖方义务	B 买方义务
A9 核查、包装、标记 　　卖方须支付为了按照 A4 规定进行交货所需要进行的核查活动（如核查质量、丈量、过磅、点数）所产生的费用。 　　除非在特定贸易中某类货物的销售通常不需包装，卖方须包装货物并承担相关费用。除非买方在签订合同前已就特殊包装要求通知了卖方，卖方可以适合相关货物运输的方式对货物进行包装。包装应有适当标记。	B9 货物检验 　　买方须支付强制性的装船前检验费用，包括出口国有关机构强制进行的检验。
A10 协助提供信息及相关费用 　　应买方要求并由其承担风险和费用，卖方须及时向买方提供或协助其获取相关货物进出口以及将货物运输到目的地所需要的文件和信息，包括安全信息。	B10 协助提供信息及相关费用 　　买方须及时告知卖方安全信息要求，以便卖方履行其 A10 项下义务。 　　买方须偿付卖方按照 A10 规定向买方提供或协助其获取文件和信息时产生的所有花销和费用。

2. Carriage Paidto，运费付至。即 CPT（插入指定目的地）《国际贸易术语通则® 2010》或 Incoterms® 2010。

A 卖方义务	B 买方义务
A1 卖方一般义务 　　卖方必须提供符合买卖合同约定的货物和商业发票及其他约定文件。 　　A1 ~ A10 中所指的任何文件在双方同意或符合惯例的情况下可以是等同的电子记录或程序。	B1 买方一般义务 　　买方必须按照买卖合同约定支付价款。 　　B1 ~ B10 中所指的任何文件在双方同意或符合惯例的情况下可以是等同的电子记录或程序。
A2 许可证、授权、安检通关和其他手续 　　如涉及出口，在买方要求并承担风险和费用的前提下，卖方须协助买方办理出口手续。 　　如涉及出口，在买方要求并承担风险和费用的前提下，卖方须提供其所掌握的安检通关信息。	B2 许可证、授权、安检通关和其他手续 　　如涉及出口，负责进出口许可或其他官方授权，同时承担相关风险和费用。

A 卖方义务	B 买方义务
A3 运输合同与保险 　　a）运输合同 　　卖方须签订或获取自交货地点运送货物至指定目的地交付点的运输合同。该合同须以通常条款为基础，并以通常航线和习惯方式运送货物。相关费用由卖方承担。如果双方没有约定地点或该地点不能通过双方实践确定，卖方则有权根据合同需要选择最合适的交货地点和指定目的地的具体交付地点。 　　b）保险合同 　　无安排保险合同的义务。但应买方要求并由其承担风险和费用，卖方须提供购买保险所需信息。	B3 运输合同与保险 　　a）运输合同 　　无安排运输合同的义务。 　　b）保险合同 　　无安排保险合同的义务。但应卖方要求，买方须提供购买保险所需信息。
A4 交货 　　卖方须通过将货物交付给按照 A3 签约的承运人方式，在约定日期或期限内交货。	B4 接收货物 　　当货物按照 A4 规定交付时，买方必须接收，并在指定目的地自承运人处领受货物。
A5 风险转移 　　除 B5 规定的灭失或损坏例外情形外，卖方承担按照 A4 规定完成交货前货物灭失或损坏的风险。	B5 风险转移 　　买方需承担自按照 A4 规定交货时起货物灭失或损坏的风险。 　　如买方未按照 B7 规定给予卖方通知，则买方须从约定的交货日期或交货期限届满之日起，承担货物灭失或损坏的风险，但以该货物已清楚地确定为合同项下之货物者为限。
A6 费用划分 　　卖方必须支付： 　　a）按照 A4 交货前的与货物相关费用，但 B6 规定的需由买方支付的费用除外； 　　b）按照 A3a）规定所发生的运费和其他费用，包括根据运输合同规定由卖方支付的装货费和在目的地的卸货费；及	B6 费用划分 　　除 A3 a）规定外，买方须支付： 　　a）自按照 A4 规定交货时起与货物相关的费用，但 A6c）规定的涉及出口的海关手续费用，及出口应交纳的关税、税款和其他费用除外； 　　b）货物在运输途中直至到达约定目的地为止的费用，除非根据运输合同这些费用应由卖方支付；

第三章

续表

A 卖方义务	B 买方义务
c）如涉及出口，货物出口所需海关手续费用，应交纳的关税、税款和其他费用，以及按照运输合同规定由卖方支付的货物在他国过境的费用。	c）卸货费，除非根据运输合同该项费用应由卖方支付； d）如买方未按照 B7 规定给予卖方通知，则自约定之日或约定装运期限届满之日起所发生的额外费用，但以该货物已清楚地确定为合同项下之货物者为限；及 e）如涉及进口，货物进口应交纳的关税、税款和其他费用，及办理进口海关手续的费用和在他国过境费用，除非某费用已包括在运输合同中。
A7 通知买方 　　卖方须向买方发出已按照 A4 交货的通知。 　　卖方须向买方发出其他必要的通知，以便买方采取接受货物所通常需要的措施。	B7 通知卖方 　　当有权决定货物离港时间和/或指定目的地或目的地内领受货物的具体地点时，买方须向卖方发出及时和详实的相关通知。
A8 交货凭证 　　根据惯例或应买方要求，卖方必须向买方提供其按照 A3 订立的运输合同所涉的通常运输单证，并承担相关费用。 　　此运输单证须载明合同中的货物，且其签发日期应在约定运期限内。如已约定或存在惯例，此单证也必须允许买方在指定目的地向承运人主张货物，并允许买方在货物运输途中以向下家买方转让单证或通知承运人方式出售货物。 　　当此类单证以可转让形式签发且存在几份正本时，则必须将整套正本提交给买方。	B8 交货证据 　　如果单证与合同相符的话，买方则须接受按照 A8 规定提交的运输单证。

第三章

A 卖方义务	B 买方义务
A9 核查、包装、标记 　　卖方须支付为了按照 A4 规定进行交货所需要进行的核查活动（如核查质量、丈量、过磅、点数）所产生的费用。 　　除非在特定贸易中某类货物的销售通常不需包装，卖方须包装货物，并承担相关费用。除非买方在签订合同前已就特殊包装要求通知了卖方，卖方可以适合相关货物运输的方式对货物进行包装。包装应有适当标记。	B9 货物检验 　　买方须支付强制性的装船前检验费用，包括出口国有关机构强制进行的检验。
A10 协助提供信息及相关费用 　　应买方要求并由其承担风险和费用，卖方须及时向买方提供或协助其获取相关货物进出口，以及将货物运输到目的地所需要的文件和信息，包括安全信息。	B10 协助提供信息及相关费用 　　买方须及时告知卖方安全信息要求，以便卖方履行其 A10 项下义务。 　　买方须偿付卖方按照 A10 规定向买方提供或协助其获取文件和信息时产生的所有花销和费用。

　　3. CIP，运费和保险费付至。即 CIP（插入指定目的地）《国际贸易术语通则® 2010》或 Incoterms® 2010。

A 卖方义务	B 买方义务
A1 卖方一般义务 　　卖方必须提供符合买卖合同约定的货物和商业发票及其他约定文件。 　　A1～A10 中所指的任何文件在双方同意或符合惯例的情况下可以是等同的电子记录或程序。	B1 买方一般义务 　　买方必须按照买卖合同约定支付价款。 　　B1～B10 中所指的任何文件在双方同意或符合惯例的情况下可以是等同的电子记录或程序。
A2 许可证、授权、安检通关和其他手续 　　如涉及出口，在买方要求并承担风险和费用的前提下，卖方须协助买方办理出口手续。 　　如涉及出口，在买方要求并承担风险和费用的前提下，卖方须提供其所掌握的安检通关信息。	B2 许可证、授权、安检通关和其他手续 　　如涉及出口，负责进出口许可或其他官方授权，同时承担相关风险和费用。

A 卖方义务	B 买方义务
A3 运输合同与保险 　　a）运输合同 　　卖方须签订或获取自交货地点运送货物至指定目的地交付点的运输合同。该合同须以通常条款为基础，并以通常航线和习惯方式运送货物，相关费用由卖方承担。如果双方没有约定地点或该地点不能通过双方实践确定，卖方则有权根据合同需要选择最合适的交货地点和指定目的地的具体交付地点。 　　b）保险合同 　　卖方须购买货物保险，并承担费用。该保险需至少符合《协会货物保险条款》（Institute Cargo Clauses，LMA/IUA）的"条款（丙）"（Clauses C）或类似条款的最低险别。卖方应与信誉良好的承保人或保险公司签订合同。同时保险合同应允许买方或其他对货物有可保利益者直接向保险人索赔。 　　当买方要求且能够提供卖方需要的信息时，卖方应办理附加险，但费用由买方承担。如果可能的话，可办理《协会货物保险条款》（Institute Cargo Clauses，LMA/IUA）的"条款（甲）或（乙）"（Clauses A or B）或类似条款的险别，也可同时或单独办理《协会战争险条款》（Institute War Clauses）和/或《协会罢工险条款》（Institute Strikes Clauses）或其他类似条款的险别。 　　保险最低金额是合同约定价格另加 10%（即 110%），并采用合同货币。 　　保险范围应包括货物自 A4 和 A5 规定的交货点起和至少到指定目的地止的期间。 　　卖方应向买方提供保单或其他保险证据。 　　此外，卖方须应买方要求并由其承担风险和费用，向买方提供办理附加险所需信息。	B3 运输合同与保险 　　a）运输合同 　　无安排运输合同的义务。 　　b）保险合同 　　无安排保险合同的义务。但应卖方要求，买方须向卖方提供办理附加险所需信息。

第
三
章

A 卖方义务	B 买方义务
A4 交货 　　卖方须通过将货物交付给按照 A3 签约的承运人方式，在约定日期或期限内交货。	**B4 接收货物** 　　当货物按照 A4 规定交付时，买方须接收，并在指定目的地自承运人处领受货物。
A5 风险转移 　　除 B5 规定的灭失或损坏情形外，卖方承担按照 A4 规定完成交货前货物灭失或损坏的风险。	**B5 风险转移** 　　买方需承担按照 A4 规定交货时起货物灭失或损坏的风险。 　　如买方未按照 B7 规定给予卖方通知，则买方须从约定的交货日期或交货期限届满之日起，承担货物灭失或损坏的风险，但以该货物已清楚地确定为合同项下之货物者为限。
A6 费用划分 　　卖方必须支付： 　　a) 按照 A4 交货前的与货物相关费用，但 B6 规定的需由买方支付的费用除外； 　　b) 按照 A3a) 规定所发生的运费和其他费用，包括根据运输合同规定由卖方支付的装货费和在目的地的卸货费； 　　c) 根据 A3b) 产生的保险费用；及 　　d) 如涉及出口，货物出口所需海关手续费，交纳的关税、税款和其他费用，以及按照运输合同规定由卖方支付的货物在他国过境的费用。	**B6 费用划分** 　　除 A3 a) 规定外，买方须支付： 　　a) 自按照 A4 规定交货之时起与货物相关的费用，但 A6c) 规定的涉及出口的海关手续费用，及出口应交纳的关税、税款和其他费用除外； 　　b) 货物在运输途中直至到达约定目的地为止的费用，除非根据运输合同这些费用应由卖方支付； 　　c) 卸货费，除非根据运输合同这些费用应由卖方支付； 　　d) 如买方未按照 B7 规定发出通知，则自约定之日或约定装运期限届满之日起所发生的额外费用，但以该货物已清楚地确定为合同项下之货物者为限； 　　e) 如涉及进口，货物进口应交纳的关税、税款和其他费用，及办理进口海关手续的费用和在他国过境费用，除非某费用已包括在运输合同中；及 　　f) 在 A3 和 B3 项下，应买方要求办理附加险所产生的费用。

A 卖方义务	B 买方义务
A7 通知买方 卖方须向买方发出已按照 A4 交货的通知。 卖方须向买方发出其他必要的通知，以便买方采取接受货物所通常需要的措施。	**B7 通知卖方** 当有权决定货物离港时间和/或指定目的地或目的地内领受货物的具体地点时，买方须向卖方发出及时和详实的相关通知。
A8 交货凭证 根据惯例或应买方要求，卖方须向买方提供其按照 A3 订立的运输合同所涉的通常运输单证，并承担相关费用。 此运输单证必须载明合同中的货物，且其签发日期须在约定运输期限内。如已约定或存在惯例，此单证也须允许买方在指定目的地向承运人主张货物，并允许买方在货物运输途中以向下家买方转让单证或通知承运人方式出售货物。 当此类单证以可转让形式签发且存在几份正本，则必须将整套正本提交给买方。	**B8 交货证据** 如果单证与合同相符的话，买方则须接受按照 A8 规定提交的运输单证。
A9 核查、包装、标记 卖方须支付为了按照 A4 规定进行交货所需要进行的核查活动（如核查质量、丈量、过磅、点数）所产生的费用。 除非在特定贸易中某类货物的销售通常不需包装，卖方须包装货物并承担相关费用。除非买方在签订合同前已就特殊包装要求通知了卖方，卖方可以适合相关货物运输的方式对货物进行包装。包装应有适当标记。	**B9 货物检验** 买方须支付强制性的装船前检验费用，包括出口国有关机构强制进行的检验。
A10 协助提供信息及相关费用 应买方要求并由其承担风险和费用，卖方须及时向买方提供或协助其获取相关货物进出口，以及将货物运输到目的地所需要的文件和信息，包括安全信息。	**B10 协助提供信息及相关费用** 买方须及时告知卖方安全信息要求，以便卖方履行其 A10 项下义务。 买方须偿付卖方按照 A10 规定向买方提供或协助其获取文件和信息时产生的所有花销和费用。

第三章

4. DAT，运输终点交货。即 DAT（插入指定港口或目的地的运输终点）《国际贸易术语通则® 2010》或 Incoterms® 2010。

A 卖方义务	B 买方义务
A1 卖方一般义务 　　卖方必须提供符合买卖合同约定的货物和商业发票及其他约定文件。 　　A1～A10 中所指的任何文件在双方同意或符合惯例的情况下可以是等同的电子记录或程序。	**B1 买方一般义务** 　　买方必须按照买卖合同约定支付价款。 　　B1～B10 中所指的任何文件在双方同意或符合惯例的情况下可以是等同的电子记录或程序。
A2 许可证、授权、安检通关和其他手续 　　如涉及出口，在买方要求并承担风险和费用的前提下，卖方须协助买方办理出口手续。 　　如涉及出口，在买方要求并承担风险和费用的前提下，卖方须提供其所掌握的安检通关信息。	**B2 许可证、授权、安检通关和其他手续** 　　如涉及出口，负责进出口许可或其他官方授权，同时承担相关风险和费用。
A3 运输合同与保险 　　a）运输合同 　　卖方须签订运输合同并承担费用，将货物运至约定港口或目的地的指定运输终点。如未约定特别的运输终点或该地点不能通过双方实践确定，卖方则可根据合同需要在约定港口或目的地内选择最适合的运输终点。 　　b）保险合同 　　无安排保险合同的义务，但应买方要求并由其承担风险和费用的话，卖方须提供购买保险所需信息。	**B3 运输合同与保险** 　　a）运输合同 　　无安排运输合同的义务。 　　b）保险合同 　　无安排保险合同的义务，但应卖方要求，买方须提供购买保险所需信息。
A4 交货 　　卖方须负责自载货的运输工具上卸货，且须于约定日期或在约定期限内，通过按照 A3a）确定的港口或目的地运输终点将货物交给买方处置的方式交货。	**B4 接收货物** 　　当货物按照 A4 规定交付时，买方须接收。

A 卖方义务	B 买方义务
A5 风险转移 　　除 B5 规定的灭失或损坏情形外，卖方承担按照 A4 规定完成交货前货物灭失或损坏的风险。	**B5 风险转移** 　　买方需承担按照 A4 规定交货时起货物灭失或损坏的风险。 　　如果： 　　a）买方未按照 B2 履行职责，则承担因此造成的货物灭失或损坏的风险；或 　　b）买方未按照 B7 规定通知卖方，自约定的交货日期或交货期限届满之日起，买方承当货物灭失或损坏的风险。但以该货物已清楚地确定为合同项下之货物者为限。
A6 费用划分 　　卖方须支付： 　　a）因 A3 a）产生的费用，以及按照 A4 交货前的与货物相关费用，但 B6 规定的买方应付的费用除外；及 　　b）如涉及出口，在按照 A4 规定交货前发生的，货物出口所需海关手续费用、关税、税款和其他费用，以及货物在他国过境的费用。	**B6 费用划分** 　　买方须支付： 　　a）自按照 A4 规定交货之时起与货物相关的费用。 　　b）买方未按照 B2 履行其义务或未按照 B7 规定发出通知导致卖方发生的任何额外费用，但以该货物已清楚地确定为合同项下之货物者为限。 　　c）如涉及进口，办理进口的海关手续费、关税、税款和其他费用。
A7 通知买方 　　卖方须向买方发出必要的通知，以便买方采取接受货物所通常需要的措施。	**B7 通知卖方** 　　当有权决定约定期间内的具体时间和/或指定运输终点内的具体接收货物地点时，买方须向卖方发出及时和详实的相关通知。
A8 交货凭证 　　卖方须向买方提供凭证并承担相关费用，以确保买方能够按照 A4/B4 规定接收货物。	**B8 交货证据** 　　买方须接受按照 A8 规定提供的交货凭证。

第三章

续表

A 卖方义务	B 买方义务
A9 核查、包装、标记 　　卖方须支付为了按照 A4 规定进行交货，所需要进行的核查活动（如核查质量、丈量、过磅、点数）所产生的费用。 　　除非在特定贸易中某类货物的销售通常不需包装，卖方须包装货物，并承担相关费用。除非买方在签订合同前已就特殊包装要求通知了卖方，卖方可以适合相关货物运输的方式对货物进行包装。包装应有适当标记。	B9 货物检验 　　买方须支付强制性的装船前检验费用，包括出口国有关机构强制进行的检验。
A10 协助提供信息及相关费用 　　应买方要求并由其承担风险和费用，卖方须及时向买方提供或协助其获取相关货物进出口，以及将货物运输到目的地所需要的文件和信息，包括安全信息。	B10 协助提供信息及相关费用 　　买方须及时告知卖方安全信息要求，以便卖方履行其 A10 项下义务。 　　买方须偿付卖方按照 A10 规定向买方提供或协助其获取文件和信息时产生的所有花销和费用。

　　5. DAP，目的地交货。即 DAP（插入指定目的地）《国际贸易术语通则® 2010》或 Incoterms® 2010。

A 卖方义务	B 买方义务
A1 卖方一般义务 　　卖方必须提供符合买卖合同约定的货物和商业发票及其他约定文件。 　　A1～A10 中所指的任何文件在双方同意或符合惯例的情况下可以是等同的电子记录或程序。	B1 买方一般义务 　　买方必须按照买卖合同约定支付价款。 　　B1～B10 中所指的任何文件在双方同意或符合惯例的情况下可以是等同的电子记录或程序。
A2 许可证、授权、安检通关和其他手续 　　如涉及出口，在买方要求并承担风险和费用的前提下，卖方须协助买方办理出口手续。 　　如涉及出口，在买方要求并承担风险和费用的前提下，卖方须提供其所掌握的安检通关信息。	B2 许可证、授权、安检通关和其他手续 　　如涉及出口，负责进出口许可或其他官方授权，同时承担相关风险和费用。

A 卖方义务	B 买方义务
A3 运输合同与保险 a）运输合同 卖方须签订运输合同并承担费用，将货物运至指定目的地或目的地内的约定地点。如未约定特别地点或该地点不能通过双方实践确定，卖方则可根据合同需要在指定目的地内选择最适合的交货地点。 b）保险合同 卖方对买方不承担安排保险合同的义务。但应买方要求并由其承担风险和费用的话，卖方须提供购买保险所需信息。	B3 运输合同与保险 a）运输合同 无安排运输合同的义务。 b）保险合同 无安排保险合同的义务，但应卖方要求，买方须提供购买保险所需信息。
A4 交货 卖方须通过在约定日期或约定的期限内，将货物运至指定目的地的约定地点，且将仍处于载货运输工具之上但已做好卸载准备的货物交由买方处置方式交货。	B4 接收货物 当货物按照 A4 规定交付时，买方须接收。
A5 风险转移 除 B5 规定的灭失或损坏情形外，卖方承担按照 A4 规定完成交货前货物灭失或损坏的风险。	B5 风险转移 买方需承担按照 A4 规定交货时起货物灭失或损坏的风险。 如果： a）买方未按照 B2 履行职责，则承担因此造成的货物灭失或损坏的风险；或 b）买方未按照 B7 规定通知卖方，自约定的交货日期或交货期限届满之日起，买方承当货物灭失或损坏的风险，但以该货物已清楚地确定为合同项下之货物者为限。
A6 费用划分 卖方须支付： a）因 A3 a）产生的费用，以及按照 A4 交货前与货物相关费用，但 B6 规定的买方应付的费用除外；及 b）运输合同中规定的应由卖方支付的在目的地卸货的费用；及	B6 费用划分 买方须支付： a）自卖方按照 A4 规定交货之日起与货物有关的费用； b）为了接收货物，在指定目的地从载货运输工具上卸货的费用，但运输合同规定该费用由卖方承担者除外；

第三章

A 卖方义务	B 买方义务
c）如涉及出口，在按照 A4 规定交货前发生的，货物出口所需海关手续费用，关税、税款和其他费用，以及货物在他国过境的费用。	c）因买方未履行其 B2 项下义务或未按照 B7 规定发出通知给卖方造成的额外损失，但以该货物已清楚地确定为合同项下之货物者为限；及 d）如涉及进口，办理进口的海关手续费、关税、税款和其他费用。
A7 通知买方 　卖方须向买方发出必要的通知，以便买方采取接受货物所通常需要的措施。	B7 通知卖方 　当有权决定约定期间内的具体时间和/或指定目的地内的具体接收货物地点时，买方须向卖方发出及时和详实的相关通知。
A8 交货凭证 　卖方须向买方提供凭证并承担相关费用，以确保买方能够按照 A4/B4 规定接收货物。	B8 交货证据 　买方须接受按照 A8 规定提供的交货凭证。
A9 核查、包装、标记 　卖方须支付为了按照 A4 规定进行交货，所需要进行的核查活动（如核查质量、丈量、过磅、点数）所产生的费用。 　除非在特定贸易中某类货物的销售通常不需包装，卖方须包装货物，并承担相关费用。除非买方在签订合同前已就特殊包装要求通知了卖方，卖方可以适合相关货物运输的方式对货物进行包装。包装应有适当标记。	B9 货物检验 　买方须支付强制性的装船前检验费用，包括出口国有关机构强制进行的检验。
A10 协助提供信息及相关费用 　应买方要求并由其承担风险和费用，卖方须及时向买方提供或协助其获取相关货物进出口，以及将货物运输到目的地所需要的文件和信息，包括安全信息。	B10 协助提供信息及相关费用 　买方须及时告知卖方安全信息要求，以便卖方履行其 A10 项下义务。 　买方须偿付卖方按照 A10 规定向买方提供或协助其获取文件和信息时产生的所有花销和费用。

6. DDP，完税后交货。DDP（插入指定目的地）《国际贸易术语通则® 2010》或 Incoterms® 2010。

A 卖方义务	B 买方义务
A1 卖方一般义务 　　卖方必须提供符合买卖合同约定的货物和商业发票，以及合同可能要求的其他证明与合同约定相符的证据。 　　A1～A10 中所指的任何文件在双方同意或符合惯例的情况下可以是等同的电子记录或程序。	B1 买方一般义务 　　买方必须按照买卖合同规定支付价款。 　　B1～B10 中所指的任何文件在双方同意或符合惯例的情况下可以是等同的电子记录或程序。
A2 许可证、授权、安检通关和其他手续 　　如涉及进出口，卖方必须获取所需的进出口许可和其他官方授权，并办理货物出口、通过其他国家运输和进口所需的一切海关手续，同时承担相关风险和费用。	B2 许可证、授权、安检通关和其他手续 　　如涉及进口，应卖方要求并由其负担风险和费用，买方必须协助卖方获取货物进口所需的所有进口许可或其他官方授权。
A3 运输合同与保险 　　a）运输合同 　　卖方须签订运输合同并承担费用，将货物运至指定目的地或目的地内的约定地点。如未约定特别地点或该地点不能通过双方实践确定，卖方则可根据合同需要在指定目的地内选择最适合的交货地点。 　　b）保险合同 　　无安排保险合同的义务，但应买方要求并由其承担风险和费用的话，卖方须提供购买保险所需信息。	B3 运输合同与保险 　　a）运输合同 　　无安排运输合同的义务。 　　b）保险合同 　　无安排保险合同的义务，但应卖方要求，买方须提供购买保险所需信息。
A4 交货 　　卖方须通过在约定日期或约定的期限内，将货物运至指定目的地的约定地，且将仍处于载货运输工具之上但已做好卸载准备的货物交由买方处置方式交货。	B4 接收货物 　　当货物按照 A4 规定交付时，买方须接收。

第三章

第三章

A 卖方义务	B 买方义务
A5 风险转移 　　除 B5 规定的灭失或损坏情形外，卖方承担按照 A4 规定完成交货前货物灭失或损坏的风险。	**B5 风险转移** 　　买方需承担按照 A4 规定交货时起货物灭失或损坏的风险。 　　如果 　　a）买方未按照 B2 履行职责，则承担因此造成的货物灭失或损坏的风险；或 　　b）买方未按照 B7 规定通知卖方，自约定的交货日期或交货期限届满之日起，买方承担货物灭失或损坏的风险，但以该货物已清楚地确定为合同项下之货物者为限。
A6 费用划分 　　卖方须支付： 　　a）因 A3 a）产生的费用，以及按照 A4 交货前的与货物相关费用，但 B6 规定的买方应付的费用除外；及 　　b）运输合同中规定的应由卖方支付的在目的地卸货的费用；及 　　c）如涉及进出口，在按照 A4 规定交货前发生的，货物进出口所需海关手续费用，应交纳的关税、税款和其他费用，以及货物在他国过境的费用。	**B6 费用划分** 　　买方须支付： 　　a）自卖方按照 A4 规定交货之日起，与货物有关的费用； 　　b）为了接收货物，在指定目的地从载货运输工具上卸货的费用，但运输合同规定该费用由卖方承担者除外；及 　　c）因买方未履行其 B2 项下义务或未按照 B7 规定发出通知给卖方造成的额外损失，但以该货物已清楚地确定为合同项下之货物者为限。
A7 通知买方 　　卖方必须向买方发出必要的通知，以便买方采取接受货物所通常需要的措施。	**B7 通知卖方** 　　当有权决定约定期间内的具体时间和/或指定目的地内的具体接收货物地点时，买方须向卖方发出及时和详实的相关通知。
A8 交货凭证 　　卖方必须向买方提供凭证并承担相关费用，以确保买方能够按照 A4/B4 规定接收货物。	**B8 交货证据** 　　买方必须接受按照 A8 规定提供的交货证据。

续表

A 卖方义务	B 买方义务
A9 核查、包装、标记 　　卖方须支付为了按照 A4 规定进行交货所需要进行的核查活动（如核查质量、丈量、过磅、点数）所产生的费用。 　　除非在特定贸易中某类货物的销售通常不需包装，卖方须包装货物，并承担相关费用。除非买方在签订合同前已就特殊包装要求通知了卖方，卖方可以适合相关货物运输的方式对货物进行包装。包装应有适当标记。	B9 货物检验 　　买方须支付强制性的装船前检验费用，包括出口国有关机构强制进行的检验。
A10 协助提供信息及相关费用 　　应买方要求并由其承担风险和费用，卖方须及时向买方提供或协助其获取相关货物进出口，以及将货物运输到目的地所需要的文件和信息，包括安全信息。	B10 协助提供信息及相关费用 　　买方须及时告知卖方安全信息要求，以便卖方履行其 A10 项下义务。 　　买方须偿付卖方按照 A10 规定向买方提供或协助其获取文件和信息时产生的所有花销和费用。

　　7. FAS，船边交货。即 FAS（插入指定装运港）国际贸易术语通则® 2010》或 Incoterms® 2010。

A 卖方义务	B 买方义务
A1 卖方一般义务 　　卖方必须提供符合买卖合同约定的货物和商业发票，以及合同可能要求的其他证明与合同约定相符的证据。 　　A1～A10 中所指的任何文件在双方同意或符合惯例的情况下可以是等同的电子记录或程序。	B1 买方一般义务 　　买方必须按照买卖合同规定支付价款。 　　B1～B10 中所指的任何文件在双方同意或符合惯例的情况下可以是等同的电子记录或程序。
A2 许可证、授权、安检通关和其他手续 　　如涉及进出口，卖方必须获取所需的进出口许可和其他官方授权，并办理货物出口、通过其他国家运输和进口所需的一切海关手续，同时承担相关风险和费用。	B2 许可证、授权、安检通关和其他手续 　　如涉及进口，应卖方要求并由其负担风险和费用，买方必须协助卖方获取货物进口所需的所有进口许可或其他官方授权。

A 卖方义务	B 买方义务
A3 运输合同与保险 　a）运输合同 　无安排运输合同的义务，但是，应买方要求或有商业惯例存在且买方未在合理期间内发出不同指示，卖方则可以按照通常条款签订运输合同且风险由买方承担。在任何情况下，卖方都可拒绝签订运输合同，但须立即通知买方。 　b）保险合同 　无安排保险合同的义务，但应买方要求并由其承担风险和费用的话，卖方须提供购买保险所需信息。	B3 运输合同与保险 　a）运输合同 　除了卖方按照 A3a）规定签订运输合同情形外，买方须签订自指定装运港始的运输合同并承担相应费用。 　b）保险合同 　无安排保险合同的义务。
A4 交货 　卖方须通过或者在买方明确的指定装运港的装船地点将货物置于买方指定的船舶旁边方式或者获取已经在船边交货的货物方式交货。在其中任何情况下，卖方都须在约定日期或期限内按照该港的习惯方式交货。 　如果买方没有指定特别的装货地点，卖方则可根据合同需要在指定装运港选择最适合的装货地点。如果双方已同意交货应当在一段时间内完成，买方则有权在该期限内选择日期。	B4 接收货物 　当货物按照 A4 规定交付时，买方须接收。
A5 风险转移 　除 B5 规定的灭失或损坏情形外，卖方承担按照 A4 规定完成交货前货物灭失或损坏的风险。	B5 风险转移 　买方需承担按照 A4 规定交货时起货物灭失或损坏的风险。 　如果 　a）买方未按照 B7 规定发出通知；或 　b）买方指定的船舶未准时到达，未接收货物，或早于 B7 通知的时间停止装货； 　买方自约定交货日期或约定期限届满之日起承担所有货物灭失或损坏的风险，但以该货物已清楚地确定为合同项下之货物者为限。

第三章

续表

A 卖方义务	B 买方义务
A6 费用划分 卖方须支付： a) 按照 A4 交货前的与货物相关费用，但 B6 规定的需由买方支付的费用除外；及 b) 如涉及出口，货物出口所需海关手续费用，以及出口应交纳的关税、税款和其他费用。	B6 费用划分 买方须支付： a) 自按照 A4 规定交货之时起与货物相关的费用，但 A6b) 规定的涉及出口的海关手续费用，及出口应交纳的关税、税款和其他费用除外； b) 由于以下原因之一产生的任何额外费用： （i）买方未能按照 B7 规定发出相应的通知，或 （ii）买方指定的船舶未准时到达，不能装载货物或早于 B7 通知的时间停止装货，但以该货物已清楚地确定为合同项下之货物者为限；及 c) 如涉及进口，货物进口应交纳的关税、税款和其他费用，及办理进口海关手续的费用和在他国过境费用。
A7 通知买方 在买方承担风险和费用的前提下，卖方须就已经按照 A4 规定交货或船舶未在约定时间内接收货物的情况向买方发出及时和详实的通知。	B7 通知卖方 买方必须就船舶名称，装船地点和其在约定期间内选择的交货时间向卖方发出及时和详实的通知。
A8 交货凭证 卖方须向买方提供已按照 A4 规定交货的通常证据，并承担相关费用。 除非上述证据是运输凭证，否则，应买方要求并由其承担风险和费用，卖方须协助买方获取运输凭证。	B8 交货证据 买方须接受按照 A8 规定提供的交货证据。

第三章

A 卖方义务	B 买方义务
A9 核查、包装、标记 　　卖方须支付为了按照 A4 规定进行交货所需要进行的核查活动（如核查质量、丈量、过磅、点数）所产生的费用。 　　除非在特定贸易中某类货物的销售通常不需包装，卖方须包装货物，并承担相关费用。除非买方在签订合同前已就特殊包装要求通知了卖方，卖方可以适合相关货物运输的方式对货物进行包装。包装应有适当标记。	B9 货物检验 　　买方须支付强制性的装船前检验费用，包括出口国有关机构强制进行的检验。
A10 协助提供信息及相关费用 　　应买方要求并由其承担风险和费用，卖方须及时向买方提供或协助其获取相关货物进出口以及将货物运输到目的地所需要的文件和信息，包括安全信息。	B10 协助提供信息及相关费用 　　买方须及时告知卖方安全信息要求，以便卖方履行其 A10 项下义务。 　　买方须偿付卖方按照 A10 规定向买方提供或协助其获取文件和信息时产生的所有花销和费用。

8. FOB（插入指定装运港）《国际贸易术语通则® 2010》或 Incoterms® 2010。

A 卖方义务	B 买方义务
A1 卖方一般义务 　　卖方必须提供符合买卖合同约定的货物和商业发票，以及合同可能要求的其他证明与合同约定相符的证据。 　　A1 ～ A10 中所指的任何文件在双方同意或符合惯例的情况下可以是等同的电子记录或程序。	B1 买方一般义务 　　买方必须按照买卖合同规定支付价款。 　　B1 ～ B10 中所指的任何文件在双方同意或符合惯例的情况下可以是等同的电子记录或程序。
A2 许可证、授权、安检通关和其他手续 　　如涉及进出口，卖方必须获取所需的进出口许可和其他官方授权，并办理货物出口、通过其他国家运输和进口所需的一切海关手续，同时承担相关风险和费用。	B2 许可证、授权、安检通关和其他手续 　　如涉及进口，应卖方要求并由其负担风险和费用，买方必须协助卖方获取货物进口所需的所有进口许可或其他官方授权。

续表

A 卖方义务	B 买方义务
A3 运输合同与保险 　　a）运输合同 　　无安排运输合同的义务，但应买方要求或有商业惯例存在且买方未在合理期间内发出不同指示，卖方则可以按照通常条款签订运输合同且风险由买方承担。在任何情况下，卖方都可以拒绝签订运输合同，但如果这样做的话，应立即通知买方。 　　b）保险合同 　　无安排保险合同的义务，但应买方要求并由其承担风险和费用的话，卖方须提供购买保险所需信息。	**B3 运输合同与保险** 　　a）运输合同 　　除了卖方按照 A3a）规定签订运输合同情形外，买方须签订自指定装运港始的运输合同并承担相应费用。 　　b）保险合同 　　无安排保险合同的义务。
A4 交货 　　卖方须通过或者在买方明确的指定装运港的装船地点将货物运到指定船舶之上或者获取已经在船上交货的货物方式交货。在其中任何情况下，卖方都必须在约定日期或期限内按照该港的习惯方式交货。 　　如果买方没有指定特别的装货地点，卖方则可根据合同需要在指定装运港选择最适合的装货地点。	**B4 接收货物** 　　当货物按照 A4 规定交付时，买方须接收。
A5 风险转移 　　除 B5 规定的灭失或损坏情形外，卖方承担按照 A4 规定完成交货前货物灭失或损坏的风险。	**B5 风险转移** 　　买方需承担按照 A4 规定交货时起货物灭失或损坏的风险。 　　如果 　　a）买方未按照 B7 规定通知指定船舶；或 　　b）买方指定的船舶未准时到达以使卖方能够履行其 A4 项下义务，不能装载货物或早于 B7 通知的时间停止装货； 　　买方则承当货物灭失或损坏的风险： 　　（i）自约定之日起，或如无约定时间的，则 　　（ii）自卖方按照 A7 规定通知的约定期限内的日期起，或如果卖方尚未通知日期，则： 　　（iii）自任何约定期限届满之日起。 　　但以该货物已清楚地确定为合同项下之货物者为限。

A 卖方义务	B 买方义务
A6 费用划分 卖方须支付： a）按照 A4 交货前的与货物相关费用，但 B6 规定的需由买方支付的费用除外；及 b）如涉及出口，货物出口所需海关手续费用，以及出口应交纳的关税、税款和其他费用。	**B6 费用划分** 买方须支付： a）自按照 A4 规定交货之时起与货物相关的费用，但 A6b）规定的涉及出口的海关手续费用（如果涉及出口的话），及出口应交纳的关税、税款和其他费用除外； b）由于以下原因之一产生的任何额外费用： （i）买方未能按照 B7 规定发出相应的通知，或 （ii）买方指定的船舶未准时到达，不能装载货物或早于 B7 通知的时间停止装货， 但以该货物已清楚地确定为合同项下之货物者为限；及 c）如涉及进口，货物进口应交纳的一切关税、税款和其他费用，及办理进口海关手续的费用和在他国过境费用。
A7 通知买方 在买方承担风险和费用的前提下，卖方须就已经按照 A4 规定交货或船舶未在约定时间内接收货物的情况向买方发出及时和详实的通知。	**B7 通知卖方** 如需要，买方须就船舶名称、装船地点和其在约定期间内选择的交货时间向卖方发出及时和详实的通知。
A8 交货凭证 卖方须向买方提供已按照 A4 规定交货的通常证据，并承担相关费用。 除非上述证据是运输凭证，否则，应买方要求并由其承担风险和费用，卖方须协助买方获取运输凭证。	**B8 交货证据** 买方须接受按照 A8 规定提供的交货证据。

第三章

A 卖方义务	B 买方义务
A9 核查、包装、标记 　　卖方须支付为了按照 A4 规定进行交货，所需要进行的核查活动（如核查质量、丈量、过磅、点数）所产生的费用。 　　除非在特定贸易中某类货物的销售通常不需包装，卖方须包装货物，并承担相关费用。除非买方在签订合同前已就特殊包装要求通知了卖方，卖方可以适合相关货物运输的方式对货物进行包装。包装应有适当标记。	B9 货物检验 　　买方须支付强制性的装船前检验费用，包括出口国有关机构强制进行的检验。
A10 协助提供信息及相关费用 　　应买方要求并由其承担风险和费用，卖方须及时向买方提供或协助其获取相关货物进出口以及将货物运输到目的地所需要的文件和信息，包括安全信息。	B10 协助提供信息及相关费用 　　买方须及时告知卖方安全信息要求，以便卖方履行其 A10 项下义务。 　　买方须偿付卖方按照 A10 规定向买方提供或协助其获取文件和信息时产生的所有花销和费用。

　　9. CFR，成本加运费。即 CFR（插入指定目的港）《国际贸易术语通则® 2010》或 Incoterms® 2010。

A 卖方义务	B 买方义务
A1 卖方一般义务 　　卖方须提供符合买卖合同约定的货物和商业发票，以及合同可能要求的其他证明与合同约定相符的证据。 　　A1～A10 中所指的任何文件在双方同意或符合惯例的情况下可以是等同的电子记录或程序。	B1 买方一般义务 　　买方须按照买卖合同规定支付价款。 　　B1～B10 中所指的任何文件在双方同意或符合惯例的情况下可以是等同的电子记录或程序。
A2 许可证、授权、安检通关和其他手续 　　如涉及进出口，卖方必须获取所需的进出口许可和其他官方授权，并办理货物出口、通过其他国家运输和进口所需的一切海关手续，同时承担相关风险和费用。	B2 许可证、授权、安检通关和其他手续 　　如涉及进口，应卖方要求并由其负担风险和费用，买方必须协助卖方获取货物进口所需的所有进口许可或其他官方授权。

续表

A 卖方义务	B 买方义务
A3 运输合同和保险合同 　　a）运输合同 　　卖方须签订或获取约定交货点运送货物至指定目的港具体交付点的运输合同。该合同须以通常条款为基础，并采取该类船舶运送与合同货物类似货物的通常航线。相关费用由卖方承担。 　　b）保险合同 　　无安排保险合同的义务，但应买方要求并由其承担风险和费用卖方须提供购买保险所需信息。	B3 运输合同和保险合同 　　a）运输合同 　　无安排运输合同的义务。 　　b）保险合同 　　无安排保险合同的义务，但应卖方要求，买方须提供购买保险所需信息。
A4 交货 　　卖方须通过或者将货物装船或者获取已装船货物方式交货。在其中任何情况下，卖方都须在约定日期或期限内按照该港的习惯方式交货。	B4 接收货物 　　当货物按照 A4 规定交付时，买方须接收，并在指定的目的港自承运人领受货物。
A5 风险转移 　　除 B5 规定的灭失或损坏情形外，卖方承担按照 A4 规定完成交货前货物灭失或损坏的风险。	B5 风险转移 　　买方需承担按照 A4 规定交货时起货物灭失或损坏的风险。 　　如买方未按照 B7 规定发出通知，买方则须从约定之日或约定装运期限届满之日起，承担货物灭失或损坏的风险，但以该货物已清楚地确定为合同项下之货物者为限。

第三章

A 卖方义务	B 买方义务
A6 费用划分 　　卖方须支付： 　　a）按照 A4 交货前的与货物相关费用，但 B6 规定的需由买方支付的费用除外； 　　b）按照 A3a）规定所发生的运费和其他费用，包括根据运输合同规定由卖方支付的装货费和在约定卸载港的卸货费；及 　　c）如涉及出口，货物出口所需海关手续费用，应交纳的关税、税款和其他费用，以及按照运输合同规定，由卖方支付的货物在他国过境的费用。	**B6 费用划分** 　　除 A3 a）规定外，买方须支付： 　　a）自按照 A4 规定交货之时起与货物相关的费用，但 A6c）规定的涉及出口的海关手续费，及出口应交纳的关税、税款和其他费用除外； 　　b）货物在运输途中直至到达约定目的港为止的费用，除非根据运输合同这些费用应由卖方支付； 　　c）包括驳运费和码头费在内的卸货费，除非根据运输合同这些费用应由卖方支付； 　　d）如买方未按照 B7 规定发出通知，则自约定之日或约定运输期限届满之日起，所发生的额外费用，但以该货物已清楚地确定为合同项下之货物者为限；及 　　e）如涉及进口，货物进口应交纳的关税、税款和其他费用，及办理进口海关手续的费用和在他国过境费用，除非某费用已包括在运输合同中。
A7 通知买方 　　卖方须向买方发出其他必要的通知，以便买方采取接受货物所通常需要的措施。	**B7 通知卖方** 　　当有权决定货物运输时间和/或指定目的港内领受货物的具体地点时，买方须向卖方发出及时和详实的相关通知。
A8 交货凭证 　　卖方须向买方提供注明约定目的港的通常运输单证，承担相关费用且不得延误。 　　此运输单证须载明合同中的货物，且其签发日期应在约定运输期限内，并允许买方在指定目的港向承运人主张货物。除非另有约定，此单证应允许买方在货物运输途中向下家买方转让单证或通知承运人方式出售货物。 　　此类单证以可转让形式签发且存在几份正本的，则必须将整套正本提交给买方。	**B8 交货证据** 　　如果单证与合同相符的话，买方则须接受按照 A8 规定提交的运输单证。

第
三
章

A 卖方义务	B 买方义务
A9 核查、包装、标记 　　卖方须支付为了按照 A4 规定进行交货，所需要进行的核查活动（如核查质量、丈量、过磅、点数）所产生的费用。 　　除非在特定贸易中某类货物的销售通常不需包装，卖方须包装货物，并承担相关费用。除非买方在签订合同前已就特殊包装要求通知了卖方，卖方可以适合相关货物运输的方式对货物进行包装。包装应有适当标记。	B9 货物检验 　　买方须支付强制性的装船前检验费用，包括出口国有关机构强制进行的检验。
A10 协助提供信息及相关费用 　　应买方要求并由其承担风险和费用，卖方须及时向买方提供或协助其获取相关货物进出口，以及将货物运输到目的地所需要的文件和信息，包括安全信息。	B10 协助提供信息及相关费用 　　买方须及时告知卖方安全信息要求，以便卖方履行其 A10 项下义务。 　　买方须偿付卖方按照 A10 规定向买方提供或协助其获取文件和信息时产生的所有花销和费用。

　　10. CIF，成本、保险费加运费。即 CIF（插入指定目的港）《国际贸易术语通则® 2010》或 Incoterms® 2010。

A 卖方义务	B 买方义务
A1 卖方一般义务 　　卖方须提供符合买卖合同约定的货物和商业发票，以及合同可能要求的其他证明与合同约定相符的证据。 　　A1～A10 中所指的任何文件在双方同意或符合惯例的情况下可以是等同的电子记录或程序。	B1 买方一般义务 　　买方须按照买卖合同规定支付价款。 　　B1～B10 中所指的任何文件在双方同意或符合惯例的情况下可以是等同的电子记录或程序。
A2 许可证、授权、安检通关和其他手续 　　如涉及进出口，卖方必须获取所需的进出口许可和其他官方授权，并办理货物出口、通过其他国家运输和进口所需的一切海关手续，同时承担相关风险和费用。	B2 许可证、授权、安检通关和其他手续 　　如涉及进口，应卖方要求并由其负担风险和费用，买方必须协助卖方获取货物进口所需的所有进口许可或其他官方授权。

A 卖方义务	B 买方义务
A3 运输合同和保险合同 　　a）运输合同 　　卖方须签订或获取自交货地的约定交货点运送货物至指定目的港具体交付点的运输合同。该合同须以通常条款为基础，并采取该类船舶运送与合同货物类似货物的通常航线。相关费用由卖方承担。 　　b）保险合同 　　卖方须购买货物保险，并承担费用。该保险需至少符合《协会货物保险条款》（Institute Cargo Clauses, LMA/IUA）的"条款（丙）"（Clauses C）或类似条款的最低险别。卖方应与信誉良好的承保人或保险公司签订合同。同时保险合同应允许买方或其他对货物有可保利益者直接向保险人索赔。当买方要求且能够提供卖方需要的信息时，卖方应办理附加险，但费用由买方承担。如果可能的话，可办理《协会货物保险条款》（Institute Cargo Clauses, LMA/IUA）的"条款（甲）或（乙）"（Clauses A or B）或类似条款的险别，也可同时或单独办理《协会战争险条款》（Institute War Clauses）和/或《协会罢工险条款》（Institute Strikes Clauses）或其他类似条款的险别。 　　保险最低金额是合同约定价格另加10%（即110%），并采用合同货币。 　　保险范围应包括货物自 A4 和 A5 规定的交货点起和至少到指定目的地止的期间。 　　卖方应向买方提供保单或其他保险证据。 　　此外，卖方须应买方要求并由买方承担风险和费用，提供办理附加险所需信息。	B3 运输合同和保险合同 　　a）运输合同 　　无安排运输合同的义务。 　　b）保险合同 　　无安排保险合同的义务，但应卖方要求，买方须提供办理附加险所需信息。

第三章

续表

A 卖方义务	B 买方义务
A4 交货 　　卖方须通过或者将货物装船或者获取已装船货物方式交货。在其中任何情况下，卖方都须在约定日期或期限内按照该港的习惯方式交货。	B4 接收货物 　　当货物按照 A4 规定交付时，买方须接收，并在指定的目的港自承运人领受货物。
A5 风险转移 　　除 B5 规定的灭失或损坏情形外，卖方承担按照 A4 规定完成交货前货物灭失或损坏的风险。	B5 风险转移 　　买方需承担按照 A4 规定交货时起货物灭失或损坏的风险。 　　如买方未按照 B7 规定发出通知，买方则须从约定之日或约定装运期限届满之日起，承担货物灭失或损坏的风险，但以该货物已清楚地确定为合同项下之货物者为限。
A6 费用划分 　　卖方须支付： 　　a）按照 A4 交货前的与货物相关费用，但 B6 规定的需由买方支付的费用除外； 　　b）按照 A3a）规定所发生的运费和其他费用，包括根据运输合同规定由卖方支付的装货费和在约定卸载港的卸货费； 　　c）按照 A3 b）规定所发生的保险费用；及 　　d）如涉及出口，货物出口所需海关手续费用，应交纳的关税、税款和其他费用，以及按照运输合同规定由卖方支付的货物在他国过境的费用。	B6 费用划分 　　除 A3 a）规定外，买方须支付： 　　a）自按照 A4 规定交货之时起与货物相关的费用，但 A6d）规定的涉及出口的海关手续费用及出口应交纳的关税、税款和其他费用除外； 　　b）货物在运输途中直至到达约定目的港为止的费用，除非根据运输合同这些费用应由卖方支付； 　　c）包括驳运费和码头费在内的卸货费，除非根据运输合同这些费用应由卖方支付； 　　d）如买方未按照 B7 规定发出通知，则自约定之日或约定运输期限届满之日起所发生的额外费用，但以该货物已清楚地确定为合同项下之货物者为限；及 　　e）如涉及进口，货物进口应交纳的关税、税款和其他费用，及办理进口海关手续的费用和在他国过境费用，除非费用已包括在运输合同中；及 　　f）按照买方 A3 b）和 B3 b）项下要求获取任何额外保险所发生的费用。

A 卖方义务	B 买方义务
A7 通知买方 　　卖方须向买方发出其他必要的通知，以便买方采取接受货物所通常需要的措施。	**B7 通知卖方** 　　当有权决定货物运输时间和/或指定目的港内领受货物的具体地点时，买方须向卖方发出及时和详实的相关通知。
A8 交货凭证 　　卖方须向买方提供注明约定目的港的通常运输单证，承担相关费用且不得延误。 　　此运输单证必须载明同中的货物，且其签发日期应在约定运输期限内，并允许买方在指定目的港向承运人主张货物。同时，除非另有约定，此单证应允许买方在货物运输途中以向下家买方转让单证或通知承运人方式出售货物。 　　此类单证以可转让形式签发且存在几份正本的，则必须将整套正本提交给买方。	**B8 交货证据** 　　如果单证与合同相符的话，买方则须接受按照 A8 规定提交的运输单证。
A9 核查、包装、标记 　　卖方须支付为了按照 A4 规定进行交货，所需要进行的核查活动（如核查质量、丈量、过磅、点数）所产生的费用。 　　除非在特定贸易中某类货物的销售通常不需包装，卖方须包装货物，并承担相关费用。除非买方在签订合同前已就特殊包装要求通知了卖方，卖方可以适合相关货物运输的方式对货物进行包装。包装应有适当标记。	**B9 货物检验** 　　买方须支付强制性的装船前检验费用，包括出口国有关机构强制进行的检验。
A10 协助提供信息及相关费用 　　应买方要求并由其承担风险和费用，卖方须及时向买方提供或协助其获取相关货物进出口以及将货物运输到目的地所需要的文件和信息，包括安全信息。	**B10 协助提供信息及相关费用** 　　买方须及时告知卖方安全信息要求，以便卖方履行其 A10 项下义务。 　　买方须偿付卖方按照 A10 规定向买方提供或协助其获取文件和信息时产生的所有花销和费用。

第三章

　　贸易术语被当事人明确纳入合同后，将作为合同条款发挥作用。双方的权利义务按照标准的术语内容判断。一般地讲，在不影响特定术语的性质和执行的前提下，当事人可以就某术语的特定条款作出有限的变更。例如，虽然 FOB 或 CIF 没有明确允许当事人可以约定几个可选择的港口交货，但如果他们已经作了这样的约定且该约定在某特定的情况下可行，该约定应当被法院所承认和执行。但这种变通的实际意义需要根据某特定术语在某特定环境下的作用判断。有些变通可能导致术语性质的变化，例如 CFR 和 CIF 的主要差别在于卖方是否支付保险，对此内容的更改，则可能导致一个术语转变成另一术语。出现此情况的，法院则必须根据相关证据和事实判断当事人究竟是想以 CFR 还是 CIF 为基础建立合同，从而选择符合当事人缔约意志的术语。

第七节　结　论

国内法是国际货物买卖的主要依据之一。我们必须学会正确理解和使用影响法律适用的规则。其中一部分来自所谓的国际私法规则，即确定最合适法律适用的规则。另一部分则来自国际经济法的具体规则。国际货物买卖和法律适用充分说明了国际经济法和国际私法领域的密切联系和重叠。本书第一章已经表明，法律是一门立体的学科，我们必须对国际经济法相关学科都有相当的了解，才能够真正有效地学会和运用国际经济法知识解决实际问题。

第四章
国际货物买卖支付法律问题

本章要点

　　本章目的是介绍和分析几种国际贸易，特别是货物买卖的支付方式。支付是国际货物买卖的组成部分，是确保卖方利益实现的手段。如何有效地减少买卖双方各自风险和安全完成交付货物和收取货款两个分开、但又相关的交易过程，是支付安排的主要考虑。本章将对记账、预付、托收和信用证使用四种支付方式所涉及的主要法律问题进行讨论和分析。

第一节　支付法律问题概述

　　国际货物买卖的支付是国际货物买卖的组成部分。在任何国际货物买卖合同中，买方最关心的是货物，而卖方最关心的是支付。货物问题由合同法解决，而支付问题则由合同法、票据法和其他涉及支付体系和规则的法律解决。所以，我们必须研究国际货物买卖支付法律问题。必须指出，虽然支付与买卖合同密切相关，但支付和买卖的法律框架不同。概言之，国际货物买卖的法律框架主要由国际条约、国内法和惯例组成，而国际货物买卖的支付问题主要受国内法和国际商事惯例管辖，即至今没有约束因买卖而产生的跨境支付的国际公约存在。这一特点是我们研究国际货物买卖支付法律问题的基础。支付法律问题主要涉及支付模式、方式或安排，双方权利义务在不同支付模式下的变化，以及违约救助规则等。

　　支付模式、方式或安排本身是一个操作问题，当事人可以根据需要创立、修改或采取不同的支付方式。目前的国内法体系一般不对支付模式、方式或安排的形式问题作任何规定。因而，所谓支付模式、方式或安排的讨论，主要以普遍接受或认可的国际商事惯例或实践为基础。就支付模式、方式或安排的差别而言，决定它们之间不同和变化的最重要因素或考虑，是卖方所承担的买方拒付或无能力支付货款风险的程度。在当前的国际贸易实践中，按照卖方风险程度从大到小的变化，经常采用的支付方式主要有以下几种：

1. 记账（open account 或 payment to open account）。[1] 中文表述"记账"能够贴切地反映此支付模式、方式或安排的主要特点。在国际货物买卖实践中，记账一般被认为是卖方在收到货款前需要将货物和相关单证提前交给买方的安排，而买方可以在收到货物时或其后的一个约定时间或期间内将货款支付进约定的卖方账户。"记账"实际上是赊销。该安排对卖方风险最大，因为在实际收到货款前，买方的信誉和诚信是卖方的唯一担保。必须指出，英文的"open account"的涵义因语境变化可能有不同解释，而其中文翻译"记账"是在国际货物买卖语境下的译法。例如，银行可以为其客户提供一个"open account"服务，即客户能够以向银行借贷方式在该账户透支，而按照约定事后向银行支付欠款。此意义上的"open account"多少也有"记账"的意思，即客户以记账方式成为银行的债务人（与买方以记账方式成为卖方债务人的意义相同）。但当"open account"一词用于指在银行或其他金融机构开立账户时，该表述与中文的"记账"相去甚远。故语境对于"open account"的理解至关重要。再者，虽然一般人都会认为"记账"模式意味着买方一定在收到货物后支付，[2]但是笔者认为这些约定是可以变通的。"记账"是一种商业惯例。如同所有商业惯例一样，除非法律有直接或间接的限制，当事人有权修改、限定和变通任何商业惯例。但如果将"记账"变为在交货前买方向指定卖方账户付款的话，"记账"实际上变成了另一种被称为"预付"或"现金预付"（cash in advance）的支付方式，因此失去了"记账"的特征。虽然没有违法的问题，但会出现哪种描述更准确的问题。而如果当事人约定货款是通过部分预付和部分记账方式付清的，则没有任何法律和实务障碍。所以，只要可行且双方同意，所谓"记账"支付模式的有些内容是可以被修改、限定或变通的。本章不再对记账作进一步讨论。

2. 托收（collection）。[3] 托收指一种在卖方按照约定向承运人交付了货物后，卖方委托银行向买方提交汇票和/或货物相关凭证，即所谓商业单证，以收取货款的支付安排。在一般情况下，卖方需要先履行一定的交付义务才能通过托收方式向买方要求支付货款。该安排对卖方有一定风险，但风险低于"记账"的支付模式。托收的主要风险是买方在卖方已经安排了货物运输后，拒付或无能力支付货款。由于银行在托收程序中作为卖方的代理人加入，卖方在实际收到货款前没有任何担保，

---

[1] 相关内容讨论参见 John Shijian Mo, *International Commercial Law*, 3rd ed., Butterworths, 2003, pp. 360, 371~372.（LexisNexis、中国法制出版社 2004 年联合引入）

[2] 例如，此类表述可见于中文网站 http://www.onlyblog.com/blog/brooke/archives/2006/2279.html 或英文网站 http://www.bashedu.ru/konkurs/luchenko/eng/base/otkritiyschet.htm.

[3] 相关内容详细讨论参见 John Shijian Mo, *International Commercial Law*, 3rd ed., Butterworths, 2003, pp. 360, 372~397.（LexisNexis、中国法制出版社 2004 年联合引入）

故买方拒付或无能力支付的情形发生时，卖方仅能通过买卖合同获得补救。但此支付模式的风险低于"记账"，因为至少在买方付款或者承诺付款前不应当收到货物相关凭证，因而不能控制货物。所以，即使买方不付款，卖方货物一般不会受到损失。托收详细规则和主要法律问题将在本章第二节讨论。

3. 信用证支付（credit, letter of credit, L/C 或 documentary credit, D/C）。[1] 信用证支付是国际贸易最常用的支付方式之一。其特点是买方通过向银行申请开设以卖方为受益人的信用证方式完成支付。该方式的主要特点是整个交付安排建立在银行信用的基础之上，特别是以银行对卖方所作的支付承诺为担保。与记账和托收相比，该安排将卖方所承担的风险降到了较低程度。本章第三节将对信用证涉及的法律问题进行详细讨论。

4. 预付（cash in advance）。[2] 预付是一种买方按照约定在卖方履行某特定义务前向卖方提前支付款项的安排。按照该安排，卖方在履行某特定义务，特别是交付货物前能够获得全部或部分货款，因而对卖方风险最小，而对买方风险最大且成本最高。所以合同安排，当然包括支付安排都是当事人讨价还价和妥协的结果。因而，一般只有在处于强势的卖方市场时，买方才会同意预付安排。但如果当事人有长期合作关系和信任基础的话，预付安排则不一定是买方弱势的表现。笔者认为预付模式的最重要特点是买方提前或事先支付。而确定提前或事先与否的参考值（特定行为、事件或时间）是可以变通的，不一定指交付货物行为。所以，买方可以提前付款以协助卖方购买制造合同产品所需的原料，也可以提前付款确保卖方维持生产或运作的资金需求，也可以提前付款协助卖方安排运输合同，也可以将付款提前至货物单证之前等。简言之，买方可能提前付款的原因或目的是不可穷竭的，且提前也仅是一个相对概念，不应指一两个不变的参考值。再者，提前支付的方式也有一定变通的余地。例如，"cash in advance"的表述字面上看起来仅指现金（cash）支付，但如果买方提前以可即时兑现银行汇票或者其他可迅速兑现的有价证券方式支付也未尝不可。预付安排的关键是卖方在某特定的时间、地点、行为或事件发生前可获得全部或部分货款。预付安排会出现变通或不同具体安排的原因与其他支付安排可能出现变通的理由相同，即预付至多是一种普通或较普遍被接受的商业惯例，没有任何被修改、限定或变通的法律障碍。本章对预付不再详细讨论。

以上四种交付模式、方式或安排不是绝对的，既不代表所有可能被使用或创造的支付模式，也不代表全部支付模式、方式或安排的分类。例如，其他支付模式、方式或安排的分类描述还可能包括买方直接付款（direct payment by buyer）或称汇

---

〔1〕　相关内容详细讨论参见 John Shijian Mo, *International Commercial Law*, 3rd ed., Butterworths, 2003, pp. 360, 397~425.（LexisNexis、中国法制出版社 2004 年联合引入）

〔2〕　相关内容讨论参见 John Shijian Mo, *International Commercial Law*, 3rd ed., Butterworths, 2003, pp. 359, 371.（LexisNexis、中国法制出版社 2004 年联合引入）

兑，即汇款人委托银行将其款项支付给收款人的结算方式，[1] 具体包括信汇（mail transfer, M/T）、电汇（telegraphic transfer, T/T）和票汇（demand draft, D/D）的支付方式。[2] 信汇是指买方将货款通过银行以邮寄的汇款委托书方式所作的支付。[3] 电汇是指买方通过银行以电报或电传所作的支付安排。[4] 票汇是指买方以银行汇票为基础所作的支付安排。[5] 这些支付方式的共同特点是买方直接向卖方支付，而此种支付可以发生在卖方履行某特定义务或某特定行为或事件发生之前（预付或现金预付），也可以发生在卖方向买方交付货物或货物凭证之后（记账）。因而，此意义上的支付方式与前述的支付方式有一定差别，但它们是重叠或兼容的。与信汇、电汇和票汇类似的表述还有付款交单（document against payment, D/P）[6]（即卖方交单和买方付款互为履行条件，亦即卖方要求见款交单而买方要求见单交款）和承兑交单（document against acceptance, D/A[7]，即卖方交单和买方承兑互为履行条件，亦即卖方要求承兑交单而买方要求见单承兑）。付款交单和承兑交单之间的差别在于买方是否需要立即支付现金，而两者都可能成为托收和信用证安排中涉及支付的条款。由此可见，这两个条款和我们前面的分类也有交叉和兼容性。

鉴于支付模式、方式或安排是商事惯例或实践的特点，笔者认为支付模式、方式或安排的使用必然是一个不断地变通和创造的过程。除了以上具体方式以外，当事人完全可以根据需要创立新的支付模式。只要双方对某特定模式有共识，且该模式有可行性，该模式就具有合法性。例如，有人建议在国际贸易中使用托管（Escrow）模式，[8] 即买方将货款按照约定交由一个受到买卖双方信任的第三人托管，买方按照合同约定条件接受了货物后，托管人将货款交付给卖方。该支付方式是律师经常使用的托管方式，也被很多开展电子商务的网站采用，以确保买卖双方通过相关网站所作交易的安全。被延伸到国际贸易领域后，也能够满足某类交易者的特殊需要。只要当事人愿意，托管完全可以成为一种可行的交易模式。此类事例生动地说明了国际贸易支付模式、方式或安排的生命力和变化。因此我们绝对不应僵化地看待国际贸易支付模式、方式或安排。首先需要全面客观地了解其概念和使用规则，然后必须用发展的眼光和态度对待国际贸易支付模式、方式或安排。

---

〔1〕 1997 年中国人民银行《支付结算办法》第 168 条。

〔2〕 王传丽主编：《国际贸易法》，中国政法大学出版社 2003 年版，第 180 页。需要指出，1997 年中国人民银行《支付结算办法》仅列举了信汇和电汇两种汇兑方式。参见该办法第 171 条的规定。

〔3〕 王传丽主编：《国际贸易法》，中国政法大学出版社 2003 年版，第 180 页。

〔4〕 王传丽主编：《国际贸易法》，中国政法大学出版社 2003 年版，第 180 页。

〔5〕 王传丽主编：《国际贸易法》，中国政法大学出版社 2003 年版，第 180 页。

〔6〕 参见王传丽主编：《国际经济法》，中国政法大学出版社 2003 年版，第 50 页。

〔7〕 参见王传丽主编：《国际经济法》，中国政法大学出版社 2003 年版，第 50 页。

〔8〕 载 http://www.indianindustry.com/trade-information/popular-payment-methods.html.

第二节　托收及其主要法律问题

一、托收的种类

托收是一种委托银行作为代理人的支付方式。银行的优势是它们在不同国家有分行或合作银行和银行本身对于买卖双方所具有的信誉或可信度。如此,在卖方国家接受委托的银行能够通过其在买方国家的分行、合作银行或者代理银行有序地、安全地完成托收的实际操作。而操作成本和可行性大大高于卖方自己派人或委托银行以外的第三人去买方所在地交单收款。卖方自己收款或其他第三人收款都会面临成本和安全担忧。买方可能不相信自称为卖方代表的人,而买卖双方都会担心将钱交给银行外的第三方的风险。由此可见,托收模式中银行的信誉就是对买卖双方利益的一种保障,而银行现有的跨境合作体系大大有利于成本的节省。这就是托收模式的合理性所在。

根据托收过程所涉及的票据种类,将托收分为跟单托收(documentary collection)和光票托收(clean collection)。[1]跟单托收指卖方将商业单证和金融单证(汇票、本票和支票等)一起交给托收行,而托收行按照卖方指示向买方交单收款的托收安排,是最常见的托收方式。所谓跟单,强调的是商业单证即涉及货物的票据,如提单、保险、进出口许可等,跟随支付票据即汇票一起参与托收程序。这种表述也说明买方需要支付或者承诺支付后才能获得商业单证。因此,具体的跟单托收又可以进一步分为付款交单(document against payment, D/P)和承兑交单(document against acceptance, D/A)两种交易模式。所谓付款交单表明买方必须首先按照即期汇票付款才能获得商业单证,而承兑交单则表明买方以接受远期汇票方式承诺付款时即可获得商业单证。跟单托收的优点在于能够较好地平衡买卖双方的风险,相对地降低了双方由于货物交付和货款支付过程脱节所导致的风险在卖方和买方之间的大幅偏移。与跟单托收对应的是光票托收,其指卖方仅提供汇票而委托银行向买方收取货款的安排。此安排中的商业单证和汇票(或其他金融单证)是分离的,必然伴随着商业单证的交付早于或晚于支付时间的现象。如果商业单证提前交付给买方,则意味着卖方风险的加大;如果商业单证滞后交给买方,则意味着买方风险的加大。因此,光票托收一般很少使用,且一般用于对货款或小额费用的收取。[2]但如果买卖双方有良好的商业合作关系且互相信任,光票托收也完全可以成为他们之间主要的支付模式。该种安排不需将商业单证和汇票(支付单证)捆绑,因而给予当事人较大的灵活度,故有其存在的理由和地位。

---

〔1〕　参见 John Shijian Mo, *International Commercial Law*, 3rd ed., Butterworths, 2003, pp. 395~396.(Lex-isNexis、中国法制出版社 2004 年联合引入)

〔2〕　王传丽主编:《国际贸易法》,中国政法大学出版社 2003 年版,第181页。

根据托收中卖方和相关银行的关系，托收可分为托收（collection）和直接托收（direct collection）[1]在一般的托收安排中，通常需要一个在卖方国家或地区的银行（托收行，remitting bank）和在买方国家或地区的银行（代收行，collecting bank）一起协作。卖方向托收行发出托收指示书（instructions），托收行根据指示书转委托其在买方所在地的分行、代理行或合作行（代收行）以跟单托收或光票托收的方式收取货款，并将货款按照指示转交给托收行，然后由托收行再转交给卖方。在整个交易过程中银行收取佣金或服务费，而一般不需要代垫或代付货款。而所谓的直接托收与托收的差别在于卖方可以在征得托收行同意后，直接将跟单托收或光票托收所需单证连同指示书寄给在买方国家或地区的银行（代收行），而代收行仍以托收行代理的身份和买方直接接触，并完成收款任务。[2]由此可见，所谓直接托收只是简化了操作程序，而没有简化法律关系。在此安排下，托收行和代收行仍然保留委托关系，而托收行仍然是卖方在托收安排中的代理人。

以上是托收的主要分类和分类标准。这些支付安排都是出于商业便利考虑而设计的，当然也可以为了商业便利的需要而改进。这些安排在一定程度上可以被视为是商事惯例，因而具有惯例的性质、地位和作用。但如同所有的商事惯例一样，托收安排所代表的习惯做法本身不具有法律上的强制执行力，为当事人的修改和限定适用提供了空间。

二、托收涉及的主要法律问题

托收实质上是合同安排，由几个直接或者间接联系的独立合同组成，合同间一般不存在主从关系。买方和卖方之间首先必须签订以托收为支付方式的货物买卖合同，并应当对采取付款交单还是承兑交单问题有约定。此类相关约定遂成为卖方向托收行（remitting bank）发出托收指示的基础。卖方和托收行之间因此形成代理关系。托收行又根据托收指示与代收行建立代理关系。代收行向买方收款时，买方则需履行其买卖合同义务核对代收行提交的单证，并在接受单证时履行支付或承诺支付义务。代收行和买方也会因为交易本身形成合同关系，但代收行一般不构成买方的代理。以上是一般托收过程的法律问题概述，即托收涉及的主要法律问题概述。

目前国际上没有规范托收的公约。在国内法层面，除了专门规范票据使用法律外，一般也没有专门规范托收的国内法规则。在中国，就与托收相关的法律而言，目前只有《票据法》，而《票据法》至多只能就托收过程中汇票的使用提供规范性指导，加之由于中国《票据法》关于汇票的概念与普通法系或大陆法系的汇票概念和

---

〔1〕　参见 John Shijian Mo, *International Commercial Law*, 3rd ed., Butterworths, 2003, p. 396.（LexisNexis、中国法制出版社 2004 年联合引入）

〔2〕　国际商会《托收统一规则》（Uniform Rules for Collection）第 3 条。

使用有一定差别（简言之，中国目前承认银行汇票和商业汇票的流通；[1]而普通法系与大陆法系的汇票是指卖方开出的要求买方或受票人支付特定款项的汇票，此汇票在买方或指定受票人接受后生效，但与买方或受票人是否在相关银行有存款没有直接关系。[2]因此，仅在一定程度上与中国的商业汇票类似）。所以，除《合同法》外，中国在国际贸易托收过程中几乎无法可依。目前唯一对托收安排直接有所涉及的国内法律文件是 1997 年中国人民银行颁布的《支付结算办法》。[3]该文件属于行政法规性质，是以国务院对中国人民银行管理部分国内银行业务的授权为基础的。《支付结算办法》适用于在中国境内的人民币的支付结算，[4]包括托收。[5]但笔者认为该《支付结算办法》仅适用于国内托收，而不能适用于多数国际托收。理由包括：①《支付结算办法》所指的票据仅包括银行汇票、商业汇票、银行本票和支票，[6]且中国《票据法》的规定与普通法系和大陆法系票据法规定差别较大，因此，普通法系和大陆法系所承认的汇票是否能满足中国《票据法》的要求成为疑问；②《支付结算办法》要求票据的多项关键要求需符合中国《票据法》的规定，而如果某票据记载《票据法》和《支付结算办法》规定事项以外的其他出票事项的话，则该记载事项不具有票据法上的效力，银行不负审查责任，因此，在实际操作层面拒绝提供对普通法系或大陆法系汇票参与在中国的托收安排的保护。基于这两个原因，至少在理论上，《支付结算办法》不能适用于国际贸易中的托收安排。如果某银行在实践中适用，此种适用缺乏法律依据，故交易本身的法律风险增加。就中国和普通法系及大陆法系汇票概念的差别，本节后文将进行详细分析。

在缺乏国际公约和适当的国内法规则的前提下，国际商会的《托收统一规则》（URC522）遂成为在中国指导国际托收的主要规则。《托收统一规则》是由国际商会编辑的国际商事惯例体系。其本身不具有法律效力，但可以通过当事人的主动接受和相关国内法的认可成为某特定国际托收安排的约束性规范。所以，《托收统一规则》第 4 条要求在托收指示中明确规定《托收统一规则》的管辖以作为《托收统一

---

〔1〕　银行汇票一般理解为：由出票银行签发的，由其在见票时按照实际结算金额无条件支付给收款人或者持票人的票据（参见《支付结算办法》第 53 条）。其主要特点是汇款人先将款项交存某银行，然后由该银行签发银行汇票，以满足汇款人支付需求。而商业汇票则一般理解为：由出票人签发的，委托付款人在指定日期无条件支付确定的金额给收款人或者持票人的票据（参见《支付结算办法》第 72 条）。两种汇票的共同特点是汇款人或出票人在付款银行有存款或者支付安排。网上类似定义很多，参见 http: //wiki. mbalib. com/wiki/.

〔2〕　相关讨论参见 John Shijian Mo, *International Commercial Law*, 3rd ed., Butterworths, 2003, pp. 375 ~ 382.（LexisNexis 和中国法制出版社 2004 年联合引入）

〔3〕　该文件将托收定义为托收承付，即指"根据购销合同由收款人发货后委托银行向异地付款人收取款项，由付款人向银行承认付款的结算方式"。参见《支付结算办法》第 181 条。

〔4〕　《支付结算办法》第 2 条。

〔5〕　《支付结算办法》第 3 条。

〔6〕　《支付结算办法》第 21 条。

规则》的适用前提。《托收统一规则》完成于 1995 年，现包括 26 个条款。涉及托收中银行主要权利义务的条款介绍如下：

1.《托收统一规则》第 2 条将托收定义为银行依据他人关于获得第三人支付或支付承诺的指示，付款交单或承兑交单的指示，或其他交单指示处理金融单证（汇票、本票和支票）和/或商业单证（提单、许可、保险等）的行为。该定义与一般理解的托收概念没有实质差别。

2.《托收统一规则》第 2 条定义了提示行（presenting bank）的概念，提示行是指向受票人（drawee）提交单证的代收行（collecting bank）。设立该概念的理由可能是为了强调同一银行作为代收行和提示行所处的相对法律关系的变化，即代收行称谓反映了与托收行的法律关系，而提示行称谓则反映了与受票人（即通常为买方）的法律关系。其实如果没有提示行概念，将托收过程描述为代收行向受票人或买方付款交单或承兑交单也是可行的。

3.《托收统一规则》第 4 条 b 项规定了托收指示书应当包括的主要内容。例如，托收行的详细信息、委托人（通常为卖方）的详细信息、受票人的详细信息、收取的数额、提交的文件、支付条款和方式、费用等，在必要时，还需表明提示行详细资料和与利息相关信息。

4.《托收统一规则》第 5 条要求托收指示书明确说明受票人决定是否支付或接受汇票的时间期限，并要求提示行严格按照托收指示提交单证。

5.《托收统一规则》第 9 条要求遵循诚信原则，并以合理谨慎的态度履行其义务。诚信原则是合同法原则，涉及合同履行的标准和判断，但合理谨慎的要求则主要是侵权法概念，规范银行在托收过程中的行为。由此可见，第 9 条所设立的原则都与合同的履行相关，主要作用是判断托收行、代收行和提示行是否已经合理、合法地履行了其各项法律义务，同时也构成对这些银行的保护。在此相对义务标准下，损害不是承担责任的唯一基础或标准。只要银行没有违反第 9 条义务，其一般不需对损害承担责任。

6.《托收统一规则》第 10 条规范银行和货物的关系。一般情况下，参与托收银行不需要同时代管货物，即使银行需要代管货物，只要其已经履行合理谨慎的义务，就不需承担货物损坏的责任。

7.《托收统一规则》第 11～15 条设立了几项免责条款，据此，银行对于授权从事的行为、托收所提交文件的真伪和有效性、传送过程中的延误，以及不可抗力导致的损坏等不承担任何责任。

以上是涉及银行义务和行为的主要规定。对于《托收统一规则》中涉及支付的数额、币种和利息等的其他规定在此不一一讨论。概言之，《托收统一规则》是目前规范国际托收中银行和其他方权利义务的主要规则体系，对托收的理论和实践研究都有重要的指导意义。

三、汇票涉及的主要法律问题

（一）汇票的概念比较

汇票是托收安排中所谓金融单证（financial documents）的主要形式。《托收统一规则》第 2 条规定金融单证（或译为金融单据）包括汇票、本票（promissory notes）、支票（cheques）或其他用于获得付款的类似单证，但对汇票的概念未作说明。因而，《托收统一规则》所涉及的汇票等金融单证的认定遂成为国内法问题。限于篇幅，本章仅讨论汇票相关问题。

研究汇票及其主要法律所必须面对的第一个问题是汇票（bill of exchange 或 BOE）的概念，以及不同法律体系对于汇票的不同理解。联合国国际贸易法委员会于 1988 年起草了一个《联合国国际汇票和国际本票公约》（UNCITRAL Convention on International Bills of Exchange and International Promissory Notes）。由于该《公约》需要至少 10 个国家批准才能生效，截至 2008 年 4 月，仅 5 个国家批准了该《公约》，[1] 故目前没有关于汇票的国际公约存在，汇票法律问题因而主要是国内法问题。我国于 1995 年通过了《票据法》，并于 2004 年修改了该法律。《票据法》所指票据包括汇票、本票和支票。[2] 在我国，汇票是"出票人签发的，委托付款人在见票时或者在指定日期无条件支付确定的金额给收款人或者持票人的票据"[3]，可进一步分为商业汇票和银行汇票。"商业汇票是出票人签发的，委托付款人在指定日期无条件支付确定的金额给收款人或者持票人的票据。"[4] "银行汇票是出票银行签发的，由其在见票时按照实际结算金额无条件支付给收款人或者持票人的票据。"[5] 以上规定与普通法系和大陆法系汇票规定有相同处，也有不同。主要差别是：①普通法系和大陆法系的票据法仅承认与中国的商业汇票类似的汇票，[6] 不承认银行汇票，而我国《票据法》下的银行汇票与银行本票基本相同；[7] ②普通法系和大陆法系的票据法要求出票人（drawer）对合法持票人承担赔偿责任，但没有像我国法那样明确要求出票人"具有支付汇票金额的可靠资金来源"[8] 除此之外，我国法和外国法在汇票的使

---

[1] 联合国国际贸易法委员会网站：http://www.uncitral.org/uncitral/en/uncitral_texts/payments/1988 Convention_bills_promissory.html.

[2] 《票据法》第 2 条。

[3] 《票据法》第 19 条。

[4] 《支付结算办法》第 72 条。

[5] 《支付结算办法》第 53 条第 1 款。

[6] 例如，英国 1882 年的《票据法》（Bills of Exchange Act 1882）第 3 条汇票定义和 1930 年日内瓦《统一汇票本票法公约》（Convention Providing a Uniform Law For Bills of Exchange and Promissory Notes）"汇票部分"第 1 条。此公约成员包括 20 多个欧洲国家，因而能够代表大陆法系票据法一般规则。

[7] 《支付结算办法》第 53 条将银行汇票定义为："出票银行签发的，由其在见票时按照实际结算金额无条件支付给收款人或者持票人的票据。"相比较，第 97 条将银行本票定义为："银行签发的，承诺自己在见票时无条件支付确定的金额给收款人或者持票人的票据。"这两种单证的实质是一样的。

[8] 《票据法》第 21 条。

用和流通等具体问题上亦有许多不同规定，故导致我国的托收和国外的托收可能产生一些法律和操作层面的差别。

中国法和普通法系或大陆法系关于汇票的基本定义差别不大。例如，我国《票据法》规定"汇票是出票人签发的，委托付款人在见票时或者在指定日期无条件支付确定的金额给收款人或者持票人的票据"[1]英国《票据法》将汇票定义为：由出票人签发的，要求受票人按照指示立即或在特定时间内向持票人或特定人无条件支付确定数额款项的书面指示。[2]日内瓦《统一汇票本票法公约》（Convention Providing a Uniform Law For Bills of Exchange and Promissory Notes）没有直接定义汇票，而要求汇票具有 8 项特定内容，其中一项为：汇票是无条件支付可确定数额款项的指示。[3]由此可见，中国、普通法系和大陆法系关于汇票的基本理解是类似的。

中国法和普通法系或大陆法系对于汇票内容的具体要求存在差别。在我国，汇票的出票人必须具有支付汇票金额的可靠资金来源，[4]且汇票必须记载 7 项事项，包括：①表明"汇票"的字样；②无条件支付的委托；③确定的金额；④付款人名称；⑤收款人名称；⑥出票日期；⑦出票人签章。[5]这些要求和大陆法系的要求有些类似。例如，日内瓦《统一汇票本票法公约》规定的汇票的 8 个要件包括：[6]①必须带有"汇票"（bill of exchange）字样；②无条件支付可确定数额的指示；③有付款义务的受票人（drawee）名称；④付款时间；⑤支付地点；⑥收款人或支付指示人；⑦汇票签发的时间和地点；⑧出票人（drawer）签字。普通法系票据法对于汇票内容的要求（以英国《汇票法》为例）没有采取我国《票据法》或日内瓦《统一汇票本票法公约》明确列举要件的形式，但其可以通过列举项目的方式比较。英国《票据法》第 3 条要求汇票满足以下要件：①汇票是无条件支付的书面指令；②出票人签署；③指示受票人见票支付或在一定期限内支付；④支付数额可确定；⑤可以要求受票人向特定人或持票人支付或按照他们的指示支付。若将我国的汇票规定和大陆法系或普通法系的汇票规定相比较，除了具体内容要求有些许技术差别或强调点不同外，普通法系或大陆法系并没有出票人必须具有支付汇票金额的可靠资金来源的强制性要求。该强制性要求在我国可导致一个表面上符合汇票形式要求的"汇票"无效，而在普通法系地区或大陆法系地区则不会导致同样的结果。必须指出，法律的文字解读是一个细致和微妙的过程。法律文字和表述措辞的差别，以及中英文法律翻译的差别都可能产生不同的法律后果。

---

〔1〕 《票据法》第 19 条第 1 款。
〔2〕 1882 年英国《票据法》（Bills of Exchange Act 1882）第 3 条。
〔3〕 日内瓦《统一汇票本票法公约》"汇票部分"第 1 条。
〔4〕 《票据法》第 21 条。
〔5〕 《票据法》第 22 条。
〔6〕 日内瓦《统一汇票本票法公约》"汇票部分"第 1 条。

（二）汇票法律冲突及其对托收的影响

法律规定之间的差别会导致法律冲突。在国际托收过程中，按照外国法签发的汇票在中国交易时，中外票据法律之间的冲突是不可避免的。为此，《票据法》专门设立了解决法律冲突的条款。为了解决中外汇票法律之间的冲突，《票据法》提供了下列规则：

1. 托收和汇票中出现的问题，国际条约和国内法没有特殊规定的，可以适用国际惯例。[1]按照此原则，《托收统一规则》可以通过当事人的选择成为解决法律冲突和托收中具体法律问题的准据法。

2. 票据债务人的民事行为能力，原则上适用其本国法律。票据债务人的民事行为能力，依照其本国法律为无民事行为能力或者为限制民事行为能力，但依照行为地法律为完全民事行为能力的，适用行为地法律。[2]

3. 汇票、本票出票时的记载事项，适用出票地法律；但经当事人协议，也可以适用付款地法律。[3]该条款为解决汇票定义和汇票基本要件规定之间的差别提供了依据。因此，即使是按照外国法律开出的汇票也可以按照相关法律判断其效力。而如果中国法律和出票地法律没有冲突的，则部分或全部记载事项也可以适用中国法解决。

4. 票据的背书、承兑、付款和保证行为，适用行为地法律。[4]按照行为地原则，票据的提示期限、有关拒绝证明的方式、出具拒绝证明的期限，适用付款地法律。[5]同理，票据丧失时，失票人请求保全票据权利的程序，也适用付款地法律。[6]这些规则实际上要求在按照出票地法律认定了汇票的效力后，按照行为地法律，如中国法等，解决汇票流通过程中的各类法律问题。

5. 票据追索权的行使期限，适用出票地法律。[7]因追索权主要是对出票人行使的，所以该权利的行使期限适用出票地法律有其合理性。

按照以上原则，在中国托收程序中出现的外国汇票的效力、使用和相关权利义务问题主要通过适用相关外国法、中国法和《托收统一规则》解决。不同问题适用不同的法律或规则。这些法律和规则应当互补。如果法律和规则延伸解释导致直接或间接的冲突，则必须根据实际情况和相关法理探讨合理的解决方案。

第四章

---

[1]　《票据法》第95条第2款。
[2]　《票据法》第96条。
[3]　《票据法》第97条。
[4]　《票据法》第98条。
[5]　《票据法》第100条。
[6]　《票据法》第101条。
[7]　《票据法》第99条。

第三节　信用证及其主要法律问题

一、信用证的概念

了解信用证的概念必须从信用证的英文表述开始。据研究，英文的信用证最早是用"letter of credit"表述的，始自中世纪的欧洲。[1]该英文词来自法语的"accreditif"，即"从事某行为或事项的权利"的意思。[2]而该法语词转化自拉丁文"accreditivus"，有"信任或信托"的意思。[3]中世纪的信用证是转移或划拨现金的方式，即当某人不方便携带现金远行时，其可以将现金以信托方式交给某银行，而该银行按照数额发给他信用证，到达目的地后，该人可以持信用证向当地银行兑换现金。[4]所以，有西方学者认为信用证实际上是由可转让汇票（bill of exchange）派生而出，[5]即信用证的前身是一种有价流通单证。在此意义上的信用证与中国古代使用的银票颇为相似。

信用证以后逐步由以银行信用为基础转化成一种贸易支付方式和贸易融资方式。现在使用的信用证的英文对应词可以是"letter of credit"（可缩写为 LC 或 L/C）或"documentary credit"（可缩写为 DC 或 D/C）或"credit"。"Letter of credit"是传统的表述，而"documentary credit"或"credit"是 20 世纪后期的流行表述，特别受到国际商会《跟单信用证统一惯例 400》（Uniform Customs and Practices for Documentary Credit 400，简称 UCP400）、《跟单信用证统一惯例 500》（Uniform Customs and Practices for Documentary Credit 500，简称 UCP500）和《跟单信用证统一惯例 600》（Uniform Customs and Practices for Documentary Credit 600，简称 UCP600）的推崇。[6]我国现在对 UCP 的通用做法是将"documentary credit"译为"跟单信用证"。[7]必须指出

---

[1] Serguei A. Koudriachov, "The Application Of The Letter Of Credit Form Of Payment In International Business Transactions" (2001) 10 *Int'l Trade L. J.* 37.

[2] Serguei A. Koudriachov, "The Application Of The Letter Of Credit Form Of Payment In International Business Transactions" (2001) 10 *Int'l Trade L. J.* 37.

[3] Serguei A. Koudriachov, "The Application Of The Letter Of Credit Form Of Payment In International Business Transactions" (2001) 10 *Int'l Trade L. J.* 37.

[4] Serguei A. Koudriachov, "The Application Of The Letter Of Credit Form Of Payment In International Business Transactions" (2001) 10 *Int'l Trade L. J.* 37.

[5] Serguei A. Koudriachov, "The Application Of The Letter Of Credit Form Of Payment In International Business Transactions" (2001) 10 *Int'l Trade L. J.* 37.

[6] UCP400、UCP500 和 UCP600 都采取了"documentary credit"和"credit"的表述。

[7] 此译法参见国际商会中国国家委员会组织译：《ICC 跟单信用证统一惯例（UCP500）及 UCP500 关于电子交单的附则（eUCP）》，中国民主法制出版社 2003 年版；国际商会中国国家委员会组织译：《关于审核跟单信用证项下单据的国际标准银行实务（ISBP）》，中国民主法制出版社 2003 年版；陈国武主编：《解读〈跟单信用证统一惯例（2007 年修订本）〉第 600 号出版物》，天津大学出版社 2007 年版。

"跟单"在此语境下没有实际意义，即在此语境下"跟单信用证"和"信用证"为同一含义，并未真正强调所谓"跟单"。笔者得出此结论的理由包括：①在英语的使用习惯中，"letter of credit"和"documentary credit"历来是可相互交替的，[1]因此"documentary credit"并没有比"letter of credit"具有更特殊的涵义；②作为一种国际贸易的支付安排，"letter of credit"和"documentary credit"的定义没有实质差别；[2]③虽然从纯理论上讲信用证安排可以不要求卖方提交商业单证，而仅提交金融单证（即汇票等类似单证），[3]但从信用证的作用和交易安全考虑，所有信用证都会要求卖方提交商业单证以确保买方的权利，否则就失去了使用信用证安排支付的意义，因此，不言而喻所有信用证安排自然是跟单信用证安排。鉴于以上原因，笔者认为将"documentary credit"译为"跟单信用证"的做法不科学，有误导性地强调"跟单"之嫌。但既然已经成为通用译法，就必须明确"跟单"一词在此特定语境下没有任何实质性涵义，以避免与"跟单托收"或"光票托收"等类似表述混淆。

在国际贸易中，信用证是一种支付方式，也是一种融资方式。作为支付方式或安排，信用证是一种应客户（通常是买卖合同买方）要求而由开证行开出的、以受益人（通常为买卖合同的卖方）为对象的、按照特定条件向受益人支付特定款项的承诺或安排。[4]作为一种融资安排，信用证实际上是由银行向客户提供的信用贷款。[5]在此安排下，客户在申请开出信用证时并不一定需要向银行支付现金，而银行则需要先向受益人（卖方）支付或承诺支付现金；银行的利益是通过持有相关的商业单证作为抵押而保证的，开证申请人（买方）后来向银行赎单时则必须付清相关费用才能获得单证。所以，整个过程是在银行先垫付了资金的前提下完成的。故就特定买卖交易而言，信用证也是一种融资安排。

二、信用证种类

信用证的分类是一个以实际需求为导向的问题。由于目前既没有关于信用证的国际公约，也没有关于信用证的国内法，信用证的分类本身不是一个法律问题。

---

〔1〕　此用法参见 C. M. Schmitthoff, *Export Trade*, London：Sweet & Maxwell, 1993, 9th ed. , p. 400.

〔2〕　Bryan A. Garner ed. , *Black's Law Dictionary*, West Group, 1999, 7th ed. , pp. 498, 914.

〔3〕　信用证兑现所需要的文件由信用证自己规定。因此，开证行从理论上讲可以不要求证明卖方履行的商业单证。但这样做就会失去了使用信用证的主要意义。如果不要求商业单证提交和付款同步，买方完全可以直接付款给卖方，而不需通过信用证安排。在此情况下，信用证至多作为一种融资或贷款安排存在，而不是交易的保障。

〔4〕　类似定义参见 Bryan A. Garner ed. , *Black's Law Dictionary*, West Group, 1999, 7th ed. , pp. 498, 914；JCT Chuah, *Law of International Trade*, London：Sweet & Maxwell, 2001, p. 407；John Shijian Mo, *International Commercial Law*, 3rd ed. , Butterworths, 2003, p. 360. （LexisNexis、中国法制出版社 2004 年联合引入）

〔5〕　C. M. Schmitthoff, *Export Trade*, London：Sweet & Maxwell, 1993, 9th ed. , p. 401；John Shijian Mo, *International Commercial Law*, 3rd ed. , Butterworths, 2003, p. 360. （LexisNexis、中国法制出版社 2004 年联合引入）

UCP600 对于信用证的分类可以提供一些导向性建议，但无法约束、限制或控制信用证在实践中的变通或变化。因而，任何对信用证的分类至多是一个对实践经验和做法归类与分析的过程，而无法产生绝对的结论。

在实践中，通常采取的信用证分类有以下几种：[1]

1. 可撤销和不可撤销信用证。可撤销信用证是在开出后可以被开证行随时撤销的信用证，而不可撤销信用证则是开证行承诺在一定时间内不撤销的信用证。UCP600 第 1 条和第 3 条通过定义"信用证"的方式仅承认不可撤销信用证的使用，排除了可撤销信用证的使用。这是一种导向性的做法。这种做法与 UCP500 形成反差，因为 UCP500 第 6 条允许可撤销和不可撤销信用证并存。UCP600 拒绝承认可撤销信用证，并不等于当事人不能使用可撤销信用证。UCP600 和 UCP500 都将信用证明确选择作为适用要件。因此，如果当事人同意使用可撤销信用证的话，他们可以通过明确选择 UCP500 的方式确保该可撤销信用证能够执行。同理，如果假定当事人创造了一种 UCP 里没有的信用证，他们也可以通过不选择 UCP 的方式确保该信用证至少在法理层面能够存在。没有合适的规则解决此类信用证产生的问题是一个实践层面上的问题，这不意味着其在法律上的不可为。

2. 保兑信用证（confirmed credit）和不保兑信用证（unconfirmed credit）。保兑信用证是由开证行外的银行担保，如果开证行不履行其承诺，保兑行将按照信用证对受益人履行承诺的信用证。不保兑信用证则是没有保兑的信用证。保兑信用证增加了受益人（卖方）的安全，因而是买卖双方博弈中卖方强势的表现。在实践中，保兑行一般是受益人所在地的银行，以方便受益人在开证行违约时保护其信用证项下权利。

3. 可转让信用证（transferable credit）。可转让信用证是信用证明确规定可以应受益人要求，信用证额度全部或者部分转让给第二受益人的信用证，但任何被要求转让全部或部分款额的银行都有权决定是否按照要求转让。[2]这就是说可转让信用证的存在不构成强制任何银行按照信用证内容实际完成转让的依据。

4. 自由议付信用证（negotiation credit）和限制议付信用证（non – negotiation credit）。当一个信用证明确可在任何银行或任何几家银行议付的，该信用证是自由议付信用证。如果某信用证明确仅可在一家指定银行（nominated bank）议付的，该信用证是限制议付信用证。[3]

5. 即期信用证（payment by sight credit）和远期信用证（deferred payment credit）。信用证的条款应当表明付款条件是即付（sight payment）还是远期支付（deferred pay-

---

[1] John Shijian Mo, *International Commercial Law*, 3rd ed., Butterworths, 2003, pp. 402 ~ 410.（LexisNexis、中国法制出版社 2004 年联合引入）

[2] UCP600 第 38 条和 UCP500 第 48 条。

[3] 相关规定参见 UCP600 第 6 条。

ment）。这些指示要求受益人提交按照相似条款开出的汇票或其他类似金融单证，以获得信用证款项。即付意味着只要受益人提交的单证符合要求，其可以立即获得款项，而远期支付意味着在提交了符合信用证要求的单证后，受益人仍需等到远期约定的日期才可获得信用证款项。此类支付条款应当是由申请人即货物合同买方确定的，而买方也只能根据买卖合同的约定确定此支付条款。

以上是信用证的主要分类。按照不同标准和需求，信用证的分类还可增加。[1]笔者在此不一一详述。

三、信用证的使用和相关法律问题

（一）信用证的主要法律关系分析

信用证是一种支付安排或者模式，其实质是合同关系，由一系列相关但并不直接相连的合同构成。首先，买方和卖方必须在买卖合同中有使用信用证支付的安排。该安排对于支付的具体条件也应当有一定约定。按照该约定，买方或者买方的代理人应当向其所在地银行申请开出以卖方为受益人的信用证。申请人应当告诉或指示开证行信用证的类型及主要条款要求。在此基础上，申请人和开证行建立了合同关系。开证行应当按照它和申请人之间的约定，开出以卖方为受益人的信用证。该信用证是开证行向受益人所作的承诺，也是开证行和受益人之间的合同。为了便利，开证行一般会以合同方式委托受益人所在地的银行作为通知行（advising bank）通知受益人信用证内容。议付行（negotiation bank）按照信用证条款议付款项时，也和开证行形成了合同关系。只要受益人按照信用证要求的时间、方式和地点提交了符合信用证规定的单证，议付行检查接受后，就应当向受益人支付或承诺支付信用证款项。以上是信用证交易的主要过程，而参与此过程的各方受到多个并行的合同关系的约束。这些合同关系中有些当事方是可以替换的。例如，申请人不一定是买方，而受益人也不一定是卖方；通知行、议付行和指定行的组合也可能根据需要发生变化。

在合同关系基础上，侵权法所要求的尽职责任也是信用证安排下部分法律关系的基础。这主要体现在开证行和申请人之间、开证行和受益人之间、开证行的代理行（通知行、指定行和议付行等）与开证行之间以及通知行或议付行与受益人之间等。在这些法律关系中，理论上讲双方都有相互义务，但实际上银行的尽职义务更重要。因此，UCP500要求通知行以合理谨慎（reasonable care）的态度核实信用证的真伪，[2]也要求议付行和开证行等以合理谨慎（reasonable care）的态度核实信用证项下单证。[3]这些规定说明了尽职义务的重要性。UCP600取消或省略了合理谨慎

---

[1] John Shijian Mo, *International Commercial Law*, 3rd ed., Butterworths, 2003, pp. 402~410.（LexisNexis、中国法制出版社2004年联合引入）

[2] UCP500第7条。

[3] UCP500第13条。

（reasonable care）标准,[1]但这不等于在实践中否定此标准的存在。合理谨慎（reasonable care）标准的缺失在不同法律体系下可能导致不同的结果。在侵权法发达的普通法体系国家和地区，不论 UCP600 是否明确说明尽职义务，法庭都会自然将此义务适用于银行和所有交易方。但在有着不同侵权法体系或侵权法不发达的国家，如中国，此类标准的缺失意味着法庭可能不再引入类似带有较大主观判断的标准判断银行的行为。因而，此缺失在中国可能产生另外一种完全不同的结果。

信用证的独立性是必须强调的问题。虽然信用证以买卖合同为基础，且为了完成买卖合同的支付安排而存在，但信用证是独立于买卖合同的法律关系。因此，银行仅按照信用证要求检查受益人提交的单证，而不过问买卖合同的实际执行情况。[2]信用证所要求的单证应当是能够客观反映卖方履行其义务情况的关键证据。银行的责任是根据单证的外观和内容，判断这些单证是否符合信用证对单证的要求，而不是检查这些单证是否真的反映了交易实况。信用证交易（transaction）也因此被视为单证交易（documentary transaction）。只要单证的外表和内容符合信用证的描述，银行就不对买卖合同的实际履行情况负责。同理，由于信用证的独立性和信用证安排所涉及的各合同关系的独立性，受益人与申请人和开证行间的合同无关，受益人与开证行和通知行或议付行之间的合同无关，申请人也不能干涉银行按照信用证所作的议付决定。[3]

（二）UCP600 涉及银行责任的主要规则

UCP600 是规范信用证交易中银行责任和银行审查标准的商事惯例汇编。国际商会在 1929 年完成了第一个《跟单信用证统一惯例》，之后在 1933 年、1951 年、1962 年、1974 年、1983 年、1993 年和 2007 年对这些惯例进行了修改。[4] 最新的版本就是现在的 UCP600。除了前面已经讨论过的原则外，UCP600 涉及银行责任的主要原则可概括如下：

1. 只要受益人提交的单证符合信用证规定，开证行必须按照信用证承诺承担向受益人或议付行支付的义务。[5]

2. 只要受益人提交的单证符合信用证规定，保兑行必须按照信用证承诺承担向受益人或议付行支付的义务。[6]

3. 通知行有审查信用证表面真实性的义务，并可以根据其判断决定是否按照信

---

[1] UCP600 第 9 条和第 14 条涉及通知行的通知义务和议付行或开证行等的检查单证义务，但再强调合理谨慎（reasonable care）标准。

[2] UCP600 第 5 条。

[3] UCP600 第 4 条。

[4] 陈国武主编：《解读〈跟单信用证统一惯例（2007 年修订本）〉第 600 号出版物》，天津大学出版社 2007 年版，第 118～123 页。

[5] UCP600 第 7 条。

[6] UCP600 条 8 条。

用证通知受益人。[1]

4. 信用证条款只有在开证行和受益人都同意时才能修改，并对受益人生效。如果有保兑行的话，保兑行的同意也是必要的。[2]

5. 指定行只有在明确通知受益人其愿意作为指定行议付信用证时才承担按照信用证议付的义务。[3]

6. 银行审单义务限于对单证的表面审查，但银行只有 5 个工作日审查单证。只要单证表面与信用证要求相符，银行就可以接受单证。但银行已经不再遵循严格一致（strict compliance）原则，只要某些文件与要求实质相同（与要求没有冲突或实质作用相同），银行就可以接受。同理，受益人地址的变化没有超出特定国范围的，都可被视为一致。[4]

7. 审单行可以就部分不符点要求申请人放弃，但必须在 5 个工作日内通知交单方是否接受、拒绝或者暂时持有相关单证等待申请人或交单人的指示。[5]

8. 可转让信用证必须明确表明"可转让"（transferable），但除非银行明确同意具体的转让要求，即使是指定行也没有按照请求转让全部或部分信用证额度的义务。[6]

以上是 UCP600 中涉及银行义务的主要条款。由于 UCP600 的主要作用是规范银行在信用证使用过程中的主要权利和义务，以上条款构成了对银行的约束和保护。与 UCP500 不同，UCP600 取消了那些涉及主观判断的表述，例如合理谨慎（reasonable care）态度，但这并不意味着银行可以不负责任地审单或履行其他职能。取消了这些涉及主观判断的标准后，单证是否相符很可能变成了对事实的认定，即成为一个事实判断问题而非相对责任。但银行的责任实际上受到了 UCP600 第 2 条关于相符提示定义的影响。按照该定义，银行必须就单证是否符合信用证作出判断，即提示是否相符，而相符提示的内涵是指提交的单证与信用证条款、UCP600 的规定和国际标准银行的实践相一致。因而可将国际标准银行的实践作为判断银行是否履行审单的相对义务的标准之一。

第四节　结　论

支付问题是国际货物买卖的重要环节。本节对国际支付的主要方式和涉及的法律问题进行了论述，阐明了各种支付安排所涉及的主要法律原则。有些支付方式不

---

[1]　UCP600 第 9 条。
[2]　UCP600 第 10 条。
[3]　UCP600 第 12 条。
[4]　UCP600 第 14 条。
[5]　UCP600 第 16 条。
[6]　UCP600 第 38 条。

仅适合国际货物买卖，也可以延伸至其他国际贸易方式，例如服务贸易和知识产权转让。当事人可以根据需要，按照类似原理作出合理有效且有特色的支付安排。

本节中关于汇票的介绍不仅与托收相关，而且与信用证使用相关。在实践中汇票是指示支付的最重要文件，但 UCP600 对此没有特殊规定。主要原因是通常各国都有专门的汇票法律，故 UCP600 或 UCP500 没有必要对此作专门规定。因此，本章关于汇票本身的讨论同样适用于信用证部分关于汇票的使用。

最后，笔者认为，支付方式是一个动态的概念，当事人应当根据需要和相关法律限制作出最合适的支付安排。当然双方对于影响支付方式使用的主要原则的理解对于买卖双方在支付安排方面的博弈至关重要。不懂得支付安排原理的人，就不懂得如何有效合理地使用支付方式，也当然不能有创意地使用支付方式。仅仅死记硬背几个支付术语是学不会支付安排法律的。所以，本章尽可能地强调了法律原理的解释，以期望读者能够真正理解各类支付安排的法律实质和工作原理。

第四章

第五章

国际货物运输

本章要点

国际货物运输是国际货物贸易中的一个重要环节，国际货物运输的方式很多，主要包括海上运输、铁路运输、航空运输、邮政运输、管道运输及多式联运。其中，海上运输是最主要的运输方式。国际海上货物运输具有运输量大、通过能力强、成本低的优点，同时也有运输速度慢和风险大的缺点。国际货物贸易的 80% 左右是通过海洋运输完成的，因此，国际海上货物运输在国际货物运输中占有非常重要的位置。其次是铁路运输和航空运输。近年来，随着集装箱运输的广泛运用，多式联运也迅速发展起来。

第一节　国际海上货物运输

一、国际海上货物运输合同的种类及相关法律规定

调整国际海上货物运输的国际公约主要有三个，即 1924 年《统一提单的若干法律规则的国际公约》（以下简称《海牙规则》）、1968 年《修改统一提单的若干法律规则的国际公约的议定书》（以下简称《维斯比规则》）和 1978 年《联合国海上货物运输公约》（以下简称《汉堡规则》）。2009 年还通过了《联合国全程或部分海上国际货物运输合同公约》（以下简称《鹿特丹规则》）。我国调整国际海上货物运输的法律主要是《中华人民共和国海商法》（以下简称《海商法》）。本书从国际经济法的角度，将以国际公约为主要切入点，分别对相关问题进行阐述，并适当对比中国《海商法》的相关规定。

（一）国际海上运输合同的界定

《海牙规则》和《维斯比规则》并没有关于国际海上货物运输的明确定义，《汉堡规则》给"海上运输合同"（Contract of carriage by sea）下了定义。依《汉堡规则》第 1 条第 6 款的规定，"海上运输合同"是指承运人收取运费，据以承担将货物从一个港口运往另一个港口的合同；但是，对于既涉及海上运输又涉及某些其他运输方式的合同而言，只有在其涉及海上运输时，才应视为本公约所指的海上运输合

同。上述"但书"部分所指的是多式联运的情况。我国《海商法》第41条也对海上运输合同下了基本相同的定义:"海上货物运输合同,是指承运人收取运费,负责将托运人的货物经海路由一港运至另一港的合同。"从上述定义可以看出,海上运输合同具有以下特征:

1. 海上运输合同的当事人应当是承运人和托运人。对此,我国《海商法》作了明确规定。《汉堡规则》在对海上运输合同的定义中虽然没有点明托运人,但在第1条第3款有关"托运人"的定义中却明确了其是与承运人缔结海上货物运输合同的人。

2. 海上运输合同具有双务有偿的特点。即承运人一方有义务提供运输服务,并有权利收取运费。至于运费向谁收取,定义中并没有限定,这与托运人的义务和此种运输合同具有约束第三人的特性有关。实践中,运费应依海上运输合同中关于运费支付的约定向托运人或收货人收取。[1] 例如,在采用 CIF 和 CFR 价格条件下,是向托运人收取;在采用 FOB 价格条件下,是向收货人收取。

3. 在适用的地域上,海上运输合同是经海路,由一港运至另一港。《汉堡规则》在地域的描述上有两个部分,前一部分是单指海上运输,而"但书"部分则指的是多式联运的情况,但其中必须包括"海上运输"。我国《海商法》则在第2条第2款强调,我国海商法有关海上货物运输的规定不适用于中国港口之间的运输,而只适用于中国港口与外国港口之间的运输。大陆港口与港澳台港口之间的运输则参照适用《海商法》的规定。

(二) 海上货物运输合同的种类

国际海上货物运输依船舶经营方式的不同,可分为班轮运输、租船运输和国际多式联运。

1. 班轮运输。班轮运输是由航运公司以固定的航线、固定的船期、固定的运费率、固定的挂靠港口组织的,将托运人的件杂货运往目的地的运输。由于班轮运输的书面内容多以提单的形式表现出来,所以此种运输方式又被称为"提单运输"。从班轮运输货物的特征考虑,班轮运输又被称为"件杂货运输"或"零担运输"。班轮运输的固定性决定了其比较适合于件杂货运输,即将不同的托运人所拥有的运输量比较小的货物组织在一起的运输。在班轮运输中承运人与托运人的谈判地位是不平等的,且提单往往会转移到并非订立运输合同当事方的第三方手中,即会对第三方产生约束力,因此各国法律一般对班轮运输进行强制性的调整。上面所述的《海牙规则》、《维斯比规则》和《汉堡规则》也从提单运输的角度对海上货物运输当事人的权利义务关系进行调整。

2. 租船运输。租船运输包括航次租船、定期租船和光船租船。航次租船运输是

---

[1] 张永坚:"1978 年联合国海上货物运输公约(汉堡规则)条文释义",载吴焕宁主编:《国际海上运输三公约释义》,中国商务出版社 2007 年版,第 102 页。

船舶出租人依合同约定的一个航次或几个航次为承租人运输货物，而由承租人支付约定运费的海上货物运输。定期租船和光船租船又称为船舶租用合同，其船舶的经营权在租方。严格地说，由船舶经营人为别人提供货运服务的方式只是班轮运输、航次租船运输和国际多式联运。因此，在我国海商法中将定期租船和光船租船合同放入船舶租用合同一章中。在租船运输方面，国际上没有统一的公约，完全是由契约来调整的。我国《海商法》对租船运输合同的调整具有任意性的特征。调整提单运输的公约不适用于租船运输，但适用于租船合同项下签发的提单。

3. 国际多式联运。国际多式联运是联运经营人以一张联运单据，通过两种以上的运输方式将货物从一个国家运至另一个国家的运输。这种运输是在集装箱运输的基础上产生、发展起来的新型运输方式，它以集装箱为媒介，将海上运输、铁路运输、公路运输、航空运输和内河运输等传统的运输方式结合在一起，形成了一体化的门到门运输。这种运输方式的速度快，运费低，货物不易受损。在多式联运方面，国际上于1980年通过了《联合国国际货物多式联运公约》，但此公约目前尚未生效。有关多式联运的法律仍处于不统一的状态。《汉堡规则》及我国《海商法》对包含海运的多式联运进行了调整。

二、海上货物运输合同的主体与运送的对象

（一）承运人（Carrier）与实际承运人（Actual carrier）

依《海牙规则》第1条a款规定，"承运人"是与托运人订有运输合同的船舶所有人或租船人。《汉堡规则》第1条第1款规定的"承运人"是指本人或以其名义与托运人订立海上货物运输合同的任何人。这两条的规定措辞不同，但含义是基本一致的。具体讲，承运人是与托运人订立运输合同并负责履行运输义务的一方当事人。承运人可以是船舶所有人，也可以是船舶经营人或租船人；承运人可以自己签订运输合同，也可以让他人代理签订运输合同。在班轮运输的情况下，承运人的识别并不困难，承运人一般就是船舶所有人；但在租船运输的情况下，情况就比较复杂，这里的租船人没有限定，应当包括航次租船人、定期租船人和光船租船人。但除了光船租船外，航次租船和定期租船的船员和运输均是在船舶所有人的控制下，提单也往往是由船舶所有人雇佣的船长签发的。在此种情况下，船舶所有人是否要对货主承担责任，常常引起争议。实践中，有时提单上会加入"承运人识别条款"（也称"光船租船条款"），规定船舶所有人是承运人，但多数国家的司法实践仍会判定租船人为承运人，而非船舶所有人。[1]

《汉堡规则》第1条第2款规定了实际承运人，我国《海商法》也引入了此概念。依该条规定，实际承运人指受承运人委托从事货物运输或部分货物运输的人，包括受托从事此类运输的任何其他人。实际承运人并不是与托运人订立运输合同的

---

[1] [加] 威廉·台特雷：《海上货物索赔》，张永坚等译，大连海运学院出版社1993年版，第200～205页。

当事人，但却实际上从事了合同要求的运输活动。实践中，在租船、转船、联运的情况下，承运人有时在订约后不是自己去运输，而是将全程运输或部分运输转由他人进行，实际完成运输的人就被称为"实际承运人"，也有人称其为"履约承运人"。《汉堡规则》第一次引入了实际承运人的概念。实际承运人的确定依情况的不同而不同，当船舶所有人以自己的船舶进行运输时，实际承运人为注册的船舶所有人；当船舶由船舶经营人进行营运时，实际承运人为船舶经营人。从表面上看，实际承运人并不是海上货物运输合同的当事人，因此，实际承运人常常以此为由推卸其运输责任。《汉堡规则》对实际承运人进行了规定，承运人和实际承运人对海上运输的货物都负有赔偿责任的，应当在此项责任范围内负连带责任。

（二）托运人（Shipper）与实际托运人（Actual Shipper）

《汉堡规则》第 1 条第 3 款对托运人和实际托运人进行了界定，依该条规定，托运人是指由其本人或以其名义或代其与承运人缔结海上货物运输合同的任何人，或是由其本人或以其名义或代其将货物实际交给海上货物运输合同承运人的任何人。我国《海商法》的规定与《汉堡规则》的规定基本相同。这里的托运人实际上包括了"托运人"和"实际托运人"，"托运人"是与承运人订立运输合同的当事人，"实际托运人"没有与承运人订立运输合同，而是在装运港实际将货物交付给承运人的人。通常在采用 CIF 和 CFR 价格条件的情况下，从事"缔结合同"及"向承运人实际交付货物"行为的应当是国际货物买卖中的卖方，而在采用 FOB 价格条件的情况下，与承运人订立运输合同的应当为买卖合同的买方即收货人，而将货物在装运港交给承运人的则是买卖合同的卖方，此时卖方可被称为实际托运人。《汉堡规则》及我国《海商法》也将实际托运人纳入了法律调整的范围，实际托运人也应履行托运人应当承担的相关义务，并享受托运人的权利。同时又可以与订约承运人和实际承运人的概念相呼应。北欧国家的海商法已直接采用了"订约托运人"和"实际托运人"的称谓。[1]

（三）收货人（Consignee）

《汉堡规则》第 1 条第 4 款对收货人进行了界定，收货人是指有权提取货物的人。《海牙规则》和我国《海商法》没有关于收货人定义的规定。对于谁是有权提取货物的人，应视海上货物运输合同的规定及提单的转让情况而定。在航次租船的情况下，如果提单没有发生转让，则货物应向海上运输合同中规定的收货人交付。在签发提单的情况下，如果签发的是记名提单，则记名的收货人有权提取货物；在签发不记名提单的情况下，则提单的持有人有权提取货物；在签发指示提单的情况下，提单的被背书人有权提取货物。当然，以非正当手段取得提单的提单持有人不能成为真正的收货人，因而无权提货。

---

[1]　郭春风："论对《中国海商法》托运人定义及其相关条款的修改"，载司玉琢主编：《中国海商法年刊》，大连海事大学出版社 1998 年版，第 17 页。

（四）货物（Goods）

货物是海上货物运输合同运送的对象。关于货物的适用范围，《海牙规则》与《汉堡规则》有不同的规定，依《海牙规则》第 1 条 c 款的规定，"货物"包括货物、制品、商品和任何种类的物品，但活牲畜以及在运输合同上载明装载于舱面上并且已经这样装运的货物除外。该条规定明文排除了对活牲畜及舱面货的适用。《汉堡规则》扩大了对货物的适用范围，依《汉堡规则》第 1 条第 5 款的规定，"货物"包括活动物，如果货物是用集装箱、货盘或类似装运工具集装或者带有包装，而此种装运工具或包装系由托运人提供，则"货物"应包括此种装运工具或包装。我国《海商法》第 42 条有关货物的规定与该条相同。与《海牙规则》相比，《汉堡规则》明确包括了活动物和用集装箱、货盘或类似装运工具集装的货物，因该条规定没有排除舱面货，因此被认为包括了舱面货。[1] 而且《汉堡规则》第 9 条专门对舱面货进行了规定，承运人只有在符合协议或符合习惯或符合法律的情况下，才有权往舱面装货，并承担相应的责任。

三、提单

（一）提单的概念和法律特征

《汉堡规则》第一次明确了提单的概念，依《汉堡规则》的规定，提单是指用以证明海上运输合同的订立和货物已经由承运人接收或者装船，以及承运人保证据以交付货物的单据。提单中载明的向记名人交付货物，或者按照指示人的指示交付货物，或者向提单持有人交付货物的条款，构成了承运人据以交付货物的保证。我国《海商法》第 71 条有关提单概念的规定采用的就是《汉堡规则》的规定。从上述定义中可以看出，提单具有下列法律特征：

1. 提单是海上运输合同的证明。关于提单是运输合同本身还是运输合同的证明，理论界一直存在争议。主流观点认为提单只是运输合同的证明。首先，从理论上说，合同以当事人双方协商一致为主要的生效条件，而提单只是由一方当事人签发的。其次，从时间上说，运输合同是在提单签发之前成立的。运输合同在托运人依班轮公司的船期、费率等规定与班轮公司洽订舱位时即成立，而提单通常是在货物装船后才签发的，这时，运输合同实际上已经在履行了。已经生效的《汉堡规则》和我国《海商法》均采用了提单是运输合同的证明的观点。著名的英国 Ardennes 一案亦采用了此观点。[2]

当然，提单是运输合同的证明只是就承运人与托运人之间的关系而言。在一般情况下货物的托运人是货物买卖合同的卖方，卖方在收到船方签发的提单后，会将其转让给买方，买方又有可能将其再背书转让给其他受让人。提单的受让人并非原

---

[1]　张永坚："1978 年联合国海上货物运输公约（汉堡规则）条文释义"，载吴焕宁主编：《国际海上运输三公约释义》，中国商务出版社 2007 年版，第 101 页。

[2]　The "*Ardennes*" (1950) 84Ll. L Rep. 340.

托运人与承运人运输合同的当事方，他对托运人与承运人之间在订舱时有什么约定并不知情。因此，提单在承运人与提单的受让人之间就不仅是运输合同的证明，而且是运输合同本身。

2. 提单是承运人出具的接收货物的收据。提单是在承运人收到所交运的货物后向托运人签发的，提单的正面记载了许多收据性的文字，如货物的标志、货物的包装、数量或重量及货物的表面状况等。如运输合同在开航前解除或于中途终止合同，托运人可依提单的记载领回货物。关于承运人对提单上的记载有异议时应如何处理的问题，依《海牙规则》第 3 条第 3 款的规定，如承运人或其代理人有合理根据怀疑提单不能正确代表实际收到的货物，则不一定必须将任何货物的标志、号码、数量或重量表明或标示在提单上。该条第 4 款又规定提单应作为承运人收到提单所载货物的初步证据。我国《海商法》第 75 条也有同样的规定。同时第 76 条又规定如不在提单上进行批注，则承运人签发的提单就是承运人已经按照提单所载状况收到货物或者货物已经装船的初步证据。所谓初步证据，指如承运人有确实的证据证明其收到的货物与提单上的记载不符，承运人可以向托运人提出异议。因为提单中有关货物的记载事项一般是依托运人提供的资料填写的，例如，在收货人根据提单记载发现货物有短少而向承运人请求赔偿时，如承运人能提出足够的证据证明短少的货物并未装上船，则承运人就可以不对短少的货物负责。

但在托运人将提单背书转让给第三人的情况下，提单在受让人与承运人之间是否也是初步证据，《海牙规则》没有规定。对此，《维斯比规则》进行了修改补充。依《维斯比规则》第 1 条的规定，其对《海牙规则》第 3 条第 4 款有关初步证据的规定增加一条"但书"，即提单对于受让人来说成了最终证据。我国《海商法》第 77 条也有同样的规定。因为提单的受让人是根据提单上的记载事项受让提单的，他对货物的实际情况并不知情，如提单中的记载不实是由于托运人的误述引起的，承运人可以向托运人提出抗辩，但承运人不得以此对抗提单的受让人，这样可以保证提单的流通性。当提单成为终结性的证据时，如不作批注，则应认为货物的表面状况良好，日后如发现货物损坏或短少，除了法律规定的免责事项外，承运人对此类损失均应负赔偿责任。

可见，提单的证明作用在托运人手中和托运人以外的第三方持有人手中的效力是不同的。提单在托运人手中时只是初步证据。但在托运人将提单背书转让给第三人的情况下，对于提单受让人来说，提单就成了终结性的证据。

3. 提单是承运人据以交付货物的具有物权特性的凭证。在提单的物权性上有肯定与否定的争论。主流的观点仍认为，提单的流通性决定了提单所具有的物权凭证的特性。[1] 英国普通法接受提单是物权凭证的观点已有了二百多年的历史，最早的认为提单是物权凭证的先例发生于 1787 年。[2] 以后又不断有判例持同样的观点。[3] 英国 Neil 大法官在审理 The "Houda" 一案时对提单的物权性有与上述观点相似的论述："本案是建立在这样一个基本原则之上，即一旦提单被签发，只有提单的持有人能够在卸货港要求交付货物。正是基于这一基本原则，所以提单能被用作物权凭证，从而转移凭证也就转移在卸港要求交货的权利。"[4] 有学者认为只能将提单视为承运人提取货物的凭证，而不能称其为物权凭证。提单不是物权凭证，只是一种可转让的权利凭证，即据以向承运人提取货物的凭证。提单签发人并不具有确认货物物权的职能，货物的归属应依货物买卖合同和调整货物买卖合同的法律来确定。提单持有人持有提单意味着对货物的拟制占有，其有权向承运人提取货物。在符合贸易合同约定和相关法律规定的情况下，提单持有人享有货物的物权，但并不是毫无例外的，不排除持有提单而不具有货物物权的情况。[5] 如通过欺诈等方法非法持有提单。

提单是交付货物凭证的特性决定了承运人应凭正本提单交付货物，然而，由于船速越来越快，特别是在近海运输中，常常造成船舶已到港，而需要通过银行办理结汇手续的提单还未到达收货人手中。如等待提单到达，就会造成货物堵港，也会给当事人带来经济损失。在长期的实践中，无正本提单交付货物实际上已成为承运人变通交付货物的习惯做法。[6] 由于《海商法》仅涉及了提单货物交付环节中的一般环节，没有涉及无正本提单交付的问题，造成法院在处理相关案件时适用法律的困难。在该背景下，最高人民法院于 2009 年通过了《关于审理无正本提单交付货物案件适用法律若干问题的规定》（以下简称《规定》）。

《规定》以弱化提单在运输环节中的物权功能为原则，即在提货环节，持有提单的收货人在向承运人提货时并不涉及提单的物权问题，因为向收货人交货是承运人应当履行的运输合同义务。《规定》对一直存有争议的承运人在无单放货情况下的责任属性等问题进行了明确的解释。其主要内容如下：①关于责任性质，《规定》采用

---

〔1〕 广州海事法院："粤海电子有限公司诉招商局仓码运输有限公司等无正本提单交货提货纠纷"，载 http://www.ccmt.org.cn/，发布于 2003 年 1 月 27 日。该文第三个问题，关于提单的物权凭证效力部分称："目前主流的观点仍然认为提单是物权凭证，在这一理论基础上，人们习惯依据提单的持有为标准判断货物的物权归属，以提单转让为标准判断货物物权的转移，认为持有提单便享有提单项下货物的物权（甚至所有权）。"

〔2〕 *Lickbarrow v. Mason* (1787) 2 T. R. 63. 一案是英国早期关于提单是物权凭证的案例。

〔3〕 *Sanders v. MaClean* (1883) 11 Q. B. D 327; *Barclays Bank Ltd. v. Commissioners of Custom and Excise*, (1963) 1 Lloyd's Rep. 81. 均是关于提单为物权凭证的重要或权威先例。近期的案例还有 The "*Houda*" (1994) 2 Lloyd's Rep. 550.

〔4〕 The "*Houda*", (1994) 2 Lloyd's Rep. 550.

〔5〕 金正佳主编：《中国典型海事案例评析》，法律出版社 1998 年版，第 307 页。

〔6〕 刘寿杰："解读《最高人民法院关于审理无正本提单交付货物案件适用法律若干问题的规定》"，载《中国海商法年刊》2009 年第 3 期。

了"竞合责任"的观点，依第 3 条的规定，正本提单持有人可以要求承运人承担违约责任或侵权责任。这里的侵权责任不同于一般的侵权责任，属于运输合同框架内的侵权，因此，应当首先适用《海商法》，《海商法》没有规定的，才适用民法的规定。第 11 条又规定，正本提单持有人可要求承运人与无正本提单提货人承担连带赔偿责任。②在责任限制上，由于承运人无正本提单交付货物属于故意行为，不存在过失的情形，因此，依第 4 条的规定，承运人因无正本提单交付货物承担民事责任的，不得享受责任限制。③关于赔偿范围，依第 6 条的规定，承运人因无正本提单交付货物造成正本提单持有人损失的赔偿额，依货物装船时的价值加运费和保险费计算。④责任的免除，对于有些国家强制要求承运到该国港口的货物必须交付给当地海关或港口当局的，不视为无正本提单交付货物，承运人不承担赔偿责任。⑤关于实际托运人的诉权，在 FOB 价格下，通常由买方租船订舱，依第 12 条的规定，虽然在正本提单上没有载明其托运人的身份，如承运人将货物交给非正本提单持有人，实际托运人具有凭正本提单向承运人主张货物的权利。⑥关于时效，依第 14 条的规定，无论提单持有人是以违约之诉还是侵权之诉要求承运人承担民事责任，时效期间均为 1 年，时效中断均适用我国《海商法》第 267 条的规定，即时效因提起诉讼、当事人一方提出要求或同意履行义务而中断。

1990 年国际海事委员会通过的《海运单统一规则》及《电子提单规则》试图确立一种不可转让的海运单（Sea Waybill, 简称 SWB）。海运单是 20 世纪 70 年代以来，随着集装箱运输的发展，特别是在航程较短的运输中产生的一种运输单证。海运单是证明海上运输货物由承运人接管或装船，且承运人保证将货物交给指定的收货人的一种不可流通的书面运输单证。《汉堡规则》第 18 条规定提单以外的单证应包含海运单，依该条规定，如果承运人签发提单以外的单证用以证明收到交运的货物，这种单证是订立海上运输合同和该单证中所载明的货物由承运人接管的初步证据。海运单同样具有合同证明及收据的作用，但海运单不是货物的物权凭证，与提单不同的是不需要凭单提货，收货人只需证明其身份，即货物的交付不取决于递交海运单，承运人只要将货物交给海运单上所列明的收货人或其授权的代理人，就视为已做到小心谨慎地履行其义务了。对于收货人来说，则可以免除因等待提单而导致的延误损失。

海运单的运转程序是：第一步，由承运人依双方同意的条件签发海运单给托运人；第二步，承运人在船舶到卸货港前约一周向收货人发出到货通知；第三步，收货人签署到货通知，并将通知退还船舶代理人；第四步，船舶代理人据以签发提货单给收货人；第五步，在船舶抵达目的港后，收货人凭提货单提货。海运单的内容与提单大致相似。海运单的正面通常注有"不可流通"的字样，其记载的事项主要有：托运人及收货人的名称、通知方的地址、船名、装卸港口、货物标志、货物的数量、运费及其他费用、签发时间和地点及签发人等。海运单的背面通常载有下列条款：承运人的责任期间、义务及免责，装货、卸货与交货，运费及其他费用，留置权，共同海损和新杰森条款，双方有责碰撞条款，法律适用及仲裁等。

海运单具有实现快速提货的优点。海运单不具有流通性，不能转让，因此非法取得海运单的运单持有人是无法据以提货的，从而可以减少欺诈。海运单具有的简便、快捷和安全的特点，使其在近年来得到了越来越多的运用。为了适应这一情况，国际商会《1990年国际贸易术语解释通则》赋予了海运单与提单相同的法律地位，《2000年国际贸易术语解释通则》保留了有关海运单地位的内容，使其同样可以作为卖方向买方履行交单义务的一种方式。《跟单信用证统一惯例600》（UCP600）第21条也将不可转让的海运单纳入信用证项下可接受的单据之列。

（二）提单的签发

签发提单是承运人的一项义务，它既是运输合同的要求，也是法律规定的一项义务。我国《海商法》第72条规定："货物由承运人接收或者装船后，应托运人的要求，承运人应当签发提单。提单可以由承运人授权的人签发。提单由载货船舶的船长签发的，视为代表承运人签发。"英国有判例认为应在装货后合理的时间内签发，如承运人不及时签发提单，应对因此造成的货方损失负赔偿责任。但如承运人或船长拒绝托运人违反客观事实而签发提单的，不应视为承运人违反其法定义务。例如，托运人要求运送人倒签提单、凭保函签发清洁提单等。

提单签发人在签发前，应检查一下提单的内容，以免日后因制单错误而引起争议。提单签发的时间通常是在货物装船后，这种提单叫"已装船提单"。提单签发的日期应为装船的日期，如装船日期晚于买卖合同及信用证中规定的装船期限，买方可以以卖方违约为由提出索赔。提单有正本与副本之分，正本提单一般为一式二份或三份。提单签发人应在各份正本提单上签署，副本提单不必签署。提单正本的份数应载于提单的正面，同时还应规定，凭其中一份提单提货后，其他各份提单失效，提单副本是不可转让的，在副本的显著位置上通常加注"副本不可转让"（Copy Non - Negotiable）的字样。

（三）提单的种类

从不同的角度可以对提单进行不同的分类，应该说明的是，不同种类的提单是依提单栏目填写的不同而进行的分类，而且各种提单名称是可以重叠的。例如，可以是已装船的、清洁的、直达指示提单，也可以是已装船的、清洁的、转船的、不记名的、运费到付提单等。

1. 依货物是否已装船可将提单分为已装船提单和备运提单。

（1）已装船提单（Shipped B/L or on Board B/L），指由船长或承运人的代理人在货物装上指定的船舶后签发的提单。已装船提单的正面载有装货船舶的名称和装船日期，表明货物确已装船。这种提单能够在一定程度上保证收货人按时收货，因此，买方在信用证中也要求卖方提供已装船提单。银行一般也只接受已装船提单。国际商会《跟单信用证统一惯例600》（UCP600）规定：除非信用证有不同规定，提单必须表明货物已装上或已装运于指明船只。在实践中，除集装箱运输是在装卸区或货运站接收货物不便签发已装船提单外，其他海上货物运输一般均采用已装船提单。

（2）收货待运提单（Received for Shipment B/L），又称备运提单，指船方在收到货物后，在货物装船以前签发的提单。船方有时由于船期的原因，会在船方指定的仓库预收货物，然后由船方依仓库收据签发备运提单。收货待运提单表明货物已由船方保管，并准备装到即将到港的某船上，而未确认货物已装船。由于收货待运提单无装船日期和船名，不能为买方准时收货提供充分的保障。所以，买方一般不愿接受收货待运提单。银行通常也不愿意接受收货待运提单作为议付的担保为托运人提供资金的融通。当船舶在某港停泊时间较短，而货物又需要用驳船运到装货港时，如在装船后再签发提单，就限制了托运人尽快取得提单，及时收回货款。由于上述及其他一些原因，在商业上就形成了在船方收货后随即签发收货待运提单的习惯。待货物装船后再换取已装船提单，或在原提单上加注"已装船"的字样，并载明装船日期和船舶名称。这时的收货待运提单就变成了已装船提单。目前，收货待运提单多用于集装箱运输，如信用证规定应提供"已装船提单"，就应在集装箱装船以后，换取已装船提单。

2. 依收货人的抬头可将提单分为记名提单、不记名提单和指示提单。

（1）记名提单（Straight B/L），指提单正面载明收货人名称的提单。在这种情况下，承运人只能向该收货人或向经收货人背书转让的提单持有人交付货物。提单上的收货人是由托运人指定的，其转让也只能由该收货人进行，而有些国家的法律明文规定记名提单不能转让，因此，记名提单的流通性是很有限的。依我国《海商法》第79条的规定，记名提单不能转让。在国际贸易中，除了某些金、银、珠、宝等贵重物品的运输外，一般不使用记名提单。

（2）不记名提单（Blank B/L or Bearer B/L），指提单正面未载明收货人名称的提单。不记名提单的收货人一栏中空白不填或填写"持有人"（Bearer）的字样。在签发不记名提单的情况下，承运人应向提单的持有人交付货物。这种提单由于未写明收货人的名称，因此转让十分简便。依我国《海商法》第79条的规定，不记名提单无需背书，只要将提单交给受让人即可转让。这种提单风险较大，因此在实践中也很少使用。

（3）指示提单（Order B/L），指提单正面载明凭指示交付货物的提单。在收货人一栏中填写"凭指示"（To order）字样的提单叫不记名指示提单；在收货人一栏中填写"凭某某指示"（To order of ××）的提单为记名指示提单。依我国《海商法》第79条的规定，指示提单的转让必须经过背书。

3. 根据提单有无批注可将提单分为清洁提单和不清洁提单。

（1）清洁提单（Clean B/L），指提单上未附加表明货物表面状况有缺陷的批注的提单。承运人如签发了清洁提单，就表明所接受的货物表面或包装完好，承运人不得事后以货物包装不良等为由推卸其运送责任。在签发清洁提单的情况下，如交货时货物受损，就说明货物是在承运人接管后受损的，承运人必须承担赔偿责任。

银行在结汇时一般只接受清洁提单。

（2）不清洁提单（Unclean B/L），指在提单上批注表明货物表面状况有缺陷的提单。船方在货物装船时，如发现货物的表面状况不良，可以在提单上进行批注，以表明上述不良是在装船以前就存在的，从而减轻船方的货损责任。买方一般不愿接受这种提单，因为包装不良的货物在运输中很容易受损。银行除非在信用证规定可以接受该类提单的情况下，一般会拒绝接受不清洁提单办理结汇。卖方为了获得清洁提单以便及时收汇，往往在货物表面状况有缺陷的情况下通过向承运人提供保函来换取清洁提单。

对于海运保函的效力问题应依具体情况区别对待。为取得清洁提单而出具保函的情况实际上有两种：①在装船时已发现货物表面状况有问题，仍以保函来换取清洁提单。这种保函具有欺诈因素，应当归于无效。此时，如发货人希望承运人签发不加批注的清洁提单，正确的方法是由发货人修补或更换包装。②承运人与托运人在货物数量等方面有分歧，又无从查验，这时由托运人出具保函，承运人签发清洁提单。这是一种商业上的变通做法。只要托运人与承运人双方不是恶意串通的，承运人又不能肯定货物确有瑕疵存在，这时出具保函会减少流通中的一些麻烦，这种保函的效力是应该得到承认的。《汉堡规则》已作出了有关上述第二种非欺诈性的保函在当事人之间有效的规定。

4. 根据运输方式可将提单分为直达提单、转船提单和联运提单。

（1）直达提单（Direct B/L），指表明中途不经转船直接将货物运往目的地的提单。

（2）转船提单（Transhipment B/L or Through B/L），指当货物的运输不是由一条船直接运到目的港，而是在中途需转换另一船舶运往目的港时，船方签发的包括全程的提单。转船提单往往由第一程船的承运人签发。转船提单在填制时，只记载第一程船的船名，第二程船名不记载，只写上"在某地装上替代船转运"的字样。与直达提单不同的是中途港和目的港的填写，转船提单的中途港名称应填写在卸货港一栏中，目的港则应载于最后目的港一栏中。银行只有在信用证中规定可接受转船提单时，才接受这种提单。

（3）联运提单（Combined Transport B/L），指依联运合同签发的提单。分为海上联运提单和多式联运提单。前者指在由一条以上船舶进行海上运输的情况下签发的提单，实际上就是转船提单。后者为由两种以上的运输工具运输时签发的提单。多式联运提单的签发人是多式联运经营人，签发的地点在货物的接收点，而不论该接收点是在装货港还是在发货人仓库。

5. 依是否已付运费可将提单分为运费预付提单和运费到付提单。

（1）运费预付提单（Freight Prepaid B/L），指载明托运人在装货港已向承运人支付运费的提单。如运费是预付的，则应在提单的运费一栏中填写"运费预付"（Freight Prepaid）的字样。

（2）运费到付提单（Freight Payable at Destination B/L），指载明收货人在目的港提货时向承运人支付运费的提单。如运费是到付的，则应在此栏中填写"运费到付"（Freight Collect 或 Freight Payable at Destination）的字样。

（四）提单的内容

各航运公司一般都有自己的提单格式，尽管各公司提单的内容不尽相同，但其主要内容是基本一致的。提单分正反两面，提单正面是提单记载的事项及一些声明性的条款，提单的背面为关于双方当事人权利和义务的实质性条款。

1. 提单的记载事项。提单的正面应记载哪些事项，我国《海商法》第73条作了规定："提单的内容包括下列各项：①货物的品名、标志、包数或者件数、重量或者体积，以及运输危险货物时对危险性质的说明；②承运人的名称和主营业所；③船舶名称；④托运人的名称；⑤收货人的名称；⑥装货港和在装货港接收货物的日期；⑦卸货港；⑧多式联运提单增列接收货物地点和交付货物地点；⑨提单的签发日期、地点和份数；⑩运费的支付；⑪承运人或者其代表的签字。"同时该条还规定，提单缺少前款规定的一项或者几项的，不影响提单的性质。

2. 提单背面条款。海运提单的背面通常载有关于双方当事人权利和义务的条款。各种提单格式的条款虽不尽相同，但主要内容基本上是一致的。以中国远洋运输公司的提单为例，"中远提单"背面共有27个条款，主要包括：①管辖权条款；②法律适用条款；③承运人责任条款；④责任期间条款；⑤赔偿责任限额条款；⑥特殊货物条款；⑦共同海损和新杰森条款；⑧双方有责碰撞条款。提单中还有关于留置权、战争、检疫、冰冻、罢工、拥挤、转运等内容的条款。提单属于格式条款，它通常是由提供提单的承运人一方拟订的，这使得承运人与托运人不能保持平等的谈判地位，且由于提单的流通性，提单会转移到并非订立运输合同当事方的第三方手中，也就是会对第三方产生约束力。因此，各国法律一般对班轮运输进行强制性的调整。国际上调整提单运输的国际公约主要有《海牙规则》、《维斯比规则》和《汉堡规则》。我国《海商法》第四章则是关于调整提单运输的国内立法。

四、调整提单运输的国际公约

（一）《海牙规则》

《海牙规则》全称为《1924年统一提单的若干法律规则的国际公约》（International Convention for the Unification of Certain Rules of Law Relating to Bills of Lading, 1924）。《海牙规则》是在承运人势力强大的历史背景下产生的。为了维护美国货主的利益，美国于1893年通过了《哈特法》。《哈特法》制定以后，各海运国家纷纷追随，制定各自的国内立法。随着航运国国内立法的发展，货方、船方和保险人均感到了缔结国际航运协议以保证航运业公平竞争的必要性。在这种力量的推动下，1921年与会各方在国际法协会所属海洋法委员会召开的会议上，草拟了《海牙规则》草案。该草案经多方协商修改于1924年8月25日在布鲁塞尔签订。由于该公约第一次是在海牙起草的，因此又被称为《海牙规则》。《海牙规则》于1942年8月25日实施。70 多个国家参加了该公约。中国未加入该公约。《海牙规则》是目前在国际航运业影响最大的一个公约。该公约共有 16 条规定，其主要内容有：

1. 承运人最低限度的义务。《海牙规则》规定了承运人的两项最低限度的义务，这两项义务是强制性的，在提单中解除或降低承运人的这两项义务的条款均属无效。

（1）承运人的第一项义务是承运人应提供适航船舶。《海牙规则》第 3 条第 1 款规定，承运人在开航前与开航时必须谨慎处理，以便：①使船舶具有适航性；②适当地配备船员、设备和船舶供应品；③使货舱、冷藏舱和该船其他运载货物的部位适宜并能安全地收受、运送和保管货物。我国《海商法》第 47 条在承运人提供适航船舶的义务方面与上述规定相同。依上述规定，承运人的适航责任可概括为下列几点：

第一，关于适航的时间。《海牙规则》和我国《海商法》均不要求船舶在任何时间都必须处于适航状态，仅要求在"开航前和开航时"适航。因为海上风险太大，船舶在航行中可能由于各种原因而变得不适航，如要求承运人提供的船舶在整个航程中均应适航，则承运人的责任过重。"开航前和开航时"指的不是两个点，而是一个时间段，指从船舶装货时起到船舶开航时为止的这一时间。承运人在这一期间内如未谨慎处理使船舶适航致使货物受损，就必须承担赔偿责任。

何为"开航"，各案有不同的处理，这是一个事实问题。有的判例认为船舶为了开航而移泊即为航程开始。有的判例认为航程开始于船舶为了驶离而起锚之时。[1] 在船舶挂靠多个港口的情况下，开航是指每个港口的"开航"呢？还是指提单内所载港口的"开航"呢？1962 年的 The "Makedonis" 一案的判决认为，《海牙规则》规定的"开航"仅指提单所载航次的"开航"。[2] 即承运人只要在提单所载的装运港开航时做到船舶适航就可以了，不受以后在中途港开航时不适航的影响。广义的航程还包括"船舶供应分段主义"。[3] 即船舶在开航时不需要配够整个航程需要的供应品，只要配够从启运港到中途港的供应品，待到中途港后，再继续补充，只要航程中不发生供应品短缺就不构成不适航。这样可以增加承运人运输货物的能力，也可减少运费，对货方也是有利的。

第二，关于适航的程度。上述规定采用的是相对适航，即只要承运人能证明在开航之前和开航当时，其已在主观上谨慎处理使船舶适航了，即使船舶由于不能发现的潜在缺陷而在客观上实际并不适航，承运人仍可以对由此而造成的货损不予负责。而依绝对适航责任，则不论承运人在主观上如何谨慎处理，只要船舶在客观上不适航，承运人就要承担责任。关于"谨慎处理"，《海牙规则》也没有一个确切的定义。一些判例将其解释为"合理的注意"，那么承运人做到什么程度才是"合理的

第
五
章

---

〔1〕　The *"Neptunus"*, (1914) 4 Camp. 84.

〔2〕　The *"Makedonis"*, (1962) 1 Lloyd's Rep. 316.

〔3〕　The *"Newbrough"*, (1939) 64 Ll. L Rep. 33.

注意"又是一个事实问题，需由法官个案处理。另外，承运人本人是不能亲自使船舶适航的，他必须通过其代理人、受雇人等来做到这一点。那么承运人的"谨慎处理"是否也包括了其代理人和受雇人的"谨慎处理"呢？《海牙规则》对此没有规定。英美判例认为，承运人的"谨慎处理"还应包括其雇员、代理人或非独立的承包商的"谨慎处理"。承运人仅仅雇佣了信誉优良的受雇人是不足以说明其已做到了"谨慎处理"。著名的1961年牛舌罐头运输一案[1]认为承运人的"谨慎处理"包括其本人、代理人、受雇人和其他人员的"谨慎处理"。在"谨慎处理"后仍不能发现的潜在缺陷，只要成因在免责范围内，承运人即可免除货损责任，但须举证证明其已做到了"谨慎处理"。

第三，关于适航的内容。《海牙规则》和我国《海商法》对此也没有具体的规定。实践中一般认为，适航应当包括船舶的适航、适员和适货。船舶的适航，一般认为是指船舶的各个方面可经得起预定航线中可能遭遇的一般风险。这是一个相对的概念。船舶的适航性与预定航线有关，如船舶的预定航线是进行沿海运输，其适航性的要求就比进行远洋运输的船舶要低。要求一般渡轮要具备航行于四大洋的能力才算适航是不合理，也是不现实的。同时船舶所能抵御的风险应该是可以预料的一般风险。不同的地区一般的风险是不同的，冬季北大西洋的一般风浪在沿海可能就是不可预料的特大风浪了。因此，船舶的适航标准须依其航行的航线不同而不同。

在适当地配备船员上，以未持有职务证书的不合格人员充作合格人员，[2]或以级别低的船员代替级别高的船员出航均属不适航。对于经过考试取得证书的船员，如其日常表现恶劣，没有表现出应有的专业水平，足以影响正常的工作，承运人仍不能逃避其不适航的责任。[3]对于船上供应品，可以采用分段补充的做法，即只备足从起运港到中途港的供应品，待到达中途港后，再继续补充。只要航程中不发生供应品短缺就不构成不适航。[4]

（2）承运人的第二项义务是管货。依《海牙规则》第3条第2款的规定，承运人应适当和谨慎地装载、搬运、积载、运送、保管、照料和卸载所承运的货物。我国《海商法》第48条与该条的内容相同。承运人在上述7个阶段均应做到"适当和谨慎"，"谨慎"就是要认真，"适当"则带有技术性及业务水平。例如，通过各种技术控制湿度，以保证货物的完好。[5]

第一，关于"装载"和"搬运"。承运人在装船时，应按货物的种类，使用相应的装货工具，谨慎操作，不使货物受损。我国《海商法》和《海牙规则》没有规定

---

[1]　The "*Muncaster Castle*", (1961) 1 Lloyd's Rep. 57.

[2]　The "*Roberta*", (1938) 60 Ll. L Rep. 84.

[3]　The "*Makedonis*", (1962) 1 Lloyd's Rep. 316; The "*Brabant*", (1965) 2 Lloyd's Rep. 546; The "*Safe Carrier*", (1994) 1 Lloyd's Rep. 589.

[4]　The "*Newbrough*", (1939) 64 Ll. L Rep. 33.

[5]　The "*Evgrafov*", (1987) 2 Lloyd's Rep. 634.

承运人装货责任的开始时间，依惯例适用"钩至钩"原则。货物的装卸是通过码头装卸工人进行的，如果码头工人是由承运人雇佣的，则承运人应对其过错造成的货物损失负责，即承运人应雇佣称职的装运工人。[1] 如货物是由托运人自行装载的，承运人可不负责任。当然，在班轮运输的情况下，一般均由承运人负责装货。

第二，关于"积载"。承运人应适当地配载货物，船长在编制积载图时，如能考虑下列因素就可以认为基本做到了适当与谨慎地积载：①根据货物的特点，选择适当的部位载货，例如将轻货置于重货之上；②避免将性质相抵触的货物混装；③考虑船舶的总体安全，避免因配载重心偏高，使船舶丧失平稳性，避免超载和不平衡装载对船体结构强度产生不利影响。不适当地配载容易引起货损，这种货损可概括为两类：①因货物积载的部位不当引起的货损，如将食品配置于邻近锅炉的舱间，引起食品的变质；将较重的货物置于较轻的货物之上等。②因将性质相抵触的货物装在一起引起的货损，如将茶叶与樟脑放在一起，造成串味。对于因积载不当造成的损失，承运人应负责。[2] 承运人在发生货损时往往以海难等免责理由希望获得免责，而法院则会判断货损是由于免责原因造成的，还是由于管货不当造成的。

第三，关于"运送"。承运人应尽快、直接、安全地将货物运至目的地，不得进行不合理的绕航。有判例认为正常航线是指运输合同当事人约定的航线，没约定从习惯，没习惯则为地理上装卸港之间最近的安全航线。[3] 合理的绕航主要包括救助或企图救助人命或财产；为了航程的需要；为了船货共同的利益以及合同条款允许的绕航等，如规定允许绕航加油的条款。

第四，关于"保管"和"照料"。承运人在货物运输途中，应适当和谨慎地保管和照料货物，由于管货不周引起的货损，承运人需负赔偿责任。有些货物需要特殊的照料，对于这类货物，除托运人托运时已经申明的事项外，承运人应依常识进行照料。承运人不具备这类常识，不能成为免除其未适当和谨慎地保管和照料货物责任的理由。

第五，关于"卸载"。承运人只要适当和谨慎地将货物卸在码头上，便是履行了卸货责任。如船舶抵达目的港后不能直接停靠码头卸货，而需将货物先卸往驳船上，再由驳船运往岸边卸货，则承运人的卸货责任至货物卸到驳船上且驳船准备离开时止。

2. 承运人的责任期间。《海牙规则》第1条第5款规定的承运人的货物运输责任期间为从货物装上船时起至卸下船时止的期间，即钩至钩责任。这里是否包括了装船和卸货的过程并不清楚，结合《海牙规则》规定的承运人"装载"和"卸货"的责任可以看出，这两个过程应该包括在内。至于装卸货从哪一点开始到哪一点为止，

〔1〕 The "*Saudi Prince*", (1986) 1 Lloyd's Rep. 347.

〔2〕 The "*Anthony II*", (1966) 2 Lloyd's. Rep. 437.

〔3〕 The "*Indian City*", (1939) 64 Ll. L Rep. 229.

条文也未明确规定。在实践中，多将其理解为钩至钩责任[1]。在使用岸吊的情况下，以船舷为责任期间的起止点。在使用驳船装卸货时，一般的解释是，承运人的责任期间是从货物挂上船上吊钩时起，至货物卸至驳船上时止的期间。有学者认为《海牙规则》规定的钩至钩责任，不但使托运的货物无法得到适当保障，而且实务上常产生适用的困难。英美国家均有扩大承运人责任期间至码头仓库业者领管货物时的判例[2]。后来的《汉堡规则》延长了承运人的责任期间，规定承运人的责任期间为从"收货"时起到"交货"时止的期间。

3. 承运人的免责。《海牙规则》规定的承运人的免责共有 17 项，依第 4 条第 2 款的规定，对由于下列原因引起或造成的货物的灭失或损害，承运人不负赔偿责任：

（1）船长、船员、引水员或承运人的雇佣人员在驾驶或管理船舶中的行为、疏忽或不履行职责。上述"驾驶上的过失"指船舶开航后，船长、船员在船舶驾驶的判断或操纵上的错误，如船舶碰撞、触礁、搁浅等责任事故，均属驾驶上的过失。"管理船舶的过失"指在航行中，船长、船员对船舶缺少应有的注意。例如，听任污水管闭塞、阀门开启以致海水进舱等均属管理船舶的过失。值得注意的是，"管理船舶的过失"与"管理货物的过失"很容易混淆，其责任却完全不同。前者承运人可以免责，后者承运人则不能免责。一般以行为的对象和目的作为区分这两种过失的标准。如果某一行为针对货物，其目的是管理货物，则该行为属于管理货物的行为；反之，则为管理船舶的行为。当两者难以区分时法院的态度是不认定为"管理货物的过失"，而不给予免责。

承运人享受该项免责的前提是已经尽到了"谨慎处理"使船舶适航的义务，如发生意外的原因是由于未尽适航义务引起的，则承运人不能享有免责的权利。例如，某轮在途中搁浅，本来在此可依"驾驶的过失"一项免责，但如发现所用的海图是过时的，就属于承运人在开航前和开航时未尽"谨慎处理"的义务使船舶适航，则承运人不能免责。

（2）火灾，但由于承运人实际过失或私谋所造成者除外。这里的承运人指承运人本人，若承运人的雇佣人有过失，如船员不小心烟火引起的火灾，承运人仍可以免责，只有在承运人本人有过失或私谋的情况下才不能免责。承运人本人有"过失或私谋"即承运人本人有实际过失。关于该项过失的举证责任，《海牙规则》没有明确规定，各国的实践也不尽相同。有的是由承运人举证，有的是由货方举证。依美国的火灾法规，举证责任在货方索赔人。而另一些国家则规定双方均有举证责任，

---

〔1〕 在有关的案例中，"钩至钩"并不应理解为在钩上有一个确切的分界线，判例一致认为，钩至钩责任指承运人要妥善处理整个装卸过程。参见 Goodwin, *Ferreira & Co. Ltd. and others v. Lamport & Holt*, (1929) 34 Ll. L Rep. 192；*Pyrene Company Ltd v. Scindia Steam Navigation Company Ltd.*, (1954) 1 Ll. L Rep. 321.

〔2〕 参见张新平：《海商法专题研究》，月旦出版社 1995 年版，第 249~259 页。

一方面货方应证明损失是由于承运人实际过失所引起的，另一方面，承运人应尽力举反证。[1]承运人享受火灾的免责时，也必须首先尽到"谨慎处理"使船舶适航的义务。在 The "Maruienne"轮一案中，在船舶装货期间，船员依船长的命令用吹管烤烘融化水管中的冻冰，结果引起火灾，不得不将船舶凿沉，货物严重受损。法院认为，在该案中，承运人没有在开航前和开航时"谨慎处理"使船舶适航，因此不能免责。[2]

（3）海上或其他可航水域的风险、危险或意外事故。该项免责即通常所称的海难或海上危险免责。"海难"一般指一艘适航的船舶在途中遭遇的灾难或危险超出了该船所能抵御的限度，如暴风雨、浓雾等。以往的判例要求，海难应当是不可预见的。[3]承运人引用海难免责的成功率并不高，因为是否为海难是要由法庭来进行判断的，"海事声明"中有关海难的记载，也往往由于有夸大的因素而仅能作为参考。

（4）天灾。天灾指直接造成货损且通过合理预期的各种措施仍不能抵御或防止的自然现象。例如地震、海啸、雷击等。

（5）战争行为。战争行为指两国或多国之间通过武力或武装冲突或敌对行为解决其争端的行为。国际法上的战争需要进行公开的宣战。

（6）公敌行为。公敌行为指以船旗国为敌的敌人所为的行为。公敌行为比战争行为的含义要窄一些，战争行为不管是否与该船旗国作战，均属于战争行为，而公敌行为则指与船旗国为敌的敌人的行为。例如，在两伊战争中，伊拉克的船舶被伊朗的船舶打沉，这既属于战争行为，也属于公敌行为。而如巴拿马的船舶被双方交战中的炮火击沉，则只是战争行为，而不是公敌行为，因为巴拿马并未参与两伊交战。公敌不一定是交战的国家，海盗也是公敌的一种，船舶遭遇海盗的侵害而受损的，也可引用此事项免责。

（7）君主、统治者或人民的扣留或拘禁或依法扣押。指因政府或人民由于各种原因而进行的扣留或扣押引起的损失。例如，在两伊战争中就有 70 多条船被封锁，引起了对君主扣押的争议。[4]这里不包括因商务纠纷引起的扣押和因违反港口的法规而引起的由港务当局采取的禁止行为。

（8）检疫限制。指港口国对来自疫埠的船舶或怀疑船上有疫情的船舶进行的禁止其进港或令其采取适当消毒措施的限制。由于上述限制而引起的货损承运人可以免责。例如，一船从发生霍乱的高雄港开往日本，日本政府对高雄的来船均要进行熏蒸。该船被熏蒸 8 天，致使船上所载的香蕉全部变坏，承运人对此项货损可以引

---

〔1〕 叶伟膺："承运人对火灾造成的损失可否免责"，载《中国海商法协会通讯》1993 年第 18 期。

〔2〕 *Marxine Footwear Co. Ltd. v. Canadian Government Merchant Marine, Ltd.*，（1959）2 Lloyd's List L. R. 105；1959. A. C. 589.

〔3〕 The "*Friso*"，（1980）1 Lloyd's Rep. 469；The "*Tilia Gorthon*"，（1985）1 Lloyd's Rep. 552；The "*Coral*"，（1992）2 Lloyd's Rep. 158.

〔4〕 The "*Evia*"，（1982）1 Lloyd's Rep. 307；The "*Bamburi*"，（1982）1 Lloyd's Rep. 312.

用检疫限制免责。

（9）货物托运人或货主、其代理人或代表的行为或不行为。指除包装不当和标志不当或不清以外的其他货方的行为或不行为。例如，货物托运人对货物的性质申报有误致使货物受损等。

（10）不论由于何种原因引起的局部或全面的罢工、关厂、停工或劳动力受到限制。当碰到罢工等情形时，承运人对因此而使船舶无法及时装卸货物造成的货物损失不负责任。

（11）暴乱和民变。暴乱指公众骚乱。民变为聚众非法制造混乱的行为。

（12）救助或企图救助海上人命或财产。救助海上人命或财产是船员的法定义务，承运人对因此而造成的货损不负责任。为了救助海上人命或财产而进行的绕航不视为违反运输合同的行为，承运人对因此而造成的货损不负责任。允许承运人为救助人命而绕航是出于人道的考虑，而单为救助财产的绕航是否合理，英国普通法是持否定态度的。因为救助财产不涉及道德义务，而且救助者可以从获救的财产中获得一部分利益，这对其他承运货物的货主和保险商是不公平的，因为他们在绕航中也承担了风险，而在救助成功时，他们却得不到任何报酬。与英国普通法不同，《海牙规则》中的合理绕航不仅包括救助人命，也包括了单纯的救助财产。

（13）由于货物的固有瑕疵、性质或缺陷所造成的容积或重量的损失，或任何其他灭失或损害。例如，装载原油时会有部分贴附舱壁，部分结块不能泵出，造成重量的短少。运输谷物时会有水分的蒸发，只要损耗不超出正常耗量，承运人均可免责。货物的固有瑕疵如湿咸鱼的咸度不够造成到港时变坏等。引用此项免责事由的举证很重要，承运人须证明其已依一般常识适当和谨慎地照料了货物，且货物的固有瑕疵、性质或缺陷对于不具专门知识的人来说是非显而易见的。

（14）包装不当。货物的包装分为运输包装和销售包装，这里所指的是运输包装，如托运人对货物的包装不适于长途海运，因此而引起的损失承运人不负责任。但如果包装不当是可以从外观上觉察到的，而承运人又签发了清洁提单证明收货时货物的外表状况是完好的，则事后就不能轻易地依该项来免责了。因为如货物包装不当可以从外表觉察出来，承运人就有责任在提单上加注"包装不当"的字样。

（15）标志不清或不当。标志是由托运人依货物销售合同的规定在货物的包装上刷写的收货人的代号、件数、箱号、目的港等。标志不清可能造成交错货物或找不到收货人。标志不当，如没有关于禁止货物上下倒置、防湿等的标志，均可能使货物受损，承运人对此可以免责。

（16）尽适当的谨慎仍不能发现的潜在缺陷。依《海牙规则》第3条第1款的规定，承运人应提供适航的船舶，但如承运人已"谨慎处理"，船舶仍然存在不能发现的潜在缺陷，货物因而受损时，承运人不负责任。该条是对"谨慎处理"使船舶适航的补充。这里的"不能发现的潜在缺陷"是以"谨慎处理"为前提的。"潜在缺陷"指一个有充分技能的人以一般的注意不能发现的缺陷。这种缺陷往往是船舶结构上的缺陷，包括船壳、机器及船舶附属设备的缺陷。因未尽适当的注意而不能发现的缺陷不能算是潜在的缺陷。例如，某货轮由于喉管破裂造成货损，承运人辩称该喉管破裂属于"谨慎处理"仍不能发现的潜在缺陷，因为该段喉管被一个木箱所覆盖。但法院认为，只要移开木箱即可发现该缺陷，这是进行检查时适当而又合理的正常检查方法。因此，该裂缝不属于"谨慎处理"仍不能发现的潜在缺陷。

(17) 不是由于承运人的实际过失或私谋，或是承运人的代理人或受雇人员的过失或疏忽所引起的任何其他原因。要求享有此项免责利益的人应当负责举证，表明有关的货物灭失或损害，既非由于承运人的实际过失或私谋，又非由于承运人的代理人或受雇人员的过失疏忽所造成。此条并不是上述16项负责事由的归纳，而是适用于非属于上述16项的任何原因所造成的货损。该项免责属于上述未列明的承运人的无过失免责。对此，承运人必须举证证明有关货物的灭失或损坏既非由于承运人的实际过失或私谋，又非由承运人的代理人或雇佣人的过失或疏忽所致。这里的举证责任使承运人很少引用该项免责。承运人只要证明货物的灭失或损害是由于上述16项免责原因所致即可，而不需证明承运人或其代理人和雇员没有过失。

4. 赔偿责任限额。《海牙规则》第4条第5款规定，承运人对货物的灭失或损失的赔偿责任，在任何情况下每件或每单位不得超过100英镑，但托运人于装货前已申明该货物的性质和价值并在提单上注明者不在此限。为了鼓励船舶所有人投资于航运业，以法律形式给予船舶所有人责任限制是其手段之一。但《海牙规则》是在1924年订立的，该项责任限额已远远不能适应当今社会的需要，有以下缺陷：①100英镑所代表的价值经过多年的变化及通货膨胀的影响，已远不及当年的币值。②各国在承认《海牙规则》时，是根据当时100英镑所代表的黄金价值转换成国内的货币单位的。而如今各国货币的兑换价已不是当年所代表的数额了。这也是造成货主在寻求货损赔偿时择地行诉的原因之一。③《海牙规则》规定的"单位"已不能适应当今集装箱运输的需要。《海牙规则》的每件或每单位可概括为三种情况：其一为包件，如盒、箱、桶、包等。其二为单件，如机床、汽车、游艇等。其三为运费单位，散装货物按运费单位，如谷物、矿砂等。

随着单元化运输方式的到来，出现了诸如集装箱这种包装应如何计算单位的问题。在此问题上有三种理论："船舱论"认为，集装箱是船舱的一部分，在遭受货损时，只按一个单件赔偿。"内装件数论"则认为，应依托运人所提供的记载在提单上的件数作为赔偿件数的依据，而不以集装箱作为一个包件，除非托运人未提供内装件数。反对者则认为，货物由托运人装箱，船方无法证明托运人所提供的件数是否正确。"功能论"认为，应以货物的包装是否足以应付整个运输过程而致使货物受到损坏为准，如货物本身未完好包装，完全依靠集装箱来作为保护体，则应认为托运人的原意就是以整个集装箱作为一个包件；如货物的包装在离开集装箱保护的情况下，仍可应付整个运输过程的磨损的，则应以该包装为赔偿根据。反对者则认为集装箱的优点之一就是节省包装费用，如该理论成立岂不是鼓励托运人为取得高额赔偿而浪费包装费用。《维斯比规则》采用了上述的内装件数论。

5. 运输合同无效条款。《海牙规则》第 3 条第 8 款规定："运输合同中的任何条款、约定或协议，凡是解除承运人或船舶对由于疏忽、过失或未履行本条规定的责任与义务而引起货物的或与货物有关的灭失或损害的赔偿责任，或以本规则规定以外的方式减轻这种责任的，均应作废并无效。"该条的目的是防止承运人利用自己的谈判地位，随意免除或减轻自己的责任。该条款表明，《海牙规则》第 3 条规定的承运人的责任和义务是最低的法定义务，是强制性的，承运人不得通过合同约定减轻或免除。

6. 托运人的义务和责任。依《海牙规则》第 3 条第 5 款的规定，托运人应对其所提供的资料不正确所造成的损失负赔偿责任。对于危险品，如托运人隐瞒货物的危险性，承运人只要发现后可立即将货物抛弃而不需负责，且托运人还应赔偿船东及受害的第三方因载此货而引起的损失。如托运人已表明了货物的危险性，则承运人只有在面临危险的情况下，才可抛弃货物而不需负责。此时，托运人也无需对由托运此货引起的损失负责。

该条款表明了托运人如实申报的义务，托运人在向承运人提交货物时，应将货物的名称、标志、件数、重量等事项如实向承运人申报，对于申报不实而导致的承运人的损失，如为节省运费谎报货物的重量而造成起重设备受损，托运人应当负赔偿责任。同时，还应承担因申报不实而造成的第三方的损失。《海牙规则》允许承运人在无适当办法核实有关货物的资料时，可以不在提单上记载货物的件数、数量或重量，[1] 但实践中，承运人往往会依托运人在托运单上的申报内容填制提单。对于此种提单上的记载，承运人必须对提单第三方持有人负责，但赔偿第三方后可以向托运人追偿。

7. 索赔通知与诉讼时效。《海牙规则》第 3 条第 6 款规定，收货人在提货时应检查货物，如发现短缺或残损，应立即向承运人提出索赔。如残损不明显，则在 3 日内提出索赔通知。如在提货时或提货后 3 日内没有提出索赔通知，就是交货时货物的表面状况良好的初步证据。当然这并不意味着收货人即丧失了索赔权，只是日后再行索赔时，其举证责任将加重。在联合检验的情况下，不需出具索赔通知。《海牙规则》并没有规定必须进行联合检验，但一些国家的港口规定货物在船边交接，并由港方、船方及货方联合检验。联合检验后，由港方理货人和船方共同签署短卸或残损报告。如果有了短卸或残损通知，收货人则无需再出具索赔通知了。关于诉讼时效，《海牙规则》第 3 条第 6 款规定，货方对承运人或船舶提起货物灭失或损害索赔的诉讼时效为 1 年，自货物交付之日起算，在货物灭失的情况下，自货物应交付

---

[1] 《海牙规则》第 3 条第 3 款"但书"规定，但是，如果有合理根据怀疑任何标志、数量或重量不能准确代表实际收到的货物，或没有合理方式检查，则承运人、船长或承运人的代理人就没有义务将其记载在提单上。

之日起算。

8. 公约的适用范围。《海牙规则》第 10 条规定，本公约各项规定，适用于在任何缔约国所签发的一切提单。第 5 条规定，本公约中的各项规定，不适用于租船合同，但如果提单是在船舶出租情况下签发，便应符合本规则中的各项规定。

（二）《维斯比规则》

《维斯比规则》全称为 1968 年《修改统一提单的若干法律规则的国际公约的议定书》（Protocol to Amend the International Convention for the Unification of Certain Rules of Law Relating to Bills of Lading, 1968）。《海牙规则》签订时，承运人的势力强大，使《海牙规则》带有偏袒承运人利益的倾向。20 世纪 70 年代后，越来越多地参与国际事务的第三世界国家强烈要求修改《海牙规则》，以便使承运人与货方的利益达到平衡。而就《海牙规则》本身而言，有一些规定比较粗糙，已不能适应发展的要求了。因此，海运发达国家也认为应对《海牙规则》进行修改。于是，1968 年产生了《维斯比规则》，该规则于 1977 年生效，参加国有英国、美国、德国、加拿大等 20 多个国家和地区，中国没有参加该议定书。《维斯比规则》的内容主要是对《海牙规则》的补充和修改。该规则的主要内容有：

1. 明确规定提单对于善意受让人是最终证据。依《海牙规则》的规定，提单记载的内容为该提单所载货物的初步证据。初步证据是相对于最终证据而言的，提单的记载事项如仅仅是初步证据，承运人就有提出反证否定提单记载真实性的余地。提单记载对托运人来说是所载货物的初步证据这一点一般无争议，因为提单上的记载是托运人提供的。但提单对于受让人来说是否也是初步证据却存在着分歧。以往的一些案例多认为提单对于提单受让人来说也是初步证据。受让人并不知道提单记载的货物的实情，如果提单中记载的内容对他来说仅仅是初步证据，就会降低受让人对提单的信任程度，减弱提单的流通性。鉴于此，《维斯比规则》第 1 条对《海牙规则》第 3 条第 4 款的内容进行了补充，规定提单对托运人来说是初步证据，而对善意的提单受让人来说则是最终证据。

2. 责任限制。《维斯比规则》采用了双重责任限额制，即对货物的灭失或损害责任以每件或每单位 10 000 金法郎或每公斤 30 金法郎为限，两者以高者计。在采用货币币种的问题上，《维斯比规则》吸取了《海牙规则》因采用某国货币而引起贬值问题的教训，未使用某国的货币单位，而是采用了金法郎。金法郎并非法国货币单位，而是一种含金量的计算单位。金法郎为含纯度为 900/1000 的黄金 65.5 毫克的计算单位。关于成组运输工具的责任限制问题，《海牙规则》并未涉及，因为当时还没有这种方式的运输。为了适应使用集装箱等成组运输工具运输的发展，《维斯比规则》增加了关于在该类运输中件数的确定方法的规定。该规则规定如果货物是以集装箱、托盘或类似的运输工具集装的，则提单中载明的内装件数就是计算赔偿限额的件数；如提单上未注明内装件数，则以成组运输工具的件数为计算赔偿限额的件数。

第
五
章

由于金法郎是以金作为定值标准的，使得承运人的责任限制金额可能随着黄金价格的涨落而无法保持稳定。鉴于此，1979 年 12 月 21 日在布鲁塞尔的外交会议上通过了修订《海牙－维斯比规则》的议定书，该议定书于 1984 年 4 月生效。该议定书旨在将承运人的责任限制计算单位由金法郎改为特别提款权，按 15 金法郎等于 1 特别提款权计算。依议定书的规定，承运人的责任限制金额为每件或每单位 666.67 特别提款权，或按货物毛重每公斤 2 特别提款权计算，两者之中以较高者为准。

3. 承运人的雇佣人员或代理人的责任限制。《海牙规则》未明确规定承运人的雇佣人员或代理人是否也能享受责任限制的保护。损害赔偿的请求可以通过两个途径进行，即有合同关系情况下的违约之诉和无合同关系的侵权之诉。根据海上运输合同，承运人享有责任限制的保护，货方通过违约之诉往往无法满足其损害赔偿的请求。为了避开合同中关于责任限制的规定，在损失是由承运人的雇佣人员或代理人引起的时候，货方不是去诉承运人，而是通过侵权行为之诉起诉雇佣人员或代理人。

著名的"喜马拉雅"（The "Himalaya"）案曾确立了一个原则，即承运人的雇佣人员不得享受以承运人为当事人的合同所规定的承运人的权利。[1]该案判决以后，承运人为了保护自己的利益，纷纷在班轮提单中加入"喜马拉雅"条款，但该条款与该案的判决内容相反，其主旨是使承运人的雇佣人员和代理人均能享受责任限制的保护。[2]"喜马拉雅"条款的内容在《维斯比规则》中得到了肯定。依《维斯比规则》第 3 条的规定：①对承运人提起的货损索赔诉讼，无论是以合同为依据，还是以侵权行为为依据，均可以适用责任限制的规定。②承运人的雇佣人员或代理人也可以享受责任限制的保护。

4. 诉讼时效。《维斯比规则》第 1 条第 2 款和第 3 款对《海牙规则》第 6 条作了两点修改：①诉讼时效为 1 年，双方协商，可以延长时效。承运人同意延长诉讼时效是实践中常见的做法，《维斯比规则》将该做法法定化了。②对第三者的追偿诉讼，在 1 年的诉讼时效期满后，仍有 3 个月的宽限期。依公约的规定，在对第三者的追偿诉讼中，例如，在租船运输的情况下，承运人在向提单持有人赔偿后，还要依租船合同向责任方追讨。这里因为包含了两个诉讼，所以需要的时间较长。《维斯比规则》针对这一情况规定了一个宽限期。只要在受诉法院所在地法律允许的期间之内，即使上述 1 年的时效届满仍可起诉，但允许起诉的时间自提起此种诉讼的人已解决索赔案件或可向其本人送达起诉状之日起算，不得少于 3 个月。

5. 公约的适用范围。《海牙规则》仅适用于在缔约国签发的提单，《维斯比规

[1] *Adler v. Dickson*, (1955) 1 QB 158.
[2] *Midlands Silicones v. Scruttons*, (1961) 2 Lloyd's Rep. 365. The "*Eurymedon*", (1974) 1 Lloyd's Rep. 534; The "*Elbe Maru*", (1978) 1 Lloyd's Rep. 206; The "*New York Star*", (1980) 2 Lloyd's Rep. 317.

则》第 5 条将其适用范围扩大了，规定有下列情况之一，即可适用该公约：①提单在缔约国签发；②从一个缔约国的港口起运；③提单中列有首要条款。首要条款就是法律选择条款，即合同双方当事人合意选择适用该公约。

《维斯比规则》对《海牙规则》进行了一些有益的修改，适应了航运业发展的某些要求，并使承运人与货方的利益达到了某种程度的平衡。但在航行过失免责等问题方面仍然保持着《海牙规则》的体系。因此，发展中国家仍要求对《海牙规则》进行实质性的修改。

（三）《汉堡规则》

《汉堡规则》的全称为 1978 年《联合国海上货物运输国际公约》（United Nations Convention on the Carriage of Goods by Sea, 1978）。第二次世界大战以后，发展中国家在国际事务中的作用逐步提高，《汉堡规则》正是在发展中国家为在国际航运领域争取建立新的国际经济秩序的斗争中产生的。对《海牙规则》的修改，海运发达国家与发展中国家的意见不一。在发展中国家的强烈要求下，联合国贸易和发展会议于 1968 年决定设立国际航运立法工作组。在上述机构的努力下，1976 年在贸易法委员会召开的第九次会议上通过了《汉堡规则》最后草案的修正案。1978 年 3 月，该公约在联合国海上货物运输公约外交会议上正式通过。该公约共 34 条，公约对《海牙规则》进行了实质性的修改。最主要的特点是扩大了承运人的责任，主要表现在下列几个方面：

1. 承运人的责任基础与免责。《汉堡规则》第 5 条第 1 款规定了承运人的责任基础，即承运人对由于货物的灭失、损坏以及延迟交付所造成的损失负赔偿责任，除非承运人能证明，他及他的受雇人员和代理人已经为避免事故的发生采取了一切所能合理要求的措施。该条规定是调整海上货物运输关系的核心内容。与《海牙规则》相比，该条没有像《海牙规则》那样列明承运人可以免除的包括航行过失在内的 17 项责任，而是原则性地规定：承运人要对责任期间内发生的货物灭失、损坏及延迟交付所造成的损失负赔偿责任。因此，可以说《汉堡规则》取消了《海牙规则》规定的承运人对航行过失的免责，采用了完全的过失责任制。该条的后半部分表明，《汉堡规则》还采用了推定过失责任制，即在货损发生后，先推定承运人有过失，如承运人主张自己无过失，则必须承担举证责任。

另外，《汉堡规则》不但取消了承运人对船长、船员等在驾驶船舶或管理船舶上的过失免责，也取消了火灾中的过失免责。海运发达国家对火灾免责的废除持反对态度，妥协的结果是将火灾的举证责任推给索赔人，即由索赔人举证证明承运人一方有过失。[1] 依《汉堡规则》的规定：承运人对火灾所引起的灭失、损坏或延迟交付负赔偿责任，但索赔人需证明承运人、其受雇人或代理人有过失。然而，由于货

---

[1] 郭志刚："三个海运提单公约的比较研究"，载《中国海商法年刊》，大连海运学院出版社 1991 年版，第 300 页。

物在承运人的掌管之下，特别是当船舶在航行途中发生的火灾，货方是很难举证证明的。因而，可以说承运人仍然可以间接享受到火灾的免责。

2. 延迟交货的责任。《海牙规则》没有规定延迟交货的责任，由于海上航行的难以预见性，普通法没有对承运人的延迟交货责任作出严格的规定，[1] 有关延迟在以前是通过有关绕航及合理速遣的规定来调整的。承运人为了避免货方向其索赔因延迟交货引起的损失，常常在提单中加入延迟交货的免责条款。货方因此也很少就延迟交货向承运人索赔，只有个别案例判决货方可以向承运人索赔延迟交货引起的损失。[2]《汉堡规则》第一次在立法上明确规定承运人应对延迟交货负责。延迟交货指未在约定的时间内交付，或在无约定的情况下，未在合理的时间内交付。承运人对延迟交货的赔偿责任限额为迟交货物应付运费的 2.5 倍，但不应超过应付运费的总额。

3. 承运人的责任期间。《海牙规则》规定的责任期间一般理解为"钩至钩"期间，而承运人常常是在陆上收受货物，并在陆上仓库向收货人交货的，在收受货物至装船及卸下货物至交付这两个期间中，货物是在承运人的掌管之下的，而依《海牙规则》，承运人对装船前和卸货后的货损又不负责任。发展中国家认为这样做对货方很不公平，承运人的责任期间应适当延长。

为此，《汉堡规则》规定承运人的责任期间为货物在装货港、运送途中和卸货港在承运人掌管下的期间。在下述期间，货物应视为是在承运人的掌管之下：

自承运人按下述方式接管货物时起：①从托运人或代表其办事的人（代理人）；②从货物必须送待运的当局或其他第三方。依有些装货港的规章，承运人必须从港务局或海关接受货物，此时，承运人的责任从该机关接受货物时开始。

直到其按下列方式交付货物时止：①将货物交付给收货人；②如收货人不提货，则按合同或卸货港法律或商业习惯将货物置于收货人支配之下；③将货物交付给必须交付的当局或其他第三方。如依卸货港的规章，必须将货物交给港务局或海关等机关时，则承运人的责任至交给这些机关时为止。

从上述规定可以看出，与《海牙规则》相比，在《汉堡规则》下，承运人的责任期间是在装货港和卸货港向两头延长了，即承运人"收货"到"交货"的全部期间。

4. 承运人的最高赔偿责任限额。《汉堡规则》提高了承运人的最高赔偿限额，规定承运人对货物灭失或损坏的赔偿责任限额为每件或每单位 835 特别提款权（SDR），或每公斤 2.5 特别提款权，以高者为准。《汉堡规则》也采用了对货主有利的双重责任限额。为了解决货币贬值问题，《汉堡规则》采用特别提款权为计算责任限额的单位。特别提款权是国际货币基金组织创设的一种储备资产和记账单位。创

---

[1] 高伟："论承运人的延迟损失赔偿责任"，载《中国海商法年刊》，大连海运学院出版社 1994 年版，第 105 页。

[2] The "*Heron II*"，(1967) 2 Lloyd's Rep. 457.

设时 1 特别提款权等于 0.888671 克纯金。此外，公约还规定，如货损是由于承运人、其雇佣人员或代理人故意造成的，则承运人将丧失责任限制的权利。

5. 关于保函的效力。保函是托运人为了换取清洁提单、倒签提单、预借提单、无正本提单提货，而向承运人出具的保证赔偿承运人因此而造成损失的书面文书。由于保函常常带有欺诈的意图，以往的案例通常判决保函无效。随着航运贸易的发展，在没有欺诈意图的情况下，承认一定范围的保函的效力已成了商业上的一种权宜之计。《汉堡规则》第一次在立法上承认了一定范围内的保函的效力，这主要是考虑到在托运人与承运人对货物的数量等有分歧而又无从查验时，出具保函可以免去许多麻烦，也是商业上的一种习惯的变通做法。但为了抑制保函的作用，该公约规定：托运人为了换取清洁提单可向承运人出具保函，保函只在托运人与承运人之间有效。如保函有欺诈意图，则保函无效，承运人应赔偿第三者的损失，且不能享受责任限制。一些判例已开始承认无欺诈意图情况下保函的效力。[1]

6. 货物的适用范围。《海牙规则》不适用于舱面货和活动物，提单中往往加入对此种货物的免责条款。[2]《汉堡规则》将其纳入了调整范围，关于舱面货，《汉堡规则》第 9 条第 1 款规定，承运人依协议、惯例、法律的要求，有权在舱面装货。表明在其他情况下不应往舱面装货。该条第 2 款要求，如果承运人与托运人约定可以将货装于舱面，承运人须在提单或其他证明海上运输合同的单证上作相应说明。该款表明，如果运输单证上没有载明类似"载于舱面"的字样，则承运人就无权援引该货装舱面的约定来对抗善意的提单受让人或收货人。该条第 3 款是关于舱面货赔偿责任的规定，规定承运人对于舱面货要履行公约第 5 条第 1 款要求的为避免事故的发生及其后果而采取一切所能合理要求的措施的义务。该条第 4 款是关于违反协议将货物装舱面的规定，依该款规定，承运人此种行为属于严重的违约行为，承运人应对将货物装在舱面上造成的损失负赔偿责任，而且丧失责任限制的权利。

关于活动物，《海牙规则》将其明确排除在外，而《汉堡规则》明确将活动物包括在货物的定义中，我国《海商法》有关货物的定义与《汉堡规则》是一致的。《汉堡规则》第 5 条第 5 款规定公约的规定对活动物的运输也同样适用。只有活动物的受损是因其固有的特殊风险造成的，承运人才可以免责，但承运人须证明已按托运人的特别指示办理了与货物有关的事宜。可见，承运人只有在证明以下两点的情况下，才可免除因活动物固有的特殊风险造成损害的赔偿责任：①承运人已履行了托运人关于运输活动物的特别要求；②活动物的灭失或损害是由其固有的特殊风险造成的。后者的证明往往需要专家出具检验报告。

7. 关于承运人与实际承运人的关系。《海牙规则》只有承运人的概念，没有关于实际承运人的规定，也没有对在转船、联运和租船进行班轮运输的情况下承运人

---

〔1〕 The "*Sormovskiy 3068*", (1994) 2 Lloyd's Rep. 266；The "*Houda*", (1994) 2 Lloyd's Rep. 541.

〔2〕 *Gillespie Bros. Ltd. v. Bowles Transport Ltd.*, (1973) 1 Lloyd's Rep. 10.

的责任作出规定，以致订约承运人常常以自由转船等条款逃避在部分航程中或全部航程中的货损责任。受委托的实际承运人也可以以非订约承运人为由拒绝货方的索赔。《汉堡规则》第 10 条规定：即使订约承运人将全程运输或部分运输委托给实际承运人，订约承运人仍应对运输全程负责。如承运人和实际承运人都有责任，则两者负连带责任。

8. 索赔通知和诉讼时效。依《汉堡规则》的规定，索赔通知应在收货后的第一个工作日内提交。在损害不明显时，在收货后 15 日内提交。延迟交付的索赔通知应在收到货后连续 60 日内提交。公约规定的诉讼时效为 2 年。自承运人或实际承运人交付货物或交付部分货物，或者自应交付货物的最后 1 日起算。被索赔人可在上述诉讼时效期间之内向索赔人提出延长时效的书面声明，而且可通过再次声明进一步延长时效。此外，承运人向收货人赔付后在向第三方追偿时，即使上述时效已届满，仍可在诉讼所在国法律许可的时间内提起诉讼，但所许可的时间，自起诉人已解决对其索赔的案件，或已接到向其本人送达的起诉状之日起算，不少于 90 日。

9. 管辖权。《海牙规则》没有关于管辖权的规定，一般是由各航运公司在提单中订明有关的条款。这实际上将管辖法院的选择权单方授予了承运人，因而对货方是不公平的。《汉堡规则》第 21 条对管辖作了规定，依规定原告得在下列地点之一提出诉讼：①被告主要营业所，或无主要营业所时，其通常居所；②合同订立地，而合同是通过被告在该地的营业所、分支或代理机构订立的；③装货港或卸货港；④海上运输合同中规定的其他地点。

此外，公约又规定，如果当事船或属于同一船舶所有人的其他船舶在缔约国港口依该国法律或国际性规则被扣押的，则扣押船舶的法院也有管辖权。但被告有权请求原告将诉讼移送由其选定的上述有管辖权的法院。在移送之前，被告应提供充分的担保，以偿付日后可能判给原告的赔偿金额。此项规定可以在一定程度上解决因涉诉双方均择地行诉而造成一事两诉时的管辖权冲突。

关于仲裁，公约第 22 条规定，争议的双方可以达成仲裁协议，由索赔人选择在下列地点之一所在国提请仲裁：①被诉人主要营业所所在地，如无主要营业所，则其经常居住地；②合同订立地，而合同是通过被告在该地的营业所、分支或代理机构订立的；③装货港或卸货港。

10. 公约的适用。依公约第 2 条的规定，公约适用于两个不同国家之间的海上运输合同，并且：①提单或作为海上运输合同证明的其他单证在某一缔约国签发；②提单或作为海上运输合同证明的其他单证中载有适用《汉堡规则》或采纳该规则的任何国内法的首要条款；③装货港或卸货港或备选卸货港位于缔约国；④公约不适用于租船合同，但适用于租船合同项下的提单。

《汉堡规则》于 20 个国家无保留地签署、批准或加入为缔约国的 12 个月后生效。该公约已于 1992 年 11 月生效。中国未加入该公约。

（四）《鹿特丹规则》

尽管在国际海上货物运输领域已出现了《海牙规则》、《维斯比规则》和《汉堡规则》，但并没有解决该领域规则的统一问题，法律的不同导致了处理国际运输纠纷中的法律冲突。且随着全球经济一体化，"门到门"的运输方式迅猛发展，为了解决不同运输方式之间的衔接问题，最大限度地实现国际货物运输法律的统一性。联合国国际贸易法律委员会工作组历时 6 年，制定了《联合国全程或部分海上国际货物运输合同公约》（UN Convention on the Contracts of International Carriage of Goods Wholly or Partly by Sea），并于 2008 年 12 月 11 日获得联大第 63 届大会审议并通过。公约于 2009 年 9 月在荷兰鹿特丹正式签署发布，故又称《鹿特丹规则》。公约的主要内容如下：

1. 公约的适用范围。

（1）在运输合同中的适用。依公约第 5 条的规定，除非有第 6 条规定的情形外，公约适用于收货地和交货地位于不同国家且海上运输装货港和海上运输卸货港位于不同国家的运输合同，并且依照运输合同约定以下地点之一必须位于一缔约国，即收货地、装货地、交货地、卸货港。该条规定采用了"双国际标准"，即：①全程运输要具有国际性，即收货地与交货地须位于不同国家；②海运区段具有国际性，即装运港与卸货港须位于不同国家。且相关地点之一应当位于缔约国。同时公约第 6 条排除了对租船合同、使用船舶或使用其中任何舱位的其他合同的适用。公约适用的"运输合同"是一种"海运加其他的合同"，即不仅仅要求是单纯的海上运输合同，还可以是包括海运在内的多式联运合同。运输方式从《汉堡规则》的"港到港"扩大到了"门到门"。公约适用的单证为运输单证电子运输记录。

（2）货物的适用。依公约第 1 条第 24 款规定，货物是指承运人依运输合同承运的任何种类的制品、商品和物件，包括不是由承运人或不是以承运人名义提供的包装以及任何设备和集装箱。公约在货物的界定上采用了广义的概念，还扩大适用于非由承运人提供的包装、集装箱等。此外，公约也适用于危险品和舱面货。

2. 承运人的义务。

（1）一般性义务。承运人的一般性义务包括：①货物的运输和交付。规定承运人应依公约，按运输合同的条款将货物运至目的地并交给收货人。②承运人的责任期间。规定承运人的责任期间为自承运人或者履约方接收货物时开始，至货物交付时止，体现了"门到门"运输的特点。

（2）特定义务。承运人的特定义务有两项：①管货义务。依公约第 13 条第 1 款规定，承运人应妥善而谨慎地接收、装载、操作、堆放、运输、保管、照料、卸载并交付货物。该条第 2 款又规定，当事方可约定将某些管货的职能交由货方履行或代表其履行。实际上是为实践中常采用的 FIO 和 FIOS 条款提供法律上的依据。②适航义务。公约第 14 条规定承运人必须在开航前、开航时和海上航程中谨慎处理：使船舶处于且保持适航状态；妥善配备船员、装备船舶和补给供应品，且在整个航程中保持此种配备、装备和补给；并使货舱、船舶所有其他载货处所和由承运人提供的载货集装箱能够并保持适于且能安全接收、载运和保管货物的状态。与《海牙规则》不同的是，公约将承运人保证适航的义务延长至整个海上航程中，而不仅是开航前和开航时。

3. 承运人的责任。

（1）责任基础。公约规定承运人对货物在其责任期间内发生的灭失、损坏或迟延交付承担完全过错责任。但需由索赔人举证货物的灭失、损坏或迟延交付是在其责任期间内发生的。

（2）赔偿责任限额。承运人对违反公约规定义务承担的赔偿责任限额，按每件或每个其他货运单位 875 个计算单位，或货物的毛重每千克 3 个计算单位较高者为准。

（3）海运履约方的赔偿责任。公约规定海运履约方在满足下列条件时，应承担公约对承运人规定的义务和赔偿责任：①海运履约方在一缔约国接收了货物或交付了货物或履行了与货物有关的活动；②造成损害的事件发生在货物从装货港到卸货港期间，或货物在海运履约方掌管期间，或海运履约方参与履行运输合同所载任何活动的其他时间内。

（4）迟延交付的责任。公约第 21 条规定未在约定时间内在运输合同规定的目的地交付货物的，为迟延交付。这里没有涉及《汉堡规则》规定的未约定的、未在合理时间交付的情况。公约第 60 条规定了因迟延造成损失的赔偿责任限额相当于迟交货物应付运费的 2.5 倍。依公约第 61 条第 2 款的规定，如索赔人能证明承运人一方"故意"造成迟延损失或"明知"可能产生损失而"轻率"地作为或不作为的，则承运人丧失责任限制权。

4. 免责。公约第 17 条规定的承运人的免责事项包括：①天灾；②海上或其他可航水域的风险、危险和意外事故；③战争、敌对行动、武装冲突、海盗、恐怖活动、暴乱和民变；④检疫限制，政府、主管当局、统治者或民众的干预或妨碍，包括非由承运人或公约第 18 条述及的任何人所造成的滞留、扣留或扣押；⑤罢工、关厂、停工或劳动力受限制；⑥船上发生的火灾；⑦虽谨慎处理仍无法发现的船舶潜在缺陷；⑧托运人、单证托运人、控制方或根据公约第 33 条或第 34 条托运人或单证托运人对其作为承担责任的其他任何人的行为或不为；⑨按照第 13 条第 2 款所述及的约定进行的货物装载、操作、积载或卸载，除非承运人或履约方代表托运人、单证托运人或收货人实施该作业；⑩由于货物固有缺陷、品质或瑕疵而造成的数量或重量损耗或其他任何灭失或损坏；⑪包装不固或标志欠缺、不清，且包装和标志非由承运人或代其行事的人所为；⑫救助或企图救助海上人命；⑬救助或企图救助海上财产的合理措施；⑭避免或企图避免对环境造成危害的合理措施；⑮承运人行使公约第 15 条（危险的货物）和第 16 条（为共同海损而牺牲）规定权利之下的行为。免责事项实行承运人无过错推定的原则，实质性举证责任由索赔方承担，而"适航义务"由索赔方完成初步举证，承运人负责"谨慎处理"和不适航与货损无因果关系的举证。

5. 其他区段的运输。由于公约的适用范围是"海运加其他"，对于海运以外的其他运输方式下的法律适用问题，公约采取了"网状责任"原则。依公约第26条的规定，如货物的灭失、损坏或造成迟延的事件发生在承运人的责任期间内，但不是海运区段的，则调整该区段的公约优先适用。

6. 托运人的义务和责任。

（1）交付运输。公约第27条规定了托运人交付备妥待运的货物的义务：除非合同另有约定，托运人交付的货物应处于能够承受预定运输的状态，包括货物的装载、操作、积载、绑扎、加固和卸载，且不会对人身或财产造成伤害。托运人应妥善而谨慎地履行这项义务。

（2）提供信息。公约第29条规定了托运人提供信息、指示和文件的义务，包括照管货物的措施和注意事项等。如果有关当局的法律对货物运输有特殊要求，经承运人请求，托运人应向承运人提供所需的信息，使承运人能够履行其法定的义务。公约第31条要求托运人应及时向承运人提供拟定合同事项及签发单证或电子运输记录所需要的准确信息。

（3）托运人对承运人的赔偿责任。公约关于托运人的责任规定如下：①以过错责任为原则。公约第30条规定托运人违反公约的义务造成承运人承运的货物灭失或损坏的，托运人应负赔偿责任。②以严格责任为例外。对于危险货物的运输公约采取了严格责任。公约规定托运人违反有关义务，造成承运人灭失或损害的，应承担严格责任。

7. 运输单证和电子运输记录。

（1）签发。公约第35条规定了承运人签发运输单证或电子运输记录的基本义务。规定有权取得单证的主体是托运人，除非托运人同意向单证托运人签发。这就解决了实践中对FOB术语有争议的单证应向谁签发的问题，有权取得单证的主体为与承运人订立运输合同的托运人，即买方，而不是向承运人交付货物的发货人，即卖方，除非作为托运人的买方同意承运人向卖方签发单证，且卖方必须是将自己的名字反映在单证"托运人"一栏中的单证托运人。

（2）合同事项。公约第36条规定了运输单证及电子运输记录中应记载事项的范围，包括货物的信息、承运人或履约方的信息、收货人及收货地的信息、货物表面状况等。同时，公约第39条对于合同事项的欠缺又规定，运输单证有效性不依赖于必要记载事项记载与否或准确与否。一份单证是否为公约规定的单证应依公约在定义部分的概念来考查。公约第40条规定了承运人在何种情况下可对托运人提供的信息进行保留批注。关于合同事项的证据效力，依公约第41条概括为：原则上运输单证或电子运输记录是承运人收到合同事项中所载货物的初步证据；如承运人作出保留批注，则保留涉及的事项不具有证据效力；已转让的运输单证或电子运输记录中记载的事项具有最终证据的效力。

8. 货物交付。

(1) 收货人接受货物的义务。公约第 43 条第一次确立了收货人接受交货的义务，规定其有义务在约定的时间和地点，或无此约定时，在合理预期的时间、地点接受交付的货物。合理预期的时间和地点须考虑合同条款和行业习惯等来加以确定。

(2) 承运人交付货物。公约分几种情况进行了规定：①未签发可转让单证时，承运人应在公约第 43 条所述的时间和地点将货物交付给收货人。承运人在交货时有权要求声称其为收货人的人适当表明其确实为收货人。②签发必须提交的不可转让的运输单证时，声称是收货人的人按承运人的要求适当表明其为收货人并提交不可转让单证的，承运人应向其交付；如该人不能适当表明其为收货人，承运人有权拒绝交货；如该人未提交不可转让单证的，承运人应拒绝交付。③签发可转让单证的，又分两种情况：首先，正常情况下，在可转让单证持有人提交可转让单证，同时适当表明其身份主张提货的情况下，承运人应向单证持有人交付货物。其次，可不凭单证交货，公约第 43 条第 2 款规定的承运人可合法地不凭可转让单证交付的条件是"单证本身明确载明无须提交单证便可交付货物"，公约规定对承运人"合法无单交付货物"产生的赔偿责任应由指示其无单交货的人补偿并有权要求其提供担保。

9. 控制方的权利。控制权原本是国际贸易法中的内容，公约第一次在海上货物运输法中引入控制权的概念，目的在于保护卖方的利益。依公约第 56 条的规定，公约有关控制权的规定是非强制性的，允许当事人通过协议加以背离或限制。控制权主要涉及下列问题：

(1) 控制权的行使主体。在未签发任何单证的情况下，托运人为控制方；在签发不可转让运输单证且载明必须交单提货的情况下，托运人为控制方；当签发可转让运输单证时，单证的持有人为控制方，持有人可以转让控制权；当签发可转让的电子运输记录时，该电子单证的持有人即控制方。

(2) 控制权权利。控制权限于下列各项权利：发出与货物有关的但不构成对合同变更的指示的权利及修改此指示的权利；在货物抵达原定目的地之前，在运输途中的挂靠港或途经地点要求交付货物的权利；变更收货人的权利。后两项权利对未获支付货款的卖方十分重要，卖方在收货人丧失支付能力的情况下，可以指示承运人将货物交付原定收货人以外的人。

(3) 承运人执行指示。下达指示的条件：①发出指示的人有权行使控制权；②此种指示到达承运人时能按其内容合理地执行；③此种指示不会妨碍承运人的正常营运，包括其交付货物的惯常做法。控制方应承担对承运人执行指示而产生的额外费用和损失的偿还义务及赔偿责任。承运人合理预计执行指示将产生额外费用、灭失或损坏的，有权从控制方获得担保，未提供担保的，承运人可以拒绝执行指示。

10. 索赔通知与诉讼时效。

(1) 索赔通知。公约第 23 条规定了发生灭失、损坏或迟延时的通知：①货物灭失或损坏明显的，应当在交货前或交货当时提交索赔通知；②灭失或损坏不明显的，在交货后交货地的 7 个工作日内提交索赔通知；③联合检验的，无须提交通知；④迟延交付的，交货后 21 个连续日内向承运人提交迟延造成损失的通知。索赔人对前两项未在规定时间内提交索赔通知的，不影响其将来的实质性索赔权。但有关迟延的索赔，索赔人未在规定时间提交索赔通知的，则丧失向承运人主张该损失的权利。

（2）诉讼时效。公约规定的诉讼时效为 2 年，自承运人交付货物之日起算。在未实际交付的情况下，自应当交付货物的最后一日起算。依公约第 63 条规定，2 年的诉讼时效不得中止或中断，但可以进行延长，延长的方式是由被索赔人声明，声明可以在时效期间内的任何时候进行，时效可通过多次声明延长。向第三人进行追偿时，有两种时效期间可供选择：①提起程序的管辖地准据法允许的时效期间；②自提起追偿诉讼的人解决原索赔之日起或自收到向其本人送达的起诉文书之日起 90 日内，以时效期间较晚者为准。

11. 管辖权和仲裁。

（1）诉讼管辖权。①对承运人的诉讼。依公约第 66 条的规定，除非有管辖协议，原告可选择在下列地点的法院提起司法程序：承运人的住所；运输合同约定的收货地；运输合同约定的交货地；货物的最初装船港或货物的最终卸船港；托运人与承运人就运输合同项下可能产生的争议协议指定的一个或数个管辖法院。公约第 67 条允许当事人协议选择管辖法院。②对海运履约方的诉讼。对海运履约方的诉讼，可向海运履约方的住所地、海运履约方接收货物的港口或海运履约方交付货物的港口、海运履约方从事与货物有关的各种活动的港口地的法院起诉。

（2）仲裁。公约第 75 条规定当事人对运输合同可能产生的任何争议具有自由协议仲裁的权利。又分为下列情况：①班轮运输合同，索赔方既可依运输合同中的仲裁协议仲裁，也可在承运人住所地、合同约定的收货地、交货地、最初装船港、卸船港仲裁。②批量合同，实行完全的仲裁自由，当事人约定的仲裁地点对当事人有约束力。③批量合同的仲裁协议对第三方的效力，只有满足下列条件才对第三方有效：仲裁地为本条第 2 款提及的地点（承运人住所地等），载于运输单证或电子运输记录中，通知能及时且适当地发给第三人，准据法准许第三方受该协议的约束。④非班轮运输中的仲裁协议，租船合同中的仲裁条款将在任何情况下不受公约有关班轮运输合同中仲裁条款效力规定的影响。

此外，公约对合同条款的有效性进行了规定，为了防止承运人或海运履约方利用其优势地位，减轻公约规定的义务和责任，公约排除或限制承运人或海运履约方的责任条款、排除或限制赔偿责任条款，并规定将货物的保险利益转让给承运人的条款无效。对于货方的义务与责任，除公约另有规定外，不能通过合同约定的方式增加或减少。

五、租船运输合同

租船合同包括航次租船合同（又称为程租合同）、定期租船合同（又称为期租合同）和光船租赁合同。租船合同往往是由当事人在平等的基础上通过协商达成的，关于租船合同国际上没有公约，我国《海商法》在对租船合同的调整上也主要采用的是任意性的调整方式。在航次租船方面，依我国《海商法》第94条的规定，有关适航和不得不合理绕航的规定强制适用于出租人，其他有关合同当事人之间的权利、义务的规定，仅在航次租船合同没有约定或没有不同约定时适用。定期租船合同和光船租船合同属于船舶租用合同，严格地说并不属于海上货物运输合同，依我国《海商法》第127条的规定，有关船舶租用合同的规定均为任意性规定，只有在当事人没有约定或没有不同约定时才能适用。因此，租船合同主要是依据当事人的约定。为了简化租船合同的谈判过程，国际上的民间航运组织编制了一系列关于各类租船合同的标准格式，当事人通常以某一种标准合同格式为基础进行谈判，在此基础上进行删、减、增、改，最后形成自己的合同文本。

租船合同可以由船舶出租人与租船人直接签订，也可以通过租船经纪人（即代理人）签订。租船合同常常是通过租船经纪人订立的，因为租船经纪人有着广泛的业务渠道，信息比较多，所以通过租船经纪人租船，可以更好地选择合适的洽租对象。租船合同的订立一般要经过要约和承诺两个阶段，在实务中又分为询租、报价、还价和接受几个步骤。

（一）航次租船合同

依我国《海商法》第92条的规定，航次租船合同，是指船舶出租人向承租人提供船舶或者船舶的部分舱位，装运约定的货物，从一港运至另一港，由承租人支付约定运费的合同。航次租船合同（Voyage Charter）又称为程租合同。在航次租船合同下，出租人保留船舶的所有权和占有权，并由其雇佣船长和船员，船舶由出租人负责经营管理，由出租人承担船员工资、港口使用费、船用燃料、港口代理费等费用。承租人除依合同规定负担装卸费等费用外，不直接参与船舶的经营。从上述定义可以看出，航次租船合同是一种海上货物运输合同。

为了简化租船合同的谈判过程，国际上的航运民间组织制定了一系列的租船合同标准格式。目前，国际上较常用的航次租船合同格式是《统一杂货租船合同》（Uniform General Charter）。租约代号GENCON（"金康"）。该格式由波罗的海国际航运公会（The Baltic and International Maritime Conference）制定。

1. 航次租船合同与国际货物买卖合同的关系。

（1）航次租船合同的当事人与国际货物买卖合同的当事人。作为航次租船合同当事人一方的出租人一般为航运公司，也可能是转租船人；另一方当事人，即承租人可以是国际货物买卖合同中的买方，也可以是卖方。在采用FOB贸易术语的条件下，是由买方负责租船订舱，因此，在航次租船合同中该买方就是承租人；在采用CFR和CIF的贸易术语下，是由国际货物贸易中的卖方负责租船，因此，承租人就应是国际贸易中的卖方。

（2）航次租船合同与国际货物买卖合同的衔接。无论是国际贸易中的买方还是卖方负责租船，都应注意租船合同与货物买卖合同的衔接，即所租的船舶应符合买卖合同所要运输的货物的要求，否则，就可能因租来的船舶不适合运输国际货物买卖合同中的货物而产生赔偿责任。主要应注意下列几个方面：

第一，租的船舶应适合装货港与卸货港的要求。承租人应依装卸港对船长、船高、吃水等方面的限制租船。例如，在某案中，买方租的船舶因吨位过大不能进出可供卖方选择及指定的装货港口。再如，买方租的船是被装货港当局列入黑名单而拒绝入港的船舶。

第二，租的船舶应适合装运期间的要求。在国际货物买卖合同中一般都有装运期间的规定，买方在申请开立的信用证中也会对装运期间进行规定，如货方未能在装货港按时完成装船，提单上的装船日期就会与信用证上规定的装运期间产生不符，导致卖方无法结汇。因此，所租的船舶应适合装运期间的要求。在 CFR 和 CIF 的情况下，卖方是自己租船并完成装船，而在 FOB 的情况下，是买方租船，如买方租的船未能准时抵达装运港，使卖方不能在装运期间内合理地把货物装上船，对该种情况有案例判决买方违约，卖方可以要求损害赔偿。

第三，租的船舶应适合货物的要求。例如，在运输某种食品的货物时，有通风的要求。在运输一定长度的货物时，要求船舱中没有障碍等。

2. 航次租船合同的主要内容。

（1）船舶说明。船舶说明是出租人对船舶的情况在合同中所作的陈述。该陈述使船舶特定化，是承租人决定是否租用该船的重要依据，因此，它是航次租船合同的重要内容。船舶说明的事项主要包括下列内容：船名、船舶国籍或船旗、船级、船舶吨位和船舶动态等。

（2）预备航次。船舶在上一个卸货港时达成一项租船合同，则船舶驶往下一个租船合同的装货港的空放航次被称为预备航次。预备航次是租船合同的一部分，船方在预备航次中应尽责速遣，否则，船方须对因延迟而造成的承租人的损失负赔偿责任。预备航次还涉及受载期、受载日及解约日的问题。受载期是航次租船合同中约定的船舶应做好装货准备的期限。一般规定为一段时间，该期限的最早日期为受载日。如船舶在受载期以前到达并已做好了装货准备，承租方依合同可以拒绝装货，如船舶未能在受载期到达，则承租人得向出租人索赔因延迟而造成的损失。解约日指合同中规定的船舶应到达装货港的最迟日期。除另有规定外，合同规定的受载期的最后一天通常为解约日。船舶如迟于解约日到达装货港，租船人有解除合同的选择权。

（3）有关货物的条款。合同中应规定货物的货类、货名、包装等内容。如承租人提供的货物与合同不符，出租人有权拒装货物。因提供的货物与合同约定的货物不同引起的损失应由承租人承担。有些货物需要经过适当的处理才能符合合同的规定，如租船人提供的货物未经该适当处理，租船人应对由此引起的损失负责。在租船合同中，对于货物的数量通常只规定一个约量，例如，规定"10 000 吨，±5%，船方选择"。在装货前，船长须根据将要履行的航次情况，确定燃油、淡水等的储备量，计算出本航次的净载重量，然后向承租人宣布本航次可以承载货物的数量，船长的这种做法被称为"宣载"。宣载的数量不能超出上述规定的范围。如承租人不能提供船方宣布的载货量，不足部分应由承租人向出租人支付亏舱费。

（4）装卸港口。装卸港口的规定方法有两个：①明确订明装卸港的数目和名称，在这种情况下，承租人必须事先能确定装卸港，否则，如果事后要求改港，船东可以索赔损失或拒绝改港。②笼统地规定一个装卸区，例如，规定卸货港为"中国或上海/大连区"，由承租人选择其中的港口。关于承租人选择港口的时间，合同中有约定的从约定，没有约定的，承租人必须在合理的时间内行使其选择权，否则，如果船方由于等待承租人指明卸货港而造成延迟，船方可以要求承租人赔偿因此而引起的损失。

在装卸港口是由承租人指定的情况下，船方为了保证船舶的安全，通常要求指定的港口和泊位是安全的。有关安全港口的争议可能涉及船舶的损坏、额外的费用，也可能带来对第三者的责任等。安全港口包括两方面的含义：①从政治角度讲，船舶可以安全驶进和驶出港口，不会遭受扣留、没收、拿捕等危险。②在地理上，该港口可供船舶在空载和满载的情况下均能驶进和驶出。

（5）装卸期间。装卸期间是合同当事人双方约定的货物装船或卸船而无需在运费之外支付附加费的期间。航次租船合同中有装卸期间的规定是因为航次租船下的时间损失在船东。如因非船舶所有人的责任原因，租船人未能在装卸期间内装货或卸货完毕，则须按超过的时间向船方支付滞期费。如承租人在装卸期间届满前提前完成装货或卸货，则由船方向租船人支付速遣费。

装卸期间的计算应自接受准备就绪通知书若干小时后起至装/卸完毕止，但排除合同中订明不计算装卸时间的事件所用的时间。例如，"金康"合同规定，如准备就绪通知在中午之前递交，装卸期间从下午 1 时起算；如通知书在下午办公时间递交，装卸期间从下一个工作日上午 6 时起算。如果在合同中没有关于装卸时间扣除的规定，则装卸时间的计算是连续的，不管是否有星期日或假日。租船人为了保护自己的利益，通常会在合同中加入有关装卸时间扣除的规定。装卸时间一般扣除星期日、假日及非晴天工作日。

准备就绪通知（Notice of Readiness，简称 NOR）是船方通知租船人船舶已准备就绪，可以开始装货或卸货的通知。该通知书的递交须满足两个条件，即"抵达"和"准备就绪"。在采用港口租船合同的情况下，船舶一般应到达港口的商业区才算抵达，而近代的判例则倾向于不一定非得抵达港口的商业区，港口的商业区就是在港口有装卸设备的区域，由于现在的港口一般都很拥挤，而选择拥挤的港口又是租方所为，如果船舶非得到达商业区才算抵达，等待的时间全由船方承担不公平。因此，判例倾向于到达离港口商业区近无可近的地方也算抵达。在采用泊位合同的情况下，船舶应到达指定的泊位才算抵达。"准备就绪"包括两方面的含义：①船舶在物理上准备就绪，指货舱适合装载合同中指定的货物；②船舶在法律上准备就绪，指已办完了各项法律上的手续。

（6）运费条款。运费是对出租人提供的服务所支付的报酬。运费的表现形式主要有两种规定：①运费率（Rate of Freight）。指按所载货物的每单位容积所规定的金额。例如，每公吨35美元或每40立方英尺35美元。②整船包价（Lump Sum）。指按提供的船舶规定的一笔整船运费。例如，包价100万美元。在整船包价的情况下，不管实际装货多少，一律照付全部运费。

（7）出租人的责任条款。租船合同不受《海牙规则》的管辖，因此，航次租船合同中有关货物损害责任的条款，得由出租人和租船人双方协商确定，法律上无强制性规定。例如，"金康"合同所规定的出租人的义务就低于《海牙规则》的有关规定。在实践中，更多的做法是删除上述条款，用附加条款说明出租人对货物的责任与免责适用《海牙规则》。

（8）责任终止和留置权条款。该条款规定，在货物装船完毕后，租方对租船合同的责任即告终止。但在合同所规定的运费、空舱费和滞期费等费用未付清之前，船方对货物有留置权。承运人可以行使留置权的债项主要有：①未支付的运费。②未支付的滞期费。③共同海损的分摊。

此外，航次租船合同中还有罢工条款、战争条款、冰冻条款等内容。

（二）定期租船合同

在定期租船合同方面，法律的调整一般是任意性的，我国《海商法》中有关船舶租用合同当事人权利和义务的规定均为非强制性的规定，只有在当事人没有约定的情况下才适用。我国《海商法》规定的船舶租用合同包括定期租船合同和光船租船合同。这两种合同都必须以书面形式订立。目前，国际上常用的定期租船合同格式主要是《定期租船合同》（Time Charter），租约代号"Produce Form"（土产格式）。由于该格式是由美国纽约土产交易所（New York Produce Exchange，简称NYPE）制定的，因此又被称为"NYPE"（纽约土产格式）。

1. 定期租船合同的性质和特点。依我国《海商法》第129条的规定，定期租船合同，是指船舶出租人向承租人提供约定的由出租人配备船员的船舶，由承租人在约定的期间内按照约定的用途使用，并支付租金的合同。定期租船合同（Time Charter）与航次租船合同在许多方面有不同之处：①在营运成本上，在航次租船中由船方负担的航次成本在定期租船下转由租船人承担，因而在定期租船合同中有燃油消耗量、航速的规定。②在时间损失上，航次租船的时间损失由船方承担，因此，在航次租船合同中有装卸时间的规定；而在定期租船中，时间损失由租船人承担，因此，定期租船合同中有停租的规定。③在经营权上，航次租船由船东负责经营，而在定期租船下，船舶的经营权转归租船人，船东为了保证其船舶的安全，就会在合同中加入有关航区、可装运货物范围等航次租船合同中没有的规定。

2. 定期租船合同的主要条款。在上述定期租船合同格式中，纽约土产交易所的定期租船合同格式（以下简称"纽约格式"）是最为广泛采用的一种，该格式合同最初是由美国纽约土产交易所于 1913 年制定的，并先后于 1921 年、1931 年、1946 年和 1993 年对其进行了修改。下面结合"纽约格式"的内容介绍一下定期租船合同的主要内容。

（1）船舶规范。有关船舶的详细记载称为船舶规范。在定期租船条件下，承租人负责船舶的经营和货运的安排，因此船舶是否适于货运的要求、船舶的性能是否良好等对承租人来说都是至关重要的。在定期租船合同中，船舶规范主要包括下列内容：船舶名称、船籍、船级、吨位和容积、航速和燃油消耗。船名、船籍、船级等内容在航次租船合同中也有规定，而航速及燃油消耗的内容则是航次租船合同中所没有的，因为在定期租船合同下，营运所需的燃料是由租船人负责的，租方希望所租船舶的耗油量较低，因而很关心有关耗油量的规定。

（2）租期。租期是租船人使用船舶的期限。租期可以用日、月或年来表示。由于租期届满很难与租船人安排的最后航次的结束相吻合，常常会出现"超期"还船和"早期"还船的现象。关于最后航次，我国《海商法》第 143 条进行了规定，承租人经合理计算有权超期还船，以完成最后航次。这里的"合理计算"即要求最后航次为合法航次。对于超期期间的租金，该条规定承租人应当按合同约定的租金率支付租金；如市场的租金率高于合同约定的租金率的，则承租人应按市场租金率支付租金。

（3）租船人指示条款。定期租船合同中一般规定，船长在合同期间应听从租船人的指示。船长在定期租船合同中扮演着双重角色，一方面他是船舶所有人的雇员，另一方面他又是租船人的代理人。因此，船舶所有人和租船人均会对船长发出指示。租船人的指示只能是在合同规定的范围内发出的与船舶营运有关的指示。我国《海商法》第 136 条亦规定，承租人有权就船舶的营运向船长发出指示，但是不得违反定期租船合同的约定。

一般来说，租船人不能发出下列指示：①与合同无关的指示。②违反合同的指示。例如，合同规定的航行区域除去了战区，而租船人为了赚钱却指示开往战区。③有关航行及船舶安全方面的指示。租船人的指示只能是营运方面的，不能扩及航行安全。④不合理的指示。例如，租船人命令船长进行不合理绕航等。当租船人发出不应发出的指示时，船长可以拒绝执行，由此引起的责任由租船人承担。

（4）租金支付条款。定期租船合同的租金通常按每月每载重吨若干金额计收，一般规定每隔半个月预收一次。现在还有一种每日结算租金的做法，如每日 1 万美元。租船人须准时支付租金，否则，出租人有权撤回船舶。租船人为了避免出租人以未准时付租为由随便撤船，常在合同中附加"反技术条款"，约定出租人在撤船前应向租船人发出在一定期间内（例如 96 小时）予以弥补的通知，这一期间又被称为

"警告期"，在该期间内租船人仍未付租，出租人才可以撤船。"纽约格式93"第11条b款将该实践纳入了条文，规定当由于租船人或其银行的过失或疏忽而未能准时支付租金时，船舶所有人应给租船人一个宽限期间。

此外，租船人还应如数支付租金，在行情看涨的时候，租船人所付的租金有一点不足就有可能导致船舶所有人撤船。谨慎的租船人为了防止船舶所有人由于微小的差额就撤船，会增加附加条款来保护自己，如规定租船人所付的租金达全数租金90%时就应认定为全数付租，船舶所有人不能因此而撤船。当然这并不排除船舶所有人要求租船人补足不足部分。

租船人对租金的扣付必须慎重，除停租期和合同中规定的可以扣付租金的事项外，租金不应扣付，否则，出租人就会以未如数付租为由撤船。具体讲，凡影响到租船人使用船舶的期间的租金，均可依租船合同的规定在租金中扣除。例如，载重吨不足、航速索赔等均影响到了船舶的使用，因而可以扣付租金。

（5）停租条款。定期租船合同的时间损失在租船人，租船人是按时间交付租金的，而不是按航次交付租金的。如果租船人将船舶搁置不用，仍需向船方支付租金，但有时船舶不能使用并非租船人的原因，租船人为了保障自己的利益，就要订立停租条款，规定在发生某些影响租船人使用船舶的情况时，租船人可以停付租金。在租船人停租后，船舶所有人可以向租船人提出损害赔偿请求，包括租金的损失赔偿。可以停付租金的事项由双方协商决定，通常包括下列事项：①船体、机器及设备的故障或损坏。②因碰撞、搁浅等海损事故而引起的延滞。③船员或物料不足，等待补充船长、船员或物料的期间。④船舶入坞修理等。

（6）运送合法货物条款。定期租船合同中规定可以装运的货物被称为合法货物。不准装运的货物通常由双方在合同中列明。对于租船人要求装运除外货物的命令，船长可以拒绝。船方接受装运了除外的货物，并不等于弃权，日后船舶所有人仍然可以拒绝装运此类除外的货物。对因装运了除外货物而引起的船舶所有人的损失，船方也可以向租船人提出赔偿请求。列明除外的货物主要是危险品，此外，一些新船会列明不准装运废铁、盐等货物，因为这些货物会对船舶造成较大的损坏。在租船市场不景气的情况下，船方往往会妥协，准许租方装运危险品，但同时又会加上一个附加条款，以便对危险品的装运加以限制。关于运送合法货物，我国《海商法》第135条规定，承租人应将船舶用于运输约定的合法货物，如承租人将船舶用于运输活动物或危险货物的，应事先征得出租人的同意，否则承租人应对违反上述规定而使出租人遭受的损失负赔偿责任。

（7）航区条款。定期租船合同的经营权在租船人，如合同中没有限制性的规定，租船人是可以环球航行的。这样一来船舶所有人的船舶就要冒很大的风险。因此，合同中一般都规定租船人可以使用船舶的地域范围，如租方驶离约定的范围而造成船舶受损，则须承担损害赔偿责任。船舶所有人除去的航行区一般有：战区、类似战区及双方有敌意行为的地区；冰封区，主要指除去波罗的海及五大湖区，这些地

第五章

区在冬季会产生冰封危及船舶航行安全；不合法贸易区等。依我国《海商法》第134条的规定，承租人违反有关航区的规定的，出租人有权解除合同，并有权要求赔偿因此受到的损失。

（8）留置权条款。"纽约格式"第18条规定："船舶所有人为了得到本租船合同规定应付的任何款项，包括共同海损分摊，对所有货物和所有转租船舶的运费享有留置权。"这里的"货物"为所有的货物，也包括了非承租人的货物，因而常常受到批评。我国《海商法》第141条规定的可留置的货物仅限于属于承租人的货物。此外，我国《海商法》还允许留置属于承租人的财产和转租收入。属于承租人的财产在这里主要指属于承租人的燃油，因为在定期租船中燃油是由承租人负责的。此种留置只有在船舶所有人撤船时才会发生。

（9）还船。租船人到期应将船舶以良好状态交还出租人。"良好状态"指除自然损耗以外的与交船时基本相同的良好状态。为了比较交船与还船时的船舶状况，双方会在交船时进行一次交船检验，到还船时再进行一次还船检验。对于租船期间发生的自然损耗，租船人可以不负责任。"自然损耗"通常是由双方同意的用途造成的，而非因疏忽引起的损坏。如还船时船舶的损坏超出了自然的损耗，出租人仍应接受还船，但有权请求损害赔偿。

除了上述条款以外，定期租船合同中还有法律适用条款、仲裁条款、共同海损条款、新杰森条款、留置权条款、双方互碰责任条款、佣金条款、战争条款等。此外双方当事人在谈判中还可以另行附加其他条款。

（三）光船租赁合同

依我国《海商法》第144条规定，光船租赁合同，是指由船舶出租人向承租人提供不配备船员的船舶，在约定的期间内，由承租人占有、使用和营运，并向出租人支付租金的合同。光船租赁合同具有财产租赁合同的性质，而不属于运输合同，因此只进行简要的介绍。

从上述定义可以看出，在光船租赁合同下，出租人只提供船舶，并不配备船员。船舶出租人只保留船舶的所有权，船舶的占有权、使用权和营运权均转移给了承租人。由承租人雇佣船员，并在合同规定的范围内进行船舶的经营，经营中发生的风险和责任也由承租人承担。承租人从出租人那里获得的是对船舶的"占有"和"使用"权，而不是出租人提供的劳务服务。因此，光船租赁合同具有财产租赁合同的性质。由于光船租赁的财产租赁性质，使得船东的责任与一般运输合同中船东的责任有很大的不同。在光船租赁合同中，船东除了提供适航船舶和有关船舶的文件外，不再承担其他责任。他只对其提供的财产负责，不对运输业务中产生的责任负责。

光船租赁合同通常是在事先拟订的格式基础上达成的。光船租赁合同的主要内容应包括：出租人和承租人的名称、船名、船籍、船级、吨位、容积、航区、用途、租船期间、交船和还船的时间和地点以及条件、船舶检验、船舶的保养维修、租金及其支付、船舶保险、合同解除的时间和条件以及其他有关事项。

第二节 国际航空货物运输

航空货物运输作为国际贸易运输的一种方式是在第二次世界大战后出现的。各国民航业迅速发展并成为国际贸易的重要组成部分是在芝加哥会议以后，1944年12月7日，52个国家政府的代表在芝加哥举行了国际民用航空大会，通过了《国际民用航空公约》，并成立了国际民用航空组织（International Civil Aviation Organization，简称ICAO）。该公约确立了空中航行及国际航空运输的基本规则，形成了国际民用航空运输规则的基本法律文件。国际航空运输基本规则的确立，为各国开展国际航空运输提供了保证和支持。

由于国际航空运输具有速度快、安全性高、破损率低、不受地面条件限制等特点，再加上航空技术的发展，使得国际航空运输成为各国对外贸易的一种重要运输方式。我国采用航空运输进口的货物主要是贵重物品、电子设备、照相器材、稀有金属、精密仪器、药品、胶片、钻石、象牙、种畜等。用航空运输出口的货物有鲜活商品、中药材、高价工艺品、丝绸、服装、首饰、观赏动物等。

一、国际航空货物运输的种类

国际航空运输的方式主要有班机运输、包机运输和集中托运。

班机运输指飞机按固定的时间、固定的航线、固定的始发站、目的站进行定期航行的货物运输。国际民用航空组织理事会在1952年3月25日通过的关于定期国际航班的解释性文件对定期国际航班进行了说明，定期国际航班是具有以下特点的飞行：飞越一个以上的国家的空气空间；航空器为取得报酬运送乘客及货物、邮件并收取费用，且全部航班开放供公众使用；为同样的两个航站或更多航站之间提供运输服务，即依公布的时刻表或以规律的或有一定频度的飞行航班进行运输服务，从而形成可辨识的系统性空运系列。[1] 班机的固定航线、固定停靠港、相对稳定的时间等特点，使货物能够安全、迅速、准时地到达世界各通航地点。这对市场上急需商品、鲜活易腐货物以及贵重商品的运送非常有利，也使其成为国际货物流通广泛使用的运输方式。

包机运输又分为整包机和部分包机。整包机指包租整架飞机，即航空公司依约定的条件及费用，将整架飞机租给包机人，从一个或几个航空港装运货物至目的地的运输方式。包机的费用会随国际市场供求情况而变化，按每一飞行公里固定费率核收。此外，包机还会依每一飞行公里费用的80%收取空放费。因此，只使用单程运费比较高。部分包机指由几家发货人联合包租一架飞机，或者由航空公司把一架飞机的舱位分别卖给几家发货人的运输。部分包机适合托运不足一整架飞机舱位的货物运输。

---

〔1〕 唐明毅主编：《现代国际航空运输法》，法律出版社1999年版，第79页。

集中托运指航空货运代理公司将若干单独发运的货物组成一整批货物，用一份总运单将货物整批发运到目的地的航空运输。

二、有关国际航空货物运输的国际公约

有关国际航空运输的多边法律规范在第二次世界大战之后有了迅速的发展。1919 年 10 月 13 日，38 个国家在巴黎召开外交会议，通过了管理空中航行的《巴黎航空管理公约》（又称《巴黎公约》），这也是第一部有关国际航空运输的多边公约。此后达成的若干有关国际航空运输的国际公约被划分为芝加哥公约体系、华沙公约体系和航空刑法体系。

芝加哥公约体系以 1944 年在芝加哥签订的《芝加哥国际民用航空公约》为核心，还包括《国际航班过境协定》、《国际航空运输协定》及一些技术性附件，其调整的内容具有公法性。《国际民用航空公约》具有宪章性，公约第 43 条规定成立国际民用航空组织，成为联合国的专门机构之一。

华沙公约体系以 1929 年《关于统一国际航空运输某些规则的公约》（以下简称《华沙公约》）为核心，还包括修改《华沙公约》的 1955 年《海牙议定书》、1961 年《统一非缔约承运人所办国际航空运输某些规则以补充华沙公约的公约》（以下简称《瓜达拉哈拉公约》），以及其后的修订或补充性文件，如 1971 年《危地马拉议定书》、1975 年《蒙特利尔第一号附加议定书》、《蒙特利尔第二号附加议定书》、《蒙特利尔第三号附加议定书》、《蒙特利尔第四号附加议定书》以及 1999 年《蒙特利尔公约》。其中，《华沙公约》是这一体系的核心。华沙体系主要规范私法行为。我国是《华沙公约》和《海牙议定书》的参加国。

航空刑法体系主要包括《关于航空器上犯罪和其他某些行为的公约》、《关于制止非法劫持航空器的公约》、《关于制止危害民用航空安全非法行为的公约》等。涉及了劫机事件的管辖权问题、机长的权利、对非法劫持航空器的或引渡或起诉原则等。

三、华沙公约及其议定书

《华沙公约》于 1933 年 12 月生效，是目前国际上有关航空运输最主要的也是最基本的公约，已有一百多个国家和地区加入了该公约。我国在 1958 年加入了该公约。由于国际航空运输的不断发展，《华沙公约》的某些内容已不能适应时代的需要，于是各国代表于 1955 年在海牙召开的会议上对《华沙公约》进行了修改。我国已于 1975 年加入了修改《华沙公约》的《海牙议定书》。《瓜达拉哈拉公约》规定了"缔约承运人"和"实际承运人"的概念和责任，是对《华沙公约》的补充。《瓜达拉哈拉公约》的适用是以适用《华沙公约》和《海牙议定书》为前提的。在这三个公约中，《华沙公约》是基础，《海牙议定书》和《瓜达拉哈拉公约》是对《华沙公约》的修改和补充，但均未改变《华沙公约》的基本原则。现以《华沙公约》为主线，介绍一下三个公约的基本内容。

（一）华沙公约的适用范围

公约适用于以下运输：①所有以航空器运送旅客、行李或货物而收取报酬的国际运输。②航空运输企业以航空器办理的免费国际运输。③国家或其他公法人所办理的国际运输。

公约不适用于以下运输：①按照国际邮政公约的规定而办理的运输。②航空运输机构为了开设正式航线进行试航的国际航空运输。③超出正常航空运输业务以外的特殊情况下进行的运输。

（二）航空货运单

依《华沙公约》的规定，航空货运单是订立合同、接受货物和运输条件的初步证据。航空运单的阙如、不合规定或灭失，不影响运输合同的存在和有效。公约规定，货物承运人有权要求托运人填写"航空货运单"（Air Waybill，简称 AWB），托运人有权要求承运人接受这项凭证。托运人应填写航空货运单正本一式三份，连同货物交给承运人。第一份注明"交承运人"，由托运人签字；第二份注明"交收货人"，由托运人和承运人签字，并附在货物上；第三份由承运人在接受货物后签字，交给托运人。公约规定，在没有相反的证据时，航空货运单是订立合同、接受货物和承运条件的证明。

航空货运单应载明下列内容：货运单填写的地点和日期；始发地和目的地；约定的经停地；托运人的名称和地址；第一承运人的名称和地址；必要时收货人的名称和地址；货物的性质、件数、包装、重量、数量、体积和尺寸；运费及付费人；如货款到付，货物的价格和必要时应付的费用等内容。《海牙议定书》对《华沙公约》在航空运单上的修改主要有两点：①将航空货运单（Air Consignment Note）改为空运单（Air Waybill）；②对《华沙公约》规定的航空运单应记载的事项进行了删减。

（三）承运人的责任

依《华沙公约》的规定，承运人应对货物在航空运输期间发生的因毁灭、遗失或损坏而产生的损失负责。航空运输期间包括货物在承运人保管下的整个期间，不论在航空站内、在航空器上或在航空站外降停的任何地点。航空运输期间不包括在航空站以外的任何陆运、海运或河运，但如果该项运输是为了履行航空运输合同而进行的装载、交货或转运空运货物的运输，如发生损失，也应视为是在航空运输期间发生的损失，除非有相反的证据，承运人也应对该损失负责。承运人还应对在航空运输中因延误而造成的货物的损失负责。此外，承运人还应对旅客、行李或货物在航空运输过程中因延误而造成的损失负责。

由于《华沙公约》并未明确非运输合同一方在参与国际航空运输时的责任问题，而《瓜达拉哈拉公约》就是为明确这一问题而专门制定的。《瓜达拉哈拉公约》明确规定了承运人的概念，将承运人分为缔约承运人和实际承运人。"缔约承运人"指以当事人身份与旅客或托运人，或与旅客或托运人的代理人订立适用《华沙公约》的运输合同的人；"实际承运人"是指缔约承运人以外，根据缔约承运人的授权办理全部或部分运输的人。依该公约的规定，缔约承运人对全部运输负责，实际承运人则只对其参与的部分运输负责。

（四）承运人责任的免除与减轻

依《华沙公约》的规定，承运人在下列情况下可以免除或减轻其责任：①如承运人能证明他和他的代理人或雇佣人员为了避免损失，已经采取了一切必要的措施，或不可能采取这种措施时，承运人对货物的损失可不负责任。②如承运人证明损失的发生是由于驾驶中、航空器的操作中或航行中的过失引起的，并证明他和他的代理人已经在其他一切方面采取了必要的措施以避免损失时，承运人对货物的损失可不负责任。③如承运人能证明受害人自己的过失是造成损失的原因或原因之一，则法院可依法免除或减轻承运人的责任。

《海牙议定书》删去了《华沙公约》第 20 条第 2 款的规定，而在其第 10 条规定，在运输货物和行李时，如果承运人证明损失的发生是由于驾驶上、航空器的操作上或领航上的过失，而在其他一切方面承运人和他的代理人已经采取一切必要的措施以避免损失时，就不负责任的规定不再适用。这是议定书对《华沙公约》的一个较为实质的修改。

（五）承运人的责任限额

《华沙公约》规定的承运人对货物灭失、损害或延迟交货的责任，以每公斤 250 金法郎为限，但托运人特别声明货物价值并已缴付必要的附加费的不在此限。在这种情况下，承运人所负责任不超过声明的金额，除非承运人证明托运人声明的金额高于行李或货物运到后的实际价值。承运人可以约定高于公约规定的上述责任限额，或者无责任限额。试图免除承运人的责任，或约定低于公约规定的上述责任限额的任何条款均不具有法律效力，其责任仍受公约上述规定的约束。同时该公约又规定如货物损失的发生是由于承运人或其代理人的故意的不当行为或过失引起的，则承运人无权免除或限制其责任。《海牙议定书》将"故意的不当行为"改为"故意造成或明知可能造成而漠不关心的行为或不行为"。在责任限额上，《海牙议定书》提高了旅客赔偿责任限额。载运旅客时，承运人对每一旅客所负的责任以 25 万金法郎为限。而对登记的行李和载运货物的赔偿限额没有提高。承运人的责任仍以每公斤 250 金法郎为限。可见，《海牙议定书》虽然对旅客运输和货物运输的承运人责任作了改变，但并没有从根本上改变承运人的责任制度。

《瓜达拉哈拉公约》明确了实际承运人的责任限额问题。实际承运人或缔约承运人的任何受雇人或代理人，如果能证明是在雇佣代理范围内行事，则对实际承运人办理的运输应有权引用公约对雇佣他或他所代理的承运人的责任限额，但根据《华沙公约》他的行为不能援引该责任限额时不在此例。

（六）索赔期限和诉讼时效

依《华沙公约》的规定，除非有相反的证据，如果收货人在收受行李或货物时没有异议，就被认为行李或货物已经完好地交付并和运输凭证相符。在货物损坏、灭失的情况下，收货人应在收到货物后 7 日内提出异议；在延迟交付的情况下，应在货物由收货人支配起 14 日内提出异议。除非承运人方面有欺诈行为，如果在规定期限内没有提出异议，就不能向承运人起诉。《海牙议定书》延长了索赔期限，将前者延长为 14 日，后者延长为 21 日。《华沙公约》规定的诉讼时效是自航空器到达目的地或应该到达之日起 2 年，否则就丧失追诉权。诉讼期限的计算方法根据受理法院的法律确定。

对实际承运人所办运输的赔偿诉讼，依《瓜达拉哈拉公约》的规定，原告可以向实际承运人或缔约承运人提出，或同时或分别向他们提出。如只向这些承运人之一提起诉讼，则该承运人应有权要求另一承运人参加应诉，诉讼程序和效力应以受理法院地的法律为依据。

四、1999 年《蒙特利尔公约》体制下的国际航空货物运输规则

（一）公约产生的背景

1999 年《统一国际航空运输某些规则的公约》（与《华沙公约》同名，简称《蒙特利尔公约》）在加拿大蒙特利尔签订。公约于 2003 年 11 月 4 日生效，我国于 2005 年 6 月 1 日交存批准书，公约于 2005 年 7 月 31 日对我国生效，我国成为该公约第 94 个缔约国。1999 年《蒙特利尔公约》产生之前的华沙公约体系被称为旧的华沙公约体系，该体系的每个文件均是独立的条约，参加国又不完全相同，加之多次的修改补充，使得《华沙公约》原本确立的统一航空承运人责任制度处于混乱状态。二战以来，随着世界航空运输的高速发展及航空公司实力的增强以及旅客流动性的增加，发达国家对加强旅客利益保护和取消航空承运人责任限制的呼声越来越高，华沙体制备受以美国为代表的西方国家的谴责。鉴于此，在 1975 年的蒙特利尔外交会议上，一些国家建议国际民航组织起草一个合并所有华沙公约体系文件的统一文本，改变承运人责任制度的混乱状况。

1995 年，国际民航组织决定起草一部新的统一的公约，旨在全面修订和合并旧华沙公约体系的各个文件。1999 年 5 月 10 日，国际民航组织在加拿大的蒙特利尔召开由国际民航组织的成员国和主要航空运输组织及一个非成员国参加的航空法国际会议的外交大会，1999 年 5 月 28 日通过了 1999 年《蒙特利尔公约》，包括中国在内的 52 个国家签署了该公约。公约已于 2003 年 11 月 4 日在 30 个签约的成员国批准后生效。新公约对国际航空旅客和货物运输规则做了实质性的改动。公约旨在使华沙公约实现一体化，确保国际航空运输中消费者利益，本着恢复原状原则公平赔偿，促进国际航空运输运转的有序发展和旅客、行李与货物顺畅流动，进一步协调管理国际航空运输的一些规则并使之规范化，实现公平的利益平衡。上述宗旨与旧的华沙公约体系相比，范围更加广泛，也更加切合实际。

（二）公约的主要内容

1999 年《蒙特利尔公约》共 7 章，规定了下列几个方面的内容：

1. 规定了旅客、行李、货物运输的有关凭证和当事人义务。在货物运输方面，规定货物运输应当出具航空货运单。航空货运单应当包括出发地、目的地、经停地、货物的重量等内容。托运人应填写航空运单正本一式三份。第一份交承运人，由托运人签字；第二份交收货人，由托运人和承运人签字；第三份由承运人签字，在承运人接收货物后交托运人。签字可以印刷或盖章。

托运人应对托运人或以其名义在航空运单上载入的有关货物各项内容的正确性负责。航空运单或货物收据是订立合同、接受货物和所列运输条件的初步证据。托运人应当提供海关、警察或任何其他公共当局所要求的资料和文件，因这些资料或文件不符或不全而引起的损失，除由于承运人一方过错造成的外，托运人应当对承运人承担责任。

托运人对货物有处置权，包括在发运地或目的地将货物提回，行使中途停运权，将货物交给非原指定收货人，但托运人不得因行使其处置权而使承运人或其他托运人受损，并应偿付因此而产生的费用。托运人的指示不可执行的，承运人应当立即通知托运人。

收货人于货物到达目的地并在缴付应付款项和履行运输条件后，有权要求承运人向其交付货物。除另有约定外，承运人应负责在货物到达后立即通知收货人。承运人承认货物已遗失，或货物在应当到达之日起 7 日后仍未到达的，收货人有权向承运人行使运输合同赋予的权利。

2. 规定了承运人的责任和赔偿范围。与华沙体制相比较，在旅客的赔偿责任方面，该公约最大的特点就是规定了承运人对旅客的双梯度责任制度。即 10 万特别提款权（英文简称 SDR）以下的索赔，适用严格责任制；10 万 SDR 以上的部分，适用推定过错责任制，即由旅客主张、航空公司举证。

在货物的赔偿责任方面，该公约基本上采用了严格责任。对于因货物有毁灭、遗失或损坏而产生的损失，只要造成损失的事件是在航空运输期间发生的，承运人就应当承担责任。但是，如果承运人证明货物毁灭、遗失或损坏是由于下列一个或几个原因造成的，则承运人不承担责任：①货物的固有缺陷、质量或瑕疵；②货物非由承运人或其受雇人或代理人包装，包装有缺陷；③战争或武装冲突行为；④公共当局对货物入境、出境、过境所实施的行为。在责任限额上，在货物运输中造成毁灭、遗失、损坏或延误的，承运人的责任以每公斤 17SDR 为限，除非托运人在向承运人交运包件时，特别声明了货物的价值，并在必要时支付附加费。在此种情况下，除承运人证明托运人声明的金额高于在目的地交付时货物的实际价值外，承运人在声明金额范围内承担责任。

3. 规定了承运人先行偿付的义务。《华沙公约》施行 76 年以来，当飞机失事后，如遇难者家属没有足够的资金，就不能与航空公司打官司。为此，《蒙特利尔公约》规定了承运人先行偿付的义务，先行偿付的额度由国内法规定。依公约第 28 条的规定，因航空器事故造成旅客死亡或伤害的，承运人应当在其国内法有如此要求的情况下，向有权索赔的自然人不迟延地先行付款，以满足其迫切的经济需要。此种先行支付不构成对责任的承认，并可从承运人随后作为损害赔偿金支付的任何数额中抵销。

4. 规定了因旅客伤亡而产生的索赔诉讼的管辖。《华沙公约》规定了四种管辖权，《蒙特利尔公约》增加了受到限制的第五管辖权。《华沙公约》规定的四种管辖，具体来说是承运人住所地、主要营业地、订立合同的经营地、目的地管辖。《蒙特利尔公约》增加了发生事故时旅客的主要且永久居住地，且承运人经营的航空器到达或始发于该国领土，且仅限于因旅客死伤引起的诉讼。值得注意的是，并非公约规定的所有赔偿都适用第五管辖权。赔偿包括对旅客人身损害赔偿、对旅客随身携带物品的赔偿、对货物运输的赔偿、对行李的赔偿以及对延误的赔偿，另外还有对地面第三人的赔偿。在所有赔偿诉讼中，第五管辖权只适用于人身赔偿诉讼。

5. 规定了与其他华沙公约文件的关系。为了避免新公约的产生导致华沙公约体系的进一步混乱，公约规定，在下列条件下，1999 年《蒙特利尔公约》应优先于国际航空运输适用的任何规则：①在《蒙特利尔公约》当事国间进行的国际航空运输，并且当事国均为 1929 年《华沙公约》、1955 年《海牙议定书》、1961 年《瓜达拉哈拉公约》、1971 年《危地马拉议定书》、1975 年四个《蒙特利尔议定书》的缔约方；②在《蒙特利尔公约》一个当事国进行国际航空运输，而该当事国是上述公约中一个或几个文件的缔约国。

1999 年《蒙特利尔公约》的签订将存续七十多年的杂乱的旧华沙公约体系各文件合并在一个法律文件框架之内。公约的产生在国际航空界是一件具有历史意义的事件，公约对许多有争议的问题进行了统一规范，并在不同利益之间确立了平衡点。该公约的制定打破了华沙公约旧责任体制，使华沙公约体系进入了一个新的阶段。

第三节　国际铁路货物运输

国际铁路运输是指使用统一的国际铁路联运单据，由铁路部门经过两个或两个以上国家的铁路进行的运输。我国同周边国家的进出口货物多数采用铁路货物运输的方式。关于国际铁路货物运输的公约主要有两个，即 1961 年《关于铁路货物运输的国际公约》（以下简称《国际货约》）和 1951 年《国际铁路货物联运协定》（以下简称《国际货协》），中国是《国际货协》的参加国。

一、《国际货协》体制下的国际铁路货物运输

《国际货协》由东欧的 8 个国家于 1951 年 11 月在波兰的华沙签订。中国于 1954年加入该公约。其成员国主要是原苏联、阿尔巴尼亚、原民主德国、波兰、原捷克斯洛伐克、匈牙利、罗马尼亚、保加利亚、中国、蒙古、朝鲜、越南等国。中国对外铁路货物运输主要以《国际货协》为依据。1990 年 10 月，原民主德国与联邦德国合并，同年年底原民主德国宣布退出《国际货协》。原捷克斯洛伐克、匈牙利、罗马

尼亚也相继退出，但仍承认《国际货协》的规定。1991 年，原苏联解体分立出 15 个独联体国家，除亚美尼亚没有参加《国际货协》外，其余 14 个独联体国家均参加了《国际货协》。《国际货协》现在的成员国为 14 个独联体国家、中国、越南、朝鲜、阿尔巴尼亚、波兰、保加利亚、蒙古、伊朗等 22 个国家。《国际货协》的主要内容如下：

（一）运输合同的订立

在进行国际铁路货物运输时，发货人应对每批货物按规定的格式填写运单，由发货人签字后向始发站提出，从始发站承运货物时起，运输合同即成立。在发货人提交全部货物和付清费用后，始发站在运单上加盖始发站日期戳记，加盖了戳记的运单就成了运输合同的证明。运单随货物从始发站附送至终点站，最后交给收货人。运单是铁路承运货物的凭证，也是铁路在终点向收货人核收有关费用和交付货物的依据。运单不具有物权凭证的作用，不能流通。

（二）运输合同的变更

运输合同的变更权利属于发货人和收货人。发货人和收货人各可以变更一次运输合同。发货人对运输合同可做下列变更：①在始发站将货物领回；②变更到站；③变更收货人；④将货物返还始发站。发送人对运送合同的变更权从收货人领到运单时起或从货物到达进口国国境站时起即消失。

收货人对运输合同有权作出下列变更：①在到达国范围内变更货物的到站；②变更收货人。只有在货物尚未从到达国国境站发出时，收货人才有权在到达国国境站办理运送合同的变更。如货物已经通过到达国国境站时，收货人只能按照到达国国内规章办理运送合同的变更手续。

铁路在下列情况下才有权拒绝变更运输合同或延缓执行这种变更：①应执行变更运输合同的铁路车站接到申请书或发站或到站的电报通知后无法执行时；②违反铁路营运管理时；③与参加运送铁路所属国家现行法令和规章有抵触时；④在变更到站的情况下货物的价值不能抵偿运到新到站的一切费用时，但能立即交付或能保证这项费用的款额时除外。

（三）发货人和收货人的权利和义务

1. 支付运费的义务。在运价的计算上，《国际货协》规定，从参加国际货协铁路的国家通过协定的参加路向未参加协定的国家和相反方向的货物运送，按《国际铁路货物联运协定统一过境运价规程》（以下简称《统一过境运价规程》）办理。邻国铁路车站间运送时，发送国和到达国铁路的运送费用，应该按照各国铁路国内运价计算，如果这些铁路之间定有直通运价规程时，则按照运送合同缔结当日有效的直通运价规程计算；过境运输时，发送国和到达国铁路的运送费用，应该按照该铁路国内运价规程计算。

在运费的收取上，发送路的运送费用在发站向发货人核收；到达路的运送费用，在到站向收货人核收；过境路的运送费用在发站向发货人核收或在到站向收货人核收。通过几个过境铁路运送时，准许由发货人支付一个或几个过境铁路的运送费用，而其余铁路的运送费用由收货人支付。

随着《国际货协》成员方的变化，1991 年 6 月 27 日，原苏联、保加利亚、罗马尼亚、中国、朝鲜、蒙古等国铁路在波兰华沙达成《关于统一过境运价规程的协约》（以下简称《统一货价》）。依该协约，《统一过境运价规程》不再从属于《国际货协》，而是独立的法律文件，只有参加《统一货价》的国家在进行国家铁路货物联运时，过境铁路的运送费用才按《统一货价》的规定收取。从参加《统一货价》的国家向没有参加《统一货价》的国家运送货物时，过境铁路的运费依《统一货价》计算，在发站向发货人或其代理人核收。相反方向运送，由收货人支付过境运费。

2. 发货人提供正确文件的义务。①发货人应提供必需的文件。发货人应将在货物运输全程为履行海关手续和其他所需要添附的文件附在运单上，否则发站可拒绝承运货物。铁路无义务检查发货人在运单上所附文件是否正确和齐全。发货人应对因没有添附文件或文件不齐全、不正确而发生的后果对铁路负责。②发货人应保证所填事项的正确性。发货人应对其在运单中所记载和声明事项的正确性负责。发货人应对由于记载和声明事项的不正确、不确切或不完备，以及由于未将规定事项记入运单相应栏内而发生的一切后果负责。

3. 收货人收取货物的义务。收货人应付清运送费用并领取货物。收货人只在货物因毁损或腐坏而使质量发生变化以致部分或全部货物不能依原用途使用时，才可拒绝领取货物。在运到期限届满后 30 日内，铁路如未将货物交付收货人或未交由收货人处理时，收货人可不提出证据即认为货物已经灭失。如货物在运到期限届满后 4 个月内到达时，收货人应予领取，并将铁路所付的货物灭失赔款和运送费用退还给铁路。如货物灭失赔款和运送费用已经付给发货人，发货人应该退还。收货人对于货物运到逾期和对于找到货物的毁损或灭失部分，有提出赔偿请求的权利。

（四）铁路的责任和权利

1. 铁路的责任和责任期间。承运人应依货物运输合同的规定将货物安全地运至目的地。依公约的规定，按运单承运货物的铁路部门应对货物负连带责任。承运人的责任期间为从签发运单时起至终点站交付货物时止。在此期间，承运人对货物因全部或部分灭失、毁损或逾期造成的损失负赔偿责任。如向非参加《国际货协》铁路的国家办理货物转发送时，铁路的责任期间直到按另一种国际协定运单办完运送手续时为止。每一继续运送的铁路，自接收附有运单的货物时起即参加这项运送合同并承担因此而发生的义务。

2. 承运人的赔偿责任。《国际货协》在货损的赔偿上基本采用了足额赔偿的方法。依公约的规定，铁路对货物损失的赔偿金额在任何情况下不得超过货物全部灭失时的金额。

在货物受损时，货物全部或部分灭失的赔偿额，按外国销售者账单所列价格计算。如不能依上述方法计算，则货物的价格应由国家鉴定机关确定。当声明价格的货物全部或部分灭失时，铁路应该按照声明价格或相当于货物灭失部分的声明价格的款额给予赔偿。未声明价格的家庭用品全部或部分灭失时，铁路应该按照每公斤2.70卢布给予赔偿。灭失货物或灭失部分货物的运送费用、海关税和因运送发生的其他费用，如未算入货物的价格内，应予以偿还。

货物毁损时，铁路应支付相当于货物价格减低额的款额，不赔偿其他损失。声明价格的货物毁损时，铁路应按照相当于货物由于毁损而减低价格的百分比，支付声明价格的部分赔款。如因毁损以致全批货物减低价格时，不应超过全部灭失的赔偿额。如因毁损仅使该批货物的一部分减低价格时，不应超过减低价格部分的灭失赔偿额。

货物运到逾期时，铁路应按造成逾期铁路的运费，向收货人支付下列数额的罚款：①逾期不超过总运到期限的1/10时，为运费的6%；②逾期超过总运到期限的1/10但不超过2/10时，为运费的12%；③逾期超过总运到期限的2/10但不超过3/10时，为运费的18%；④逾期超过总运到期限的3/10但不超过4/10时，为运费的24%；⑤逾期超过总运到期限的4/10时，为运费的30%。逾期罚款的数额应该根据货物总运到期限所算出的逾期时间确定。对货物全部灭失予以赔偿时，不得要求上述罚款。如运到逾期的货物部分灭失，应对货物的未灭失部分支付逾期罚款。如运到逾期的货物毁损时，除赔偿外，还应加上运到逾期的罚款。运到逾期罚款和赔偿额加在一起，不能超过货物全部灭失所应赔偿的总额。赔偿和罚款应以支付这些款项的铁路所属国家的货币进行支付。

3. 铁路的免责。公约第22条规定了承运人免责的情况，如承运的货物由于下列原因，发生全部或部分灭失、减量或毁损时，铁路对这项灭失、减量或毁损不负责任：①由于铁路不能预防和不能消除的情况；②由于货物的特殊自然性质，以致引起自燃、损坏、生锈、内部腐坏和类似的后果；③由于发货人或收货人的过失或由于其要求，而不能归咎于铁路；④由于发货人或收货人装车或卸车的原因所造成；⑤由于发送路规章许可，使用敞车类货车运送货物；⑥由于发货人或收货人的货物押运人未采取保证货物完整的必要措施；⑦由于容器或包装的缺点，在承运货物时无法从其外表发现；⑧由于发货人用不正确、不确切或不完全的名称托运违禁品；⑨由于发货人在托运应按特定条件承运的货物时使用不正确、不确切或不完全的名称，或未遵守《国际货协》的规定；⑩由于规定标准范围内的货物自然减量以及由于运送中水分减少或货物的其他自然性质，以致货物减量超过上述标准。

货物灭失、腐坏或毁损的发生原因，如属于上述第1项和第3项，铁路应该提出证明。如属于第2项和第4~10项，则当发货人或收货人未证明是由于其他原因时，即认为损失是由于这些原因造成的。发货人在运单中记载的有关货物重量和件数的事项，非经铁路进行检查并在运单中加以证实的，不能成为向铁路提出异议的证据。

在下列情况下，未履行货物运到期限时，应免除铁路的责任：①发生雪（沙）害、水灾、崩陷和其他自然灾害，按照有关国家铁路中央机关的指示，期限在15日以内；②发生其他致使行车中断或限制的情况，按照有关国家政府的指示。

4. 承运人的留置权。依公约的规定，为了保证核收运输合同项下的一切费用，铁路当局对货物可行使留置权。留置权的效力以货物交付地国家的法律为依据。

（五）货方的赔偿请求

发货人和收货人有权根据运送合同提出赔偿请求，并附有相应根据且注明款额，以书面方式由发送人向发送路、收货人向到达路提出。关于退还按运送合同所付款额的赔偿请求，只限这项款额的支付人向核收这项款额的铁路提出。铁路自提出赔偿请求之日起，必须在 180 日内审查该项请求，并答复赔偿请求人，在全部或部分承认赔偿请求时，支付应付款项。

（六）铁路之间的清算

每一铁路在承运或交付货物时核收运输合同中所规定的运送费用和其他费用后，必须向参加运送的各铁路支付各路应得部分的运送费用。

（七）索赔与诉讼时效

依《国际货协》的规定，凡有权向铁路提出赔偿请求的人，即有权依运输合同提起诉讼。只有提出索赔请求之后，才可提起诉讼。如铁路未在提出索赔请求之日起 180 日内审查并答复索赔请求人，或在此期间内通知请求人全部或部分拒绝赔偿请求时，有起诉权的人才可对受理索赔请求的铁路提起诉讼。

当事人依运输合同向铁路提出的赔偿请求和诉讼，以及铁路对发货人和收货人有关支付运费、罚款和赔偿损失的要求和诉讼应在 9 个月内提出；有关货物逾期的赔偿请求和诉讼应在 2 个月内提出。

二、《国际货约》体制下的国际铁路货物运输

为了实现铁路运输的国际统一，欧洲一些国家于 1890 年在瑞士首都伯尔尼举行了各国铁路代表大会，并签订了《国际铁路运送规则》，该规则后经过 1934 年的修订，改称《国际铁路运送公约》，又称《伯尔尼货运公约》或《国际货约》（英文简称 CLM）。当时有 25 个参加国，到 1999 年已有 33 个成员国，其中也包括部分亚洲国家和非洲国家。该公约于 1970 年 2 月 7 日又一次进行修订，修订于 1975 年 1 月 1 日生效。《国际货约》还有若干个附件。根据《国际货约》，各成员国还成立了国际铁路运输中央事务局，设在瑞士的伯尔尼。《国际货约》的内容比《国际货协》更为详细和完整。该公约主要包括下列内容：

（一）公约的适用范围

公约适用于依铁路联运单托运的货物运输，该货物运输应通过至少两个缔约国的领土，并以制定的线路表所载线路为限。发站和到站在同一国家领土内，仅通过另一国家的领土运输货物，在下列情况下不受公约条款的约束：①当所运货物通过由货物发运国某一铁路独家经营的其他国境内的线路时；②即使所运货物通过的在其他国境内的线路并非由货物发运国某一铁路独家经营，如有关国家或铁路已达成协议，规定此项运输不视为国际运输时。

（二）运单及其内容

发货人应提交一份依公约为每批货物及时填写好的运单。对快运和慢运运输，铁路应向发货人签发包括副本的标准运单。运单应载有下列事项：到站的名称；收货人的名称和地址，只能以个人或其他个人作为收货人；货物的名称、重量；如系零担货物：件数和包装标志；如系发货人负责装车的货物：车号；如系私有车辆：自重；海关或其他行政机关需要的附在运单上的单证明细表或按运单记载在指定的车站或海关或任何其他机关交由铁路掌管的单证明细表；发货人的名称和地址。在运单内只能填写一个自然人或法人作为发货人。

（三）铁路运输合同的成立、变更及履行

1. 铁路运输合同的成立。铁路一经发运附有运单的货物，运输合同即为成立。发站应在运单上加盖有承运日期的发站戳记证明承运，加盖戳记后的运单应为运输合同的证明。但发货人如依《统一过境运价规程》或与其签订的并在发站得到认可的协议装货，则运单上经铁路检查和批注的有关货物重量或包数的事项，方可作为对铁路的证明。

2. 铁路运输合同的变更。发货人变更运输合同的权利：①在发站撤回货物；②在运输途中停运货物；③延迟交付货物；④货物交付非运单指定的收货人；⑤货物在非运单指定的到站交付或运回发站。除非在始发铁路运价规程中另有规定，为下列目的变更运输合同的要求也可接受：①按现款交货支付方式托运货物；②增加、减少或取消现款交货支付的金额；③负责支付有关货物未预付的费用，或支付增加的费用。发货人变更运输合同的权利在下列任何一种情况下应中止：①当收货人已持有运单时；②当收货人已收到货物时；③当收货人已行使运输合同规定的其权利时；④一旦货物进入到站国家的海关区，当收货人有权给予指示时。

收货人变更运输合同的权利。如发货人未承担责任支付在到站国家有关运输的费用，并且未将规定的声明填入运单，收货人有权变更运输合同：①在运输途中停运货物；②延迟交付货物；③货物交付在到站国家的非运单指定的收货人；④依规定履行海关和其他行政机关要求的手续；⑤货物在到站国家非运单指定的到站交付。收货人变更运输合同的权利应在下列任一情况下中止：①当收货人已持有运单时；②当收货人已接受货物时；③当收货人已行使运输合同规定的权利时；④当收货人指定的人按照规定已持有运单或已行使其权利时。

3. 铁路运输合同的履行。铁路运输的装车应由铁路或发货人负责。如由发货人装车，则应对装车不当的一切后果负责。特别是发货人应赔偿由该装车不当致使铁路遭受的任何灭失和损坏。铁路应对装车不当负举证责任。铁路应负责办理在运输中海关和其他行政机关要求的手续。

4. 货物交付。收货人开具收据并向铁路付清一切费用后，铁路应在到站将运单及货物交付收货人。如证实货物灭失或如货物在规定的期限内没有到达，收货人有权以本人名义依铁路运输合同径行向铁路提出赔偿。即使收货人已收到运单和付清

费用，如为核实提出的损坏检验未完成，提货人仍可拒绝收货。

（四）铁路的责任

承运货物的铁路，应对至交货地的全程运输负责。每一后续铁路，在接到附有运单正本货物的同时，应参加履行依该单证条款所签订的运输合同，并应承担由此产生的义务，但不得违反到站铁路的各项规定。

1. 铁路的责任范围及免责。铁路应对在接运货物至交付期间发生的货物的全部或部分灭失和货物的损坏负责。如运输期限的超过或货物的灭失或损坏是由于索赔人的错误行为和疏忽，由于索赔人的指示而非铁路的错误行为或疏忽所致，由于货物固有的缺陷或由于铁路不可避免的情况及此情况不能阻止的后果所造成，铁路应免责，但铁路应承担举证责任。如货物灭失或损坏是由于货物固有的特殊危险所致，铁路应免责，并推定灭失或损坏是由此所致。但索赔人有权举证灭失或损坏事实上并非全部或部分由这些危险中的一种所致。

2. 铁路对货物灭失的赔偿额。铁路对货物全部或部分灭失的赔偿应依商品交易所价格；如无此种价格，则依当时市场价格；如此两种价格均无，则依正常价值。短缺货物毛重每公斤的赔偿不得超过 50 金法郎。当货物未向收货人交付，或在运输期限届满后 30 日内货物未被收货人掌管时，有权对灭失货物索赔的人可认为货物业已灭失而无需要求提供补充证明。

3. 铁路对货物损坏的赔偿额。在货物发生损坏的情况下，铁路应对货物降低价值的金额负责，但不赔偿其他损坏。该金额应按目的地货物降低价值的百分比计算。但由于损坏而全部货物降低价格，赔偿不得超过全损时应付的赔偿额；以及如由于损坏而仅部分货物降低价格，赔偿不得超过该部分灭失时应付的赔偿额。

4. 铁路对迟延的赔偿额。如超过运输期限 48 小时，而且索赔人没有证明灭失或损坏是由此造成的，则铁路应退回运费的 1/10，但每件最多为 50 金法郎。如举证灭失或损坏是由于超过运输期限造成的，则赔偿额不应超过运费额的 2 倍。

5. 铁路对其受雇人的责任。铁路应对其受雇人和在委托货物运输中所雇佣的任何其他人负责。但如经有关方要求，铁路受雇人填写运单、翻译或办理铁路本身无义务办理的业务，则受雇人应视为代表委托人办理该业务。

（五）发货人的责任

1. 发货人应保证所填事项的正确性。发货人应对其或其代理人填写在运单上的内容和声明的正确性负责。发货人应承担由于记载或声明的不合常规、不正确、不完全，或未填入规定的栏内而造成的一切后果。铁路有权随时检查货物是否符合运单所载的事项和是否符合依特定条件有关准予货物运输的规定。

2. 发货人应提供必需的单证。发货人应在货物交付收货人之前，将为履行海关和其他行政机关要求的手续的单证附在运单上。如这些单证未附在运单上，或规定单证由收货人提供，发货人应在运单上注明向铁路分别提供单证的车站、海关或其他权力机关，并注明应在何处履行手续。

3. 运费的计算。依《国际货约》规定，不论是否依线路的不同区段分别计算，运费和附加费均应依每个国家正式公布的具有法律效力并在签订合同时适用的运价规程计算。

（六）索赔与诉讼

货方应以书面形式向指定的铁路提出有关运输合同的索赔。追索依运输合同已付金额的诉讼，只能由该金额的支付人向收取该金额的铁路提起，或向为本路收益而多得款额的铁路提起。现款交货支付的诉讼，只能由发货人向始发铁路提起。因运输合同引起的对铁路的其他诉讼，可由下列各方提起：①在收货人持有运单，或接收货物，或行使赋予他的权利之前，由发货人提起；②从下列时间开始，由收货人提起：收货人已持有运单，或已接收货物，或已行使所赋予他的权利。因运输合同引起的其他诉讼，只能对始发铁路、目的铁路或造成诉讼根据的铁路提起。运输合同引起的诉讼时效期限为 1 年。但在某些规定情况下，时效期限为 2 年。

第四节　国际货物多式联运

国际货物多式联运（International Multimodal Transport）是联运经营人以一张联运单据，通过两种以上的运输方式将货物从一个国家运至另一个国家的运输。这种运输是在集装箱运输的基础上产生、发展起来的新型运输方式，它以集装箱为媒介，将海上运输、铁路运输、公路运输、航空运输和内河运输等传统的运输方式结合在一起，形成了一体化的"门到门"运输。这种运输方式速度快、运费低、货物不易受损。正因如此，集装箱运输在世界范围内得到了飞速发展。随着集装箱运输技术的日益成熟，集装箱运输已逐步成为国际货物运输的主流。

一、我国《海商法》规制下的国际货物多式联运

由于海运在我国的多式联运中占有很大的比重，因而我国《海商法》第四章第八节对多式联运进行了特别规定。但我国《海商法》调整的多式联运必须包含海运的方式，即海陆、海陆空或陆海联运方式。我国《海商法》中的此种多式联运具有下列特点：①由运输双方签订一份多式联运合同，并使用一份全程多式联运单证。该单证应满足不同运输方式的需要，并按单一运费率计收全程运费。②包括至少两种不同运输方式的连续运输，而且其中必须有一种是海上运输方式。③运输的起运地和目的地位于不同国家，即必须是在不同国家或不同地域之间的运输。④多式联运经营人须对货物运输的全程负责，区段承运人也有责任的，则多式联运经营人需与其一起承担连带责任。

（一）《海商法》中的多式联运合同

依我国《海商法》第 102 条的规定，多式联运合同是指多式联运经营人以两种以上的不同运输方式，其中一种是海上运输方式，负责将货物从接收地运至目的地交付收货人，并收取全程运费的合同。这里的多式联运经营人指本人或委托他人以

本人名义与托运人订立多式联运合同的人。包括海运的多式联运，其经营人多为海运承运人，此类多式联运经营人又包括由船舶运输公司担当的多式联运经营人和由无船承运人担当的多式联运经营人两类。无船承运人本身没有船舶，也不直接从事运输活动，但与托运人签订多式联运合同，再与各区段承运人签订各段运输合同，组织全程的运输。无船承运人的业务范围主要是购买海运承运人的运输服务并以转卖的形式将这些服务提供给其他人；支付港到港或多式联运的运输费用；签发自己的提单或与之相应的运输单据；在直达运输的情况下，安排内陆运输并支付内陆运输费用；向远洋货运代理人支付合法的佣金；租赁集装箱；与起始地或目的地代理建立业务联系等。多式联运经营人收取的是全程的运费，也应对全程运输负责。

此外，《海商法》规定的多式联运合同必须包括两种以上的运输方式，且其中一种是海上运输方式，此点与多式联运公约的规定不同，公约没有关于必须包含海运的要求。出现差别的原因是，我国尚无有关多式联运的专门规定，《海商法》所调整的是海上运输关系，其所针对的也只能是有海运的多式联运。

（二）多式联运经营人的责任期间

多式联运经营人接收或交付货物的地点可能在发货人或收货人的门、内陆货运站或集装箱码头，其责任期间也相应地长于海运承运人的责任期间。依我国《海商法》第103条的规定，多式联运经营人对多式联运货物的责任期间，自接收货物时起至交付货物时止。如果收货人不向多式联运经营人提取货物，按照多式联运合同或交货地点适用的法律或特定行业惯例，将货物置于收货人支配之下，或将货物交给根据交货地点适用的法律或规章必须向其交付的当局或其他第三方时，多式联运经营人的交货责任完成。

（三）多式联运经营人的责任

传统的各种运输方式有各自不同的运输责任制度。例如，陆上运输适用有关公路运输和铁路运输的法律，在责任上采用的是无过失免责；海上运输适用《海牙规则》的规定，基本上采用的是过失免责。那么，多式联运的承运人应采用什么责任制度呢？有人主张可先由经营人包下来，再由其与各承运人按各自的责任制度分别处理。也有人提出采用区段责任制度，即由各段承运人分别对其承运区段的货损负赔偿责任，问题是无法判明责任所在的区段。

为了解决上述问题，国际商会于1963年制定了《联运单证统一规则》，该规则采用了区段责任制度和统一责任制相结合的制度。即在确知货物损失或灭失的运输区段时，适用区段责任制，由参加联运的各区段实行分段负责，各区段所依据的法律为：公路运输依国际公路货运公约或国内法；铁路运输依国际铁路货运公约或国内法；海上运输依海牙规则或国内法；航空运输依华沙公约或国内法。在未能确知货物损失或灭失发生的运输区段时，采用统一责任制，由联运经营人对联运期间任何地方发生的货损对托运人负赔偿责任。

我国《海商法》对多式联运经营人的责任作了类似《联运单证统一规则》的规

定，采用的也是区段责任制与统一责任制的结合。依该法第105条的规定，当可以确定货物的灭失或损坏发生于多式联运的某一运输区段的，多式联运经营人的赔偿责任和责任限额适用调整该区段运输方式的有关法律规定。第106条规定，当货物的灭失或损坏发生的运输区段不能确定的，多式联运经营人应当依本章有关承运人赔偿责任和责任限额的规定负赔偿责任。也就是依我国《海商法》有关海运承运人责任的规定来确定多式联运经营人的责任。该条没有关于多式联运经营人在赔偿了货主以后，如何向其他区段承运人追偿的问题，在货物受损的区段不能确定的情况下，承运人是无法向其他承运人追偿的。为此，《海商法》第104条允许多式联运经营人与各区段承运人另以合同约定相互之间的责任。但此项合同不得影响多式联运经营人对全程运输所承担的责任。

二、《联合国国际货物多式联运公约》规制的国际货物多式联运

如前所述，为了解决多式联运经营人的责任问题，国际商会制定了《联运单位统一规则》。但《联运单证统一规则》并没有根本解决在多式联运中存在的问题。因为该规则不是强制性的法规，且该规则的规定也很不完善。为了促进国际多式联运的发展，在联合国贸易和发展会议的主持下，于1980年通过了《联合国国际货物多式联运公约》，公约目前尚未生效。

（一）公约的适用范围

公约适用于两国境内各地之间的所有多式联运合同，条件是：①多式联运合同规定的多式联运经营人接管货物的地点是在一个缔约国境内；②多式联运合同规定的多式联运经营人交付货物的地点是在一个缔约国境内。

依公约的定义，"国际多式联运"指由多式联运经营人以至少两种以上运输方式，将货物从一国境内接管货物的地点运至另一国指定交付货物的地点的运输。"多式联运经营人"指其本人或通过其代表订立多式联运合同的人，他是合同的当事人，而不是发货人的代理人或代表或参加多式联运的承运人的代理人或代表，并负有履行合同义务的责任。"多式联运合同"指多式联运经营人据以收取运费、负责完成或组织完成国际多式联运的合同。

（二）多式联运单据

多式联运单据是多式联运合同的证明，是多式联运经营人收到货物的收据及按其交货的凭证。多式联运单据应记载多式联运经营人的名称和地址、发货人及收货人的名称、多式联运经营人接管货物的地点和日期、交付货物的时间和地点、单据签发的时间和地点、货物的表面状况等事项。发货人应保证其在多式联运单据中提供的有关货物资料的准确性。

多式联运单据应是该单据所载货物由多式联运经营人接管的初步证据。但当多式联运单据以可转让方式签发，而且转给正当地信赖该单据所载明的货物状况的包括收货人在内的第三方时，该单据就成了最终证据。

（三）多式联运经营人的责任期间

公约规定的多式联运经营人的责任期间为从其接管货物之时起至交付货物时止的期间。具体来说是自多式联运经营人从下列各方接管货物之时起：发货人或其代表；或根据接管货物地点适用的法律或规章的规定，货物必须交其运输的当局或其他第三方。直到多式联运经营人以下列方式交付货物时为止：将货物交给收货人；或如果收货人不提取货物，则按多式联运合同或交货地适用的法律或特定行业惯例，将货物置于收货人支配之下；或将货物交给根据交货地点适用的法律或规章必须向其交付的当局或其他第三方。货物在上述期间被视为是在多式联运经营人的掌管之下。

（四）多式联运经营人的赔偿责任原则

公约在赔偿责任上采用了完全推定责任原则，即除非经营人证明其一方为避免事故的发生已采取了一切合理的措施，否则，即推定损坏是由经营人一方的过错所致，并由其承担赔偿责任。

（五）多式联运经营人的赔偿责任限额

公约规定的两种赔偿限额分别适用于下列两种情况：①如在国际多式联运中包括了海运或内河运输，多式联运经营人的赔偿责任限额为每件 920 特别提款权，或货物毛重每公斤 2.75 特别提款权，以较高者为准。②如在国际多式联运中未包括海运或内河运输，多式联运经营人的赔偿责任限额为毛重每公斤 8.33 特别提款权。

此外，因延迟交付造成损失的赔偿限额为延迟交付货物应付运费的 2.5 倍，但不得超过多式联运合同规定的应付运费总额。在确知发生货损的区段时，如该区段适用的公约或国家法律规定的赔偿责任限额高于本公约的规定，则适用该公约或国家法律的规定。

（六）索赔与诉讼时效

对于货物一般性的灭失或损坏通知，收货人应在货物交给他的次一工作日提出，否则此种货物的交付即为多式联运经营人交付多式联运单据所载货物的初步证据。当货物的损坏不明显时，收货人应在货物交付后连续 6 日内提出索赔通知。对于延迟交付的货物，收货人应在货物交付后连续 60 日内提出索赔通知。公约规定的诉讼时效为 2 年，但如果在货物交付之日或应交付之日起 6 个月内，没有提出书面索赔通知，则在此期限届满后即失去诉讼时效。

（七）管辖

公约规定，原告可选择在下列法院之一进行诉讼：被告主要营业所，如无主要营业所，则为被告的经常居所；订立多式联运合同的地点，且合同是通过被告在该地的营业所、分支或代理机构订立；接管国际多式联运货物的地点或交付货物的地点；多式联运合同中为此目的所指定并在多式联运单据中载明的任何其他地点。

第六章
国际货物运输保险

本章要点

　　运输保险是货物运输的一个重要环节。由于货物买卖的风险，运输中的保险成为减少、防止和应对风险的有效手段。本章对国际货物运输保险的法律制度、主要规则、法律概念和常见的保险条款进行较详细的介绍和分析，并尽可能地从理论和实践两个方面对相对复杂的货物运输保险问题作出深入浅出的说明。

第一节　国际货物运输保险的基本原则

　　国际货物运输保险是国际贸易的重要组成部分，国际货物运输保险不但可以给运输中的货物提供保障，而且还能为国家提供无形贸易的外汇收入。国际货物运输保险主要包括海上运输货物保险、铁路运输货物保险、公路运输货物保险、航空运输货物保险和邮包运输保险等。其中历史最悠久、业务量最大、法律规定最全面的是海上运输货物保险。我国《海商法》第十二章涉及了海上保险的规定，2009 年修订的《中华人民共和国保险法》（以下简称《保险法》）是我国现行的保险立法。为了解决司法实践中的问题，最高人民法院于 2006 年通过了《关于审理海上保险纠纷案件若干问题的规定》（以下简称《司法解释》），《司法解释》第 1 条明确了其法律适用问题，规定审理海上保险合同纠纷案件适用我国《海商法》的规定；《海商法》没有规定的，适用《保险法》的有关规定；《海商法》、《保险法》均没有规定的，适用《合同法》等其他相关法律的规定。

一、保险利益原则

（一）保险利益的定义

　　依我国《保险法》第 12 条第 3 款的规定，保险利益是指投保人对保险标的具有的法律上承认的利益。在我国《海商法》有关海上保险的规定中，由于没有投保人的概念，投保人一般理解为被保险人。这种保险利益表现为被保险人与保险标的之间的法律承认的经济联系。我国《海商法》对保险利益的概念、转让、确定及其对保险合同效力的影响等方面，均未作出规定。该原则隐含在《海商法》的有关规定中，例如，我国《海商法》第225条中有关在超额保险的情况下，被保险人所获得的赔偿保险标的的受损价值的规定。

（二）保险利益的构成条件

保险利益既包括所有利益，也包括期待利益。保险利益应具备下列条件：①保险利益必须是合法的，是在法律上可以主张的利益。被保险人对于其偷窃取得的物品就不具有保险利益。②保险利益应该是确定的，是可以实现的利益。如被保险人仅以推断会得到的利益投保，不能构成保险利益，无法订立有效的保险合同。③保险利益必须是经济的利益，无经济价值衡量的利益不能作为保险利益。保险利益可以以货币形式来计算，且数额应合理确定。

（三）保险利益的表现形式

由于保险的种类很多，可承保的危险又不一样，因此，保险利益也多种多样，主要有：①财产利益：包括所有利益、占有利益、抵押利益、担保利益、债权利益等；②期待利益：包括经营收入利益、租金收入利益、运费收入利益、票房收入利益等；③责任利益：包括民事赔偿责任利益、雇主责任利益、产品责任利益等；④人际关系利益：包括夫妻关系利益、父母子女关系利益、雇佣关系利益等；⑤人身利益：包括生存利益、医疗利益、职业利益等。

二、最大诚实信用原则

（一）诚实信用原则在法律中的体现

最大诚实信用原则指国际货物运输保险合同的当事人应以诚实信用为基础订立和履行保险合同，该原则主要体现在订立合同时的告知义务和在履行合同时的保证义务上。诚实信用原则规定在我国《民法通则》的第4条。各国法律一般都强调民事活动中的诚实信用原则，而在保险活动中，由于此类民事活动的射幸性[1]和信息不对称性，[2]又由于保险合同是一种对人合同，保险人在评估保险标的的风险上需要依赖被保险人提供的情况，以决定是否承保及保险费率的高低。[3]因此，法律往往在保险活动上对当事人的诚实信用水准要求较高，英国1906年《海上保险法》第

第六章

---

[1] 参见司玉琢等：《海商法详论》，大连海事大学出版社1995年版，第431页；王家福：《合同法》，中国社会科学院出版社1986年版，第409页；覃有土主编：《保险法教程》，法律出版社1995年版，第57页；杨炳芝：《保险法实用教程》，中国法制出版社1985年版，第68页。

[2] 刘燕："试论保险法的基本原则"，载《法学家》2002年第2期。

[3] 汪鹏南：《海上保险合同法详论》，大连海事大学出版社1996年版，第40页。

17 条采用了"最大诚实信用原则"（Utmost Good Faith）的措辞，[1] 以强调诚实信用原则在规范保险合同时的重要性。此点在我国法律中没有具体体现，但涉及诚实信用原则的告知义务在我国《海商法》与《保险法》中均有所体现。

（二）告知义务与最大诚实信用原则

告知义务属于最大诚实信用原则的一部分，在被保险人的告知义务上，我国《保险法》第 16 条与《海商法》第 222 条的规定不同，《保险法》在投保人的告知义务方面采用的是有限告知主义，即询问告知，规定保险人可就保险标的或被保险人的有关情况提出询问，投保人应当如实告知。而《海商法》则采用了无限告知主义与有限告知的结合。《海商法》第 222 条第 1 款涉及的是无限告知，要求合同订立前，被保险人应当将其知道的或者在通常业务中应当知道的有关影响保险人据以确定保险费率或确定是否同意承保的重要情况，如实告知保险人；第 2 款涉及的是有限告知，规定保险人知道或者在通常业务中应当知道的情况，保险人没有询问的，被保险人无需告知。依《海商法》第 223 条的规定，被保险人故意未将重要情况如实告知保险人的，保险人有权解除合同，并不退还保险费。合同解除前发生保险事故造成损失的，保险人不负赔偿责任。告知在保险人一方表现为说明的义务，依我国《保险法》第 17 条的规定，订立保险合同时，采用保险人提供的格式条款的，保险人向投保人提供的投保单应当附格式条款，保险人应当向投保人说明合同的内容。对合同中免除保险人责任的条款，保险人在订立合同时应在投保单、保险单或者其他保险凭证上作出足以引起投保人注意的提示，并对该条款的内容以书面或者口头形式向投保人作出明确说明；未作提示或者明确说明的，该条款不产生效力。

（三）保证与最大诚实信用原则

保证（Warranty）是最大诚实信用原则的另一项重要内容，保证源于英国保险法，如 1906 年英国《海上保险法》第 33 条第 1 款的规定。在海上保险方面，我国《海商法》第 235 条有关于保证的规定。依该条规定，被保险人违反合同约定的保证条款时，应当立即书面通知保险人。保险人收到通知后，可以解除合同，也可以要求修改承保条件，增加保险费。

三、损失补偿原则

损失补偿原则指在保险事故发生而使被保险人遭受损失时，保险人必须在责任范围内对被保险人所受的实际损失进行补偿。国际货物运输保险合同属于补偿性的财产保险合同，因此，在发生超额保险和重复保险的情况下，保险人只赔偿实际损失，因为保险的目的是补偿，而不能通过保险得利。

---

[1]　英国 1906 年《海上保险法》第 17 条规定：A contract of marine insurance is a contract based upon the utmost good faith and, if the utmost good faith be not observed by either party, the contract may be avoided by the other party.

（一）及时赔偿原则

及时赔偿原则要求保险人对合同约定范围内的保险赔偿，必须及时支付，使得被保险人及时恢复到受损前的经济状况，不致发生经济困境。经济损失能够得到及时填补是财产保险的根本目的所在。相反，保险人不及时核赔，或核而不赔，或违约拒赔，则与保险的根本目的背道而驰，也有害于保险制度的社会信誉。除《海商法》第 237 条和《保险法》第 23 条均明确规定了保险人及时赔偿的义务外，《保险法》第 23 条和第 25 条还进一步对其作了如下具体规定：①保险人须在完成核赔和同被保险人就保险赔偿达成协议后 10 日内，支付保险赔偿；②如果案情复杂，不能迅速结案，在被保险人提赔后 60 日内，对根据被保险人已提供的证据和材料可以确定的最低保险赔偿额，保险人有义务先行支付；③保险人违反及时核保和支付义务的，被保险人或受益人有权请求因此遭受的损失。

（二）损失补偿原则的例外

随着保险事业的发展，以及投保人对保险要求的增加，在当代保险业务中出现了实际损失补偿原则的例外情况：

1. 定值保险。保险按价值可分为定值保险和不定值保险。不定值保险指保险人与被保险人不约定保险价值，在保险合同中只载明保险金额，出险后再核定保险标的的实际价值，并据以赔偿被保险人的损失的保险。定值保险指保险人与被保险人约定保险标的的价值，并依该价值确定保险金额，收取保险费的保险。不定值保险是符合损失补偿原则的，而定值保险在赔偿时，赔偿额可能大于保险标的的实际价值。因为依定值保险，保险价值在投保时就已明确约定，在出险时即使实际价值低于约定的价值也不会改变，在被保险人进行了足额保险的情况下，所得到的赔偿就会超过其实际损失。由于运输中的货物的流动性及国际货物贸易市场的不稳定性，国际海上货物运输保险常采用定值保险的方式，其保险金额中除货价外，还含有运费、保险费以及预期利润等内容。

2. 重置重建保险。自第二次世界大战以来，为适应投保人的需要，保险人同意对房屋、机器按特定的价值进行保险，即按超过实际价值的重置重建价值签订保险合同。假如一被保险人按重置重建价值投保了一幢厂房和机器设备，一旦遭受全损，那他就能得到重置重建原样的厂房和原有机器设备的保险补偿，但不能好于原有的状况。

四、近因原则

虽然我国《保险法》及《海商法》均没有对近因原则进行明文规定，但在国际货物运输保险实践中，近因原则是常用的确定保险人对保险标的的损失是否负保险责任以及负何种保险责任的一条重要原则。

（一）有关近因原则定义的争论

关于什么是近因，理论上存在最近时间说和主要功能说两种观点。

最近时间说认为近因是在时间上距离损失发生最近的原因，在多种原因致使保险标的受损时，最后发生的原因便是近因，如果它属于承保风险之列，那么保险人必须承担保险责任。英国早期也有案例采用最近时间说来判断近因。[1]

主要功能说认为近因是导致损失发生的诸多原因中起主要作用的原因，判断是否为近因，必须分析每种原因在导致损失结果发生的过程中所起的作用，不管在因果关系链上距离结果有多远，通过衡量其作用的大小方可断定近因。英国著名的 The "*Ikaria*" 一案即采用了该观点，法官认为近因并不是在时间上最后的原因，而是起最主要作用的原因。[2]

总之，近因可概括为主要的、决定性的、直接的原因。近因是指造成保险标的损失的直接原因，而并不一定是与发生的损失在时间上最接近的原因。一般来说，造成损失的原因可能有好几个，而其中有些损失原因不属承保范围，所以在发生损失后，一定要核定哪个是最直接的原因，这是确定保险公司对保险标的的损失是否负保险责任以及负何种保险责任的一条重要原则。

（二）赔偿责任范围的限定与近因的关系

货物运输保险合同是"限定性赔偿合同"，依货物保险合同和海上保险合同法，保险人的赔偿责任范围不是保险标的发生的全部损失、损害、费用和责任，而是一定原因即"承保危险"造成的某些损失、损害、费用和责任。因此，在海上保险理赔中，应适用"近因原则"来确定损失是否属于承担风险造成的。海上保险合同对保险人赔偿责任范围主要通过列明风险、一切险及除外责任的方式进行限定。如上所述，海上保险合同仅约定对某些承保危险引起的损失，保险人才负责赔偿。在以"列明风险"限定赔偿范围的情况下，保险人的赔偿责任范围仅限于"列明风险"，在保险索赔时，由被保险人举证其索赔属于保险合同中列明的风险。在以"一切险"限定赔偿范围的情况下，保险合同约定保险人的赔偿责任范围是保险标的的一切风险，并将除外的责任列明。

第二节　国际货物运输保险合同

国际货物运输保险合同中常用的是国际海洋运输货物保险，国际海洋运输货物

---

〔1〕 *Redman v. Wilson*, (1845) 14 M. & W. 476.

〔2〕 *Leyland Shipping Co. Ltd. v. Norwich Union Fire Insurance Society Ltd.* (*The Ikaria*) (1918) A. C. 350, (1918 ~ 1919) All E. R. 443. 在该案中，Ikaria 号承保了海上危险，但"一切敌对行为或类似战争行为的后果"是除外责任。该轮于 1915 年 1 月 30 日被敌方鱼雷击中后驶入法国的港口，由于法国港口当局担心该轮在港内沉没并阻碍码头的使用，于是命令该轮到港外抢滩或锚泊在防波堤外。该轮选择了停在防波堤外，结果由于海床不平及船舶受伤的共同作用，船舶在低潮时处于搁浅的状态，而在涨潮时则沉没了。对此案，保险人与被保险人关于近因的观点不同，保险人认为近因是鱼雷，属于除外责任。被保险人则认为，船舶停在防波堤反复搁浅在时间上是最后造成损失的近因，不属于除外责任。

保险是海上保险的一种，海上保险是最古老的险种，属于财产保险的范畴，应适用保险法的规定，但由于海上保险的发展先于陆上保险，而且海上保险所承保的海上风险具有特殊性及国际性，因此，多数国家均在海商法中对海上保险合同进行了特别规定。我国也不例外，有关国际海洋运输货物保险合同首先应依《海商法》的规定；《海商法》没有规定的，适用《保险法》的规定。从基本理论上讲，陆上运输货物保险及航空运输货物保险均源于海上运输保险，从保险的基本原则到合同的订立与履行，都与海上运输货物保险基本相似。因此，本节主要以海洋运输货物保险合同为例进行阐述。

一、国际货物运输保险合同的订立

国际货物运输保险合同的订立是由被保险人以填制投保单的形式或用电话、传真向保险人提出投保申请，经保险人同意承保，以签发保险单或保险凭证的形式表示承诺，保险合同即成立。保险人应当及时向被保险人签发保险单或者其他保险单证，并在保险单或其他保险单证中载明当事人双方约定的合同内容。由此可以看出，保险合同的订立分为要约和承诺两个阶段，要约就是投保人提出投保申请的行为，通常以投保单的形式出现。保险人表示接受投保人的申请即为承诺。在实践中，保险人在承诺后有时会马上出具保险单，有时会出具暂保单，待保险的具体事项确定后，再将暂保单换为保险单。

二、国际货物运输保险合同的转让

保险合同的转让指被保险人将其在保险合同中的权利转移给第三方的行为。保险合同的转让分为需经保险人同意的转让和不需经保险人同意的转让。国际海上运输货物保险合同的转让不需经保险人的同意。

（一）需经保险人同意的转让

一般的保险合同的转让都应经保险人的同意并进行书面批改后，合同受让人才能取得赔偿权利。其主要考虑的是被保险人的个人素质、道德品质、管理水平、财务状况等因素。我国《海商法》第230条规定的船舶保险合同的转让也是需经保险人同意的转让。一般保险合同的转让均应经保险人的同意，因为保险人承保的责任的风险大小与被保险人本人的因素有关，不同的被保险人，保险合同约定的承保条件常常不同。

（二）不需经保险人同意的转让

《海商法》第229条规定的保险合同的转让是不需经保险人同意的转让。依该条的规定，海上货物运输保险合同的转让不需经保险人的同意，可以由被保险人背书或者以其他方式转让，合同的权利和义务也随之转移。合同转让时尚未支付保险费的，被保险人和合同受让人负连带支付责任。海上货物运输保险合同的转让不需经保险人的同意是由此类保险的保险标的流动性决定的，因为运输中的货物在途中其所有权可能因提单的转让而多次转移，此外，货物在运输过程中，已在承运人管辖范围，危险发生的可能与被保险人没有直接的关联。这样就不会影响商品的流通和正常贸易。所以，货物运输保险合同的转让不像固定财产的保险那样需要征得保险人的同意。

保险单是保险合同的书面证明，国际海上运输货物保险合同的转让一般就是保险单的转让。保险单的转让有两种形式：一种是空白背书，即由保险单抬头署名的被保险人在保险单后面背书，此保险单即可随着货物所有权的转让而一起转让；另一种方式为指名背书，即在背书时明确受让人。

三、国际货物运输保险合同内容的变更

由于保险标的经常有变化，因此，各国的保险法一般都允许保险合同内容的变更。为了如实申报，保险事项的变更是经常发生的，因此还要引起保险费的变动。保险合同的变更一般用批单的形式加以批注。保险合同成立后，在合同的有效期内，对于变更保险合同的任何事项，如更改险别、户名、地址、运输工具的名称、保险期限、保险金额、转让保险权益等，均需保险人出立批单。批单可以是在原保险单或保险凭证上批注，也可以另外出立一张变更合同内容的单证。批单的效力大于保险单的效力，保险单经过批注的事项，以批单所规定的内容为准。

四、国际货物运输保险合同的解除

保险合同的解除是指保险合同当事人双方在保险合同开始生效后，尚未履行或尚未完全履行以前，当事人提前终止合同的行为。保险合同的解除是投保人或者被保险人与保险人之间的权利义务关系的终止。

（一）被保险人对保险合同的解除

我国《海商法》第226～228条对被保险人在保险责任开始前和开始后的解除合同进行了不同的规定：

1. 在保险责任开始前，被保险人可以要求解除合同。保险人的保险责任是依合同中规定的保险期限开始和结束的，只有在该期限内发生的保险事故，保险人才承担赔偿责任。保险责任的开始与保险合同的成立在时间上常常是不一致的，在合同成立后，保险责任开始前，如保险标的出险，尽管有保险合同存在，但保险人并不承担赔偿责任。因为此时合同的效力仅限于约束保险人承保该保险标的，但其赔偿责任尚未开始。因此，保险合同成立后，保险责任开始前，应当允许被保险人解除合同，保险人应当退还保险费。但保险人为了订立保险合同也支付了一些成本，因此，《海商法》第226条又规定，被保险人在此种情况下解除合同的应当向保险人支付手续费。

2. 在保险责任开始后，被保险人是否可以解除合同须依情况而定。在保险合同对此没有约定的情况下，依《海商法》第227条规定被保险人和保险人均不得解除合同。在保险合同有约定的情况下，双方均可以解除合同，但货物运输和船舶的航次保险在保险责任开始后，被保险人不得要求解除合同。因为此类保险所针对的就是某个航次，其保险责任期间往往短于定期的保险，如在该航次开始后，仍然允许被保险人解除合同，则对保险人就显失公平，也容易助长被保险人通过保险赚取保

险赔偿的投机做法。对于依约定可以解除合同的情况，如是被保险人要求解除的，保险人有权收取自保险责任开始之日起至合同解除之日止的保险费，剩余部分予以退还。保险人要求解除合同的，应当将自合同解除之日起至保险期间届满之日止的保险费退还被保险人。

（二）保险人对保险合同的解除

依《保险法》第 15 条规定，除本法另有规定或保险合同另有约定外，保险合同成立后，投保人可以解除合同，保险人不得解除合同。依《保险法》的"另有规定"、《海商法》以及《司法解释》的相关规定，保险人能够解除合同的情况主要包括：①被保险人未支付保险费。依《司法解释》第 5 条的规定，被保险人未向保险人支付约定的保险费的，保险责任开始前，保险人有权解除保险合同，但保险人已签发保险单证的除外。保险责任开始后，保险人也不能以被保险人未支付保险费为由请求解除合同。②违反告知义务。依《保险法》第 16 条的规定，投保人故意或者因重大过失未履行如实告知义务，足以影响保险人决定是否同意承保或者提高保险费率的，保险人有权解除合同。保险人在合同订立时已经知道投保人未如实告知情况的，保险人不得解除合同。③违反保证。依《司法解释》第 6 条的规定，被保险人违反合同约定的保证条款未立即书面通知保险人的，从违反保证条款之日起，得解除保险合同。又依该解释第 8 条的规定，双方就"续保"未达成协议的，保险合同于违反保证条款之日起解除。

五、国际货物运输保险合同的终止

保险合同的终止是指保险合同依法成立后，依照法律规定或者双方约定，消灭双方权利义务关系的情况。引起合同终止的情况主要有以下几种：

1. 自然终止，指保险单规定的保险期限届满，保险人的保险责任即告终止的情况。自然终止是保险合同终止最普通的原因。在保险单到期以后再续保并不是原保险合同的延长，续保所订的保险合同是一个新的保险合同。

2. 协议终止，指由合同双方协议在保险单上订明在保险合同自然终止前终止保险合同。例如，在船舶战争保险合同中规定"在发出通知后 14 日终止船舶战争险责任"。

3. 义务已履行而终止，在保险人依保险单已履行了赔偿责任，保险单的责任即告终止。例如，在货物保险中，货物在保险期限内由于保险人所承保的风险而造成全损，保险人向其给付了全部的保险金额后，该保险合同即告终止。

4. 违约终止，指因被保险人的违约行为而终止合同，如被保险人破坏了保险合同中的航区保证，使保险标的所面临的危险发生了变动，从而构成违约，导致保险合同终止。

5. 标的因非承保原因灭失而终止，在保险标的因保险事故之外的原因而灭失时，保险合同即终止。

第
六
章

六、国际货物运输保险合同的内容

国际货物运输保险合同的内容主要包括下列几项：保险人名称；被保险人名称；保险标的；保险价值；保险金额；保险责任和除外责任；保险期间；保险费。

（一）国际货物运输保险合同的当事人

1. 保险人（Insurer or Underwriter）。保险人是保险合同中收取保险费，并在合同约定的保险事故发生时，对被保险人因此而遭受的约定范围内的损失进行补偿的一方当事人。我国《保险法》第10条特别强调保险人必须为保险公司。[1] 保险合同中应当载明保险公司的名称，该名称通常印刷在保险单的上方。

2. 投保人（Applicant）。投保人又称要保人，指与保险人订立保险合同并承担交付保险费义务的人。具有投保人资格的条件是，对保险标的必须具有可保利益。当然，还应具有行为能力。依我国《保险法》第10条第2款的规定，投保人是指与保险人订立保险合同，并按照保险合同负有支付保险费义务的人。我国《海商法》中没有投保人的概念，究其原因是受英国《海上保险法》的影响。[2]

3. 被保险人（Insured or Assured）。依我国《保险法》第12条第5款的规定，被保险人是指其财产或者人身受保险合同保障，享有保险金请求权的人。投保人可以为被保险人。当投保人为自己利益而订立保险合同时，投保人即为被保险人，且应当承担支付保险费的义务。当投保人为他人利益而订立保险合同时，投保人即与被保险人分离。在人身保险合同中，投保人常以他人的身体作为投保的标的而订立保险合同，此时，被保险人与投保人是分离的，投保人才是与保险人订立保险合同并承担支付保险费义务的人。在这种情况下订立的保险合同就出现了保险人、投保人和被保险人三方当事人。总之，被保险人必须是保险事故发生时遭受损失的人及享有赔偿请求权的人。在被保险人与投保人为一人的情况下，被保险人还承担支付保险费的义务，这是基于其投保人的身份而承担的义务。自然人和法人均可以成为被保险人。

（二）国际货物运输保险合同的保险标的

我国《海商法》第218条列明了保险标的种类和范围，海上保险合同的保险标的主要包括下列几种：①船舶：包括货船、客船、油轮、集装箱船等种类船舶；②货物：包括贸易货物和非贸易的货物；③船舶的营运收入，包括运费、租金、旅客票款等；④货物预期利润；⑤船员工资和其他报酬；⑥对第三人的责任；⑦由于发生保险事故可能受到损失的其他财产和产生的责任及费用；⑧保险人承担的赔偿

---

〔1〕 我国《保险法》第10条第3款规定：保险人是指与投保人订立保险合同，并承担赔偿或者给付保险金责任的保险公司。

〔2〕 英国《海上保险法》中也没有投保人的概念，但英国在海上保险业务中有保险经纪人制度，其保险经纪人在某种意义上更像投保人。我国《保险法》在保险当事人的规定上参照了大陆法系的立法，区分了投保人与被保险人。而《海商法》参照的是英国海上保险的立法模式，未规定投保人，但又未全盘引入英国《海上保险法》的规定，包括未引入有关保险经纪人的规定。

责任，即保险人将其承保的责任分摊给其他保险人承担的再保险（Re-insurance）。

（三）保险价值

保险价值（Insurable Value）是被保险人投保的财产的实际价值。投保人在投保时需说明所要投保的标的的价值，而准确的确定标的的实际价值是很困难的。因此，保险价值通常是由被保险人与保险人协商确定的。这个价值是估算形成的，因此它可以是标的实际价值，也可能与实际价值有一定的差距。在当事人没有约定的情况下，保险价值依法律的规定确定。

我国《海商法》第219条规定：保险标的的保险价值由保险人与被保险人约定。保险人与被保险人未约定保险价值的，保险价值依照下列规定计算：①船舶的保险价值。我国《海商法》第16条第1款规定的船舶的保险价值是风险开始时的船舶价值，包括船舶的设备、全体船员的食物与其他物料、预付给船员的工资及为使船舶适合航行于保险单载明的航程或海上冒险所可能产生的其他垫付费用加上全部保险费用。②运费的保险价值。《海商法》第16条第2款规定的运费的保险价值是指被保险人处于风险中的总运费加上保险费，而无论运费是否预付。我国《海商法》中的运费保险价值在措辞上略微有所不同，规定运费的保险价值是保险责任开始时承运人应收运费总额和保险费的总和。③货物的保险价值。《海商法》第16条第3款规定的货物的保险价值是该保险财产的成本价格，加上海运费和与海运有关的费用，及全部海运过程中的保险费用。我国《海商法》第219条规定的货物的保险价值是保险责任开始时货物在起运地的发票价值或者非贸易商品在起运地的实际价值以及运费和保险费的总和。④其他保险标的的价值。依《海商法》第16条第4款的规定，其他保险标的的价值是保险单生效时被保险人处于风险中的金额加上保险费用。我国《海商法》第219条规定的其他保险标的的保险价值是保险责任开始时保险标的的实际价值和保险费的总和。上述保险价值均包括了保险费，以便使被保险人在保险标的发生损失时，随之一起损失掉的保险费也能得到补偿。

（四）保险金额

保险金额（Amount Insured）指保险合同约定的保险人的最高赔偿数额。当保险金额等于保险价值时为足额保险。当保险金额小于保险价值时为不足额保险（Amount insured hereunder）。当保险金额大于保险价值时为超额保险。财产保险中的保险金额通常以投保财产可能遭遇损失的金额为限，即不允许超额保险。因为保险是以损失补偿为原则的，如果允许超额保险就等于被保险人可以通过保险赚钱。

我国《海商法》第220条规定，保险金额超过保险价值的，超过部分无效。[1]在财产保险中保险金额要根据保险标的价值确定，原则上保险金额不能超过保险标的的价值。因为投保人要求保险保障以保险利益为限，超过保险利益的保险金额即

---

〔1〕 我国《海商法》第220条规定："保险金额由保险人与被保险人约定。保险金额不得超过保险价值；超过保险价值的，超过部分无效。"

为超额保险。但是有些险种并不限于保险标的的本身利益，应包括与该标的相关的利益。如货运险，除货价外，还有运杂费、预期利润等。此外，例外的情况如定值保险、重置成本保险等做法，由于其存在有合法理由而为法律所认同，成为了保险赔偿实际损失原则的例外情况。

（五）保险责任

保险责任指保险人对约定的危险事故造成的损失所承担的赔偿责任。"约定的危险事故"就是保险人承保的风险。为确定保险人分担危险责任的范围，保险合同上必须载明承保的风险项目。可以一个保险合同只承保一项风险，也可以一个保险合同承保多项风险。但均得在保险合同中一一列举。保险标的的损毁是由于合同所载明承保危险所致的，保险人承担赔偿责任。反之，则不负赔偿责任。

保险人承保的风险可以分为保险单上所列举的风险和附加条款加保的风险两大类，前者为主要险别承保的风险，后者为附加险别承保的风险。在主要险别承保的风险中，从内容上又可将其分为海上风险和人为因素造成的风险。海上风险包括自然灾害和意外事故。前者指由于台风、雷电、海啸、地震等自然原因引起的灾害；后者指船舶碰撞、触礁、沉没、搁浅等意外事故。人为因素造成的风险如政府扣押、捕获、船员的不法行为等。附加条款加保的风险是须经与保险人特别约定才可承保的风险，此类风险不能单独承保，必须附在主要险别的项下。海洋运输货物保险的附加风险有一般附加险、特别附加险和特殊附加险三类。

（六）除外责任

除外责任就是保险人不承保的风险。保险所承保的是一种风险，所谓风险就是可能发生，也可能不发生。如果该风险必然发生则保险人是不承保的。"除外责任"指保险人不承保的风险。并不是任何风险，保险人均承保。凡保险人可能承保的风险称为可保风险。保险人不可能承担责任的风险事故，称为不可保风险。保险单一般以"除外责任条款"的形式列明不承保的风险。例如中国人民保险公司海洋运输货物的除外责任包括：被保险人的故意行为或过失所造成的损失；属于发货人责任引起的损失；在保险责任开始前，被保险货物已存在的品质不良或数量短差所造成的损失；被保险货物的自然损耗、本质缺陷、特性以及市价跌落、运输延迟引起的损失和费用；海洋运输货物战争险条款和货物运输罢工险条款规定的责任范围和除外责任。

（七）保险期间

保险期间也就是保险责任的期间，保险责任的期间有三种确定方法：①以时间来确定，例如规定保险期间为一年，自某年、某月、某日起至某年、某月、某日止；②以空间的方法来确定，例如规定保险责任自货物离开起运地仓库起至抵达目的地仓库止；③以空间和时间两方面来对保险期间进行限定的方法，例如规定自货物离开起运地仓库起至货物抵达目的地仓库止，即"仓至仓"，但如在全部货物卸离海轮后60天内未抵达上述地点，则以60天期满为止。

（八）保险费和保险费率

保险费是被保险人参加保险时向保险人缴付的费用。保险合同订立后，投保人（在海上保险的情况下为被保险人）只有在向保险人缴付保险费后，保险人才能依合同的内容承担赔偿责任。保险费是建立保险基金的源泉，保险人能否有赔偿能力，决定于他所收取保险费总额是否能弥补他所承担的全部赔偿责任。保险费的多少，依保险金额的大小、保险费率的高低、保险期间的长短等计算。保险费等于保险金额乘保险费率。

保险费率是指保险人在一定时期按一定保险金额收取保险费的比例。保险费率的确定需运用大数法则来预测各种风险的损失率，在这基础上确定保险费率。保险费率有逐个计算法和同类计算法之分。船舶保险的保险费率通常采用逐个计算法来确定，每条船舶的保险费率由保险公司依该船舶的危险性大小、损失率高低及经营费用的多少来确定。同类计算法指对于某类标的，保险人均采用统一的保险费率的方法。例如，火险采用的就是同类计算法来确定保险费率的。

第三节　国际货物运输保险合同的索赔和理赔

一、索赔

索赔是指在保险事故发生后，投保人或被保险人按照保险合同的约定，向保险人要求履行赔偿责任的行为。在发生保险事故造成损害时，根据法律规定和保险合同的约定，向保险人提出请求赔偿的权利，称为索赔权。保险索赔原则上由投保人或被保险人提出，在投保人或被保险人得知或发现保险标的受到损失后，应立即通知保险人，该通知表明索赔行为已开始，不再受保险时效的限制。

保险的索赔需遵守一定的索赔程序，索赔程序是指被保险人在保险事故发生后，按照合同规定向保险人请求赔偿或支付保险金时，必须履行的法律手续。

在向保险人发出险通知前，被保险人首先应积极采取施救措施，随后应遵守的程序是：①发出险通知，将事故发生的时间、地点、原因及其他有关情况通知保险人并提出索赔要求。②接受检验，被保险人必须保护好发生保险事故的现场，并积极提供检验方便。③提供索赔单证，投保人、被保险人或受益人向保险人请求索赔时，应向保险人提供其所能提供的与确认保险事故的性质、原因、损失程度等有关的证明材料和补充提供有关的证明和资料，以及财产损失清单和施救整理费用等。④领取保险金。

在索赔程序中要求的提供索赔单证是保险索赔成功的关键，不同的险种，所要求的单证不同，以海上运输货物保险的索赔为例，被保险人应当提交下列单证：①保险单或保险凭证，保险单是被保险人索赔的主要凭证，它证明保险人的责任范围；②运输单证，海上运输货物的单证是提单，提单可以证明货物承运的状况；③货损货差证明，该证明是由承运人、托运人或有关当局出具的证明货物残损或短少的文件；④发票、装箱单和磅码单，发票是计算保险赔偿的依据，装箱单和磅码单可以用来核对损失数量；⑤向第三方提出索赔的文件，具备该文件证明被保险人已办完了追偿手续，使保险人不致丧失对第三方的追偿权利；⑥检验报告，此报告用来证明被保险货物的损失原因、损失程序及损失金额等。

二、理赔

保险理赔是指保险人处理保险索赔案的过程。保险的理赔包括保险人根据保险合同约定，对保险标的的损失情况进行现场勘查，审核保险责任和赔偿范围，并履行赔偿或支付保险金的义务等。

保险理赔的具体程序包括：

1. 立案检验和现场勘查。保险人接到投保人或被保险人的事故通知后，应进行编号、登记，查对索赔人有无保险单及其他单证。如查明投保人或被保险人无权提出赔偿请求时，应当向投保人或被保险人或受益人发出拒绝赔偿或者拒绝给付保险金的通知，并停止理赔工作。如果发生的保险事故在承保的范围之内，保险人应立即派出人员进行现场勘查，并作出详细记录和收集有关图片资料。

2. 审查单证和核实责任及赔偿范围。保险人对被保险人提供的有关保险事故的性质、原因、损失程度等证明和资料进行审查。

3. 核算损失。即对保险标的的实际损失进行合理的估价，具体计算损失金额，确定应当向投保人或被保险人支付赔偿或保险金的数额。

4. 赔偿给付。赔偿给付是指保险人向被保险人支付在保险责任范围内双方共同确定的损失金额。依《保险法》第23条规定，对属于保险责任的，在与被保险人或者受益人达成赔偿或者给付保险金的协议后10日内，履行赔偿或者给付保险金义务。《保险法》第25条规定，保险人自收到赔偿或者给付保险金的请求和有关证明、资料之日起60日内，对其赔偿或者给付保险金的数额不能确定的，应当根据已有证明和资料可以确定的最低数额先行支付；保险人最终确定赔偿或者给付保险金的数额后，应当支付相应的差额。

三、时效

保险事故发生后被保险人向保险人提出请求赔偿的有效期限为请求赔偿的时效期间。如果被保险人是无行为能力人或限制行为能力人，应由其法定代理人或其监护人凭保险单向保险人行使索赔权。关于时效，依《保险法》第26条第1款的规定，财产保险请求赔偿的时效为2年，从其知道保险事故发生之日起计算。《海商法》第264条在时效上与《保险法》的规定基本相同，即依海上保险合同向保险人要求保险赔偿的请求权，时效期间为2年。

四、委付与代位求偿

在索赔和理赔中，当出现推定全损时，会涉及委付的问题，而当保险标的的损害是由于第三方的责任造成时，还会涉及代位求偿的问题。

（一）委付（Abandonment）

关于委付的概念，立法上及学者之间有两种不同的观点，一种为"推定全损说"，另一种为"全损说"。"推定全损说"认为委付限于在发生推定全损的情况下，我国海商法学者多数采取此种主张。[1] 我国《海商法》第 249 条也采用了"推定全损说"，该条规定：保险标的发生推定全损，被保险人要求按照全部损失赔偿的，应当向保险人委付保险标的。"推定全损说"认为在发生推定全损的情况下，被保险人表示愿将其保险标的残余物及权利移归保险人所有，由保险人当作实际全损处理，而请求取得全部保险金额的手段即为委付。对于保险人来说，可以接受委付，也可以不接受委付。

（二）代位求偿（Subrogation）

1. 代位求偿的定义。代位求偿权是海上保险的重要制度之一，是指保险人向被保险人赔付保险金后所依法享有的，对造成保险标的损害而负有赔偿责任的第三人行使的追偿的权利。我国有关代位求偿权的规定见于《保险法》、《海商法》及《海事诉讼特别程序法》（以下简称《海诉法》）。

2. 代位求偿的名义。在保险人行使代位求偿权的名义上，各国立法及理论界是有争论的，主要有下列三种观点：①保险人以被保险人的名义行使代位求偿权，英国判例即采用此观点。[2] ②保险人以保险人的名义行使代位求偿权，大陆法国家和地区多采用此主张。此观点认为，代位求偿权是一种法定的权利，保险人在赔偿后当然发生债权移转的效果，保险人当然取得被保险人对第三人的损害赔偿请求权。[3] 日本、我国台湾立法均采用此观点。[4] ③保险人既可以用被保险人的名义，也可以用保险人的名义行使代位求偿权，这是美国所采用的观点。[5]

我国的《海诉法》采用第二种观点。该法第 94 条规定：保险人行使代位求偿权时，被保险人未向造成保险事故的第三人提起诉讼的，保险人应当以自己的名义向该第三人提起诉讼。

3. 代位求偿的范围。保险人的代位求偿权既然来自于对被保险人的赔偿，其求偿的范围也应限于保险人的实际赔偿范围。我国《保险法》第 60 条第 1 款明确规

第六章

---

[1] 於世成等：《海商法》，法律出版社 1997 年版，第 426 页；吴焕宁主编：《海商法》，法律出版社 1996 年版，第 338 页；魏润泉、陈欣：《海上保险的法律与实务》，中国金融出版社 2001 年版，第 114 页。

[2] *James Nelson & Sons Ltd. v. Nelson Line*, (1906) 2 K. B. 217. *Oriental Fire & General Ins. Co. v. American President Lines*, (1968) 2 Lloyd's Rep. 372. *The Esso Bernicia*, (1989) 1 Lloyd's Rep. 8.

[3] （台）桂裕：《保险法论》，三民书局 1981 年版，第 153 页。

[4] 日本《商法典》第 661 条、第 662 条规定：保险人在保险赔偿范围内自动取得被保险人对第三人的权利。权利的行使以保险人的名义。我国台湾地区"保险法"第 53 条规定：保险人于给付保险赔偿后代位取得被保险人对第三人的请求权，具有法定债权移转的效果。

[5] 汪淮江："谈海上保险人的代位求偿权"，载《海事审判》1997 年第 2 期。

定："……保险人自向被保险人赔偿保险金之日起，在赔偿金额范围内代位行使被保险人对第三者请求赔偿的权利。"即其请求范围仅限于已向被保险人赔付的款项。

4. 被保险人的义务。由于代位求偿权是从被保险人处移转而来的，因此被保险人的协助对此权利的有效实施具有重要的意义。为此，法律规定了被保险人为保险人行使代位求偿承担一些法定义务。例如，我国《保险法》第 63 条、《海商法》第 252 条规定被保险人有协助义务，应向保险人提供必要的文件和所需要知道的情况；《保险法》第 61 条、《海商法》第 253 条规定，因被保险人故意或重大过失导致保险人行使代位求偿权受损的，保险人可扣减相应的保险赔偿金。

第四节　国际货物运输保险条款

国际货物运输保险主要包括海洋货物运输保险、陆上货物运输保险和航空货物运输保险。其中海洋货物运输保险条款是最常用的。海洋货物运输保险是由保险人承保的当海上运输的货物因遭遇各种海上风险而受到损失时负责赔偿的保险。中国人民保险公司承保的海上货物运输保险（简称人保条款）包括海洋运输货物保险（该险的主要险别包括平安险、水渍险和一切险）、附加险别（包括一般附加险、特别附加险和特殊附加险）。海洋货物运输的专门保险包括海洋运输货物冷藏货物保险和海洋运输货物散装桐油保险。

一、我国海洋货物运输保险的主要险别

主要险别指可以独立承保，不必附加在其他险别项下的险别。中国人民保险公司海洋运输货物保险的主要险别有三种，即平安险、水渍险和一切险。

（一）平安险

平安险英文为 Free from particular average（简称 F. P. A.），平安险的英文意思为"单独海损不赔"。其责任范围主要包括：①被保险货物在运输途中由于恶劣气候、雷电、海啸、地震、洪水等自然灾害造成的整批货物的全部损失或推定全损。②由于运输工具遭受搁浅、触礁、沉没、互撞、与流冰或其他物体碰撞以及失火、爆炸等意外事故造成货物的全部或部分损失。③在运输工具已经发生搁浅、触礁、沉没、焚毁等意外事故的情况下，货物在此前后又在海上遭受恶劣气候、雷电、海啸等自然灾害所造成的部分损失。④在装卸或转运时由于一件或数件整件货物落海造成的全部或部分损失。⑤被保险人对遭受承保责任内危险的货物采取抢救、防止或减少货损的措施而支付的合理费用，但以不超过该批被救货物的保险金额为限。⑥运输工具遭遇海难后，在避难港由于卸货所引起的损失以及在中途港、避难港由于卸货、存仓以及运送货物所产生的特别费用。⑦共同海损的牺牲、分摊和救助费用。⑧运输合同中订有"船舶互撞责任"条款，根据该条款规定应由货方偿还船方的损失。

海损从程度上可分为全部损失和部分损失，部分损失又可分单独海损和共同海损。"实际全损"指保险标的发生保险事故后灭失，或者受到严重损坏完全失去原有

形体、效用，或者不能再归被保险人所拥有的损失状态。"推定全损"指货物发生保险事故后，认为实际全损已经不可避免，或者为避免发生实际全损所需要支付的费用与继续将货物运抵目的地的费用之和超过保险价值的损失状态。"共同海损"是指在同一海上航程中，船舶、货物和其他财产遭遇共同危险，为了共同安全，有意地和合理地采取措施所直接造成的特殊牺牲、支付的特殊费用。"单独海损"指货物由于意外造成的部分损失。

共同海损和单独海损的区别在于：①共同海损所涉及的海上危险应该是共同的，必须涉及船舶及货物共同的安全；而单独海损中的危险只涉及船舶或货物中一方的利益。②共同海损有人为的因素，是明知采取措施会导致标的的损失，但为共同的安全仍有意采取该措施而引起的损失；而单独海损则纯粹是意外事故造成的标的的损失，无人为的因素。③共同海损的损失由于是为大家的利益而牺牲的，所以应由受益的各方来分摊，而单独海损的损失则由单方来承担。

（二）水渍险

水渍险英文为 With particular average（简称 W. A.），该险的责任范围除平安险的各项责任外，还负责被保险货物由于恶劣气候、雷电、海啸、地震、洪水等自然灾害所造成的部分损失。

（三）一切险

一切险英文为 All risks，该险除包括水渍险的责任范围外，还负责赔偿被保险货物在运输途中由于外来原因所致的全部或部分损失。外来原因指偷窃、提货不着、淡水雨淋、短量、混杂、沾污、渗漏、串味异味、受潮受热、包装破裂、钩损、碰损破碎、锈损等原因。

二、我国海洋运输货物保险的保险期限

保险期限是保险人承担海洋运输货物赔偿责任的期间。中国人民保险公司海洋运输货物保险条款主要以"仓至仓条款"、"扩展责任条款"、"航程终止条款"和"驳运条款"来确定保险人的责任期限。

（一）仓至仓条款

仓至仓条款（Warehouse to Warehouse Clause，简称 W/W），该条款规定保险人的责任自被保险货物运离保险单所载明的起运地仓库开始，到货物运达保险单载明的目的地收货人的最后仓库时为止。那么起始的仓库是指什么仓库？依 1995 年出版的我国第一部解释保险条款及费率的工具书《保险条款费率辞释大全》对人保海洋运输货物保险条款中"仓至仓"责任的解释，起始情况如下：①货物在保险单载明起运地发货人仓库尚未开始运输时所受的损失，保险公司不负责任。②货物一经运离上述发货仓库，保险责任即告开始，保险公司按照货物所保险别规定的责任范围予以负责。③货物运离发货人仓库，不是直接装船，而是先放在承运人机构例如外贸运输公司的仓库里等候装船，货物在此期间遭受到的保险责任范围内的损失，保险公司予以负责。④货物在装船前存放在港区码头仓库待运期间，如果发生损失，已出保险单或已办投保手续的，保险公司按保险险别负责。⑤有些外贸公司在港区码头设有专用仓库，货物从该外贸公司市内仓库运入该专用仓库等候装船，虽然同为发货人仓库，但后者并非"仓至仓"条款所指的起运仓库，应视为承运机构仓库性质，如发生保险责任的损失，也应负责。⑥若发货人自己没有固定的仓库，而是临时租用承运机构仓库或是港区码头仓库，直接将货物集中储于上述仓库等候装船，则上述仓库应视为发货人仓库，货物储存期间发生损失，不属保险责任。

为防止货物抵达目的港后，耽搁过长而不运入保险单上载明的收货人仓库，使保险人的责任过大，仓至仓条款一般都附有时间的限制，规定如货物未抵达收货人的仓库或储存处所，则保险人的责任以被保险货物在最后卸货港全部卸离海轮后满60日为止。保险人的责任具体应在哪一点终止，应依实际情况而定：①当保险单载明的目的地是卸货港时，如收货人提货后运进其仓库，保险责任终止。如收货人提货后未运进其仓库，而是对其货物进行分配、分派或分散转运，保险责任从分配时终止。②当保险单载明的目的地为内陆仓库时，保险责任应于货物运抵内陆仓库时终止。③保险单载明的目的地为内陆仓库，但收货人在提货后并未运往仓库，而是在中途进行分配、分派或分散转运，则保险责任从分配时终止。

（二）扩展责任条款

扩展责任条款（Extended Cover Clause）规定，由于被保险人无法控制的原因而使船舶延迟、绕道、被迫卸下、重新装载、转运，或承运人依运输合同所赋予的权限而改变航程，保险依然有效。"仓至仓"条款规定的有效期间只包括正常运输过程中的海上、陆上、内河运输，并不包括绕道、转运、变更航程等情况。为了保障被保险人在无法控制的原因下产生绕道等情况时的货物利益，保险人采用了扩展责任条款。

（三）航程终止条款

航程终止条款（Termination of Adventure Clause）规定在被保险人无法控制的情况下，保险货物被运往非保险单所载明的目的地，使运输条款先于保险责任的终止而失效，保险合同继续有效，保险责任至货物被出售交付时止。但如货物在卸离海轮后60日内仍未交付，保险责任亦终止。

（四）驳运条款

驳运条款（Craft & C Clause）规定保险人对被保险货物在驳运过程中的损失负责。海轮在卸货时，有时需要依靠驳船，驳船并非保险单上所载明的海轮，所以在驳船上发生的货损，保险公司不予赔偿。加入该条款，就可以使驳运中的货物也有了保险的保障。

三、我国海洋运输货物保险的除外责任

除外责任是保险单中规定的保险人不负责赔偿的海洋运输货物损失。中国人民保险公司海洋运输货物保险的除外责任包括：①被保险人的故意行为或过失所造成的损失；②属于发货人责任引起的损失；③在保险责任开始前，被保险货物已存在的品质不良或数量短差所造成的损失；④被保险货物的自然损耗、本质缺陷、特性以及市价跌落、运输延迟引起的损失和费用；⑤海洋运输货物战争险条款和货物运输罢工险条款规定的责任范围和除外责任。

四、我国海洋货物运输保险的附加险别

海洋运输货物的附加险别是投保人在投保主要险时，为保障主要险范围以外可能发生的某些危险所附加的保险。附加险又可分为一般附加险、特别附加险和特殊附加险三类。

（一）一般附加险

一般附加险承保各种外来的原因造成的货物全损或部分损失，是保险人在主要责任范围基础上扩展的责任。"外来原因"（Extraneous risks）指与海上的自然因素和运输工具没有联系的原因。例如，淡水雨淋险是一种附加险，尽管淡水雨淋也是一种自然因素，但与海水无关。附加险别不能单独承保，它必须附于主险项下。如果已经投保了一切险，就不必再加保附加险，因为一切险已包括了所有一般附加险承保的责任。在投保平安险和水渍险时，可依货物的具体情况加保附加险。例如，在运输茶叶时，即可在投保水渍险的基础上，加保串味异味险。这样既可以使运输的货物得到保险的保障，又可以适当地节省开支。

一般附加险承保各种一般外来原因造成的货物全损或部分损失。一般外来原因指不必与海水的因素和运输工具联系起来的原因。附加险别不能单独承保，它必须附于主险项下。一般附加险包括：①偷窃、提货不着险；②淡水雨淋险；③短量险；④混杂、沾污险；⑤渗漏险；⑥碰损、破碎险；⑦串味异味险；⑧受潮受热险；⑨钩损险；⑩包装破裂险；⑪锈损险。

（二）特别附加险

特别附加险也必须附属于主要险别项下，此种附加险对因特殊风险造成的保险标的的损失负赔偿责任。特别附加险与一般附加险的区别在于，一般附加险属于一切险的范围，保了一切险，就不必再附加任何一般附加险；而特别附加险所承保的责任已超出了一切险的范围，其致损原因往往与政治、行政等人为因素及一些特别的因素联系在一起。特别附加险包括：①交货不到险；②进口关税险；③舱面险；④拒收险；⑤黄曲霉素险；⑥出口货物到香港或澳门存仓火险。

（三）特殊附加险

特殊附加险包括海洋运输货物战争险和货物运输罢工险。

1. 战争险（War Risk）。该险不能独立承保，必须附于主险项下，该险负责赔偿下列损失：①直接由于战争、类似战争行为和敌对行为、武装冲突或海盗行为所致的损失；②由于战争等上述行为引起的捕获、拘留、扣留、禁制、扣押所造成的损失；③各种常规武器，包括水雷、鱼雷、炸弹所致的损失；④战争险责任范围引起的共同海损的牺牲、分摊和救助费用。

战争险的除外责任有：①由于敌对行为使用原子或热核制造的武器所致的损失

第六章

和费用；②根据执政者、当权者或者其他武装集团的扣押、拘留引起的承保航程的丧失和挫折而提出的任何索赔。

战争险的保险期限与运输险不同，运输险的保险期限为仓至仓，而战争险的保险期限限于水上危险或运输工具上的危险。这是为了避免当某地发生战争时，保险货物在该地仓库的积累数额过大，保险公司的风险过于集中。

2. 罢工险（Strikes Risk）。该险可以附加于各种货物运输保险项下，例如海洋货物运输保险、陆上货物运输保险、航空货物运输保险等。其责任范围为：负责对被保险货物由于罢工者、被迫停工工人或参加工潮、暴动、聚众斗争的人员的行动，或任何人的恶意行为所造成的直接损失和上述行为所引起的共同海损牺牲、共同海损分摊和救助费用进行赔偿，但对于间接损失不负责任。罢工险条款明文将由于罢工引起的间接损失排除在赔偿责任之外，规定在罢工期间由于劳动力短缺或不能运用所致的保险货物的损失，包括因此而引起的动力或燃料缺乏而使冷藏机停止工作所致的冷藏货物的损失均不负赔偿责任。

五、其他国际货物运输保险条款

（一）陆上货物运输保险条款

中国人民保险公司的陆上货物运输保险条款以火车和汽车为限，其主要险别分为陆运险和陆运一切险，陆上货物运输战争险是陆上货物运输保险的附加险。

1. 陆运险的责任范围。其包括：①保险人负责赔偿被保险货物在运输途中遭受暴风、雷电、洪水、地震等自然灾害或由于运输工具遭受碰撞倾覆、出轨或在驳运过程中因驳运工具遭受搁浅、触礁、沉没、碰撞，或由于遭受隧道坍塌、崖崩或失火、爆炸等意外事故造成的全部损失或部分损失；②被保险人对遭受承保责任内危险的货物采取抢救、防止或减少货损的措施而支付的合理费用，但以不超过该被救货物的保险金额为限。

2. 陆运一切险的责任范围。陆运一切险的责任范围除了陆运险的责任外，保险人还负责被保险货物在运输途中由于外来原因所致的全部损失或部分损失。

3. 除外责任。陆运险对于下列损失不负责赔偿：①被保险人的故意行为或过失所造成的损失；②属于发货人责任所引起的损失；③在保险责任开始前，被保险货物已经存在的品质不良或数量短差所造成的损失；④被保险货物的自然损耗、本质缺陷、特性以及市价跌落、运输延迟所引起的损失和费用；⑤陆上货物运输战争险条款和货物运输罢工险条款规定的责任范围和除外责任。

4. 责任起讫。陆上货物运输保险的责任起讫采用"仓至仓"责任条款。

5. 索赔时效。陆上货物运输保险的索赔时效为2年，从被保险货物在最后目的地车站全部卸离车辆后开始计算。

（二）航空货物运输保险条款

1. 航空运输险的责任范围。航空运输险负责赔偿下列损失和费用：①被保险货物在运输途中遭受雷电、火灾、爆炸或由于飞机遭受恶劣气候或其他危难事故而被抛弃，或由于飞机遭受碰撞、倾覆、坠落或失踪等意外事故所造成的全部或部分损失；②被保险人对遭受承保责任内危险的货物采取抢救、防止或减少货损的措施而支付的合理费用，但以不超过该批被救货物的保险金额为限。

2. 航空运输险的除外责任。该除外责任包括：①被保险人的故意行为或过失所造成的损失；②属于发货人责任引起的损失；③保险责任开始前，被保险货物已存在的品质不良或数量短差造成的损失；④被保险货物的自然损耗、本质缺陷、特性以及市价跌落、运输延迟引起的损失和费用；⑤航空货物运输战争险条款和货物运输罢工险条款规定的责任范围和除外责任。

3. 航空运输一切险的责任范围。航空运输一切险除了承担航空运输险的责任外，还负责赔偿被保险货物由于外来原因所致的全部或部分损失。

4. 航空运输险的责任期间。航空运输险的责任起讫采用"仓至仓"责任条款。

5. 索赔时效。航空货物运输保险的索赔时效为2年，从被保险货物在最后卸载地卸离飞机后计算。

第六章

第七章

国际金融法

本章要点

　　货币资金的跨境交易与融通是现代国际经济关系发展的必然要求与目标，它与国际贸易、国际投资以及其他各种国际经济交易活动紧密地联系在一起。国际经济交往必须以国际货币资金融通为基础，而国际金融关系的细微变化，又往往直接引发国际经济关系的动荡与变化和发展。因此，对国际货币关系、国际资金融通关系进行法律规范和调整，以及对国际金融机构的有效监管成为国际金融法的主要内容。

第一节　国际金融法概述

一、国际金融法的含义

　　国际金融法是国际经济法的重要分支之一。从基本法理解释，国际金融法即是调整国际金融关系的法律规范的总称。但由于对国际金融关系内涵与外延的理解不同，目前国内外学者对国际金融法的概念、特点及其法律体系等的认识均有较大的分歧。而其中最主要的分歧则集中在"金融关系"是否应包含"货币关系"这一焦点问题上。如有学者认为，金融活动仅仅指为完成货物贸易而支付货款的"金融活动"[1]或认为，金融活动仅仅指除贸易性支付以外的"资金交易活动"，也即指"通过发行股票、债券、票据或抵押以提供资金"[2] 的活动。另有学者则认为，金融系"货币资金的融通之意，也是货币流通的调节和信用活动的总称"；而"国际金

---

〔1〕 〔美〕S. 克里·库珀、唐纳德·R. 费雷泽：《金融市场》，朱顺田译，中国金融出版社1987年版，第2页。转引自郭寿康、赵秀文主编：《国际经济法》，中国人民大学出版社2006年版，第379页。
〔2〕 *Black's Law Dictionary* , West Publishing Corporation , 1979, p. 568.

融，是指发生在国际之间的货币流通与信用活动"。[1]

基于上述不同认识，认为国际金融关系不仅包括国际资金流通与信用关系，而且还包括国际货币关系的学者，往往将他们的著作直接命名为《国际金融法》。而认为国际金融关系不包含国际货币关系的学者，却又同时认为国际货币关系对于跨国资金融通乃至国际经济交往都具有基础性的重要作用，因而应对其加以考察和研究。这部分学者往往将其著作命名为《国际货币金融法》。[2]此外，也有学者将"国际金融法"分为狭义与广义两类。前者"主要调整因不同国家民事主体之间发生的跨国金融交易活动而产生的国际金融关系，它规定的是关于国际贸易融资、国际贷款融资、国际证券融资、国际租赁融资等金融交易的法则。尽管在不同国家的法律中，此类法律制度往往也可能包含有一定的管制内容，但它在本质上具有私法性质"。[3]"广义的国际金融法不仅包含狭义的国际金融法，而且还调整政府间发生的国际货币关系，不仅有私法规范，也有公法规范"。[4]应该说，这样的划分也是不无道理的。

本书认为，不管学者们从哪个角度来理解国际金融法，最后有一点是达成共识的，即都不约而同地认为国际货币流通、兑换及其相互关系是整个国际金融乃至国际经济关系的基础，国际金融法的目标与任务在极大层面上即是要协调和稳定国际货币关系。因此，无论是"国际金融法"还是"国际货币金融法"，都无一例外地包括国际货币制度与国际资金融通法律制度这两大主要内容。虽然它们是彼此独立的两个部分，但又紧密联系，构成一个统一的整体。综上，我们认为，国际金融法是调整国际金融关系，即跨国货币、资金流通关系的法律规范的总称。它既包括公法规范，也包括私法规范；既有国际法规范，也有国内法规范，是国际经济法的重要组成部分。

二、国际金融法的特点

国际金融法作为上层建筑，反映了货币资金超越国境而流动的国际性或跨国经济关系的性质。[5]尽管学者们对国际金融法特征的表述并不完全一致，但都大致从国际金融法律关系的主体、客体和内容几个方面来加以考察。本书认为，和国际金融法的其他相邻法律部门相比较，国际金融法的特征主要体现在以下几个方面：

---

〔1〕　蔡福光主编：《金融法教程》，法律出版社 1986 年版，第 1 页；王国乡编著：《国际金融简明教程》，求实出版社 1989 年版，第 1 页。转引自郭寿康、赵秀文主编：《国际经济法》，中国人民大学出版社 2006 年版，第 379 页。

〔2〕　前者如刘丰名、董世忠、李仁真等学者主编的教材均命名为《国际金融法》；后者如李国安、董安生、王贵国等学者的《国际货币金融法》或《国际货币金融法学》。只有吴志攀教授的《国际金融法》更偏重从私法（或说狭义）的角度来研究国际金融法，但他也并不反对从公法的角度来研究。

〔3〕　王传丽主编：《国际经济法》，高等教育出版社 2005 年版，第 387 页。

〔4〕　王传丽主编：《国际经济法》，高等教育出版社 2005 年版，第 387 页。

〔5〕　刘丰名：《国际金融法》，中国政法大学出版社 1996 年版，第 6 页。

（一）主体的广泛性与特殊性

国际金融法主体的广泛性体现在参与国际金融关系的当事人既可以是国家、国际经济组织，也可以是从事国际金融交往和国际金融活动的自然人、法人和其他经济组织。

国际金融法主体的特殊性则体现在上述不同主体在参与国际金融关系时所处的地位与作用不完全相同。国家作为国际金融法的重要主体，不仅可以直接和国际金融法的其他主体从事金融交流与合作，还可以基于其主权身份对本国的涉外货币金融活动进行调整、管理和监督。国际经济组织，特别是政府间国际货币金融组织，是国际金融法的另一重要主体，它们参与国际金融关系的主体地位是由设立它们的国际条约所赋予的。它们可以基于以下三种关系而成为国际金融法的主体：与成员发生的金融交易关系；与成员发生的金融管理关系；与成员的私人所发生的金融交易关系。[1]自然人和法人则是国际金融关系中最普遍、最主要的参与者，而其中各类金融机构与非金融机构起着重要的作用，特别是跨国银行在国际金融关系中具有举足轻重的作用和意义。

（二）客体的多样性与复杂性

国际金融法的客体是指国际金融法律关系主体权利义务所指向的对象，主要表现为货币、货币资产和行为三类，在实践中不同类别的客体往往又体现为各种复杂而多样的具体形态。

国际金融法的客体首先是货币。无论是国际货币制度，还是国际资金融通，都离不开货币。作为国际金融法客体的货币，必须在国际社会中具有可兑换性。如果是不能自由兑换的货币，其充当国际金融法客体的媒介作用就被极大地限制住了。[2]其次，各类货币资产在跨国金融关系中也充当重要角色，如各类政府公债、国库券、企业债券、股票、息票等有价证券，各种形式的存款、货币支付凭证及其他货币资产，等等。最后，各种金融交易行为和金融管理行为也可以成为国际金融法律关系的客体。因此，国际金融法的客体具有多样性与复杂性的特征。

（三）内容的跨国性与实践性

国际金融法规定的是关于涉外货币管理活动和跨国金融交易活动的规则，其内容既具有典型的跨国性特征，又具有很强的实践性。

国际金融法律关系的主体、交易标的或者交易行为往往都含有跨国因素，这使其区别于一般国内金融法律关系；而现代各国涉外货币金融制度都在极大程度上受到国际货币秩序与国际共同接受的各种金融制度与准则的约束，此外相当一部分国际协定和国际惯例对于跨国性金融交易的当事人还具有直接适用的意义。

---

〔1〕 邓瑞平主编：《国际金融法》，重庆大学出版社2002年版，第11页。转引自王传丽主编：《国际经济法》，高等教育出版社2005年版，第388页。

〔2〕 范晓波主编：《国际金融法》，中国政法大学出版社2005年版，第6页。

由于国际金融关系的不断发展、变化，尤其是经济全球化不可避免地带来金融全球化，并且反过来又使金融全球化成为经济全球化的重要内容与核心，国际金融法作为一个新兴的法学部门，必然要伴随国际金融关系的发展变化而不断更新和发展。实际上，在近几十年来的国际经济活动中，国际金融实践在原有的国际货币法律秩序下得到长足发展，国际金融法已成为创新迭出的重要领域。[1]各种"金融创新工具"不断涌现，各种新的国际金融制度与金融准则也不断推陈出新。巴塞尔法律文件体系的不断修正和出台，正是国际金融法规则回应国际金融实践的最好佐证。

三、国际金融法的法律渊源

国际金融法的法律渊源以国际条约、国际惯例等国际法渊源和各国国内金融法渊源为主要表现形式。国际金融法是由调整国际金融关系的各种国际法规范和国内法规范综合而成的一个法群。

（一）国际条约

国际条约是国际金融法最重要的法律渊源之一，是创设、确认和变更国际金融法律制度最重要的表现形式。国际条约对参加缔约国具有国际法上的约束力。除双边国际金融条约外，在国际金融关系中起重要作用的国际条约主要有全球性的国际金融公约和区域性的国际金融条约。前者如《国际货币基金协定》、《国际复兴开发银行协定》、《统一汇票本票法公约》、《统一支票法公约》以及世贸组织框架下的《金融服务协议》等；后者如《亚洲开发银行协定》、《泛美开发银行协定》、《建立欧洲货币体系协定》等。

（二）国际惯例

国际惯例是国际金融法最古老、最原始的渊源之一，是在长期的国际金融实践中形成的一般规则，是一种任意性的规范，其只对明确表示接受的当事人具有法律约束力。国际金融惯例是国际金融法的重要法律渊源之一，尤其是在各国利益冲突尚存、国际竞争日益激烈而相关国际金融统一立法难以形成的情况下，国际金融惯例在规范国际金融活动方面起着不可或缺的重要作用，在一定程度上弥补了国际统一法的不足。[2]其内容丰富、所涉领域广泛，如国际商会的《托收统一规则》（第322号出版物）、《合同担保统一规则》（第325号出版物）、《凭要求即付担保统一规则》（第458号出版物）和《跟单信用证统一惯例》（第600号出版物）；世界银行的《贷款协定和担保协定通则》；国际保理联合会的《国际保付代理通则》以及国际证券商协会、塞德尔、欧洲清算组织共同拟定的《ACE惯例规则》等。这些国际惯例广泛涉及国际商业贷款、国际支付结算、国际证券融资、国际融资担保等诸多领域。

〔1〕　董安生：《国际货币金融法》，中国人民大学出版社1999年版，第4页。

〔2〕　参见范剑虹编著：《国际金融法导读》，浙江大学出版社2001年版，第8页。

（三）国内立法

各国关于国际货币金融的国内立法也是国际金融法的主要法律渊源，特别是那些具有国际金融中心地位所在国家制定的相关金融法规范，对国际金融关系的调整具有重要意义和广泛影响。如英国的《公司法》、《汇票法》、《支票法》，美国的《证券法》、《证券交易法》，德国的《上市股票公司法》、《汇票法》、《支票法》，以及日本的《票据法》、《证券交易法》等。

四、国际金融法的内容体系

由于国际金融关系的纷繁复杂，致使国际金融法的内容庞杂、体系紊乱。迄今为止，学界尚未形成完整统一的国际金融法体系，现有各种国际金融法教材对国际金融法内容体系的划分也各不相同。

刘丰名教授将国际金融法划分为国际投资金融法、国际贸易金融法和国际货币金融法三个部分。[1]其中国际投资金融法主要包括世界银行集团诸协定、国际清算银行章程与巴塞尔协议、各国银行制度与服务贸易总协议、国际借贷与担保制度、国际证券制度等；国际贸易金融法主要包括国际支付的票据制度与国际保付代理、信用卡与电子货币、商业保险制度、商品期货与金融期货的交易制度等；国际货币金融法则主要包括各国货币制度、国际货币制度与国际货币基金协定、黄金与跨国货币的法律问题等内容。

也有不少学者从传统"公法"与"私法"的角度来划分国际金融法。[2]从私法的角度，国际金融法主要调整平等主体之间所形成的国际金融关系，主要包括国际借贷及其担保制度、国际支付与信用制度、国际证券法律制度、国际租赁法律制度等；从公法的角度，国际金融法主要调整跨国金融监管关系，主要包括国际货币制度、跨国银行监管法律制度等。而吴志攀教授则主要从私法的角度研究国际金融法，他将其划分为四个部分：一是国际银行与国际贷款有关的制度与合同法律问题；二是国际证券市场上市及交易规则与监管法律问题；三是国际支付与信用制度法律问题；四是国际货币市场规则及监管法律问题。[3]

范剑虹教授则认为从制度体系看，国际金融法实质上就是现行各类国际金融法律制度的有机组合，因此国际金融法的体系可以以各种制度为基础进行划分，主要包括：国际银行和借贷担保制度；国际货币制度；国际证券融资制度；国际保险制度；国际结算和贸易融资制度；其他国际金融法律制度等。[4]

而更多的学者并没有对国际金融法内容作明确的体系划分，但所涉内容大多包括上述不同部分。本书认为，由于国际金融法的内容繁多、所涉面甚广，因此，无

---

〔1〕　刘丰名：《国际金融法》，中国政法大学出版社1996年版，第10页。
〔2〕　参见范剑虹编著：《国际金融法导读》，浙江大学出版社2001年版，第6页。
〔3〕　余劲松、吴志攀主编：《国际经济法》，北京大学出版社、高等教育出版社2005年版，第320页。
〔4〕　范剑虹编著：《国际金融法导读》，浙江大学出版社2001年版，第6～7页。

论从哪个角度对国际金融法内容进行体系划分，都有可能挂一漏万，不能涵盖国际金融法的全部内容。而作为国际经济法概论课教材，本书认为采用某些学者的观点，择其精要而述之是比较适宜的做法。[1]因此，本书除在第四章介绍有关国际贸易支付与结算的国际金融制度、在第十二章介绍与国际金融服务和金融监管有关的国际服务贸易制度外，本章则主要将国际金融法划分为以下三个部分：

（一）国际货币法律制度

货币制度是各国金融法的基础，而《国际货币基金协定》则是国际货币法律体系的基石。因此，这个部分着重介绍与国际货币基金协定相关的布雷顿森林制度、特别提款权制度、牙买加制度等，同时强调掌握现行国际货币制度的主要内容。

（二）国际资金融通法律制度

国际融资的主要方式有国际借贷、国际证券融资和国际租赁等。这部分内容主要介绍融资法律实践中国际融资法律文件的共同条款、不同融资方式的特有制度以及国际融资担保的特殊法律问题。

（三）国际金融监管法律制度

国际金融秩序的稳定，离不开金融监管，尤其是对跨国银行的法律管制。但各国政府的金融监管在金融全球化的背景下往往显得捉襟见肘。为了消除各国金融监管法律制度的积极冲突和填补各国金融监管法律制度的空白区域，并制定统一的监管制度与规则，需要国际多边法律安排与协调。这部分内容着重介绍在国际金融监管中具有重要意义的巴塞尔法律制度体系。

第二节　国际货币制度

一、国际金本位制的崩溃与布雷顿森林体制

国际货币制度（International Monetary System），亦称国际货币体系，通常是指依国际条约或国际惯例而形成的货币安排，主要涉及国际货币的确定、各国货币之间的汇兑关系、国际收支的调节及国际结算方面的国际法原则和规则。[2]"一个健全而完善的国际货币秩序，应该有明确而公认的本位货币、国际储备币种及有效的汇率制度"。[3]以这样的标准来衡量，基于国际经济交往的需要，国际上有过因主要国家先后实行大致相同的体制而逐渐自发形成的国际金本位制和以国际条约的形式由各成员国共同安排的国际货币体系。其中，后者既包括国际货币体系，也包括区域货币体系。

---

〔1〕　参见陈安主编：《国际经济法概论》，北京大学出版社 2005 年版，第 497～498 页。

〔2〕　陈安主编：《国际经济法概论》，北京大学出版社 2005 年版，第 498 页。

〔3〕　杨松：《国际货币基金协定研究》，法律出版社 2000 年版，第 3 页。

（一）国际金本位制

国际金本位制是最早出现的国际货币制度，是资本主义经济自发形成的结果。由于金、银所特有的贵金属特征，各国的货币制度长期以来主要实行同时以黄金和白银为本位货币或主币的金银复本位制。但为了制止市场上"劣币驱逐良币"的现象，1816 年，英国率先颁行《金本位制条例》，限制银币流通，只铸金币，实行单一的金本位制。[1] 19 世纪末期，西方主要资本主义国家如德国、法国、比利时、意大利、美国等先后效仿英国采用金本位制，由此形成了统一的国际金本位制。

金本位制的重要特点是黄金作为本位货币，金币可以自由铸造、自由兑换，黄金可以自由输出入。基于各国货币制度均实行相同的金本位制，由此形成的国际金本位制不仅具有自发性、共同性和松散性的特征，更重要的是它使黄金充分发挥出世界货币的职能作用，对各国生产的发展、汇率的稳定、国际收支的自动调节、国际资本的流动、国际贸易的发展、各国经济政策的协调等都起到了积极的作用。[2] "从实际情况看，19 世纪形成的金本位制度为当时主要国家提供了至今最为稳定、最有效率的国际货币制度。这种状况一直持续到 1914 年第一次世界大战爆发。"[3] 因此，从 19 世纪 70 年代到第一次世界大战，国际金本位制经历了约 35 年的"黄金"时期，它在当时以平稳的金融秩序促进了世界经济的发展。[4]

然而，国际金本位制的持续稳定发展必须以黄金储备充足且分布均衡、各国经济发展的速度和规模相当、纸币的发行以一定量的黄金储备为基础等为前提条件。但在第一次世界大战期间，由于各国需用大量黄金换取军火，于是相继实行严格的外汇管制和限制黄金的自由兑换与自由输出入；战后，许多国家无力恢复金币本位制，遂大量发行无充分黄金保证的银行券，并越来越限制银行券兑换黄金，各国的金币本位制开始向金块本位制和金汇兑本位制过渡。[5] 而 1929～1933 年的世界经济危机之后不久，资本主义各国连金汇兑本位制也无力维持，终于相继放弃金本位制，

〔1〕 "劣币驱逐良币"现象是指在金、银同时用作主币时，当黄金市价上涨，金币就会被人们存放起来，只剩下银币在市面流通。而 18 世纪末的英国，由于国际市场银价大跌，其银币的法定价值已高于市价，导致大量银币流入英国，而黄金则大量流出英国。参见刘丰名：《国际金融法》，中国政法大学出版社 1996 年版，第 383 页。

〔2〕 王传丽主编：《国际经济法》，高等教育出版社 2005 年版，第 390 页。

〔3〕 杨松：《国际货币基金协定研究》，法律出版社 2000 年版，第 4 页。

〔4〕 王传丽主编：《国际经济法》，高等教育出版社 2005 年版，第 390 页。

〔5〕 狭义的金本位制仅指金币本位制。金块本位制与金汇兑本位制实际是一种对黄金的自由汇兑和自由输出入进行一定限制的金本位制。金块本位制并非流通金块，而是流通的银行券只能在法定条件下兑换金块。如英国曾规定法定兑换金块以 1600 英镑起兑，折合黄金 400 盎司；法国规定持有银行券215 000法郎才能向发行银行兑换金块。所以这种金本位制也被称为"富豪的本位制"。金汇兑本位制则规定银行券不能直接兑换黄金，只能按其含金量兑换外汇或按其汇率对外自由兑换黄金。由于对内不能自由兑换黄金，这种金汇兑本位制又称"虚金本位制"。参见刘丰名：《国际金融法》，中国政法大学出版社 1996 年版，第 385 页。

实行纸币本位制，国际金本位制遂全面崩溃。在这种情况下，各国为了保护本国经济利益，一方面对外国产品的进入实行高关税，另一方面竞相采取本币贬值措施，实行严格的外汇管制，限制多边贸易支付，从而导致国际金融秩序的混乱和国际经贸的严重萎缩。

（二）布雷顿森林体制

相继两次世界大战的爆发和全球经济危机的冲击、国际金本位制的瓦解，使国际货币秩序陷于混乱，各货币利益集团相互倾轧。混乱的国际货币制度使各国深感加强国际金融合作的重要性与迫切性。1944 年 7 月 1 日～22 日，美、英、法、苏、中等 44 国代表在美国新罕布什尔州布雷顿森林召开的联合国货币金融会议上通过了《国际货币基金协定》和《国际复兴开发银行协定》，合称"布雷顿森林协定"，以确保战后国际金融秩序的稳定和经济的全面恢复。1945 年 12 月 27 日，布雷顿森林协定生效，国际货币基金组织与世界银行同时在华盛顿成立。

《国际货币基金协定》（以下简称《基金协定》）确立了二战后以黄金美元为中心的国际货币制度，史称"布雷顿森林制度"。它和自发形成的国际金本位制不同，是世界历史上第一次通过国际条约的形式达成的统一的国际货币制度，开启了国际货币金融关系进入统一法律秩序的新纪元。

《基金协定》所确立的国际货币基金组织的宗旨是：通过设置一常设机构，便于国际货币问题的商讨与协作，以促进国际货币合作；便利国际贸易的扩大与平衡发展，以促进和维护高水平的就业和实际收入以及所有会员国生产资源的发展作为经济政策的首要目标；促进汇价的稳定，维持会员国间有秩序的外汇安排，并避免竞争性的外汇贬值；协助建立会员国间经常性交易的多边支付制度，并消除妨碍世界贸易发展的外汇管制；在充分保障下，以基金的资金暂时供给会员国，使有信心利用此机会调整其国际收支的不平衡，而不致采取有害于本国的或国际的繁荣的措施；依据以上目标，缩短会员国国际收支不平衡的时间，并减轻其程度。

依据上述宗旨，布雷顿森林体制所确立的国际货币制度主要包括以下内容：

1. 建立一个永久性的国际金融机构——国际货币基金组织。国际货币基金组织的宗旨之一首先即是"通过设置一常设机构，便于国际货币问题的商讨与协作，以促进国际货币合作"。这一常设机构即依据《基金协定》的规定所建立的"国际货币基金组织"（International Monetary Fund，简称基金组织或 IMF）。

2. 实行以黄金—美元为中心的国际金汇兑本位制。布雷顿森林体制最主要的内容即体现在确立以美元为中心的国际货币体系，实行以黄金储备为基础、以美元为主要国际货币，并采取美元与黄金及各国货币"双挂钩"的国际汇兑制度。首先，美元与黄金挂钩，各成员国有义务确认美国法定的 35 美元＝1 盎司黄金的黄金官价（Official gold price），同时有权随时按此官价以美元向美国政府兑换黄金；其次，其他成员国的货币与美元挂钩，即这些国家的货币对美元的汇率可按各自的含金量来确定，或者不规定含金量而径行确定与美元的比价。

3. 确立可调整的固定汇率制。各成员国货币与美元之间的汇率只能在法定汇率（货币平价）上下各 1% 的幅度内浮动，未经基金组织同意，各成员国不得随意改变本国货币对美元的固定汇率。各成员国有义务在外汇市场出现波动时进行干预，以保持外汇市场的稳定。

4. 力图取消经常项目的外汇管制。根据《基金协定》第 8 条的规定，除有协定允许的例外，各成员国不得限制经常项目的外汇支付，不得采取歧视性的货币政策，以实行贸易的多边支付制度等。

5. 提供资金以调节国际收支。为确保上述制度的有效执行，基金组织提供资金支持，以使成员国在发生国际收支逆差时不致采取有害于本国或国际繁荣的措施，如竞争性的货币贬值。因此，当各成员国发生逆差时，其有权向基金组织行使一般提款权，即以本国货币向基金组织换取外汇，日后再以外汇向基金组织购回本国货币。

二、特别提款权的创设和牙买加制度

布雷顿森林体制的建立与运行，对战后国际经济的恢复发展和国际货币秩序的稳定起到了积极的作用。但布雷顿森林制度是以可兑换黄金的美元作为中心货币的，其制度本身具有先天的不合理性。正如著名的"特里芬难题"[1] 所揭示的，依布雷顿森林体制的运行规则，国际货币金融关系不是出现"美元荒"，就是泛滥"美元灾"。为此，国际货币基金组织先后两次修订基金协定，这即是特别提款权的创设和牙买加制度的诞生。

（一）创设特别提款权——基金协定的第一次修订

20 世纪五六十年代，美国连续发动朝鲜战争与越南战争，由于军费剧增，其国际收支持续恶化，国际社会出现了"美元灾"。在此背景之下，基金组织于 1969 年 7 月 28 日完成对基金协定的第一次修订，创设了特别提款权，这次修订的基金协定文本也被称为《特别提款权协定》。

特别提款权作为基金组织分配给成员国的一种使用资金的特别权利，可以同黄金、美元一样作为国际储备，从而使之部分取代了美元，在一定程度上缓解了"美元灾"。在此后的几十年中，基金组织又多次对特别提款权制度进行了修订与完善，使得特别提款权不仅成为目前国际货币金融关系，乃至成为整个国际经济关系中极

---

[1] 以美元作为中心货币，则如果美国经济持续顺差会导致国际市场出现"美元荒"（dollar shortage），如果美国国际收支持续逆差则会使国际市场出现"美元灾"（dollar glut）；当美元数量超过美国黄金储备总量时，整个国际货币制度就会崩溃。由于这一经济规律首先由美国经济学家罗伯特·特里芬（R. Triffin）所揭示，因此被称为"特里芬难题"（Triffin dilemma）。后来整个国际经济的实践证明了这一命题的科学性：布雷顿森林制度的初期，西欧各国对美国主要是逆差，出现了"美元荒"；五六十年代，美国由于军费开支剧增开始滥发美钞，引起通货膨胀，同时欧洲各国经济复苏，对美国主要是顺差，因此出现"美元灾"。参见刘丰名：《国际金融法》，中国政法大学出版社 1996 年版，第 422 页。

为重要的一项独特制度，其对国际经济的促进和发展起到了极大的推动作用。有关特别提款权的具体内容，本节将在后面的相关部分做详细介绍。

（二）牙买加制度——基金协定的第二次修订

特别提款权的创设与运行，并未从根本上解决美元与黄金危机，到 20 世纪 70 年代，美国已无力再承受其承诺的以美元换取黄金的义务，遂单方面宣布停止美元兑换黄金。于是其他成员国也不再维持其与美元的固定汇率，相继改为浮动汇率。由此，布雷顿森林体制在事实上彻底崩溃，再次修订基金协定也就势在必行。

1974 年 1 月 7 日~8 日，基金组织在牙买加首都金斯敦召开的临时委员会上达成协定，完成对基金协定的第二次修订，史称《牙买加协定》。该协定于 1978 年 4 月 1 日起正式生效，其所确立的现行国际货币体系被称为"牙买加制度"。牙买加制度的诞生正式从法律上宣布了布雷顿森林体制的结束，其对布雷顿森林体制的修改主要体现在以下几个方面：

1. 取消货币平价，确认浮动汇率制的合法化。《牙买加协定》取消了原来的货币平价制，成员国可以自由选择汇率制度，即基金组织承认固定汇率制和浮动汇率制并存。因此，各成员国不再承担维持本国货币与美元之间固定汇率的义务，由各国自主安排外汇制度，但各成员国的汇率政策仍应受基金组织的监督，以防竞争性的货币贬值。

2. 黄金非货币化，削弱黄金的国际货币作用。废除原协定中的所有黄金条款，实现"黄金非货币化"，使黄金与货币脱钩，成为一种单纯的商品。具体包括废除黄金官价，成员国可按市价从事黄金交易；取消黄金作为各国货币定值的标准，改由特别提款权表示；取消成员国和基金组织之间及各成员国之间的黄金支付义务；基金组织所持有的黄金将逐步减持，其后在 1976 年 6 月~1980 年 5 月的 4 年中，基金组织拍卖了 1/6 的黄金储备 2500 万盎司。[1]

3. 强调和提高特别提款权的国际储备地位。确认将来以特别提款权作为主要的国际储备资产，逐步取代美元和黄金的地位；各成员国间的特别提款权的交易和转移无需取得基金组织的同意；成员国之间或对基金组织的某些支付可用特别提款权；不仅在基金组织的一般业务中扩大了特别提款权的使用范围，并且尽量扩大了特别提款权的其他业务使用范围。

4. 扩大对发展中国家的资金融通，以出售黄金所得收入拨充"信托基金"，用于援助发展中国家。

总之，牙买加协定正式从法律上宣告了取消"双挂钩"的平价汇兑制度，对基金协定原有的黄金条款、汇率制度及特别提款权等作了大幅度的改动，重新公布了基金协定文本，构建了现行国际货币体制，成为国际货币制度发展史上一个崭新的里程碑。

――――――――――

〔1〕　刘丰名：《国际金融法》，中国政法大学出版社 1996 年版，第 427 页。

第七章

三、现行国际货币制度

《国际货币基金协定》建立近 60 年来，其内容几番增删，国际金融形势也往返跌宕，但基金协定所确立的国际货币基金组织的宗旨却从未更改过。"基金协定是历史上迄今为止最为大胆、最为成功的一次国际货币合作，它确立了以国际法律调整国际货币关系的重要地位，奠定了自第二次世界大战以来国际货币制度的基调与格局。"[1]继牙买加协定之后，尽管基金组织也曾多次对国际货币基金协定进行修订，但这些修订都主要集中在特别提款权的普遍增资与协定个别条款的调整上，对于牙买加协定的实质内容并未作根本变动。因此，现行国际货币体制依然是以牙买加协定为蓝本的，概括而言，其主要内容包括：

（一）汇率安排

《基金协定》的宗旨之一是促进成员国的汇率稳定，为了实现这一目标，基金协定主要通过"成员国的一般义务"和"基金组织的监督制度"来保障完成。

1. 一般义务。如前所述，在布雷顿森林体制时期，汇率稳定是通过"双挂钩"制度和货币平价来实现的，牙买加协定取消了这些规范，但基金协定促进成员国汇率稳定的宗旨并没有改变。因此，依据牙买加协定，各成员国在汇率安排方面虽具有较大自由，即可以自主选择实行浮动汇率或固定汇率，但各成员国仍负有进行国际货币合作以实现汇率稳定的义务。此时，各成员国汇率的稳定主要是通过各国实施稳健的货币、金融政策及其他有秩序的经济政策等"一般义务"来完成的。

《基金协定》第 4 条第 1 款对"成员国的一般义务"作了基本规定："鉴于国际货币制度的主要目的是提供一个便利国与国之间商品、劳务和资本的交流和保持经济健康增长的体制，鉴于主要目标是继续发展保持金融和经济稳定所必要的有秩序的基本条件，以保证有秩序的外汇安排，并促进一个稳定的汇率安排，尤其是，各成员国应该：①尽量以自己的经济和金融政策来达到促进有秩序的经济增长这个目标，既有合理的价格稳定，又适当照顾自身的状况；②努力通过创造有秩序的基本的经济和金融条件和不会产生反常混乱的货币制度以促进稳定；③避免操纵汇率或国际货币制度来妨碍国际收支有效的调整或取得对其他成员国不公平的竞争优势；④奉行同本款所规定的保证不相矛盾的外汇政策。"

可见，基金协定要求成员国在选择汇率制度与确定汇率方面不得违背协定的基本原则和宗旨，成员国必须努力创造条件以实现经济的稳定增长和金融秩序的有序发展，尤其是不得采取有违国际经济稳定与繁荣的竞争性的货币贬值措施。尽管基金组织在这里使用了较多的如"鉴于"、"保证"、"促进"、"尽量"、"努力"等建议性的用词，使得许多学者认为现行国际货币制度不具备强制约束力，是一种"软

---

〔1〕 杨松：《国际货币基金协定研究》，法律出版社 2000 年版，第 16 页。

法"（Soft Law）[1]，更有甚者认为现行国际货币制度根本就是"没有制度"（Non-system）[2]。但本书以为，非制度化的提法是值得商榷的，虽然现行国际货币安排与布雷顿森林体制时期的强行固定汇率制有了很大的不同，灵活性与非强制约束性是其重要特征，但基金协定赋予成员国在汇率安排方面的基本义务对于促进整个现行国际经济的相对稳定发展还是有目共睹的。众所周知，在 20 世纪末的亚洲金融危机时期，中国作为基金协定的重要成员之一，不惜牺牲自己的经济利益，坚持人民币不贬值，对稳定整个亚洲乃至全球的金融局势作出了巨大的贡献。中国政府的这一举措，不仅受到各国的交口称赞，也得到国际货币基金组织的首肯。

2. 监督制度。基金协定除了在第 4 条第 2 款规定了各成员国应对其外汇安排向基金组织通报以外，还在第 4 条第 3 款专门规定了基金组织应监督国际货币制度，以保证其有效实行，应监督各成员国的外汇安排是否遵守了第 4 条第 1 款的基本义务。为此，基金组织执行董事会特别通过了一项旨在避免操纵汇率或国际货币体系的决议，提出了监督成员国汇率政策的三项基本原则：①成员国有义务不得为妨碍国际收支的有效调整或从其他成员国取得不公平的竞争利益而操纵汇率或国际货币制度；②如果外汇市场的紊乱的情势构成对成员国货币汇率的短期干扰，为消除这种紊乱的情势，相关成员国于必要时应对外汇市场进行干预；③成员国在采取外汇干预政策时，应当充分考虑到其他成员国，包括所涉及外汇的发行国的利益。

基金组织执行董事会的上述规范，不仅重申了协定第 4 条第 1 款的部分内容，更成为实践中各成员国实施汇率政策的指导方针，对于成员国的汇率政策具有重要的影响。因此，成员国虽然有权自由选择汇率制度，尤其是浮动汇率制度，但并不是完全对汇率市场放任不管。这种有管理的浮动汇率制度，在相当长的时期中已成为并将继续成为各国选择实施的汇率政策。如我国《外汇管理条例》第 33 条规定："人民币汇率实行以市场供求为基础的、单一的、有管理的浮动汇率制……"

此外，基金协定第 4 条第 3 款还就"各会员国应该向基金提供为进行这种监督所必要的资料，在基金提出要求时，应就会员国的汇率政策问题同基金进行磋商。基金制定的原则应该尊重各会员国国内的社会和政治政策，在执行这些原则时，基金应该对各会员国的境况给予应有的注意"等进行了规定。

近十来年，随着中国经济的高速发展和持续性的贸易顺差，人民币汇率升值成为国际金融的焦点问题。美国曾多次指责中国"操纵汇率"以获取外贸优势，中美双方就此也进行过多次的磋商与交流。但迫于美国国内少数强硬派的压力，2007 年 6 月 15 日，国际货币基金组织通过了《对成员国政策双边监督的决定》，以此替代

---

[1] 陈安主编：《国际经济法概论》，北京大学出版社 2005 年版，第 500 页；郭寿康、赵秀文主编：《国际经济法》，中国人民大学出版社 2006 年版，第 384 页。

[2] 陈彪如、马之骁主编：《国际金融学》，西南财经大学出版社 1997 年版，第 265 页。转引自范晓波主编：《国际金融法》，中国政法大学出版社 2005 年版，第 40 页。

1977 年制定的《关于汇率政策监督的决定》，其新增的"第四原则"条款，要求成员国确保其汇率政策不会引发"外部社会的不稳定"。[1] 业内人士普遍认为，这是 IMF 迫于美国压力而采取的针对中国的汇率新政。对此，中国政府明确表示："新政未能充分反映发展中国家的意见，中国对此持保留态度"，"IMF 作为政府间的国际金融机构，应该客观、公正地反映和评价各国的汇率政策"。[2]

同时，中方认为，当前国际货币和金融体系发生的变化是在全球经济和生产要素配置等出现根本变化的大背景下逐步形成的，IMF 对成员国政策的监督应充分考虑经济全球化、产业分工的调整以及科技进步对于当前全球经济的基础性影响，重视国内经济稳定与外部稳定的关系，客观看待汇率政策对一国实现外部稳定的作用。汇率调整对解决对外失衡有一定作用，但不是根本和唯一的政策工具。汇率大幅度无序调整不仅会加剧外部不稳定，还会影响一国国内经济的可持续增长，进而影响全球经济的持续增长和国际金融市场的稳定。[3]

美国金融危机之后，为了缓解国内经济压力，美国政府更是对人民币问题横加指摘、频频施压。对此，不仅中国政府提出严正反驳，国际社会也产生了极大反响。甚至有世界舆论尖锐指出："美国无权对人民币问题说三道四"，"美国应在人民币问题上闭嘴"，包括联合国在内的国际组织及各国政府都力挺中国的汇率政策。[4] 尽管如此，人民币汇率在最近的几年已连续创出新高。进入 2008 年后的近半个月内，人民币对美元汇率中间价已先后 5 次改写汇改以来的新高纪录，从 2005 年汇改时的 8.11 左右，升至 7.25 左右，升幅接近 12%。[5] 目前，人民币对美元汇率更是早已突破了 6.42 的新高，累计升值已经超过 20%。[6]

很显然，人民币汇率的过快升值，并不符合基金组织要求成员国促进汇率稳定的目标，是违背基金组织关于汇率安排的基本宗旨的。正如我国政府多次表示的：保持人民币汇率的基本稳定，是有利于世界经济发展的，是对国际社会和世界经济的贡献。

〔1〕 参见"中国对 IMF 的对成员国政策双边监督的决定持保留态度"，载新浪财经网 http：//finance. sina. com. cn/g/20070620/11083707972. shtml，2011 年 11 月 18 日访问。

〔2〕 参见"中国对 IMF 的对成员国政策双边监督的决定持保留态度"，载新浪财经网 http：//finance. sina. com. cn/g/20070620/11083707972. shtml，2011 年 11 月 18 日访问。参见"央行回应 IMF 汇率新政"，载中国发展门户网 http：//www. chinagate. com. cn，2012 年 1 月 20 日访问。

〔3〕 参见"央行回应 IMF 汇率新政"，载中国发展门户网 http：//www. chinagate. com. cn，2012 年 1 月 20 日访问。

〔4〕 参见"美国施压人民币升值"，载环球网 http：//www. huanqiu. com/zhuanti/world/renminbi/，2012 年 2 月 17 日访问。

〔5〕 参见"7.2454！人民币汇率中间价大涨 112 基点再创新高"，载搜狐财经网 http：//business. sohu. com/20080115/n254662688. shtml，2012 年 1 月 21 日访问。

〔6〕 参见"美国施压人民币升值"，载环球网 http：//www. huanqiu. com/zhuanti/world/renminbi/，2012 年 2 月 17 日访问。

第七章

（二）汇兑措施

基金协定的宗旨之一是建立会员国间经常性交易的多边支付制度，并消除妨碍世界贸易发展的外汇管制。为了促成这一目标的实现，《基金协定》主要通过第8条会员国义务和第14条的过渡安排来进行规范。

1. 第8条会员国一般义务。《基金协定》在题为"会员国的一般义务"的第8条规定了如下主要内容：①避免限制经常性支付：各会员国未经基金同意，不得对国际经常往来的付款和资金转移施加限制；②避免施行歧视性货币措施：除协定规定或基金准许者外，任何会员国不得施行歧视性货币措施或多种货币汇率制；③兑付外国持有的本国货币：任何会员国对其他会员国因经常性交易所持有的本国货币结存，如其他会员国提出申请，应予购回；④供给资料：基金得要求各会员国提供基金认为其进行活动所需的各种资料，包括各国官方或非官方在国内外持有的黄金和外汇、各国黄金的生产量、黄金与商品的输入出情况、国际收支状况以及国民收入、物价指数等。

如果会员国接受并履行上述义务规定，即成为"第8条会员国"，其货币即被基金组织承认为"可兑换货币"。值得注意的是，基金组织对于"可兑换货币"的要求只限于"经常项目"[1]的多边自由兑换，而对于"资本项目"的限制，并不受基金协定第8条的约束。因此，我国《外汇管理条例》第5条的规定"国家对经常性国际支付和转移不予限制"是完全符合基金协定第8条的义务要求的。而许多发达的基金组织会员国不仅放开对经常项目的外汇管制，对资本项目的外汇管制也不加以约束，因此其货币不仅是基金组织认可的"可兑换货币"，而且是完全可自由兑换的货币，如美元、英镑、日元以及欧元等。由于我国对资本项目的外汇管制尚未完全放开，因此人民币目前还只是部分可兑换，但目前我国已开始在推进资本项目逐步开放的进程，人民币改革的最终目标，就是要实现经常项目和资本项目的完全自由可兑换。2009年美国金融危机之后，我国适时推进跨境贸易中人民币结算的比例，无疑对于实现人民币改革的终极目标具有阶段性的意义。

2. 第14条规定的过渡办法。《基金协定》诞生之初，由于许多成员国尚处于战后恢复期，无力一下取消外汇管制，接受第8条规定的义务。于是，《基金协定》便在第14条规定了过渡办法：在5年的过渡期内，一成员国可对经常项目的支付和转移加以适当限制，但一旦情势许可，则应立即取消限制。过渡期满后，成员国如果仍需维持外汇管制，则需每年同基金组织进行磋商，这即所谓的"第14条磋商"。同时，该条还规定，基金组织在认为此类成员已具备了适当条件时，可通知其放宽或取消某项、某些或全部管制措施；如果成员国拒不采纳该建议，基金组织可采取制裁措施，停止其使用基金组织贷款的权利。此外，在过渡安排下，成员国不得采

---

[1] 经常项目，是指国际收支中经常发生的交易项目，包括贸易收支、劳务收支、单方面转移等。参见陈安主编：《国际经济法概论》，北京大学出版社2005年版，第503页。

取新的限制措施;某项限制措施一旦取消,也不得在过渡安排期间重新启用;如果一成员国退出"第14条磋商国"而成为"第8条会员国",则不得重回第14条过渡安排。

许多发达成员国在战后经济得到全面恢复以后,即放弃了"第14条磋商国"而承诺成为"第8条会员国";但大多数发展中成员国则在战后的50多年中仍然或多或少地维持着外汇管制,由此,第14条规定就一直延续下来,并且后来改为每一年半磋商一次。但20世纪90年代以后,许多发展中国家在经济发展以后也纷纷退出"第14条磋商国"而进入"第8条会员国"。中国长期以来在国际货币基金组织的历史上也一直属于"第14条磋商国",直到1994年的货币金融制度改革以后,中国政府才正式通知基金组织从1996年12月1日起接受《基金协定》第8条的义务,成为"第8条会员国"。截至2004年3月,在基金组织的184个成员国中,已有155个成为"第8条会员国",其余的29个尚选择第14条的过渡安排。[1]

(三)资金支持

基金组织的宗旨之一,是在充分保障下,以基金的资金暂时供给会员国,使该会员国有信心利用此机会调整其国际收支的不平衡,而不致采取有害于本国的或国际的繁荣的措施。汇率稳定和取消外汇管制,是基金组织成员国的主要义务,也是基金组织的宗旨和目的,而各国维持外汇管制的目的是保证国际收支的平衡,由于实现汇率的稳定又需要大量的国际储备。因此,对于国际收支暂时不平衡的成员国提供资金支持不仅是基金组织的主要义务,也是维持整个国际货币金融秩序稳定的重要手段和措施。

1. 资金来源。各成员国认缴的份额是基金组织最主要的资金来源,其他的资金来源还有基金组织从官方机构或民间组织借入的资金以及它在运营过程中所获得的收益和国际捐赠等。各成员国在加入基金组织之时,即必须以国际储备和本国通货向基金组织缴纳已核定的份额,构成基金组织的基本资金。基金组织也可通过借款的方式筹措资金,既可向各成员国政府和中央银行借款,也可向私人(如各国的商业银行)筹资,但均需获得被借货币发行国的同意。迄今为止,基金组织尚未向私人国际资金市场筹款。目前,基金组织最主要的借款来源有二:一是"借款总安排",由美国、日本、法国、英国、意大利、加拿大、荷兰、比利时、瑞士及德国和瑞典中央银行联合提供,始于1962年,现已作出了9次借款安排,借款额度已达170亿特别提款权(另有沙特政府提供的联系信贷安排15亿特别提款权);二是"新借款安排",于1998年设立,已有26个成员国提供了340亿特别提款权的贷款。[2]显然,基金组织以成员国份额和借款作为资金的主要来源提供贷款,实际上具有将顺差国的多余储备贷给逆差国的功能。这是具体体现成员国之间货币合作的又一个

〔1〕 陈安主编:《国际经济法概论》,北京大学出版社2005年版,第504页。

〔2〕 陈安主编:《国际经济法概论》,北京大学出版社2005年版,第505~506页。

重要方面。而促进国际货币合作，也正是《基金协定》规定的宗旨之一。[1]

2. 贷款方式。基金组织提供的贷款，其目的和用途均限于纠正因经常项目收支逆差所引发的国际收支的暂时性失衡。因此，成员国要获得基金组织的贷款，必须证明本国有调节国际收支的资金需要。基金组织对成员国的贷款通常又被称为成员国对基金的"提款权"。它与通常意义上的贷款不尽相同，其基本做法是：成员国向基金组织提取贷款必须交付等值的本国货币，即用本国货币换取外国货币，此举被称为"购买（Purchase）"；成员国向基金组织偿还贷款，则用所借外国货币换回本国货币，这被称为"购回（Repurchase）"。

基金组织的普通贷款分为储备贷款和信用贷款两部分，成员国普通提款权的多少取决于其在基金组织份额的大小。储备贷款部分的额度可达成员国认缴基金份额的25%；信用贷款部分的额度可达成员国认缴份额的100%，共分4档，每档各占25%。由于基金组织规定各成员国认缴份额的25%必须用黄金，后改为特别提款权或可兑换货币缴纳，其他部分则可用本国货币缴纳，因此，储备贷款部分的提取相当于是动用成员国自己的国际储备，因而这部分贷款的使用是无条件的。而信用贷款的使用则是有条件的，并且4个档次的贷款，逐档趋严，尤其是后面三个档次，通常被称为高档信用贷款。

基金组织提供的贷款，最初仅有普通贷款一种，即储备部分贷款和信用部分贷款。成员国从基金组织普通资金账户取得普通贷款的权利，就称为普通提款权（Ordinary Drawing Rights，简称ODRs）。当然，基金组织后来又相继增设了一系列特殊贷款或专项贷款，以及普通资金账户外的贷款。这些贷款也主要用于帮助借款国解决其国际收支逆差问题。但在基金组织的各种贷款中，普通贷款仍然是最基本、最主要的一种，其贷款期限一般为3~5年。

（四）国际储备

国际储备是一国政府用于弥补国际收支逆差、维持汇率稳定、偿还对外债务以及应付其他各种紧急支付而持有的，为各国所普遍接受的流动资产。[2]黄金和外汇是各国传统的国际储备，但自从基金组织创设特别提款权并多次扩大特别提款权的使用以后，特别提款权则成为各国重要的国际储备资产。

1. 特别提款权的概念。特别提款权（Special Drawing Rights，简称SDRs）是国际货币基金组织在原普通提款权之外创设的，基金组织按各成员国认缴份额的比例分配的一种使用资金的特别权利，它是成员国在基金组织账户上一种用数字表示的人为资产。[3]

如前所述，特别提款权是基金组织为补充国际储备不足而于1969年8月创设并

---

[1] 范晓波主编：《国际金融法》，中国政法大学出版社2005年版，第30页。

[2] 参见陈安主编：《国际经济法概论》，北京大学出版社2005年版，第509页。

[3] 陈安主编：《国际经济法概论》，北京大学出版社2005年版，第509页。

于 1970 年 1 月开始向参加国发行的一种国际储备资产，它主要用作成员国及基金之间的国际支付工具和货币定值单位，并可在成员国和基金组织间兑换成可自由使用的外汇。[1]

归纳而言，特别提款权其"特别"之处主要表现在：①它是一种人为的账面资产或虚拟资产。它是由成员国集体创造的信用资产，并不具有真实的物质基础或内在价值，但它又确实具有法定价值。②作为国际储备，它仅限于官方之间使用，在成员国之间及成员国与基金组织之间可用于国际收支逆差的偿付或国际债务等交易的履行和清算，因此它具有国际货币的职能。但它又不能作为现实货币直接进入流通而用于各种债权债务的支付，所以它又还不是完全或真正意义上的国际货币。③和普通提款权相比，成员国分得特别提款权，无需向基金组织缴纳任何其他资金，成员国动用特别提款权也无需任何条件，并且其可归成员国长期使用。

2. 特别提款权的定值。特别提款权既然是一种国际货币，就必须有其定值。创设之初，特别提款权是以黄金官价表示其价值的，35 单位特别提款权与 1 盎司黄金等值，也即 1 特别提款权相当于 0.888671 克纯金，与美元等值。因此，特别提款权也常被称为"纸黄金"（Paper Gold）。布雷顿森林体制崩溃以后，基金组织决定从 1974 年 7 月 1 日起，特别提款权与黄金脱钩，采用"一篮子货币"定值的方法，即以当时商品和劳务出口额分别占世界出口总额 1% 以上的 16 个成员国货币的加权平均数来定值。其加权的比重主要以该成员国出口额占世界总出口额的比例而定，同时还考虑其他经济因素。后为了简化手续，基金组织又决定从 1981 年 1 月 1 日起，将特别提款权改为按世界商品和劳务出口比重最大的 5 个成员国的货币定值，并且每 5 年调整一次。因此，长期以来，特别提款权都是以美元、德国马克、英镑、法国法郎和日元 5 种货币联合定值的，比如 1996～2000 年期间，这 5 种货币在 1 特别提款权单位中的权重分别是美元 39%、德国马克 21%、日元 18%、法国法郎 11%、英镑 11%。欧元诞生后，德国马克和法国法郎为欧元所取代，因此，现在特别提款权篮中的货币只有美元、欧元、日元和英镑 4 种，其 2001～2005 年之间的权重分别是美元 45%、欧元 29%、日元 15%、英镑 11%。目前，随着美元的进一步贬值，特别提款权的构成比例已为：美元 39%、欧元 32%、日元 18%、英镑 11%。[2]因此，特别提款权既为一种账面资产，又为一种联合货币，其价格的计算方法是：首先将其构成中的其他几种货币金额，按照当日伦敦外汇市场汇价分别折算为等值美元，然后把所有美元值相加，即得出 1 单位特别提款权的美元值，特别提款权价格由世界银行逐日挂牌公布。[3]

3. 特别提款权的使用。成员国在基金组织开设特别提款权账户，作为一种账面

---

〔1〕 郭寿康、赵秀文主编：《国际经济法》，中国人民大学出版社 2006 年版，第 387 页。

〔2〕 参见刘丰名：《国际金融法》，中国政法大学出版社 2007 年版，第 431、441 页。

〔3〕 刘丰名：《国际金融法》，中国政法大学出版社 2007 年版，第 431 页。

资产或记账货币，可用于办理政府间结算，偿付会员国国际收支逆差。同时，特别提款权也可以用以偿还基金组织的贷款，或用于援助、捐赠以及作为偿还贷款的担保等。但需注意，作为一种国际储备，它是纸黄金；但作为账面资产，它不能兑换黄金，也不能当做现实的货币用于国际贸易和非贸易的支付。特别提款权只能在各成员国的金融当局和基金组织、国际清算银行等官方机构之间使用，私人企业不能持有和使用特别提款权。

尽管如此，特别提款权因其采用多种货币联合定值，具有币值相对稳定的特点，因而作为一种计价和定值单位，它却已在国际上得到广泛运用。不仅基金组织计算份额使用特别提款权，在基金外部，特别提款权的实际用途已经出现扩散趋势，在国际铁路运输、国际邮政、国际产品责任和安全赔款等领域，均已开设使用特别提款权定值或作为计算标准。[1]如联合国《海上货物运输公约》（《汉堡规则》）、《国际多式联合运输公约》等规定承运人赔偿责任限额的计价单位即为特别提款权。其他一些国际组织进行跨国清算，以及私人公司、企业发行证券、签订贷款协议等，也经常使用特别提款权定值。

第三节　国际资金融通法律制度

一、国际融资协议的共同条款

国际融资的方式很多，比如国际借贷、证券融资以及融资租赁等，但不论哪种形式的国际融资活动，当事人之间总是会通过不同的融资协议来明确彼此的权利义务关系。尽管不同的融资协议因融资的方式、融资环境的不同以及各国法律的规范不同等而具有较大的差异，但却又因不同融资所具有的共性——资金的安全性问题成为融资双方的焦点，所以无论何种形式的融资协议往往都具有许多共同性的标准条款，这些标准条款主要体现为保障资金安全的各种保护性条款。

（一）陈述与保证

陈述和保证（Representations and Warranties）是指借款人就与融资协议有关的法律和商务状况向贷款人作出说明，并保证这些说明的真实性、完整性和准确性。[2]由于国际融资的双方分处不同国家，贷款人对借款人的各方面真实情况和资信状况难以充分了解和实际把握，因此，贷款人往往要求借款人对融资相关的各种事项作出明确说明和保证。根据融资协议和一些国家的法律，虚假陈述本身即构成违约，要承担严格的法律责任。实践中，国际融资协议的陈述和保证主要包括两个方面的内容：

1. 借款人关于法律事项的陈述和保证。有关借款人法律地位以及借款合同有效

---

〔1〕　参见刘丰名：《国际金融法》，中国政法大学出版社 2007 年版，第 434 页。

〔2〕　陈安主编：《国际经济法概论》，北京大学出版社 2005 年版，第 511 页。

性的说明与保证，是为了使贷款人确信该项贷款的效力不会受到来自借款人或相关国家法律规定的阻碍。比较常见的说明事项包括：借款人是依法注册成立的公司或实体，具有订立和履行融资协议的合法权限；融资协议的签订已获得借款人有关机构的授权，已经有关政府部门批准或许可，各种必备的手续已经办妥；融资协议不违反借款人所在国的法律及借款人的组织章程；融资协议对借款人具有法律约束力和强制执行效力；若借款人是政府或政府机关，还需申明其借款属于商业行为，受民商法调整，不享有国家豁免权等。

2. 借款人有关商务状况的陈述与保证。有关借款人财务和商务状况的说明，是为了使贷款人确信借款人有良好的资信与还款能力。其主要内容包括：借款人经过审定的最新会计报表能真实地反映借款人的财务状况和经营情况；借款人没有不履行其任何合同、法律文件或担保协议项下的义务，也没有发生任何违约事件；借款人没有卷入任何司法诉讼或类似程序；借款人没有在其资产或收入上设定或认可其他担保物权等。

借款人有关法律事项和商务事项的说明和保证，对贷款人保障其贷款利益具有重要意义。如果借款人的实际情况与行为和他所作的陈述与保证不相符，即构成违约，贷款人则有权解除贷款协议、中止提供贷款或要求提前还款等。因此，许多融资协议往往要求这种说明和保证的效力必须延续至整个融资协议有效期限届满时止，这即所谓的"永久保证"（Ever – green Warranties），也称"四季青保证"[1]。而永久保证对借款人是一项沉重的负担，因为他们必须承担因情况变化而使其说明失实的风险，但有些变化并非其自身所能控制。因此，实践中，他们则往往要求贷款人采取比较灵活的态度，如对"非重大事项"免于永久保证等。

（二）先决条件

先决条件（Conditions Precedent）是指贷款人发放贷款须以借款人满足有关约定的条件为前提。国际融资协议一般都不是协议一经签订贷款人就承担提供贷款的义务，而是必须等融资协议规定的先决条件满足才承担或履行提供贷款的义务，与此同时，借款人才享有提取贷款的权利。国际融资实践中，陈述和保证的内容通常即构成先决条件，其一般分为两类：

1. 涉及融资协议项下全部贷款义务的先决条件。这类先决条件规定，只有这些条件成就时，才能使融资协议生效或要求贷款人开始全部的贷款义务，因此也称总括先决条件。这类先决条件多为有关陈述和保证的各项具体内容的书证或文件：如借款人的组织章程和营业执照；借款人有关授权机构（如董事会、股东大会）批准该融资协议的文件；借款人所在国外汇主管当局的批准书；贷款人要求提供的保函或其他担保文书；以及律师出具的法律意见书等。

2. 涉及提供每一笔款项的先决条件。国际融资协议通常都是分期提供贷款。为

---

[1] 龚柏华：《国际金融法新论》，上海人民出版社 2002 年版，第 119 页。

了保证借款人的相关状况不至于在第一期贷款发放后朝着不利于贷款人的方向变化，融资协议往往还会规定，在借款人提取每一笔款项之前，还必须满足各项先决条件：如原来的陈述和保证仍然准确无误，即符合"永久保证"的要求；借款人的财务状况和经营状况没有发生实质性的不利变化；借款人没有发生违约事件或可能构成违约的其他情事；没有出现任何可能使借款人履行融资协议项下的义务受到限制的情况等。

（三）约定事项

约定事项（Covenants）是指借款人允诺在贷款期限内承担的一系列作为或不作为的义务。这类条款规定主要是通过对借款人的诸多活动或行为进行有效约束和控制，以保障其还本付息的能力，其中有关借款人财务和担保方面的约定尤为重要。常见的约定事项主要有以下具体条款：

1. 消极担保条款。消极担保（Negative Pledge）条款一般规定，借款人在偿还全部贷款之前，不得在自己甚至包括其子公司的资产及收益上，为其他债权人维持或设定任何担保物权。消极担保条款的约定，通过限制借款人为其他债权人设定担保物权，对于保持贷款人的有利受偿地位及保持借款人的清偿能力都起到了较强的保障作用。但为了减缓借款人绝对消极担保义务的重负，消极担保条款往往也规定有一些例外，如日常经营活动中因法律而产生的留置权、融资协议签订前已设定的担保物权等不受消极担保条款的约束；借款人为其他债权人设定担保物权时，也按比例给予贷款人同等的担保权益，即可免除其消极担保责任等。

2. 平等位次条款。平等位次（Pari Passu）条款规定借款人应保证无担保权益的贷款人与借款人其他无担保权益的债权人处于同样的受偿地位，不得厚此薄彼。在国际融资协议中，平等位次条款往往与消极担保条款同时并存，互为补充。消极担保条款意在使贷款人的受偿权不逊于其他有担保权益的债权人；而平等位次条款则旨在使贷款人的受偿权不落后于其他无担保权益的债权人。但一般而言，平等位次条款不得超越法定的优先受偿权，如许多国家的法律都规定国家税收、职工工资、保险金等应优于其他任何债权。

3. 财务约定事项。财务约定（Financial Covenant）条款主要规定借款人应定期向贷款人报告自身的财务状况和经营状况，并遵守约定的各项财务指标。如资产净值应保持在一定数额之上，负债率不超过一定的比例，流动资产与流动债务之间的合理比例或最低周转资本额要求，以及利润分配与利润留存之间的合理比例等。其目的均在于使借款人拥有足够的资金能力以保证其能够如期还本付息。

4. 贷款用途条款。贷款用途条款主要规定借款人必须把全部款项用于约定的用途，不得挪作他用。因为贷款的不当使用，可能会导致借款人的经营失败，以致丧失清偿能力。即使是普通商业贷款，融资双方不约定贷款的特别用途，但从法律的角度也需注意：贷款不能用于资助违法交易、侵权行为及违约行为；不能用于援助反对友好国家的军事行动或与本国处于战争状态的敌对国家；不能用于兼并另一家企业、公司；不能用于超出借款人经营范围的营业活动；以及不能用于其他非法目的和违反借贷双方所在国公共政策的行为。

5. 限制资产处置。也称保持资产条款，要求借款人以适当方式维持其现有和将来取得的财产，并对其处分资产与收益的行为作出适当的限制，以使借款人保持较强的清偿能力。比如规定：除日常经营外，非经贷款人同意，借款人不得出售、转让、出租或以其他方式处置其资产的全部或大部分或实质部分；借款人有义务对其企业资产向保险公司投保，以保障其资产不因意外危险而损失；以及规定借款人不得过度举债或过度投资等。该条款的目的在于防止借款人不适当地转移、贬损或丧失其资产，从而使贷款人的受偿权益落空或受到威胁。

6. 保持主体同一。为了防止借款人本身发生剧烈变动而给贷款人带来潜在的风险，国际融资协议往往要求借款人在融资协议期间保持其主体的同一性。如未经贷款人同意，借款人不得改变其经营性质和范围；禁止借款人与其他公司、企业合并，除非贷款人认为借款人的重组不会影响其履行贷款协议的能力；借款人不得擅自修改公司章程、改变其内部组织结构、更换高级经营管理人员等。

（四）违约事件

违约事件（Events of Default）条款是国际融资协议中最重要的债权保障措施之一。一旦出现融资协议中约定的违约事件，贷款人即可采取约定或法定的违约救济措施。该条款的主要目的在于防止借款人以不可抗力为由免除自己的违约责任，同时也有利于对违约行为及其性质作出及时的认定。国际融资协议的违约事件一般分为实际违约和预期违约两大类：

1. 实际违约事件。这是国际融资协议中最常见的违约事态，它是指在合同约定履行期到来时或者在被允许推迟履行的合理期限内，当事人没有履行或者没有完全履行合同。[1]一般包括：借款人到期未偿还本金、利息或其他应付款项；违反陈述与保证条款的义务；违反约定事项条款的义务；未履行融资协议约定的其他义务等。

2. 预期违约事件。也称先兆性违约事件，指在合同约定的履行期限来临之前，合同一方当事人明确表示将不履行或不完全履行合同，或者一方当事人的自身行为或客观事实默示其将无法履行或无法完全履行合同的情形。[2]国际融资协议中常见的预期违约事件主要包括：

（1）交叉违约（Cross Default）。交叉违约，也称串联违约、连锁违约或相互违约，是指凡借款人不履行对其他人的债务，也视为对贷款人违约。该条款有助于防止其他债权人从借款人处抢先得到清偿，从而保证贷款人同借款人的其他债权人拥有平等的受偿机会。但该条款引发的"多米诺骨牌效应"[3]，对借款人来说犹如一

〔1〕 刘金科主编：《国际金融法学》，中国财政经济出版社2003年版，第155页。
〔2〕 刘金科主编：《国际金融法学》，中国财政经济出版社2003年版，第156页。
〔3〕 陈安主编：《国际经济法概论》，北京大学出版社2005年版，第516页。

个错误放大器，能使借款人的一些微小的错误扩大成严重的后果，[1]直至使借款人深陷困境乃至破产。这对贷款人而言也未必是其所想要的结果。因此，国际融资协议也往往对连锁违约条款的适用加以各种限制，如交叉违约只适用于借款人的其他借款或担保债务，而不包括其日常经营中的一般违约行为；对借款人的小额债务违约，不在交叉违约之限；不将借款人的子公司或担保人的违约行为列为违约事件等。

（2）借款人丧失清偿能力。借款人在融资协议期间丧失清偿能力，对于日后的实际违约只是时间问题。因此，借款人丧失清偿能力，是国际融资协议规定的最为重要的预期违约事件。该条款常常对衡量借款人是否丧失清偿能力的具体标准加以明确规定：如借款人破产或被清算、停业；自己承认无力偿付到期债务；借款人主动向其他债权人转让其财产；其他债权人已取得法院对借款人的判决、扣押令或强制执行令等。

（3）抵押品毁损或贬值。因各种原因出现融资协议项下的抵押品毁损或贬值，则抵押品就会全部或部分失去担保价值，从而使贷款人丧失或减少收回贷款的保证。因而许多融资协议也会将该种情形列为预期违约事件。

（4）借款人的财产被征用。借款人的财产如果被当地政府征用或国有化之后，往往难以得到充分、及时、有效的补偿，以致影响借款人的还款能力。实践中，通常会在对自然资源开发提供资金融通的贷款协议中将这种情况视作预期违约事件加以规定。

（5）借款人的状况发生重大不利变化。由于不可能将各种预期违约事件一一罗列无遗，故除了前述各种预期违约事件外，国际融资协议往往还将此项规定作为"兜底"条款，以起到"安全阀"的作用。无论何种情况，只要对借款人的还贷产生重大不利影响，贷款人即可视之为违约事件。当然必须贷款人所持之理由充分、证据确实才可得到法院的支持。

除了实际违约与预期违约外，违约事件条款一般还会对贷款人可以行使的违约救济措施进行明确规定。国际融资协议通常规定，贷款人可以采取的救济方法有约定救济（内部救济）和法定救济（外部救济）两种。前者是融资协议本身规定的各种救济方法，如中止或终止提款权；加速到期；支付违约利息及复利救济等。后者是各国法律规定的一般合同违约救济方法，如解除合同、损害赔偿、实际履行、申请借款人破产及实施法律禁令等。为了防止将协议约定的救济方法解释为唯一可行使的救济方法，国际融资协议通常还会规定"累加救济条款"，即贷款人行使上述约定救济措施，并不妨碍其采取各种法定救济方法，也即约定救济措施是累加于各种法定救济措施之上的。此外，国际融资协议还会有"抵销救济"、"弃权"等具体条款的约定。

第七章

---

〔1〕 龚柏华：《国际金融法新论》，上海人民出版社 2002 年版，第 122～123 页。

二、国际融资的基本形态

现代国际融资的方式很多，但国际借贷、证券融资以及融资租赁是最为重要也最为常见的几种融资方式。而传统国际借贷的不同贷款方式就更多，仅按贷款主体就有国际金融机构贷款、政府贷款和各种商业贷款之分，其中国际商业贷款又因其具体运作方式不同而有普通商业贷款、欧洲货币贷款、银团贷款、项目贷款等之别。此外，出口信贷、国际保付代理等资金融通方式又因其与国际贸易的天然紧密联系而引人瞩目。但因篇幅所限，此处仅择其紧要而述之。

（一）国际金融机构贷款与政府贷款

国际金融机构贷款是指国际金融机构对成员国政府、政府机构或公私企业提供的援助性或开发性贷款。政府贷款是指一国政府利用财政资金向另一国政府提供的优惠性贷款。他们不同于普通商业贷款，均属于官方贷款，一般都具有援助性的特征，但政府贷款除了援助性外，还比较注重经济的相互合作性，而国际金融机构贷款则更强调实现其组织章程和金融机构的根本宗旨。除地方性金融机构如亚洲开发银行、非洲开发银行等的贷款外，国际货币基金组织与世界银行集团的贷款，是最为重要的全球性金融机构的贷款。

1. 国际货币基金组织的贷款。国际货币基金组织的贷款对象只限于成员国政府，不对私人企业发放；其贷款的主要目的在于解决成员国国际收支逆差的短期资金需要，一般为3~5年的短期贷款；贷款额度与成员国在基金组织认缴的份额成正比；贷款方式主要是以成员国的本国货币向基金组织换购外汇，还款时再以外汇换回本国货币，但普通资金账户外的贷款则与一般意义上的贷款方式相同；贷款具有援助性，利率优惠，但其贷款条件严格、程序复杂、种类繁多，除普通贷款外，还设有中期贷款、出口波动贷款、缓冲库存贷款、补充贷款、结构性调整贷款和追加结构性调整贷款、体制转型贷款、补偿和应急贷款等。总之，基金组织贷款的最大特点体现在短期性、临时性、援助性、方式特别性和条件性等各个方面。[1]

2. 世界银行集团贷款。世界银行集团（World Bank Group）除包括国际复兴开发银行（IBRD）、国际开发协会（IDA）和国际金融公司（IFC）三个金融机构外，还有两个非金融机构，即"解决投资争议国际中心"（ICSID）和"多边投资担保机构"（MIGA）。由于两个非金融机构本书已在相关章节有详尽论述，这里仅述及三个金融机构的贷款问题。

世界银行的三个金融机构均属联合国的专门机构，其基本宗旨是一致的，即通过向成员国特别是发展中国家的成员国提供资金和技术援助，以促进其经济发展。但三者在业务上又各司其职、分工协作，各自依其组织章程的规定开展活动。其中，国际复兴开发银行对成员国政府、政府机构或政府所担保的私人企业发放用于生产性的中、长期贷款；国际开发协会则只对最贫困成员国的公共工程和发展项目提供

---

〔1〕　李仁真主编：《国际金融法》，武汉大学出版社 2005 年版，第 164 页。

长期优惠贷款；国际金融公司则在不需要政府担保的情况下专对成员国的私人企业发放贷款。

由此，世行集团的贷款主要是面向发展中国家；一般也只对成员国的特定项目发放、具有明显的开发性；贷款期限较长、贷款条件较为优惠。实践中，国际复兴开发银行也被称为"第一世行"，其贷款必须获得政府担保，贷款要求严格，因而其贷款被称为"硬贷款"；国际开发协会则被称为"第二世行"，其贷款叫做"软贷款"；而国际金融公司的贷款则更倾向于商业运作，贷款无需政府担保，但利率相对较高。

3. 政府贷款。政府贷款是二战后迅速发展起来的国际经济合作的重要形式，具有援助性与经济合作的性质。其特征主要体现为：①援助性。期限长、利率低、条件优惠，甚至无息或赠款。②合作性。如用途限定严格，一般只能用于特定项目工程，或规定用于购买贷款国的商品、技术或劳务。③程序复杂。一般需要借款国先提出有关贷款的计划建议书，然后贷款国实地考察、评估后才开始谈判、签订贷款协议。从协议谈判、签约到使用贷款，往往需要较长时间。

（二）欧洲货币贷款

欧洲货币贷款并不是指对欧洲各国的货币，更不是指对欧元的贷款，它是一种特别的国际商业贷款方式，泛指一国银行以其非所在国货币提供的贷款。由于这种特别的贷款方式最早产生于欧洲，所以就被称作欧洲货币贷款。一般而言，在货币发行国境外的银行存款或放款的货币即为"欧洲货币"（Eurocurrency），如存在美国境外银行的美元、存在英国境外银行的英镑、存在日本境外银行的日元等；从事欧洲货币业务的银行则被相应地称作"欧洲银行"；由众多经营欧洲货币业务的银行所形成的国际金融市场即是"欧洲货币市场"。而现代离岸金融市场早已将在货币发行国境内交易，但与国内金融业务相分离的本国货币的非居民交易纳入离岸交易之中了。比如20世纪80年代后，美国、日本等国际金融中心的离岸金融市场不仅大量从事美元、日元以外的各种外币的交易活动，也同时大量从事非居民欧洲美元和欧洲日元的业务交易。至此，欧洲货币实际上已成为"治外"货币，即不论其存放在货币发行国的国外还是国内，只要这种存款不受国内银行法的管制，便称为欧洲货币。[1]

作为离岸交易，欧洲货币贷款的最大特点是：法律上不受货币发行国的管制，业务上采取"借短放长"的运作方式，其市场风险较大。因此，欧洲货币贷款除了前述国际融资协议的共同条款和一般业务性条款外，贷款人往往需要在贷款协议中增订大量保护自身利益的特殊条款：

1. 补偿银行损失条款（Breakage Costs）。欧洲货币贷款通常采用"借短放长"的运作方式，即贷款人从同业拆借短期资金作为转发中、长期贷款的每期款额。借

---

〔1〕　刘金科主编：《国际金融法学》，中国财政经济出版社2003年版，第180页。

款人在提款和还款方面的任何迟延或提前，均会给贷款方造成资金运用上的巨大损失。比如延迟还款，会使贷款人无法按期归还同业银行，造成资金链的断缺；而提前还款或延迟提款，会使贷款人的资金闲置，造成利息损失。

因此，欧洲货币贷款协议一般会规定，基于下述情况造成贷款银行损失，应由借款人给予补偿：因借款人不能满足融资先决条件，使贷款人从其他银行借入的资金不能发放给借款人；借款人未及时偿还贷款本金、利息及其他应付款项；借款人偿还贷款的时间不是在利息期限届满之日，而是在此之前，即提前还款；由于借款人发生违约事件而加速到期等。

2. 市场动乱条款（Market Disaster）。欧洲货币市场易受各种政治、经济等事件的影响，从而使贷款人在筹措资金或确定利率时发生困难。如因政治或经济事件，使贷款人无法进入同业拆借市场，而必须另找其他高成本的筹资渠道；或作为基准利率的伦敦同业拆放利率（LIBOR）[1] 因缺乏参考行的报价而无法确定。

因此，欧洲货币贷款协议一般规定，一旦发生市场动乱事件，通常由贷款人提出一个可行的替代方案，供借贷双方协商。如果借款人同意，双方即可按替代方案所确定的贷款条件继续履行贷款协议；如果借款人不同意，贷款人可终止继续放贷的义务，同时有权要求借款人提前偿还已提取的贷款。所以，市场动乱条款也被称为"替代基准条款"（Substitute Basis Clause）[2]

3. 成本增加条款（Increased Costs）。欧洲货币贷款的资金主要来源于借入资金，如果现行法律或规章发生变化，即会造成贷款成本的增加。其具体情形主要表现为：①银行管理规章发生变化，增加贷款人的筹资成本，如中央银行提高存款准备金率，使得贷款人从同业拆入资金需要缴纳更多的存款准备金；②税收政策发生变化，增加贷款人维持贷款的成本，如贷款利息预提税税率的提高，会使贷款人的净利润受到影响。

因此，贷款银行为了转嫁负担，通常在融资协议中规定，由借款人承担这种新增成本或给予相应补偿，以保证贷款人获得预期的利差。所以，成本增加条款也被称作保护利差条款。

4. 货币补偿条款（Currency Indemnity）。一些国家法律规定，本国法院对外币债务的判决必须以本币表示和执行，对破产企业外币债务的清算也得兑换成本币计价。这被称作"本币判决原则"[3]贷款人在这些国家起诉或申报债权所获得的当地货币如不是贷款货币，则此后贷款人需将这些当地货币兑换成贷款货币以向其他拆借银

---

[1] 因欧洲货币贷款多采用借入资金，而非贷款银行自有资金，借入资金时必须向同业银行支付利息。因此欧洲货币贷款协议的利息条款一般采用伦敦银行同业拆放利率加利差的方式，即"LIBOR＋利差"，以确保贷款银行的利息收益。

[2] 万国华、隋伟主编：《国际金融法学》，中国民主法制出版社 2005 年版，第 338 页。

[3] 刘丰名：《国际金融法》，中国政法大学出版社 1996 年版，第 444～447 页。

行还款。其间，因汇率变化可能给贷款人造成损失及支出额外费用。

为了防止此种损失，欧洲货币贷款协议一般会规定货币补偿条款，约定如果借款人以非贷款货币偿还贷款，贷款人可以在自己认为恰当的日期将其兑换成贷款货币，如果按照当时的汇率兑换后所得的金额少于贷款协议约定的应偿还金额，借款人应对其不足部分以及因兑换而产生的费用给予补偿。并且，此种补偿的请求可以构成独立的诉因。即诉讼的进行并不妨碍贷款协议其他条款的继续履行，也不被视为对贷款协议的违约事件而导致加速到期或连锁违约。

5. 非法性条款（Illegality Clause）。由于适用法律、规则或条例及其解释发生变化，或者由于政府当局管理政策的变化，如新颁布的外汇管制措施、财产冻结指令或封锁指令等，致使贷款人提供贷款、筹措资金或由借款人继续持有未偿还贷款成为非法行为。则该条款通常规定贷款人的贷款义务立即解除，借款人应立即提前还贷。

此外，欧洲货币贷款协议还经常包含有货币选择条款、货币供应条款及贷款地点条款等特色条款。

（三）国际银团贷款

国际银团贷款（Consortium Loan）又称国际辛迪加贷款（Syndicated Loan），它是指由分处不同国家的多家银行联合组成一个银行集团，共同向借款人提供巨额中长期贷款的一种信贷方式。其适用于借款数额大、期限长的国际商业贷款，往往具有风险大、技术性或专业性强等特点。通过这一贷款方式，借款人可以从多家银行获得贷款，容易筹集到巨额资金，并且方便易行、节约筹资成本；对于各贷款银行而言，可以分散融资风险，加强银行间的合作，避免同业竞争。按照银团成员与借款人的关系划分，国际银团贷款有直接参与型和间接参与型两种。

1. 直接参与型的银团贷款。直接参与型的银团贷款（Direct Syndication）又叫真正的银团贷款（True Syndication），是国际银团贷款的一种最基本的组织方式。它是由所有银团成员按统一约定的贷款条件单独与借款人签订贷款协议，参与银行与借款人之间形成直接的债权债务关系，各银团成员之间互不承担连带责任。在国际融资实践中，国际银团贷款的基本程序及其所涉法律文件主要包括：

（1）经理银行的选择。首先由借款人选择一家国际大银行作为经理银行或牵头银行组织贷款，为此借款人需向经理行出具一份"委托书"，同意经理行为其安排银团贷款，并开列拟筹款的金额、利率、期限、用途等初步的贷款条件。经理行如同意筹款，则向借款人提交"承诺书"，允诺其拟承担的贷款义务。如：允诺承担全部贷款，无论是否招募到足够的参加行；或允诺提供部分贷款，其余部分"尽最大努力"（Use it's best efforts）安排；甚或对全部贷款都只承诺"尽力"安排或只愿意尝试组织贷款。在这里"委托书"和"承诺书"都仅具信誉上的效力而无法律上的约束力。尽管如此，经理行出于维护自身商业信誉的考虑，事实上一般都会提供全部贷款。借款人在收到经理行的承诺书之后，若同意初步的贷款条件，即应向经理行递交"授权书"，正式授权经理行组织银团。授权书是银团贷款中具有法律效力的重要文件之一。经理行接受授权之后，如有需要还可寻求协作经理行的租助，组成经理银行集团，共同完成贷款的组织工作。

（2）银团成员的招募。经理银行选定后，即开始招募银团成员，组成银团。在银团成员招募过程中，经理行将制作并分发一份名为"情况备忘录"（Information Memorandum）的法律文件，说明借款人的法律地位、财务和经营状况以及贷款条件等，作为其他银行决定是否参加银团的参考依据。由于情况备忘录在某些方面与证券发行的招募书相类似，因此在一些国家或地区会受到证券法的约束。而对于经理行是否应承担情况备忘录中的漏述、误述责任，更是各方当事人关注的焦点。这主要依赖于各国证券法的有关规定或相关判例。但依据大多数国家的法律规定，经理行对备忘录中所载事项须尽"适当注意"（Due care）的义务。如果经理行没有认真履行这一义务，情况备忘录中出现误述或漏述，导致贷款银行作出错误决定而蒙受损失，经理行要对此负责。如果误述或漏述行为构成欺诈，则经理行除民事责任外，还有可能承担相应的刑事责任。

（3）贷款协议的签署。经理行在招募银团成员的同时，还通过其法律顾问负责贷款协议的起草工作，并代表各参加行与借款人就此展开谈判。经理行与借款人初步谈妥贷款协议之后，便交由各参加行审查，直至定稿。最后由经理行安排银团成员签署贷款协议。

国际银团贷款协议与一般国际贷款协议及欧洲货币贷款协议的条款大部分相同，如国际融资协议的共同条款、国际贷款的一般业务性和法律性条款以及欧洲货币贷款的特殊保障性条款等。但除此之外，国际银团贷款协议还包括各种调整银团成员之间关系的条款，这是银团贷款协议至关重要的核心内容。这些条款大致确立以下三项重要原则[1]：① 按份之债原则，即银团成员虽按同一贷款协议发放贷款，但只就各自承担的贷款份额与借款人发生债权债务关系，相互间不承担连带责任。②银团民主原则，即银团的部分决策权交由"多数贷款权银行"（Majority Banks）掌握。诸如决定是否放弃追究借款人违反约定事项的责任；决定借款人的陈述与保证是否失实；决定是否对借款人采取加速到期等。但凡涉及贷款利率降低、期限延长、金额变化以及先决条件放弃等重大事宜，仍得由银团成员一致决议。而另一些权利，如诉权等，则可由银团成员单独行使。③ 比例分享原则，即指借款人的任何还本付息，尤其是银团成员通过抵销、诉讼或行使担保权益等所得的还款，应在银团成员间按各自的贷款比例分享。

（4）代理银行的确定。银团贷款协议签订之后，即进入协议的正式履约阶段，这时需要在银团成员中指定一家银行作为代理行，代表银团负责贷款协议履行的管理工作。实践中，一般由原经理行继续充当代理行，但也可由另一家更为方便的银

---

〔1〕 陈安主编：《国际经济法概论》，北京大学出版社 2005 年版，第 525 页。

行充当。代理行的职责首先是充当银团成员发放贷款和借款人偿还贷款的收付中介，其次代理行还往往有权审查借款人是否满足贷款的先决条件，监督借款人的财务状况，定期确定贷款利率，对借款人采取违约救济措施，等等。代理行具体权限的大小在实践中各有不同，这主要由贷款协议加以明确规定。

需注意的是，代理行只是银团成员的代理，而非借款人的代理，需对银团承担代理法上的义务。因此，如果它在收到银团成员的贷款之后，在将这笔款项转给借款人之前，丧失清偿能力或将款项挪作他用，那么银团仍须承担向借款人支付贷款的义务；反之，借款人向代理行交本付息之后，即使代理行未将这笔款项转交银团成员，借款人也可免除偿还贷款的义务。有鉴于此，银团贷款协议往往规定，代理行必须通过独立的"信托账户"来履行与贷款有关的一切往来收支，以确保银团贷款的财产享有独立的清偿权。

2. 间接参与型的银团贷款。间接参与型的银团贷款（Indirect Syndicated Loan）是由经理行或牵头银行单独与借款人签订总的贷款协议，然后将贷款权以适当的法律方式部分移转其他愿意提供贷款的参与银行，共同组成银团。间接参与型的银团贷款既可以使大银行独家保持与借款人的往来，避免与其他银行争夺客户，又能有效分散贷款风险，满足法律对银行监管标准的要求以及进行适当的税收安排等；对小银行而言，通过参与贷款权的方式加入银团贷款，有机会参与大项目贷款，从而逐步进入国际金融市场，同时也可有效规避法律限制小银行直接参与银团贷款的规定；当然，对于借款人而言，因无需直接与所有银团成员打交道，也大大缩短了融资的时间与成本。具体而言，贷款权移转的方式主要有：

（1）权利让与（Assignment）。权利让与是指牵头行向各参与行转让自己对借款人享有的权利，包括收取本息的权利以及贷款协议项下其他的相关权利。参与行受让贷款权以后，取得对借款人的直接请求权，但贷款义务并不转移，如果参与行不履行自己的贷款义务时，牵头行仍得对借款人承担相应的贷款义务。依据一般合同法原理，权利让与无需获得借款人的同意（贷款协议另有约定者除外），但应告知借款人及其他债务人，同时不能因权利让与而增加债务人的负担。

（2）转贷款（Sub-loans）。转贷款又称分包贷款或背靠背贷款，是先由各参与行贷款给牵头行，牵头行再将这笔款项转贷给借款人。转贷款实际是由两个独立的贷款协议组成，参与行对借款人无直接的请求权；而牵头行返还参与行贷款的条件则是借款人如期还本付息，参与行对牵头行的其他财产无追索权，但如果牵头行破产，参与行也不能就借款人对参与行的还款享有优先受偿权。所以，在转贷款方式下，尽管参与行只与牵头行之间存在直接的债权债务关系，但参与行实际将承担来自借款人和牵头行履约不能的双重风险。也正因为如此，不仅各国法律对参与行通过转贷款间接参加国际银团贷款通常不予管制，借款人在与牵头行签订的贷款协议中一般也不限制牵头行与参与行之间的融资安排。

（3）合同更新（Novation）。合同更新也称合同替代（Substitution），是由借款

第七章

人、牵头行和参与行三方达成协议，解除牵头行与借款人签订的贷款协议项下的部分贷款权利与义务，改由参与行承担。在这种方式中，借款人与参与行实际上订立了新的贷款协议，牵头行可以解除它对借款人所承担的一部分贷款义务，而在权利让与和转贷款中，牵头行都不得解除其对借款人的放贷义务。但依据合同法原理，义务转让必须经义务人同意，非经借款人同意，贷款人不得擅自解除其贷款义务。因此，合同更新由于违背借款人只与牵头行联系的初衷，往往难以得到借款人的同意，从而妨碍了贷款人自由转让贷款参与权。故实践中真正意义上的合同更新方式使用较少。

（4）隐形代理（Undisclosed Agency）。隐形代理也称非公开代理，是由牵头行代理银团成员与借款人签订贷款协议，但不披露代理人的身份，借款人把牵头行看作是本人，而不是代理人。因此，隐形代理仅在牵头行与借款人之间存在直接的债权债务关系，如果借款人违约，只有牵头行有权诉请救济；反之，当贷款人违约时，借款人也只能向牵头行追索。但是，这种代理关系一旦被公开，则借款人既可选择向牵头行，也可向参与行行使救济权，牵头行与参与行负有连带责任。

近年来，随着资产证券化的开展，发展出了国际贷款的证券化方式。[1]在国际商业银团贷款中，牵头行常用一种证书性质的书面文件代表收取贷款到期本息的权利，然后将这种书面文件发行与融通，从而达到转让贷款的目的。由于这种书面文件的发行与融通同证券发行与交易的形式十分相似，故被称为证券化。[2]目前，常见的可转让贷款权证书主要有"可转让贷款证书"（Transferable loan certificate）、"可转让贷款参与权证书"（Transferable participation certificate）、"可转让贷款文据"（Transferable loan instrument）等。其中"可转让贷款证书"是最为典型的、以合同更新为法理基础的贷款证券化方式，它包含一项由借款人、代理行与银团其他成员通过该证书对任何潜在的受让人作出的共同要约：受让人将被所有当事人接受为银团贷款的成员银行，以取代转让银行的位置。这样受让人参与贷款时不用再取得最初当事人的同意，因为他们的同意已在签订贷款协议和签发可转让贷款证书时给予。这使得贷款可以像证券一样进行自由转让和流通，突破了传统合同更新中贷款转让必须获得借款人同意的羁绊。而"可转让贷款参与权证书"是转贷款方式下的可转让贷款证书形式，"可转让贷款文据"则是权利让与方式的发展或变形。

可见，贷款证券化实质上仍然是一种间接参与方式，转让的仍然是一种贷款参与权。因此，贷款证券化从法律性质上讲，是一种以银团贷款为担保品的带有抵押

---

〔1〕　贷款证券化是资产证券化的一种，是指银行通过一定程序将缺乏流动性，但能够产生可预见现金收入的贷款转化为可以在金融市场上出售和流通的证券的行为或过程。参见何焰："关于贷款证券化的法律思考"，载《福建金融管理干部学院学报》2003年第6期。转引自范晓波主编：《国际金融法》，中国政法大学出版社2005年版，第99页。

〔2〕　龚柏华：《国际金融法新论》，上海人民出版社2002年版，第151页。

性质的间接参与方式。[1]

（四）项目贷款

项目贷款（Project Loan）又称项目融资（Project Financing），它是指贷款人向某一特定的工程项目提供贷款，借款人以该项目的预期收益作为还款的主要资金来源、以项目资产本身作为随附担保的一种融资方式。

项目贷款主要使用在自然资源开发、交通运输、电力、农林、公用基础设施等大型工程项目上，由于这类项目工程耗资巨大、期限长、风险高，传统的融资方式已难以满足需求，由此 20 世纪中期以后国际上便产生了这种新的融资方式。世界上许多著名的工程都是利用项目融资进行的，如英国北海油田的开发、美国阿拉斯加天然气输送管道、英法海底隧道以及香港海底隧道的建设等。[2] 1984 年，我国试点建设了第一个国际融资项目——广东沙角 B 电厂，自此以后，国际项目贷款在我国交通运输、能源、石化等各领域均得到广泛的应用。[3]近年来，国际上项目融资的应用范围更是超越了传统的领域，像欧洲迪斯尼乐园、悉尼 2000 年奥运会奥林匹克体育场的建设也都采用了项目融资的方式。[4]

1. 项目贷款的特征。项目贷款可以帮助投资人更加灵活地安排和运用资金，实现其在传统融资方式下可能无法实现的目标。这正是基于项目贷款与传统商业贷款相比，其完全不同的融资特点所决定的。

（1）贷款对象不同。项目贷款的对象是项目公司，而非项目主办人。传统的商业贷款是把资金贷给投资人，借款人有权自主决定将资金投入某一项目，偿还贷款的义务由投资人承担；而在项目贷款中，投资人为项目主办人，贷款人将资金贷给项目主办人为经营某一特定项目而专门成立的项目公司，偿还贷款的义务由该项目公司承担，而不是该项目的主办人。

（2）还款来源不同。项目贷款的还款来源是项目建成后的收益，而非项目主办人的其他资产。在传统的商业贷款中，贷款人看重的是借款人的信用，而不是贷款所兴建的项目，无论项目的成败，借款人都必须偿还银行贷款，包括用借款人的其他资产偿还；而在项目贷款中，还本付息的主要资金来源是项目建成后的经营和收益，贷款人看重的是项目本身的成败。即使项目的日后收益不足以还清贷款，项目主办人也不承担从其所有的其他资产和收益偿还全部贷款的义务，而仅以其投在该项目公司中的资产偿还。

（3）贷款担保不同。项目贷款的担保主要以项目资产和收益本身来设定，而非一般物权担保或信用担保。在传统的贷款方式中，以银行或政府提供的信用担保居

---

[1]　龚柏华：《国际金融法新论》，上海人民出版社 2002 年版，第 151 页。

[2]　王传丽主编：《国际经济法》，高等教育出版社 2005 年版，第 406 页。

[3]　万国华、隋伟主编：《国际金融法学》，中国民主法制出版社 2005 年版，第 338 页。

[4]　龚柏华：《国际金融法新论》，上海人民出版社 2002 年版，第 288 页。

多；而在项目贷款中，首先是以该项目资产本身及其收益为贷款人设定物权担保，其次往往还通过一系列的合同权益安排作为借款人违约的补偿。一般传统商业贷款通常不会采用这样严密紧扣的担保形式和合同安排。

2. 项目贷款的类型。项目贷款的基本类型包括无追索权的项目贷款和有限追索权的项目贷款。

(1) 无追索权的项目贷款。无追索权（Non-recourse）项目贷款，又称纯粹项目贷款，是指除项目建成后的收益作为偿还贷款的资金来源，并以项目现有和将来取得的资产为贷款人设定担保外，贷款人对项目主办人以及其他任何第三人均无追索权。此类贷款风险巨大，一旦项目中途停建或经营失败，其资产和收益不足以清偿贷款，贷款人亦无权向项目主办人或其他人追索。因此，除非贷款人对项目本身非常有信心，否则贷款人一般不愿接受无追索权的项目贷款。

(2) 有限追索权的项目贷款。有限追索权（Limited recourse）项目贷款，是指除以项目收益作为还本付息的资金来源、并在该项目资产上设定担保物权外，贷款人还要求由项目实体以外的第三人提供各种担保。第三人包括项目主办人、项目产品的未来购买人、东道国政府以及其他担保人等。当项目不能完工或经营失败，项目本身的资产和收益又不足以清偿贷款时，贷款人有权向这些担保人追索，但以他们各自提供的担保金额或按有关协议所承担的义务为限。实践中，国际项目贷款一般都采用有限追索权的项目贷款方式。

3. 项目贷款的结构。项目贷款牵涉到诸多当事人，其相互之间的法律关系是通过一系列的合同连接起来的，各种合同关系结构层次复杂。从当事人之间签订的各种协议层次来划分，项目贷款的结构主要有以下几种：

(1) 双层次结构项目贷款。双层次结构项目贷款也称二元式结构项目贷款或二联式结构项目贷款，其结构层次简单，一般适用于独家银行贷款。其涉及的当事人主要有贷款人、项目主办人和项目公司。其合同安排由两个层次组成：①贷款协议，由贷款人与项目公司签订贷款协议，由贷款人向项目公司提供贷款，并约定以项目公司的未来收益为还款来源及以项目资产作为附属担保；②担保协议，由主办人与贷款人或项目公司签订担保协议，由主办人向贷款人提供相应的担保，以保证项目建设有足够的资金及贷款债权能得到应有的保障。实践中，担保协议一般有完工担保、投资协议和购买协议三种。

完工担保协议，由项目主办人与贷款人之间签订。贷款人为了维护自身利益，确保资金安全，通常要求项目主办人就项目如期完成并且顺利投产提供完工担保。项目主办人向贷款人作出保证，按时完成项目的建设并使其顺利投产，对因此而需要补充的原融资计划外的资金，则由主办人负责提供。如果项目不能按期完成，项目主办人应偿还贷款的一部或全部。

投资协议，是项目主办人与项目公司之间为保证项目公司的偿还能力而签订的协议。根据投资协议，项目主办人同意采取股权投资或次位贷款的方式向项目公司提供一定程度的财务支持，以补充项目公司流动资金之不足，维持项目公司的正常运转。投资协议签订之后，项目公司再将该协议项下的权利让与贷款人。

购买协议，是项目主办人与贷款人之间签订的协议。根据该协议，主办人承诺当项目公司不履行贷款协议时，它将以未偿还贷款金额为价格购买贷款协议项下的贷款债权。实际上即由主办人承担偿还贷款的责任，旨在对贷款人实现其债权提供有力的保护。

（2）三层次结构项目贷款。三层次结构项目贷款也称三元式或三联式结构项目贷款，其当事人除贷款人、项目公司和主办人之外，还涉及项目产品购买人，并由三套合同将各方当事人的权利义务联结起来。需注意的是，在这里，项目产品的购买人既可以是项目主办人自己，也可以是其他第三人。

三层次结构项目贷款的合同安排是：①由贷款人与项目公司签订贷款协议，提供贷款；同时由贷款人或项目公司与主办人订立各种担保协议。其合同结构与二联式项目贷款相同。②由项目公司与项目产品购买人签订远期购买协议，通常称为提货或付款协议，也称绝对付款合同。项目建成投产后，项目公司按该协议将项目产品卖出，并用所得货款偿还贷款。③由主办人向项目公司提供担保，保证购买人履行在提货或付款协议中承担的必须付款的义务；然后由项目公司将提货或付款协议项下的权利连同主办人为该协议提供的担保，一并转让给贷款人。

提货或付款协议（Take – or – pay Contract），是项目贷款的各种信用支持中最有力的一种。依据该协议，无论项目公司能否提供足够的、符合要求的产品，买方都必须按约定支付价款，且价款不应少于偿还贷款和支付项目经营费用所需的金额。因此，该协议才会被称作绝对付款合同，其实质在于确保贷款人拥有收回贷款的现金来源。显然，提货或付款协议并不同于一般的货物买卖合同，其实属于一种准担保合同或风险投资合同，故这类合同中一般都有排除一般合同规则的相关规定，以防止购买人援引准据法中的相关规则排除其绝对付款的义务。如绝对付款合同明确规定，购买人付款的对价并非取得现实的产品，而是拥有取得产品的"期望"，且这种期权届时不一定能够实现；或明文规定不适用于一般买卖合同中卖方默示的品质担保义务等。

（3）四层次结构项目贷款。四层次结构项目贷款仍可称之为四元式或四联式结构项目贷款，其较之三层次项目贷款的当事人又多了另一个重要的当事人——由贷款人全资拥有的金融公司。四层次结构项目贷款的合同安排如下：

第一层次，由贷款人与金融公司签订贷款协议，向金融公司提供贷款，贷款金额相当于项目公司拟借入数额。

第二层次，由金融公司和项目公司订立远期产品购买合同，金融公司将贷款人提供的贷款资金作为购买远期项目产品的预付款支付给项目公司。虽然项目公司所取得的资金名义上为预付款，但由于项目公司必须就预付款向金融公司支付利息，因此它实质上仍具贷款的性质。

第
七
章

第三层次，金融公司与项目产品购买人签订提货或付款协议。项目投产后，项目公司向金融公司交付产品，金融公司则按提货或付款协议的规定转售项目产品给购买人，并以所得货款偿还贷款人的贷款。

第四层次，由项目主办人就项目公司依远期产品购买合同应履行的交付产品义务或就项目产品购买人依绝对付款合同应履行的付款义务向金融公司提供担保。再由金融公司将上述远期产品购买协议和绝对付款合同项下的权利连同主办人提供的担保全部转让给贷款人，作为金融公司向贷款人偿还贷款的担保。

四层次结构项目贷款中，贷款人之所以增设金融公司来提供贷款，其原因主要有：①项目贷款习惯上属于"商业交易"，而许多国家法律都不允许银行直接从事商业交易，通过非银行金融机构的金融公司从事项目贷款可以规避此类法律的限制。②项目贷款往往采用银团贷款，由一家金融公司与主办人及项目公司磋商和完成贷款事宜，比由多家银行分别与项目公司及其主办人接触要经济和方便得多。此外，通过金融公司开展项目贷款业务，还有可能使贷款人在税收上得到便利和优惠。

博茨瓦纳国际项目融资案[1]

[案情]　20世纪70年代，博茨瓦纳政府决定开采位于该国某一偏僻地区的铜镍矿。该工程的开发，不仅需要建设采矿设施，而且需要建造水、电、交通运输等基础工程，所需资金数额巨大，技术要求复杂，单纯依靠博茨瓦纳本国的财力和技术力量是难以实现的，政府遂决定利用项目融资方式开发该工程。

博茨瓦纳政府和美国的阿迈克斯公司、南非的英美公司（两家均为大的国际矿业公司）共同作为项目发起人，组建项目公司，筹措资金并承办工程项目。

向该工程建设提供贷款的主要贷款人有：世界银行，提供期限为20年的3200万美元贷款，用于公路、铁路、住房和一部分供水工程的建设；加拿大援外机构，提供期限为50年的2900万美元贷款，用于发电站建设；美国的援外机构，提供期限为30年的1500万美元贷款，用于输水管道建设；国际开发协会，提供期限为50年的300万美元贷款，用于初步设计和工程；英国的双边援助机构，提供150万美元贷款，用于初期的供水工程。除此之外，购建采矿设施的资金则主要通过以下渠道筹措：产权和项目发起人的预付款：4660万美元；南非提供的出口信贷：1800万美元；德国复兴信贷公司贷款：6800万美元。

该工程的担保和保险主要有：美国阿迈克斯公司、南非的英美公司承担完工担保，如果费用超支，他们将保证对超支部分提供必要的资金；德国的一家大金属公司，与该工程项目公司签订为期10年的购买铜镍产品的合同，成为该项目产品的主要购买人；德国政府机构和南非政府一个保险机构则为该项目提供保险。此外，其他一些与该工程有关的公司还同意承担供水、供电和市政设施的最低支付额，为世

---

〔1〕　刘金科主编：《国际金融法学》，中国财政经济出版社2003年版，第193～195页。

界银行向基础设施提供的贷款作出各自的担保。

[法理分析] 本案是一个典型的大型工程国际项目融资案，它通过一系列合同安排和有关的风险担保取得各种贷款，使工程得以成功开发。其中各当事人之间的法律关系呈现出明显的项目融资的特点：该项目的发起人是博茨瓦纳政府和两家大的国际矿业公司，即美国的阿迈克斯公司和南非的英美公司，他们组成项目公司后，项目公司成为一个独立的实体，与发起人之间是投资者与被投资者关系；而贷款人的贷款，包括世界银行和美、加援外机构等组织的贷款，都是贷给项目公司，而不是发起人的；还款义务主要由项目公司依靠项目经营来承担；对贷款提供担保的，则包括项目发起人和项目产品的主要购买人——德国金属公司。发起人、项目公司、贷款人、担保人及项目产品购买人相互关系的法律链条，构筑了一个三层次项目贷款的典型模式。

三、国际融资担保

国际融资担保，是指借款方或第三方以自己的信用或资产（物或权利）为跨国融资活动向贷款方所作的还款保证。[1]

由于国际融资活动的跨国特征，使其存在比国内融资更多更大的风险。无论是国际借贷，还是国际证券融资以及其他跨国融资方式，除了国际市场的变化莫测、融资双方缺乏全面准确的了解等因素外，国际融资还常受融资人所在国法律、政策变更等的影响。因此，在现代国际资金融通活动中，无论是国际商业贷款、政府或国际金融组织的贷款，还是其他各种形式的融资方式，都常以担保为其前提条件。

在国际融资担保中，传统的人的担保和物的担保都是较为重要的担保方式。但随着现代国际经济的发展，国际融资担保已体现出越来越浓的信用经济色彩。而见索即付担保、备用信用证安慰信以及浮动担保等已成为现代国际融资担保中最具特色和最为重要的担保形式。

（一）见索即付担保

见索即付担保（on Demand Guarantee），又称见索即付保函，或凭要求即付担保，是担保人（通常是银行）应申请人（债务人）的要求或指示，对受益人（贷款人）允诺在其要求付款时，向其支付约定金额的一种信用担保方式。

见索即付担保是适应现代国际经济贸易发展的需要，在银行业和商业实践中发展起来的一种新型信用担保。它和传统的从属性担保不同，是一种独立于借贷合同的、由保证人承担主债务人责任的合同。其法律特征主要体现在以下几个方面：

1. 担保人承担第一位的付款责任。传统保证中，担保人承担的是第二位的付款责任，即担保人享有先诉抗辩权。当债务人不履行付款义务时，债权人应首先向债务人追索并在法律强制执行后仍不能或不足以补偿的情况下，才可以向保证人追索。

〔1〕 刘金科主编：《国际金融法教程》，中国财政经济出版社 1999 年版，第 255 页。

第七章

而见索即付保函则要求作为担保人的银行承担第一位的付款责任，当申请人（债务人）不履行付款责任时，受益人（债权人）即可立即直接向担保银行要求索赔，其实质是担保人放弃先诉抗辩权。

2. 见索即付担保的独立性。传统保证的最大特征是其从属性，即保证合同从属并依赖于基础合同。见索即付担保是非从属性的独立的担保，虽然担保合同的产生是以借贷合同为依据，但它一经订立并生效即脱离基础合同而独立存在，不受基础合同存在和履行情况的影响。担保人承担的付款义务独立于基础合同，他不能以基础合同的履行、修改或无效及申请人依借贷协议所拥有的任何抗辩事由对抗受益人。贷款人放弃对借款人的某些权利（如抵押权）或解除某些责任人的责任（如其他担保人的责任）均不影响保函的效力和履行。[1]

3. 见索即付担保的无条件性。在受益人按照担保合同的规定索赔时，保证人必须无条件承担赔付责任。这里的无条件是指受益人索赔只需符合担保合同规定的手续即可（提交一定的单证）。担保合同对受益人索赔提供证明文件只是具有书面形式的要求，保证人无须核实借款人是否违约，是否确实未偿还到期贷款，也不核定收益人实际所受损失的多少。而在传统保证中，收益人索赔必须证明主债务人违约或在不能履行合同的事实基础上才能行使付款请求权，通常要求提供法院、仲裁庭的判决或裁定，或提供当事人承认违约的证明，并证明这些文件是真实可靠的情况下，才能向保证人索赔。因此，见索即付担保也被称之为"自动担保"或"自杀保函"。

从上述见索即付担保的法律特征中，我们可以看出见索即付保函是保证人与受益人之间以保函为根据而形成的独立的债权债务关系，保证人在保函中的地位就像借款人在贷款协议中的地位一样，是主债务人。保证人的付款义务是独立的、非从属性的。当然，保证人承担还款责任以后，有权向借款人代位追偿。

见索即付担保是 20 世纪 50 年代以后发展起来的一种新兴信用担保。现代担保的最大特征是价值取向从安全转向效益，担保的社会功能从保全债权走向媒介融资，担保的法律性质发生了根本变化，传统的主从合同理论受到新兴的独立担保理论的冲击。需要注意的是，在国际融资实践中，保证合同是否具有从属性或它的独立性程度如何，一些当事人或学者往往从保证合同文件的名称上加以区分。比如中国学者有的将从属性担保称之为保证合同，将独立担保称之为担保合同；而英文文献中则多用"Guarantee"或"Bond"来指代从属性担保，以"Independent Guarantee"或"Indeminty"指称独立担保。但也有越来越多的中外学者认为，名称不是识别担保合同性质的主要依据，关键还是在内容上。比如，合同条款中是否有"第一债务人"、"在第一次请求时就立即支付"和"付款是绝对的"、"独立的"、"无条件的"等承诺，是决定该保证合同是否独立担保的重要根据。[2]

〔1〕 李国安主编：《国际货币金融法学》，北京大学出版社 1999 年版，第 469 页。
〔2〕 贺邵奇：《国际金融担保法律理论与实务》，人民法院出版社 2001 年版，第 13 ~ 15 页、第 28 页。

广西华建公司独立担保案

[**案情**] 1983 年 11 月 13 日，广西壮族自治区华建公司（被告），在广西南宁市与香港东方城市有限公司签订《桂林华侨饭店合营企业合同》，合同规定由双方合资兴建并经营桂林华侨饭店。1984 年 10 月 9 日，东方城市有限公司与香港渣打（亚洲）有限公司（原告）签订了一份贷款协议，贷款金额 2877.305 万港币，并约定此笔贷款由被告担保。同日，应东方公司与原告的要求，被告向原告出具了担保函。1984 年 11 月 6 日和 1985 年 3 月 28 日，东方城市有限公司先后两次从原告处提取了款项。东方城市有限公司提款后，未按经营合同的约定向桂林华侨饭店项目投资。1989 年 9 月 8 日，原告以贷款到期为由，先后向东方公司和被告追偿，被告认为担保此笔贷款的目的是将其用于建造桂林华侨饭店，借款人未如数投资，因此，被告没有义务履行担保。原告于是向南宁市中级人民法院提起诉讼。

在该案中，被告向原告出具的是一份以"不可撤销的、无条件的、凭要求即付"为内容的《担保函》。而被告在法院诉讼中辩称，该担保违反了广西壮族自治区外汇管理局批准该担保时所要求的担保是"有条件的，必须用于桂林华侨饭店项目建设"的批文，现所签订的担保是无条件的，因而是无效担保。但法院在判决中认为，该担保函是在当事人自愿协商的基础上，由被告出具的不可撤销的、无条件的、凭要求即付的担保函。虽然广西壮族自治区外汇管理局批准被告的担保函是有条件的，但那是在答复被告的请示中作出的，不能作为法院判案的依据，也不能作为被告抗辩的理由。既然担保函合法有效，现债务人又无力偿还贷款，被告作为担保人就应当偿还原告到期贷款本息。[1]

[**法理分析**] 本案争议的焦点在于被告所承担的担保是否属于独立担保。如果是独立担保，则被告不能援引借款人未如数投资的抗辩理由，债权人要求还款，被告即应承担"无条件的、凭要求即付"的担保责任。反之，则其抗辩理由成立。从本案的情形来看，广西壮族自治区外汇管理局在批准该担保时的批文明确要求担保是"有条件的，必须用于桂林华侨饭店项目建设"，但被告在与原告签订的担保函中并未反映这一担保条件，而是签订了"不可撤销的、无条件的、凭要求即付"为内容的担保条款。因此，担保函中这一重要的实质条款成为法院判决该担保构成独立担保的重要依据，而不管担保函的具体名称如何，以及担保函之外的其他机构的批复如何。

（二）备用信用证

备用信用证（Stand - by Letter of Credit）是开证行（保证人）应申请人（债务人）要求，向受益人（债权人）开出的，凭受益人提交的与信用证条款相符的单据

---

〔1〕 参见范剑虹编著：《国际金融法导读》，浙江大学出版社 2001 年版，第 474～476 页。

（债务人的违约证明书及其他单据）付款的一种独立的书面承诺。[1]

　　根据备用信用证的约定，当借款人或其他债务人未能依贷款协议偿还贷款或履行义务时，债权人即可做成借款人或债务人违约的证明书，随附代表付款金额的汇票，向开证行（保证人）要求偿还相应的保证金额。备用信用证是 19 世纪中叶产生于美国的一种特殊信用证形式。当时的美国法律规定，担保只能由专门的担保公司承做，银行为他人提供担保将被视为越权行为，其所出具的保函均属无效合同。为了既满足客户的需要，又避开法律的限制，美国的银行业将其信用证业务扩大适用于保证领域，于是备用信用证应运而生。后来，备用信用证也逐步为英国、日本、澳大利亚等国家的银行业所接受，但不如美国使用普遍。

　　由于备用信用证既是信用证的一种，又同时兼具担保的作用。因此它既有与跟单信用证相同的许多特点，又有与银行保函相似的许多功用，但它同时又和这二者有着极其严格的区别。

　　1. 备用信用证与见索即付担保的比较。备用信用证与见索即付保函都是担保人（多为银行）以自身的信用向受益人作出的付款承诺。从备用信用证的产生和定义来看，其法律性质几乎等同于见索即付保函，开证行承担独立的、第一位的、无条件的付款责任。两者的性质和地位、所起的作用、适用的范围及付款的条件等方面几乎完全一样。正因为如此，联合国《独立保函和备用信用证公约》将二者合称为"承保书"，在许多方面一并加以规定。尽管如此，这两者之间也存在显著区别：①适用的法律规范不同。见索即付担保通常可以适用有关国家的担保法；而备用信用证一般只能适用于惯例。尤其在国际惯例方面，两者的适用完全不一样：备用信用证可以适用于国际商会制定的《国际备用信用证惯例》及《跟单信用证统一惯例》和《见索即付保函统一规则》；而见索即付担保则只能适用于《合同担保统一规则》和《见索即付保函统一规则》。②二者生效的条件不同。英美法系国家对商业合同都有对价要求，对见索即付保函的开具同样也有对价要求；而备用信用证即使无对价也可成立。各国普遍接受的《跟单信用证统一惯例》也未对信用证作对价要求。

　　2. 备用信用证与商业跟单信用证的比较。备用信用证与商业跟单信用证一样，均具有信用证的共同特点，且同样适用于国际商会制定的《跟单信用证统一惯例》。但二者仍然存在着明显的不同：①适用范围不同。商业跟单信用证是一种国际支付方式，通常只适用于国际贸易领域；而备用信用证则可广泛适用于各种形式的国际经济交易担保，包括国际借贷、国际融资租赁等。②对单证的要求不同。虽然两者都规定以权利人提交一定的单据作为开证行承担付款责任的根据，但其要求的具体单据种类截然不同。跟单信用证要求卖方提交的是能证明卖方适当履行基础合同的单证，包括商业发票、货运单、保险单、商检证明等；备用信用证通常只要求提交能证明借款人未适当履行基础合同的文件，如借款人违约证明、借款人签发的到期拒绝付款的本票等。由此，也决定了开证行审单义务的不同。③付款责任不同。尽管开证行在两种信用证项下承担的都是"第一付款人"的责任，但其付款责任的具体履行是不一样的。跟单信用证开证行的付款行为是基础合同正常履行的自然延伸，只要卖方所提交的单证与信用证条款的规定表面相符，开证行即应付款。至于卖方是否已履行交货义务，所交的货物是否与贸易合同的规定一致等，均不影响开证行付款义务的履行；而备用信用证的作用则在于担保，如果借款人能依贷款协议履行还款义务，贷款人的到期债权完全得到实现，备用信用证的开证行并不承担直接付款责任。只有当借款人未履行还款义务，并由贷款人提交信用证规定的单证以资证明后，开证行才实际承担付款责任。可见，备用信用证开证行的付款行为是基础合同未能正常履行所引起的。所以，备用信用证常常是"备而不用"的。④开证行的权利保障不同。在商业跟单信用证项下，在申请人（买方）赎单之前，开证行持有的由收益人（卖方）提交的提单等代表货物所有权的单据成为自然的质押物，是开证行实现债权的重要保障；而在备用信用证项下，除非另有反担保，开证行对借款人的追偿权只能是无担保债权。因此，银行一般只给信誉良好的客户开立备用信用证。

（三）安慰信

安慰信（Comfort Letter），又称为"意愿书"、"支持函"等，通常是指一国政府为其下属机构或母公司为其子公司而向贷款人出具的，表示支持并愿意为该下属机构或子公司的还款提供适当帮助的书面文件。

安慰信并不是严格意义上的担保文书，各国法律也未将其作为担保的种类加以规范，但在当今国际融资担保中，意愿书却以其独特的作用方式受到普遍重视和广泛采用。安慰信最初产生于德国，为了规避政府对母公司为子公司提供担保的贷款征收2%的资本投资税的法律规定，德国商界创立了无法律拘束力的安慰函以替代有法律效力的担保函。尽管1972年西德政府取消了资本投资税，但意愿书这种准担保方式并没有消失，反而因其作用独特而流传下来。因为出书人一旦不履行诺言，商界同行的道义谴责所形成的压力，将是一般违约引起的法律责任所无可比拟的。此外，在法律或公司章程限制担保人出具正式担保文书的场合，如禁止政府机构作为保证人、公司保证构成越权行为等，意愿书的出具则不会遇到此类法律障碍。

安慰信一般没有固定的格式和标准条款，但通常有以下几种主要形式：

1. 知悉函，通常是出具人（政府或母公司）表明其已知晓并同意借款人的融资安排。取得这种意愿书的意义在于确认出书人与借款人之间的关系，防止出书人日后以借款人未经其同意为由否认这项融资安排，并采取不利于贷款人的行动或拒绝给予借款人支持。

2. 允诺函，通常是母公司声明在子公司未还清贷款本息之前，将保持其在子公司一定比例的股权，以示母子公司共担风险，而不会以退股或减资的方式弃子公司于不顾。有的出书人还进一步承诺，如果出书人出于商务上的考虑不得不抽回其在借款人公司中的股权或将其在借款人公司中的股权减少至一定幅度以下时，出书人应向贷款人出具一份具有实质性保证意义的保函。

3. 支持函，通常是母公司向贷款人表示将在各方面对借款人偿还到期贷款予以支持的意愿。比如，母公司声明将在其权限之内尽力保证按审慎的财务政策使子公司得到适当的管理，以确保借款人的经营方向有利于贷款偿还；在子公司偿清贷款之前，母公司不接受来自子公司的分红或股息；对子公司提供资金或其他方面的支持，以免借款人产生财务危机等。

尽管创立安慰信的初衷是因为其不具有法律拘束力，但在实践中，安慰信的法律性质有时却比较模糊。一般认为，意愿书仅具有道义上的约束力，而无法律效力。然而，在意愿书中，如出具人有明确的担保承诺，而不仅仅是表示支持的意愿，则法院就可能会"轻其名而重其实"，推定它为一种有法律拘束力的担保。[1] 判断安慰信的性质和效力，需要综合考虑信函的意义、形式、当事人出具时的心态等多种因素，但最重要的判断依据还是安慰信本身的措辞。不过，即使出具人违反意愿书无须承担法律责任，但此举关系到自身声誉和资信，因此，重信誉的出书人通常都会履行自己在意愿书中所作的允诺。

（四）浮动担保

浮动担保（Floating Charge），也称浮动抵押（Floating Mortgage），是指债务人以其现有的或将来取得的全部或某一类财产，为贷款人的利益而设定的一种物权担保。

浮动担保的法律特征表现为：

1. 担保物的范围是债务人的全部财产。浮动担保是以债务人的全部或某一类财产而设定的担保，它既包括债务人现有的全部财产，也包括将来所有的全部资产；既包括企业的厂房、基础设施、机器设备等固定资产，也包括各种原材料、物资、货物等流动资产，以及各种应收款等未来收益；既包括企业的全部有形资产，也包括知识产权等各种无形资产。

2. 担保物的价值和形态处于不确定状态。在担保期间，担保物的价值和形态都处于不断的变化和运动之中，其价值可能会时增时减，其形态会不断从货币形态转化为实物形态，从无形财产转化成有形财产，从动产转化成不动产等，或正好与之相反。

3. 担保物不移转占有。浮动担保无需移转担保物的占有，借款人对担保物享有占有、使用和处分权。在借款人违约或破产之前，借款人有权在正常业务活动中自由使用和处分担保物，借款人对担保物的处分无需征得贷款人的同意。经借款人处分后的担保物自动退出担保范围，贷款人不再对其拥有担保权；反之，借款人在设定浮动担保后取得的一切财产也自动进入担保物范围。

4. 浮动担保于约定事件发生时转化为固定担保。尽管浮动担保的担保物在担保

---

〔1〕 陈安主编：《国际经济法概论》，北京大学出版社 2001 年版，第 456 页。

期间一直处于不确定的浮动状态，但担保权的行使应有明确、固定的标的物。因此，浮动担保一旦出现借款人违约、破产或停业清算等约定事件，则转化为固定担保。这时，贷款人可以对借款人的全部现有财产（包括应收款债权）行使担保物权，借款人的全部财产均确定地成为担保标的物，借款人无权再处分任何担保物。

浮动担保首先产生于 19 世纪中叶的英国，后逐渐为其他国家所接受。在国际融资实践中，浮动担保对融资双方均有特殊的益处，故得以广泛的使用。其优越性主要体现在：对贷款人而言，浮动担保的资产范围比一般物权担保的担保物范围要广泛得多，包括企业现有或将来所有的全部资产，从而对债权的实现更有保障。一旦债务人违约，贷款人可派员直接接管债务人的全部资产，继续经营。如果经营成功，贷款人则可从中获利，贷款风险也将因此而缩小。同时，这也有利于促使借款人努力经营，尽量避免违约行为发生以导致资产被全面接管，从而最终有利于防止贷款风险的发生；就借款人而言，采用浮动担保的最大好处在于，无须向贷款人移转担保财产的占有权，他仍可在担保设定之后自由占有、使用和处分已供担保之用的企业资产，使得借款人在融通资金的同时可充分发挥担保物的增值功能，并在相当程度上保证了借款人对企业的自主经营管理权。

基于浮动担保的上述功能与优势，其在国际融资，尤其是在项目融资中使用较为普遍。因为在国际项目融资下，借款人往往无法提供与巨额贷款相应的一般固定担保，在这种情况下，以该项目的全部资产及未来收益提供浮动担保，这对融资双方都有好处。

但是，浮动担保也有不利于贷款人权益的方面。浮动担保在被固定之前，债务人可以自由处分担保物；另外按一些国家的法律规定，浮动抵押的效力不得优先于一般物权担保，如果债务人在浮动抵押的财产上再设定一般物权担保，则后者效力优先。因此，当债务人过度处分其资产或过多设定有优先效力的一般担保物权给其他债权人时，浮动担保对债权人的保护则较为薄弱。所以，在国际融资实践中，为了保证浮动抵押的实际效力与优先地位，贷款人通常采取的保障措施有二：①在浮动抵押协议中明确规定，债务人不得再在抵押财产上设定等同于或优先于贷款人浮动抵押权的其他担保权利；②采用混合担保，即先在借款人担保价值较高的财产上设定一般物权担保，然后再就借款人的其余财产设立总括性的浮动抵押。

第四节 国际金融监管法律制度

一、国际金融监管概述

作为世界经济全球化的必然结果，世界金融一体化和金融自由化已成为当前世界经济全球化趋势的一个重要特征，对世界经济产生了广泛而深刻的影响。在全球

第七章

服务市场进一步开放的同时，国际金融风险不断加大。[1] 近几十年，频繁爆发的各种金融危机即是明证。毫无疑问，金融业和金融市场存在着特殊的内在的风险，一个不受监管的市场是不可能存在的。[2] 并且，随着金融市场全球化以及相互渗透的加强，使得一国的监管力所不及，加之在金融自由化趋势下，为保持本国金融机构的竞争能力，各国亦难以单独采取严格的监管措施。在此情况下，对金融市场的监管便开始趋向联合与统一。国际性协调机制和国际联合监管、区域联合监管成为当今国际金融市场的重要发展趋势。[3]

20世纪90年代以来，全球范围、地区范围以及双边范围内各个层次上的国际金融监管的协调与合作都得到了空前的发展。首先是监管的主体日益增多、监管的范围不断扩大。从国际货币基金组织到巴塞尔委员会，从国际证券委员会到国际保险监管者协会，以至到1995年开始正式运行的世界贸易组织，它们无不从不同的角度与范围对国际金融秩序和国际金融关系加以规范和管理。并且，它们彼此之间的协调与合作也越来越频繁。其次是各国的金融监管制度趋同化和国际化的趋势日益明显。日益激烈的国际金融竞争，迫使各国必须接受双边、地区及全球金融监管规则、惯例的约束，以及不同国家监管模式的相互借鉴，都使得各国金融监管制度趋向统一。尤其是巴塞尔委员会通过的一系列协议、规则、标准等在世界各国的推广和运用，更是促进了各国金融交易规则和监管制度的趋同。而整个国际金融监管制度趋同的最大特征即体现在从传统的合规性监管转向合规性监管与风险监管并重，进行全方位的持续性的审慎监管，从而使原来注重事后补偿与处罚的监管制度，转向更加着重事前对风险的预测和防范。

总之，国际金融监管法律制度无论从范围、内容及层次上都涉及甚广。基于篇幅所限，对本书中在其他章节已有所论及的国际货币基金协定和世贸组织金融服务贸易协定中的相关金融监管问题此处不再赘述，对国际证券和国际保险的监管规则与制度也不再涉及。本部分只注重介绍国际金融监管中最为重要的跨国银行监管法律制度及其中的核心——巴塞尔法律体系。

二、跨国银行金融监管

（一）跨国银行及其分支机构

银行是经营货币信用业务的特殊企业。最早的银行是1508年在意大利威尼斯成立的，1694年，世界上最早的股份银行英格兰银行成立。[4] 随着国际经济的蓬勃发展，各国的银行业务也开始跨越国境，由此形成众多的跨国银行。尤其是二战以后，

〔1〕 刘金科主编：《国际金融法学》，中国财政经济出版社2003年版，第454页。

〔2〕 李仁真主编：《国际金融法》，武汉大学出版社2005年版，第164页。

〔3〕 强昕："论当前国际金融市场的发展趋势及其特点"，载《中山大学学报论丛》2001年第5期。转引自王传丽主编：《国际经济法》，高等教育出版社2005年版，第426页。

〔4〕 龚柏华：《国际金融法新论》，上海人民出版社2002年版，第393页。

跨国银行发展迅猛，它们超越一国国界，在世界范围内建立了庞大的银行网络体系，运用这个体系开展高效率的银行业务，达到促进银行业务的国际化进程。[1]

跨国银行（Transnational Bank）是在若干国家设有分支机构，经营跨境货币信用业务的企业，具体而言是指在一些不同国家和地区经营存放款、投资及其他业务的国际银行，由设在母国的总行和设在东道国的诸多分支机构组成。至于在多少国家设有分支机构才算跨国银行，国际上并没有形成一致意见。联合国跨国公司中心认为"在5个或5个以上国家设有分支机构的银行称为跨国银行"，[2]但多数学者认为这一量化指标过于机械简单，未被广泛采用。[3]本书以为，只要在两个以上国家设立分支机构的银行即可称之为跨国银行。跨国银行在国外设置的分支机构，可以有诸多不同形式的选择，这主要由其经营特点和东道国的法律所决定。概括而言，这些海外机构的组织形式主要有：

1. 代表处（Representation Office）。代表处是跨国银行设在国外的最简单的分支机构形式，不具有东道国的法人资格，通常由总行的代表或办事人员组成。代表处只是总行在海外的一个办事联络机构，不得从事任何直接营利的经营活动，如吸收存款、发放贷款、办理结算等，只能代表总行在当地从事信息沟通、收集情报、洽谈工作、联络业务和服务咨询等非直接营利的服务性与辅助性工作。

2. 分行（Branch）。分行是跨国银行依照母国法律设置的海外分支机构，它不具有东道国的法人资格，是总行的组成部分，受总行的直接控制。分行是跨国银行在国外设立分支机构最重要的组织形式，是总行开拓海外业务极为有效的机构形态，是总行职能在不同国家或地区最完整、最全面的延伸与扩张。它几乎能从事全能的银行业务，不仅可以从事东道国的银行业务，还能够从事国际银行业务，如存放款、同业拆放、外汇交易、出口信贷、托收和信用证业务等。

3. 子行（Subsidiary）。子行也称附属银行，是依东道国法律成立的，由一家外国银行拥有其全部或多数股权的独立的法律实体，具有东道国的法人资格。子行既可以由母行全资拥有，为全资子行；也可以合资设立，但由母行拥有多数股权，为控股子行，其法律形态属于有限责任公司或股份有限公司的性质。子行一般可以经营所有的银行业务，几乎等同于当地银行。

4. 合资银行（Joint Venture or Consortium）。合资银行是由两个或两个以上不同国家的金融机构共同出资在东道国境内依法设立的具有东道国法人资格的银行。合资银行与控股子行的最大区别在于母行对其不拥有多数控股权。合资银行的股权结构

第七章

---

〔1〕　陈安主编：《国际经济法概论》，北京大学出版社2005年版，第516页。

〔2〕　刘丰名：《国际金融法》，中国政法大学出版社1996年版，第38页。

〔3〕　参见岳彩申：《跨国银行法律制度研究》，北京大学出版社2002年版，第2页。转引自龚柏华：《国际金融法新论》，上海人民出版社2002年版，第394页。另可参见李仁真主编：《国际金融法》，武汉大学出版社2005年版，第89页。

是没有一家银行对其拥有绝对的控股权，而且至少有一个股东是外国银行。因此，出资设立合资银行的外国银行不能对合资银行施加直接的影响，而只能通过行使股东权的方式影响合资银行的经营活动。

（二）东道国对跨国银行的法律管制

跨国银行对东道国的经济会产生多方面的影响，东道国为了确保本国金融市场的稳定，保护民族银行业的生存和发展，都对跨国银行实行不同程度的法律管制。而各国对跨国银行的法律管制无不从市场准入开始。WTO《服务贸易总协定》和《金融服务贸易协议》的签署，对于各国对外资银行的法律管制进行了较多的约束。与此相适应，我国对跨国银行进行管制的立法主要是2002年开始生效的《外资金融机构管理条例》和《外资金融机构管理条例实施细则》。

归纳起来，东道国对跨国银行的法律管制主要体现在以下几个方面：

1. 监管原则。各国对外资银行监管的基本原则主要有保护主义原则、对等互惠原则和国民待遇原则等[1]具体采用哪一种原则，这主要依赖于各国金融业的现状与国情。实践操作中，大多数国家往往采用混合原则，即以一种原则为主，另一原则为辅的金融策略。比如大多数发展中国家以"保护主义为主，对等互惠为辅"，而发达国家则多采"国民待遇为主，辅以对等互惠"的政策。

2. 市场准入监管。各国立法一般都规定，外资银行进入本国必须符合一定的条件。如跨国银行已在东道国设立代表处达到一定年限；拥有足够的资产，能有效开展业务；具有经营国际银行业务的经验；有一定的合格的专门管理人员；母国的有效监管与许可以及外资银行进入的公共利益保留；等等。比如我国《外资金融机构管理条例》即规定：外国银行必须在中国境内设立代表机构2年以上，母行总资产不少于100亿美元，最低注册资本金为3亿元人民币等值的自由兑换货币等各种严格的条件。

3. 业务运营监管。外资银行准入后，为了避免对国内金融业冲击过大，东道国往往对其业务经营进行较多的限制。这些限制主要集中在网点设置、业务经营范围、经营成本的管理等方面。比如对外资银行的营业区域、分支机构的数量进行限制；不允许外资银行吸收公共储蓄存款和小额存款、不得经营东道国本币业务；不允许外资银行向东道国中央银行贴现融资、要求其缴纳较高比例的存款准备金等。

4. 风险管制。外资银行如果经营不善而破产倒闭或面临更大风险，将引致一系列不良反应甚至引发金融风暴。因此，许多国家尤其是发达国家都特别重视对外资

---

〔1〕 保护主义原则，指东道国对外资银行及其服务的准入采取各种禁止或限制措施以保护本国银行业发展的原则；对等互惠原则，指本国给予来自他国的外资银行的待遇依照该国对本国在该国的银行享有的待遇来确定，即以对等的措施和政策对待外资银行；国民待遇原则，指给予外资银行以本国银行同等的待遇，外资银行与本国银行享有同等的经营权利，承担同样的义务和责任，接受同样的金融监管，从而使他们处于平等竞争的地位。参见范晓波主编：《国际金融法》，中国政法大学出版社2005年版，第267~270页。

银行的风险管理。其管理措施主要包括预防性和保护性两类，前者如资本充足性管制、资产流动性监管、单一贷款规则[1]等，属于事前预防性监管制度；后者如存款保险制度、最后贷款人救济措施等[2]，是事后的救助性保护制度。

（三）母国对跨国银行的并表监管

跨国银行的发展对母国的国际收支、货币金融政策及税收等均会产生一系列的影响，因此，母国对跨国银行都会施以必要的管制。但由于跨国银行的国外分支机构面临的当地法律、会计、税收等制度与母国不同，其在竞争地位上与东道国银行相比处于劣势。因此，传统上各国对其银行海外分支机构经营的管制，一般较之国内银行宽松，并富有弹性。[3]而近几十年的国际金融形势严峻地表明，正是因为母国的监管力度不够，频频导致跨国银行海外分支机构出现严重问题。由此，随着巴塞尔协议的推进和东道国对跨国银行母国监管要求的提高，母国对跨国银行的并表监管日益成为跨国银行监管中的重中之重。

并表监管（Consolidated Supervision），亦称合并监管或综合监管，作为一种监管方法，是相对于单一监管而言的。它是指对一银行或银行集团所面临的所有风险，无论其机构注册于何地，应从银行或银行集团的整体予以综合考虑的一种监管方法。[4]并表监管包括业务并表和地域并表两个方面。业务并表是指资产负债表内外业务的合并汇报；地域并表是指跨国银行及银行集团应将其本身和附属机构的全部经营活动合并汇报。

并表监管的实质在于，通过制定和实施审慎监管法规并运用一定持续性监管手段，对银行及其跨境机构在全球范围内所从事的业务活动进行监督，使银行经营的内在风险在总体上受到监控。因此，并表监管既是一种综合性监管，又是一种持续性监管。它既不同于期间性检查，也有别于临时性的抽查，而是一种长期性的有计划的全面监管安排。

母国并表监管原则的确立，是对传统国际法"属地管辖权优先"原则的一大突破，它的实施客观上导致跨国银行的监管重点由东道国转移至母国，从而形成了以"母国并表监管为主"的特殊监管模式。这不仅是基于跨国银行母国对整个银行体系

第七章

---

[1] 单一贷款规则，是指银行对一个客户的贷款不能超过贷款银行资本的某一比例，从而限制风险集中，达到分散风险的目的。参见范晓波主编：《国际金融法》，中国政法大学出版社2005年版，第275页。

[2] 存款保险制度，当投保的外资银行倒闭时，由专门的政策性存款保险机构在最高保险额限度内代为向客户支付法定数额的保险金；最后贷款人制度，指由各国的中央银行或其他机构对已经或将要出现信用危机的商业银行（包括外资银行）提供资金支持，以帮助其渡过难关，避免情况的进一步恶化而发生倒闭。参见陈安主编：《国际经济法概论》，北京大学出版社2005年版，第567页。

[3] 陈安主编：《国际经济法概论》，北京大学出版社2005年版，第562页。

[4] 参见李仁真："论国际银行的并表监管"，载《经济评论》2000年第3期；李仁真主编：《国际金融法》，武汉大学出版社2005年版，第104页。

的安全稳健负有责任，更为重要的是跨国银行的全球业务活动均围绕其母行的指令或安排进行，母行掌握了整个跨国银行体系的最佳信息可获性，由母行所在地的母国监管当局承担业务并表和地域并表的监管责任，可全盘掌握跨国银行的经营动态，迅速获悉跨国银行的相关信息，其监管成本最低，监管效率最高。[1]不过需要注意的是，母国的并表监管并不能独立存在，甚至排斥东道国的单一监管，它必须仍然要依赖于东道国的基础性监管。某种程度上说，母国并表监管的成效可能要取决于东道国监管的有效与否。没有东道国与母国当局之间在监管信息方面的相互交流，没有东道国给予母国跨境收集信息方面的便利与合作，母国的并表监管也不可能实现。因此，母国并表监管与东道国单一监管实际上是跨国银行监管体系中不可或缺的两种模式，二者相互联系、相互补充。

三、巴塞尔协议体系

无论是东道国监管还是母国监管，都只是单一从国内法的角度对跨国银行实施法律管制，这无疑易容产生监管权力的积极或消极冲突，以及监管标准的不统一等问题。这不仅可能使跨国银行的监管出现实施上的各种困难，还会带来不同国家间银行不公平竞争的后果。因此，加强跨国银行监管的国际合作，制定若干银行监管的国际共同规则，成为各国金融当局的共识。而巴塞尔银行监管委员会的成立及其一系列协议、规则的制定与实施，正是其重要体现。

（一）巴塞尔体制

1975 年 2 月，在英格兰银行的提议下，在国际清算银行[2]的发起和主持下，美、英、法、日等 12 个发达国家中央银行的首脑，在瑞士的巴塞尔聚会，讨论跨国银行的国际监督与管理问题，并成立了一个监督常设委员会——银行管理和监督实施委员会（The Committee On Banking Regulations and Supervisory Practices），简称巴塞尔委员会。

巴塞尔委员会的诞生，标志着国际银行监管合作的正式开始。该委员会的目标不是追求统一各国有关监管的法律与政策，而是在各国不同的法律框架之间建立协调与沟通。自巴塞尔委员会成立以来，就国际银行监管问题，制定并发布了为数众多的"巴塞尔文件"，这些文件，围绕国际银行业的审慎监管及其风险防范，提出并阐述了一系列原则、规则、标准和建议，由此形成了著名的"巴塞尔体制"（Basle System）。而各类巴塞尔文件，也经常统称其为巴塞尔协议或巴塞尔协议体系。

---

〔1〕　蔡奕："论跨国银行并表监管的基本理论问题"，载《国际经贸探索》2002 年第 2 期。

〔2〕　国际清算银行（The Bank for International Settlement，BIS）于 1930 年在瑞士巴塞尔设立，原为对第一次世界大战战败国德国执行赔偿和监督德国财政而设。1969 年，国际清算银行修改章程，将宗旨改为促进各国中央银行之间的合作。故国际清算银行有"各国中央银行的中央银行"之称。1985 年开始，中国人民银行与其建立业务联系，1996 年成为其正式成员。参见龚柏华：《国际金融法新论》，上海人民出版社 2002 年版，第 416 页。

（二）巴塞尔协议的主要内容

巴塞尔委员会自 1975 年成立以来，对跨国银行监管提出了一系列的原则、规则、标准和建议。这些文件主要包括：1975 年的"巴塞尔协议"：《银行海外机构的监管原则》、1983 年修改的"巴塞尔协议"：《对银行国外机构的监督原则》；1988 年的"巴塞尔报告"：《关于统一国际银行的资本衡量和资本标准的报告》；1992 年的"巴塞尔建议"：《关于监督国际性银行集团及其跨国分支机构的最低标准的建议》；1997 年的"巴塞尔核心原则"：《银行业有效监管原则》；1999 年的"巴塞尔最终文件"：《多元化金融集团监管的最终文件》；以及 1999 年公布的"巴塞尔新资本协议"：《新资本充足率框架》（征求意见稿）。此外，巴塞尔委员会还先后发布过《对银行国际业务的并表监管》、《银行外汇头寸的监管》、《银行表外风险管理》、《大额信用风险的衡量与管理》、《银行监管当局的信息交流》、《衍生产品风险管理准则》、《利率风险管理原则》等诸多法律文件。这里只着重介绍以下几个最具代表性的巴塞尔文件。

1. "神圣公约"与"新神圣公约"[1] 1975 年 12 月，巴塞尔委员会制定的《银行海外机构的监管原则》明确了各国金融监督机构对国际银行监管责任的划分，规定了跨国银行国外分行和子行的划分标准，并以监督银行的流动性、清偿能力和外汇头寸为中心，确定跨国银行母国和东道国的监管责任，防止其国外分支机构逃避监管。因这一协议是巴塞尔委员会发布的第一个文件，也是国际银行业监管机关第一次联合对国际商业银行实施监管，首开国际银行监管合作之先河，故被誉为是国际银行业监督管理领域的"神圣公约"，是"国际监督合作中重要的基石"，是解决国际银行业务管理问题的"重要突破"。

但 1975 年协议也存在重大的缺陷，尤其是各国关于银行监管标准的差异，给银行的国际监督带来了巨大的障碍。因此，1983 年巴塞尔委员会对 1975 年协议进行了修订，确定了国际银行并表监管的原则和方法，并进一步对跨国银行母国和东道国的监管权力与责任作了更为明确、具体的划分，强化了母国监管机构的监督责任，减少了各国因监管标准不同而引起的冲突问题。因 1983 年协议对国际银行业务的监管提出了更为全面和系统的标准，故被银行界称作"新神圣公约"。

2. 巴塞尔资本协议。1983 年修改后的巴塞尔协议虽有原则一致、分工明确的优点，但缺乏统一监管标准的问题仍未得到有效解决。同时国际银行业所面临的经营风险，特别是信用风险在不断加大，而不同监管标准的差异所造成的不公平竞争状况也日益严重。为此，巴塞尔委员会于 1988 年 7 月正式公布了《关于统一国际银行资本衡量和资本标准的报告》（Proposal for International Convergence of Capital Measurement Capital Standards），确定了统一的资本充足率计算方法和统一的最低资本充足率标准。因此，该报告也经常被称作"巴塞尔资本协议"；也因为该报告所确定的资本衡量和资本计算标准，得到全球一百多个国家金融当局的认可与接受，资本协议在

第七章

---

[1]　参见刘丰名：《国际金融法》，中国政法大学出版社 2007 年版，第 56 页。

整个巴塞尔法律文件中占有举足轻重的地位，"它是 20 世纪国际银行监管的一份划时代的文件"。[1]因而一般所称的"巴塞尔协议"即是特指该资本协议。

"巴塞尔资本协议"的最大贡献即在于它统一确定了国际银行的资本充足率标准，即资本对风险资产的比率，不得低于 8%，其中核心资本不得低于 4%，并且以并表为基础进行计算。

按照资本协议，首先将银行的资本划分为核心资本（Core Capital）和附属资本（Supplementary Capital）两大类。核心资本又称一级资本，包括实收股本和公开储备；附属资本又称二级资本，包括未公开储备、资产重估储备、普通准备金或普通呆账准备金、混合资本工具、次级长期债券。具备规定特征的一级资本与二级资本成分之总和，则为合格资本。其次，建立以风险加权为基础的银行资产计量架构。即根据银行资产的性质不同划分其风险权重。协议将银行资产负债表上的各类资产及表外业务所涉的风险大小进行加权，依次将其划分为 0%、20%、50% 和 100% 四个级别。比如，库存现金，风险为零；一般信用贷款比抵押贷款的风险高；对政府机构的贷款比对普通企业贷款的风险低等。最后，通过银行资本与风险资产之间的比，来确定资本充足率。即资本充足率 = 资本/风险资产×100%。因此，依据 8% 的最低资本充足率，如果银行放贷 100 万元，则必须拥有 8 万元的自有资本，核心资本则必须达到 4 万元；但如果放贷的 100 万元是 20% 风险级别的贷款，则自有资本应达到 16 万元，核心资本应达到 8 万元；50% 风险的放贷，则为 40 万元自有资本，核心资本 20 万元；100% 风险的放贷，自有资本则必须达到 80 万元，核心资本 40 万元。可见，通过银行资本金来控制国际银行业务的风险，正是资本协议的核心所在。

3. 有效核心监管原则。20 世纪 90 年代以来，国际银行业监管失效事件频发，特别是巴林银行的倒闭，使国际银行界深刻认识到，仅仅靠资本充足率的规定，仍然不足以充分防范金融风险。为此，巴塞尔委员会总结了发达国家近百年来银行监管的实践经验，并结合巴塞尔委员会自身几十年来卓有成效的监管成果，于 1997 年 9 月发布了《有效银行业监管的核心原则》，（一般简称"巴塞尔核心原则"）。

该原则是巴塞尔委员会自成立以来在国际银行监管领域工作成果的集大成者，搭建了一个全方位、多角度的风险监管原则体系，涉及国际银行业面临的主要风险，涵盖了跨国银行从市场准入到业务经营的全过程；不仅注重审批程序，而且强调持续性监管；不仅强调加强各国金融当局的监管，而且注重建立跨国银行自身风险防范机制；不仅注重单一要素的监管，而且强调综合并表监管。[2]

4. 新资本协议。尽管 1988 年的资本协议以不同的形式已被全世界 100 多个国家所采用，但新的风险管理技术的快速发展已使该协议明显过时，同时众多金融创新常常被用来规避资本协议的规则，使其有效性大大降低。为此，巴塞尔委员会于

〔1〕 李仁真主编：《国际金融法》，武汉大学出版社 2005 年版，第 117 页。
〔2〕 陈安主编：《国际经济法概论》，北京大学出版社 2005 年版，第 562 页。

1999 年 6 月公布了《新资本充足率框架》（征求意见稿），对 1988 年的"资本协议"进行修订，谓之"新资本协议"。经过反复征求意见和多次修改，2004 年 7 月，《新巴塞尔资本协议》（New Basel Capital Accord）最终定稿，并于 2006 年底开始实施。

　　新资本协议是对 1988 年资本协议的彻底更新和全面取代，它旨在通过制定有关综合性的资本充足率计量方法，以不断完善资本充足率监管框架。与 1988 年的资本协议相比，新资本协议的内容和创新之处在于它全面推出了互为补充的三大支柱，即最低资本要求、监管当局的监督检查和市场纪律。

　　（1）最低资本要求（Minimum Capital Requirements）。新资本协议保留了 1988 年资本协议关于资本构成定义和最低资本充足率 8% 的规定，但除传统的信用风险外，还将市场风险和操作风险也纳入风险资产的计算范畴，从而使资本充足率估算更具风险敏感性。即资本充足率 = 总资本/（信用风险 + 市场风险 + 操作风险）。而信用风险是指债务人或交易相对方的违约行为所可能招致损失的风险；市场风险是指当市场价格出现不利波动时，银行因交易条件变化所可能招致损失的风险；操作风险是指由不完善或失效的内部程序、人员、系统或外部条件所造成直接或间接损失的风险。此外，对于具体的风险计算方法、风险评估体系等新资本协议都做了许多全新的规范。

　　（2）监管当局的监督检查（Supervisory Review of Capital Adequacy）。也称其为外部监管评估，即要求监管者对银行的资本充足情况及其是否符合相关标准进行定性审查。新资本协议以有效银行监管的核心原则为指导，明确界定了外部监管评估的四大原则：监管部门期望并有能力要求银行保持高于最低标准的资本；银行应有一套根据风险程度评估其资本充足率并将资本保持在适当水平的策略方法；监管部门应认真评审上述策略方法及其遵循情况；在出现异常风险状况时，监管部门应早期干预，防止银行资产状况恶化。

　　（3）市场纪律（Market Discipline）。也称市场约束。新资本协议第一次引入了市场约束机制，通过强化信息披露，让市场力量来促使银行稳健、高效地经营及保持充足的资本水平。银行应及时公开披露包括资本结构、资本充足率、对资本的内部评价机制以及风险管理战略等内在的信息，接受市场的监督与约束。

国际银行破产案[1]

　　[案情]　郝斯塔特银行（Herstatt Bank）是原联邦德国的一家银行，拥有 8 亿美元资产。由于其经营不慎，在外汇交易和贷款方面的损失达 4.5 亿美元，于 1974 年

---

〔1〕　参见李仁真主编：《国际金融法》，武汉大学出版社 2005 年版，第 110～115 页；万国华、隋伟主编：《国际金融法学》，中国民主法制出版社 2005 年版，第 193 页；王传丽主编：《国际经济法教学案例》，中国政法大学出版社 1999 年版，第 247～248 页；汤树梅主编：《国际经济法案例分析》，中国人民大学出版社 2006 版，第 170～172 页。

6 月 26 日被原联邦德国政府宣布倒闭。该银行的倒闭直接破坏了即期外汇交易的清算机制，同时也给国际银行业带来了灾难性的后果。同年，美国的富兰克林国民银行和英国的不列颠—以色列银行也相继破产。

安布罗西诺银行（Banco Ambrosiano）原是意大利最大的私人银行，1982 年夏，该行因其子公司经营不慎而陷于困境，被意大利政府强制清算。该行的倒闭及其清算在国际上一度引起纷争，其争议焦点之一就是意、卢两国监管当局谁应对安布罗西诺银行卢森堡子公司公司负监管责任及最后贷款人的救助责任的问题。

国际商业信贷银行（BCCI）创立于 1972 年，曾一度发展成为世界上第七大私人银行，拥有近 200 亿美元资产，其分支机构遍布 69 个国家和地区。20 世纪 80 年代中期，该行出现严重亏损。为了掩盖亏损并逃避监管，该行的高级管理人员从事了大量的违法及欺诈活动，后被英国普华会计事务所名为"沙漠的风暴"的报告所揭露。1991 年 7 月，有关各国联合采取行动，相继关闭了 BCCI 设在其境内的机构。据统计，BCCI 的亏损约 150 亿美元，受其影响的存款人共有 80 余万，其在中国深圳也设有一家分行，国内存款人也蒙受了损失。

英国巴林银行是有着 233 年悠久历史的商业银行，在商界素有盛誉。但 1995 年 2 月 26 日，巴林银行宣布倒闭，在全球金融市场掀起了一场轩然大波。巴林银行破产的直接起因是该行派驻新加坡分行的金融市场总经理尼克·利森未经授权大量购进当时走势看好的日本日经股票指数期货，但一场阪神大地震使日经指数不升反跌，结果巴林银行亏损了约 10 亿美元，一下子陷入破产境地。巴林银行的蚀本买卖引发了从亚洲到欧洲金融界的连锁恐慌反应。特别是在欧洲金融市场上，除了马克未受大的影响外，其他货币均受到不同程度的冲击。亚洲各国的股市也都出现了指数下跌的态势，后来直接触发了席卷全球的亚洲金融危机。

[法理分析] 上述一系列国际大银行的倒闭，无不从一个侧面反映了各国金融当局和国际金融领域对跨国银行经营风险及市场风险防范与监管的不力；反过来，也正是这一起接一起的银行破产案，引发和敦促了各国政府与国际社会对国际银行金融监管的重视。巴塞尔银行监管体制的一系列法律文件正是在这一国际大背景下出台并逐步完善的。

1974 年德国郝斯塔特银行及美国富兰克林国民银行和英国不列颠—以色列银行的相继破产，直接成为巴塞尔委员会成立的导火索，并促成了 1975 年《银行海外机构的监管原则》（"神圣公约"）的出台；1982 年意大利安布罗西诺银行的倒闭，不仅引发了人们对银行海外分支机构监管责任的讨论，也直接推动了巴塞尔委员会对 1975 年《银行海外机构的监管原则》的修订，是为 1983 年的"新神圣公约"。在此基础之上，1988 年巴塞尔委员会又制定并发布了最为重要的《关于统一国际银行资本衡量和资本标准的报告》。1991 年国际商业信贷银行丑闻案则暴露了国际银行监管规则仅注重资本充足率，而忽视监管信息的渠道和交流渠道的畅通，监管责任划分的周延，也难以实现有效监管的问题。鉴此，巴塞尔委员会 1992 年提出了《关于监督国际性银行集团及其跨国分支机构的最低标准的建议》。该建议对跨国银行及其分支机构设定了四项最低标准，确立了母国并表监管原则的核心地位，并实现对跨国银行监管责任重心由东道国向母国的偏转。[1] 而 1995 年巴林银行的破产，以及此前有着 129 年历史的美国基德投资银行在 1994 年的倒闭，至此从 90 年代以来，国际银行监管失效事件频发，而这些银行的资本充足率均远远超过 8% 的资本监管标准，使得人们更加深刻地认识到，银行监管仅仅注重资本风险是远远不够的，表外风险、市场风险等等无不构成对银行经营的潜在威胁。故此，巴塞尔委员会不仅先后发布了 1997 年的《有效银行业监管的核心原则》、1999 年的《多元化金融集团监管的最终文件》，以实现对银行全方位、多角度的风险监管；更是在 1999 年隆重推出了《新资本充足率框架》（征求意见稿），并经过多次讨论修订后得以正式实施。新资本协议无疑代表了国际银行风险监管的发展方向，具有更加灵活的风险敏感度。

综上，我们可以清晰地看到，巴塞尔一系列法律文件的诞生，绝不是空穴来风，抑或闭门造车，而是由国际银行监管实践的迫切需要和不断发展变化的严峻现实所推进的。同时我们也可以预测到，新资本协议绝不会是国际银行监管规则的最后法律文件，与时俱进，随着时势的发展变化，巴塞尔委员会必将进一步推出更加完善的新规则。

（三）巴塞尔协议的性质与意义

如前所述，"巴塞尔协议"在国内各种资料文献中，一般有两个层次的含义：一是特指 1988 年资本协议；一是泛指所有巴塞尔文件或说巴塞尔协议体系。为明确起见，本书主要采用后一意义，而前者则通常用"资本协议"来指代。

对于巴塞尔协议的法律性质，学界一直颇多争议。巴塞尔协议是"国际条约"、抑或"国际惯例"、还是具有"约束性的辅助建议"？专家们各说其是。此外也有学者认为，巴塞尔协议对于 12 个巴塞尔成员国具有约束力，是"国际条约"；但对于成员国之外的其他自动接受的国家而言则是"国际惯例"。[2] 这看似合理，实则也有待商榷。且不论巴塞尔委员会本身的"民间性"，只是看"巴塞尔协议"的所有法律文件即多以各种"原则"、"报告"、"建议"、"标准"等非法律约束力的用语发布，而不采用"条约"或"公约"等典型的国际法文件的用词。甚至具有"神圣公约"之誉的 1983 年巴塞尔协议也在其引言部分称：本文件提出和阐述的原则是"这一领域内最佳实践的建议性指南，所有成员已承诺以其可利用的方式开展工作以便贯彻实施"。[3] 因此，本书以为，巴塞尔协议的所有法律文件均不具有拘束力，不能作为"国际条约"看待，但它具有公认的"国际惯例"的性质和特征。虽然它只是一种

〔1〕　参见陈安主编：《国际经济法概论》，北京大学出版社 2001 年版，第 464～465 页。
〔2〕　刘丰名：《国际金融法》，中国政法大学出版社 1999 年版，第 49 页。
〔3〕　李仁真主编：《国际金融法》，武汉大学出版社 2005 年版，第 133 页。

第七章

"建议性的指南"，但它显然已成为国际银行监管领域一项权威的国际规则或行业标准被广泛接受，具有"法律的确信"，并且在国际金融实践中被反复使用。

尽管巴塞尔协议体系"不具有、也不打算具有法律强制力"，[1]但基于巴塞尔协议广泛吸收了西方发达国家银行监管的"最佳实践"，从其第一个法律文件出台至今，在世界范围内产生了重大的反响，成为联合国体系外另一个不可忽视的对国际金融领域具有重要法律影响的国际规则体系，结束了国际金融领域无法律秩序的历史，[2]成为国际银行监管具有划时代意义的法律文件。

目前，全球已有超过一百多个国家或地区以立法的形式自动引进或在监管实践中实际采用巴塞尔协议。中国自 1993 年首先在深圳试点，对深圳市的金融机构要求按 8% 的资本充足率进行运营，这是中国自动接受和实施巴塞尔协议的第一次尝试。紧接着 1995 年 7 月 1 日施行的《中华人民共和国商业银行法》明确规定，商业银行贷款应遵守资本充足率不低于 8% 的资产负债比例管理的规定。2002 年 2 月 1 日实施的《中华人民共和国外资金融机构管理条例》则明确要求所有外资金融机构必须达到资本充足率 8% 的标准；并依据巴塞尔协议的相关规定对外资银行的审慎监管进行了明确规定，尤其强调了跨国银行母国的监管责任。但鉴于目前我国引进巴塞尔体制的时间尚短，中资银行不良贷款和不良资产的负担还较重，以及我们在监管经验、监管技术等方面都还存在较多不足，因此我国目前尚未正式引进和接受"巴塞尔新资本协议"的监管标准。但随着中国金融体制改革的深入，国际金融一体化程度的加深，中国最终全面接受巴塞尔银行监管体制只是指日可待的问题。2007 年 2 月 28 日，中国银监会印发了《中国银行业实施新资本协议指导意见》，指出：新资本协议代表了风险管理的发展方向，提高了资本监管风险敏感度和灵活性，有助于商业银行改进风险管理和推动业务创新。全球已有近百个国家、地区明确表示将实施新资本协议，如果中国不考虑引进和实施新资本协议，不利于我国的商业银行尽快参与国际金融竞争，提高国际竞争力，也不利于我们加强对外资银行和外国银行的监管，因此，我国商业银行尤其是具有一定国际竞争力的大银行，应尽快引进和实施新资本协议。[3]但我国商业银行全面实施新资本协议的条件尚不成熟，因此目前采取"分类实施、分层推进、分部达标"的原则。按照该《指导意见》公布的时间表，2008 年底以前，银监会将陆续发布有关新资本协议实施的监管法规，修订现行资本监管规定并在业内征求意见。2009 年银监会将进行定量影响测算，评估新资本协议实施对商业银行资本充足率的影响。2010 年底起，经批准的各大商业银行开始实施

第七章

---

〔1〕 参见巴塞尔委员会前主席彼得·库克 1984 年 6 月 21 日在"巴塞尔监管者委员会"中关于委员会职责的论述。转引自李仁真主编：《国际金融法》，武汉大学出版社 2005 年版，第 132 页。

〔2〕 刘丰名：《国际金融法》，中国政法大学出版社 1996 年版，第 46 页。

〔3〕 见中国银监会网站：http://www.cbrc.gov.cn/chinese/home/jsp/docview.jsp? docID = 20070312BD A87AD2c92FF7AAFF8DC686420E1700. html，2008 年 1 月 18 日访问。

新资本协议；未能达到标准的，经银监会批准可暂缓实施，但最迟也不能迟于 2013 年底。欲实施新资本协议的商业银行应提前半年向银监会提出正式申请，2010 年初银监会开始接受欲实施新资本协议银行的申请。

（四）关于《巴塞尔协议Ⅲ》

2008 年美国引发的全球金融危机直接催生了"巴塞尔协议Ⅲ"的诞生。相对于 1988 年的《关于统一国际银行资本衡量和资本标准的报告》和 1999 年 6 月公布的《新资本充足率框架》，2010 年 9 月的这次对资本协议的最新修订被命名为《巴塞尔协议Ⅲ》。

按照《巴塞尔协议Ⅲ》的要求，截至 2015 年 1 月，全球各商业银行的一级资本充足率下限将从现行的 4% 上调至 6%。由普通股构成的"核心"一级资本占银行风险资产的下限将从现行的 2% 提高至 4.5%。另外，各家银行应设立"资本防护缓冲资金"，总额不得低于银行风险资产的 2.5%，该规定将在 2016 年 1 月至 2019 年 1 月之间分阶段执行。

新达成的《巴塞尔协议Ⅲ》，被认为是对全球资本标准的本质强化，该协议可以为全球金融的长期稳定保驾护航，同时也将使得经济增长变得更为持久。[1]

---

〔1〕　参见"《巴塞尔协议Ⅲ》最终出炉"，载和讯网 http://news.hexun.com/2010 - 09 - 14/124891505. html,2012 年 2 月 20 日访问。

第八章

国际投资法

本章要点

国际投资是国际贸易和经济活动的重要形式。虽然 WTO 没有直接规范投资问题，但《服务贸易总协定》对商业存在所设立的规则直接影响外资在服务领域的投资。多个地区贸易协定也将投资纳入经贸合作范围。本章对国际投资的基本概念，主要法律体系和主要法律问题从理论和实践方面进行了较详细的讨论和分析。

第一节　国际投资法概述

一、国际投资的概念和种类

（一）国际投资的概念

国际投资是指以资本增值和生产力提高为目标的国际资本流动，是投资者将其资本投入国外进行的以营利为目的的经济活动。[1] 对特定国家来说，国际投资包括本国的海外投资和本国接受的外国投资。

（二）国际投资的种类

国际投资可以按照不同的标准予以分类。

1. 根据投资主体不同，可以分为政府（官方）投资和国际私人投资。政府（官方）投资是指一国政府或国际公共机构的投资，一国政府不仅包括中央政府，也包括地方政府或特别行政区政府，在某些情况下还包括政府通过国有企业进行的对外投资活动。[2] 国际私人投资是指投资者为个人或私人企业以营利为目的进行的投

第八章

---

〔1〕 余劲松主编：《国际投资法》，法律出版社 1997 年版，第 1 页；史晓丽主编：《国际投资法》，中国政法大学出版社 2005 年版，第 1 页。

〔2〕 王贵国：《国际投资法》，北京大学出版社 2001 年版，第 126～146 页。

资。[1] 在国际投资活动中，一般来说，国际私人直接投资在国际投资活动中占据最主要的地位。

2. 根据投资时间长短的不同，可以分为长期投资和短期投资。按国际收支统计分类，一年以内的债权被称为短期投资；一年以上的债权、股票以及实物资产被称为长期投资。

3. 根据投资方式不同，可以分为国际直接投资和国际间接投资，二者的主要区别是投资者对投资对象是否有经营管理权和控制权。

国际货币基金组织（International Monetary Fund, IMF）在其发布的《国际收支平衡手册》（第5版）将投资分为直接投资（Foreign Direct Investment）、证券投资（Portfolio Investment）和其他投资。[2] 在该手册中，直接投资被定义为："直接投资是国际投资的一种形式，它以设在一个经济体的实体通过设在另一个经济体的企业取得长期利益为目的（设在一个经济体的实体称为直接投资者，设在另一个经济体的企业称为直接投资企业）。长期利益是指直接投资者和直接投资企业存在着长期关系，并且投资者对投资企业的管理产生重大影响。直接投资不仅包括投资者和投资企业之间关系最初成立时的交易，也包括投资者和投资企业之间以后发生的所有交易，以及非公司性质的关联企业之间的交易。"[3] 与国际货币基金组织对国际直接投资的定义相类似，经济合作与发展组织（Organization for Economic Cooperation and Development, OECD）在其1995年修订的《外国直接投资的标准定义》中，将"外国直接投资"定义为："外国直接投资表现为以通过在一个经济体的实体（直接投资者）设在直接投资者所在经济体之外的实体取得长期利益为目的。长期利益意味着直接投资者和直接投资企业存在着长期关系，并对直接投资企业的管理有重大影响。直接投资涉及两个实体之间的最初交易和所有以后的其与公司或非公司性质的附属企业之间的资金交易。"[4] 世界贸易组织（WTO）秘书处在1996年10月16日发布的"贸易与外国直接投资"的报告中，将"外国直接投资"定义为："当设在一个国家（母国）的投资者拥有在另一个国家（东道国）的旨在进行管理的资产时就是外国直接投资。管理的程度是外国直接投资与以外国股票、债券和其他金融工具进行的证券投资的区别之处。在大多数情况下，投资者和其在国外管理的资产属于商业性质

---

[1]　史晓丽主编：《国际投资法》，中国政法大学出版社2005年版，第2页。

[2]　International Monetary Fund, (IMF), *Balance of Payments Manual*, 5th ed., 1993, Ⅷ. Classification and Standard Components of the Balance of Payments, 载 http：//www.imf.org.

[3]　International Monetary Fund, (IMF), *Balance of Payments Manual*, 5th ed., 1993, ⅩⅧ. Direct Investment, 载 http：//www.imf.org.

[4]　Organization for Economic Cooperation and Development (OECD), *Benchmark Definition of Foreign Direction Investment*, 3rd ed., 1995, 载 http：//www.oecd.org.

的，投资者就被视为母公司并视为关联或附属的。"[1]

尽管上述定义措词不完全相同，但都强调了直接投资的下述特征：①投资者对投资对象有经营管理权和控制权；②一般不仅涉及货币资本的流动，而且还带动商品及生产要素的转移。因此，概括而言，国际直接投资就是以控制企业的经营管理和控制权为核心，以获取利润为目的的跨越国境的投资活动。

实践中，国际直接投资主要通过两种途径进行：一是在东道国设立新企业，二是并购东道国现有企业。不论采用设立方式还是并购方式，投资者在境外投资的企业从投资者组成的角度有以下类型：合营企业和独资经营企业。合营企业是指外国投资者依照东道国的法律，与东道国的投资者一起，为了实现其共同的长期经济目的而共同投资成立的共同经营、共担风险、共负盈亏的企业形式。合营企业具体又分为股权式合营企业和契约式合营企业两类。独资经营企业是指外国投资者在东道国境内，根据东道国法律成立的全部股权由外国投资者自己拥有的企业。该企业由外国投资者独立经营和管理，企业风险由外国投资者独立承担。目前，由于多数国家投资政策的限制，合营企业成为外国直接投资的主要形式。

如前所述，国际货币基金组织（International Monetary Fund, IMF）在其发布的《国际收支平衡手册》（第5版）将投资分为直接投资（Foreign Direct Investment）、证券投资（Portfolio Investment）和其他投资，直接投资之外的证券投资和其他投资一般合称为间接投资。[2] 国际货币基金组织的《国际收支平衡手册》进一步将证券投资分为股票投资和债务证券投资，债务证券包括债券、票据、货币市场工具和衍生金融工具（例如期权）；其他投资包括短期和长期贸易信贷、贷款（包括基金信贷、基金贷款、与金融租赁有关的贷款）、货币和定金（可转让的和其他款项，例如存款、储蓄、股票贷款、信用机构的股票等）以及其他可收付的账目。[3] 关于间接投资，学者们一般将其定义为投资者不参与投资对象的经营管理，不享有对投资对象的控制权或支配权，仅以其持有的能提供收入的股票或其他证券进行的投资。[4]

[1] WTO Secretariat, *Trade Foreign Direct Investment*, PRESS/57（October 9, 1996）, p. 6, in http://www.wto. org. english/newe_ e/pres96_ e/pr057_ e. htm.

[2] 参见姚梅镇：《国际投资法》，武汉大学出版社1987年版，第37页；陈安主编：《国际投资法》，鹭江出版社1987年版，第2页；余劲松、吴志攀主编：《国际经济法》，北京大学出版社、高等教育出版社2000年版，第200页；王传丽主编：《国际经济法》，高等教育出版社2005年版，第333页。

[3] International Monetary Fund,（IMF）, *Balance of Payments Manual*, 5th ed., 1993, Ⅷ. *Classification and Standard Components of the Balance of Payments*, in http://www. imf. org.

[4] M. Sornarajah, *The International Law of Foreign Investment*, 1994, pp. 4~8. J. H. Dunning, *Multinational Enterprises and the Global Economy*, 1992, p. 5, Exhibitl. 2. 余劲松主编：《国际投资法》，法律出版社1997年版，第2页；史晓丽主编：《国际投资法》，中国政法大学出版社2005年版，第9页；王传丽主编：《国际经济法》，高等教育出版社2005年版，第333页。

二、国际投资法的概念和法律渊源

（一）国际投资法的概念

国际投资法主要是指调整私人跨国直接投资关系的国内法律规范和国际法律规范的总称，是国际经济法的一个重要分支。例如，姚梅镇教授认为："国际投资法是国际经济法的一个分支，是调整国际私人直接投资关系的国内法规范与国际法规范的总和。"[1]　陈安教授认为："狭义的国际投资仅指国际直接投资。……资本输出国的对外投资法律，资本输入国的外国投资法律以及有关国际投资的国际条约和联合国文件，主要是针对国际直接投资制定或缔结的。换言之，国际投资法主要是调整国际直接投资关系的法律规范。"[2]　余劲松教授也认为："国际投资法调整的对象主要是国际私人直接投资。国际间接投资不属于国际投资法调整的对象。私人间接投资关系属于一般民商法、公司法、票据法、证券法等法律、法规的调整范畴，国际组织与政府间或政府间的资金融通关系一般由国际经济组织法或有关政府间贷款协定等调整。"[3]

国际私人直接投资所产生的法律关系错综复杂，通常涉及以下内容：外国投资者和东道国自然人、法人及其他经济实体之间基于投资所产生的普通商事关系；外国投资者与东道国之间基于投资所产生的投资管理和保护关系；跨国投资者与本国有关机构之间基于投资促进和投资保险所产生的关系；政府之间以及政府与国际组织之间为促进和保护投资或协调投资关系而缔结双边或多边条约所产生的关系等。

（二）国际投资法的渊源

国际私人投资所产生的法律关系中，国内关系和国际关系相互联系，构成统一的国际投资关系整体。因此，国际投资法既包括国内法规范，也包括国际法规范。

1. 国内法规范。调整国际投资的国内法规范指一个国家关于私人直接投资方面的法律规范，而各国关于私人直接投资的立法依其资本流动的情况不同立法重点也不同。由于国际投资是资本以营利为目的的跨国流动，因此其总是从成本高、利润低的地方向成本低、利润高的地方流动，从整个世界来看，资本多是从发达国家向发展中国家流动，这就决定了发展中国家和发达国家在调整跨国私人直接投资立法侧重点的不同。发展中国家一般制定专门的外资法来调整涉外的直接投资，其调整的重点是对资本输入优惠、保护和管制。发达国家一般对资本输入提供国民待遇，但对资本输出则规定了各种鼓励和保护措施，海外投资保证制度就是其中最为重要的一种对资本输出的鼓励和保护制度。

2. 国际法规范。调整国际私人直接投资的国际法律规范主要包括双边国际条约

---

[1]　姚梅镇：《国际投资法》，武汉大学出版社1987年版，第37页；王传丽主编：《国际经济法》，高等教育出版社2005年版，第333页。

[2]　陈安主编：《国际投资法》，鹭江出版社1987年版，第2页。

[3]　余劲松、吴志攀主编：《国际经济法》，北京大学出版社、高等教育出版社2000年版，第200页。

和多边国际条约。双边国际条约是资本输出国和资本输入国之间为了明确投资的市场准入、待遇、利润汇出、国有化、征收及补偿、代位求偿、争端解决等问题而签订的协定，对缔约双方有约束力。双边投资条约的主要模式有三种："友好通商航海条约"、"投资保证协定"和"相互促进和投资保护协定"。其中第三种模式目前使用最为广泛。

调整国际私人直接投资的多边国际条约包括区域性多边投资条约和全球性多边投资条约。区域性多边投资条约是指区域性国家组织旨在协调成员国外国投资法律而签订的多边条约，例如《北美自由贸易协定》、《安第斯共同市场外国投资规则》、《东南亚国家联盟投资领域框架协定》等。目前，国际范围内还没有一个全面性规范国际投资行为的全球性公约，联合国以及其他国际组织制定的有关国际投资的文件也都是建议性、指导性或宣言性的。目前已经生效的多边全球性国际投资条约仅就投资领域某些具体的单项问题进行调整，这类公约主要有1966年生效的《解决国家和他国国民间投资争端公约》、1988年生效的《多边投资担保机构公约》。此外，1995年1月1日生效的世界贸易组织的《与贸易有关的投资措施协定》和《服务贸易总协定》也对与贸易有关的投资问题以及服务贸易领域的外资市场准入问题作出了规定。

第二节　国际直接投资的法律形式

一、概述

国际直接投资主要通过两种途径进行：一是在东道国设立新企业；二是并购东道国现有企业。设立新企业是指外国投资者向东道国输出资本，直接创办新企业，并对该企业的经营管理拥有控制权；企业并购是一种企业产权的资产性交易行为，通过并购，企业的所有权或产权得以按照市场规则实现让渡和转移。根据各国公司法的规定和国际实践，企业并购的形式大体上可以分三种：新设合并、吸收合并和收购。不论采用设立方式还是并购方式，投资者在境外投资的企业从投资者组成的角度主要有两种类型：合营企业和独资经营企业。

合营企业是指外国投资者依照东道国的法律，与东道国的投资者一起，为了实现其共同的长期经济目的而共同投资成立的共同经营、共担风险、共负盈亏的企业形式。合营企业具体又分为股权式合营企业和契约式合营企业两类。股权式合营企业（equity joint venture）是指由合营者相互协商为经营共同事业而组成的法律实体。[1] 这类企业具有独立的法人资格，合营者的出资分成股份，各方按照自己的出资比例对企业行使权利并承担义务，我国的中外合资经营企业属于此类。契约式合

第八章

---

[1]　余劲松、吴志攀主编：《国际经济法》，北京大学出版社、高等教育出版社2000年版，第210页。

营企业（contractual joint venture）是指合营各方根据合营契约经营共同事业的经济组织。[1] 这类企业往往不具有法人资格，合营各方不是以股份形式出资，也不按股份分担风险和盈亏，而是根据合营契约的约定对企业享受权利并承担义务，我国的中外合作经营企业属于此类。

独资经营企业是指外国投资者在东道国境内，根据东道国法律成立的全部股权由外国投资者自己拥有的企业。该企业由外国投资者独立经营和管理，企业风险由外国投资者独立承担。

除了上述两种通过设立或并购企业实现的国际直接投资外，国际直接投资还有一种常见的表现形式为国际合作开发，即国家利用外国投资共同开发自然资源的一种国际合作方式，通常由资源国政府或国家公司同外国投资者签订协议、合同，允许外国投资者在资源国指定的开发区以及一定的年限内，同资源国合作，进行勘探、开发自然资源并共同生产，按约定比例承担风险并分享利润。

二、国际合资经营企业

（一）国际合资经营企业的概念和特征

1. 国际合资经营企业的概念。国际合资经营企业（joint venture）是指一个或多个外国投资者（法人或自然人）同东道国的政府、法人或自然人按法定或约定的比例共同出资，共同经营特定事业，共同分享利润并共同承担亏损。[2] 国际合资经营企业是现代国际直接投资最常见的企业形式，我国的中外合资经营企业即属此类。

2. 国际合资经营企业的特征。根据各国外资立法和国际通行实践，国际合资经营企业具有如下特征：

（1）投资者至少来自于两个以上的国家或地区。即当事方包括外方合营者和东道国合营者。其中外方合营者包括外国法人和外国自然人。例如，根据《中外合资经营企业法》第 1 条规定，外方合营者一般是指外国的公司、企业或其他经济组织或个人。此外，为了鼓励香港、澳门、台湾的企业和个人及华侨投资，根据我国有关法律的规定，将香港、澳门、台湾以及华侨的公司、企业和其他经济组织和个人，视为外方合营者。

（2）由外国合营者与东道国合营者共同投资设立。合营各方所投资本构成合资经营企业的共同财产或独立财产，成为合资经营企业进行经营活动和对外承担债务责任的基础。至于合营各方的出资方式和出资比例，则因各国外资立法的规定或双边投资条约的约定而有所不同。

（3）由合营各方共同经营管理。尽管各国立法和国际实践关于合营企业的内部管理机构的设置、组织、运营存在诸多差异，但合营各方依法都享有参加企业经营管理的权利，都有权按照法律规定或合同约定参与决定和处理合资经营企业的重大

---

〔1〕　余劲松、吴志攀主编：《国际经济法》，北京大学出版社、高等教育出版社 2000 年版，第 210 页。
〔2〕　姚梅镇：《国际投资法》，武汉大学出版社 1987 年版，第 176 页。

第八章

事务。

（4）由合营各方共担风险并共负盈亏。根据各国外资立法的规定和国际上通行的实践，合营各方一般按照投资比例对合营企业分享利润并分担亏损。至于合营各方对合资经营企业的债务责任，则依企业的法律性质不同而有有限责任和无限责任之分。一般来说，具有法人资格的合资经营企业，合营各方以各自认缴的出资额或股份为限对企业的债务承担有限责任。

（二）中外合资经营企业的法律性质和组织形式

1. 中外合资经营企业的法律性质。中外合资经营企业是指外国的公司、企业和其他经济组织或个人（称为外方合营者）[1] 同中国的公司企业或其他经济组织（称为中方合营者）依照中国法律在中国境内共同投资、共同经营、共担风险、共负盈亏的企业法人。我国《中外合资经营企业实施条例》第2条明确规定："依照《中外合资经营企业法》批准在中国境内设立的中外合资经营企业是中国的法人，受中国法律的管辖和保护。"

2. 中外合资经营企业的组织形式。从国际实践来看，组成为公司的合资经营企业主要采取有限责任公司和股份有限公司两种基本形式。我国《中外合资经营企业法》第4条规定："合营企业的形式为有限责任公司。在合营企业的注册资本中，外国合营者的投资比例一般不低于25%。合营各方按注册资本比例分享利润和分担风险及亏损。"《中外合资经营企业实施条例》第16条也规定："合营企业为有限责任公司。合营各方对合营企业的责任以各自认缴的出资额为限。"

在中国，外商投资股份有限公司实质上也是一种特殊形式的中外合资经营企业，因为其也是依中国法律在中国境内设立的外商投资企业，也具有投资各方共同出资、共同经营特定事业、共同分享利润并共同承担亏损的特点。但是，对于外商投资股份有限公司，我国《中外合资经营企业法》及其实施条例并未对其作出专门规定，只有1995年1月10日原外经贸部发布的《关于设立外商投资股份有限公司若干问题的暂行规定》对其予以认可。根据该《暂行规定》，外商投资股份有限公司基本特征如下：①由一定数额的中外股东发起设立，外商投资股份有限公司可以发起方式设立，也可以募集方式设立；②公司资本分成等额股份，且外资股应占25%以上；③股东承担有限责任。外商投资股份有限公司是典型的法人组织，公司以其全部财产对公司债务承担责任。

三、国际合作经营企业

（一）国际合作经营企业的概念和法律性质

国际合作经营企业（cooperative enterprise）是指两个或两个以上国家的当事人为实现特定的商业目的，根据合同的约定投资和经营，并依照合同的约定分享权益和

---

〔1〕　如前所述，根据我国有关法律的规定，我国香港、澳门、台湾地区以及华侨的公司、企业和其他经济组织和个人，也视为外方合营者。

分担风险及亏损的一种企业形式。[1] 我国的中外合作经营企业即属此类。

从法律性质上讲，国际合作经营企业属于契约式合营，在国际实践中，作为一种无法人资格的合伙来对待。在法律上，一般适用合伙法或有关合伙的规定。但是中国的法律实践则颇有特色，根据我国《中外合作经营企业法》的规定，中外合作经营企业不仅可以是一个经济实体，还可以是一个法律实体。是否组成法人，由合作各方在合作企业合同中具体约定。

（二）中外合作经营企业的法律特征

中外合作经营企业是指外国的企业和其他经济组织或者个人按照平等互利的原则，同中国的企业或其他经济组织，在中国境内依照《中外合作经营企业法》共同举办的经济组织。

中外合作经营企业区别于中外合资经营企业的主要特点如下：

1. 依法以合同约定投资或者合作条件。依照我国《中外合作经营企业法》及其实施细则的规定，合作各方可以在合同中约定投资或者合作条件。关于合作企业的中外合作者的投资比例，根据《中外合作经营企业法实施细则》第18条的规定，在依法取得中国法人资格的合作企业中，外国合作者的投资一般不低于合作企业注册资本的25%，在不具有法人资格的合作企业中，对合作各方向合作企业投资或者提供合作条件的具体要求，仍留待有关部门另行规定。

2. 依企业性质采取不同的管理方式。由于中外合资经营企业可以组成法人，也可以不组成法人，因此《中外合作经营企业法》对法人式合作企业和非法人式合作企业分别规定了不同的管理方式。法人式合作企业设立董事会，非法人式合作企业则设立联合管理委员会，作为企业的权力机构，决定合作企业的重大问题。董事会或者联合管理委员会的成员不得少于3人，其名额的分配由中外合作者参照其投资或者合作条件协商确定。董事会董事或者联合管理委员会委员由合作各方自行委派或者撤换。董事会或联合管理委员会的人数、职权及议事规则，均由合作合同或章程予以规定。

3. 依合同约定分配收益与回收投资，承担风险和亏损。这是中外合作经营企业区别于中外合资经营企业最主要的特征。相对而言，中外合作经营企业分配收益的方式更为灵活，可以采用利润分配、产品分配或者合作各方共同商定的其他分配方式。而且，依据《中外合作经营企业法实施细则》第44条的规定，中外合作者在合作企业合同中约定合作期限届满时，合作企业的全部固定资产无偿归中国合作者所有的，外国合作者在合作期限内可以申请按照下列方式先行回收其投资：①在按照投资或者提供合作条件进行分配的基础上，在合作企业合同中约定扩大外国合作者的收益分配比例；②经财政税务机关按照国家有关税收的规定审查批准，外国合作者在合作企业缴纳所得税前回收投资；③经财政税务机关和审查批准机关批准的其

---

〔1〕　史晓丽主编：《国际投资法》，中国政法大学出版社2005年版，第95页。

他回收投资方式。

至于合作企业债务的承担，则依合作企业性质的不同而不同。法人式合作企业的合作各方一般以其投资或提供的合作条件为限对合作企业的债务承担有限责任；非法人式合作企业的合作各方对合作企业的债务一般负无限连带责任，除非合作企业合同有相反的约定。外国合作者依照前述规定在合作期限内先行回收投资的，中外合作者应当依照有关法律的规定和合作企业合同的约定，对合作企业的债务承担责任。此外，为了防止因外方合作者先行回收投资而致中外双方对合作企业负亏责任不公，《中外合作经营企业法实施细则》第 45 条规定："合作企业的亏损未弥补前，外国合作者不得先行回收投资。"

四、外商独资企业

（一）外商独资企业的概念和特征

外商独资企业（Wholly Foreign - Owned Enterprise）又称独资企业或外资企业，一般是指根据东道国法律在东道国设立的全部或大部分资本由外国投资者投资的企业。[1] 实践中，各国法律对一个企业中外资构成比例达到多少才视为外资企业有不同规定。例如 1968 年菲律宾《外资企业管理法》就适用于全部或部分资本由外国投资者投资的企业；1973 年阿根廷《外国投资法》第 2 条规定，外国资本公司系指阿根廷参股资本及其决定权在 51% 以下的公司；但也有相当多数的国家严格规定全部资本均由外国投资者所有的才是外资企业，例如我国《外资企业法》第 2 条就规定："外商独资企业是指依照中国有关法律在中国境内设立的，全部资本由外国投资者投资的企业，但不包括外国的企业和其他经济组织在中国境内的分支机构。"

相对于合资经营企业和合作经营企业，外商独资企业最显著的特征是其全部资本归外国投资者所有。这里所说的外国投资者可以是一个，也可以是多个联合投资。

（二）我国外资企业的法律性质和组织形式

1. 我国外资企业的法律性质。依我国《外资企业法》第 8 条的规定，外资企业符合中国法律关于法人条件的规定的，依法取得中国法人资格。由此可见，我国的外资企业可以根据实际情况的需要和条件的不同，组建法人实体或非法人实体。但是，外资企业无论依法取得法人资格与否，其一切经营活动都必须遵守中国的法律、法规，其一切合法权益均应受中国法律的保护，中国政府对其负有指导、监督和管理的责任。

2. 我国外资企业的组织形式。我国《外资企业法实施细则》第 18 条规定："外资企业的组织形式为有限责任公司。经批准也可以为其他责任形式。"这就是说，在我国，有限责任公司是外资企业的主要组织形式。此外，外资企业也可以根据实际

〔1〕 余劲松、吴志攀主编：《国际经济法》，北京大学出版社、高等教育出版社 2000 年版，第 215 页；史晓丽主编：《国际投资法》，中国政法大学出版社 2005 年版，第 109 页；余劲松主编：《国际投资法》，法律出版社 1997 年版，第 65 页。

需要采取其他责任形式,但须经政府有关部门批准。该《实施细则》第18条进一步规定,外资企业为有限责任公司的,外国投资者对企业的责任以其认缴的出资额为限;外资企业为其他责任形式的,外国投资者对企业的责任适用中国法律、法规的规定。

五、国际合作开发与建设

(一)国际合作开发自然资源

国际合作开发自然资源通常由东道国政府或国家公司同外国投资者签订协议,在东道国指定的区域,在一定的年限内合作开发自然资源,依约承担风险并分享利润。例如,开发海洋石油资源投资多、风险大、技术要求高且建设周期长,单靠资源国本国的资金和技术开发往往难以形成规模,因此,许多发展中国家,甚至一些发达国家都采取国际合作方式来开发石油资源。

根据各国相关立法和实践,国际合作开发自然资源具有如下法律特征:

1. 开发者须取得特许权或开采权。根据国家对其自然资源享有永久主权的原则,自然资源的开发是资源所属国的专属权利。因此,与一般利用外资的合作方式不同,利用外资合作开发自然资源,外国投资者必须取得资源开采权。开采权的取得通常是经资源国批准,授予特许权;或者是通过招投标方式,从享有资源开发专营权的国家公司取得。

2. 合作主体具有特殊性。其特殊表现为一方为东道国政府或法定的国家公司,另一方为外国公司。

3. 合同安排复杂多样。国际合作开发,大多采取契约式合作方式,其合同形式与安排复杂多样,包括特许协议、联合作业协议、产品分成合同、服务合同等。合作开发在合同形式上与一般合作方式也有很大的差别,多采用东道国政府或国家公司制作的标准合同,格式比较固定,当事人自行议定合同条款内容的自由受到限制。

我国对外合作开采海洋石油资源的方式参考了国际上的通行做法,采取了契约式合作方式进行。根据我国《对外合作开采海洋石油资源条例》,除政府主管部门或石油合同另有规定外,中外合作开发海洋石油资源的方式是:由石油合同中的外方企业投资进行勘探,负责勘探作业,并承担全部勘探风险;发现商业性油(气)田后,由外方企业同中国海洋石油总公司双方投资合作开发,外方企业并应负责开发作业和生产作业,直到中国海洋石油总公司按照石油合同规定,在条件具备的情况下接替生产作业,外国合作者可以按照石油合同的约定,从生产的石油中回收其投资和费用,并取得报酬。可见,我国对外合作开采石油资源的方式,兼具有风险合同、产品分成合同和合作经营的特点。

(二)国际 BOT 合作方式

1. BOT 的概念和法律特征。BOT 是英文建设(Build)—运营(Operate)—转让(Transfer)的缩写,是近年来发展较快的一种国际合作开发的方式,但至今在国际上没有一个公认的定义。根据我国国家计委、电力工业部和交通部1995年8月联合发

第八章

布的《关于试办外商投资特许权项目审批管理有关问题的通知》，我国将 BOT 定义为：东道国政府授权某一外国投资者（项目主办人）对东道国的某个项目进行筹资、建设并按约定的年限进行经营，在协议期满后将项目无偿转让给东道国政府或其指定机构的一种交易方式。国际上比较著名的 BOT 项目有英吉利海峡隧道、澳大利亚悉尼港湾隧道、香港东区海底隧道等。

从上述概念可以看出国际 BOT 合作方式具有以下几个特征：①私营企业基于许可取得通常由政府部门承担的建设和经营特定基础设施的专营权，这一特点将 BOT 合作方式与一般合资、合营方式区别开来。②在特许权期限内，该私营企业负责融资建设和经营管理该基础设施项目，以及偿还贷款，回收投资和取得利润。这一特点将 BOT 合作方式与一般国际工程承包区别开来，后者一般只提供承包服务，不进行股权投资或融资，也不负责项目的经营。③在特许权期限届满时，须无偿将该基础设施移交给东道国政府或其指定的机构。这是 BOT 合作方式与合营等方式又一不同之处，后者在期满后须通过清算进行分配。

近年来，随着 BOT 方式在不同国家和地区的应用，逐渐演变出二十多种变形的 BOT，如 BOO（建设—拥有—运营），BOOT（建设—拥有—运营—移交）、BOLT（建设—拥有—租赁—移交），BOOST（建设—拥有—运营—补贴—移交），BTO（建设—转让—运营）等。尽管在概念和具体操作上存在区别，但这些变形的方式在本质上是相同的，即通过公私伙伴的形式来进行基础设施的建设，结构上与 BOT 并没有实质的区别。

2. 国际 BOT 合作方式的合同安排。BOT 不同于传统的外商直接投资方式，其涉及众多当事人，当事人签订一系列相互联系又彼此独立的合同，包括招投标文件、特许权协议、安慰函、股东协议、项目融资协议、设计合同、物资供应合同、保险合同、产品购买合同、转移移交合同等。其中政府与项目主办人之间的特许权协议是最基本的，其构成 BOT 项目所有协议的核心和依据。

联合国国际贸易法委员会工作组关于《私人融资基础设施项目示范条文草案》将特许权协议定义为：订约当局与特许公司之间签订的规定实施某一基础设施项目的范围和条件的有法律约束力的合同。依此定义，BOT 特许权协议（也称项目协议），是规定 BOT 项目东道国政府的特许授权和规范东道国政府与该项目的私营机构之间的相互权利义务关系的一种法律文件。其主要条款包括：特许协议签字各方的法定名称与地址；特许内容、方式及期限；东道国政府和特许各方的权利和义务；项目工程设计、建筑施工、经营和维护的标准规范；项目的组织实施计划与安排；项目转让、抵押、征管、终止条款；项目风险承担及保险；特许期届满时项目移交标准及程序；罚则；特许协议的仲裁及所适用的准据法等。

BOT 特许权协议既不同于一般的投资合同，又不同于传统的特许权协议，有关

第八章

其法律性质和法律地位问题在理论上一直存有争议。目前国内外的观点主要有三种：[1]　①认为其是准国际协议或国际契约，属于国际法范畴。理由是协议一方为主权国家，另一方为外国私人投资者；协议内容涉及国家特许外国私人投资和享有国家的某种专属权利，既包括"公法"因素，又包括"私法"因素，具有双重性质，属于跨国契约；协议不应受东道国国内法调整，而应当使用国际法一般原则、契约本身的法律或基于当事人意思自治原则所选择的法律等。②以法国为代表，认为BOT特许协议是行政契约，属于国内法范畴。理由是协议一方为公共权力机关，具有基于公共利益单方面控制及改变契约执行的权利；协议使用东道国行政法，由东道国法院管辖。③以英美等国为代表，认为BOT特许协议是政府与私人之间所签订的政府契约，原则上使用普通契约法的规定，除非政府基于公共利益或契约妨碍政府正常职务的理由，行使国会权力或公用征收权，否则不能废弃普通法原则。

我国一向认为BOT项目特许权协议是国内契约，但究竟属于什么性质的合同也存在两派意见。一种意见认为其属于行政许可合同，应当按照行政合同的法律规则处理，政府承担此引起的行政法律责任。[2]　理由是：①特许协议是行政授权性法律文件，协议目的是实现国家行政管理的某些目标或公共利益；②特许协议主体之间地位不平等；③协议标的具有特殊性，BOT协议的标的一般以国家专有或专管的公共物为标的。另一种意见则认为BOT特许协议是民商事合同，应适用合同法及民法的有关规定。[3]　这种观点认为并不是与政府有关的所有权力都带有行政色彩，如政府采购合同的目的是满足自身需要，此时政府不过是一个购买者的角色。因此，只要有政府参与的法律关系一律归于行政法调整是很牵强的。BOT模式的特许权从本质上讲是政府从事民商事行为拥有的一种权利，政府是利用交换手段而获利益，因此，特许经营权的经济纠纷并不具有行政法上的可诉性。

第三节　调整国际投资的国内法制

调整国际投资的国内法制，通常包含两个方面：对资本输入的法律调整和对资本输出的法律调整。一般来说，发达国家的涉外投资立法侧重于后一方面；而发展中国家的涉外投资立法则侧重于前一方面。

一、对资本输入的法律调整

对资本输入法律调整的主要内容包括外国投资的范围、形式、条件，外国投资

---

〔1〕　王传丽主编：《国际经济法》，中国政法大学出版社2003年版，第261~262页。
〔2〕　于安：《外商投资特许权项目协议（BOT）与行政合同法》，法律出版社1998年版，第24页；梁慧星："中国统一合同法的起草与论证"，载《中国律师》1998年第1期；孙潮、沈伟："BOT投资方式在我国的适用冲突及其法律分析"，载《中国法学》1997年第1期。
〔3〕　王传丽主编：《国际经济法》，中国政法大学出版社2003年版，第262页；史晓丽主编：《国际投资法》，中国政法大学出版社2005年版，第147页。

者的权利和义务，对外国投资的保护、鼓励和管理、管制等内容，这些内容因各国政治、经济体制和经济发展水平不同而有很大的差异。

（一）发达国家对资本输入的法律调整

从20世纪80年代以来，外国直接投资在发达国家的增长速度，比发展中国家高得多。这主要是因为发达国家对于国际投资，一般采取"大出大进"政策：不仅积极大量对外投资，而且也积极引进利用外资（其中主要是各发达国家企业间的相互跨国投资）。在对国际投资的国内立法方面，发达国家侧重于促进、保护本国的海外投资，而对于流入本国的外国投资，发达国家一般实行"国民待遇"，即适用于内国投资的法律规范往往同样适用于境内的外国投资。当然，由于发达国家之间也存在国情的不同，因此其对资本输入的法律调整，具体也可以分为三种类型：

1. 始终自由开放的外资立法。这种类型的典型代表是美国，其关于外国投资的法律与政策的主要特点是对外资不实行一般投资审查制；给予外国投资者国民待遇；依据法律对涉及国家安全（包括经济安全）的外国投资给予限制或禁止。根据美国联邦及各州的特别法令，有的部门禁止外国投资，有些部门则限制外国投资。同时根据美国1988年《综合贸易及竞争法》第5021节规定，如果有确切证据认为外国人对美国企业进行合并、收购或接管所形成的控制显然有害于美国安全者，总统有权直接禁止该交易，并且授权商务部外国投资委员会具体实施。[1]

2. 从开放到实行某种限制，再从限制逐渐转为开放的外资立法。此种外资立法的典型国家是加拿大、澳大利亚等。以加拿大为例，加拿大在20世纪70年代以前对外国投资立法基本采取开放的立场，但是大量外国资本涌入给加拿大经济带来了一些消极的影响，如有些美国资本长期控制着加拿大的一些重要经济部门。在这种背景下，加拿大于1973年制定了《外国投资审查法》，设立了"外国投资审查局"，作出了对外国投资进行审查批准等限制。20世纪80年代以来，随着经济全球化趋势的发展，1985年加拿大制定实施了新的外国投资法，对一般外国投资按照投资额的大小分别采取申报或审查的程序。但是，对金融、能源、交通通信和文化事业等关键部门的外国投资还须经审批，并有一些限制外资股权比例的规定。

3. 从保守到逐步开放的外资立法。此种外资立法的典型国家是日本。二战前的日本在外资政策上基本上持保守态度，二战后为了引进外资和外国技术使经济复苏，日本于1949年制定了《外汇及外贸管理法》、1950年制定了《关于外国资本的法律》，并设立了外资审查机构，有限制地引进外资和技术。20世纪60年代进入经济发展期后，日本加入了"经济合作与发展组织"和《资本移动自由化公约》，为履行

---

〔1〕 1990年2月美国总统布什就是根据适用该条款的调查结果，以对美国国家安全造成威胁为由，要求中国航空技术进出口公司在3个月内放弃对美国曼可公司的所有权。有关此案的情况，参见 James v. Feinerman，"Enter the Dragon: Chinese Investment in the United States"，*Law and Policy in International Business*，Vol. 22（1991），p. 547.

义务，日本先后通过了《对内直接投资自由化决议》及《关于技术引进自由化决议》，对外资逐步实行开放政策。目前，日本除了对涉及国家安全、公共秩序以及光波通讯事业等有可能影响国家经济和社会发展的外国投资实行审查制度，对其他的外国投资均实行申报及宣告制度。

（二）发展中国家对资本输入的法律调整

发展中国家和地区幅员辽阔、资源丰富、劳动力充沛，其人口占世界人口总数的3/4，是世界上最大的资本输入市场。这些国家和地区虽然政治经济体制和经济发展水平差异很大，但基本上为了改变其经济落后的面貌，都积极利用外国资本和技术，发展本国经济。其外资立法的共同特点是：①有较严格的外资审批制度，以此引导外资进入的行业，并削弱外资进入可能产生的消极影响；②对外资的鼓励优惠政策及对外资的限制政策都较多，其鼓励优惠政策主要体现为减免所得税和关税、信贷优惠、建立经济特区等；限制政策则主要体现为外资准入、投资比例、对其经营活动的管理、特殊情况下允许实行外资国有化等。

发展中国家规范资本输入的法律一般都包括了投资所涉及的方方面面问题。具体包括：①外国投资项目的审批。各发展中国家通常设立专门的审批机构，审批通过后方可进行投资活动。②投资范围。具体规定鼓励、限制和禁止外国投资的领域。③投资方式。多数发展中国家对此没有限制，但也有一些国家要求外国投资者必须与本国投资者共同经营投资项目。④外国投资资本。多数国家对此规定得比较灵活，外国投资的资本可以是外币现金，也可以是机器设备、原材料等实物，还可以是知识产权等。⑤外资比例。对此各国立法差异比较大，有的规定外资比例的上限，有些规定下限，还有的没有比例限制。⑥权力机构和经营管理权。这个方面的规定多与其本国的公司法相适应。⑦投资本金和利润的汇出。尽管多数发展中国家都实行严格的外汇管制，但为了营造良好的外商投资环境，一般都允许外国投资者在一定条件下汇出外资原本和利润。⑧征收或国有化及其补偿。各国法律一般都在强调原则上不对外商投资企业实行国有化或征收的同时，保留在特殊情况下，根据社会公共利益的需要，在给予适当补偿的条件下通过合法程序对外商投资企业实行征收或国有化的权利。⑨劳动力雇佣。发展中国家外资法一般都规定劳动力应该优先在东道国雇佣。除上述主要内容外，一些发展中国家的外资法还对投资期限、保险、税收优惠、投资争端的解决等问题作出规定。

当然，由于发展中国家相互之间的政治经济体制、历史条件、自然资源条件、经济发展水平和速度存在较大的差异，因此在利用外资的具体立法和政策方面，也存在着比较明显的差异和各自的特点。总体而言，非洲国家对外资采取较为宽厚的政策，东南亚国家、联盟国家比较注重将优厚的鼓励与适当的限制相结合，拉丁美洲国家则对外资有比较多的限制，俄罗斯及中东欧国家自1989年以来普遍放宽了对外国投资的准入限制，逐步加强对外国投资的法律保护，同时给予外国投资以优惠待遇，积极鼓励和吸引外资。

第八章

（三）我国对资本输入的法律调整

我国自 1979 年以来，为了贯彻改革开放的政策，先后制定实施了《中外合资经营企业法》、《中外合作经营企业法》、《外资企业法》、《外商投资企业和外国企业所得税法》[1] 等一系列外资立法。2001 年底中国加入世界贸易组织后，根据《与贸易有关投资措施协议》的要求以及履行中国入世承诺，我国又对原有的外资立法进行了部分调整，并于 2002 年 2 月 11 日国务院正式发布了《指导外商投资方向规定》，该规定自 2002 年 4 月 1 日起与《外商投资产业指导目录》一起施行。

根据我国 2002 年发布的《指导外商投资方向规定》对禁止外资进入的行业、限制外资进入的部门以及允许或鼓励外资进入的部门作出了明确的规定：

（1）属于下列情形之一的，列为禁止类外商投资项目：①危害国家安全或者损害社会公共利益的；②对环境造成污染损害，破坏自然资源或者损害人体健康的；③占用大量耕地，不利于保护、开发土地资源的；④危害军事设施安全和使用效能的；⑤法律、行政法规规定的其他情形。

（2）属于下列情形之一的，列为限制类外商投资项目：①技术水平落后的；②不利于节约资源和改善生态环境的；③从事国家规定实行保护性开采的特定矿种勘探、开采的；④属于国家逐步开放的产业的；⑤运用我国特有工艺或者技术生产产品的；⑥法律、行政法规规定的其他情形。

（3）属于下列情形之一的，列为鼓励类外商投资项目：①属于农业新技术、农业综合开发和能源、交通、重要原材料工业的；②属于高新技术、先进适用技术，能够改变产品性能、提高企业技术经济效益或弥补生产国内生产能力不足的新设备、新材料的；③适应市场需求，能够提高产品档次、开拓新兴市场或者增强产品国际竞争能力的；属于新技术、新设备，能够节约能源和原材料、综合利用资源和再生资源以及防治环境污染的；④能够发挥中西部地区的人力和资源优势，并符合全国家产业政策的；⑤法律、行政法规规定的其他情形。

根据《指导外商投资方向规定》，《外商投资产业指导目录》进一步列举禁止外商投资的产业，并且可以对外商投资项目规定"限于合资、合作"、"中方控股"或者"中方相对控股"。中方控股是指中方投资者在外商投资项目中的投资比例之和为 51% 及以上；中方相对控股，是指中方投资者在外商投资项目中的投资比例之和大于任何一方外国投资者的投资比例。

二、对资本输出的法律调整

资本输出又称境外投资，一方面可以输出过剩资本，发挥输出国的技术优势以

---

[1] 2007 年 3 月 16 日，我国通过了《中华人民共和国企业所得税法》，该法自 2008 年 1 月 1 日起施行。1991 年 4 月 9 日第七届全国人民代表大会第四次会议通过的《中华人民共和国外商投资企业和外国企业所得税法》和 1993 年 12 月 13 日国务院发布的《中华人民共和国企业所得税暂行条例》同时废止。

实现本国生产要素的最佳全球配置，另一方面也可以利用国外的资源，开拓国外市场，带动和促进输出国经济的发展，维护和加强输出国的国际竞争力。资本输出不仅仅关系到投资者的私人利益，也关系到资本输出国国家的利益和经济的发展。因此，资本输出国（目前主要是发达国家）往往通过海外投资立法鼓励境外投资。虽然不同国家的海外投资立法存在一定的差异，但其主要内容基本上可以概括为两个方面：一是海外投资的鼓励措施；二是海外投资保险/保证制度。

（一）海外投资的鼓励措施

1. 税收方面的优惠措施。对于投资者的海外投资所得，资本输入国根据属地原则，资本输出国根据属人原则，都具有税收管辖权。这样，海外投资者就承担了双重纳税的义务，这将极大地打击跨国投资者的投资积极性。为了解决这个问题，资本输出国或通过本国立法，或通过与东道国签订的税收协定，或通过免税法或抵免法等缓解或消除国际双重征税。此外，为了使资本输入国对资本输入的税收优惠政策取得实效，让海外投资者能真正获益，资本输出国和东道国在税收协定中还往往作出税收饶让抵免的约定，即输出国政府对境外投资者来源于东道国的所得因东道国给予税收减免而未实际缴纳的税款视同已纳税款予以抵免。

2. 提供投资情报及促进投资的措施。为了鼓励海外投资，帮助潜在的投资者进行投资抉择，许多资本输出国十分重视向投资者提供东道国经济情况和投资机会的情报，这种情报服务工作目前主要通过国家行政机关或国内特别机关及驻外使领馆所设的经济、商业情报中心进行。例如美国的海外私人投资公司就为促进私人投资流入发展中国家，提供一系列投资前服务，包括建立投资机会数据库；介绍100多个国家和地区的基本商业、经济和政治情况，投资环境和投资机会；设立投资交流项目，协助并组织美国投资者代表团到发展中国家调查，同当地人士进行接触，研究投资项目等。

3. 资金援助和技术援助等。对海外投资的资金援助一般包括投资前调查费用的资助和对投资项目的资助两个部分。不少国家，如澳大利亚、荷兰、新西兰、挪威、英国、美国等，都将这项开支列入国家预算，予以国家财政的保证。[1] 技术援助包括由政府提供资金培训技术人员和由政府协助成立民间非营利团体，进行咨询服务工作。

（二）海外投资保证制度

海外投资保证制度（Investment Guaranty Program）一般又称为海外投资保险制度（Investment Insurance Scheme），是资本输出国保护和鼓励本国私人海外投资的重要国内法制度，是海外投资保护的重要制度之一。

1. 海外投资保证制度的概念和特征。海外投资保证制度是资本输出国对本国的

---

[1]　参见吴志攀、余劲松主编：《国际经济法》，北京大学出版社、高等教育出版社2000年版，第245页。

第八章

私人海外投资依据国内法所实施的一种对政治风险进行保险的制度，旨在鼓励本国投资者向境外投资。[1] 其最早产生于 1948 年的美国，发展到今天，已经有多数发达国家和少数发展中国家建立了此项制度，形成了美、日、德三种模式。从性质上讲，海外投资保证制度是一种政府保证或国家保证，其保险人即海外投资保证机构不仅具有国家特设机构的性质，而且其保证往往与政府间投资保证协定有密切的联系，这是海外投资保证制度和普通商业保险最本质的区别。这种本质区别也决定了海外投资保证制度在承保机构、承保险别、承保对象、承保金额等各个方面都有不同于普通商业保险的特点。

2. 海外投资保证制度的内容。[2] 海外投资保证制度是一种特殊的保险制度，其主要内容包括：

（1）承保机构。承保机构为国家控股的专业保险公司或政府专门机构。例如美国的海外投资保险业务是由"海外私人投资公司"（Overseas Private Cooperation，OPIC）全权经营，这家官办的专业保险公司是根据 1964 年美国《对外援助法》的规定设立的，是直属于国务院领导下的独立的政府公司。德国的海外投资保险业务由"信托股份公司"和"黑姆斯信贷担保股份公司"经营，这两家公司受联邦政府的委托和授权，代表联邦政府发表和接受一切有关投资担保的声明，从事为达成这一目标的一切活动。除了上述这些由政府控制的专业保险公司从事海外投资保证业务外，还有一些国家是直接由政府机构承保海外投资政治风险，如日本直接由通产省出口保险部主管和经办，新西兰由国家保险署承办，瑞典由出口信贷提供委员会来承办等。

（2）承保险别。海外投资保证制度承保的风险不是一般的商业风险，也不是自然风险，而是特殊的政治风险。各国通常对外汇险（transfer risks）、征收险（expropriation risks）、战争险（war risks）予以承保，有些国家的还承保政府违约险。

征收险一般是指由于东道国政府实行征收或国有化措施，致使投保者的投资财产受到部分或全部损失，则由承保人负责赔偿的保险类型。对于何谓征收行为，各国的规定不尽相同，其中美国规定得最为广泛，它将这类风险称为"乙类承保项目"，把征收行为界定为包括征用、没收、国有化以及外国政府废弃、拒绝履行即违反契约等情况。但是东道国政府的上述行为必须是由不可归责于投资者本人的过失或不当行为所引起的。外汇险包括禁兑险和转移险，美国只承保禁兑险，有的国家则全部承保。战争险亦称战争与内乱险，是指由于战争、革命或内乱的结果致使投

---

〔1〕　吴志攀、余劲松主编：《国际经济法》，北京大学出版社、高等教育出版社 2000 年版，第 248 页；王传丽主编：《国际经济法》，中国政法大学出版社 2003 年版，第 271 页；史晓丽主编：《国际投资法》，中国政法大学出版社 2005 年版，第 201 页。

〔2〕　这个部分的内容主要参照："Organization for Economic Cooperation and Development"，*Investing in Developing Countries*，4th ed.，Paris，1978，pp. 10 ~ 12.

资者在东道国的投保财产受到损害，而由承保人负责赔偿的保险类型。

（3）合格投资者。各国的海外投资保证制度都要求前来投保的投资者和保险机构的所在国有相当密切的关系。美国要求前来投保的投资者必须是取得美国国籍的自然人，或其资产至少51%为美国人所有的美国公司、合伙或社团，或其资产至少95%为美国人所有的外国公司、合伙或社团；日本和德国则主要以国籍或住所作为是否有密切关系的考察对象。

（4）合格投资。合格投资是指海外投资应符合法律和保险合同规定的条件和标准。这些条件和标准主要有：①海外投资应当有利于东道国的经济发展并（或）经东道国政府的同意、批准；②只限于"新"的海外投资，即在投保前未承诺或实际向海外的投资，一般指新建企业的投资。其目的是便于对承保者的引导，并有利于发展本国的对外经济关系；③海外投资必须符合投资国的本身利益。相比之下，美国对合格投资的范围界定较广，除股权投资外，还向贷款、租赁、技术援助协议、许可证协议等几种形式的投资提供保险。

（5）合格东道国。合格东道国指的是海外投资输入的国家必须符合一定的条件，保险机构才同意承保有关的海外投资。对此，美国要求最为严格，其海外私人投资公司以东道国必须是与美国有双边投资保证协定的国家作为承保有关海外投资的法定前提。

（6）保险金额、保险期限和保险费。一般来说，海外投资保证制度不进行全额保险，通常以投资总额的90%作为最大的保险金额。保险期限一般为15～20年的长期保险。

（7）索赔和代位求偿。在海外投资保险中，投保人和保险人签订的投资保险合同中的代位求偿权条款是保险人行使代位求偿权的依据。但是，为了保证保险人能够有效地行使代位求偿权，资本输出国往往和东道国政府事先签订双边投资保护协定，使东道国政府在双边投资保护协定中承诺接受资本输出国保险机构向其行使代位求偿权。因此，为了使代位求偿权得到有效行使，大多数投资保险机构要求投资保险合同必须得到东道国政府的批准或者认可，或者东道国政府已经与投资母国签署了双边投资保证协定。

此外，需要注意的是，许多资本输出国都在投资保险合同中要求被保险人在向保险人求偿之前有义务尽量寻求东道国的国内法律救济，从东道国取得赔偿。例如，美国的海外私人直接投资保险合同规定，被保险人在向海外私人投资保险公司索赔之前，必须先在东道国采取一切可能采取的行政或司法补救措施，要求制止风险或取得赔偿，否则，保险公司有权拒绝支付保险赔偿。

（三）我国对资本输出的法律调整

我国在积极引进外资和技术的同时，也有条件地支持国内企业进行海外投资。为使境外投资活动切实发挥促进经济发展的作用，我国先后颁布施行了一系列法律法规以规范与调整海外投资活动。其中主要的法规有：原对外经济贸易部1992年颁发的《关于在境外举办非贸易性企业的审批和管理规定（试行）》；国家外汇管理局1989年3月颁布的《境外外汇管理办法》及其1990年实施细则；国务院1996年1月颁布的《境外国有资产产权登记管理暂行办法》及其实施细则；1993年《关于用国有资产实物向境外投资开办企业的有关规定》；财政部1996年6月印发的《境外投资财务管理暂行办法》等。

第四节　调整国际投资的双边条约

一、调整国际投资双边条约的产生背景

在19世纪后半叶早期工业化国家大规模地向海外输出其剩余资本的时候，国际社会并没有出现以保护国际投资为内容的平等互惠双边条约。这是因为当时的资本输出国和资本输入国之间基本上都是殖民地或半殖民地的统治与被统治的关系，投资者在东道国享有包括投资、贸易等在内的种种特权。

二战后，越来越多的殖民地、半殖民地国家赢得独立，为了恢复自己的经济主权，这些国家基本上都展开了大规模的国有化运动。据统计，从1960年到1976年，全世界有1447家外国企业被发展中国家收归国有。[1] 在恢复经济主权后，发展中国家先后走向工业化发展道路，但也有相当一部分国家出现政局不稳定，战乱频发等情况，这使得流向这些国家的外资面临战争内乱、外汇禁兑等种种政治风险。

在这种背景之下，从20世纪40年代末期开始，美国等主要的资本输出国先后建立了旨在保护本国海外投资的保险制度。但是，为了确保海外投资保险机构的代位求偿权不因东道国的国家主权豁免而丧失，投资者母国迫切需要与东道国之间订立双边条约，以确保海外投资者母国投资保险机构的国际代位索赔权的实现。另一方面，广大的发展中国家在殖民独立之后纷纷走向工业化道路，但是经济的发展需要有大量资本的投入，为了引进外资以弥补本身资金的匮乏，20世纪50年代开始，发展中国家又逐渐在其国内立法中出现鼓励和保护外国投资的规定。但是，这些国内法的规定不足以消除外国投资者的顾虑，因为国内法往往因政权更迭而被修订或被废除，对东道国政府不具备足够的约束力。为了打消外国投资者的这种顾虑，营造良好的投资法律环境，发展中国家也感到有必要在坚持独立自主和平等互利的前提下，与资本输出国签订有关保护外资的双边条约，以提高外国投资者投资入境的积极性。

二、双边投资条约的类型

双边投资条约的主要内容是对缔约一方向另一方的投资以及投资后的待遇问题作出规定，但是，由于侧重点不同，名称也不尽相同。在国际实践中，双边投资条约主要有三种类型。

---

[1] 陈安主编：《国际经济法学》，北京大学出版社2001年版，第259页。

（一）友好通商航海条约（Friendship, Commerce and Navigation Treaties）

顾名思义，友好通商航海条约所调整的对象和所规定的内容，主要是确立缔约国之间的友好关系，双方对于对方国民前来从事商业活动，给予应有的保障，赋予航海上的自由权，等等。美国是历史上最早采用友好通商航海条约的国家，采用的时间也最长。不过，这种条约牵涉的范围广泛，对于外国投资法律保护往往缺乏具体的专门规定，且条款大多模糊抽象，约束力较弱，因此虽然此类条约在早期作为促进和保护国际投资的一种方式，曾经发挥过一定作用，但20世纪60年代以后基本上就不再缔结。

（二）投资保证协定（Investment Guarantee Agreement）

鉴于友好通商航海条约的上述缺陷，同时也考虑到与美国海外投资保险制度配套的需要，从20世纪50年代开始，美国开始大力推行双边投资保证协定。此类协定的核心在于让缔约对方正式确认美国国内的海外投资保险机构在有关政治风险事故发生并依约向投保的海外投资者理赔之后，享有向作为投资东道国的缔约对方索赔的代位权和其他相关权利。此类协定的主要内容包括：①承保范围，即规定能够获得政府保证的政治风险的类别，通常是指与缔约国一方国内法所批准的投资活动相关的，由缔约他方的海外投资保险机构所承保的政治风险；②代位求偿权，即规定缔约一方的海外投资保险机构在有关政治风险事故发生并理赔之后，享有向缔约对方索赔的代位求偿权，这是这类双边投资条约的核心内容；③争端解决方式，即规定缔约国之间因条约的解释、履行产生争议的解决途径与解决程序。

迄今为止，美国已相继与一百多个国家分别签署了双边投资保证协定，加拿大等一些国家也有签订此类双边投资条约的实践。我国于1980年和1984年分别以换文形式与美国和加拿大两国签署了投资保证协定。

（三）促进和保护投资协定（Agreement for Promotion and Protection of Investment）

从20世纪50年代末期开始，联邦德国及其他一些欧洲国家将传统的友好通商航海条约中有关保护外国投资的内容提取出来，加以具体化，并融合了双边投资保证协定中有关投资保险、代位求偿及争端解决等规定，创立出促进和保护投资协定这一新模式。此类协定内容翔实具体，实体性规定和程序性规定并举，能够为资本输出国的海外投资提供切实有效的保护。从1959年西德和巴基斯坦签订了第一个双边投资协定开始，双边投资协定的数量稳步增长，截至2005年底，全球已签署的双边投资协定共计2459个。[1]在保护和促进私人国际直接投资活动方面，它是迄今为止最为行之有效的国际法制。

中国从1979年贯彻改革开放的基本国策以来，对参加签订平等互利的双边性促进和保护投资协定一直持积极态度，截至2007年6月，我国已经和121个国家签署

第八章

---

〔1〕　数据来源于中华人民共和国商务部发布的"2006年中国外商投资报告"。

了投资保护协定。[1]

三、双边投资协定的主要内容

双边投资协定一般包括受保护投资和投资者的定义、准入和待遇、关于政治风险的保证、代位权、投资争端的解决等条款，其内容往往是缔约双方利益平衡和相互妥协的结果。由于各国国际经济地位、综合国力、立法传统等存在种种差异，此类协定在具体条款内容上会有所差别。但在国际实践中，双边投资协定大多是依循一定的范本谈判签订的。目前在实践中，影响较大的双边投资协定范本主要有：亚非法律协商委员会的三个范本、（联邦）德国范本、荷兰范本和美国范本。这些范本通常包含以下的主要内容：

（一）受保护投资和投资者的定义

1. 受保护的投资。受保护的投资必须是根据缔约各方各自有效的法律所许可的，或者是依据法律、法规接受的投资。由于在现代经济生活中，投资的类型多种多样，因此双边投资协定大多采取概括式与列举式相结合的方式对投资予以规定。例如，美式协定范本将"投资"定义为："在缔约国一方所属或所控制的领土上，由缔约国另一方的国民或公司直接或间接地投入的各种形式的资本，诸如股票、借款、各种劳务合同与投资合同，它包括：①有形财产和无形财产（包括各种权利，如抵押权、留置权以及质权等）；②公司、公司的股票或其他权益、公司资产的各种利益；③金钱请求权，或具有经济价值并与投资有关的行为请求权；④各种知识产权和工业产权，包括版权、专利权、商标权、商号名称、工业设计、商业秘密与专有技术以及商业信誉等项权利；⑤由法律或合同所赋予的各种权利以及依法授予的各种特许证和许可证。"

2. 受保护的投资者。双边投资协定通常规定，受保护的投资者包括自然人、法人和不具有法人资格的其他经济实体。受保护的自然人通常以国籍或住所为标准，而受保护的法人或其他实体通常以国籍、住所或资本控制与联系为标准。

（二）投资的准入和待遇

1. 投资的准入。在大多数的双边投资协定中，都规定一缔约国根据其国内法鼓励和允许来自于另一缔约国国民或公司在其领土上的投资，这意味着外资准入取决于东道国任何现有的或将来在国内对于外资进入方面的限制。但也有一些双边投资协定要求将国民待遇和最惠国待遇适用于外资准入，例如，美式协定要求缔约方按国民待遇或最惠国待遇允许对方投资者入境投资，但在一些部门或行业可以作为例外。可见，这一类型的双边投资协定在投资准入方面倾向于对外资的无条件开放。

2. 投资待遇。双边投资协定中的待遇一般是针对缔约国境内他方缔约国国民的投资和与投资有关的活动的。在双边投资协定中，投资待遇一般包括以下三种：

---

[1] 数据来源于"商务部条法司尚明司长做客司局长访谈介绍反垄断法、WTO 争端解决、知识产权、内贸立法等相关情况"，载 http://video. mofcom. gov. cn/class_ onile010671923. html.

①公平、公正待遇。多数双边投资协定中规定有这一待遇标准，例如德国范本规定："缔约任何一方应促进缔约另一方的投资者在其境内投资，依照其法律规定接受此种投资，并在任何情况下给予公平、合理的待遇。"②最惠国待遇。最惠国待遇是指根据条约，缔约国一方有义务给予缔约国他方不低于其给予任何第三国的待遇。几乎所有的双边投资协定都规定有最惠国待遇条款，其内容主要包括三个方面：给予他方投资最惠国待遇；给予他方投资者最惠国待遇；最惠国待遇的例外情况。③国民待遇。国民待遇在双边投资协定中是指缔约一方给予缔约他方投资和投资者的待遇，应不低于其给予本国投资或投资者的待遇。当然，国民待遇不可能是绝对的，在某些情况下也允许存在资格、投资领域及股权比例等的例外限制。

（三）关于政治风险的保证

政治风险的保证是双边投资协定的重要内容。政治风险中的战争、内乱等，因为并非东道国政府有意或直接针对投资的行为，因此双边投资条约中关于政治风险的约定一般不涉及战争内乱，而主要涉及外汇禁兑、征收和国有化等。

1. 汇兑与转移。双边投资协定中有关汇兑与转移的规定主要涉及以下几方面的内容：①原则上保证投资者的投资原本、利润及其他合法收益能自由汇兑为可自由兑换货币；②货币可自由转移，但货币的转移也应遵守东道国的法律规定，特别是已经存在的外汇管制方面的法律、法规；③例外规定，一般允许投资接受国在国际收支失衡的情况下，依照一定的条件，对资本和利润的自由转移施以若干限制。

2. 征收与国有化。几乎所有的双边投资协定都承认东道国出于公共目的有权进行国有化或征收，但国有化或征收必须是非歧视的，并经过了合法的程序，给予了相应的补偿。不同的双边投资协定在征收及国有化问题上差异最大的就是补偿的标准。具体而言存在着两种立场，一种为发达国家所坚持，要求"充分、及时、有效"的补偿标准；另一种为发展中国家所坚持，要求"适当、合理"的补偿标准。后一种补偿标准在实践中采用得更多。

（四）代位权

代位权是指投资者母国对其投资者在东道国因政治风险遭受的损失予以赔偿后，母国政府将取得投资者在东道国的有关权益和追偿权。双边投资协定一般规定，投资国的投资保险机构或母国政府在一定条件下代位取得投资者的一切权利和义务。但是，缔约一方代位取得的权利不能超过原投资者所享有的权益，代位权的行使必须受东道国法律的制约。

（五）投资争端的解决

双边投资协定通常涉及两种投资争端的解决，一种是缔约国之间关于条约的解释、适用发生的争端；另一种是东道国与投资者之间产生的投资争端。

第一种争端因争端双方当事人都是国际法上的主体，争端性质应属于国际争端，因此一般由缔约双方约定采用外交谈判、仲裁或提交国际法院诉讼等国际公法上的争端解决方式。后一种争端有一方当事人为私法主体，争端性质属于私人争端，一般约定由东道国依本国外资立法解决，或仲裁解决，或通过提交"解决国际投资争端中心"（ICSID）解决。

四、中国对外签订的双边投资条约

中国对外签订的第一个双边投资条约是 1980 年 10 月 30 日与美国签订的"中华人民共和国和美利坚合众国关于投资保险和投资保证的鼓励投资协议和换文"[1]。截至 2007 年 6 月，我国除与美国、加拿大以换文方式签署了双边投保证协定外，还和 121 个国家签署了投资保护协定。我国签订的这些双边投资条约，不仅适用于在我国境内投资的缔约国的投资保护，同样也适用于我国在海外投资的缔约国境内的投资保护。

我国对外签订的双边投资条约最主要采用的是促进与保护投资协定的形式，尽管各协定内容不尽相同，但基本结构如下：①以简短序言表明缔约双方的合作和鼓励、保护投资的愿望。②确定某些重要法律用语的定义，如投资、投资者、收益、投资活动等。③以一般性措辞规定对投资的保护、促进及要求东道国遵守其与投资者签订的合同；重点是规定投资待遇及其适用的例外。我国对外签订的双边投资协定几乎都规定了公平与公正待遇，然后规定最惠国待遇，在个别协议中涉及国民待遇。④在发生政治风险后，承认缔约一方投资保险机构的代位求偿权，并在有关方面实行最惠国待遇。⑤所有协定都有关于解决因对协定的解释和适用产生争端的规定，一般约定采用临时仲裁的方式。在中国加入 ICSID 以后签订的双边投资协定一般还有将东道国和投资者争议提交 ICSID 解决的规定。⑥确定双边投资协定的生效、有效期、有效期的续展、协定失效日前进入的投资在协定失效后的继续保护。双边投资协定通常还规定对协定生效前进入的投资也给予保护。

我国在很长一段时间，基于经济发展状况、经济体制等各方面的现实要求，在对外签订的双边投资协定中基本上规定以最惠国待遇为主，同时在国内的外资立法中给予外国投资者、外国投资以优于本国投资者、本国投资的待遇。但是，随着中国经济的发展以及经济体制的逐步完善，向国民待遇靠拢已经是大势所趋，2007 年中国统一国内企业和外商投资企业的所得税就是这种趋势的明显表现。

第五节　调整国际投资的多边公约

调整国际投资的多边国际条约包括区域性多边投资条约和全球性多边投资条约。区域性多边投资条约是指区域性国家组织旨在协调成员国外国投资法律而签订的多边条约，例如《北美自由贸易协定》、《安第斯共同市场外国投资规则》、《东南亚国家联盟投资领域框架协定》等。目前，国际范围内还没有一个全面性规范国际投资行为的全球性公约，联合国以及其他国际组织制定的有关国际投资的文件也都是建

[1] 陈安主编：《国际投资法》，鹭江出版社 1987 年版，第 57 页。

议性、指导性或宣言性的。目前已经生效的多边全球性国际投资条约仅就投资领域某些具体的单项问题进行调整，这类公约主要有 1966 年生效的《解决国家和他国国民间投资争端公约》、1988 年生效的《多边投资担保机构公约》。此外，1995 年 1 月 1 日生效的世界贸易组织的《与贸易有关的投资措施协定》和《服务贸易总协定》也对与贸易有关的投资问题以及服务贸易领域的外资市场准入问题作出了规定。

一、《解决国家和他国国民间投资争端国际公约》

（一）国际投资争端的种类和解决方式

国际投资争端是指在国际直接投资活动中所产生的不同国籍的投资者之间、国家之间或国家与投资者之间因投资而引起的各类争议的总和。根据争端当事人的不同，国际投资争端大体区分为国家间的投资争端、国家与他国国民间的投资争端以及不同国籍的私人投资者之间的争端。

上述国际投资争端中，国家间的投资争端可以通过协商、斡旋、调停或国际法院管辖等国际公法上传统的争端解决方式解决，不同国籍的私人投资者之间的争端可以通过协商、调解、商事仲裁或司法诉讼等国内法上传统的方式解决，但是，这些传统的争端解决方式都不足以解决发生在国家和他国国民之间的投资争端。

解决国家和他国国民之间投资争端的传统方式主要有以下五种：①通过协商谈判的方法解决。这种争端解决方式可以规定在国家与外国投资者订立的特许协议中。但是，对于非契约性争议，就很难通过此种方式解决。②由投资者母国以"护侨"为名，对东道国采取经济制裁、外交保护、军事威胁等措施解决，如 1956 年的苏伊士运河事件。[1] 这些措施有些需要以投资者用尽当地救济为前提，有些则构成对东道国内政的粗暴干涉，常常遭到东道国的抵制，因此投资争端很难通过这种途径真正得以解决。③通过国际仲裁的方式解决。由于国际仲裁的提起以争端双方书面的仲裁协议为条件，并且仲裁裁决的执行会因国家主权豁免而受限，因此，通过一般的国际仲裁机构也很难实际解决此类争端。④由投资者母国政府作为原告，以东道国政府作为被告，向国际法院起诉，寻求司法解决。如 1952 年的英伊石油公司案。但是，由于《国际法院规约》对于国际法院管辖权的限制，投资者很难通过此种途径解决争端。⑤通过东道国救济的方法解决。即外国投资者将争议提交东道国行政机关或司法机关，按照东道国的程序法和实体法寻求救济。这种途径为多数发展中国家主张和拥护，但却遭到外国投资者的反对，因为他们担心东道国的受理机关难免会有所偏袒。[2]

在上述传统的争端解决方式都不足以解决国家和他国国民之间的争端的背景之下，1965 年在世界银行的主持之下建立了国际投资争端解决机制，为此类争端的解决提供了便利的途径。

---

〔1〕　陈安主编：《国际投资争端仲裁》，复旦大学出版社 2001 年版，第 10 页。
〔2〕　陈安主编：《国际投资争端仲裁》，复旦大学出版社 2001 年版，第 11 页。

（二）《解决国家和他国国民间投资争端公约》的基本框架

《解决国家和他国国民间投资争端公约》（Convention on the Settlement Disputes between States and Nationals of Other States）于 1965 年 3 月 18 日通过，1966 年 5 月 9 日生效，因在美国华盛顿通过，故也称为《华盛顿公约》。截至 2007 年 8 月 12 日，公约的签字国已有 154 个，其中正式缔约国为 140 个。[1] 我国于 1990 年 2 月 9 日签署了该公约，并于 1993 年 1 月 7 日递交了批准文件。但是，根据我国政府在加入此公约时所提出的保留，中国政府已向 ICSID 发出通知：根据《华盛顿公约》第 24 条第 4 款，中国政府只考虑将由于征收和国有化而产生的赔偿争议交由 ICSID 管辖。由于我国的投资环境良好，至今尚无先例。[2]

《解决国家和他国国民间投资争端公约》共 10 章 75 条，它设定了 ICSID 仲裁体制的基本框架和运作原则，其主要内容包括：

1. 宗旨和目的。公约在序言中阐述了其宗旨和目的是为"创立一个旨在解决国家和外国投资者之间的争议提供便利的机构"，以有助于"促进相互信任的气氛，从而鼓励国际私人资本更多地向那些希望引进外资的国家流入"。公约为此目的成立一个"解决投资争端的国际中心"（International Center for the Settlement of Investment Disputes，以下称为中心或 ICSID），作为世界银行的一个下属独立机构，为各缔约国和其他缔约国国民之间的投资争端的解决提供调解或仲裁的便利。中心的调解程序独立于仲裁程序之外，当事人可以只要求调解，也可以先行调解，调解不成再进行仲裁。目前，公约的仲裁程序是最重要也是实践中最常用的国家与他国国民间投资争端的解决方法。

2. 中心的组织机构和法律地位。中心本身设行政理事会和秘书处两个机构。行政理事会由缔约国各派代表一人组成，世界银行行长兼任行政理事会主席。秘书处设秘书长、副秘书长及若干工作人员。正、副秘书长均由行政理事会选举产生，是中心的法定代表人和主管官员，同时执行类似于法庭书记官的任务，对争端当事人双方协议提交中心管辖的案件，预先审查，认为符合条件者，立即予以登记受理，并进行调解委员会或仲裁庭的组建工作。可见，中心本身并不直接承担调解和仲裁工作，只是为解决争端提供各种设施和便利，为针对各项具体争端而分别组成的调解委员会或国际仲裁庭提供必要的基本条件，便于他们展开工作。

中心备有"调解员名册"和"仲裁员名册"，供争端当事人选择。每一缔约国有权就每一种名册指派 4 人参加。其所指派的人员，可以是本国国民，也可以是外国人。另外，行政理事会主席有权就每一种名册各指定 10 人参加，但这些被指定的人应各具不同的国籍，并且注意使两种名册都能代表世界各种主要的法律制度和经济体制，从而具有较广泛的代表性。

---

[1] 数据来源于 http：//www.worldbank.org/icsid/constate/c‐states‐en.htlm.

[2] 赵秀文：《国际商事仲裁及其适用法律研究》，北京大学出版社 2002 年版，第 265 页。

中心与世界银行有密切的联系，但中心具有完全的国际法律人格，其法律能力包括缔约能力，取得并处理动产、不动产的能力以及法律诉讼能力。ICSID 在完成其任务时，在缔约国领土内享有特定的特权和豁免。[1]

（三）ICSID 的管辖权

ICSID 能够行使管辖权的争端必须符合以下三个方面的条件：

1. 主体方面。在主体方面，中心可以受理的争端限于一缔约国政府（东道国）与另一缔约国国民（外国投资者）的争端。《华盛顿公约》所称的"另一缔约国国民"一般是指具有东道国以外的其他缔约国国籍的任何自然人和法人。但是，按照公约第 25 条第 2 款第 2 项的规定，如果某法律实体与缔约国有相同的国籍，但由于该法律实体直接受到另一缔约国利益的控制，如果双方同意，为了公约的目的，该法律实体也可被视为另一缔约国国民。

2. 客体方面。在客体方面，依《华盛顿公约》第 25 条的规定，提交中心的争议必须是直接因投资而产生的法律争议。公约强调所谓法律争议必须是关于法律权利或义务的存在与否及其范围，或者是因违反法律义务而引起的赔偿的性质范围。至于何谓投资，公约没有明确界定，这主要是为了避免因对投资定义范围过窄而影响了中心的管辖范围。但是在 ICSID 行使管辖权的实践中，无论传统类型的投资，还是现代类型的投资，无论是直接投资，还是间接投资，包括一些特定的交易如交钥匙契约、工程契约、管理契约及技术契约等都纳入了中心的管辖范围。[2] 由此可见，ICSID 在实践中对投资做了广义上的解释。

3. 主观条件方面。《华盛顿公约》第 26 条规定，争议必须由当事各方书面协议成交 ICSID，当事任何一方一经同意将争议提交 ICSID 解决，便不得撤回其认可。除非另有声明，当事各方同意根据公约将争议提交仲裁，就应当被视为同意此仲裁并排除其他补救办法。《华盛顿公约》第 27 条进而又规定，缔约国对于其本国国民和另一缔约国根据公约已同意提交或已提交仲裁的争议，不得采取外交保护或提出国际要求，除非该另一缔约国未能遵守和履行对此争议所作出的仲裁裁决。

《华盛顿公约》的上述规定包括了三层含义：①争端各方的同意是中心管辖的条件之一，同意必须是书面的；②同意具有不可撤回性；③同意具有排他性，即同意一方面排除了作为争端一方的缔约国国内法律的管辖，另一方面也排除了投资者本国的外交保护。当然，根据公约第 26 条的规定，缔约国可以要求投资者用尽东道国一切行政或司法救济手段，作为其同意交付 ICSID 管辖权的条件。

（四）ICSID 的调解和仲裁程序

1. 争端的提起。根据《华盛顿公约》，希望采取调解或仲裁程序的任何缔约国或缔约国的任何国民，应向秘书长提出书面请求。秘书长根据请求材料决定是否予

---

〔1〕　参见《华盛顿公约》第一章第六节。

〔2〕　曹建明、陈治东主编：《国际经济法专论》第四卷，法律出版社 2000 年版，第 223 页。

以登记，如果发现争端明显不属于中心管辖范围，应当立即通知当事人拒绝登记并说明理由，秘书长拒登记的决定是终局性的。

2. 调解委员会或仲裁庭的组成。调解委员会或仲裁庭的人数应为奇数，在仲裁的场合，仲裁员的多数必须是争端当事国或当事人所属国以外的国民。调解员和仲裁员由当事双方协议任命；若无这种协议，则由双方各任命一名，再协议任命第三人；在当事双方难以达成任命第三人的协议或一方拒绝任命的情况下，经任何一方请求，行政理事会主席应在尽可能同双方磋商之后进行任命。被任命的调解员或仲裁员可以不是中心名册上的人员，但应当具备公约所要求的品质。

3. 调解或仲裁审理。在调解或仲裁开始或进行过程中，若任何一方对中心的管辖权提出异议，应由调解委员会或仲裁庭自行决定是否有管辖权。在进行调解的场合，调解委员会应向双方提出建议，并促成双方达成协议。若调解失败，则应结束调解程序并作出相关报告。在提交仲裁的场合，除当事各方另有约定外，应当依照双方提交仲裁之日有效的仲裁规则进行仲裁。如果发生公约及中心仲裁规则或双方同意的任何规则未作规定的程序问题，则该问题应当由仲裁庭解决。

仲裁裁决应当以仲裁庭全体成员中的多数票作出，并采用书面形式，由赞成此裁决的成员签署。裁决应当处理提交仲裁庭解决的所有问题，并说明裁决所依据的理由。任何仲裁员都可在裁决书上附具个人意见。未经当事各方同意，裁决不能对外公布。

4. 仲裁裁决的撤销、承认与执行。ICSID 的仲裁裁决对争端各方有约束力，但当事任何一方可以根据新发现的、对裁决有决定性影响的事实为理由，要求修改裁决。当事任何一方还可以在下列情形下，向秘书长提出撤销仲裁裁决的申请：①仲裁庭的组成不当；②仲裁庭显然超越其权限范围；③仲裁庭的成员有受贿行为；④仲裁有严重背离基本的程序规则的情况；⑤裁决未陈述其所依据的理由。是否撤销仲裁裁决，由行政理事会主席在仲裁员名单中任命一个由 3 人组成的专门委员会作出决定。[1]

ICSID 的仲裁裁决相当于缔约国法院的最终判决，各缔约国法院不得对它行使任何形式的审查，也不得以违背当地的社会公共秩序为由拒绝承认与执行。任何一方当事人也不得对仲裁裁决提出任何上诉或采取任何除公约规定以外的补救办法。[2]除依公约有关停止执行的情况外，当事各方及各有关缔约国法院均应遵守和履行中心的仲裁裁决。[3]

5. 拒不履行仲裁裁决的后果。公约对于争端各方以及任何其他缔约国未能履行仲裁裁决或前述承认并执行仲裁裁决的法律后果分别作出了规定。首先，如果是私

---

〔1〕　参见《华盛顿公约》第 51 条和第 52 条。
〔2〕　参见《华盛顿公约》第 53 条。
〔3〕　参见《华盛顿公约》第 53 条。

人投资者不履行仲裁裁决，则作为争端他方的东道国可以通过本国法院强制执行，也可以请求投资者母国协助强制执行，还可以请求投资者财产所在的任何第三国（只能是缔约国）法院协助强制执行，而且这种执行是无条件的。其次，如果作为争端一方的东道国政府不履行仲裁裁决，那么投资者母国有权恢复行使外交保护或提出国际请求，也可以在国际法院对东道国提起诉讼。最后，如果争端各方以外的缔约国拒绝承认与执行仲裁裁决，任何缔约国都可以援引公约第 64 条的规定到国际法院对拒绝国提起诉讼，要求其承担不遵守公约的国际责任。

（五）ICSID 仲裁的法律适用

《华盛顿公约》第 42 条规定了 ICSID 仲裁法律适用的基本原则：①当事人意思自治原则，即争端各方享有选择准据法的权利，仲裁庭必须尊重当事人的这种选择；②辅助和补充原则，即在当事人未选择准据法的情况下，ICSID 有权直接适用东道国的法律和可能适用的国际法规则；③禁止拒绝裁判原则，即仲裁庭对于提交审理的争端，即使适用的法律欠缺相应的规范，或在有关规定含糊不清的情况下，也必须作出实质性的裁决；④公平正义原则，仲裁庭经双方当事人同意，可以不依照法律规定，而根据其他公平合理的标准作出具有拘束力的裁决。[1]

二、《多边投资担保机构公约》

二战结束以后，主要的资本输出国为了鼓励和保护本国的海外投资，先后建立起自己的海外投资保证制度，这一制度对保护和促进国际投资起到了重要的作用，但其本身也存在着缺陷。只有部分资本输出国存在这一制度，因此从范围上讲其不能覆盖国际投资的全部，并且从性质上讲其仅仅是一种国内法上的制度，因而承保机构依据国内保险合同取得的代位求偿权并不当然会得到东道国的承认，这些都影响了海外投资保证制度作用的发挥。

早在 1948 年，世界银行就有为国际投资提供政治风险保险的设想，但这一设想中一直有一些关键性问题难以解决，如发展中国家的出资、代位求偿权、设想中的机构与东道国争端的解决、机构中投票权的分配，等等。[2] 20 世纪 80 年代初，由于过分依赖外国商业贷款，许多发展中国家面临严重债务危机，国际债务纠纷频频发生。与此同时，出于对东道国征用等政治风险的担心，发展中国家接受的外国投资总额急剧下降。[3] 在这种背景下，国际社会迫切需要一个南北两大类国家都能接受的世界性机制，借以缓解或消除外国投资者对政治风险的担心，促进更多外国直接投资流向发展中国家。

1984 年，世界银行制定了《多边投资担保机构公约》草案，经过广泛地磋商和

第八章

---

〔1〕 王传丽主编：《国际经济法》，中国政法大学出版社 2003 年版，第 285 页。

〔2〕 陈安主编：《国际经济法学》，北京大学出版社 2001 年版，第 294 页。

〔3〕 20 世纪 60 年代末 70 年代初，发展中国家接受的外国投资占世界直接投资总额的 27%，但到了 80 年代初则下降到 12%。史晓丽主编：《国际投资法》，中国政法大学出版社 2005 年版，第 225 页。

数次修订，于 1985 年 10 月 11 日在韩国汉城正式通过，向世界银行成员国和瑞士开放签字。1988 年 4 月 12 日，《建立多边投资担保机构公约》（Convention Establishing the Multilateral Investment Guarantee Agency，以下简称《汉城公约》）生效，依此公约成立的"多边投资担保机构"（Multilateral Investment Guarantee Agency，以下简称为 MIGA）是世界银行集团的第五个新增成员，直接承保成员国私人投资者在向发展中国家成员投资时可能遭遇的各种政治风险。我国于 1988 年 4 月 28 日签署了《建立多边投资担保机构公约》，两天以后交存了批准书，是多边投资担保机构的创始会员国。

（一）MIGA 的法律地位和组织机构

MIGA 作为世界银行集团的一个成员，拥有完全的国际法律人格，有权缔结契约，取得并处理不动产和动产，有权进行法律诉讼。

多边投资担保机构内设理事会、董事会、总裁和职员。理事会为权力机构，由每一会员国指派理事和副理事 1 人组成。董事会至少由 12 人组成，负责本机构的一般业务。董事会主席由世界银行总裁兼任，除在双方票数相等时投一决定票外，无投票权。多边投资担保机构总裁由董事会主席提名任命，负责处理本机构的日常事务及职员的任免和管理。[1]

（二）MIGA 的投票权分配及其业务内容

为保证《建立多边投资担保机构公约》能为各国普遍接受，在投票权的安排上必须平衡发达国家和发展中国家的利益。为此，公约在 1985 年的附表 A 中列出了148 个会员国名单，并依照各国经济实力，为会员国确定认缴股份数。会员国分为两类，第一类为 21 个发达国家，第二类为 127 个发展中国家。MIGA 法定资本为 10 亿特别提款权，分为 10 万股。根据公约附表 A，在表中所有国家均完成缔约手续并认缴股金，从而正式成为 MIGA 会员国后，发达国家将拥有将近 60% 的股本，根据机构所设立的一股一票的投票权分配制度，发达国家在投票权方面占有优势。为了平衡投票权，公约规定每一会员国享有 177 基本票，由于发展中国家的数目远远超过发达国家，基本票加上认缴股金所获票数后，发达国家和发展中国家的投票权总数基本上持平。

MIGA 的业务主要包括投资担保和投资促进两大类。投资担保是 MIGA 的主要业务。投资促进则指由 MIGA 开展的对发放担保有辅助作用的活动，包括：开展跨国投资研究；传播有关发展中国家成员国的投资机会的信息；经成员国请求，提供旨在改善投资条件的技术援助和咨询；与国际金融公司等促进国际投资的机构协作，消除存在于成员国之间阻碍投资流动的障碍；鼓励友好解决投资者与东道国之间的争端，促进和推动在成员国之间缔结投资保护条约等。

---

[1]　参见《建立多边投资担保机构公约》第 30~33 条。

（三）MIGA 投资担保的主要内容

多边投资担保机制是在综合了海外投资保证制度美、日、德三种模式的基础上建立和发展起来的。其主要内容包括：

1. 承保险别。和各国海外投资保险制度一样，MIGA 承保的也是国际投资中的政治风险，包括货币汇兑险、征收和类似措施险、战争和内乱险和违约险。违约险中的"约"指的是东道国政府与投资者签订的所谓的"国家契约"，但是东道国政府有违约行为并不当然构成 MIGA 承保的违约险。[1] 只有在违约行为发生后一定期限内，投资者在东道国内未能获得有关索赔的司法判决或仲裁裁决，或虽有判决、裁决但不能执行，这才构成违约险。

2. 合格投资者。对于前来投保的跨国投资者，MIGA 要求必须是具备东道国以外的会员国国籍的自然人；或在东道国以外一会员国注册并设有主要营业点的法人；或其多数股本为东道国以外一个或几个会员国所有或其国民所有的法人。此外，只要东道国同意，且用于投资的资本来自东道国境外，则根据投资者和东道国的联合申请，经 MIGA 董事会特别多数票通过，还可将合格投资者扩大到东道国的自然人、在东道国注册的法人以及其多数资本为东道国国民所有的法人。[2]

3. 合格投资。《汉城公约》对合格投资的具体形式未作严格限定，是否属于合格投资由董事会决定。[3] 但是，在任何情况下，出口信贷均不在多边投资担保的范围之内，以免 MIGA 与多数国家的公营出口信贷保险机构发生竞争。在各种投资形式中，股权投资和股权持有人发放或担保的中长期贷款是多边投资担保重点考虑的承保对象。此外，为了尽可能避免承保的投资遭遇政治风险，《多边投资担保机构公约》要求除非事先获得东道国政府的同意，否则多边投资担保机构不得签订任何承保政治风险的保险合同，并且前来投保的投资必须是在投保申请注册后才开始执行的新的投资。

4. 合格东道国。MIGA 的宗旨是促进外国资本流向发展中国家。因此，只有向发展中国家会员国的跨国投资才有资格向多边投资担保机构申请投保。为了尽可能避免承保的投资遭遇政治风险，《汉城公约》要求担保的投资在东道国能享有"公平平等的待遇和法律保护"。MIGA 在作出一项承保决定之前都会对东道国的投资环境进行审查，但以何种标准进行审查公约没有作出具体规定。在评估操作的实践中，如果发现东道国与投资者母国之间已经订有双边投资保护条约，即可认为已经构成充分的法律保护。反之，如果尚未存在此类双边条约，则应按照所谓的国际标准另行审议和评估。

5. 代位求偿权。《汉城公约》规定，MIGA 一经向投保人支付或同意支付赔偿，

---

〔1〕　参见《汉城公约》第11条（a）款（ⅲ）项。

〔2〕　参见《汉城公约》第13条。

〔3〕　参见《汉城公约》第12条（b）款。

即代位取得投保人对东道国或其他债务人所拥有的有关承保投资的各种权利或索赔权。各成员国都应当承认多边投资担保机构的此项权利。[1] 很显然，对 MIGA 代位求偿权的承认，意味着对广大发展中国家东道国主权豁免的一种限制。

从实践作用来看，MIGA 的担保机制是在各国海外投资保证制度的基础上发展起来的，但其具有海外投资保证制度不可比拟的优越性：它对吸收外资的每一个发展中国家会员国，同时赋予"双重身份"：一方面，它是外资所在的东道国；另一方面，它同时又是多边投资担保机构的股东，从而部分地承担了外资风险承保人的责任。这种"双重身份"在实践中加强了对东道国的约束力，对外资在东道国政府可能遇到的各种政治风险，起了多重预防作用。

三、世界贸易组织有关国际投资的协定

1948 年为成立国际贸易组织而起草的哈瓦那宪章不仅规定了贸易问题，也涉及了多边投资和竞争规则，并进一步规范了外国投资行为、外国投资的经营和待遇等问题。但是，由于哈瓦那宪章没有生效，加之《关税与贸易总协定》仅仅涉及了货物贸易问题，因此，国际投资在 GATT 体系中没有得到规范。直到在乌拉圭回合期间，投资与贸易才成为谈判议题之一，[2] 最终建立的世界贸易组织法律框架内，有关国际投资的法律规范主要表现为《与贸易有关的投资措施协议》和《服务贸易总协定》两个文件。《与贸易有关的投资措施协议》从国际投资与国际贸易的关系着手，规定消除那些对货物贸易自由化产生限制或不利影响的投资措施；《服务贸易总协定》则侧重于服务贸易领域的国际直接投资问题，并就这一领域的外国投资准入及待遇确立了一般责任和纪律。

（一）《与贸易有关的投资措施协议》

1. 协议产生的背景。投资措施是指一国对外来投资的鼓励性与限制性做法的统称，其范围相当广泛，且多为发展中国家采用。投资措施本来并不属于 GATT 调整的范围，但由于某些投资措施，不论其为鼓励性还是限制性，都能对国际贸易产生歪曲或不利影响，并且随着国际投资的迅速发展，这种歪曲或不利影响日益扩大。在 GATT 东京回合之后，美国等发达国家开始试图将投资措施纳入 GATT 的框架，但未得到占绝大多数的发展中国家的认同。1982 年，美国第一次运用 GATT 争端解决机制指控加拿大《外国投资审核法》关于对外国投资的出口实绩要求和当地含量要求违反了 GATT。对美国的这一指控，发展中国家缔约方认为 GATT 对投资问题没有管辖权，但专家小组则认为，加拿大《外国投资审核法》关于当地含量要求违反了 GATT1947 第 3 条（国民待遇）第 4 款，鼓励出口的规定并没有违反 GATT 第 17 条（国营贸易企业）。[3] 在该案裁决后，发达国家缔约方更是极力主张将与贸易有关的

〔1〕 参见《汉城公约》第 18 条。

〔2〕 史晓丽主编：《国际投资法》，中国政法大学出版社 2005 年版，第 364 页。

〔3〕 朱榄叶编著：《关税与贸易总协定国际贸易纠纷案例汇编》，法律出版社 1995 年版，第 99 页。

投资措施纳入 GATT 的谈判范围。

随着跨国投资的日益扩大以及东道国对外国投资限制的增多，妨碍世界贸易的扩大和逐步自由化的投资措施对贸易的影响越来越突出。因此，在发动 GATT 乌拉圭回合谈判时，美国提议将扭曲贸易的投资措施纳入 GATT 纪律约束，并建议谈判应包括影响外国直接投资流向的政策问题。美国的提议得到部分发达国家成员的支持，但发展中国家成员则认为，GATT 的授权不允许其对投资问题进行谈判。如果进行投资问题的谈判，就不应包括跨国公司通过转移价格、限制性商业惯例及其他做法限制贸易等问题。在双方利益折中之后，乌拉圭回合最终仅仅涉及与货物贸易有关的投资措施。

作为 GATT 乌拉圭回合的三大议题之一，《乌拉圭回合部长宣言》对投资问题的谈判作了如下授权："在对关贸总协定中有关投资措施对贸易产生限制和扭曲影响的条文的执行情况进行审查之后，谈判应视情况拟定可能需要的进一步原则，以避免给贸易带来不利影响。"根据这一授权，乌拉圭回合与贸易有关的投资措施谈判只是审查投资措施给贸易带来的不利后果和讨论消除这种不利后果的方法，而不是要全面禁止投资措施。

由于上述授权本身并不十分明确，因此在 GATT 乌拉圭回合与贸易有关的投资措施谈判中，发达国家开列出一个包括 14 项投资措施的清单，[1] 但是对广大的发展中国家而言，各类投资措施实际上构成了它们外资立法的主要内容，鼓励性投资措施是发展中国家吸引外资的主要手段，而限制性投资措施则能保证外来投资符合本国的发展目标。因此，在未能阻止就与贸易有关的投资问题纳入谈判议题之后，发展中国家努力限制最终谈判达成的协议适用的范围。经过长达 8 年的激烈争论，发达国家和发展中国家最终妥协的结果，是达成作为乌拉圭回合最终文件组成部分的《与贸易有关的投资措施协议》（以下简称《TRIMs 协议》）。

2.《TRIMs 协议》的主要内容。《TRIMs 协议》由序言、正文和附录组成。其正文部分共有 9 条，分别对适用范围、国民待遇和取消数量限制、例外、发展中国家成员方、通知与过渡安排、透明度、与贸易有关的投资措施委员会、磋商与争端解决和货物贸易委员会的审查等内容作出规定，并将所禁止实施的与贸易有关的投资措施的"解释性清单"规定在附录中。

（1）适用范围。根据《TRIMs 协议》第 1 条，协议仅适用于与货物贸易有关的投资措施，但并不涉及所有的投资措施，而仅关注那些可能会"对贸易产生限制或

---

〔1〕　这十四项投资措施包括：投资激励（包括国内税与关税减让、补贴、投资转让等）、当地股权、许可证要求、汇款限制、外汇管制、制造限制、技术转让要求、国内销售要求、制造要求、产品指令要求、贸易平衡要求、当地成分要求、出口要求、进口替代要求。有关这 14 项投资措施的具体内容，详见夏申、储祥银主编：《关税与贸易总协定大辞典》，对外贸易教育出版社 1993 年版，第 190～192 页。

第
八
章

不利影响"的投资措施。

（2）国民待遇和取消数量限制。《TRIMs协议》规定，在不损害《关税与贸易总协定1994》（GATT1994）的权利和义务的情况下，各成员不得实施任何与《关税与贸易总协定1994》第3条第4款国民待遇原则或第11条一般性取消数量限制原则不一致的与贸易有关的投资措施。

依《TRIMs协议》附录的解释性清单，与GATT1994国民待遇原则不符的与贸易有关的投资措施包括：①当地成分要求，即要求企业购买或使用国内产品或自任何国内来源的产品；②贸易平衡要求，即将企业购买或使用的进口产品限制在与其出口的当地产品的数量或价值相关的水平。

依《TRIMs协议》附录的解释性清单，与GATT1994一般性取消数量限制原则不符的与贸易有关的投资措施包括：①贸易平衡要求；②进口用汇限制，即企业进行生产所需的进口被限制在属于该企业流入的外汇的一定数量内；③国内销售要求，即要求企业的产品必须有一部分在国内销售。

（3）例外规定。根据《TRIMs协议》第3条的规定，凡GATT1994中规定的例外均应适用于《TRIMs协议》的各项规定。

（4）发展中国家成员。考虑到发展中国家成员，尤其是那些最不发达成员在贸易和财政等方面的特殊要求，《TRIMs协议》第4条规定发展中国家成员可以暂时背离在投资措施方面履行国民待遇义务和一般性取消数量限制义务。但是，这种背离只是暂时的，其持续时间应当结合《TRIMs协议》有关过渡安排的规定来确定。

（5）通知与过渡安排。WTO成员应当在《建立WTO协议》生效后90天内，向货物贸易理事会通告其正在实施的与《TRIMs协议》不相符的与贸易有关的投资措施。各成员在《建立WTO协议》生效后，应取消其通报的一切与贸易有关的投资措施，但规定了不同的过渡期限：发达国家成员应在《建立WTO协议》生效后2年内取消；发展中国家成员在5年内取消；最不发达国家成员在7年内取消。对于履行《TRIMs协议》确有困难的发展中和最不发达国家成员，货物贸易理事会可以应其请求，延长其过渡期。

《TRIMs协议》首次在多边贸易体制内建立了约束各成员投资措施的规则，它的实施有助于排除投资措施造成的贸易障碍或扭曲问题，有助于推动货物贸易自由化，也将对各成员的外资法产生一定的影响。但是，《TRIMs协议》并不是一个综合性的关于多边投资自由化的协议，它所解决的问题本质上是贸易问题而不是国际投资本身的问题，因此它对国际投资的影响是有限的。

（二）《服务贸易总协定》涉及国际投资的规定

WTO的《服务贸易总协定》虽是针对国际服务贸易制定的，但是它的许多规定直接涉及国际投资问题。《服务贸易总协定》列举的四种国际服务贸易形式中，第三种"商业存在"就是指通过外国直接投资而设立、收购或维持的各种商业机构，如公司、合伙、分支机构及代表处等。由此可见，服务贸易问题包含了服务业的国际投资问题。[1]　因此，《服务贸易总协定》的有关原则和制度适用于其成员实施的影响服务业投资的各项措施。

在《服务贸易总协定》中，与国际直接投资关系最为密切的是其第三部分"承担特定义务"，特别是关于市场准入和国民待遇的规定。

市场准入涉及各国是否允许外国的服务或服务提供者进入本国市场的问题。就投资而言，它是指一国的服务业或服务市场是否对外开放的问题。《服务贸易总协定》第16条规定，在服务提供方式的市场准入方面，每个成员给予其他任何成员的服务和服务提供者的待遇，不得低于其承诺表中同意和明确的规定、限制和条件。除非在承诺表中明确规定，原则上禁止以下六种对市场准入的限制：限制服务提供者的数量；限制服务资产或交易的价值；限制服务经营总量或服务产出总量；限制雇佣人数；限制或要求通过特定类型的法律实体或合营企业提供服务；通过限制外国持股比例或外国投资总额来限制外国资本的参与。在上述六种禁止采用的对市场准入的限制中，后两种与国际直接投资密切相关，它意味着对外国投资法律形式与外资股权比例予以限制，属于应予禁止的限制市场准入的措施。

关于国民待遇，《服务贸易总协定》第17条第1款规定，每一成员在其承诺表所列部门中，依照表内所述的各种条件和资格，在影响服务提供的所有措施方面，须给予其他成员的服务和服务提供者以不低于给予其本国相同服务和服务提供者的待遇。第17条第2款、第3款进一步补充规定，为达到上述国民待遇的要求，成员可以予以他国以与本国的服务或服务提供者以形式上相同或不同的待遇，但若修订的竞争条件仅对己方有利，则此种形式上相同或不同的待遇得被视为低于国民待遇。《服务贸易总协定》的上述规定说明其所要求的国民待遇是一种有条件的国民待遇，即这种国民待遇限定在成员承诺表中具体列明的条件和资格的范围内，而不是普遍适用于所有服务或服务提供者。

《服务贸易总协定》将有条件的市场准入和国民待遇作为WTO各成员的特定义务，在一定程度上满足了发达国家要求发展中国家对外国服务者开放市场的愿望，同时又考虑到了发展中成员和最不发达成员的利益和需要。其最大的特点在于它在适当考虑各国国内政策目标的同时，确立了一个国际目标，即各成员通过连续不断的多边谈判，促使各成员在互利的基础上获益，进而逐步实现服务贸易自由化，这对于服务业的投资自由化也同样具有重要意义。

第八章

---

[1]　参见吴志攀、余劲松主编：《国际经济法》，北京大学出版社、高等教育出版社2000年版，第274页。

第九章
国际知识产权贸易法

本章要点

　　国际知识产权贸易法是国际经济法的组成部分。知识产权保护可以成为一门独立的法学分支，而国际知识产权贸易则是知识产权贸易的国际化，体现了国际化和贸易化两个特点。本章对知识产权、知识产权贸易的主要概念、形式和法律规则进行了较为系统的介绍和分析。

第一节　概述

一、知识产权的概念和特征

（一）知识产权的概念和范围

1. 知识产权的概念。知识产权（Intellectual Property）这一术语产生于 18 世纪的德国，[1] 其最初的含义是指文学、艺术、音乐作品的财产权利（即版权），而专利（发明）、商标和工业品外观设计中的财产权利则以工业产权一词来概括。后来，从 19 世纪 50 年代起，"知识产权"一词也用来指称工业产权的一些权利。1893 年，《保护工业产权巴黎公约》所设立的国际局与《保护文学艺术作品伯尔尼公约》所设立的国际局合并为一个机构，称为"保护知识产权联合国际局（BIRPI）"，至此，"知识产权"这一术语才正式地包括工业产权和版权两个部分，和现代意义的知识产权含义接近。[2] 在我国，"知识产权"作为正式的法律用语，最早出现在 1986 年 4 月 12 日通过的《中华人民共和国民法通则》中。根据《民法通则》的规定，知识产权属于民事权利，是基于创造性智力成果和工商业标记依法产生的权利的统称。

　　关于知识产权的概念，目前主要存在着三种表达方法：①列举知识产权范围的方法；②下定义的方法；③完全列举知识产权保护对象的方法。用列举知识产权范

---

〔1〕 Geller, *Law and Practice of International Copyright*, Matthew Bender, 1996, p. 1.

〔2〕 汤宗舜：《知识产权的国际保护》，人民法院出版社 1999 年版，第 1 页。

围的方法表述知识产权的概念是国内外关于知识产权的著作中较常用的。例如，规定知识产权传统上包括专利、商标和版权三个法律领域，[1] 或者称"专利权、商标权与著作权等一般结合在一起称之为知识产权"[2]。用下定义的方法表达知识产权的概念主要反映在国内外有关知识产权法的教材中。例如世界知识产权组织编写的《知识产权法教程》中指出，知识产权的对象是指人的脑力、智力的创造物。并进一步解释道，之所以把这类财产统称为知识财产，简单地说，就是知识财产与各种各样的信息有关，人们把这些信息与各种有形物质相结合，并同时在世界不同的地方大量复制。知识财产并不指这些复制件，而是指这些复制件中所包含的信息。[3] 我国相当多教科书中直接将知识产权定义为："人们就其智力创造的成果依法享有的专有权利"[4] 或"人们对于自己的智力活动创造的成果和经营管理活动中的标记、信誉依法享有的权利"[5]。用完全列举知识产权保护对象的方法表述知识产权概念的主要是 1967 年《建立世界知识产权组织公约》和 1995 年生效的 WTO《与贸易有关的知识产权协定》（TRIPS）。

1967 年缔结的《建立世界知识产权组织公约》在其唯一的实体条款，即第 2 条第 8 款中，非穷尽式地列举了 8 项知识产权的保护对象，在第 8 项兜底条款中使用了"在工业、科学、文学或艺术领域内其他一切来自智力创造活动所产生的权利"的提法。由于公约第 16 条明文规定"对本公约不得有任何保留"，而且截至 2012 年 1 月 31 日，共有 185 个国家参加了该公约，[6] 因此可以认为世界上大多数国家（包括中国）均对第 2 条第 8 款列举的知识产权保护对象，以及第 2 条第 8 款第 8 项间接描述的知识产权概念表示接受。

2. 知识产权的范围。知识产权从范围上讲，有广义和狭义之分。狭义的知识产权，即传统意义上的知识产权包括两个部分：①著作权及与著作权有关的邻接权；②工业产权，主要包含专利权和商标权。[7] 广义的知识产权范围，目前已为两个主要的知识产权国际公约，即 1967 年《建立世界知识产权组织公约》和 1995 年生效的世界贸易组织的《与贸易有关的知识产权协议》（TRIPS）所认可。

1967 年的《建立世界知识产权组织公约》第 2 条第 8 款规定，知识产权包括下

---

〔1〕 ［美］阿瑟·R. 米勒主编：《知识产权法概要》，周林等译，中国社会科学出版社 1997 年版，第 4 页。

〔2〕 沈达明编著：《知识产权法》，对外经济贸易大学出版社 1998 年版，前言。

〔3〕 世界知识产权组织编：《知识产权法教程》，高卢麟等译，专利文献出版社 1990 年版，第 2 页。

〔4〕 郑成思主编：《知识产权法教程》，法律出版社 1993 年版，第 1 页；张平：《知识产权法详论》，北京大学出版社 1994 年版，第 3 页。

〔5〕 吴汉东主编：《知识产权法》，中国政法大学出版社 2004 年版，第 1 页；刘春田主编：《知识产权法》，高等教育出版社 2000 年版，第 3 页。

〔6〕 资料来自于 WIPO 官方网站：http://www.wipo.int/members/en/.

〔7〕 吴汉东主编：《知识产权法》，中国政法大学出版社 2004 年版，第 2~5 页；黄勤南主编：《知识产权法》，法律出版社 2000 年版，第 4 页；郑成思：《知识产权论》，法律出版社 1998 年版，第 73 页。

第九章

列权利：①与文学、艺术及科学作品有关的权利（即狭义的著作权或作者权）；②与表演艺术家的表演活动、与录音制品及广播有关的权利（即著作邻接权或有关权利）；③与人类创造性活动的一切领域内的发明有关的权利（即专利发明、实用新型及非专利发明享有的权利）；④与科学发现有关的权利；⑤与工业品外观设计有关的权利；⑥与商品商标、服务商标、商号及其他商业标记有关的权利；⑦与防止不正当竞争有关的权利；⑧其他一切来自工业、科学及文学艺术领域的智力创造活动所产生的权利。

1995 年生效的《与贸易有关的知识产权协议》（TRIPS）在第一部分第 1 条中划出的知识产权范围包括：①著作权与著作邻接权；②商标；③地理标志；④工业品外观设计；⑤专利；⑥集成电路布图设计（拓扑图）；⑦保护未披露的信息。

（二）知识产权的特点

在有些大陆法系国家，在财产法、担保法等法中将知识产权称为"以权利为标的"的"物权"；有些英美法系国家则把它称为"诉讼中的准物权"或"无形准动产"。这些表述虽不同，但均反映出知识产权具有不同于其他财产权，尤其不同于有形财产权的特点。[1] 概括起来讲，知识产权，尤其是传统的三种知识产权，具有无形性、专有性、地域性、时间性四个最显著的特点。

1. 无形性。在德国等一些西方国家，相关的立法和学说曾以无形财产权来概括有关创造性智力成果的专有权利，因此，无形财产权（Intangible Property）可以说是知识产权的另一称谓。但对"无形"的理解却存在不小的差异。有的学者认为，知识产权与其他财产权的本质差别在于本身的无形性，而它所具有的其他法律特征即专有性、地域性、时间性等皆由此派生而成。但是，权利作为主体凭借法律实现某种利益所可以实施行为的界限和范围，概为无形的。因此，知识产权与其他财产权的本质区别，不是该项权利的无形性，而在于权利客体即创造性智力成果的无形性。

智力成果无形是相对于动产、不动产之有形而言的。例如，一座房产或一块手表作为有形财产，其所有人行使权利转卖、转借或出租，标的均是该房产或手表，即有形物本身；而一本小说的著作权，其所有人行使权利许可他人使用时，标的可能是复制权、发行权，也可能是翻译权、改编权等，但不管怎么说不可能是该小说原稿。之所以如此，是因为著作权的客体不是智力成果有形的物化载体，而是无形的智力成果本身。智力成果的无形性特征，一方面为权利人带来好处，即他可以将其同时许可多方使用获利，另一方面也使得被侵权的可能性远远高于有形财产。基于这种特征，各国都赋予智力成果的创造者以知识产权，并对这种权利实行有别于传统财产权制度的法律保护。

2. 专有性。知识产权的专有性又称为知识产权的排他性，其主要表现为权利人

---

[1] 郑成思："再论知识产权的概念"，载郑成思主编：《知识产权研究》（第 2 卷），中国方正出版社1996 年版，第 10 页。

有权禁止他人未经许可地使用其知识产权。在工业产权领域，专有性还表现为两人分别独立创作的智力成果，在分别申请的情况下，只可能有一人获权，而获权之人将有权限制另一人对自己创造成果的使用。

3. 地域性。知识产权保护制度起源于封建社会，它们的雏形均是封建社会的地方官或君主通过特别的榜文、敕令的形式授予的一种特权。[1] 一定的榜文、敕令，当然只能在发出榜文、敕令的官员、君主权力所及的地域内才产生出特权，越出该地域，该特权也就不复有效了。封建社会发展到资本主义社会以及之后的社会主义社会后，知识产权的性质发生了根本的变化，它不再是君主授予的"特权"，而成为依法产生的民事权利，即"法权"，但由于法律也是不具有域外性的，因而"地域性"特点保留下来，其具体含义是：知识产权只能依一定国家的法律产生，且只在其依法产生的地域内有效。

目前，在一些知识产权一体化进程很快的地区，如欧洲共同体、法语非洲国家等，知识产权已突破传统严格的地域性。但是这些地区在全世界毕竟只占少数，在大多数国家，知识产权仍然只能依各自国家的法律产生，也只在其依法产生的地域内有效。当然，随着知识产权国际公约的出现和国际保护的强化，知识产权的地域性特点有所削弱，但知识产权的地域性特点并没有消失。有观点认为在著作权领域知识产权地域性已不复存在，因为根据《保护文学艺术作品伯尔尼公约》的自动保护原则，只要是成员国国民的作品，或非成员国国民的首先在某成员国境内出版的作品，在各成员国均享有著作权，这似乎已无地域性可言。但持这种观点的人忽略了一个问题，即各成员国虽有义务为上述作品提供著作权保护，但保护的标准仍依各国的著作权法。因此，知识产权国际公约并不能取代各国的知识产权立法，因此地域性特点并未取消，只是在某些方面被削弱了而已。

4. 时间性。知识产权的时间性指的是权利人的专有权是有法定有效期的，比如在我国，发明专利权的有效期是 20 年，实用新型和外观设计专利权的有效期是 10 年，商标权的有效期为 10 年等。

有人认为，时间性特点并不是知识产权所特有，有形商品也是有时间性的，比如一般食品、化妆品等都有保质期，其他商品如服装、房屋等虽没有保质期，但也会因过季、过时、折旧等时间因素影响其售价，这些都是有形财产时间性的体现。而知识产权的时间性不同于这些有形财产的特殊之处就在于这种"时间"是法定的，而且，一旦过了法定时间，其就会进入公有领域，任何人都可以不经许可无偿使用。

对知识产权的法定时间性特点，西方合同法的理论解释为：你将自己的智力成果向社会公开，作为"对价"，社会承认你对这些公开成果享有专有权。但这种专有权必须限定在一定的时期内，否则对社会不公平，因为可能会妨碍技术的发展、文

---

[1] 吴汉东主编：《知识产权法》，中国政法大学出版社 2004 年版，第 7 页；郑成思："再论知识产权的概念"，载郑成思主编：《知识产权研究》（第 2 卷），中国方正出版社 1996 年版，第 17 页。

第
九
章

化的传播或商品的流通。[1]

二、知识产权的国际贸易

（一）知识产权国际贸易的产生和发展

和具有古老渊源的国际货物贸易相比，国际知识产权贸易产生较晚，其发展经历了一个从国际技术转让到国际技术贸易，从国际技术贸易再到国际知识产权贸易的过程。

技术（Technology）是指一种系统的知识，其目的是为了制造产品，应用工艺方法或提供服务。[2] 技术的外延相当广泛，但是依据其被拥有和被使用的范围不同，可以分为两大类：公有性技术和专有性技术。一般而言，能够在经济活动中由一方有偿的转让给另一方的，仅仅是专有性技术而已。专有性技术是指由某特定的主体所持有，他人经其许可方能使用，具体包括专利技术（Patents）和专有技术（Know-how）两类，前者依靠法定授权获得专有性，后者依靠事实上的秘密状态维持其专有性。

国际技术转让（International Transfer of Technology）从其产生至今大约经历了四个发展阶段。

第一个阶段是远古时代，那时作为无形财产转让的主要是普通技术，因为人类的经济交往并不频繁，所以那时普通技术的转让也只是一种简单、偶然的活动，对人类社会经济发展影响不大。

第二个阶段是中世纪，专有技术（Know-how）开始和普通技术一起作为转让的标的，转让特点是以技术产生地为中心，依照一定的地理方位由近及远，逐渐向四周区域扩散，呈"阶梯式"的缓慢发展状态。例如中国的四大发明就是通过这种方式向四周传递到各国的。

第三个阶段是从资产阶级工业革命到第二次世界大战之前，伴随着资本主义的殖民扩张以及由此带来的工业化发展，技术转让开始不受地理条件限制，开始呈现"跳跃式"发展状态。为了更直接、更快速地转让技术，以许可贸易来实现技术转让的方式开始出现，但规模还相对狭小，国际技术转让主要还是通过合资经营或合作生产等传统方式实现。

第四个阶段是从第二次世界大战结束至今，因受国际货物贸易壁垒的消极影响，无形财产（知识产权）开始脱离其载体，单独成为转让的对象。在无形财产独立于有形财产单独进行交易的初期，作为交易对象的主要是专利技术和专有技术，因为那时的人们认为只有这些专有性技术才具有实用价值，才能为人们带来财富。但是，伴随着人类科学技术的迅速发展以及知识产权法律保护的日益完善，人们开始发现，

---

〔1〕 郑成思主编：《知识产权法教程》，法律出版社 1996 年版，第 9 页。

〔2〕 世界知识产权组织（WIPO）编：《供发展中国家使用的许可证贸易指南》，1977 年版；1978 年《联合国国际技术转让行动手册（草案）》第一章"定义和适用范围"。

除了这些专有性技术外，知识产权中的版权、邻接权、商标等也可以独立于其载体单独进行转让，其本身也可以成为商品从而为权利人带来财富。因此，作为无形财产进行转让的对象日益增多。发展到今天，绝大多数知识产权客体都可以独立地进行转让，因此传统的国际技术转让逐渐被国际知识产权转让所取代。

知识产权国际转让（International Transfer of Intellectual Property）的形式多种多样，[1] 其中国际许可贸易（International License Trade）不仅可以适用于一切知识产权客体的跨国转让，而且还可以使受让方最迅速、最直接地获得受让的知识产权，因此自然而然地成为国际知识产权转让中使用最广泛、最普遍的一种形式。

（二）国际知识产权贸易的特点

和传统的国际货物贸易相比，国际知识产权贸易有许多显著的特点，由此也导致调整国际知识产权贸易的法律制度与传统的国际货物贸易法律制度的区别。具体而言，国际知识产权贸易的特点如下：

1. 国际知识产权贸易的标的是无形的。知识产权首要、也是最重要的一个特点就是"无形"，这一特点将其同一切有形财产以及人们就有形财产享有的权利区分开。知识产权的"无形性"特点对国际知识产权贸易既产生积极影响，也带来消极影响。

积极的影响表现在因为其"无形"，所以知识产权可以同时由多方使用。一幢房产的所有人不可能把房产同时出让给两个独立的买主，但一项知识产权的所有人则完全可能"货许多家"。这种积极影响进一步表现为知识产权贸易独特的作价方式。在有形财产出让时，其价格总是从制造成本开始起算，但是知识产权因为可以同时出让多方，所以权利人从不以该知识产权的"制造成本"为基点计算价格，而是以受让人因使用该知识产权可能产生的经济效益为基点，从中提取一定的百分比，这也就是知识产权贸易经常采用"提成"方式作价的原因。

消极的影响则表现在因为"无形"，知识产权保护、知识产权侵权的认定等有着比有形财产在相同情况下复杂得多的问题。一块宝石的所有人可以通过对该宝石的有效占有而防止其权利被侵犯，一旦这块宝石被窃，因标的物的消失，权利人很快能发现权利被侵犯，继而可以通过各种积极手段维护自己的权利。但是，知识产权的无形性使其权利人不可能通过任何方式的有形占有防止权利被侵犯，作者创作完成一本书，只要付梓出版，盗版就可能如影随形地出现。而当盗版出现时，只要没有出现市场冲突，权利人自己很难发现其权利被侵犯，而即便发现盗版，依靠权利人自己也很难去认定并打击侵权。

---

〔1〕　国际知识产权转让的方式包括国际许可贸易、国际特许经营、国际工程承包（International Project Contracting）、国际合资经营（International Joint Venture）、国际合作生产（International Cooperative Production）、国际补偿贸易（International Compensation Trade）、国际技术咨询（International Technical Consultation）和国际技术服务（International Technical Service）等。

第九章

这种消极影响延伸到国际知识产权贸易领域则表现为因无形而易跨境传播，其和知识产权固有的地域性特点冲突所产生的必然结果，就是知识产权国际贸易必须以知识产权国际保护为前提。没有知识产权国际保护的基础，知识产权国际贸易将不会产生权利人期得的利润，而使这种权利因跨境贸易而逐步地丧失。

2. 国际知识产权贸易出让的通常为使用权而非所有权。知识产权贸易分为所有权转让和使用权转让两种。所有权一旦发生转让，供方不再对知识产权拥有任何权利，受方成为知识产权的所有者。在知识产权转让的实践中，转让知识产权所有权的情况很少，这是因为转让知识产权的所有权对于供方日后使用转让出的知识产权很不方便，需要征得受方的许可。同时，受方虽然支付了高额转让费，但因为知识产权是装在持有人头脑之中的，因此知识产权供方实际上仍事实拥有该转让知识产权，受方并不能真正"买断"该项知识产权。所以对于知识产权受方来讲，受让知识产权使用权既可达到其经济目的，同时还可以支付比受让知识产权所有权少许多的转让费。基于上述原因，在国际知识产权贸易的实践中，绝大多数都只是出让知识产权的使用权，这样也就使得国际许可贸易被广泛应用。

国际知识产权贸易出让使用权所产生的结果是贸易双方在法律地位上的不平等，对受方而言，只要其想获得受让知识产权，它能选择的合约对方就是唯一的；但对供方而言受方是可以随其挑选的。在这种双方法律地位不平等的情况下，如果绝对尊重当事人的意思自治，供方完全可以利用自己的优势法律地位在合同中订立一些不利于受方的条款。为了保护处于弱势的知识产权受方的正当权利，几乎所有国家（尤其是发展中国家）都用强制性法律规范来调整知识产权贸易合同，以防止合同中限制性商业条款的出现。

3. 国际知识产权贸易具有较强的时间性和地域性。任何知识产权都是有法定有效期的，一旦过了法定时间，其就会进入公有领域，任何人都可以不经许可无偿使用。知识产权固有的时间性使得国际知识产权贸易也具有较强的时间性，合同的有效期一般不能超过知识产权的有效期，否则超过部分无效。

此外，在所有类型的知识产权贸易中，供方的义务都不仅仅局限于将知识产权提供给受方，帮助受方吸收消化转让的知识，使其能获得预期的效益也是供方的基本义务之一。因此，知识产权转让的周期一般都比较长。许可合同的时间，即合同有效期往往是当事人双方谈判的焦点之一，许可方总希望有效期长一点，而被许可方则希望尽量短一点。其原因是国际许可证协议通常采用提成或入门费加提成的计价与支付方式，合同的时间和价格成正比，合同有效期越长，提成费越多，合同的总价也就越高。

知识产权地域性使知识产权只能依一定国家的法律产生，且只在其依法产生的地域内有效。知识产权的地域性也影响到国际知识产权贸易。在知识产权贸易合同中通常都要明确规定地域性条款，即受方在哪些地域范围内享有使用权、制造权和合同产品的销售权。一般来说，地域范围越大，受方可能获得的收益就越多，但相应的合同价格也就越高，而受方总是希望以尽可能少的价格换取尽可能多的收益，因此，知识产权转让的地域范围通常就是平衡比较价格和预期利益的结果。但是，无论如何，供方授权给受方的地域范围不能超过其知识产权获权的范围，否则超过部分也是无效的。

4. 国际知识产权贸易具有严格的法律性。前面已经提到，知识产权国际贸易必须以知识产权国际保护为前提，并且，因知识产权贸易双方法律地位的不平等，调整知识产权交易行为的法律也多是强制性法律规范。从这里可以看出，调整国际知识产权贸易的法律是双重的，包括对贸易标的法律保护和对贸易行为的法律调整，而这双重的法律都具有强制性，这和货物贸易通常只用任意性法律规范调整是不同的。

三、国际知识产权贸易的法律调整

在国际货物贸易法律制度中，所有的法律规范都是对贸易行为的调整。但和货物贸易法不同，国际知识产权贸易法除了调整贸易行为以外，还有更重要的一部分，即对贸易标的——知识产权的国际保护。国际货物贸易的标的是有形的货物，其所有人（或合法享有处分权的人）可以通过有效的占有来防止侵权，并且私有物权在任何一个国家都是受到法律保护的，没有丝毫地域性的差别，因此在法律调整国际货物贸易时，仅须调整具体的贸易行为，包括买卖合同的订立、货物的运输、货物运输的保险以及有关价款的支付等即可。

而国际知识产权贸易的标的是无形的知识产权，其所有人（或合法持有人）无法通过有形占有来防止侵权，并且因为知识产权的地域性限制，因此在法律调整国际知识产权贸易时，仅仅调整具体的贸易行为（主要表现为对交易合同的调整）是不够的，如果受让方所在国家没有对知识产权的法律保护制度或保护水平极低，权利人跨国出让知识产权的结果反而是丧失该项权利，这是权利人所不乐见的，因此知识产权的国际保护是知识产权国际贸易必不可少的前提条件。因此，国际知识产权贸易的法律体系由两部分构成：①对贸易标的——知识产权国际保护的法律制度；②对贸易行为——调整国际许可合同的法律制度。

第二节　知识产权的国际保护

一、知识产权国际保护概述

知识产权的国际保护（International Protection of Intellectual Property Rights）主要通过互惠保护、双边条约保护和多边（国际）公约保护三种途径实现。[1] 互惠保护

---

[1] 历史上还曾经有过以一国立法单方保护外国的知识产权的做法，如1852年3月28日法国颁布法令，将版权保护扩大至一切作品，而不问作品的出版地与作者的国籍。在当今国际社会，此种保护途径已不再采用。吴汉东主编：《知识产权法》，中国政法大学出版社2004年版，第367页。

是一种附条件的保护，其含义是指某一外国若承认并保护依本国法确认的知识产权，那么本国亦承认并保护依该外国法确认的知识产权。互惠保护主要为一些知识产权立法滞后或差异的国家采用。双边条约的保护是指双方通过签订双边协定的方式，相互保护对方的知识产权。此种保护方式在当代仍被广泛采用，如中国和美国就曾签订过三个涉及知识产权保护的双边协定。多边公约包括世界性公约和区域性公约（如欧洲专利公约、非洲专利合作条约等）两种，前者的适用范围没有区域限制，而且内容多系立法性的，规定各缔约国知识产权立法的最低水平，因此对知识产权国际保护影响最大；后者是为适应局部地区的特殊需要而产生，其对于协调区域内各国知识产权保护制度，维持相同的知识产权保护水平作用很大。多边（国际）公约是知识产权国际保护最主要的途径。

迄今为止，知识产权国际公约主要包括以下几类：

（一）为设立促进知识产权国际保护的政府间组织而签订的公约

此类公约即指 1967 年签订、1970 年生效的《建立世界知识产权组织公约》。根据该公约于 1970 年建立的世界知识产权组织（WIPO），对协调各国知识产权立法，强化知识产权国际保护起到了极大的作用。我国于 1980 年 3 月 3 日递交了加入书，同年 6 月 3 日生效，成为世界知识产权组织的第 90 个成员国。这也是我国加入的第一个知识产权国际公约。

（二）涉及工业产权保护的公约

根据作用不同，这类公约具体又可分为三种：①实体性公约，对成员国保护工业产权的基本原则和有关立法的最低水平提出要求。这类公约包括 1883 年缔结、1884 年生效的《保护工业产权巴黎公约》（我国 1985 年 3 月加入），1989 年签署、但至今尚未生效的《关于集成电路知识产权条约》，1961 年签署、1968 年生效的《国际植物新品种保护公约》（我国于 1999 年 3 月加入）等。②程序性公约，其作用是简化就同一客体多国申请工业产权所必经的烦琐的程序并降低有关费用。这类公约包括 1970 年缔结、1978 年生效的《专利合作条约》（我国 1994 年 1 月加入），1891 年缔结、1892 年生效的《商标国际注册马德里协定》（我国 1989 年 10 月加入），1977 年缔结、1980 年修正的《国际承认用于专利程序的微生物保存布达佩斯条约》（我国 1995 年 7 月加入）等。③管理性公约，其作用是制定各种工业产权客体的国际统一的分类标准，供各国参照使用。这类公约包括 1971 年签订、1975 年生效的《国际专利分类斯特拉斯堡协定》（我国 1997 年加入），1968 年签订、1971 年生效的《建立工业品外观设计国际分类洛迦诺协定》（我国 1996 年加入），1957 年签订、1961 年生效的《为商标注册目的而使用的商品和服务的国际分类尼斯协定》（我国 1994 年加入）等。

（三）涉及著作权及著作邻接权保护的国际公约

由于各国对著作权提供保护普遍适用自动保护原则，因此有关著作权的国际公约多为实体性的。这类公约包括 1886 年签订、1887 年生效的《保护文学艺术作品伯尔尼公约》（我国于 1992 年 10 月 15 日加入），1952 年签署、1955 年生效的《世界版权公约》（中国于 1992 年 10 月 30 日加入），1961 年签署、1964 年生效的《保护表演者、音像制品制作者和广播组织罗马公约》，1971 年签署、1973 年生效的《保护录音制品制作者防止未经授权复制其录音制品日内瓦公约》（我国于 1992 年 11 月 7 日加入），1996 年签署、但至今尚未生效的《世界知识产权组织版权条约》和《世界知识产权组织表演和录音制品条约》等。

（四）因国际贸易产生的知识产权国际保护协定

此类公约特指 1994 年签署、1995 年 1 月 1 日生效的 WTO 的《与贸易（包括冒牌货贸易）有关的知识产权协定》（TRIPS）。和以上单纯涉及工业产权或版权保护的公约不同，TRIPS 涉及多种知识产权客体的保护，且规定了更高的保护水平。除此之外，TRIPS 还对 WTO 各成员国内立法中知识产权的获得和维持程序、知识产权执法措施、透明度和成员之间知识产权争端的解决作出明确的规定，大大加强了公约的约束力。

在上述诸多知识产权国际公约中，目前影响最大的是《保护工业产权巴黎公约》、《保护文学和艺术作品伯尔尼公约》和 WTO 的《与贸易有关的知识产权协议》（TRIPS）。

二、《保护工业产权巴黎公约》

《保护工业产权巴黎公约》（以下简称为《巴黎公约》）于 1883 年 3 月 20 日在法国首都巴黎缔结，1884 年 7 月 7 日正式生效。巴黎公约缔结后进行了 6 次修改，目前绝大多数国家都适用 1967 年的斯德哥尔摩会议通过的最后一次修订本。截至 2011 年 8 月 31 日，已有 73 个国家正式加入了《巴黎公约》。[1] 此外，按照《与贸易有关的知识产权协定》（TRIPS）的规定，世界贸易组织的成员即使不是《巴黎公约》的缔约国，也必须遵守《巴黎公约》1967 年文本的实质性规定，即公约第 1～12 条和第 19 条的规定。[2] 中国于 1985 年 3 月 19 日正式成为《巴黎公约》的成员国，根据中国政府的声明，对公约第 28 条（即有关争议提交国际法院解决）予以保留，并且自 1997 年 7 月 1 日，公约也适用于中华人民共和国香港特别行政区。《巴黎公约》不仅是知识产权领域第一个世界性多边公约，而且也是成员国最为广泛、对其他世界性和地区性工业产权公约影响最大的公约。[3]

（一）《巴黎公约》的基本原则

概括来讲，《巴黎公约》的基本原则主要包括国民待遇原则、优先权原则、临时

---

[1] 资料来源于中国国家知识产权局发布的《2005 年 WIPO 管理的知识产权条约新缔约国》，载 http://www.sipo.gov.cn/sipo/xwdt/gwzscqxx/2006/200608/.

[2] 参见 TRIPS 协议第 2 条第 1 款。

[3] 很多工业产权公约，如《专利合作条约》、《专利国际分类协定》、《商标国际注册马德里协定》等都只对《巴黎公约》的成员国开放。

保护原则和独立性原则。

1. 国民待遇原则。《巴黎公约》原本就是为解决外国人在本国取得知识产权保护的问题而签订的，因此国民待遇原则自然成为其首要的原则。根据公约第 2 条和第 3 条，该原则包含以下几方面的含义：

（1）享有国民待遇的主体。包括公约缔约国的国民和在一个缔约国领域内设有住所或真实有效的工商营业所的非缔约国国民。

（2）国民待遇原则的例外。各成员国在关于司法和行政程序、管辖以及选定送达地址或指定代理人的法律规定等方面，凡工业产权法有所要求的，可以明确地予以保留。

在实践中最常见的要求是：外国申请人必须委派当地国家的一名代理人代理申请，并指定送达文件的地址，以利于程序的进行。此外，在管辖权方面，可以在原告住所地或营业地所在国家的法院控告其他国家的国民等。

2. 优先权原则。《巴黎公约》的优先权原则体现在公约的第 4 条，其具体含义包括：

（1）优先权原则适用的范围。《巴黎公约》的优先权原则并不是对一切工业产权均适用，它只适用于发明专利、实用新型、外观设计和商品商标。在我国，优先权原则还适用于服务商标。

（2）优先权原则适用的条件。已在一个成员国正式提出申请发明专利权、实用新型、外观设计或商标注册的人或其权利的合法继受人（继承人和受让人），在规定的期限内（发明专利和实用新型专利为 12 个月，外观设计专利和商标为 6 个月）享有在其他成员国提出申请的优先权。当然，优先权的获得不是自动的，需要申请人在其后申请中提出优先权申请并提供有关证明文件。

根据实用新型申请取得优先权而在一个国家申请外观设计时，其优先权期限应与对外观设计规定的优先权期限一样；在一国根据发明专利申请优先权提出实用新型申请也是允许的，反之亦然，优先权期限以后一申请的期限为准。

（3）优先权原则的效力。其具体包括两方面内容：①在优先权期限内每一个在后申请的申请日均为第一次申请的申请日（亦称为优先权日）。②在规定的申请优先权期限届满之前，任何后来在公约其他成员国内提出的申请，都不因在此期间内他人所作的任何行为而失效。

（4）多项优先权、部分优先权和分案申请。《巴黎公约》规定，在后申请可以要求享受一项优先权，但也可以要求享受多项优先权或部分优先权。

所谓多项优先权，是指在后申请中的发明含有几个权利要求，这几个权利要求分别以不同的在先申请中的技术方案为根据，要求各该申请的优先权，只要符合发明的单一性条件（即一发明一专利原则），就是允许的。在这种情形下，在后申请的优先权期限，从最早的优先权日起算。但是，如果在后申请包含一个以上的发明，审批机关要求分案申请的，申请人可以将该申请分为若干申请，分案申请除可以保留原申请日外，享有优先权的，还可以保留优先权日。

所谓部分优先权，是指在后申请中加入了在先申请中所没有的、经过改进的技术内容，这些增加的新内容并不妨碍对在先申请中已有记载的内容要求享受优先权。这样，在后申请中，其权利要求的内容在在先申请的全文中已有明确记载的，应享有优先权，其余权利要求的内容在在先申请中没有明确记载的则不能享有优先权，所以这是部分优先权。

3. 临时性保护原则。根据《巴黎公约》第 11 条的规定，缔约国应对在任何一个成员国内举办的或经官方承认的国际展览会上展出的商品中可以取得专利的发明、实用新型、外观设计和商标给予临时保护。如果展品所有人在临时保护期内申请了专利或商标注册，则申请案的优先权日不再从第一次提交申请案时起算，而从展品公开展出之日起算。这就是临时性保护原则的含义。

由于公约只原则性的提出临时性保护要求，但如何保护没有规定，因此保护方式可以由成员国自由确定。实践中各国采用的方式主要包括两种：①对于展出的商品中可能获得专利的发明、实用新型和外观设计，规定在一定期限内不丧失新颖性。②承认展出人的在先使用权，以对抗第三者可能得到的权利。

4. 专利商标保护的独立性原则。[1]《巴黎公约》要求，关于外国人的专利申请或商标注册，应由各成员国根据本国法律作出决定，不应受原属国或其他任何国家就该申请作出的决定的影响。

（二）巴黎公约对成员国知识产权保护的最低要求

《巴黎公约》明确要求成员国提供保护且规定有最低保护标准的工业产权客体包括：专利权、商标权、工业品外观设计、厂商名称、产地标志和反不正当竞争，其中规定最为全面的是对专利权和商标权的保护要求。

1. 对专利权保护的最低标准。《巴黎公约》主要在七个方面对成员国就专利的保护提出要求，包括专利的独立性、发明人的署名权、法律禁止销售产品的专利性、进口不导致专利失效、方法专利权人对某些进口产品的权利、专利强制许可和国际运输工具上使用专利的问题。在此只具体解释较难理解的如下三个问题：

（1）法律禁止销售产品的专利性。[2] 即成员国不得以专利产品或依专利方法制造的产品的销售受到本国法律禁止或限制为理由，而拒绝授予专利或使专利无效。

这一规定是针对下面两种情形提出的：①一项发明与一种产品的制造有关，但这种产品因不符合缔约国法律规定的安全或质量要求而被禁止销售；②有关缔约国已经将这种制造或销售的垄断权或专属的特许权授予某个单位或组织，因而禁止他人制造或销售这种产品。但是，在上面两种情形下拒绝授予专利或使专利无效都是不公正的。在第一种情形下，该项发明可能已经证明禁止销售该项产品的法律规定

---

〔1〕　参见《保护工业产权巴黎公约》第 4 条之二和第 6 条。
〔2〕　参见《保护工业产权巴黎公约》第 4 条之四。

第
九
章

已过时；而在第二种情形下，由于垄断权的权利人可能会得到利用该项发明的契约性许可或强制许可，因此不授予专利权也是没有道理的。因此《巴黎公约》才会强行规定法律禁止销售的产品仍然具有专利性。

（2）进口和专利的维持。[1] 即专利权人将在任何成员国内制造的物品输入到对该物品授予专利权的国家，不应导致该专利的取消（包括撤销和宣告无效）。

这一规定主要针对过去不少发展中国家对外国专利权人因只进口专利产品而不在本国制造而产生抵触情绪，从而在法律中作出不利于外国专利权人的规定。不过在目前世界经济、科技一体化和世界贸易自由化的进程加快、国际市场和国内市场逐步融为一体的情况下，由于进口专利产品而给予外国专利权人歧视待遇的情况已基本不可能，因而这项规定的作用也逐步减弱。

（3）方法专利权人对某些进口产品的权利。[2] 即当一种产品输入到对该产品的制造方法给予专利保护的成员国时，专利权所有人对该进口产品应享有进口国法律对该制造产品所给予的方法专利的一切权利。

目前，各国关于方法专利的效力有两种不同的规定，一种是规定方法专利的效力只包括方法本身的使用，不延伸及依照该方法所获得的产品；另一种则规定方法专利的效力不仅包括方法本身的使用，而且还延伸及依照该方法所直接获得的产品的使用、销售和进口。[3] 根据《巴黎公约》的上述规定，如果进口国的法律采取上述第一种规定，那么方法专利权人对进口的该产品不享有任何权利；如果进口国法律采用的是第二种规定，那么方法专利权人对依其专利方法直接获得的产品的使用、销售和进口享有专有权，未经其许可对该产品的使用、销售和进口构成侵权。

2. 对商标权保护的最低标准。《巴黎公约》对商标权保护的最低标准涉及商标注册、使用和转让等诸多问题。

（1）商标独立性原则的例外。[4] 即在本国正式注册的商标，除非属于下列情况之一，否则其他成员国应按照在其本国的原样接受申请并给予保护：①商标具有侵犯第三人在申请受理国的既得权利的性质的；②商标缺乏显著特征，或者商标完全是商品的说明或商品的通用名称的；③商标违反道德或公共秩序，尤其是具有欺骗公众性质的；④商标的式样虽不属于上述情况，但构成不正当竞争行为的；⑤申请注册的商标，与其在本国注册的商标式样有实质性差别的。规定商标独立性的例外条款是因为商标所有人和公众的利益要求在相同的商品上使用同一个商标，即使这种商品在不同国家销售也一样。

---

〔1〕　参见《保护工业产权巴黎公约》第5条。
〔2〕　参见《保护工业产权巴黎公约》第5条之四。
〔3〕　我国1985年的专利法对方法专利权的规定为第一种，而1992年9月4日修正以后的专利法对方法专利权的规定为第二种。
〔4〕　参见《保护工业产权巴黎公约》第6条之五。

（2）驰名商标的特殊保护。[1] 对于商标注册国或使用国主管机关认为一项商标构成已属享有公约利益的人所有并在该国驰名的商标的复制、仿造或翻译，用于相同或类似商品上，易于造成混乱者，应依职权或应当事人的请求，拒绝或取消注册，并禁止使用。自注册之日起至少 5 年内，应允许提出取消这种商标的要求，允许提出禁止使用的期限可由各成员国规定。对以不诚实手段取得注册或使用的商标提出取消注册或禁止使用的要求的，不应规定时间限制。

（3）成员国有义务拒绝将成员国的国徽、国旗和国家的其他徽记、各该国用以表明监督和保证的官方符号和检验印章，以及从徽章学的观点看来的任何仿制，用作商标或商标的组成部分予以注册，或使这种注册无效，并采取适当措施禁止使用。[2] 这些规定也适用于成员国参加的政府间组织的徽章、旗帜、其他徽记、缩写和名称。

（4）如果成员国一个商标所有人的代理人或代表人，未经授权以自己的名义向一个或几个成员国申请注册该商标，商标所有人有权反对所申请的注册或要求取消注册，或者，如果该国法律允许，可以要求将该注册转让给自己。[3] 此外，不论商标是否已提出申请或批准注册，商标所有人如果没有授权使用，他也有权反对其代理人或代表人使用其商标。

（5）注册商标的使用。[4] 如果在任何国家，注册商标的使用是强制的，在对商标所有人由于其商标未曾使用而取消其商标之前，必须给予适当的期间和机会，以便在几个国家使用其商标。并且，只有有关人员不能证明其不使用有正当理由时，才可以取消注册。

（6）商标的转让。[5] 当依成员国法律，商标转让只有连同该商标所属厂商或牌号同时转让方为有效时，则只需将该厂商或牌号在该国有部分连带的被转让商标的商品在该国制造或销售的独占权一起转让给受让人，就认为其转让有效。如果受让人使用该商标事实上会引起公众对带有该商标的商品原产地、性质或重要品质等发生误解时，上述规定并不强使成员国承认该项商标转让为有效。

（7）保护集体商标的义务。[6] 如果社团的存在不违反其本国的法律，即使该社团没有工商营业所，各成员国也有义务按照自己规定的特别条件，接受该社团的申请，保护其所有的集体商标。各国自己规定的特别条件可以既适用于本国的集体商标，又适用于外国的集体商标。保护集体商标的条件可以涉及请求保护的社团的性质，也可以涉及集体商标本身的性质以及社团对正确使用该商标所提供的保证。成员国有自由禁止集体商标的转让。如果集体商标违反公共利益，成员国可以拒绝给予保护。

三、《保护文学艺术作品伯尔尼公约》

《保护文学艺术作品伯尔尼公约》（以下简称为《伯尔尼公约》）是著作权领域第一个世界性多边国际条约，也是至今影响最大的著作权公约。其于 1886 年 9 月 9 日在瑞士首都伯尔尼正式签订，此后曾进行 8 次修订，最近一次修订是在 1979 年 10 月 2 日，但仍被称为 1971 年巴黎文本，该修订文本也是成员国较多采用的文本。《伯尔尼公约》是开放性公约，截至 2006 年 12 月 31 日，已有 163 个正式成员国。[1] 此外，根据知识产权协定第 9 条第 1 款的规定，世界贸易组织的成员即使不是伯尔尼公约的缔约国，也必须遵守《伯尔尼公约》1971 年巴黎文本的实质性条款，即第 1 ~ 21 条及公约的附录，但非《伯尔尼公约》缔约国的世界贸易组织成员，不受《伯尔尼公约》第 6 条之二的精神权利条款的约束。

我国于 1992 年 10 月 15 日正式加入《伯尔尼公约》，适用公约 1971 年巴黎文本。根据中国政府的声明，自 1997 年 7 月 1 日起，该文本也适用于中华人民共和国香港特别行政区。

（一）《伯尔尼公约》的基本原则

国民待遇原则、自动保护原则和版权独立性原则是《伯尔尼公约》的三项基本原则。

1. 国民待遇原则。国民待遇原则集中体现在《伯尔尼公约》第 3 条、第 4 条和第 5 条 1、3、4 款中。具体内容包括：

（1）公约成员国的国民，其作品无论是否已出版，均应在一切成员国中享有国民待遇。这是公约的"作者国籍标准"，又称为"人身标准"。

（2）非公约成员国国民，其作品只要是首先在任何一个成员国出版，或在一个成员国或非成员国同时出版（30 天之内），也应在一切成员国中享有国民待遇。这是公约的"作品国籍标准"，又称为"地理标准"。

（3）非公约成员国的国民（包括难民和无国籍人）而在成员国中有惯常居所，也适用上述"人身标准"。

（4）对于电影作品的作者来说，只要有关电影的制片人的总部或惯常居所在公约成员国中，其作者也依据上述"地理标准"享有国民待遇。

（5）对于建筑作品及建筑物中的艺术作品（必须和该建筑物不可分）的作者来说，只要有关建筑物位于公约成员国地域内，其作者也依据上述"地理标准"享有国民待遇。

2. 自动保护原则。根据《伯尔尼公约》第 5 条第 2 款的规定，享有及行使依国

---

〔1〕 资料来源于中国国家知识产权局发布的《2005 年 WIPO 管理的知识产权条约新缔约国》，载 http：//www. sipo. gov. cn/sipo/xwdt/gwzscqxx/2006/200608/.

民待遇所提供的有关权利时，不需要履行任何手续。按照这一原则，公约成员国国民及在成员国有惯常居所的其他人，在作品创作完成时即自动享有著作权；非成员国国民又在成员国无惯常居所者，其作品首先在成员国出版或在一个成员国和非成员国同时出版时即享有著作权。

作为自动保护原则的补充，公约第 2 条第 2 款允许成员国在国内法中保留"固定要求"，即版权的享有及行使虽不需要履行任何手续，但成员国仍然可以"将所有作品或任何特定种类的作品以某种物质形式固定下来"作为获得版权保护的前提。

"固定要求"与自动保护原则并不矛盾，因为这项要求仅仅使成员国可以通过国内法排除对某些类型作品（如口述作品或演艺作品等）的版权保护，而并不是要求履行任何手续。美国等美洲国家大多有"固定要求"的规定，我国版权法仅要求版权作品必须具有"可复制性"，而没有"固定要求"。

值得注意的是，虽然《伯尔尼公约》规定享有及行使著作权，不需要履行任何手续，但事实上，现在仍有一些公约的成员国（如阿根廷、智利等），甚至是公约的发起国（如西班牙）要求登记或交存作品或要求加注标记，作为取得著作权的条件。那么，这些国家的做法是否违反了公约的规定呢？不是的。因为公约并没有要求这些国家在加入公约后必须修改本国的登记制度或在国内法中删除加注标记的条款，只要这些国家的上述手续只适用于其本国国民，而不适用于其他依据公约有权享有国民待遇的人，就不被认为是违反了《伯尔尼公约》的自动保护原则。

3. 版权独立性原则。《伯尔尼公约》第 5 条第 2 款规定，享有国民待遇的人在公约任何成员国所得到的著作权保护，不依赖于其作品在来源国受到的保护。在符合公约最低要求的前提下，该作者的权利受到保护的程度以及为保护作者权利而向其提供的司法救济方式等，均完全适用提供保护的那个成员国的法律。

版权独立性原则在实践中主要体现为如下三种情形：①公约成员国中，有些国家的版权法要求其国民的作品要履行一定的手续才能获得保护，那么有关作者在其他成员国要求版权保护时，其他国家不能因其本国要求履行手续而专门要求他们也履行手续；②对一位作者居住地和作品首次出版地都在某一成员国的作品，在该国若以某种方式利用作品不构成侵权，但在另一成员国以相同的方式利用却构成侵权，那么后一国不能因这种利用方式在作品来源国不视为侵权而拒绝受理有关的侵权诉讼；③不能因为作品来源国的保护水平低，其他成员国就降低对有关作品的保护水平。

（二）《伯尔尼公约》对成员国知识产权保护的最低要求

1. 保护客体。《伯尔尼公约》对成员国版权法必须保护的客体、可以选择予以保护的客体以及不应保护的客体均作了详尽的规定。

成员国必须保护的作品包括文学艺术作品（Literary and Artistic Works）、演绎作品（Derivative Works）以及实用艺术作品和工业品外观设计（Works of applied art and industrial designs）。〔1〕文学艺术作品是指"文学、科学和艺术领域中的一切成果，不论其表现的方式或形式如何"。公约继而列举出了一个非穷尽列举式的受保护作品清单。所谓演绎作品，指的是对其他已存在的文学艺术作品进行翻译、改编、乐曲改编以及其他变动而形成的新作品。从性质上讲，演绎作品仍然属于文学艺术作品，只不过是经过再创造所形成的新的文学艺术作品而已。作为新的文学艺术作品，演绎作品当然应得到完整的版权保护，但由于演绎作品的创作以原创为基础，因此当然不得损害原作的版权。关于实用艺术作品和工业品外观设计，《伯尔尼公约》在第2条第7款规定，各成员国得通过国内立法规定其法律在何种程度上适用于实用艺术用品以及工业品平面设计和立体设计，以及此种作品和平面与立体设计受到保护的条件。《伯尔尼公约》的上述规定说明，实用艺术作品和工业品外观设计是公约各成员国必须保护的客体，但和上面两种保护客体不同，公约并没有要求成员必须给予实用艺术作品和工业品外观设计以版权保护，这也就是说，只要保护期不低于自作品完成时起25年，各成员国可以自行规定不依版权法，而依其他法律（如专利法或专门法等）保护实用艺术作品和工业品外观设计，并且还可以规定特殊的受保护条件（如新颖性和实用性等）。

可以选择给予保护的作品包括官方文件（Official Texts）、讲演、演说或其他同类性质的作品（lectures, Addresses and Other Works of the Same Nature）〔2〕以及"不知作者姓名而又未曾出版过的作品"（unpublished works of unknown authorship）〔3〕。官方文件指成员国立法、行政或司法性质的官方文件以及这些文件的正式译本。对于此类作品，绝大多数国家（包括我国）都不给予版权保护，其目的是为了使法律、法规等官方文件及其正式译文的复制不受任何限制，可以广为传播。对于讲课、演说或其他同类性质的作品，保护与否关键看成员国版权法是否有"固定要求"的保留。如果有此保留，此类作品自然被排除在保护范围之外，如果没有则享有版权保护。至于民间文学和艺术作品，虽然多数国家认为对其保护非常有必要而将其列为版权保护的作品之一，但由于实际保护时常常遇到诸如作者难以确定、举证困难、保护将阻碍再创作等困难，各国对此类作品的保护尚处于摸索阶段。

《伯尔尼公约》第2条第8款明确规定版权保护不适用于日常新闻（News of the day）或纯属报刊消息性质的社会新闻（Miscellaneous facts having the character of mere items of press information），理由是这类东西缺乏构成作品条件的创造性因素。

2. 公约保护的权利内容。《伯尔尼公约》赋予权利主体以精神权利和经济权利。

公约对作者精神权利的规定不是1886年就有的，而是1928年罗马修订会上增加

第九章

〔1〕参见《伯尔尼公约》第2条。
〔2〕参见《伯尔尼公约》第2条之二。
〔3〕《伯尔尼公约》所称"不知作者姓名而又未曾出版过的作品"在各国著作权法中称为"民间文学和艺术作品"。

的内容。其具体包括：①作者有主张自己是作品创作者的权利；②作者有反对对其作品进行任何有损其声誉的歪曲、篡改或其他更改，或者对作品有其他贬损行为的权利。[1] 这两项权利内容与我国著作权法中的署名权（Right of Authorship）和保护作品完整权（Right of Integrity）相当。

公约要求各成员国必须授予的经济权利共有 8 项。[2] ①复制权（Right of Integrity）；②翻译权（Right of Translation）；③公演权（Right of public performance）；④广播权（Broadcasting and Related Rights）；⑤公开朗诵权（Certain Rights in Literary Works）；⑥改编权（Right of Adaptation）；⑦电影权（Cinematographic and Related Rights）；⑧录制权（Right of Recording）。

3. 权利限制。"权利限制"指的是有的行为本来应属侵犯了版权人的权利，但由于法律把这部分行为规定为侵权的"例外"，从而不属于侵权。因此，有些国家的版权法中把"权利限制"称为"专有权所控制的行为之例外"。从本质上讲，版权法中的"权利限制"是对版权人利益和广大公众利益加以平衡的结果，因为为鼓励和促进人们的创造积极性，版权人的利益需要得到保护，但为使这种创作成果广为传播以及鼓励和促进在这些创造成果基础上的再创造，版权人的利益不应是无止境的。鉴于此，各国的版权法均不同程度地对版权人的专有权利作出限制。但是，如果各成员国无限扩大"权利限制"的范围，又会使有关公约提供的最低限度的保护水平受影响。因此，《伯尔尼公约》以及所有实质性版权公约都在对成员国提出最低要求的同时，把各国版权法"权利限制"的条款限定在一定范围内。在《伯尔尼公约》中，这种对"权利限制"的限制表现为下列几种情形。

（1）对"合理使用范围"的限制。公约允许的合理使用仅包括以下几种。[3]

第一，成员国法律可以允许在某些特殊情况下复制文学和艺术作品。"特殊情况"的范围由成员国确定。各国版权法通常规定为个人为学习、研究或欣赏的需要，图书馆为保存版本的需要，为教学和科研的需要等。

第二，从一部合法公之于众的作品中摘出引文，包括以报刊提要形式引用报纸期刊的文章，只要符合合理使用的惯例，在为达到目的的正当需要范围内，就属合法。但引用时应注明作品出处，如果原出处上有作者姓名，也应同时注明。

第三，为教育目的利用作品，但也须符合合理使用的惯例以及须指明出处。

第四，成员国的法律可以允许通过报刊、广播或有线传播向公众传播，复制报纸、期刊上的讨论经济、政治或宗教的时事性文章，或者具有同样性质的广播作品，

---

〔1〕　参见《伯尔尼公约》第 6 条之二。

〔2〕　在《伯尔尼公约》关于经济权利的列举中，还有一项"追续权"，其含义是作者或作者死后国家法律授权的人或机构，对于艺术作品原件、作家或作曲者的原稿，享有从作者第一次将作品转移以后的任何销售中享受利益的权利。但公约同时规定，成员国对是否保护"追续权"有选择的自由，因此这项权利不是公约的最低要求。参见《伯尔尼公约》第 14 条之三。

〔3〕　参见《伯尔尼公约》第 10 条和第 10 条之二。

但以对这种复制、广播或有线传播未明确予以保留的为限。并且，均应说明出处。

第五，报道时事时使用作品。

（2）对广播权和录制权强制许可的限制。[1] 允许成员国立法以强制许可取代版权人享有的广播专有权和录制专有权，但不得因此损害作者的精神权利和获得合理报酬的权利。

所谓"以强制许可取代版权人享有的广播专有权和录制专有权"，是指成员国可以通过立法规定广播和录制版权作品的条件。广播组织和录制者可以事先不经版权人许可，只要按法律规定的条件广播或录制版权作品，就视为已得到版权人的许可，不视为侵权。

4. 作品的保护期。对作品的保护期，《伯尔尼公约》在第 7 条针对不同作品作出了不同规定：

（1）一般作品的保护期限为作者有生之年及其死后 50 年。

（2）电影作品的保护期限为作品在作者同意下公之于众之日起 50 年。如果自作品完成后 50 年内尚未公之于众，则自作品完成后 50 年期满。

（3）不具名作品和假名作品的保护期限为自其合法公之于众之日起 50 年。如果根据作者采用的假名可以毫无疑问地推定作者的身份，或者如果在公之于众后 50 年内作者身份公开，则保护期限为作者有生之年及其死后 50 年。但是，成员国没有义务保护有充分理由推定其作者已死去 50 年的不具名作品或假名作品。

（4）摄影作品和作为艺术作品保护的实用艺术作品的保护期限不应少于自该作品完成之日算起的 25 年。

四、《与贸易有关的知识产权协定》（TRIPS）

《与贸易有关的知识产权协定》（Agreement on Trade – Related Aspects of Intellectual Property Rights，以下简称为 TRIPS 协定）是关贸总协定乌拉圭回合谈判的 21 个最后文件之一，于 1994 年 4 月 15 日由各国代表在摩洛哥的马拉喀什签字，并于 1995 年 1 月 1 日起生效，由同时成立的世界贸易组织管理。

TRIPS 协定由序言以及 7 个部分共 73 个条款构成。在序言部分，协定开宗明义地说明了其缔结的目的在于促进对知识产权有效和充分的保护，以减少对国际贸易的扭曲和阻力，同时保证知识产权执法的措施与程序不至于变成合法贸易的障碍。总的来说，TRIPS 协定是一个高标准、严要求的协定，它的生效标志着知识产权国际保护制度进入了统一标准的新阶段，在推动各国知识产权立法和司法活动方面起了重要作用，同时亦协调了发达国家因对本国知识产权在域外受保护现状不满而与发展中国家产生的种种利益冲突。

（一）普遍义务和基本原则

1. 普遍义务。TRIPS 协定第 1 条第 1 款规定："成员均应使本协定的规定生效。"

---

[1] 参见《伯尔尼公约》第 11 条之二和第 13 条。

这一规定首先明确了协定的各项实质性规定均为成员知识产权国内立法的最低标准，其根本目的是要将各成员知识产权的保护水平提高到协定的水平上来。TRIPS 强有力的争端预防和解决机制确保了这一目标的实现。

但是，由于在 TRIPS 的谈判过程中发达国家成员的主张始终占上风，因此 TRIPS 更多体现的是发达国家成员的意志，这就给发展中国家成员特别是最不发达成员在配合 TRIPS 规定的知识产权保护的广度与深度上提出了很多的难题。为了给发展中国家成员以及最不发达成员在全面实施 TRIPS 之前有一个准备的时间，TRIPS 协定第六部分特别规定了"过渡性安排"。

其主要内容包括：①任何成员在建立世界贸易组织协定生效之日（即 1995 年 1 月 1 日）以后的一年内，均无义务适用 TRIPS 的规定。②任何发展中国家成员以及正处于从中央计划经济向市场经济过渡过程以及正在进行知识产权制度结构性改革，而面临知识产权法律的准备和实施的特殊问题的任何成员，有权再延迟 4 年（即总共可延迟 5 年）适用 TRIPS。③至于最不发达国家成员，不要求它们在建立世界贸易组织协定生效之日起 10 年内适用 TRIPS。④考虑到 TRIPS 在产品专利保护方面有许多超前保护的内容，对发展中国家成员有可能构成一定的困难，所以，如果一个发展中国家成员根据 TRIPS 规定必须扩大其产品专利保护的技术领域，那么它在该技术领域适用 TRIPS 第二部分关于专利保护的规定可再延迟 5 年，即总共可延迟 10 年在该技术领域适用 TRIPS 关于专利保护的规定。

除享有上述权利外，在过渡期内，成员也必须履行下列义务：①不得增加或扩大各成员国内立法与 TRIPS 之间的不一致。即在 TRIPS 生效之后，立即"冻结"各成员国内立法与 TRIPS 之间的差距，并且在未来只允许缩小这一差距。②发达国家成员应向发展中成员及最不发达成员提供技术和财务合作。这类合作应包括协助后者制订保护知识产权、知识产权执法以及防止知识产权滥用的国内立法，还应包括支持建立或健全与此有关的国内官方及代理机构，其中包括对人员的培训。

2. 基本原则。国民待遇原则[1]和最惠国待遇原则[2]是 TRIPS 的首要基本原则。

TRIPS 国民待遇原则的基本含义是：各成员在知识产权保护上，对其他成员之国民提供的待遇，不得低于其本国国民。但《伯尔尼公约》第 6 条和《罗马公约》第 16 条第 1 款（B）项所允许的成员国在特殊场合以互惠原则取代国民待遇原则的规定依然有效。

根据《伯尔尼公约》第 6 条，允许在非成员国版权保护水平太低的情况下，对其因"作品国籍"原应享有的国民待遇，代之以"近似互惠"的保护，即成员国对因"作品国籍"而应予保护的作品无须给予比首次出版国所给予的更广泛的保护。

---

〔1〕　参见《与贸易有关的知识产权协定》第 3 条。
〔2〕　参见《与贸易有关的知识产权协定》第 4 条。

作出这一规定的原因是依据《伯尔尼公约》"双国籍国民待遇原则"中的"作品国籍标准",对作者为非成员国国民而首次出版于某一成员国的作品,成员国应为其提供国民待遇。而该作品作者所在国有时版权保护水平极低,甚至有的连版权法都没有,因此成员国的作品在这些国家可能肆无忌惮地被"盗版"。在这种情况下要求成员国为其国民的作品提供完全的国民待遇似乎太不公平,因此公约作出上述以"近似互惠"取代国民待遇的规定。之所以采用"近似互惠"的提法,是因为如果完全互惠,即成员国提供的保护应与作者所在国给予成员国国民的保护相当,包括对无版权法之国的作品将完全不予保护,而不是公约要求的"无须给予比首次出版国所给予的更广泛的保护"。

《罗马公约》第16条第1款(B)项的内容与《伯尔尼公约》第6条相同,只不过受限制保护的主体不是作者而是广播组织,受限制的权利不是版权而是"向公众传播电视的权利"。

根据 TRIPS 的最惠国待遇原则,在知识产权的保护上,某一成员提供其他国国民的任何利益、优惠、特权或豁免,均应无条件地适用于全体其他成员之国民。

但是,和 WTO 的最惠国待遇一样,TRIPS 的最惠国原则也有例外。具体地说例外包括如下四项:①由一般性司法协助及法律实施的国际协定引申出的且并非专为保护知识产权的;②《伯尔尼公约》和《罗马公约》允许的按互惠原则提供的优惠;③TRIPS 未加规定的表演者权、录音制作者权和广播组织权;④建立 WTO 协定生效之前业已生效的保护知识产权国际协定中产生的。

此外,上述国民待遇和最惠国待遇的规定不适用于由世界知识产权组织主持缔结的多边协定中有关获得或维持知识产权的程序。这也就是说,这些多边协定中规定的给予缔约国在程序上的优惠待遇,没有加入这些多边协定的世界贸易组织的成员是不能依据国民待遇或最惠国待遇原则要求享受的。例如,如果一个成员是《国际承认用于专利程序的微生物保藏布达佩斯条约》的缔约国,它的国民在该条约另一个缔约国申请微生物发明专利时,可以无需将微生物样品提交该缔约国的保藏单位收藏,而只要提交"国际保藏单位"收藏就可以了。但是没有加入布达佩斯条约的成员的国民,不能要求享受这种程序上的优惠。

(二)成员保护知识产权的义务范围

在对成员保护知识产权的义务作出具体规定之前,TRIPS 协定首先将《保护工业产权巴黎公约》1967年斯德哥尔摩文本第1~12条以及第19条、《保护文学艺术作品伯尔尼公约》1971年巴黎文本第1~21条以及公约的附件(第6条之二关于精神权利的规定除外)、《保护表演者、录音制品制作者和广播组织罗马公约》以及《关于集成电路知识产权条约》第2~7条(第6条第3款关于强制许可的规定除外)、第12条及第16条第3款全部纳入到 TRIPS 协定中,成为世界贸易组织成员必须予以保护的最低标准。

在上述被纳入的公约内容基础上,TRIPS 协定又在以下几个方面进一步明确了成员保护知识产权的最低水平。

1. 版权和相关权利（Copyright and Related Rights）[1]。在版权保护方面，TRIPS在以下几个方面对《伯尔尼公约》进行了补充：①在保护客体方面，将计算机程序和有独创性的数据汇编明确列为版权保护的对象；②在权利内容方面，增加了计算机程序和电影作品的出租权；③延长了某些作品的保护期。TRIPS第12条规定："除摄影作品和实用艺术作品外，如果某作品的保护期并非按自然人有生之年计算，则保护期不得少于经许可而出版之年年终起50年，若作品在创作后50年内没有出版，则保护期应不少于作品创作之年年终起50年。"而按照此前的《伯尔尼公约》，电影作品、不具名作品和假名作品的保护期为该作品合法公之于众之日起50年。而合法公之于众除出版外，还包括很多其他方式，如公开表演、公开朗诵或向公众传播，那么，如果有人采用非出版的方式将上述作品公之于众，按照《伯尔尼公约》保护期已经开始起算，而按照TRIPS则保护期还没有开始起算，必须等到将来出版时才起算。

TRIPS对版权相关权利（著作邻接权）的规定在很大程度上参考了《罗马公约》的内容。其首先规定：①对将表演录制在唱片之上，表演者有权禁止下列未经其授权的行为：录制其未录制的表演并翻录这些录制品；以无线方式广播和向公众播出其现场表演。②录音制品制作者应有权授权或禁止对其录音制品直接或间接的复制。③广播组织有权禁止未经其授权的下列行为：录制其广播；复制此录音制品；通过无线方式重播其广播；将其电视广播节目向公众传播。④允许成员在《罗马公约》允许的范围内，对上述的表演者、录音制品制作者和广播组织的权利规定条件、限制、例外和保留。这几方面的规定基本上是对《罗马公约》内容的重申。

在上述内容的基础上，TRIPS又在两个方面提高了对版权相关权利的保护水平：①延长了权利保护期限。规定了对表演者和录制者的保护期限，应从录制或节目表演当年年底算起至少持续50年；对广播组织的保护期限，应为广播开始之年年底算起至少持续20年。②将《伯尔尼公约》第18条关于追溯力的规定比照适用于表演者权及录音制品制作者权。这就是说，对世界贸易组织的成员来说，对TRIPS生效之前已经进入该国公有领域的表演和录音制品，只要该表演和录音制品在其来源国仍受保护，该国就有保护这些表演和录音制品的义务。

2. 商标（Trademarks）[2]。TRIPS协定第一次给商标下了一个明确的定义，即任何能够将一企业的商品和服务与其他企业的商品或服务区分开的标记或标记的组合，包括文字、字母、数字、图形要素、色彩的组合以及上述内容的组合。

TRIPS协定确认了《巴黎公约》第6条之五列举的拒绝商标注册的理由。此外，还规定，不应以使用作为提出申请或作为注册的条件，不能以使用商标的商品或服

[1]　参见《与贸易有关的知识产权协定》第二部分第一节。
[2]　参见《与贸易有关的知识产权协定》第二部分第二节。

务的性质为理由，拒绝商标注册。商标一旦批准注册，其所有人就应享有专有权，防止任何第三人未经许可，在贸易中使用与其注册商标相同或近似的标记于该商标所注册的相同或类似的商品或服务上。但上述权利不应损害任何已经存在的在先权利，在承认根据使用可获得商标权的成员中，在先权利中还包括根据使用获得的商标权。

与《巴黎公约》相比，TRIPS 协定扩大了对驰名商标的特殊保护，具体表现在两方面：①《巴黎公约》第 6 条之二关于驰名商标的保护原则可以扩大适用于服务标记，确认某一商标是否驰名，要看相关公众对其的知晓程度，包括在该成员地域内因宣传而使公众知晓的程度；②将相对保护扩大为绝对保护，即驰名商标特殊保护的规定还应比照适用于与该商标注册的商品或服务不相类似的商品或服务。

商标首次注册以及每次续展，其期限均不得少于 7 年。商标的注册应可无限地续展。

在商标的转让问题上，TRIPS 完全允许商标权人自行决定是否连同商标所属的经营一道转让其商标。这一规定比《巴黎公约》更为灵活，对商标权人更为有利。因为《巴黎公约》还允许成员国要求转让商标的同时必须一同转让该商标所属的坐落在该国的商行或商誉，而 TRIPS 则完全允许商标权人自行决定是否连同商标所属的经营一道转让其商标。可以说 TRIPS 的规定进一步肯定了商标作为一种独立的无形财产的法律地位，这也是知识产权理论发展的一个体现。

3. 地理标志（geographical indication）[1]。地理标志是指表示一种商品的产地在某一成员领土内，或者在该领土内的某一地区或地方的标志，而某种商品的特定品质、名声或者其特色主要是与其地理来源有关。

在 TRIPS 协定之前，有关的知识产权公约以及关贸总协定中从未有过"地理标志"的提法，倒是《巴黎公约》中曾提到"产地标志"，关贸总协定第 9 条提到"原产地标志（Marks of Origin）"，作为关贸总协定基本原则的最惠国待遇和国民待遇中，也有对"原产于（originating in）"某国商品不同待遇的规定，并且乌拉圭回合谈判的最终文件中还包括一个"原产地规则协议（Agreement on Rules of Origin）"。显然，产地标志一直是贸易问题注重的焦点之一。那么，"产地标志"或"原产地标志"与 TRIPS 中的"地理标志"有何不同呢？概括来讲，二者的区别大致表现在两方面：①标志方式上的不同。"产地标志"是指制造国落款，如"中国制造"或"MADE IN CHINA"。而"地理标志"的方式却有三种可能，一种是某一成员领土，如"中国丝绸"；另一种是该领土内某一地区，如"中国新疆葡萄干"；第三种是该领土内某一地区内的一个地方，如"中国江西景德镇瓷器"。②标志意义的不同。"产地标志"仅仅是表明商品的来源，在国际贸易中，其是统计贸易顺逆差的关键。而"地理标志"的主要意义在于将某种商品的特定品质、名声或特色通过地理标志

---

[1]　参见《与贸易有关的知识产权协定》第二部分第三节。

表现出来，这是产地标志没有也无意表达的内容。也正由于"地理标志"与特定商品的品质、名声或特色有内在本质的联系，因此对"地理标志"的滥用或者足以使人产生误解的利用不仅可能导致消费者的误认误购，而且还可能产生与有权使用人之间的不正当竞争。

根据 TRIPS 协定，各成员有义务对"地理标志"提供法律保护，使利害有关各方能阻止在商品的名称或外观上使用任何方法，以一种误导公众关于产地的方式明示或暗示有关商品来源于真正来源地以外的地区的行为以及《巴黎公约（1967 年文本）》第 10 条之二所规定的不公平竞争行为。

如果某些商品的商标含有或由"地理标志"组成，而该商品并非来源于该标志所表示的地域，如果在某一成员内在这种商品上使用有这样标志的商标，对该商品的真正起源地具有误导公众的性质，那么该成员应拒绝该商标的注册或使注册无效。

鉴于对酒类商品的"地理标志"保护具有特别的重要性，TRIPS 特别要求各成员采用法律手段，防止任何人使用一种"地理标志"来表示并非来源于该标志所指地方的葡萄酒或烈酒。

4. 工业品外观设计（Industrial Designs）[1]。TRIPS 协定要求各成员对独立创作的、具有新颖性或原创性的工业品外观设计提供保护。各成员可以规定，外观设计的保护不应延及主要由技术或功能考虑所做成的外观设计。各成员应保证对纺织品外观设计获得保护的要求，尤其是关于费用、审查或公布的要求，不应不合理地损害求得这种保护的机会。

受保护的工业品外观设计的所有人应有权阻止第三人未经其许可，为商业目的而制造、复制或进口载有或体现有受保护的外观设计的复制品或实质上是复制品的货物。

成员可自行确定用工业产权法或通过版权法来保护工业品外观设计，但其保护期至少为 10 年。

5. 专利（Patents）[2]。在知识产权协定第二部分的谈判过程中，发达国家和发展中国家分歧最大的就是涉及专利保护的问题，可以说发达国家竭力把知识产权问题纳入乌拉圭回合的谈判议程的主要目的就是希望取得最终知识产权协定第二部分专利一节所规定的内容。

（1）专利保护客体。关于这个问题 TRIPS 首先原则性地规定：除了某些例外或条件，对一切技术领域内具有新颖性和创造性，并能付诸工业应用的任何发明，不论是产品还是方法，均有可能获得专利。而且，专利的保护和专利权的享有，不能因发明地点、技术领域、产品是进口或在本地制造，而有任何歧视。

上述前半段的规定是针对在 TRIPS 之前，有相当一部分国家并不对一切领域的

---

〔1〕 参见《与贸易有关的知识产权协定》第二部分第四节。
〔2〕 参见《与贸易有关的知识产权协定》第二部分第五节。

发明都授予专利，特别是对药品和化学物质不授予专利，而只授予药品和化学物质的制造方法专利权。这使得美国等少数工业大国极为不满，认为这使自己的利益蒙受了巨大损失。上述后半段的规定则主要针对两种情况：一种是针对美国的，因为美国对他国国民在美国领土外作出的发明给予歧视，使他们不能像美国人那样适用发明在先原则；另一种则针对发展中国家，原因是许多发展中国家对产品是进口而非在本国制造的外国人在本国享有的专利给予歧视。协定的上述规定解决了所有这些问题，在某种程度上可以缓解有关国家由此可能发生的贸易摩擦。

尽管有上述原则性规定，但是在扩大专利保护客体范围和保护力度上发达国家和发展中国家之间仍然存在较大的分歧。作为主要的知识和技术的生产国和出口国，西方主要发达国家竭力想在世界范围内保护其知识产权以回收利润，因此他们主张强化知识产权的国际保护。这当中以美国的手段最为著名，其通过《综合贸易与竞争法》中的"超级301条款"，将知识产权的保护与国际贸易挂钩，借助健全有效的国际贸易法律机制来达到保护其知识产权的目的。而发展中国家为了发展本国的经济，自然只能降低对一些有关国计民生的重大技术的保护。在药品、食品和农用化学制品上即是如此，因为如果提高投入化肥、药品的成本，专利保护将潜在地不利于一国的粮食安全（基本口粮供应不足），或不利于贫穷人口的健康（他们将对受专利保护的药品支付更多的金钱）。发展中国家与发达国家的这种对立也反映在乌拉圭回合的谈判中，发展中国家要求对医药、化工、食品和动植物品种允许有例外，可以不予以专利保护，而美国则在谈判期间对巴西、中国等挥舞其"超级301"大棒，以制裁相威胁以强迫发展中国家加大对知识产权的保护力度。在欧盟的同时加压下，发展中国家最终接受了除动植物品种外其他均予以专利保护的文本。不过，经发展中国家的一再坚持，以及考虑到发展中国家的实际困难，TRIPS在"过渡性安排"部分给予了发展中国家将专利保护扩大适用于新技术领域的一共10年的过渡期。但是，这项过渡期安排又受到TRIPS第70条第8款和第9款的限制。

TRIPS第70条第8款就是所谓的"邮箱制度"。这一条款规定，对于那些原先专利制度不保护药品和农业化学产品的成员，即使根据协定"过渡性安排"可以延迟承担授予这些产品专利的义务，但也应在1995年1月1日起建立一个"邮箱"，存放这一方面的专利申请，并保证存放中的申请不会丧失新颖性。一旦这些国家的专利法开始保护药品和农用化学产品，存放在邮箱中的专利申请就可以立即进入专利审查阶段。

TRIPS第70条第9款称之为"独占销售权制度"。它要求对于已由其一成员批准专利并且已在该成员国内销售的药品和农用化学产品，其他成员均应授予其在本国境内的"独占销售权"，而不管该成员是否根据协定"过渡性安排"尚不承担授予这些产品专利的义务。TRIPS规定"独占销售权"的期限是获得市场准入后5年，或是持续到该产品的专利申请被授予或被驳回之日，两期限以较短的为准。

作为专利客体的例外，TRIPS规定只能包含如下两项：①为人类或动物的治疗所用的诊断方法、治疗方法和外科手术方法；②植物和动物（不包括微生物）以及生产植物或动物的主要是生物的方法。但成员应对植物新品种提供法律保护。

（2）专有权的内容。和《巴黎公约》相比，TRIPS 协定在专利权内容方面增加了专利进口权、提供销售权，并且还要求成员将对方法专利的保护至少延及依该方法而直接获得的产品。

专利进口权指的是进口国的专利权人有权阻止他人未经许可进口与其专利产品相同的产品，不管进口的产品在国外是否享有合法的专利权。并且，如果该商品在国外享有合法专利权，那么国外的专利权人与进口国的专利权人是否为同一个人也在所不问。

TRIPS 协定的"提供销售权"和我国 2000 年专利法修正案中的"许诺销售权"是同一含义，通常是指在非法销售行为实际进行前所进行的一些特定行为，包括发布广告、展览、公开演示、寄送价目表、拍卖公告、招标公告以及达成销售协议等表明销售专利产品意向的行为。在没有这项权利之前，专利法只赋予权利人以"销售权"，但仅仅有销售权专利权人尚不足以制止侵权行为。因为，实践中专利权人对销售行为的控制是比较困难的，如果一定要等到销售行为完成才能采取措施，可能侵权产品早已扩散，要查明侵权产品的流向、控制侵权产品的流通，就将更加困难。即使是能够了解侵权产品的流向，对善意的再销售者或使用者，专利权人恐怕也无法要求其承担赔偿责任。而且，非法销售专利产品的人可能在完成销售行为后迅速撤离，专利权人又不知制造者是谁，因此其制止侵权行为的努力可能会两头落空。如果在销售行为未及实施，非法销售行为尚在准备阶段即采取措施，控制侵权行为的膨胀和蔓延，就将大大提高专利权人制止侵权的效率，降低制止侵权的成本，从而更加有效地维护专利权人的权利。[1] 有鉴于此，TRIPS 增加了"提供销售权"，以增加专利权人制止侵权行为的机会，以便更好地维护自己的合法权益。

至于对方法专利的保护，《巴黎公约》仅禁止他人未经许可使用该方法本身，却不禁止他人使用或者销售依照该方法直接获得的产品。从实际效果上看，这样的专有权对权利人是没有多大意义的，因为专利方法是否被人使用，被什么人使用，专利权人是很难发现制止的，而比较容易发现的对依专利方法直接获得之产品的使用和销售又不属于权利人的制止范围。因此，TRIPS 将对方法专利的保护扩大至依该方法直接获得之产品是非常必要的。此外，TRIPS 规定说"至少是依照该方法直接获得的产品"，说明 TRIPS 的这项规定只是最低要求，成员还可以通过国内立法将对方法专利的保护进一步扩大，如扩大到依照该方法所直接获得的原始产品经过加工后所得到的产品。

（3）专利的保护期。TRIPS 规定应不少于自提交专利申请之日起的第 20 年年终。

（4）专利强制许可。依据 TRIPS 协议，成员可以在以下三种情形下颁发专利强

---

[1] 衣庆云："浅析'许诺销售'"，载《知识产权》2001 年第 1 期。

制许可：①成员进入国家紧急状态或在其他特别紧急情况下；②为了公共利益的需要；③意图使用人已经努力向专利权人要求依合理的商业条款及条件获得许可，但在合理的期限内未获许可。在前两种情形下，无需事先以合理条件与专利权人协商，但有关人员应在获得强制许可后立即通知专利权人。

在允许强制许可的同时，TRIPS 协议也规定了成员批准强制许可的极为苛刻的条件，包括：①强制许可的官方授权应该根据个案的具体情况分别予以考虑；②强制许可的范围和期限均应局限于原先允许使用时的目的之内，如果所使用的是半导体技术，则仅应进行公共的非商业性使用，或经司法或行政程序已确定为反不正当竞争行为而给予救济的使用；③强制许可必须不是独占的；④除非是与从事使用的那部分企业或商誉一并转让，否则强制许可不得转让；⑤强制许可的目的应主要为供应批准许可的成员域内市场之需，不能供出口；⑥在适当保护强制许可人的合法利益的前提下，一旦导致强制许可的情形不复存在并且又很难发生，则应中止该强制许可。主管当局应有权主动要求审查导致强制许可的情况是否继续存在；⑦强制许可应该是有偿的；⑧强制许可的法律效力以及任何规范强制许可使用费的决定，均应接受司法审查或上级机关的其他独立审查；⑨为了开发一项专利（"派生发明"或"第二专利"）而批准对另一专利（"原发明"或"第一专利"）的强制许可必须符合下列条件：派生发明应当是具有相当经济效益的重大技术进步；原发明人应有权按合理条款取得派生发明的交叉许可；除非一起转让，否则强制许可是不能转让的。

6. 集成电路布图设计（拓扑图）（Layout – Designs（Topographies）of Integrated Circuits)[1]。对集成电路的布图设计专门立法实施知识产权保护，始于美国 1984 年的《半导体芯片保护法》，此后主要是在美国的推进下开始了国际化的进程，至今已有美国、日本、欧共体等 27 个国家和地区颁布了专门立法，此外还有两个重要的国际公约涉及集成电路布图设计的保护，这即是 1989 年在世界知识产权组织的主持下于华盛顿缔结的《关于集成电路知识产权条约》（简称《集成电路条约》或《华盛顿条约》）和 1991 年关贸总协定乌拉圭回合达成的《与贸易有关的知识产权协定》（TRIPS）。

《集成电路条约》的签字国有 8 个，全是发展中国家（包括中国），西方一些发达国家因对其中关于保护标准的规定不满意，拒绝签字。条约规定有 5 个国家批准即可生效，但迄今只有一个国家批准，因此该条约至今未能生效。然而，《与贸易有关的知识产权协定》规定，世界贸易组织成员同意依照集成电路条约第 2 ~ 7 条（第 6 条第 3 款除外）、第 12 条及第 16 条第 3 款对集成电路布图设计提供保护，并补充了一些规定。因此，尽管集成电路条约本身尚未生效，但是就世界贸易组织的成员而言，该条约由于知识产权协定的规定而已经在成员中实施。

---

〔1〕 参见《与贸易有关的知识产权协定》第二部分第六节。

（1）《集成电路条约》的主要内容。《集成电路条约》规定，每一缔约方有义务保证在其领土内按照条约规定对布图设计（拓扑图）给予知识产权保护。而所谓布图设计，系指集成电路中众多元件（其中至少有一个是有源元件）和其部分或全部集成电路互连的三维配置，或者是指为集成电路的制造而准备的这样的三维配置。

布图设计要受到保护必须具有原创性，即该布图设计是创作者自己的智力劳动成果。但这种原创性与版权法所说的原创性并不相同，因为条约要求布图设计在其创作时在布图设计创作者和集成电路制造者看来都不是常规的设计。这就是说，它比版权法对原创性的要求更高。因此，由常规的元件和互连组合而成的布图设计，只有在其组合作为一个整体符合上述原创性的条件时，才能受到保护。

对于上述客体用什么法律形式来保护的问题，《集成电路条约》规定，缔约方可以自由通过布图设计的专门法律，或通过关于版权、专利、实用新型、工业品外观设计、不正当竞争的法律，或者通过其他法律或任何上述法律的组合来提供保护。

在权利人享有的权利内容方面，《集成电路条约》赋予权利人以布图设计的复制权、布图设计及含有该布图设计的集成电路的销售权、提供销售权和进口权。同时又对权利作出如下限制：①规定下列三种行为属于合理使用：其一，第三人为私人目的或纯粹为了评价、分析、研究或教学之目的而进行的复制；其二，二次创作，即第三人在评价或分析受保护的布图设计（第一设计）的基础上，创作出符合条约所规定的原创性的布图设计（第二设计）的（美国法中此种行为被称为"反向工程"），该第三人可以在集成电路中采用第二设计，或者对第二设计进行复制、为商业目的进口、销售或以其他方式供销该设计等上述受保护的行为，而不视为侵犯第一设计权利持有人的权利；其三，第三人的独立创作，即对于由第三人独立创作出的相同的具有原创性的布图设计，权利持有人不得行使其权利。②强制许可。③善意获得。即对于为商业目的，从事进口、销售或以其他方式供销任何含有非法复制的布图设计的集成电路，或任何含有这样的集成电路的物品的行为，如果进行或者指示进行该行为的人在获得该集成电路或含有这样的集成电路的物品时，不知道或者没有合理的根据知道该集成电路包含有非法复制的布图设计的，任何缔约方不应认为这种行为非法。④权利用尽。即权利持有人或经其同意投放市场的布图设计或含有此项布图设计的集成电路，可以不经权利持有人许可，合法地进行再销售或进出口。

关于权利的保护期限，《集成电路条约》规定至少为 8 年。但保护期限从何时起算，条约没有作出明确的规定，只是说在布图设计在世界某地已单独地或作为某集成电路的组成部分进行普通商业实施以前，任何缔约方均有不保护该布图设计的自由；此外，条约还说，布图设计成为以正当方式向主管机关提出登记申请的内容或者登记的内容以前，任何缔约方均有不保护该布图设计的自由。这说明，布图设计获得保护是以商业实施为条件，还是以登记为条件，由各缔约方自行决定。事实上这两种方式都有国家采用。

如果实行登记制，条约又规定任何缔约方均可要求权利持有人在世界任何地方首次商业实施集成电路的布图设计之日起一定期限内提出登记申请，但这一期限自首次商业实施起不应少于2年。此外，对于登记申请，缔约方可以要求其附具该布图设计的副本或图样，当该集成电路已商业实施时，可以要求其提交该集成电路的样品并附具确定该集成电路旨在执行的电子功能的定义材料；但是，申请人在其提交的材料足以确认该布图设计时，可免交副本或图样中与该集成电路的制造方式有关的部分。

（2）TRIPS协定对集成电路布图设计保护的强化。和《集成电路条约》相比，TRIPS协定对集成电路布图设计保护水平的提高表现在以下几个方面：①扩大了权利保护范围。《集成电路条约》只保护布图设计和含有受保护布图设计的集成电路，但不保护含有受保护集成电路的物品，这与美国等发达国家的保护标准不一致，因此成为这些国家不参加《集成电路条约》的一个重要原因。因此，TRIPS在吸纳《集成电路条约》关于保护标准的规定时，顺应发达国家的要求，最终还是将保护对象扩大到了含有受保护集成电路的物品。②将《集成电路条约》8年的保护期延长为10年。此外，TRIPS还允许成员将布图设计的保护期限规定为自创作完成之日起15年。③对善意侵权作出了补充规定。规定善意侵权人在收到该布图设计系非法复制的明确通知后，仍可以就其现有存货或订单继续实施其行为，但有责任向权利持有人支付报酬，其数额应与根据自由谈判达成协议应支付的许可费相当。

7. 保护未披露的信息（Protection of Undisclosed Information）[1]。根据TRIPS协定，未披露的信息要得到保护必须符合三个条件：①信息是秘密的，即信息整体或者其组成部分的确切组合不是通常从事该信息行业界的人所普遍知悉或容易获得的；②该信息因为秘密而具有商业上的价值；③合法控制信息的人为了保守该信息的秘密性，已经根据情况采取了适当的措施。

合法控制符合上述条件的信息的自然人和法人有权制止他人未经其许可，以违反诚实的商业惯例的方式公开、获得或使用该信息。

如果成员要求呈送未公开的试验或其他数据，作为批准农业化学产品上市销售的条件，如果这种数据的获得包含了相当大的努力，则有关成员应当加以保护，以防止不正当的商业使用或公开。

（三）知识产权的实施

《巴黎公约》和《伯尔尼公约》涉及知识产权实施的规定很少，而由于各成员的程序和执行制度不同，各公约的实体规定很可能因此而失去作用。基于这种原因，在欧美企业组织代表的要求下，TRIPS协定的第三部分专门涉及知识产权的实施，共有21条之多，这在知识产权国际公约中是一个创举。

1. 一般义务。各成员应保证其国内法能提供协定第三部分所规定的执法程序，以

---

[1]　参见《与贸易有关的知识产权协定》第二部分第七节。

便能采取有效行动，制止任何侵犯协定所规定的知识产权的行为。这种执法程序必须包括迅速防止侵权的救济和遏制进一步侵权的救济。此外，知识产权的执法程序应当公平合理，不应当不必要的复杂或花费过高，或者规定不合理的期限或不适当的拖延。

2. 民事和行政程序及救济。各成员应向权利持有人提供关于执行知识产权的民事司法程序，包括及时得到足够详细的书面通知，委托代理人，举证的权利，陈述的机会等。一旦发生侵权，成员的司法机关应有权责令停止侵权，向权利持有人支付损害赔偿，对侵权的商品进行处理，禁止其进入商业渠道或命令将侵权商品予以销毁。

3. 临时措施。各成员的司法机关应当有权在侵权行为发生之初采取临时措施，以制止侵权行为继续进行或防止有关证据被销毁。

4. 关于边境措施的特殊要求。权利持有人如有适当的证据怀疑假冒商标的商品或盗版商品有可能进口，可以书面向进口国主管行政或司法的当局提出，由海关中止放行被怀疑侵权的商品。申请人应提供保证金或相当的担保，其数额应足以保护被告和该主管机关，并防止滥用。申请人对因错误扣押商品而造成的进口方的损失应予以赔偿。

5. 刑事程序。各成员必须规定刑事程序和刑罚，而且应至少适用于商业规模的故意假冒商标或版权盗版。适用的救济包括：监禁、罚金、扣押、没收、销毁侵权产品以及主要用于犯罪的任何材料和工具。

（四）知识产权的取得、维持及相关程序[1]

各成员可以要求将符合合理手续和遵守合理程序作为获得或维持知识产权的一个条件。但这些程序和手续应与 TRIPS 协定的规定相一致。如果知识产权的获得需要经过授权或注册，各成员应保证，在符合获得权利的实质性条件的前提下，授权或注册的程序能在合理的期间内批准授权或注册，以免不正当地缩短保护期限。

（五）争端的防止与解决[2]

防止争端的一个重要方法是增加透明度。因此，TRIPS 规定，各成员应将其施行的与协定内容有关的法律、条例以及普遍适用的终局司法判决和行政决定，以本国语言公布，或者以本国语言使公众能够得到。成员一方与他方之间的与协定内容有关的协议也应公布。

有关 TRIPS 的争端，除协定另有规定外，均应按照 1994 年关税与贸易总协定第22 条和第 23 条的规定达成的"关于争端解决规则和程序的谅解"予以解决。其解决方法包括斡旋、协商或调解，成立专家小组、交叉报复等。

（六）TRIPS 协议的修订

前文已经提到，TRIPS 在平衡药品专利权与公共健康需要的冲突时存在一系列的妥协，但并未从根本上解决这种冲突。因此，在 TRIPS 协议生效后药品专利和公共

[1]　参见《与贸易有关的知识产权协定》第四部分。
[2]　参见《与贸易有关的知识产权协定》第五部分。

健康之争也一直没有停止，这种争论的结果集中地体现在《〈TRIPS 协定〉与公共健康宣言》（简称《多哈宣言》）和《关于实施 TRIPS 协定与公共健康多哈宣言第 6 段的总理事会决议》（简称《总理事会决议》）以及 2005 年 12 月 6 日通过的《修改〈TRIPS 协定〉有关公共健康条款的决议》中。

2001 年 3 月，60 个发展中国家联合发表了一份声明，指出 TRIPS 对药品专利的保护法则"不应与世贸成员国发展本国医疗卫生事业的愿望相抵触"。在此基础上，2001 年 11 月 14 日 WTO 第四届部长级会议通过了《多哈宣言》[1]。宣言中主要明确了以下几个问题：①"《TRIPS 协定》不会也不应阻止成员们采取保护公共卫生的措施"，WTO 成员有权充分使用《TRIPS 协定》中为此规定的灵活性条款[2]；②"每一成员有权发放强制许可，并有权决定发放此类许可所依据的理由；"③对于医药制品，最不发达国家成员在 2016 年 1 月 1 日前，不必实施或适用《TRIPS 协定》第二部分第 5 节和第 7 节或执行此两节下所规定的权利；④授权进行新一轮的关于药品专利和公共健康问题的谈判。

根据《多哈宣言》的上述授权，WTO 多哈回合启动了针对 TRIPS 协定的谈判，2003 年 8 月 30 日，WTO 总理事会在瑞士日内瓦通过了《总理事会决议》。该协议的核心内容是：①允许"符合条件的进口成员方"[3] 可以以强制许可的方式，向"出口成员方"[4] 进口非专利药品；②当"符合条件的进口成员方"对同一产品行使强制许可时，只要"出口成员方"已因这些产品向专利持有人支付过报酬，进口成员方可不履行 TRIPS 第 31 条（h）项的义务，即不需要再支付报酬；③为了公共健康目的，发达国家成员方保证依照 TRIPS 协定第 67 条提供技术协作，包括与其他相关政府间组织协作；④承诺 TRIPS 理事会将于 2003 年底启动修改 TRIPS 协定的准备工作，并争取在 6 个月内完成对 TRIPS 协定的修改。

2005 年 12 月 6 日在香港举行的 WTO 第六次部长级会议上，各成员一致通过了

---

[1] Declaration on the TRIPS agreement and public health, http://www.wto.org/english/thewto_e/minist_e/min01_e/mindec1_TRIPS_e.htm.

[2] 这些灵活性包括：①在适用解释国际公法的习惯性规则时，《TRIPS 协定》每一条款都应根据该协定所表述的对象和目的予以理解，特别是其目标和原则中的对象和目的；②每一成员有权发放强制许可，并有权决定发放此类许可所依据的理由；③每一成员有权决定何种情况构成了国家紧急情况或其他极端紧急情况，各方理解公共卫生危机，包括与艾滋病、肺结核、疟疾和其他传染性疾病有关的危机，相当于国家紧急情况或其他极端紧急情况；④《TRIPS 协定》中与知识产权的权利用尽问题有关的规定的作用是，在符合第 3 条和第 4 条有关最惠国待遇和国民待遇规定的前提下，使每一成员有权为此种权利用尽而建立自己的体制而不受质疑。参见张娟："TRIPS 协定下药品专利保护与公共健康危机的冲突与对策研究"，苏州大学 2004 年硕士学位论文，第 16 页。

[3] "符合条件的进口成员方"指任何最不发达成员国家方，以及任何向 TRIPS 理事会发出通知，表明其希望使用此制度作为进口方意愿的成员方。见《总理事会决议》第 1 条第（b）项。

[4] "出口成员方"指使用本《决议》中确定的制度生产医药产品并将其出口到"符合条件的进口成员方"的成员方。见《总理事会决议》第 1 条第（c）项。

《修改〈TRIPS 协定〉议定书》，修订了 TRIPS 第 31 条第（f）项的规定[1]，即在《TRIPS 协定》第 31 条后插入第 31 条之二，允许利用强制许可生产的药品出口到缺乏生产能力的国家，在《"TRIPS 协定"附件》的附录里规定了关于医药行业生产能力的评估，明确了"没有或缺乏医药生产能力"的含义。WTO 各成员国应于 2007 年12 月 1 日前批准上述修正案。[2]

第三节　国际知识产权许可贸易的法律调整

一、调整国际知识产权许可贸易的法律制度

对知识产权国际许可贸易的法律调整目前尚未形成向知识产权国际保护那样完备的国际法律制度。在国际公约方面，从 20 世纪 70 年代初开始，在发展中国家的强烈呼吁下，联合国贸发会开始着手进行国际技术转让方面的立法，并于 1978 年拟订了《联合国国际技术转让行动守则（草案）》交与会的成员讨论。由于发展中国家与发达国家在一些重要问题上分歧严重，草案至今未获正式通过。此外，发达国家在管理知识产权国际转让方面合作所形成的原"巴黎统筹委员会"[3] 和现《瓦森纳协定》[4] 也并不具体调整知识产权国际贸易行为，其主要目的是限制成员国向所谓的"社会主义国家"出口战略物资和高技术。因此，可以说对知识产权国际贸易行为的国际法律调整几乎是空白的。

目前，对知识产权国际贸易行为的法律调整主要通过国内法律制度以及有关的国际商业惯例来实现。

在国内法律制度方面，发达国家对技术进口，普遍适用国民待遇原则，除法国1970 年公布了有关技术引进的 70441 法令外，美国、日本、欧盟等都是通过一些与

---

〔1〕 TRIPS 协议第 31 条第（f）项原来规定：利用强制许可生产的产品应当主要为供应授权国的国内市场。

〔2〕 我国于 2007 年 11 月 30 日递交了通过该修订案的批准书。"中国递交《修改〈与贸易有关的知识产权协定〉议定书》批准书"，载 http：//world. people. com. cn/GB/57507/6595399. html.

〔3〕 二战后，为遏制苏联等社会主义国家，美国和西欧一些国家于 1949 年 11 月联合成立了"多国出口控制协调委员会"（COCOM：Coordinating Committee for Multilateral Export Controls），因其总部设在巴黎，故又称"巴黎统筹委员会"。"巴黎统筹委员会"是一个非正式的自愿组织，成员国之间没有条约，没有章程，其活动对外保密。其成立的根本目的是限制成员国向社会主义国家出口战略物资和高技术。其具体工作任务有：制定向社会主义国家出口的禁运清单；审议免除禁运的申请；协调和监督禁运政策的实施。冷战结束后，"巴黎统筹委员会"成员国意识到，继续根据东西方之别进行出口控制已经不再适合新的国际政治格局。1994 年 3 月 31 日，"巴黎统筹委员会"被迫解散。

〔4〕 1994 年 3 月 31 日，"巴黎统筹委员会"解散。1996 年 7 月，33 个国家的代表在荷兰瓦森纳开会并签署《瓦森纳协定》，决定从 1996 年 11 月 1 日起实施新的控制清单和信息交换规则。《瓦森纳协定》的控制清单与"巴黎统筹委员会"的控制清单差别不大，全部清单包括军品清单、两用产品清单及两个附录。和"巴黎统筹委员会"相比，《瓦森纳协定》的强制性较弱，它提供了一个受出口管制的物资项目清单，但是允许各国按照自己的意愿出售这些物资项目。

技术转让有关的法律，如反垄断法，专利法，商标法，外汇管理法，出口管理条约等，对技术引进进行间接调整。发达国家对国际技术贸易管理的侧重点在技术出口方面，其管制技术出口的主要目的是防止尖端技术外流。同时，出于政治、经济目的的考虑，发达国家普遍注重对技术出口进行国别限制以及在技术出口问题上进行国际合作。

与发达国家不同，发展中国家因为主要处于技术进口国的地位，因此其法律调整主要也集中在对技术引进的调整。例如，我国在 2002 年之前，对技术进出口的调整主要通过 1985 年的《技术引进合同管理条例》完成，2002 年后，为适应加入WTO 以后技术有进也有出的情况，才颁布《技术进出口管理条例》以取代原《技术引进合同管理条例》。目前，我国调整知识产权进出口的法律法规主要包括：①2001年 10 月 31 日通过，2002 年 1 月 1 日施行的《技术进出口管理条例》，该条例只调整专利技术、专有技术等狭义的专有性技术的进出口；②1994 年 7 月 1 日施行、2004年 4 月 6 日修订的《对外贸易法》，该法原则性地规定自由进出口、限制进出口和禁止进出口的技术的种类和技术进出口需要履行的法定手续；③我国现行的《专利法》、《商标法》、《著作权法》、《反不正当竞争法》、《合同法》作为补充法律规范也适用于相关知识产权的进出口。

有关知识产权国际贸易的国际商业惯例主要调整的是知识产权贸易中普遍存在的限制性商业条款。这方面成文化的规范性文件包括 1980 年联合国限制性商业惯例问题会议通过的《联合国一套多边协议的控制限制性商业惯例的公平原则和规则》（通常称之为联合国反垄断示范法）、《联合国国际技术转让行动守则（草案）》、1995 年美国司法部和联邦贸易委员会发布的《知识产权许可的反托拉斯指南》、1996年欧洲委员会根据《罗马条约》第 85 条第 3 项制定的 240 号新规章（EC NO. 240/96）——《技术许可协议转让集体豁免条例》、1999 年日本公正交易委员会制定的《专利和技术秘密许可证合同中的反垄断法指导方针》等。

二、国际知识产权许可贸易和国际知识产权许可协议

如前所述，在国际知识产权转让的实践中，转让知识产权所有权的情况很少，绝大多数都只是转让知识产权的使用权。这种转让知识产权使用权的交易就是我们通常听说的国际知识产权许可贸易，而双方当事人为了完成这种交易而签订的协议就是所谓的国际知识产权许可协议（一般简称为国际许可协议）。

（一）国际知识产权许可协议的概念

国际许可协议（International License Contract）又叫国际许可合同或国际许可证协议，是指知识产权出让方将其知识产权的使用权在一定条件下跨越国境地让渡给知识产权受让方，而由受让方支付使用费的合同。[1] 从法律的角度讲，国际许可协议实质上是一种"授权"协议，即知识产权所有人或持有人授予（许可）受让方在特定的范围内使用其知识产权并获取利益。因此，合同中提供知识产权的一方通常称为"许可方"（Licensor），接受知识产权的一方被称为"被许可方"（Licensee）。

将"跨越国境"作为知识产权贸易是否具有"国际性"的标准，这是国际上一致的看法。《联合国国际技术转让行动守则（草案）》规定该守则适用于技术转让方跨越国境将技术转让给技术受让方的行为。[2] 我国1985年5月24日国务院发布施行的《技术引进合同管理条例》第2条规定："本条例规定的技术引进是指中华人民共和国境内的公司、企业、团体或个人（以下简称受方），通过贸易或经济合作的途径，从中华人民共和国境外的公司、企业、团体或个人（以下简称供方）获得技术，其中包括：①专利权或其他工业产权的转让或许可；②以图纸、技术资料、技术规范等形式提供规范等形式提供的工艺流程、配方、产品设计、质量控制以及管理等方面的专有技术；③技术服务。"2001年10月31日通过、2002年1月1日施行的《技术进出口管理条例》第2条第1款也规定："本条例所称技术进出口，是指从中华人民共和国境外向中华人民共和国境内，或者从中华人民共和国境内向中华人民共和国境外，通过贸易、投资或者经济技术合作的方式转移技术的行为。"这些规定表明有关国际公约以及中国立法都是以知识产权是否跨越国境判断是否属于国际知识产权转让，至于转让方和受让方的国籍是不同还是相同则在所不问，当事人的国籍对知识产权转让是否具有国际性丝毫不产生影响。

除了将"跨越国境"作为确定知识产权贸易是否具有国际性的一致标准之外，在"国际性"因素的确定上，以77国集团为代表的发展中国家与西方发达国家还存在着很大的分歧。分歧的焦点是：当事人双方定居于或设立于同一国家，但其中至少一方为外国实体的分公司、子公司、附属公司或在其他方式下直接地或间接地由外国实体所控制，而供方又未在技术受方国家发展所转让的知识产权，或当它作为转让外国拥有的知识产权的中间人时，彼此之间的知识产权贸易是否具有国际性。对此，广大发展中国家持肯定态度，其目的是防止真正的知识产权转让方利用其设立于受方国家的附属公司实施转让行为，从而规避受方国家调整涉外知识产权贸易的法律法规，同时也为了将上述行为纳入将来可能生效的《联合国国际技术转让行动守则》的适用范围之内。而基于完全相反的原因，发达国家则以上述情况不符合"跨越国境"的基本标准为由否认其为国际知识产权贸易。

---

〔1〕　余劲松、吴志攀主编：《国际经济法》，北京大学出版社、高等教育出版社2000年版，第121页；陈安主编：《国际经济法学》，北京大学出版社2001年版，第199页；王传丽主编：《国际经济法》，高等教育出版社2005年版，第269页。

〔2〕　参见《联合国国际技术转让行动守则（草案）》第一章"定义和适用范围"。

第九章

（二）国际许可协议的种类

在国际许可贸易中，依许可标的与范围的不同可将国际许可协议进行不同的分类。

1. 根据许可标的不同进行的分类。根据许可标的不同，国际许可协议可分为：①专利许可协议（Patent License Contract）；②商标许可协议（Trademark License Contract）；③著作权许可协议（Copyright License Contract）；④计算机软件许可证协议（Computer Software License Contract）；⑤专有技术许可协议（Know – how License Contract)[1]；⑥混合许可证协议（亦称一揽子许可证协议，Total License Contract）。

2. 根据许可范围不同进行的分类。根据许可协议许可适用的地域范围以及使用权范围的大小，可将其分为以下三种：

（1）独占许可证协议（Exclusive License Contract），指在协议规定的时间和地域范围内，许可方授予被许可方知识产权的独占使用权，许可方不仅不能将该知识产权使用权另行许可给第三方，而且许可方自己也不能在该时间和地域范围内使用该项出让的知识产权。[2] 在独占许可证协议中，被许可方所获得的权利最大，相应的，其支付的使用费也就越多。

（2）排他许可证协议（又称独家或全权许可证协议，Sole License Contract），指在协议规定的时间和地域范围内，被许可方对受让知识产权拥有排他的使用权，许可方不能将该项知识产权使用权另行许可给第三方，但许可方自己仍保留在该时间和地域范围内对该项知识产权的使用权。[3]

值得注意的是，在一些国家，例如美国，独占许可的概念比上述独占许可的范围要大，"可以肯定的是，它禁止许可人再向第三方另外颁发许可证。但是，独占许可是否允许许可人自己使用已经颁发了许可证的知识产权则是不那么明确的。允许

---

〔1〕"专有技术"的概念是在英美法律实践中产生和发展起来的，我国1988年实施的《技术引进合同管理条例施行细则》将专有技术定义为："未公开过、未取得工业产权法律保护的制造某种产品或者应用某项工艺以及产品设计、工艺流程、配方、质量控制和管理等方面的技术知识"。专有技术主要强调的是秘密性，其范围则明确为"制造某种产品或者应用某项工艺以及产品设计、工艺流程、配方、质量控制和管理等方面的技术知识"。从上述定义和解释可以看出，专有技术实质上属于商业秘密，但其外延小于商业秘密，其主要对应的是商业秘密中的"技术秘密"。

〔2〕中华人民共和国科学技术部编：《国际技术转让指南》，中国政法大学出版社2000年版，附录1："技术获取合同范本"第3条、第279条；郭寿康主编：《国际技术转让》，法律出版社1989年版，第73页；余劲松、吴志攀主编：《国际经济法》，北京大学出版社、高等教育出版社2000年版，第122页；陈安主编：《国际经济法学》，北京大学出版社2001年版，第200页；王传丽主编：《国际经济法》，高等教育出版社2005年版，第270页。

〔3〕郭寿康主编：《国际技术转让》，法律出版社1989年版，第74页；余劲松、吴志攀主编：《国际经济法》，北京大学出版社、高等教育出版社2000年版，第122页；陈安主编：《国际经济法学》，北京大学出版社2001年版，第200页；王传丽主编：《国际经济法》，高等教育出版社2005年版，第270页。

许可人和被许可人在同一地域内共同使用被许可标的的独占许可确实存在，尽管它们被更精确地命名为'共同独占'许可"。[1] 因此，在国际许可贸易的实践中，关于授权范围和大小取决于具体合同条款的约定，而不能拘泥于合同名称本身。

（3）普通许可证协议（亦称非独占许可证协议，Simple or Nonexclusive License Contract），指在协议规定的时间和地域范围内，被许可方、许可方和任何经授权的第三方都可使用该项知识产权。[2] 通过这种协议被许可方获得的权利最小，相应的，其支付的使用费也就越少。

除上述种类外，国际许可贸易中还经常出现两种特殊类型的许可协议：交叉许可证协议和分许可证协议。

交叉许可证协议（又称互换许可证协议，Cross License Contract），指知识产权许可方和被许可方在协议中规定，将其各自的知识产权使用权相互交换，供对方使用。这种许可可以独占，也可以排他；可以有偿，也可以无偿。交叉许可证协议常适用于原发明的专利权人和派生发明的专利权人之间，也可适用于合作生产或合作设计或相互交换原许可项下的改进和发展知识产权。

分许可证协议（也称为从属许可证协议，Sub – License Contract），指被许可方将其从许可方处获得的知识产权使用权再转让给第三方的合同。订立分许可合同必须经原许可方同意或在原许可合同中有明确的规定，在专有技术许可协议中，因保密条款的限制，被许可方通常也无权将其受让技术向第三方分许可。

三、国际知识产权许可协议的主要内容[3]

国际知识产权许可协议的内容是指知识产权许可方和被许可方达成的规范双方权利和义务的合同条款。

（一）知识产权许可协议的共同性条款

在国际许可贸易中，许可协议的内容是双方当事人履行合同以及解决合同纠纷的依据。国际许可协议根据许可标的的不同，其内容也不尽相同。但是在通常情况下，无论何种标的的国际许可协议都具备如下几项基本条款：①前言；②定义条款；③合同的范围条款；④价格条款；⑤支付条款；⑥技术资料的交付条款；⑦技术服务条款；⑧考核和验收条款；⑨改进技术的归属和分享条款；⑩保证条款；⑪侵权与保密条款；⑫税费条款；⑬违约救济条款；⑭争议解决与法律适用条款；⑮合同

---

[1] ［美］Jay Dratler. Jr. ：《知识产权许可》，王春燕等译，清华大学出版社 2003 年版，第 695 页。

[2] 中华人民共和国科学技术部编：《国际技术转让指南》，中国政法大学出版社 2000 年版，附录 1：
"技术获取合同范本" 第 3 条第 280 条；郭寿康主编：《国际技术转让》，法律出版社 1989 年版，第 74～75 页；余劲松、吴志攀主编：《国际经济法》，北京大学出版社、高等教育出版社 2000 年版，第 122 页；陈安主编：《国际经济法学》，北京大学出版社 2001 年版，第 200 页；王传丽主编：《国际经济法》，高等教育出版社 2005 年版，第 270 页。

[3] 以下内容主要参考中华人民共和国科学技术部编：《国际技术转让指南》，中国政法大学出版社 2000 年版，附录 1："技术获取合同范本"。

的有效期和生效时间条款等。实践中，人们习惯将①、②、④、⑤项条款称为商务性条款，③、⑥～⑩项条款称为技术性条款，⑪～⑮项条款称为法律性条款。

1. 商务性条款的主要内容。国际许可合同的商务性条款主要包括合同的前言、定义条款、价格条款与支付条款。

（1）合同的前言。前言（Preamble）是国际许可协议必不可少的开头语，它包括：合同名称、合同号、签约时间、签约地点、当事人双方的基本情况以及鉴于条款。鉴于条款（Whereas Clause）是指合同正文开始处用以说明双方交易意图和转让知识产权合法性的条款。如"鉴于出让方拥有某项制造技术和生产某项产品的实践经验"，"鉴于出让方能得到本国有关当局的许可，能够出让某项技术给受让方"等。鉴于条款不是可有可无的，这一条款不仅仅能说明双方的交易意图，其更主要的作用是要当事人双方（主要是许可方）在合同一开始就明确地作出某些法律上的保证，一旦发生纠纷，仲裁机构或法院可以根据这一条款判断谁是谁非以及责任归属。

（2）定义条款（Definitions Clause）。在国际许可贸易中，由于当事人双方所在的国家、使用的语言和适用的法律不同，各方对同一词的解释和使用可能完全不一样，在理解偏差的情况下就存在发生纠纷的可能。为了避免因理解偏差而在执行合同的过程中发生分歧，对一些关键性的重要词汇和各国法律以及习惯有不同理解的词汇，如"合同产品"、"技术资料"、"净销售价"、"提成率"、"投料试车"、"会计年度"等，需要在合同中首先给出明确的定义。另外，对有些名词术语，如"合同工厂"、"许可方"、"被许可方"等在合同中要反复多次使用而全称又很长的，为了简明扼要，有时也在定义条款中约定简称。

（3）价格条款（Price Clause）。在国际许可贸易的实践中，合同使用费的计算方式主要有以下三种：①统包价格（Lumpsum Price），也称为固定价格或一次总算价格。是指签订合同时一次算清明确的使用费数额，在合同中固定下来，由被许可方一次付清或分若干期付清。采用统包价格对被许可方来说风险最大，因此实践中使用不多。②提成价格（Royalty Price），也称为滑动价格。是指在项目建成投产后，按合同产品的产量、净销售额或利润（统称为提成基础）提取一定百分比（提成率）的费用作为使用费。和统包价格相比，提成价格对被许可方比较有利。采用提成价格时，提成基础、提成率、提成年限和提成方式是必不可少的四项基本内容。国际许可协议的提成方式包括固定提成、滑动提成、最低提成和最高提成四种，在一个许可协议中可以使用一种或几种提成方式。固定提成（Fixed Royalty）是指在整个提成年限内提成率固定不变的提成方式；滑动提成（Sliding Royalty）则指在整个提成年限中提成率将随着净销售额的增加或提成年限的推后而逐年降低的提成方式，其又称递减提成（Graduated Scale Royalty）。最低提成（Minimum Annual Royalty）是约定在一定的时期内，不论被许可方的生产销售情况如何，是否有盈利，都须向许可方支付固定数额的最低提成费的提成方式。最高提成（Maximum Royalty）指双方约定在一定时期内，当提成费达到一定金额以后，即使作为提成基础的产量、净销售额或利润增加，提成费也不再增加的提成方式。③入门费加提成（Initial Payment and Royalty）的价格，又称为固定和提成相结合的价格。即在合同中规定，在合同生效后被许可方立即支付入门费，在项目投产后一定期限内支付提成费。

（4）支付条款（Payment Clause）。支付条款一般规定支付货币、汇款方式、付款单据、结算银行、支付的时间和地点等内容。

2. 技术性条款的主要内容。国际许可协议的技术性条款主要包括合同的范围、技术资料的交付、技术服务和人员培训、考核与验收、技术改进与创新的分享、保证等内容。这些条款与许可的知识产权紧密相连，不同标的的技术性条款的侧重点会有所不同。

（1）合同的范围（Scope of Contract）。合同的范围条款又称为合同的标的或授权条款，主要明确许可使用的对象、提供知识产权的途径、授权的性质以及被许可方行使使用权、制造权和销售权的时间和地域范围。这些内容的细节和具体说明，如果需要还应列入合同的附件。

（2）技术资料的交付（Deliver Documentation）。在国际许可贸易中，技术资料的交付是非常重要的环节。许可方出让知识产权，要靠技术资料来表达、说明和体现，被许可方获得技术，要靠消化、理解和实践这些技术资料来实现。因此，技术资料是顺利完成国际许可贸易的媒介和桥梁。在技术资料的交付条款中，一般应当对技术资料的清单与分数、交付的时间和方式、交付资料的通知以及技术资料的验收等内容进行约定。

（3）技术服务与培训（Technology Service and Training）。技术服务通常包括设计和工程服务、管理服务以及技术人员培训服务等。技术服务是实现知识产权真正转让的重要程序，特别是技术人员的培训是使技术资料运用于实际操作的不可缺少的步骤。技术服务条款主要载明：许可方所派技术人员的性质及人数、担任的任务及工作量、服务时间、工作和生活条件、费用的划分和支付等。需要培训人员的，还应写明培训内容、方式、时间、地点和培训人数等。

（4）考核和验收（Check and Accept）。考核验收指的是被许可方对按许可方提供的技术资料制造的产品是否符合许可协议规定的技术性能指标，有权进行考核和验收。其目的是保证被许可方能够掌握受让知识产权，实现预期的目标。该条款内容包括：考核验收产品的型号、规格、数量；考核验收的内容、标准、方法、次数；考核验收的时间、地点、人员、仪器设备；考核验收结果的评定和处理；有关费用的分担等。

（5）改进与创新（Improvements and Innovations）。国际许可协议通常期限都比较长，在协议的有效期内，许可方和被许可方都有可能对转让知识产权进行改进或发展。但改进或发展知识产权的权利归属，以及双方在什么样的条件下向对方提供改进或发展知识产权等问题如果不在合同中预先规定，很容易在合同履行过程中出现矛盾分歧。

第九章

（6）保证条款（Warranty Clause）。国际许可证贸易中的"保证"指的是许可方对其转让知识产权的合法性、可靠性和有效性所提供的保证，其目的旨在维护被许可方的合法权益。因为许可知识产权的标的不同，保证的内容也有所差异，当许可标的是具有公开性特点的专利、商标、版权等时，许可方着重保证的是其许可"权利"的合法性；而当许可标的是具有秘密性特点的专有技术或计算机软件等时，许可方着重保证的是其许可"技术"的有效性。

3. 法律性条款的主要内容。国际许可协议的法律性条款主要包括完整合同的约定、侵权与保密、税费、违约救济、争议解决与法律适用、合同的有效期和生效时间、不弃权等内容。

（1）侵权与保密（Infringement and Secrecy）。侵权与保密条款的内容因许可标的的不同有很大差异。例如，由于专利是公开的技术，因此在单纯的专利许可协议中通常不会涉及保密的内容，被许可方主要关心的是使用受让专利造成对第三方侵权时的处理方法；而在专有技术许可协议中，因专有技术主要依靠其秘密性维护其商业价值，所以无论是许可方还是被许可方都对保密问题异常关注。

（2）税费条款（Tex Clause）。在国际许可协议中，许可方通常不想纳税或尽量少纳税，因此在许可协议中常常提出两种要求：①在合同中规定包税条款，即约定"凡在被许可方境内产生的与合同有关的税费一律由被许可方承担"；②约定如果被许可方所在国家的税务机关向许可方征税，许可方在缴纳税费后有权要求增加合同金额。许可方提出上述要求通常基于两点理由：①认为许可贸易所获得的费用将在其本国纳税，如果在被许可方境内也纳税，就会产生双重征税，会增加许可方的负担；②认为在最初报价时没有考虑到被许可方国家的纳税问题，因此报价金额较低，导致其在被实际征税之后，税费应该在加在原价格金额之上。但是上述两点理由都是不合理的。因为在绝大多数国家的税法中都有关于消除或缓解双重征税的措施，且收入来源国对来源于其境内的所得征税是一个常识性问题，许可方不可能不知道，因此在许可协议中约定包税条款或事后加价条款都是没有道理的。基于此，很多国家的法律都规定许可协议中出现的包税条款是无效的限制性商业条款[1]。

（3）违约救济条款。国际许可协议的违约救济条款主要约定违约行为的构成以及违约救济方法。常用的违约救济方法有实际履行、损害赔偿、解除合同、支付罚金等。这一条款和任何种类合同的违约救济条款没有什么实质性的差别。

（4）争议解决（Settlement of Disputes）与法律适用（Applicable Law）。各国一般允许当事人通过意思自治原则选择国际许可协议争议所适用的法律，在没有约定的情况下通常由法院或仲裁机构适用最密切联系原则判断应当适用的法律。

（5）合同的有效期（Duration）和生效（Coming into Force）。国际许可协议的有

---

〔1〕 我国财政部 1982 年 3 月 19 日的财税字 102 号文件也认定许可协议税费条款中出现的包税约定为无效。

效期有两种常用的约定方法：①不明确限定合同的有效期，只在有效期条款中约定"当事人双方的权利和义务结束后合同自动失效"；②在合同中明确规定一个有效期，有效期满后，合同自动失效。目前，多数国家都规定国际许可协议签订后要经政府的有关当局批准后才能生效。我国1985年开始施行的《技术引进合同管理条例》亦规定所有技术引进合同都必须经外经贸部或其授权的省、自治区、直辖市、沿海开放城市、经济特区和计划单列省辖市的对外经济贸易厅、委、局及其他管理机关审批后方能生效。但是，2002年1月1日开始施行的《技术进出口管理条例》在一定程度上放宽了限制。其将进出口技术分为自由进出口、限制进出口和禁止进出口三种。对于自由进出口技术实行登记制度，合同自依法成立时生效，登记不是合同生效的条件。对于限制进出口的技术则实行严格的许可制，在这类技术进出口前，有关当事人必须首先取得进出口许可意向书方能签订合同，而合同订立后也必须再经主管部门审批后才能生效。因此，对于限制进出口技术引进合同来说，技术进出口许可证颁发之日方为合同生效之日。[1]

除上述几个重要条款外，国际许可协议的法律性条款有时还包括合同文字、不可抗力、协议修改等内容。

（二）不同标的许可协议的特殊性条款

在国际许可贸易的实践中，由于许可标的的性质或特点不同，在具体的许可协议中，除了具备上述共同性条款外，不同标的许可协议中还会有一些与该许可知识产权性质或特点密切相连的特殊性条款。

1. 专利许可协议的特殊性条款。专利许可协议的特殊性条款主要包括维持专利有效性，不得反控和使用专利标记等。

（1）维持专利有效性条款，是指在合同中规定许可方有义务按照法律规定缴纳专利年费（或专利维持费），以维持专利的有效性。如果因为许可方未缴纳专利年费而导致专利失效，专利许可协议将因此而解除，被许可方将不再支付专利许可费用。在有些专利许可证协议中，专利有效性条款还包括要求许可方对其权利承担持续有效的保证。即如果该项专利被宣布无效，被许可方不仅有权宣布该许可证协议无效，而且还有权向许可方索回已付的许可证费。

（2）不得反控条款（No - challenge），又叫做权利不争条款，是指被许可方在获得了许可方的专利技术后，在整个合同有效期内，不得对该专利提出异议或进行无效诉讼。对不得反控条款的效力，不同国家的法律有不同的规定。一些发展中国家和少数发达国家法律规定或通过司法实践确定这种条款属于限制性条款，理由是其

---

[1]《中华人民共和国对外贸易法》第16条和第17条对限制进出口和禁止进出口的技术种类作了原则性规定。除此之外，国务院外经贸主管部门会同国务院有关部门，制定、调整并公布禁止或者限制进出口的技术目录。

内容违背了公共利益;[1] 而绝大多数国家（包括我国）的法律对不得反控条款没有任何规定，即为默示许可，也就是说被许可方是否有不得反控的义务，就看合同中是否订明这一条款。

（3）使用专利标记条款一般要求被许可方在自己生产的专利产品上标明专利标记，其主要作用是警告他人不得仿造，否则构成侵权。在某些国家，专利标记的使用还可以作为专利侵权诉讼中的初步证据使用。

2. 商标许可协议的特殊性条款。商标许可协议的特殊性条款主要包括被许可方使用商标的形式，明确许可方的质量监督权以及商标标识的管理等。

（1）被许可方使用商标的形式实践中主要有以下四种供当事双方选择：单独使用许可方的商标；单独使用许可方的商标，同时注明生产国家和生产厂家；使用联结商标，即将许可方商标和被许可方商标中有代表性的部分联结起来，组成一个新商标，如"FUDA""索华"，在被许可方所在国另行注册，其所有权属于被许可方；使用双重商标，即将许可方的商标和被许可方的商标并列，如"上海 – SANTANA"等。

（2）质量监督条款一般要求被许可方保证使用商标商品质量的一致性和符合合同规定的质量标准，许可方有权监督、检查被许可方的产品和原材料，有权到其工厂检查生产过程，有权要求其定期将产品样品送交许可方检查等。商标许可贸易使被许可方可以利用许可方有一定知名度的商标推销自己的产品，以获得经济效益。对许可方来说，一方面，通过商标许可可以获得使用费；但另一方面，他也要承担一旦被许可方商品质量低劣，自己商标信誉将受影响的风险。为把自己的风险降到最低，在商标许可证协议中，许可方一般要求订入质量监督条款。

（3）商标标识的管理条款一般包括三项具体内容：商标标识的获得方式；商标标识的使用方式；合同终止后对商标标识的处理。

3. 著作权许可协议的特殊性条款。许可使用作品方式条款是著作权许可协议的特殊性内容。该条款是对被许可方以何种方式利用作品进行的约定。著作权是一种独立的知识产权，但其本身又包含了多项具体的权利内容，著作权所有人有权将其著作权中的一项或多项权利内容许可给他人使用（通常许可他人使用的仅为著作财产权中的内容）。许可使用作品的方式主要有复制、表演、播放、展览、发行、改编、摄制成电影或电视、录像、翻译、网络传播等。

4. 专有技术许可协议的特殊性条款。专有技术是依靠其秘密性维持其商业价值，因此在专有技术许可合同中，会出现与其秘密性特点紧密相连的保密条款、详细的合同范围条款和技术保证条款。

（1）保密条款。专有技术之所以具有经济价值，其根本原因在于其不公开性，

---

[1] 例如美国最高法院在 1969 年的利尔公司诉阿金德（lear Inc. Adkin）案中判决认定专利许可协议中的不争条款违反了美国的公共秩序和联邦专利法，法院不予强制执行。欧洲共同体委员会也认为不争条款与《罗马条约》第 85 条的精神相抵触，因而是无效的。

因此，专有技术的被许可方承担保守专有技术秘密的责任是签订许可证协议的前提或先决条件，即使合同中没有明确规定也应承担相应责任。[1] 但是为引起被许可方对保密责任的重视，大多数专有技术许可证协议中仍专门规定保密条款。

许可协议中的保密条款一般包括以下内容：规定有关处理专有技术秘密文件的标准；接触有关资料的人员范围；使用分包方式时，应事先征得许可方同意，且分包商也应承担保密义务；雇员和分包商违反保密义务的，视为被许可方违反保密义务；被许可方雇员在退休或离职后一定时间内应承担保密责任等。

此外，在协议达成前的谈判阶段，保密义务也至关重要。所以在谈判前，许可方往往要求与被许可方签订初期保密协议，其具体内容包括：明确规定被许可方有义务对从许可方处获得的一切技术情报予以保密；规定保密期限及被许可方的保密义务不因谈判的失败而解除；规定一定数额的保证金，即要求被许可方在初期保密协议签订后立即向许可方支付一笔款项作为其履行保密义务的保证。在正式签订许可证协议时，保证金作为协议的预付款从合同总价中扣除。如果未能签订正式的许可证协议，许可方须在规定的期限内退回保证金，但如果被许可方违反保密义务，许可方有权没收这笔保证金。

从理论上讲，保密条款是专有技术许可协议特有的条款。但在实践中，存在着名为专利许可协议却订立了保密条款的情况，这类合同通常属于如下两种情况：①已提出专利申请并获得专利申请号，但还未进入公告程序的技术转让。这种技术严格地说尚属于专有技术，但由于合同订立后可能很快会获得专利，并且为了获得更高的合同价格，许可方一般将这种技术作为专利技术转让。②已获权的专利技术中包含有未公开的专有技术。实践中某些发明者为了更充分地保护其发明，在申请专利时，将其中的核心部分不公开。因而被许可方在利用这一发明时，单凭专利文献中公开的技术资料并不能掌握和运用这一技术，还必须获得没有公布的专有技术，由此导致在专利许可合同中出现了保密条款。在上述两种情况中，保密条款予以保密的对象都不是已公开的专利技术，而是未公开的专有技术。

（2）详细的合同范围条款和技术保证条款。专有技术是具有客观秘密性的技术，在许可协议订立之前，被许可方不可能了解该技术的全部内容，因而也不能准确判断实施后的技术效果及其掌握该技术的能力。因此，在专有技术许可协议中，合同范围条款中要详细描述转让技术的具体内容，必要时还有大量的说明书、流程图等作为合同的附件。此外，协议中往往有一专门的技术保证条款，由许可方对技术资

---

[1] 关于有关当事人对专有技术承担的保密责任，我国1985年的《技术引进合同管理条例》和2002年的《技术进出口管理条例》都有原则性规定。《技术进出口管理条例》第26条规定："技术进口合同的受让人、让与人应当在合同约定的保密范围和保密期限内，对让与人提供的技术中尚未公开的秘密部分承担保密义务。在保密期限内，承担保密义务的一方在保密技术非因自己的原因被公开后，其承担的保密义务即行终止。"

料的完整、正确、清晰，技术服务和人员培训，相关设备的性能以及合同工厂的正常运行和合同产品的性能等事项作出保证。其中，对合同工厂的运行和合同产品性能的保证是最为核心的内容，如果缺少此项内容，对被许可方可能十分不利。

除上述特有条款外，部分专有技术许可协议还约定在协议终止后，被许可方仍有权使用许可方提供的专有技术，仍有权设计、制造、使用、销售和出口合同产品，而不构成侵权。这一条款旨在使被许可方不致在合同期满后突然失去在其原有领域中继续生产的机会。但要注意的是，目前各国对这一条款的合法性有不同规定。因此，在签订期满继续使用技术条款时要注意不要和有关国家的法律规定相冲突。[1]

四、国际许可协议中的限制性商业条款

国际许可协议中的限制性商业条款（Restrictive Clauses）又称为限制性商业行为、限制性商业惯例、限制性贸易做法、违背公平贸易条款等。在我国，国际许可协议中的限制性条款是指在国际许可协议中由技术许可方向被许可方施加的，法律所禁止的，造成不合理限制的合同条款。这些条款或者直接影响市场竞争，或者对国际知识产权贸易尤其是对发展中国家引进知识产权及其经济发展造成不利影响。[2]

值得注意的是，在专利、商标、著作权许可证协议中，由于这些法定专有知识产权的行使或多或少地会在合同中表现为一定的垄断或限制，如限制技术使用的地域范围；商标许可协议中，许可方禁止被许可方在质量不合格产品上使用其商标；专利许可协议中强制被许可方使用专利标记条款等。这些限制是基于转让标的特殊性质的正当限制，因而不属于限制性商业条款的范畴。

（一）发达国家和发展中国家关于国际许可协议中限制性商业条款的分歧

发达国家用以调整和管制国际许可协议中限制性条款的法律主要是一般性法律，即这些国家的反垄断法。[3] 由于在发达国家，反垄断立法起步普遍较早，而国际许可贸易却是后来才发展起来的一种新的贸易形式，因此，国际许可协议中出现的限制性商业条款自然地被纳入到反垄断法的调整范围。和一般的货物贸易中的限制性做法一样，这些条款被禁止与否的标准仍然是看它是否妨碍了竞争，限制了自由贸易，这也就形成了发达国家判断国际许可协议中限制性商业条款的基本标准，即"竞争"标准。此外，由于知识产权贸易和货物贸易相比有它自己的特点，单纯适用

---

[1] 在我国，根据 1985 年的《技术引进合同管理条例》及其实施细则，期满禁止被许可方使用专有技术的条款属于限制性条款。但 2002 年 1 月 1 日施行的《技术进出口管理条例》取消了这一限制性条款的规定。因此，合同期满被许可方是否有权继续使用引进技术取决于双方的合同约定。

[2] 郭寿康主编：《国际技术转让》，法律出版社 1989 年版，第 105 页；余劲松、吴志攀主编：《国际经济法》，北京大学出版社、高等教育出版社 2000 年版，第 131 页。

[3] 美国的反垄断立法主要由 1890 年《谢尔曼法》（Sherman Law）、1914 年的《克莱顿法》（Clayton Act）和《联邦贸易委员会法案》（Federal Trade Commission Act）共同构成；欧盟的反垄断法则体现为其《罗马条约》第 85、86 条（合称为共同体竞争法）；日本的反垄断法则主要表现为 1947 年《关于禁止私人垄断和保护公平贸易法》。

"竞争"标准来判定限制性条款可能不合实际，因此，在发达国家中又形成了一种"合理规则"作为"竞争"标准的补充，即法律根据"竞争"标准规定一些不合理的限制性条款，但一项具体的合同条款是否真的"不合理"，必须当纠纷发生时由法院或仲裁机构加以确认。这种"竞争"标准与"合理规则"的配套使用，从法理上来说虽然具有科学性，但同时也具备不确定性的缺点，这对保护合同当事人的权利是不利的。

和发达国家不同，广大的发展中国家主要是通过制定专门的技术转让法规，设立专门的行政机构对国际许可协议进行登记批准来控制各种限制性商业条款的。发展中国家大多是 20 世纪中叶获得民族解放，实现政治独立的国家。这些国家在殖民统治时期，是各殖民者抢夺的市场，因而根本不可能有反垄断法存在的可能。在获得民族解放和政治独立以后，这些国家为了迅速地发展经济，开始大量引进国外的资金和技术。但是，在大量引进后不久，它们发现相当多的技术许可方在收取高额的许可费并把许多不公平、不合理的条款强加于本国技术引进方后，提供的技术却并不是先进的，有的甚至已落后不适用或会引起严重的环境污染等恶果。鉴于这种原因，从 20 世纪 70 年代起，各发展中国家纷纷开始干预技术引进，其最主要的手段就是制定颁布专门的技术转让法（其中多为技术引进法）和成立专门机构对许可证协议进行管理。相应的，在判断什么是限制性商业条款上，发展中国家大多以"发展"为标准，即看这种条款是否会形成任何对许可方的依附关系，而限制了技术引进方的生产和技术发展。在立法技巧上，发展中国家多使用列举的方法明确每一个限制性条款，同时给予主管机关一定的取舍权，即主管机关有权保留一些实际损害不大或者利大于弊的限制性商业条款。

由于在对国际许可协议限制性商业条款的调整上适用不同的标准，因此发达国家和发展中国家在限制性条款问题上存在很大的分歧，这种分歧也成为从 1978 年 10 月 16 日就开始进行的《联合国国际技术转让行动守则》谈判至今没有正式结果的一个重要原因。

在国际许可贸易的实践中，必须搞清楚不同国家在限制性商业条款问题上的基本观点，根据交易的对象适当地调整协议内容，避开有关国家对限制性商业条款的禁止性规定，否则极有可能会影响协议的效力。

（二）我国对技术进出口中限制性商业条款的法律管制

我国 1985 年 5 月 24 日国务院发布施行的《技术引进合同管理条例》和 2001 年 10 月 31 通过、2002 年 1 月 1 日施行的《技术进出口管理条例》都对限制性商业条款问题作了明确具体的规定。

被 1985 年的《技术引进合同管理条例》第 9 条明确列举为限制性商业条款的有如下九个条款：①要求受方接受同技术引进无关的附带条件，包括购买不需要的技术、技术服务、原材料、设备或产品；②限制受方自由选择从不同来源购买原材料、零部件或设备；③限制受方发展或改进所引进的技术；④限制受方从其他来源获得类似技术或与之竞争的同类技术；⑤双方交换改进技术的条件不对等；⑥限制受方利用引进技术生产产品的数量、品种或销售价格；⑦不合理地限制受方的销售渠道或出口市场；但属于下列情况之一的除外：供方已签订独占许可合同的国家和地区，供方已签订独家代理合同的国家和地区；⑧禁止受方在合同期满后，继续使用引进技术；⑨要求受方为不使用的或失效的专利支付报酬或承担义务。

2002 年 1 月 1 日的《技术进出口管理条例》规定在我国的技术进出口合同中不得含有下列限制性条款：[1] ①要求受让人接受并非技术进口必不可少的附带条件，包括购买非必需的技术、原材料、产品、设备或者服务；②要求受让人为专利权有效期限届满或者专利权被宣布无效的技术支付使用费或者承担相关义务；③限制受让人改进让与人提供的技术或者限制受让人使用所改进的技术；④限制受让人从其他来源获得与让与人提供的技术类似的技术或者与其竞争的技术；⑤不合理地限制受让人购买原材料、零部件、产品或者设备的渠道或者来源；⑥不合理地限制受让人产品的生产数量、品种或者销售价格；⑦不合理地限制受让人利用进口的技术生产产品的出口渠道。

和 1985 年的《技术引进合同管理条例》相比，2002 年的《技术进出口管理条例》明确地取消了两项限制性商业条款的规定：①"双方交换改进技术的条件不对等"；②"禁止受方在合同期满后，继续使用引进技术"。这两个条款被取消的原因都是因为其本身的不合理性，在这两个问题上都没有必要由国家法律进行限制，而应当尊重当事人的意思自治。

第九章

---

[1]　见《技术进出口管理条例》第 29 条。

第十章
世界贸易组织多边贸易体制

本章要点

世界贸易组织（WTO）已经成为国际经济法的主要内容之一。本章旨在对世贸的发展历史和世界组织框架进行简要说明和介绍，并就世贸组织法的主要概念和原则进行讨论和分析。

第一节　世界贸易组织前身——关贸总协定

一、ITO 的终结与关贸总协定的产生

关税与贸易总协定（General Agreement on Tariff and Trade，简称 GATT）是指第二次世界大战结束后，由美国、英国、法国等 23 个国家的政府间缔结的旨在降低关税、减少贸易壁垒的有关关税和贸易政策的多边国际协定，以及在协定运作中逐渐形成的一个事实上的国际组织。GATT 文本于 1947 年制定，1948 年 1 月 1 日起临时生效，它的法律规格较低，也不是一个正式的国际组织，但是长期以来，GATT 在促使各国减让关税、消除贸易障碍方面取得了巨大成功，发展成为事实上的国际组织。

缔结《关税与贸易总协定》（GATT）是美欧西方国家建立全面开放的战后国际经济计划的一部分。1944 年 7 月，美国、英国等 44 个国家在美国新罕布尔州的布雷顿森林召开联合国货币与金融会议（布雷顿森林会议），确立了战后国际经济秩序的基调。在金融方面成立国际货币基金组织，重建国际货币制度，维持各国货币稳定和国际收支平衡；在投资方面建立了国际复兴开发银行（世界银行），以鼓励对外投资，筹措资金，促进战后经济恢复。这两个机构已经分别在 1945 年和 1946 年成立，作为联合国的机构，至今仍在有效运作。"广义上，布雷顿森林体系不仅包括 IMF 和世界银行，（在 ITO 宪章未能实施后）也包括 GATT 体系"[1]，布雷顿森林会议的参

---

[1]　John H. Jackson：《关贸总协定和世界贸易组织的法理》，高等教育出版社 2002 年版，第 99 页。

加者承认有必要建立第三个调整国际贸易的机构，扭转贸易保护主义和歧视性贸易政策的不利影响。但是，这次会议不能担当起建立这一机构的任务，因为会议重在解决国际货币问题，会议的主办者和参加者都是与会各国的货币当局代表而不是贸易官员。结果，筹办国际贸易组织的任务由刚刚建立起的联合国及其经济与社会理事会承担起来。

1945 年 11 月，美国提出了一个"国际贸易与就业会议考虑方案"，其内容是计划缔结一个多边国际公约，包含关税优惠、数量限制、补贴、国营贸易、国际商品协定等所有国际贸易规则，还提出建立国际贸易组织（International Trade Organization）（ITO），作为与国际货币基金组织、世界银行并列的联合国机构。1946 年 2 月，美国在上述方案的基础上拟定了《国际贸易组织宪章（草案）》，建议联合国经济社会理事会召开世界贸易和就业会议讨论。联合国经社理事会接受了美国的建议，成立了联合国贸易与就业会议筹委会。1947 年 11 月 11 日，有 56 个国家的代表参加的"联合国贸易与就业会议"在哈瓦那召开，会上讨论了《国际贸易组织宪章（草案）》，代表们提出了 602 份修正案，最后经 53 个国家（包括中国）同意，于 1948 年 3 月通过了该草案，定名为《国际贸易组织宪章》（哈瓦那宪章），待各国批准后生效。

哈瓦那宪章是个雄心勃勃的庞杂的国际协议草案，不仅包括世界贸易规则，还包括关于就业、商品协定、限制性商业惯例、国际投资及服务贸易的规则，是个包含所有谈判方意愿而又无法使各方满意的协议。由于时任美国总统杜鲁门担心趋向保守和贸易保护主义的国会拒绝批准该宪章，一直没有将宪章交参议院批准，学界和政界也认为经过修改的宪章已不符合美国利益，1950 年，美国政府宣布不再寻求国会批准该宪章，其他国家也对宪章命运持观望态度，ITO 事实上已无法成立。

考虑到国际贸易组织宪章批准生效需要较长一段时间，各国政府又急于解决高关税问题，在 1947 年 4 月经社理事会于日内瓦召开的贸易与就业会议第二次筹委会上讨论伦敦宪章草案的同时，美国、英国、法国等 23 个国家根据会议安排进行了关税减让谈判，最后达成了 123 项双边关税减让协议，涉及 5 万种商品。谈判后，一个称为关税与贸易协定委员会的机构把这些减税协议与国际贸易组织宪章草案中关于贸易政策的部分合并，汇编成单一文本，称为《关税与贸易总协定》。1947 年 10 月 30 日，日内瓦第二次筹委会结束，23 个国家签署了关贸总协定，该协定因未符合法定条件而没有正式生效。不久美国联合英国、法国、比利时、荷兰、卢森堡、澳大利亚、加拿大 8 个国家签署了《临时适用议定书》，宣布总协定自 1948 年 1 月 1 日起在 8 国范围内临时生效，同时宣布总协定是为解决战后各国贸易和关税问题的临时协定，目的是使各国尽快享受削减关税的好处，在国际贸易组织宪章生效后，关贸总协定就成为该宪章的一部分由后者代替前者。后由于国际贸易组织宪章未能生效，关贸总协定就成为事实上代替国际贸易组织宪章的文件，一直适用到世界贸易组织成立。

在乌拉圭回合谈判结束前，关贸总协定 1947 作为有法律效力的国际协定可以从广义和狭义两方面来理解。狭义的 GATT 是指最早由 23 个缔约方签字，于 1948 年 1 月 1 日临时生效的协定文本，它的解释性说明、附件和临时适用议定书，以及在其临时生效后至乌拉圭回合谈判前对协定的历次修改和补充。广义的 GATT 除了狭义的总协定内容外，还包括：①进一步阐述 GATT 条款的一些单独协议和守则，如东京回合谈判达成的 9 个关于非关税壁垒的协议和守则。指《许可证手续协议》、《补贴反补贴守则》、《反倾销守则》、《政府采购协议》、《民用航空器协议》、《技术贸易壁垒协议》、《海关估价守则》、《国际奶制品协议》、《牛肉协议》。②关贸总协定缔约方大会和各委员会作出的决定。③几百份加入总协定缔约方签订的协议、议定书、关税减让表以及代替、修改这些减让表的协议。

世界贸易组织成立后，东京回合谈判达成的 9 个协议和守则经过更新，已经从原 GATT 规则体系中分离出来，成为独立的多边或诸边货物贸易协议，它们已不属于广义的 GATT（1994 年）范围（参见乌拉圭回合文件示意）。

二、关贸总协定的法律地位

（一）关贸总协定是临时生效的协议

关贸总协定是一些国家的政府之间达成的临时生效的协定，实际上是由缔约方政府签署的关于贸易问题的多边行政协议，没有正式生效，也就不具有国际法意义上的国际公约性质。它的适用是依据 1947 年 10 月 30 日由 8 个国家的政府代表签署的《临时适用议定书》。议定书宣布：自 1948 年 1 月 1 日起和该日之后，临时适用总协定第一部分和第三部分（第 1 条第 1 款）；在不违背现行立法的最大限度内临时适用该协定的第二部分（第 1 条第 2 款）。最早于 1947 年签署关贸总协定的 23 个国家成为签署《临时适用议定书》的创始缔约方，其他国家只能通过签署加入议定书成为缔约方。GATT 的某些条款也证明其临时适用性，GATT 第 26 条第 6 款规定，必须有大约占 GATT 附件 8 所列各国（35 个）对外贸易总额 85% 的政府接受 GATT，它才能正式生效，而当时签署 GATT（1947 年）的国家贸易总额远远低于 85% 的要求。GATT 第 29 条第 2 款规定："本协定第二部分的各项规定应在哈瓦那宪章生效之日起停止生效。"表明 GATT 是在《国际贸易组织宪章》生效前的临时安排，本来在国际贸易组织夭折后，缔约方应对 GATT 的去留重新安排，由于种种原因未能这样做，使之临时适用至 WTO 成立。

GATT 临时适用的主要原因是当时参加谈判的各国政府代表仅被授权签署关税减让协议，未被授权接受 GATT 第二部分涉及非关税措施和各国贸易政策的内容，若等待立法机关正式批准则耗时太久，各国政府急于获得关税减让的好处，才采取临时适用的变通措施。这一做法是与国际惯例相吻合的，1969 年制定的《维也纳条约法公约》（1986 年修订）第 25 条规定，若存在条约生效前需紧急适用其一部分或全部的情况，参加谈判国可依条约规定或以其他方式达成协议，临时适用条约的规定。

根据《临时适用议定书》第 1 条第 2 款的规定，GATT 临时生效是附加条件的，即在不违背现行立法的最大限度内临时适用总协定第二部分关于贸易政策部分，这意味着一国加入总协定时国内法中存在的一些不符合总协定的规定如经缔约方全体批准，仍可继续保留和实施。上述《临时适用议定书》第1条第2款关于允许保留某些不符措施的规定被称为"祖父条款"（Grandfather Clause），依据祖父条款得以保留的某些不符措施被称为"祖父条款的保留"（有时也称祖父条款），这方面保留最典型的是美国入关时对《1930年关税法》第303条款的继续实施，该条款规定征收反补贴税不需要证明外国补贴产品进口美国给美国国内工业造成损害，只要认定有补贴事实即可，这与GATT第二部分第16条的规定相抵触。此外美国琼斯法（Jones Act）规定禁止使用、出售、租赁外国制造或外国改装的船舶，用于国内及专属经济区水域沿海不同地点商业航运的。这一违反GATT国民待遇及禁止数量限制原则的规定也作为祖父保留继续实施，而且在世界贸易组织取消"祖父条款"后，它仍可作为惟一的例外继续保留。由于存在祖父条款，加上GATT始终未经国内立法机关的批准，GATT相对于国内立法的效力地位一直受到质疑，至少是不确定的，这些都削弱了它的权威性和有效性。

（二）关贸总协定是非正式的国际组织

关贸总协定在40年的运行中颇具活力，到1994年世界贸易组织成立前，缔约方已达123个国家或地区，世界贸易量的90%是在GATT体制内完成的，它已成为唯一的管理全球多边贸易的事实上的国际组织。但是从法律上看，它从来没有取得正式国际组织的法律地位，不是联合国的下属机构。GATT的临时生效仅仅是为解决当时各国普遍存在的高关税问题采取的权宜之计，没有把它设计为一个正式国际组织，当时的设想是一旦正式的国际贸易组织成立，将由其管理GATT实施。GATT（1947年）文本也没有规定组织机构、章程等事项，缔约各方采取联合行动共同作出决定只能以"缔约方全体"（用大写英文"缔约方"表示）名义，不是以一个正式组织的名义。关贸总协定成立之初是借用为筹建国际贸易组织由联合国设立的临时委员会的秘书处来管理其活动，1961年缔约方全体通过决议，决定设立代表理事会，规定了具体职权，至此，GATT有了一个组织的雏形，最终演变为总部设在日内瓦的事实上的国际组织。

第二节 世界贸易组织多边贸易体制

一、GATT乌拉圭回合谈判及世界贸易组织产生

关贸总协定的重要目标就是通过谈判削减缔约方的关税、减少非关税障碍、克服贸易保护主义影响、促进货物贸易自由化。GATT主持的关税减让谈判有三类：①多边贸易谈判，亦称"回合谈判"，这是在减少贸易障碍方面最有影响和成效的谈判；②加入谈判，由新加入方与主要贸易伙伴的原有缔约方（其出口占新加入方国内市场5%~10%的份额）和有实质利害关系的缔约方之间进行；③重新谈判，任何

缔约方由于国内形势变化需要修改执行中的关税减让表，它应根据 GATT 第 28 条规定，与初始谈判国和对修改有实质利害关系的缔约方进行谈判。为促进各国在互惠的基础上降低关税，GATT 进行过 8 个回合的谈判，每次都取得不同成果，其中第 8 回合的谈判成果尤为显著。

1986 年 9 月 15 日，GATT 缔约方部长级会议在乌拉圭的埃斯特角城召开，GATT 第 8 轮谈判即乌拉圭回合谈判正式拉开帷幕，会议通过了部长宣言，阐述了这次谈判的目标、原则和议题。先后有 125 个国家和地区的代表参加了此回合谈判，整个谈判原定于 1990 年底结束，但由于有关方面在农产品贸易问题上产生严重分歧，谈判未能按时结束，被迫拖延。但是大量的技术性工作仍在进行，其中最重要的是当时的 GATT 总干事阿瑟·邓克尔主持了官员级的谈判，形成了被称为"最后文件（Final Act）"的全部协议草案，它是现存的 WTO 整个框架协议的基础。1992 年 11 月美国与欧盟解决了农产品问题分歧，达成了协议（"布莱尔宫协议"），1993 年 7 月，美欧日加"四方（Quad）"就关税和相关领域市场准入谈判取得进展，1992 年 12 月 15 日所有问题最终得到了解决。1994 年 4 月 15 日，在摩洛哥古城马拉卡什会议中心举行了乌拉圭回合谈判最后一次会议，125 个国家的政府和欧共体代表签署了最后文件和《马拉喀什建立世界贸易组织协议》（简称"建立 WTO 协议"），历时 8 年的乌拉圭回合谈判正式结束。最后文件经各国提交立法机关批准后，已按预定时间表于 1995 年 1 月 1 日生效，世界贸易组织同时宣告成立。

乌拉圭回合谈判是 GATT 历史上一次最雄心勃勃的多边谈判，它持续时间长、规模大并取得巨大成果。谈判达成的具体协议、附件、决定和谅解有 60 项，形成了 550 页的最后文件，附有 22500 页的各国关税减让表和服务贸易承诺清单，从多方面革新了国际贸易体制，它的主要成果是：

1. 进一步改善了货物贸易市场准入条件，关税减让和约束的成果显著。到 2000 年，所有工业品加权平均的关税率，发达国家从 6.3% 降到 3.8%，发展中国家从 15.3% 降至 12.3%，转型经济国家从 8.6% 降至 6%。根据 1997 年世界贸易组织 40 多个成员达成的《信息技术协议》，到 2005 年，信息技术产品的关税降为零，并承诺每个参加方按最惠国待遇原则把这一减让适用于所有其他成员。在减少非关税障碍方面，东京回合谈判达成的各项约束非关税措施的协议得以完善并变成多边协议得以普遍实施；同时长期困扰 GATT 缔约方的"灰色区域措施"得以禁止。[1]另外还增加了《原产地规则协议》和《装运前检验协议》。

2. 将长期游离于 GATT 之外的纺织品服装、农产品贸易纳入多边贸易规则管辖。

---

〔1〕 虽有 GATT 一般禁止数量限制的原则，某些缔约方长期以来仍对于农产品、纺织品服装、石油、汽车等所谓"敏感商品"实行歧视性进口数量限制，由于这种限制采取的似乎是合法形式，有的通过签订"自愿出口限制协议"实行，有的如纺织品是在 GATT 主持达成的《多种纤维协定》安排下实行，所以效力不明，被称为"灰色区域措施"。

新的《农产品协议》和《纺织品协议》将直接促进这两个部门产品的贸易开放和自由，还解决了 GATT 规则在这两个领域内效力不明的状态（灰色区域），将增强多边贸易规则的统一性和有效性。

3. 强化了管理多边贸易的法律规则框架。谈判达成的各项协议和谅解达成了今后调整多方面贸易活动的完整而系统的国际法规则，除几个诸边贸易协定外，所有多边贸易协定都要求其成员一揽子接受和一体遵守，遏制了 GATT 东京回合谈判以来多边贸易体制存在的"分散化"的趋势，增强了多边贸易规则的统一性和约束力。

4. 完善了管理多边贸易的机构体制。乌拉圭回合谈判最重要的成果是通过了《建立 WTO 协议》，这一协议被认为是自《联合国宪章》产生以来影响世界的最重要的国际协议，根据协议建立的管理多边贸易的正式国际组织——世界贸易组织，使当初哈瓦那宪章勾画的理想变成了现实。在世界贸易组织伞状的机构体系内还包括一个经过法制化更新的争端解决机构和贸易政策评审机构，正如 WTO 总干事雷纳托·鲁杰罗所述："争端解决机构是多边贸易体制的中心支柱，是 WTO 对全球经济稳定作出的最独特的贡献"[1] 这两个机构的建立将有助于争议的防止和解决以及全部框架协议的贯彻实施。世界贸易组织将与世界银行和国际货币基金组织共同构成支撑世界经济的三大支柱。

5. 谈判达成了《服务贸易总协定》、《与贸易有关的知识产权协议》、《与贸易有关的投资措施协议》，扩大了多边贸易规则的调整范围，弥补了 GATT 调整货物贸易的单一性不足。有助于在新的国际经济关系中 WTO 成员权利义务平衡。新协议将促进全球服务贸易的开放和增长，促进知识产权保护及技术成果的开发利用。

6. 谈判贯彻了 1986 年埃斯特角部长会议宣言精神，在达成的各项协议中考虑到发展中国家特殊需要，给予其差别的更优惠待遇。表现在：允许发展中国家承诺较低水平义务，如在《服务贸易总协定》、《补贴反补贴协议》、《农产品协议》都有所体现；发展中国家在履行协定义务方面可以有较长过渡期；发展中国家享有程序上的灵活性和优惠待遇；要求发达国家对发展中国家承担一定义务如提供技术援助，等等。

世界贸易组织的成立结束了 GATT 主持阶段性回合谈判的惯例，世界贸易组织仍将为其成员扩大贸易自由化成果，探讨和完善国际贸易规则提供谈判场所，最后文件确定的近期谈判日程和议题包括农产品、服务贸易、贸易与投资、贸易与环境、竞争政策、贸易便利等。

二、世界贸易组织机构体制

（一）世界贸易组织的宗旨和职能

世界贸易组织与其前身关贸总协定一样，都是建立在市场经济制度和西方自由贸易理论基础上的。自由贸易理论主张国家不限制或较少地限制对外贸易，应允许

---

[1] 世界贸易组织秘书处编：《贸易走向未来——世界贸易组织概要》，法律出版社 1999 年版，第 68 页。

商品自由进出口，不给本国生产商和出口商特权与优惠，也不严格限制外国商品进口。英国古典经济学家亚当·斯密和大卫·李嘉图是自由贸易理论的奠基人。亚当·斯密（1723～1790 年）提出了倡导自由贸易的绝对成本（利益）理论，认为各国在生产中都有特定的优势，包括自然条件优势和人民能力技能的优势，因能力不同会形成生产成本和生产率的巨大差异，一国生产某种商品所具有的较低成本和较高生产率就是绝对利益，各国应生产和出口那些具有绝对利益的商品而进口本国不具有绝对利益的商品，这样各自获得的商品总量都会增加，对贸易双方都有利。大卫·李嘉图（1772～1823 年）进一步提出了比较利益理论。他认为一个国家即使有两种以上具有绝对利益的产品，它也要比较利益程度的不同，集中力量生产和出口绝对利益比较大的产品，进口绝对利益比较少的商品；另一些国家即使产品都处于绝对不利的地位，也要比较不利的程度，集中力量生产出口那些不利程度较小的商品，可进口不利程度较高的商品，即"有利取其重，不利取其轻"。GATT 缔造者希望建立一种没有贸易保护主义干扰的自由贸易秩序，使商人在安全稳定的交易条件下自行进行成本利益比较，寻找最佳的出口交易，获取最大利益。古典比较利益理论的重要缺陷是单纯以商人的立场和价值观权衡比较利益，以单纯经济观点作为立论基础，较少考虑贸易对社会公共利益、环境、国家可持续发展的负面影响，以及生产交换的"外化性"和外部效应。[1] 以此为基础的 GATT 规则在贸易竞争与社会全面的可持续发展协调方面存在重要缺陷。WTO 在宗旨和制度上力图加以改进，但仍受到责难。在 WTO 举行的几次部长会议期间，会议所在地发生了大规模抗议示威，民间组织要求 WTO 关注与贸易有关的环境、劳工、食品安全等问题，从一个侧面反映了这一矛盾。

《马拉喀什建立世界贸易组织协议》正文共 16 条，另有 4 个附件列于其后。正文规定了 WTO 宗旨、职能和组织机构、决策方式等事项。WTO 协议序言规定，世界贸易组织的宗旨是：①加强世界经济与贸易的联系与合作，以提高生活水平，保障充分就业，增加实际收入和有效需要，增加货物与服务的生产和贸易。同时考虑到以可持续发展的方式，合理开发和利用世界资源，保护和维护环境。②通过实施切实有效的计划，以确保发展中国家在国际贸易增长中的份额，适应其经济发展需要。③通过互惠互利的协议安排，实质性地降低关税，减少其他贸易壁垒，在国际贸易中消除歧视待遇。④维持关贸总协定的基本原则，进一步完成关贸总协定的目标，发展一个综合的更加有活力的、持久的多边贸易制度。

世界贸易组织的宗旨在基本方面与 GATT 宗旨是一致的，但是又有所扩展。WTO宗旨新增的内容是：①扩大服务贸易；②采取措施保护和维护环境；③积极努力，确保发展中国家，特别是最不发达国家的贸易份额；④建立综合的更有活力的多边贸易制度。

---

[1]　［美］曼昆：《经济学原理》，梁小民译，北京大学出版社 2001 年版，第 211 页。

世界贸易组织的宗旨表明：世界贸易组织和 WTO 法希望促成的国际贸易发展模式是以人为本，可持续发展的模式。它不仅要体现市场开放带来的贸易增长，更要在发展进程中"提高人民生活水平，保证充分就业"，增进人民福利，寻求对世界资源的最佳利用，保护和维护环境。实现经济发展与社会发展的协调，实现贸易增长与资源环境保护的协调。这是从 GATT 体制下旧的发展模式向适应经济全球化进程的科学，可持续发展模式的历史性转变。其次，WTO 法体现了以人为本，维护人权的核心价值，将提高人民生活水平，保障充分就业，保证人民实际收入和有效需求大幅增长，保护和维护环境作为基本目标。这一目标与我国政府及执政党工作的宗旨是一致的，党的正确方针政策是在中国实施 WTO 法的特殊形式。能否实现以人为本可持续发展的目标将成为检验我国能否正确理解和执行 WTO 法的"试金石"，WTO 法是否制定得好，执行得好，关键要看人民群众是否从贸易增长中获得实惠。还应看到 WTO 法将发展成为一个综合的、更有活力的多边贸易体制，它将调整更广泛的经贸领域。WTO 法及机构体制的正式性、它对于各成员的有力约束，决定其将担负起未来全球化治理的重任，共同管理全球性公共产品及全球性经济福利，人权及环境保护，解决更广泛的可持续发展问题。

WTO 协议第 3 条规定了世界贸易组织的职能：①促进 WTO 各项宗旨的实现，监督与管理其统辖范围内的各项协议与安排的实施运行，并为执行上述各项协议提供统一的机构框架。②为今后多边贸易谈判提供论坛和场所。③按一体化争端解决规则程序，解决各成员之间的贸易纠纷。④与国际货币基金组织和世界银行等相关国际组织合作，协调全球经济决策。

（二）WTO 成员、组织机构和决策方式

WTO 是政府间国际组织，其成员是主权国家和在对外贸易方面有充分自主权的单独关税领土的政府，WTO 组织的谈判、议事活动和争议解决都由这些政府的代表参与，除政府代表以外的任何个人、工商企业和非政府组织无权参加其活动，只有少数专家可在 WTO 内由非政府代表组成的机构中从事公务。

WTO 成员分为创始成员和加入成员。WTO 协议第 11 条规定：GATT（1947 年）缔约方和欧共体在 WTO 协议于 1995 年 1 月 1 日生效前表示同意接受该协议及其附件多边贸易协定的约束（不包括诸边贸易协定），并向 WTO 提交了关税减让表和专项承诺表，附于 GATT（1994 年）和《服务贸易总协定》之后，就成为 WTO 创始成员。在 1995 年 1 月 1 日前未能满足上述条件的 GATT（1947 年）缔约方在 WTO 协议生效以后 2 年过渡期间内，完成上述条件的，仍可成为 WTO 创始成员，否则，将按 WTO 协议第 12 条规定，以加入方式成为 WTO 成员。截至 1996 年 8 月 1 日，有 123 个国家和地区成为 WTO 创始成员，其中包括美、加、欧共体、日本等主要发达国家。到 2013 年 12 月，世界贸易组织成员已达 159 个。

对于在 1996 年底仍没有成为 WTO 成员的 GATT 缔约方和其他非 GATT 缔约方可以加入方式成为 WTO 成员。WTO 采纳了 GATT 接纳新成员的做法，即任何国家或在对外贸易关系和与 WTO 协定相关事务方面有充分自主权的单独关税领土，可以按照它与 WTO 议定的条件加入 WTO，同意接受新成员的决定由部长会议作出，经 WTO 2/3 以上的成员批准。以加入方式成为 WTO 新成员的最重要工作是同原有成员进行关税减让和服务贸易市场准入谈判，谈判结果形成附加于 GATT（1994）的关税减让表和附加于《服务贸易总协定》的服务贸易专项承诺表。

诸边贸易协定的加入按这些协议的规定处理。由联合国承认的最不发达国家只承担与其发展、经济条件、行政能力相适应的减让义务。

按照 WTO 协议的规定，世界贸易组织设有部长级会议、总理事会、专门理事会、委员会、总干事、秘书处等机构。

1. 部长级会议。是世界贸易组织最高决策机构。由 WTO 所有成员的代表组成，至少每 2 年召开一次会议。部长级会议的职能是：①履行世界贸易组织的职能，并为此采取必要行动；部长会议为履行 WTO 职能采取的"必要行动"的范围是广泛的。GATT（1994 年）注释中指出："除某些例外，GATT 条款中授予缔约方全体采取联合行动的职权将授予部长会议。"这说明"必要行动"包括 GATT 第 25 条各款所述缔约方全体采取联合行动的范围，也包括为贯彻 WTO 其他协议应采取的行动。②根据其成员的请求，在符合 WTO 协议和多边贸易协议决策程序的特别要求情况下，有权对多边贸易协议中的任何事项作出决定。

2. 总理事会。为 WTO 常设执行机构，在两届部长级会议之间主持 WTO 日常工作，履行部长会议的职能，批准各委员会的决议。总理事会也是 WTO 争端解决机构和贸易政策评审机构，它们根据不同的职权范围召开会议，在履行各自职能时由各自的主席领导，适用各自的规则程序。上述三个机构由所有成员的代表组成，向部长级会议负责和报告工作。

根据《贸易政策评审机制》协议，设立的贸易政策评审机构负责定期审议成员的贸易政策和措施，审议是基于一成员政府提供的详细叙述其贸易政策的报告和世界贸易组织秘书处所独立准备的一份详细报告进行，这两个报告以及贸易政策评审机构的审议记录将在审议后立即公布。协议承认国内透明度必须建立在各成员自愿基础上并考虑各成员的政策法律制度。贸易政策评审的目的是了解各成员实施 WTO 协议的情况，尽可能减少贸易争议，审议不是强制实施义务的基础，也不是为了争议解决。对一成员贸易政策审议的频率按该成员在世界贸易中所占份额决定，四大贸易实体——欧盟、美国、日本和加拿大每 2 年审议一次；贸易份额占前 16 位的成员每 4 年审议一次；其他成员每 6 年审议一次。

3. 分理事会。总理事会下设三个分理事会协助其工作，负责监督协议的实施。货物贸易理事会监督 GATT（1994 年）及相关协议的运作；服务贸易理事会负责《服务贸易总协定》的实施；与贸易有关的知识产权理事会负责 TRIPS 协议的执行。分理事会成员资格向 WTO 所有成员的代表开放，并按履行职务的需要召开会议。WTO 的工作（包括正式的和非正式的）由各成员的政府代表完成，贸易政策和谈判在国内准备。[1]

4. 专门委员会、工作组。WTO 设有两类专门委员会和工作组，分别由相应的机构授权履行职能。第一类由总理事会以及根据部长会议决议设立的工作机构，履行 WTO 协议及总理事会授予的职能，包括贸易与环境委员会、贸易与发展委员会、区域贸易协定委员会、国际收支平衡委员会、最不发达国家小组委员会。此外还包括根据诸边贸易协定设立的政府采购委员会、民用航空器贸易委员会。根据诸边贸易协定设立的委员会有义务保持与总理事会的沟通，使之了解它们的活动情况，但是总理事会及 WTO 其他机构的权力对这些委员会无约束。总理事会下设若干工作组协助其活动。第二类是由分理事会设立的工作机构，货物贸易理事会管理的所有货物贸易多边协议，除《装船前检验协议》外都设立了相应的工作委员会（共 11 个），还设立纺织品监督机构和国营贸易工作组。它们监督各自协议的实施，向货物贸易理事会报告工作。服务贸易理事会负责《服务贸易总协定》的实施，设立了金融服务贸易委员会，具体承诺委员会和职业服务工作组。各专门委员会的成员资格向所有 WTO 成员代表开放。

5. 总干事和秘书处。世界贸易组织下设秘书处，由部长会议任命的总干事和若干副总干事领导。总干事的职责和任职条件由部长会议制定的规则确定。总干事是世界贸易组织规则监护人，通过对成员施加影响，促进规则的遵守和实施；他也是调停人和行政主管，帮助解决成员之间的争议；负责秘书处的工作，主持各种谈判；总干事根据规则决定工作人员资格（设在瑞士日内瓦的 WTO 秘书处现有约 500 名不同国籍雇员）。秘书处的职责是为 WTO 各代表机构（理事会、委员会、工作组）进行谈判、解决争议和执行协议提供行政和技术支持；为发展中国家特别是最不发达国家提供技术援助；处理成员的加入谈判，为准备加入的国家提供咨询。秘书处下设总干事办公室和与 WTO 各机构、各专门委员会对应的工作部门（共 24 个司），以支持、协助 WTO 各部门的工作。总干事及其工作人员的责任具有专门性和国际性，他们在履行职务时不得寻求或接受来自于任何政府或世界贸易组织以外其他当局的指示，世界贸易组织成员应尊重这种国际性，不应对其施加影响。

WTO 全体成员可以参加所有理事会和委员会，但上诉机构、争端解决专家组、纺织品监督机构及诸边贸易协议委员会除外。

WTO 协议第 9 条第 1 款规定，WTO 将沿用关贸总协定中以协商一致来决策的惯例。在这一条的注释中说明："协商一致（Consensus）是指在作出决定的会议上，如果出席会议的成员没有一个对所作出决议提出正式反对意见，决议机构被认为以协

---

[1] 大多数国家在日内瓦设有外交使团，参加 WTO 各层次会议，但由于经费原因，在 WTO 30 个最不发达国家中，只有 1/3 在日内瓦设有常驻代表办公室，而且除 WTO 活动外，还负责联合国的活动。

商一致的方式对提交审议的事项作出了决定。"[1]　"协商一致"是 GATT 及其他国际组织的主要决策方式，也是 WTO 部长会议和总理事会的主要决策方式。除此之外，WTO 协议规定以下事项应以 WTO 成员投票表决方式决定：①部长会议和总理事会有权根据分理事会的建议解释 WTO 协议的所属多边贸易协定，对协议条款的解释需经 WTO 成员 3/4 多数通过。②前述协议的一般条款修改需以 2/3 多数票通过，某些重要条款如"最惠国待遇"的修改需经全体成员通过才有效。③豁免某成员 WTO 义务需经 3/4 多数票通过。

部长会议和总理事会表决采用一成员一票制，不采取加权投票制。同时 WTO 协议作出了类似于 GATT 第 30 条的规定，即 WTO 成员保留接受世界贸易组织批准的新义务的权利（第 10 条）。

（三）世界贸易组织与 GATT 在组织上的关系

世界贸易组织是在组织上取代关贸总协定，协调和约束各成员贸易政策、法规和措施的政府间国际组织。在组织上，WTO 与 GATT 之间是替代关系，世界贸易组织具有不同于其前身关贸总协定以及其他国际组织的鲜明特点。

在法律地位上，世界贸易组织是与 GATT 有实质区别的永久性的正式的国际组织，它依法成立，是如同主权国家一样的国际法主体，具有法律人格（Legal Personality），世界贸易组织成员必须给予该组织履行职能必需的权利能力、特权和豁免，它的工作人员和成员代表在履行世界贸易组织职责时同样享有必需的外交特权和豁免。世界贸易组织的决议，它所管辖的框架协议对其成员有法律约束力。世界贸易组织成立后取代了关贸总协定这个临时的非正式组织的地位，关贸总协定作为一个组织已于 1996 年正式终结，世界贸易组织成了惟一的调整多边贸易关系的国际组织。但是世界贸易组织与国际货币基金组织和世界银行不同，它不是联合国的下属机构，它将与这两个机构有效合作，共同协调国际经济关系。

世界贸易组织改变了关贸总协定仅仅调整一部分货物贸易的局限性，调整更广泛的经贸关系领域。世界贸易组织把农产品、纺织品服装纳入了管辖范围，除此以外，还调整与贸易有关的知识产权保护、国际投资措施、服务贸易、环境政策和竞争政策等，必将为成员间多领域的经济合作和可持续发展起促进作用。

世界贸易组织是统一的多边贸易管理机构，它将谈判达成的所有协议文件都纳入了管辖范围，除几个诸边协议外，所有多边协议都要求成员一揽子接受，服从 WTO 一体化争议解决，改变了 GATT 东京回合谈判达成的某些守则既可接受也可不接受，它的管理和争议解决脱离多边贸易体制的"分散化"的趋势，有助于建立规

---

〔1〕　赵维田教授认为："Consensus"译为"共识"更贴切。这一程序的规则是：只要在决策会议上没有人正式反对，就算达成共识，缺席、弃权、沉默均不妨碍达成共识。而采取沉默态度对那些决议事项与之关系不大，不想以明确表态开罪别国的小国更可取，这也是对大国经济实力的尊重。赵维田：《世贸组织（WTO）的法律制度》，吉林人民出版社 2000 年版，第 446 页。

范统一的国际经济秩序。

世界贸易组织具有健全的机构体系和更广泛的代表性。以部长会议为核心、以总理事会为主干的伞形机构体系将有效保证协议的贯彻和相关职能活动的开展，特别是争端解决机构和贸易政策评审机构对其成员有实质上的约束作用，前者通过准司法性的争端解决程序和交叉报复手段保证所管辖的争议及时解决，所作出的裁决和建议有效执行；后者监督其成员贸易政策和法律的制定情况，保证其透明度与WTO原则和规则相符合。世界贸易组织目前已有135个成员，随着俄罗斯和中国台湾地区等国家和地区的加入，不论其所代表的国家或地区以及人口数额、所代表的贸易额都将占世界绝大多数。

另一方面，世界贸易组织与GATT也存在组织上的联系。世界贸易组织成立后，GATT作为独立的组织机构已不存在，但是这个实体并没有解散，而是转变成世界贸易组织的下属机构——货物贸易理事会，负责监督多边货物贸易规则的实施，GATT所有工作人员也被WTO雇佣；在组织构成上，WTO成员完全以原GATT成员为主体，125个GATT缔约方已成为WTO创始成员；更重要的是，GATT组织活动原则、程序规则和习惯做法也被WTO接受。WTO协议第16条规定："除非本协议或复边贸易协议另有规定，世界贸易组织将接受GATT（1947年）缔约方和在GATT（1947）法律框架内建立起的机构所遵循的关贸总协定的决定，程序、习惯做法的指引。"

三、世界贸易组织多边贸易法律体系

（一）世界贸易组织管辖的框架协议

乌拉圭回合通过的最后文件构成了调整多边国际经贸关系的法律框架。最后文件分为两部分：一部分为《马拉喀什建立世界贸易组织协议》及其涵盖的多边和诸边贸易协议，它们构成多边贸易法律框架的主体；另一部分为乌拉圭回合部长级会议通过的宣言和决定，其内容主要是对第一部分多边贸易协定涉及的细节问题作补充性规定。乌拉圭回合达成的最后文件示意如下：

第一部分：《马拉喀什建立世界贸易组织协议》及其附件

《马拉喀什建立世界贸易组织协议》

附件1A：各项货物贸易多边协议

1. 《关贸总协定1994》。

（1）经修订的GATT1947文本的各项条款。

（2）在WTO协议生效前，依据GATT 1947生效的下列文件的各条款：①关税减让的议定书和证明；②加入议定书（关于临时适用，临时适用的撤销，"祖父条款"除外）；③根据GATT 1947第25条授权作出的，在1995年1月1日仍有效的关于解除缔约方义务的决定；④GATT 1947年缔约方的其他决定。

（3）下列关于GATT条款的谅解：①关于GATT 1994年第2条1（b）的解释；②关于GATT 1994第17条的解释；③关于GATT 1994国际收支平衡条款；

④关于 GATT 1994 第 24 条的解释；⑤关于 GATT 1994 免除义务的规定；⑥关于 GATT 1994 第 28 条的解释。

(4) GATT 1994 马拉卡什议定书关于 GATT1994 的解释性说明。

2. 农产品协议。

3. 动植物卫生检疫措施协议。

4. 纺织品服装协议。

5. 技术贸易壁垒协议。

6. 与贸易有关的投资措施协议。

7. 关于实施 GATT 1994 第 6 条的协议。

8. 关于实施 GATT 1994 第 7 条的协议。

9. 装船前检验协议。

10. 原产地规则协议。

11. 进口许可证手续协议。

12. 补贴和反补贴措施协议。

13. 保障措施协议。

附件 1B：《服务贸易总协定》及其附件

1. GATS 第二议定书（金融服务）。

2. GATS 第三议定书（自然人流动）。

3. GATS 第四议定书（基础电信）。

4. GATS 第五议定书（金融服务）。

附件 1C：《与贸易有关的知识产权协议》

附件 2：《关于争端解决的规则和程序的谅解》

附件 3：《贸易政策评审机制》

附件 4：诸边贸易协定

1. 民用航空器协定。

2. 政府采购协定。

3. 国际奶制品协定。

4. 国际牛肉协定。

第二部分：部长会议宣言和决议（略）

第一部分中，《马拉喀什建立世界贸易组织协议》是主协议，是多边贸易法律框架的核心。该协议兼具契约性和法规性。协议本身极少直接规范管理多边贸易关系的实质规则，主要内容是对世界贸易组织的成立、宗旨、职能、机构设置、决策方式、成员权利义务（组织方面的）作出约定（契约性）[1] 调整多边贸易关系、规范国际贸易竞争规则的实质规则体现在附属的多边和诸边协议以及其他谅解和决定中，它们作为 WTO 协议的附件列入其后（法规性）。附件中的协议文件既有实体法，也有程序法规则，按内容可分为五个部分：①货物贸易多边协定，包括 13 项独立协议，由 GATT 1994 和乌拉圭回合谈判达成的新协议组成（附件 1A）；②《服务贸易总协定》（附件 1B）；③《与贸易有关的知识产权协议》（附件 1C）；④《关于争端解决的规则与程序的谅解》（附件 2），《贸易政策评审机制》（附件 3）；⑤4 项诸边贸易协定（附件 4）。[2]

从整体上看，WTO 规则仍然秉承了 GATT 自由贸易与市场开放原则、公平贸易（非歧视）原则和权利义务平衡可预见性原则的制度基础[3]。只不过非歧视原则被创造性地引入服务贸易总协定和与贸易有关的知识产权协议，各自适用于不同的调整范围。自由贸易和利益平衡已扩大适用于包括农产品、纺织品服装贸易、服务贸易等更广泛的领域。WTO 规则保持 GATT 的高度灵活性特征，一般规则与具体承诺相结合、严格法律义务与道义义务相结合、基本原则和例外规定的有机结合在新协议及新的市场准入谈判结果中都有所体现。

但是 WTO 规则是正式的国际协议，通过健全的组织体系和准司法性的争端解决机制，WTO 规则获得了比 GATT 更大的强制性和约束力。实践证明，这一特点使 WTO 规则在当今全球治理中发挥着独特作用：首先 WTO 规则已变成全球法的核心成分，WTO 规则正在整合全球法，共同实现全球治理。"全球法"（global law）[4] 是比传统国际法更广义的概念，它是指所有为实现全球治理而从外部影响国内法、国家各项管理制度和私人行为的国际规范。在法律渊源上，全球法不仅包括传统国际公法中的条约惯例，还包括大量非正式的国际规范（原则、指引、标准、准则和建议等）。在全球法中存在一种"借力机制"（borrowing regime）或整合作用，一方面 WTO 规则利用这些正式或非正式的国际规范确立公平的国际标准来管理贸易；另一方面，这些标准和规范因为 WTO 规则和争端解决的采用而增强了约束力。其次，WTO 规则在实现国家内部"良好治理"中发挥积极作用。接受 WTO 规则就意味着接受市场化、法治、透明度及责任政府、非歧视、保护个人权利等民主的价值目标，将促进成员的改革开放民主化进程。

世界贸易组织成员对 WTO 多边贸易协定采取"一揽子接受"方式，除 4 个诸边

---

〔1〕 WTO 协议中对多边贸易关系有直接影响的规则是第 9 条关于附件 1 多边贸易协定义务的豁免，第 13 条关于 WTO 成员间互不适用多边协议的规定。

〔2〕 随着《农产品协议》的生效和实施，1997 年 WTO 成员同意在当年底废止牛肉协议和奶制品协议，诸边协议仅剩 2 个。

〔3〕 WTO 秘书处编：《贸易走向未来》，法律出版社 1999 年版，第 3 页。

〔4〕 关于全球法类型 See Benedict Kingsbury, Nico Krisch &Richard B. Stewart, "The Emergence of Global Administration Law", *Law and Contemporary Problems*, Vol. 68, Summer/Autumn, 2005, p. 20.

贸易协定可有选择地自愿参加外，WTO 协议与其所涵盖的全部多边贸易协议、谅解是不可分割的组成部分，应一并加入，WTO 成员不得把其中任何单一的协议文件排除在外，拒绝接受。但是，在接受有关的多边协议时，经其他成员同意并在协议允许的范围内，可以对协议中某些条款作出保留。多边贸易协定的效力关系是，当WTO 协议与其涵盖的多边贸易协议不符时，在不符的范围内，前者优先适用；当GATT 1994 与其他多边协议不符时，后者优先适用。这种制度安排比原 GATT 规则体系更具有协调统一性。

（二）WTO 法律体系与 GATT 1947 的关系

在法律制度上，WTO 多边贸易规则是对 GATT 1947 原则和规则的继承和发展。

一方面，从继承关系来看，首先，WTO 规则全面接受了 GATT 1947 确立的宗旨，即要在处理经贸关系方面，加强各国之间的合作，通过互惠互利的安排，减少关税和非关税贸易障碍，促进各国经济增长，提高人民生活水平；其次，WTO 规则继承了 GATT 1947 的基本原则，如最惠国待遇、国民待遇、关税减让和约束、禁止数量限制、开放市场、透明度、多边主义、发展中国家的差别的优惠待遇，这些原则仍然是 WTO 处理多边货物贸易关系的准则；最后，WTO 接受了 GATT 1947 的基本规则，除导致 GATT 1947 临时生效的《GATT 临时适用议定书》外，GATT 1947 以及后续发展起来的进一步阐述 GATT 规则的协议和守则，经过乌拉圭回合谈判进一步修订，演变成 GATT 1994 和若干单独协议，被纳入 WTO 附件 1A 货物贸易规则框架内，成为调整多边贸易关系的四方面基本实体法之一。

另一方面，WTO 又从整体上发展了 GATT 1947 的原则和规则。首先，世界贸易组织除坚持 GATT 原有宗旨外，将发展服务贸易、保护环境和资源以使经济可持续发展，确保发展中国家国际贸易增长作为多边贸易体制的新目标；其次，GATT 1947 的基本原则被引入服务贸易、与贸易有关的知识产权保护、与贸易有关的投资措施等多边贸易关系的其他领域，并相应地赋予新的含义，将促进这些领域各国经贸关系健康发展；最后，在 GATT 以调整货物贸易关系为主的规则基础上，WTO 充实了一些重要新规则：①增加了调整经贸关系新领域的三个协议；②增加了有利于多边贸易体制健康发展的争议解决规则和贸易政策评审制度。未来还将制定与贸易有关的环境保护、劳工保护、国际反垄断等多边贸易规则。

新的货物贸易规则与 GATT 1947 也有很大不同：一个是正式的国际协议，一个是非正式的文本。世界贸易组织成立后，对于产生于 1947 年的最初 GATT 文本称"GATT 1947"，在乌拉圭回合谈判前近 40 年间，GATT 1947 被多次更新补充，增加了一些解释性说明，乌拉圭回合谈判通过一些谅解协议再次补充了 GATT 条款，经过这次更新后的 GATT 文本称"GATT 1994"，GATT 1994 是 GATT 1947 以及此后形成的所有相关解释性说明、谅解、加入议定书、关税减让表的总和。WTO 货物贸易协议是由 GATT 1994 及其他单独协议构成的。GATT 1994 虽然吸收了通过《临时适用议定书》生效的 GATT 1947 文本，但是，GATT 1994 的范围已不同广义的 GATT

第
十
章

1947，GATT 1947 的后续协议，特别是东京回合达成的 9 个守则都属于广义的 GATT，而 GATT 1994 不包括这些守则，后者独立出来，成为与 GATT 1994 平行的单独货物贸易协议；GATT 1994 也不包括作为 GATT 1947 组成部分的临时适用议定书，后者已被取消；此外乌拉圭回合谈判达成了 6 个修改 GATT 条款的谅解，它们也是 GATT 1994 的组成部分，这些谅解对 GATT 作出了重要的修改补充。内容上，WTO 协议及其涵盖的多边货物贸易协议在一些重要方面更新了 GATT 1947：①建立了农产品和纺织品贸易规则，将这些长期游离于 GATT 之外的产品交易纳入多边贸易规则调整范围；②新的《保障措施协议》明确禁止 WTO 成员之间通过签订"自愿出口限制协议"，"有秩序的销售安排"实施隐蔽的数量限制，使灰色区域明朗化；③GATT 第 25 条允许缔约方在特殊情况下经批准解除某些义务，WTO 协议第 9 条肯定了这一权利，但谅解协议规定了严格程序约束其成员行使这一权利，防止成员滥用这一条来逃避义务；④临时适用议定书被取消后，GATT"祖父条款"不复存在，自 WTO 协议生效时起，各成员应确保其国内法与多边贸易规则相符，未经批准，不得保留不符的情况；⑤将东京回合达成的约束非关税措施协议纳入多边贸易框架，要求成员普遍遵守，使非关税措施的运用受到严格约束，增强了多边贸易规则的统一性和有效性。

四、多边贸易规则的国内实施

（一）多边贸易规则的法律效力

从地域范围看，WTO 规则适用于各成员的全部关税领土。正如中国加入 WTO 议定书所规定，WTO 协议和中国加入 WTO 的法律文件（议定书、报告书、加入决定）适用于中国的全部关税领土，包括边境贸易区、民族自治地方、经济特区、沿海开放城市、经济技术开发区及其他经济特区。[1]

WTO 多边贸易规则对于其成员的中央政府有直接的约束力。这种约束力的表现和基本要求是：中央政府应保证其贸易政策、法律、法规和行政措施的透明度；应保证其贸易政策、法律和行政措施与多边贸易规则及该成员承担的 WTO 义务相符；如果出现不符情况，应通过国内程序改正。[2] 但是，WTO 规则并没有规定各成员应以何种国内措施履行其在 WTO 中的义务，各成员可以采取与其传统和政治体制相适应的方式实施协议。从中国履行义务的实践看，中国是以"转化"的方式，即将 WTO 协议及中国加入 WTO 的承诺转化为国内政策、法律和措施，通过立法、行政和司法等方式执行该协议。另一突出特点是，中国党和国家政策在执行 WTO 协议中发挥着独特作用。

《马拉喀什建立世界贸易组织协议》没有关于各成员对成员境内其他地方政府或非政府组织的行为承担责任的一般规定，某些具体协议，其中主要是 GATT 1994 及《服务贸易总协定》规定了地方政府应承担的遵守协定义务。GATT 1994 第 24 条第

---

〔1〕 见《中华人民共和国加入议定书》第 2 条 A 项第 1 款。
〔2〕 见《建立世界贸易组织协议》第 16 条及《关于争端解决规则与程序的谅解》第 3 条规定。

12 款规定："缔约方应采取一切可能采取的合理措施，保证它领土内的地区政府和当局及地方政府和当局能遵守本协定的各项规定。"《关于解释 GATT 1994 第 24 条的谅解》进一步强调："各成员对 GATT 1994 所有条款的遵守依据该协定负全部责任，各成员应采取可行的一切合理措施确保其领域内各地区、地方政府和当局遵守该协定。"根据 GATT 专家小组的解释，GATT 第 24 条第 12 款的规定同样适用于其他属于 GATT 范围（广义）的单独协议的遵守，只不过把各成员地方政府义务变成遵守这些单独协议的义务。这意味着一成员境内地方当局采取的影响 GATT 及其他单独货物贸易协议实施的措施同样可以成为有利害关系的另一成员向世界贸易组织提出争议解决的理由，一旦作出肯定裁决，中央政府有责任尽一切努力取消地方当局采取的与 GATT 不符的措施，否则将引起另一成员的报复制裁。类似的规定也见于《服务贸易总协定》，GATT 第 1 条指出该协定适用于其成员影响服务贸易所采取的措施，这些措施是指中央、地区、地方政府和当局所采取的措施以及代表中央、地区、地方政府和当局实施权力的非政府组织采取的措施。还规定"为履行本协定下的责任和义务，各成员应采取一切可能的适当措施确保其境内的地区地方政府和当局及非政府组织履行其责任与义务"。这里特别强调各成员对境内非政府组织（指代表政府行使权力的组织）的行为也要负责。

依据国际条约法原则，缔约方不得援用国内法条款作为其不能履行条约义务的辩解理由，主权国家签署了条约，该条约经过转化或直接采纳而具有国内法效力，中央和地方当局都应遵守，中国加入 WTO 后履行 WTO 义务的实践说明中国主要以转化的方式执行 WTO 法，但是不排除今后在法无明文规定时直接采纳 WTO 法。上述 GATT 第 24 条第 12 款及《服务贸易总协定》的规定实际上是针对地方享有较大自治权的联邦制国家的特殊规定，当联邦制国家的联邦政府对州、省政府采取的与多边规则有关的措施无管辖权或管辖权不明时，依据 GATT 专家小组报告，联邦政府有责任采取"严肃的、持久的、令人信服的努力"确保地方当局遵守 GATT 条款。[1]

（二）多边贸易规则与成员境内公民和企业的关系

一般情况下，世界贸易组织规则对各成员境内的自然人、法人没有直接的约束力，自然人和法人既不能直接参加 WTO 的活动，也不得参与 WTO 的争议解决，因为他们不是条约这种国际法的主体。更重要的是 WTO 规则创设的权利义务基本上是由政府承担的，所调整的法律关系主体是各成员的政府，尽管政府实施 WTO 规则的结果可以产生私人的权利义务，但这些权利义务是国内法的权利义务，它不是 WTO 规则直接授予个人的，而是间接地经由各成员政府履行条约义务创立的。

WTO 规则是成员境内私人某些经济权利的重要来源，并且不排除其在某些国家具有直接效力，公民可以直接援用 WTO 规则起诉成员政府，主张依据 WTO 规则应

---

〔1〕 见 GATT 专家小组对"加拿大省交易局关于进口酒类销售的规定"争议案裁决（1989）。

享有的权利。[1] 这些权利蕴涵在 WTO 协议及涵盖的多边协议条款中，有些可以从出口国政府获得，有些可以从进口其产品或服务的进口国当局获得。如进口商有权要求政府在规定时间内发放进口许可证；要求海关接受其正确的申报货价；向政府主管当局申诉，就外国倾销产品展开调查；出口商有权获得出口产品间接税的退还，有权要求进口国非歧视地对待其出口商品。WTO 规则因其所属国家和地区的政府接受而成为国内法的一部分，它是相互开展经贸活动的准则，也改善了市场准入条件，提高了工商企业市场准入的安全性和稳定性。经营者可以合理期待：WTO 成员大部分商品的关税已经减少和被约束，进出口贸易不会受到突然的高关税或国内税的限制干扰，也不会对服务或服务提供者的市场准入施加超过义务承诺表中规定的限制条件；每一成员能够确保其海关估价、商品检验、发放进出口许可证方面符合 WTO 统一规则。

WTO 成员的公民、工商企业也会积极影响多边贸易规则的制定、运行和完善。参与 WTO 规则制定的成员政府代表通常要反映本国对外贸易政策和对外贸易利益，而这种利益要求和政策取向可以从本国公民、企业的意见和建议中得出，他们间接地影响 WTO 决策。[2] 虽然只有 WTO 成员的政府才有资格代表本国申请 WTO 争端解决机构解决争议，而政府通常是根据国内工商企业利益遭受损害的事实或应企业的要求才提起申诉，诉诸 WTO 争议解决的行动应该获得国内企业支持，因此国内企业间接影响 WTO 争议解决。多边贸易规则的遵守主要依靠 WTO 的垂直监督以及成员之间相互监督，其中成员国内的公民企业组织也是重要监督力量，他们是开放公平的贸易体制的最主要支持者。

第三节　世界贸易组织争端解决机制

一、GATT 争端解决模式

国际法理论将国际争议分为政治争议、法律争议和事实争议。政治争议是涉及国家及领土主权和尊严的重要政治、经济利益冲突；法律争议涉及条约的遵守等国

---

[1] 1973 年，意大利 Manifattura Lane Marzotto 公司起诉意大利财政部，认为其收取的"行政服务费"违反了 GATT 第 3 条第 1 款 B 项，被告辩称 GATT 规则无直接效力，因意大利议会没有通过实施立法，米兰初审法院判决支持被告。但上诉法院推翻初审判决，裁决被告的行为非法。该案见于 Ray August：《国际商法》，高等教育出版社 2002 年版，第 370 页。

[2] 《与贸易有关的知识产权协议》谈判过程中，西方跨国公司和行业协会对协议达成起了主要推动作用。具有影响的 3 个商业组织，欧洲工业和雇主同盟，日本经济组织联合会，美国知识产权委员会于 1988 年提出了《GATT 知识产权条款基本框架》，并极力说服不同类型的 GATT 缔约方代表通过 TRIPs 协议。参见 Gail E. Evans，"Intellectual Property as a Trade Issue：The Making of TRIPs"，*World Competition*，1995，p. 165.

际法上的权利义务问题；事实争议涉及某项国际争端事实的确认。[1] 这种理论上的界限在实际国际交往中有时不加严格区分，比如政治利益冲突常以法律争议形式出现，法律争议、事实争议也可能演变为政治冲突。解决国际争端的办法有两类：一类是谈判、磋商、斡旋、调解、调停等外交手段；另一类是仲裁、专家小组裁决、国际法院判决这些法律手段。其中谈判磋商是对各种争议解决普遍适用的，也是最简单的方式，除此以外的其他外交手段适用于解决政治纠纷，是政治解决方式，法律手段适用于解决法律争议。

关贸总协定（GATT）所管辖的争议基本属于因条约遵守引起的法律争议，这类争议频繁发生，有明确的协议根据和协议管辖机构，应采用判决性的法律方式解决，其好处是：①以规则为根据，有严格程序保证的判决方式，可以使争议迅速有效解决，避免久拖不决，也具有确定性和可预见性，能充分发挥规则的指引作用；②判决性使裁量标准协调统一，减少同样案件审理结果的差异，减轻政治强权的压力，使裁判相对公正；③判决性意味着规则的严格实施，这对于维持 GATT 多边贸易体制的生存发展、抵制某些国家或地区性贸易保护主义的侵蚀至关重要。

在 GATT 历史上，美国一直主张这种法制主义的争端解决模式，它希望发挥 GATT 专家小组的作用，使之具有审判职能，通过协议和规则的严格适用，作出有约束力的裁决，并采取有效措施保证其执行，美国也是利用 GATT 专家小组解决争议最多的国家。相反，欧盟各国倾向于以平等协商的弹性外交方式解决 GATT 争议，它们从一般国际法理论和 GATT 规则不同的角度，强调 GATT 争议的特殊性。认为 GATT 贸易规则的宗旨是协调不同竞争利益之间的复杂的贸易平衡，争议解决的目的是通过协商调整使缔约方依协议应获得的权利不因其他缔约方采取的措施受到抵销（Nulification）或损害（Impairment），并不侧重于判明是非及与规则严格相符。根据 GATT 第 23 条第 1 款规定，缔约方有权提起所谓的"非违法之诉"（即即使缔约方采取的措施未违反 GATT 协议，如果给其他缔约方的合理期待利益造成损害，影响了固有的权利义务平衡，仍构成提起争议解决的理由），所以 GATT 争议不能套用严格适用法律的审判方式解决，GATT 规则的含糊性也不利于裁判操作。从国际法理论看，GATT 争议的主体是主权国家和单独关税领土，其组织机构不同于欧盟，它仅仅是为缔约方提供谈判、论坛场所的临时机构，不具有类似欧洲议会、欧洲法院那种超国家的立法和司法职能，不可作出有法律效力的判决。另外，贸易争端虽属商业利益之争，但是重大贸易争端有很强的政治敏感性，应以谈判协商等外交手段解决。[2]

乌拉圭回合谈判以前，欧盟各国的观点一直左右着 GATT 争端解决制度。

---

〔1〕 周鲠生："国际争议及其解决方法"，载北京大学《社会科学》（季刊）1924 年第 1 卷第 1 期，第 235 页。

〔2〕 See Michael K. Yong, "Dispute Resolution in the Uruguay Round: Lawyer Triumph over Diplomats", *The International Lawyer*, 1995, No. 2.

GATT1947 第 22 条和第 23 条的规定集中体现了以协商为主的争议解决模式。这种争端解决模式暴露出的主要问题是：①争端解决规则不明确，缺乏连贯性的系统性，也缺乏完善机构解决争议；②由于缺乏时间限制，争端方以协商未尽为由拖延，使争端解决往往陷入困境；③关于专家组的组成和职能不清；④由于采用"意思—致"的原则，专家组报告一般不能顺利获得批准。在东京回合谈判后和乌拉圭回合谈判中期，GATT 缔约方通过文件对争端解决做了改进，但以协商为主的主导精神没变。直到乌拉圭回合谈判结束，通过了《关于争端解决规则和程序的谅解》，带有法制化革新的新的争端解决机制才最后形成。

二、《关于争端解决规则与程序的谅解》的主要内容

《关于争端解决规则与程序的谅解》（以下简称 DSU）由 27 条正文和 4 个附录组成，全面阐述了 WTO 争端解决的范围、原则和程序。新规则既保留并继承了体现于 GATT 第 22 条、第 23 条中的原有的争端解决的核心内容，又是对 GATT 争端解决制度的全面修改、完善与更新。

（一）DSU 规则、程序适用的范围

DSU 第 1 条规定："本谅解的规则和程序应适用于按照本谅解附录 1 所列各项协定的磋商和争端解决规定所提出的争议。本谅解的规则和程序还应适用于各成员间有关它们在《建立世界贸易组织协定》（WTO 协定）规定和本谅解规定下的权利和义务的磋商和争端解决，此类磋商和争端解决可单独进行，也可与任何其他适用的协定结合进行。"这说明 DSU 的规则和程序适用于除《贸易政策评审机制》以外的包括《马拉喀什建立世界贸易组织协议》以及 DSU 本身在内的所有 WTO 框架协议实施引起的争议解决。具体包括成员方根据以下协议中的争议解决规定提出的争议解决：①《马拉喀什建立世界贸易组织协定》；②多边贸易协定，包括：附件 1A：《多国货物贸易协定》、附件 1B：《服务贸易总协定》、附件 1C：《与贸易有关的知识产权协定》、附件 2：《关于争端解决规则与程序的谅解》；③诸边贸易协定，即附件 4：《民用航空器协定》、《政府采购协定》、《国际奶制品协定》、《国际牛肉协定》。

除 DUS 规定的争议解决规则和程序以外，WTO 框架协议中许多单独协议本身也规定了争议解决程序，这些单独协议的争议解决条款已经列入 DSU 附录 2，在处理 DSU 争端解决程序与单独协议中的争议解决程序关系问题上，DSU 实行特别程序优先，强调 DSU 程序的适用应遵守附录 2 中单独协议所含的特殊的或附加规则程序，两者发生冲突时，应以附录 2 中特殊或附加的规则和程序为准。当一个争端解决涉及多个协定或协议，且这些协定或协议的争端解决规则和程序相互冲突时，当事方应在专家小组成立后 20 天内就适用的规则程序达成一致，如不能达成一致，由争端解决机构主席按"尽可能采用特别规则和程序"的原则决定应遵循的规则和程序。DUS 附录 2 限定性（Definitive）列举的含有特别争端解决规则程序的协议如下：①《实施卫生与植物卫生措施协定》；②《纺织品与服装协定》；③《技术贸易壁垒协定》；④《实施 GATT1994 第 6 条的协定》；⑤《关于实施 GATT1994 第 7 条的协定》；⑥《补贴与反补贴措施协定》；⑦《服务贸易总协定》；⑧《关于金融服务的附件》；⑨《关于航空运输服务的附件》；⑩《关于 GATS 部分争端解决程序的决定》。

DSU 明确规定其适用于"成员之间"在 WTO 框架协议下的争端解决，争议解决的当事人或主体是 WTO 成员（包括主权国家成员和单独关税领土成员）。[1] 只有经WTO 成员中央政府合法授权的代表才有资格作为 WTO 争端解决的当事人来提起或被提起 WTO 争议解决。WTO 成员代表资格涉及两个方面的问题：①一国可否通过私人执业律师在专家组或者上诉机构面前陈述案件；②一国是否有权自主决定其代表成员资格。在欧共体关于香蕉进口和分销体制案中，上诉机构裁定批准被申诉方圣露西亚政府的请求，允许 2 名非圣露西亚政府雇员作为法律顾问参加听证会，认为WTO 成员有权决定其代表团成员资格。[2] 另外，DSU 的某些条款中还使用了"起诉方（Complainant）"、"被诉方（Respondent）"、"争端方（Disputant）"等概念，都是指作为 WTO 争端解决当事人的有关 WTO 成员。

（二）WTO 争端解决机制的原则和目标

WTO 争端解决机制遵循以下原则：

1. 保护权利义务原则。根据 DSU 第 3 条第 2～5 款的规定，WTO 争端解决机制是为多边贸易体制提供可靠性和可预见性的重要因素。争端解决机制用于保护 DSU 适用范围内所有 WTO 框架协议项下的权利义务，并依据国际公法和惯例解释澄清这些协定项下的权利义务，争端解决机构的裁决不得增加或减少或修改这些权利义务。争端解决是为了保护 WTO 的有效运转以及保持各成员之间根据 DSU 适用协定达成的权利义务平衡。

2. 一体化争议解决原则。DSU 第 23 条规定，WTO 成员在寻求纠正违反协定义务和纠正造成协定项下利益丧失或减损的情况时，应该援用并遵守 DSU 的规则和程序。除非通过依照 DSU 规则和程序进行的争议解决，各成员不得对违反义务已经发生、利益已经丧失或减损，或适用协定的任何目标实现已受到妨碍作出确定。DSU第 23 条事实上确立了 WTO 争端解决机构对于成员之间因 DSU 适用范围内框架协议引起的争议解决实行强制管辖。属于适用协议项下的争议，WTO 成员不得诉诸任何单边或未经授权的多边贸易体制以外的双边争议解决和报复制裁，只有经过 WTO 的

---

〔1〕　《建立世界贸易组织协议》解释性说明指出本协议"和多边贸易中协定中使用的'国家'一词应理解为包括任何 WTO 单独关税区成员。对于 WTO 单独关税区成员，如本协定和多边贸易协定中的措辞被冠以'国家（的）'一词，则以措辞应理解为与该单独关税区有关，除非另有规定"。

〔2〕　这一要求遭申诉方欧盟反对。圣露西亚政府提出，根据国际惯例，国际组织无权干涉一国政府任命其代表团官员和成员的主权。此外，DSU 及上诉机构工作程序都不涉及主权国家委派代表的资格问题。加拿大和牙买加政府也支持圣露西亚政府的请求，认为成员代表团组成是成员内部的事务，专家组和上诉机构对成员授权代表人选进行审查是不恰当的。参见黄东黎：《国际贸易法学》，法律出版社 2004 年版，第 91～93 页。

争议解决才可以最终确定某一成员是否违反了协议项下的义务。

3. 协商原则。WTO 成员"确认遵守迄今为止根据 GATT1947 第 22 条和第 23 条实施的管理争端的原则，及在此进一步详述和修改的规则和程序"（DSU 第 3.1 条）。作为 GATT 争端解决的基本原则，协商原则为 WTO 争议解决所接受和继承，贯穿 WTO 争端解决的始终。当事方可以在争端解决的任何一个程序阶段寻求磋商或第三方的斡旋、调解和调停；DSU 强调在专家小组审理以前争议方必须经过协商，协商是争端解决的必经程序。WTO 鼓励当事方通过协商达成相互满意的解决方案。WTO 鼓励当事方通过协商达成相互满意的解决方案，务实的政治解决的优势为：①通过让步有可能能迅速达成妥协，及时解除贸易制裁或制裁威胁，这对于讲求时效的进出口贸易尤为重要；②避免诉诸 WTO 争端解决的负面作用，包括控辩所需的巨大人力和经济成本，时间耗费；DSB 审理期间的现状锁定（locks – in states）效应造成的贸易利益持续损失；③避免 DSB 裁决结果挑战更广泛的国内政策问题。

4. 公平合法性原则。DSU 试图确保争端解决的结果符合 WTO 规则，为了防止有实力的成员强迫弱小成员接受不公平的争议解决条件，DSU 要求根据适用协定的磋商、争议解决规定正式提出事项的所有解决办法，包括仲裁裁决，均与这些协定相一致，且不得使任何成员根据这些协定获得的利益丧失或减损，也不得妨碍这些适用协定任何目标的实现（第 3 条第 5 款）。

WTO 争端解决机制的目的在于保证使争端得到积极的解决，争端各方均可接受且与适用协定相一致的解决办法无疑是首选办法（DSU 第 3 条第 7 款），如不能达成双方同意的解决办法，争端解决机制尽可能依次实现下述目标：①争端解决机制的首要目标通常是保证撤销被认为与任何适用协定的规定不一致的有关措施。②违反协议的一方给受损害方提供补偿。补偿是指败诉方对继续维持不符措施可能给胜诉方造成的 WTO 协定利益损失进行补偿，是指协定下的贸易利益减让或其他利益减让（不是直接金钱赔偿），只能在立即撤销有关措施不可行时方可采取，并且是作为在撤销与协定不一致措施前可采取的临时措施。③争端解决机制的最后手段是允许一成员在歧视性的基础上针对另一成员中止实施适用协定项下的减让或其他义务，但是需经争端解决机构授权。

（三）争端解决程序

世界贸易组织争端解决的基本程序包括磋商、专家小组审理、上诉机构审理、裁决的执行及监督。除基本程序外，当事方在自愿基础上，也可以采取仲裁、斡旋、调解和调停等方式解决争端。

1. 磋商；斡旋、调解和调停；仲裁。

（1）磋商。磋商是争端解决的必经程序。DSU 第 4 条第 2 款指出："每一成员对另一成员提出的有关在前者领土内采取的影响任何适用协定实施的措施的交涉给予积极考虑并给予磋商机会。"被提出协商请求的成员应在 10 天内作出答复。如同意磋商，则磋商应在接到请求后 30 天内开始。如果被要求方在接到磋商请求后 10 天内没有作出回应，或在 30 天内或相互同意的其他时间内未进行磋商，则要求进行磋商的成员可以直接向争端解决机构请求成立专家小组。如果在接到磋商请求之日后 60 天内磋商未能解决争端，要求磋商方也可以请求设立专家小组。在紧急情况下，有关成员应在接到请求之日后 10 天内进行磋商。如果在接到请求之日后 20 天内磋商未成，则申诉方可以请求成立专家小组。要求磋商的成员应向争端解决机构、有关理事会和委员会通知其磋商请求。磋商应保护且不得损害任何一方在争端解决后续程序中的权利。

如果第三方认为其与拟举行的磋商有实质性贸易利益关系，可在争端解决机构散发该磋商请求后 10 天内，将加入磋商的意愿通知各磋商成员和争端解决机构。若磋商成员认为该第三方要求参与磋商的理由充分，应允许其参加磋商。如加入磋商请求被拒绝，则第三方可向有关成员另行提出磋商要求。

（2）斡旋、调解和调停。斡旋、调解或调停是争端方经协商自愿采取的争议解决方式。争端方可随时请求进行斡旋、调解和调停，随时开始和终止。如争端当事方均认为已经开始的斡旋、调解和调停不能解决争端，则申诉方可以在该 60 天内请求设立专家组。如争端方同意，斡旋、调解和调停可在专家组程序进行的同时继续进行。当事方在斡旋、调解或调停中所持立场应予以保密，且任何一方在争端解决后续程序中的权利不得受到损害。

（3）仲裁。DSU 第 25 条规定，仲裁可以作为争端解决的另一种方式，适用于"解决涉及有关双方已明确界定的问题引起的争议"。如果争端当事方同意以仲裁方式解决争议，则可在共同指定仲裁员并议定相应的程序后，由仲裁员审理当事方提出的争端。经诉诸仲裁的各方同意，其他成员方可成为仲裁程序的一方。争端方应执行仲裁裁决。DSU 第 21 条对执行建议和裁决的监督程序、第 22 条补偿和中止减让程序在细节上做必要修改后应适用于仲裁裁决。

2. 专家小组审理。

（1）专家小组成立。争议方向争端解决机构请求成立专家小组后，一旦此项请求被列入争端解决机构会议议程，专家组最迟应在这次会后的下一次争端解决机构会议上予以设立，除非在该会议上，争端解决机构以"反向意思一致"的表决方式决定不设立专家组。争端解决机构应在当事方提出设立专家小组请求后 15 日内为此目的召开会议。专家小组被批准设立后，最迟应在此日后 30 天内确定全部组成人员。

（2）专家小组的组成及职权。专家小组一般由 3 人组成，除非争端当事方同意专家小组改由 5 人组成。专家小组成员由秘书处根据其掌握的政府与非政府专家名单提出，除非由于无法控制的原因，争端方不得反对秘书处提名的专家小组人选。如果自决定设立专家组之日起 20 天内，争议当事方未能就专家小组人员组成达成一致，应争议方请求，WTO 总干事在与有关方面磋商后任命合适的人选。如果争议涉及一发展中国家，如该发展中国家提出请求，则专家小组中至少应有 1 名成员来自发展中国家的 WTO 成员。专家小组的职权是根据争议方所援用的协定或协议的规定，对争议方请求审议的事项作出评估，包括对案件事实、所援用协议的适当性和与适用协定的相符情况作出客观评估；协助争端解决机构提出建议或其他调查结果。专家小组应定期与争端各方协商，给它们充分的机会以形成双方满意的解决方案。

（3）专家小组工作程序。专家小组一旦设立，一般应在 6 个月内（紧急情况下 3 个月内）完成工作，并提交最终报告。特殊情况下通知争端解决机构，可以延长至 9 个月内提交最终报告。专家小组报告交争端解决机构散发给各成员 20 天后，争端解决机构才可考虑审议通过最后报告。在最后报告散发给各成员后 60 天内，除非争端当事方正式通知争端解决机构其上诉决定，或争端解决机构协商一致决定不通过该报告，否则，该报告应在争端解决机构的会议上通过。

3. 上诉机构审理。DSU 第 17 条规定，争端解决机构设立常设上诉机构，受理对专家组最终报告的上诉。常设上诉机构由 7 人组成，通常由其中 3 人共同审理上诉案件。上诉机构成员由争端解决机构任命，任期 4 年，可连任一次。上诉机构只审理专家组报告所涉及的法律问题和专家组所作的法律解释。上诉机构可以维持、修改或撤销专家组的结论。上诉机构审理期限为自上诉之日起到上诉机构散发其报告日为止，一般不超过 60 天，特殊情况下最长不超过 90 天。争端解决机构应在上诉机构散发报告后 30 天内通过该报告，除非争端解决机构经协商一致决定不通过该报告。

4. 争端解决机构裁决的执行及其监督。专家组或上诉机构如认定争议方的某项措施与相关协议不符，应在专家小组报告或上诉机构报告中要求有关成员取消不符措施，使之与相关协议相符，还可提出执行报告中建议的其他办法，专家组报告或上诉机构报告一经通过，其建议和裁决对当事各方有约束力，争端方应无条件接受。但 WTO 争端解决不涉及金钱赔偿，其裁决指向将来而不溯及既往（既往不咎），败诉成员在争端解决之前已经实施的不符措施给相关成员造成的不利影响和贸易利益减损，争端解决机构在裁决中不得要求其给予起诉成员补偿。争端解决程序规定了以下三种执行报告的方式：

（1）实际履行。在专家小组或上诉机构报告通过后 30 天内举行的争端解决机构会议上，有关成员应将执行争端解决机构建议和裁决的意愿通知该机构。该建议和裁决应迅速执行，如不能迅速执行，则应确定一个合理的执行期限。合理期限由争端解决机构批准，当事方协商确定或由仲裁裁决确定。

根据 DSU 第 21 条第 5 款，如果有关成员就被诉方是否执行了专家组报告中的建议和裁决以及此类执行措施是否与适用的协议相一致的问题存在分歧，当事方可以求助于原专家组，专家组应在 90 天内审理完毕，散发其报告。在日本对美国苹果进口限制案中，专家小组认定日本针对原产于美国的评估检疫和进口限制措施不符合 SPS 协议。作为执行专家组报告的行动，日本修改了检疫限制措施，美国又援用 DSU 第 21 条第 5 款程序，请求专家组认定日本经修改的检疫限制措施仍不符合 SPS 协议，

2005 年 7 月 20 日，专家组裁定支持美国的诉求。[1]

（2）补偿。如果被诉方的措施违反了 WTO 规则，而且没有在合理的期限内执行争端解决机构的建议和裁决，则被诉方应申诉方请求，必须在合理期限届满前与申诉方进行贸易补偿谈判。补偿是指被诉方在贸易机会、市场准入等方面给予申诉方相当于其所受损失的减让，补偿是临时措施，只在被诉方未能实际履行争端解决机构建议裁决时适用，且应与 WTO 有关协议保持一致。

（3）授权报复。如果争议方未能在合理期限届满后 20 天内就补偿问题达成一致，申诉方可以要求争端解决机构授权对被诉方进行报复，即中止履行应承担的给予被诉方贸易减让义务或其他义务。报复可分为同部门报复、跨部门报复和跨协议报复三种。争端解决机构应在合理期限届满后 30 天内给予相应授权，除非争端解决机构经协商一致拒绝授权。被诉方可以就报复水平的适当性提请 WTO 争端解决机构进行仲裁。报复措施就是临时性的，只要出现以下任何一种情况，报复措施就应终止：①被认定违反 WTO 协议的有关措施已被取消；②被诉方对申诉方所受的利益损失提供了解决方法；③争端当事方达成了相互满意的解决办法。

争端解决机构应监督已通过的建议和裁决的执行情况。在建议和裁决通过后，任何成员可随时向争端解决机构提出与执行有关的问题，以监督建议和裁决的执行。在确定了执行的合理期限 6 个月后，争端解决机构应将建议和裁决的执行问题列入会议议程进行审议，直至该问题解决。

（四）非违法之诉

GATT 条款与一般国际条约的重要不同点是，它并不是把表面上与规则相符作为协议实施的根本目的和出发点，而是把协定项下的利益是否受到"抵销或损害"、是否妨碍条约目的的实现作为出发点。"GATT 争端解决机制的核心概念不是从违反总协定或其规定的义务出发，而是从更广泛意义上以剥夺了来自协定的利益，或损害了该协定总体或个别条款所追逐的目标为准。"[2]按照 GATT 第 23 条第 1 款的规定，导致一成员在该协定项下的利益丧失或减损以及导致该协定任何目标的实现受到阻碍的情况有三种：①另一成员未能履行其在本协定项下的义务（即存在着违反协定义务的行为）；②另一成员实施的任何措施，而不论该措施是否违反该协定；③存在任何其他情况。其中第二种情况是指如果某成员并不违反协定规则或义务的行为引起另一成员协定利益丧失或减损的，另一成员也可以据此申请争议解决，这就是所谓"非违法之诉"。绝大部分 WTO 审理的争议属于第一、二种情况引发的争议。非违法之诉的规则为 GATT1994 所保留，直接适用于该协定实施引发的此类争议解决。此外，DSU 第 26 条第 1 款规定了 WTO 成员提起 GATT 第 23 条第 1 款 6 项"非违法

---

[1] See Gavin Goh, "Tripping the Apple Cart: The Limits of Science and Law in the SPS Agreement after Japan - Apples", *Journal of World Trade*, 40 (4), 2006, pp. 655 ~ 686.

[2] 赵维田：《WTO 的法律制度》，吉林人民出版社 2000 年版，第 437 页。

之诉"应遵守的以下规则：①起诉方应提供详细的正当理由，以支持任何就一项不与适用协定相抵触的措施而提出的起诉；②如一措施被认定造成有关适用协定项下的利益丧失或减损，或此项措施妨碍协定目标的实现，但并未违反该协定，则无义务撤销该措施。但在此种情况下，专家小组或上诉机构应建议有关成员作出使双方满意的调整；③尽管有第21条规定，但是应双方中任何一方的请求，第21条第3款所规定的仲裁可包括对利益丧失或减损程度的确定，也可建议达成双方满意的调整方法；此类建议对争端各方没有约束力；④尽管有第21条第1款的规定，补偿可以成为作为最后争端解决办法令人满意的调整的一部分。

"非违法之诉"也扩大适用于 WTO 管辖范围的其他某些协议，主要有：

1. 《反倾销协议》第17条第3款规定，任何成员认为其协定项下直接或间接利益受到另一成员或其他成员行为影响而使其丧失或减损，可提出 DSU 项下争议解决。

2. 《海关估价协议》第19条第2款规定，任何成员认为另一成员的行为而使其在本协定项下的直接间接利益丧失或减损，或阻碍本协定目标实现，可诉诸 DSU 协商解决争议。

3. 《服务贸易总协定》第23条第3款规定："如任何成员认为其根据另一成员在本协定第三部分下具体承诺可合理预期获得的任何利益，由于实施与本协定规定无抵触的任何措施而丧失或减损，则可援用 DSU。如 WTO 争端解决机构（以下简称DSB）确定该措施使此种利益丧失或减损，则受影响的成员有权依据第21条第2款要求作出双方满意的调整，其中可包括修改或撤销该措施。如在有关成员之间不能达成协议，则应适用第22条。"把"非违法之诉"引入服务贸易领域是 WTO 争端解决机制的创新。

但《与贸易有关的知识产权协议》第64条第2款规定，自 WTO 协议生效之日起5年内，GATT1944 第23条第1款（b）项和（c）项不得适用于本协定项下的争议解决。

三、对 WTO 争端解决机制的评价

WTO 争端解决机制继承了 GATT 第22条、第23条体现的以协商为主的争端解决原则，同时对 GATT 争端解决规则作了带有明显法制主义倾向的革新，这使得在DSU 规则程序下的协商调解过程变成进入更具强制性和判决性的严格程序的"入门"，必将大大提高争议解决的效率。新规则的法制主义倾向表现在如下几方面。

（一）强化争议解决机构

通过设立专职的争议解决机构（DSB）改变了原来争议解决由理事会兼管局面，实现了分工专业化，这既可满足日益增多的争议解决需要，也有利于提高工作质量；争端解决机构在专家小组审理基础上增设上诉机构，受理争议方（不包括第三方）不服专家小组裁决或建议的上诉，保证裁决公正性。上诉机构的设立使争议解决更带有司法裁判色彩，也形成了初审专家小组、复审机构、DSB 三层次的完整系统的争议解决体制。

（二）实现争端解决的一体化

东京回合多边谈判结束后，GATT 体制内形成了两种争议解决：①根据 GATT 第22、23 条程序规则由理事会、专家小组管辖的总的争议解决；②东京回合达成的 9 个约束非关税壁垒的守则和协议范围的争议解决，事实上形成多种争议解决程度并存局面。这种分散化的趋势整体上损害了 GATT 争议解决的权威性，增加了程序上和协议适用上的混乱，突出的问题是，GATT 第 23 条中的某些规则，如"非违法之诉"能否适用于这些守则和协议的所有争议就不明确。WTO 争端解决机制体现了争端解决一体化的模式，表现在：

1. 明确规定其规则和程序适用的范围，它适用于除贸易政策评审机制以外世界贸易组织管辖的全部框架协议引起的争议解决，包括建立世界贸易组织协议、多边贸易协定（《货物贸易总协定》、《服务贸易总协定》、《与贸易有关的知识产权协定》）、四个诸边贸易协定以及 DSU 本身。如此广泛的管辖范围确立了 DSU 的程序规则在 WTO 争议解决中的基本法地位。

2. DSU 将东京回合的守则和协议纳入管辖范围，其规则和原则也适用于这些守则协议范围的争议解决，对于可能引起的矛盾，DSU 采纳特别法优于一般法原则，允许争议方优先适用这些协议中关于争议解决的某些特殊的或补充的程序规则，并在附录 2 中列明了这些特殊的补充规则。

3. 为了强化多边贸易体制，DSU 强调其规则和程序在 WTO 争议解决中的排他性地位。第 23 条规定，在寻求违反协议或造成协议利益丧失或损害的解决办法时，各成员应诉诸并遵守本谅解的规则和程序。除非通过诉诸与本谅解规则和程序相符合的争议解决，各成员不得作出某项协议违反已经发生的利益已丧失或减损的确定。这表明世界贸易组织不接受体制以外的独立的单边甚至未经授权的双边争议解决，以尽可能地限制争议解决中实体法和程序法适用的扭曲。

（三）增强判决性

DSU 争议解决制度在许多方面都带有判决性。关于各争议解决环节的时间限制和时效规则，上诉程序设立、允许第三方介入；在审理中专家组和上诉机构运用法律技巧和推理方法，以及条约法的解释方法都是判决性的表现。更重要的是改变了原来专家小组报告批准生效的方式。在原 GATT 体制内，专家小组报告的批准采取"作为"方式，由理事会以"意思一致"原则作出决定，结果是有的专家小组报告因为一个缔约方反对就多年不获批准，专家小组报告被贬为"一种有争议的观点"而不是有约束力的裁决。新规则采取"不作为"方式（或称"反向意思一致"原则），即 DSB 通过专家小组报告时，如果争议当事方不提出上诉或 DSB 未以意思一致方式拒绝批准该报告，则该报告应自被提交 DSB 之日起 60 天内，在 DSB 召开的一次会议上获得批准。这一举措将专家小组报告类似于司法判决，在一定的时间内自动批准生效，虽然个别成员可以在 DSB 会议上提出反对意见，但已不能阻止报告的批准。

（四）实施监督措施

DSU 提出了三种履行专家小组报告或上诉机构建议的方式：实际履行、提供补偿和授权报复。第 21 条规定，有关的成员应在专家小组报告批准后 30 天内向 DSB 通知其实施报告的意图。如果争议方表示不能立即执行专家小组报告，DSU 设立专门程序（由 DSB 批准、争议方自行达成协议或经有约束力的仲裁）决定执行报告的合理时间。争议方在合理时间内仍不执行专家小组报告的，在自愿基础上，争议方可就补偿办法达成协议，如果在 20 天内不能达成协议，受害方可请示 DSB 授权中止履行协议中对有关成员国的减让义务，DSB 以"不作为"的方式通过授权。DSU 首次允许"交叉报复"，即受损害的一方中止给另一方其他领域的贸易利益而补偿受损害领域的贸易利益。

DSU 虽然带来了法制化的更新，但是仍坚持和保留了原 GATT 争议解决的重要原则和规则，旧体制中的一些难题没有根本解决。最主要的是 DSB 批准的专家小组报告（包括初审和复审）的法律地位不明确。GATT 争议主体是主权国家和与之类似的单独关税领土，似应将此类争议归于国际公法争议解决范畴。传统的这类争议的法律解决方式有国际法院判决和国际仲裁，这一点无异议，可是 DSU 及有关文件并没有对专家小组报告的法律地位及它与体制内仲裁裁决的关系作直接的明确的规定，学术界的认识也不统一，其在国内法上的执行力令人疑虑。可以预见，专家小组裁决能否成为有效的第三种法律解决方式，既取决于今后国际社会法理上的普遍认同，更取决于裁决本身的高质量、说明力和可接受程度。

与裁决效力相关的是保证裁决执行的制裁措施，在这方面，WTO 争端解决制度除了充实一些程序规则外没有新举措，仍沿用原来授权受害方对侵害方使用自助式中止实施关税减让义务的报复甚至交叉报复手段。这种做法从经济学角度看不可取，因为对于实施制裁的国家，如果它是小国或弱国，制裁的结果常常是它本身所受损害更甚于对方，那些政治经济上的强国有制裁能力，即使受到一点损害，与小国弱国也不成比例，这种制裁是实力的较量而非法律上公平正义的较量，本质上是政治解决而非法律解决。国际上有学者建议对拒不执行 DSB 建议和裁决的成员，应以适当决议停止其参与 WTO 活动，甚至驱逐出世贸组织，类似措施比 WTO 机构本身采取的制裁总要好一些。

最后，新程序规则也有漏洞。比如新的上诉机构借鉴美国司法制度模式只负责法律审而不负责事实审，但实践中常发生的如反倾销、反补贴案件，争议最多的就是事实认定问题，当事方不能就此上诉，这显然不公平。还有，如果上诉机构受理案件后发现原审专家小组报告有事实认定错误，结果既不能驳回重审，也不能纠正，则将陷入僵局。又比如新规则严格了程序步骤，增强了时效，这就产生违反程序规则（包括国内法程序和 WTO 程序）如何纠正、是否影响实体裁决的效力问题，还需要今后通过审理实践解决。另外，WTO 争议解决一直采用秘密方式，审理过程缺乏透明度和监督，劳工组织、环保组织、人权组织对有的案件也很关注，案件裁决公布后有时会引起舆论哗然，这将引起人们对裁决质量的疑虑，从而影响其执行力度。从提高裁决质量和增强裁决法律性考虑，WTO 似应在透明度方面做些改进。

推荐阅读书目：

1. 杨国华、李詠箑：《WTO 争端解决程序详解》，中国方正出版社 2004 年版。

2. 韩立余编著：《WTO 案例及评析（2001）》，中国人民大学出版社 2004 年版。

3. 龚柏华主编：《WTO 案例集（2007 年卷）》，上海人民出版社 2007 年版。

第十一章

WTO 货物贸易规则

本章要点

货物贸易体系是世界贸易规则的主要内容之一。本章以世贸相关协定为基础，对于货物贸易的主要规则和问题力求从理论和实践两个方面进行较全面的讨论和分析。

第一节　GATT1994 基本原则及其例外规定

一、GATT1994 基本原则

WTO 货物贸易规则体系是建立在为实现其目标规定的基本原则基础上的，这些原则体现在 GATT 1994 中关于最惠国待遇、国民待遇、关税约束与关税保护、利益平衡与合理期待、禁止数量限制的规定中。此外，还有透明度原则、多边主义原则（实行多边互惠，由多边机构解决争议）等。GATT 基本原则也是可直接援用的具体规则。以下介绍一些重要的基本原则。

（一）最惠国待遇原则

GATT 最惠国待遇原则（Most Favoured Nation Treatment，简称 MFN）在调整范围和适用范围上不同于国际经济交往中的一般最惠国待遇原则，也不同于 WTO 服务贸易总协定及与贸易有关的知识产权协议阐述的最惠国待遇原则。GATT 第 1 条规定："在对进出口货物征收的关税和费用方面或与进出口有关的关税和费用方面；在对进出口货物国际支付转移所征收的关税和费用方面；在征收上述关税和费用的方法方面；在与进出口货物相联系的规章手续方面以及在本协定第 3 条第 2 款及第 4 款所述事项方面，缔约方给予原产于或运往任何其他国家的任何产品的利益、优惠、特权或豁免应当立即无条件地给予原产于或运往所有其他缔约方领土的类似的产品。"

最惠国待遇并不像字面所说的给某个国家最好的待遇，相反，它是一般的平等待遇，要求对所有其他国家一视同仁。GATT 最惠国待遇原则的本质是要求一成员给予另一国家（包括 GATT 成员和非成员）[1] 在进出口货物方面的好处应该相应地给予所有其他成员类似的进出口货物，不得在贸易伙伴之间造成对进出口货物的歧视待遇。GATT 最惠国待遇的给惠对象是"原产于或运往所有其他成员领土的类似产品"。由于 GATT 最惠国待遇是给予原产于和运往所有其他成员的进出口货物，原产地规则对于执行这一原则有重要作用。GATT 最惠国待遇的给惠标准是等同于给其他国家的相应产品的待遇。给惠方面包括：①在征收进出口关税方面；②在征收与进出口有关的各种费用方面；③征收上述税费的方法；④与进出口有关的规章手续；⑤进口货物的国内税费，影响进口货物销售的法律、规章和要求；⑥例外条款中允许实施数量限制的行政管理措施（如配额分配方式）。根据 GATT 第 1 条的表述，最惠国待遇原则既适用于影响货物进出口的边境措施，也适用于影响货物在进口国销售的进口国当局执行国内税和国内规章方面的措施。

GATT 最惠国待遇原则和以下谈到的国民待遇原则合并构成非歧视原则（后者要求不得在进口产品和国内产品之间造成歧视），它是多边贸易体制的基石，实际上是世界贸易组织协调成员之间经贸关系的基本原则。从非歧视原则可以引申出公平贸易原则，世界贸易组织就是要建立公开、公正、无扭曲的贸易竞争条件，非歧视原则是为了保证这样的条件的实现，关于反倾销、反补贴的规则，《与贸易有关的知识产权协议》、《农产品协议》、《政府采购协议》都是要创造这样的条件，支持公平竞争，反对不公平竞争，这些协议规则还允许受不公平竞争损害的成员用征收额外关税（反倾销、反补贴税）和采取贸易报复的办法来补偿其所受损失。

除前述适用范围的特点外，GATT 最惠国待遇原则还具有多边化、制度化、无条件的特点。

"多边化"是指 WTO 某成员给予另一成员在货物贸易方面的优惠、特权和豁免都必须同样给予所有其他成员，不应歧视其中任何一个成员，不应存在规则允许以外的特殊的双边互惠关系。例如，在贸易谈判中甲乙两国同意将茶叶进口关税由 10% 降为 5%，削减后的税率必须适用于来自其他所有成员的进口茶叶。同理，如果某成员对出口到另一成员国家的某种货物征税，它也必须对出口到所有 WTO 成员的同样货物征税。多边化使成员间的双边互惠变为多边互惠，贸易自由和市场开放具有了普遍性，这样才有利于形成良好的国际贸易秩序，给多边贸易体制注入活力。

"制度化"有两层含义：一是指 WTO 成员给予另一成员的最惠国待遇以谈判达成的关税减让表为依据，在 GATT 规则的约束范围内实施。减让表提供了实行关税优惠的水平和据以区别相同产品的分类标准。GATT 规则及其例外规定为实施最惠国待遇原则提供了具体指引。二是指 WTO 部长会议、总理事会及相关机构负责监督这项

---

[1]　《建立世界贸易组织协定》的解释性说明指出，本协定和多边贸易协定中使用的"国家"一词应理解为包括任何 WTO 单独关税区成员。对单独关税区成员，本协定和多边贸易协定中的"国家"一词应理解为与它们有关。

原则在成员之间实施。

"无条件"是指 WTO 成员在给惠时不应在多边贸易规则以外附加限制条件。最惠国待遇本质上具有自动给惠功能：一成员与另一成员达成的贸易优惠安排自动适用于其他所有成员，从而省去了再与其他成员建立类似安排的麻烦，提高了缔约效率。"有条件最惠国待遇"违背了这一原则的本意，是对有关成员的歧视。需要注意的是，"无条件"是指成员之间在建立了多边最惠国待遇关系之后，在给惠时不应再附加多边贸易规则允许之外的条件，它不包括在决定是否建立这种关系时相互讲条件或附加条件，也不包括在给惠时附加多边贸易规则允许的条件。

世界贸易组织成立后，关于 GATT 最惠国待遇原则实施的典型案例是欧共体香蕉进口制度争议案。1996 年 4 月，厄瓜多尔等中美洲国家和美国向 WTO 争端解决机构申诉，指出欧共体香蕉进口和许可制度[1]违反 GATT 第 1 条第 1 款最惠国待遇原则，违反 GATT 第 13 条关于非歧视地实行数量限制的规定，其进口许可证制度也违反了 GATT 最惠国待遇原则和《进口许可证手续协议》第 1 条和第 3 条的规定。欧共体辩称其香蕉进口制度虽实行某种差别待遇，这是《洛美协定》免除义务条款（Waiver）所允许的，其在协定内给予 ACP 国家的优惠不必给予其他成员。

专家小组裁决支持原告请求，认为：①《洛美协定》的免除义务（给惠义务）仅限于该公约规定范围的优惠，即关税优惠，依据协定，欧共体可以不把这种优惠给予非 ACP 国家，但是欧共体不能免除在许可证发放和手续方面应给予非 ACP 国家和第三方的最惠国待遇的义务，欧共体在这方面违反了 GATT 第 1 条第 1 款；②欧共体在乌拉圭回合谈判中达成的关税减让表所列税率为其约束税率，应一律照此执行，本案中欧共体对某些 WTO 成员实行了税收歧视（如对美元区和非美元区给予不同待遇）；③欧共体把香蕉进口分为不同类型，对不同来源国适用不同的配额标准违反了 GATT 第 13 条的规定。1997 年 9 月 15 日，WTO 上诉机构采纳了专家小组的报告，支持了申诉人的主张，但欧共体不愿意制定实施计划。申诉人诉诸有约束力的仲裁后，欧共体于 1998 年初接受了仲裁建议，修改现存香蕉进口制度。

---

〔1〕 欧共体作为世界第二大香蕉进口方，1994 年进口量为 350 多万吨，其中 72 万吨来自传统的属于《洛美协定》签字国的非洲、加勒比和太平洋地区（简称"ACP 国家"），其余大部分来自拉美国家。1993 年，欧共体在《洛美协定》中的香蕉议定书基础上制定了统一的香蕉进口制度，以代替成员国的进口制度，这项制度规定：①关税分三档征收，对来自传统的 12 个 ACP 国家的香蕉，在不超过 85.77 万吨时免税；超过这一限额则享受洛美协定的优惠关税；对来自非 ACP 国家的香蕉 9 万吨内免税，超过 9 万吨而在配额内的进口每吨征收 100 埃居关税，超过配额的进口每吨征收 850 埃居关税，非 ACP 国家的配额为 211 万吨（1996～1997 年），在非 ACP 国家中欧共体又将其分为美元区和非美元区，后者在配额内的进口关税为 7.5 埃居，超过配额为 793 埃居；②在来自传统 ACP 国家、非传统 ACP 国家和《香蕉框架协议》国家乌拉圭回合谈判期间，欧共体与哥伦比亚、哥斯达黎加、尼加拉瓜、委内瑞拉签署《香蕉框架协议》，对来自这四国的香蕉进口作出安排，规定不同的进口配额和关税配额，这一安排歧视了非 ACP 国家；③要求不论何种来源的香蕉进口，进口商都要申领进口许可证，但对来自非 ACP 国家的进口颁发 30% 的许可证。

（二）国民待遇原则

GATT 第 3 条国民待遇原则（National Treatment，简称 "NT"）在调整范围和适用范围上不同于国际经济交往中的一般的国民待遇，也不同于 WTO 服务贸易总协定、与贸易有关的知识产权协议规定的国民待遇，其含义是：一成员的产品输入到另一成员境内时，进口方不应直接或间接地对该产品征收高于本国相同或类似产品的国内税和国内费用或在执行国内规章方面实行差别待遇。国民待遇原则是 GATT 非歧视原则的重要组成部分，它强调一旦外国产品进口后，不应在国内税和国内规章的执行上实行内外有别，歧视外国产品。

GATT 第 3 条包含了三条基本规则：①一成员领土的产品输入到另一成员时，不能以任何直接或间接的方式对进口产品征收高于对本国同类产品征收的国内税和国内费用（第 2 款第 1 句）。②一成员领土的产品输入到另一成员领土时，在关于产品的国内销售、标价出售、分销、购买、运输、分配或使用的全部法令、条例、规章方面所享有的待遇，不应低于同类的本国产品所享有的待遇（第 4 款）。③国内税和国内费用，影响产品在国内销售、标价出售、分销、购买、运输、分配或使用的法令、条例和规定，以及对产品的混合、加工或使用的国内数量限制条例，在对进口产品或本国产品实施时，不应用来对国内生产提供保护（第 1 款、第 2 款第 2 句）。

从适用范围看，GATT 国民待遇原则的给惠对象是在进口国销售的原产于另一成员的类似产品；给惠标准是在征税方面"不高于"对本国相同或类似产品征收的国内税费，在执法方面不歧视外国类似产品，不保护本国类似产品；给惠方面仅适用于进口国对进口产品采取的不合理的国内税和国内规章方面的措施，要求进口产品一旦被征收关税和其他通关费用入境后，就应与国内产品享有同等待遇，如果对其征收高于本国相同产品或类似产品的国内税费，就会抵销关税减让的好处，使之在进口国国内市场处于不利的竞争地位。国内税是与产品进口无关的税费，它既对国内产品征收，也对进口产品征收，如增值税、销售税、消费税，等等；国内规章方面的措施是指可能影响产品在进口国销售的涉及产品标准（技术、安全、卫生、质量、环境标准）的法律和对侵权产品、违禁产品管制方面的法律以及税收法律实施中所采取的措施。国民待遇原则不适用于边境措施（如海关对进出境货物征收关税、海关估价和征税手续、进出口商品检验、许可证手续），有关边境措施的不歧视规则体现在 GATT 第 13 条非歧视地实施数量限制规则中，国民待遇原则只有在产品进入进口国市场后才可适用。但这并不意味着违反国民待遇原则对尚未进口的产品就没有影响，实际上对进入国内的外国产品的销售实行税收或国内规章方面的限制也间接地限制了该产品的进口量。GATT 国民待遇原则不适用于出口产品，如果本国境内的外国企业或其他企业出口某种产品，有关部门在征收出口关税外，又实行歧视性收费，这个问题不属于 GATT 国民待遇原则的调整范围，而应由第 11 条数量限制的一般取消或第 13 条非歧视地实行数量限制调整。作为一项货物贸易规则，国民待遇原则仅适用于少数对货物贸易起扭曲和限制作用的投资措施，即《与贸易有关的投资措施协议》明令禁止的范围，除此以外的与外国投资市场准入相联系的一些投资限制，GATT国民待遇原则不适用。如投资者资格要求，当地股权要求，最低注册资本要求，投资期限要求，经营权和经营活动限制，严格地审批制度，等等。

有关是否违反GATT国民待遇原则的争议是GATT历史上和WTO成立以来，成员之间发生最多的争议。专家小组在"日本酒精饮料"案中的裁决显示，国民待遇原则的第一项规则和第二项规则的适用应严格限于相同或类似产品，即只有当进口国在相同或类似的进口产品和国内产品之间实行了对进口产品国内税和国内规章的歧视待遇时，才可适用这两项规则。比如，同样的农用拖拉机，对国内产品实行补贴而对进口产品不给补贴；同样是烧酒，对进口烧酒征收更高的消费税就违反了第一项规则。同样是汽油，对进口汽油规定了比国产汽油更高的质量标准和环境标准就违反了第二项规则。国民待遇原则的第三项规则广泛适用于与进口产品相互竞争的产品和替代产品，这意味着即使国内产品与争议中的进口产品属于不同的产品，但属于与进口产品"直接竞争"的类似产品或"替代"产品，如果对该进口产品征收了高于这种国内产品的国内税费或者在国内规章方面的措施歧视了进口产品而对国内产品提供保护，则违反了国民待遇原则的第三项规则。

1997年6月，WTO上诉机构作出支持专家小组关于加拿大对进口的分版期刊税费规定违反了GATT第3条的裁决。分版期刊（split-run）是指内容上与本国版本相同，但在某外国出版发行时，刊登该国商业广告或商业宣传内容的期刊。本案中，美国指控加拿大对在加拿大发行的美国分版期刊适用较高的消费税和邮政费率，违反了GATT第3条第2款第1句。而专家小组认为加拿大的做法违反了GATT第3条第2款第2句规则（即前述第三项规则）。因为分版期刊是与加拿大国内期刊不同的产品，属于与加拿大国内期刊直接竞争或相互替代的产品。加拿大《消费税法》对分版期刊税费的规定和邮政当局资费规定违反GATT第3条第2款和第4款，是对国内生产者提供保护。GATT并没有提出区分是否相同产品的统一标准，大多数GATT或WTO专家小组的裁决援用1970年GATT工作组关于"边境税收调整"案报告中提出的标准，主要考虑产品在海关税则目录或关税分类表中是否属同一类，除此以外还可考虑以下因素：①它们在物理上的相似性；②市场上消费者的品位和习惯（是否认为它们在商业上是可以替换的）；③它们的最终用途是否相同。GATT专家组坚持在个案基础上确定相同性，而不是提出普遍适用的统一标准。

进口国对进口产品采取的措施有些是明显的法律上的歧视，带有明确的保护目的，这在实务中容易辨别；而那种界限不清的事实上的歧视用传统的"相同产品"标准较难认定，对此WTO专家小组借用所谓"目的效果方法"（aim and effects approach）作出裁决，比如，有的国家对相同产品进行征税管理时又进行细分，这就要看区分的理由是否正当和善意、是否有保护目的或效果。在"日本酒精饮料"案中，专家小组发现日本《酒税法》把酒类饮料分为十大类：日本米酒、日本米酒混合物、烧酒、甜料酒、啤酒、葡萄酒、威士忌、烈酒、甜露酒、杂类酒，并对其适用不同的税率。专家小组认定：日本烧酒与伏特加是相同产品，日本对后者征税额超过前者，违反了 GATT 第 3 条第 2 款第 1 句的规定；日本烧酒与威士忌、白兰地、朗姆酒、杜松子酒、甜露酒是"直接竞争或替代性产品"，日本未同等征税，违反了 GATT 第 3 条第 2 款第 2 句的规定。

（三）逐步削减关税和约束关税原则

历史上，关税一直是影响国际贸易正常进行的主要障碍，20 世纪 40 年代 GATT 产生时，关税作为贸易政策的工具作用尤为突出，也更为人们所关注。因关贸总协定把"切望达成互惠互利协议，导致大幅度地削减关税和其他贸易障碍"作为其基本目标，逐步削减关税和约束关税亦成为 GATT 的一项重要原则和规则。这项原则与 GATT 一般取消数量限制原则一起构成 GATT 市场开放或自由贸易原则，这是世界贸易组织调整经贸关系的又一个基本原则，在服务贸易领域也得到贯彻和体现。

根据 GATT 第 28 条附加的阐述，逐步削减关税是指通过互惠互利的谈判，大幅度降低关税和进出口其他费用水平，特别是降低使少量进口受阻碍的高关税，以发展国际贸易。GATT 本身并没有强制要求其成员把关税降到某水平或约束在某水平，而是要求缔约方之间通过谈判达成相互满意的削减关税和非关税障碍的协议（包括关税减让表等文件），以此达到降低关税和其他贸易障碍的目的。支配减让谈判的基本原则是互惠互利的原则，一成员欲通过减让关税和取消其他贸易限制以改善进入另一成员市场的状况，它就必须使另一成员认识到其所作出的关税减让或让步使它有利可图，或与它作出的关税减让和让步的价值相当。GATT 前 5 轮谈判采取"双边谈判，多边适用"的方式，当某产品的主要供应者向进口国提出减让要求时，双边谈判即可形成。谈判是针对有选择的某几种产品进行的，谈判达成的减让结果按 MFN 原则自动适用于其他成员，这是初级关税减让方式，亦称"产品减让法"。自肯尼迪回合谈判开始（包括乌拉圭回合谈判），GATT 缔约方关税减让方式改为"线性减让方式"，它是对大部分商品的全面减让，具体做法是根据缔约方议定的百分点，对选定的商品作出统一幅度的减让，减让结果按议定的时间表分阶段实施。此外，在东京回合谈判期间还曾采用公式减让法，关税减让公式为：$Z = A \cdot X / (A + X)$，其中 Z 代表关税减让结果税率，X 代表减让前税率，A 代表减让系数。应该注意的是，每一次关税减让谈判的结果都可能使 WTO 成员的关税减让表的内容发生变化。不过，除非新的关税减让表规定废止先前的减让，否则，先前的减让依然有效。

关税约束是指每一成员将其通过谈判达成的削减关税和其他贸易障碍的承诺载入减让表中，形成有法律约束力的义务，各成员不得随意实施超过减让表水平的关税率或增加其他税费。GATT 关税约束方式有三种：①削减后约束，即将现行税率减至较低水平，如从 10% 降至 5%，这一较低水平（5%）就是约束税率，不得超越；②现状约束，它并不削减现行税率，而是承诺把关税约束在现行水平上不再提高；③上限约束方式，GATT 规则主张用关税调节进出口，一成员可以规定一个今后调整关税的上限，承诺即使调整关税也不会突破这个上限，比如将关税由 10% 降为 5% 的成员可以表明：进口货物普遍适用削减后的税率，而约束税率为 8%，在此情况下，该成员在任何时候将某产品关税升为 8% 并不违反 GATT 义务。从乌拉圭回合谈判情况看，大多数发达国家实行削减后约束，而发展中国家普遍实行上限约束。

关税约束具有两方面重要意义：①可以实现 GATT 成员在货物贸易领域的权利和义务平衡，这是 GATT 尤其重视和强调的；②为货物贸易市场准入提供安全稳定的条件，出口企业不必担心突发的高关税阻碍正常贸易和经营计划。作为 GATT 允许的一项例外，某成员若要背离约束水平提高关税，它就必须就关税减让表修改与最初进行减让谈判的成员、主要供应成员及其他从减让中获益的成员重新进行谈判。GATT 第 28 条规定关税减让表有效期一般为 3 年，3 年届满时可就修改或撤销减让重新谈判；特殊情况下，经缔约方批准，可在任何时候谈判修改减让。如果谈判达成协议，则要求背离约束水平的成员可以修改关税减让表，背离约束水平，但是应给予受关税调整影响导致利益受损的有关成员大体相等的利益补偿。如果谈判未达成协议而要求背离约束水平的成员坚持这样做，有利害关系的成员在取得 WTO 有关机构授权情况下可采取贸易报复，暂停履行对这一成员的 GATT 义务。

（四）一般禁止实行数量限制原则

数量限制是国家对允许进出口的商品数额采取的限制措施，它通过配额制度、许可制度和其他方式来实施。与关税、政府补贴等措施相比，数量限制是政府直接干预对外贸易的形式，其后果与关税措施一样，都阻碍正常的国际贸易，违背公平贸易原则。具体表现在：①数量限制扭曲了国内市场竞争态势，形成相关产品的封闭的垄断性高价，保护了少数人的利益，相关产品的国内生产商、经销商、外国出口商获取不合理的利润，广大消费者和依赖公平竞争的其他企业受到损害；②数量限制阻碍了有竞争力的企业通过产品价格、品质、营销优势扩大进出口，参与正常竞争的可能性，排斥了市场机制在合理配置资源、实现合理社会分工中所起的基础性作用，阻碍生产发展；③数量限制涉及进出口权和其他权利的行政性分配，享有分配权的官员不需付出任何生产上的努力，就可能通过"变卖"权力，获取非法收入，诱发腐败。

GATT 一般禁止实行数量限制原则由第 11 条和第 13 条组成，第 11 条体现了普遍禁止实行数量限制的原则精神，第 13 条体现了非歧视地实行数量限制。它是 GATT 非歧视原则的引申，即强调各成员在 WTO 货物贸易规则允许的例外情况下，对进出口贸易实行禁止或限制时，也必须遵守最惠国待遇原则和国民待遇原则。第 11 条第 1 款指出："任何缔约方除征收关税或其他税费外，不得对任何其他缔约方境内产品的进口，或者向任何其他缔约方境内出口或外销，设置或保持禁止或限制，不论采取配额、进出口许可证，还是其他措施。"这就是说，除关税、国内税和反倾销、反补贴税及其他合法税费外，一切对进出口的数量限制形式，包括经由国家垄断或专控商品贸易行为的限制都应该普遍禁止。第 13 条第 1 款指出："任何缔约方对于另一缔约方境内的任何产品的进口，或者向任何缔约方境内出口任何产品，均不得实行禁止或限制，除非对所有第三方国家相同产品的进口或者向所有第三方国家相同产品出口同样禁止或限制。"第 2 款指出："在对任何产品实行贸易限制时，缔约各方力争使该产品的贸易分配尽可能接近于若无该限制时各缔约方预期可得到的份额。"总之，第 13 条规定了实行数量限制的方式，即应非歧视的"尽可能接近于"平等，还要求如采取配额或许可证方式，应建立配额公告，采用通知和协商方式告知。

GATT 第 11 条、第 13 条阐述的一般禁止数量限制原则可概括如下：①普遍禁止数量限制，任何成员不得对其他成员产品进口和本国产品出口实行禁止或限制，不论是采取配额、许可证还是其他措施；②允许各成员采取一定的保护本国工业或其他产业的措施，这种保护应运用关税和国内税手续，并尽可能维持在较低的合理的水平，而不应采取数量限制；③在 GATT 允许的特定情况下，各成员可以对某些产品进出口实行一定数量限制，但是这样限制应在非歧视的基础上实施，使相关产品的贸易分配与若无此限制时其他成员预期可得到的配额接近。

数量限制是通过边境措施实施的，它是对尚未进出口的货物以明显的或隐蔽的方式实施禁止或限制。对已经进口的货物实行歧视性禁止或销售限制属于国民待遇原则调整范围，不属于一般禁止数量限制原则调整。然而，对已经进口的货物采取歧视性限制措施也能起到限制进口数量的作用。政府采用进出口许可证和配额方式是明显的数量限制。数量限制还可采取"其他的"隐蔽的方式实行，如对进口货物适用歧视性产品质量标准、卫生标准和环境标准，对货物通关设置阻碍，等等。

GATT 创始人倡导自由贸易，希望减少直至取消国际贸易障碍。但是，他们也认识到这个目标的实现不能一蹴而就，在相当长时期内，允许缔约方采取一些保护措施是一种现实的选择。在可行的各种保护措施（关税、海关手续、数量限制、补贴）中，GATT 更倾向于关税措施。因为关税是透明的、相对稳定的，执行时易于监督，而数量限制具有隐蔽性、随机性，防不胜防。关税措施在最惠国待遇原则指导下可保证非歧视地适用，数量限制因行政自由裁量很容易被歧视性地适用。因此，GATT 主要缔约方坚决反对数量限制，[1] 为此不断完善相关制度。乌拉圭回合谈判达成的《纺织品服装协议》和《农产品协议》反映了谈判各方在逐步实现敏感商品贸易自由的步骤上，先以关税保护取代数量限制的思路。

（五）权利义务平衡、合理期待原则

GATT 权利义务平衡、合理期待原则的含义是：各成员在贸易谈判中应作出对等的让步，交换各自的减让，使双方获利大致相等，贸易及国际收支大体平衡。各成员每一次通过谈判达成的协议和减让承诺形成有约束力的义务，在此基础上形成的

---

〔1〕　为筹备国际贸易组织宪章，1946 年在伦敦召开了联合国贸易就业会议。会上美国代表表明了其对数量限制憎恶的立场，认为它是"国际商业罪恶的典型"（the Incarnation of International Commercial Evil）。

成员之间权利义务平衡应该保持。任何有实质利益的其他成员可以合理期待基于这种平衡产生的利益和让步不应受到抵销和损伤，如果损害发生，应给予补偿。对工商企业而言，各成员之间达成的权利义务平衡构成使生产和贸易得以增长的相对稳定的竞争条件，它们可以从中看到未来的机会，有了可预见性，这对他们获取经营效益至关重要。

GATT 1994 序言和其他一些规则体现了权利义务平衡原则。序言指出："切望达成互惠互利的协议，导致大幅度地削减关税和其他贸易障碍，取消国际贸易中的歧视待遇，以对上述目的作出贡献。"第 28 条附加、第 33 条也体现了通过多边谈判和加入谈判，实现权利义务平衡的精神。第 2 条要求缔约方给予其他缔约方贸易的待遇不应低于减让表所列的待遇，当其他缔约方产品输入时，不应征收超过减让表规定的关税和税费。第 28 条规定了修改减让表的条件和严格的程序，这些规定说明各成员达成的权利义务平衡应受约束。另一些条款则保护成员之间相互对关税约束及权利义务平衡的合理期待：基于世界贸易组织成员对其他成员应承担的一般义务，每一成员可以合理期待，其他成员现存的贸易政策措施和法律、法规应该符合 WTO 的基本要求，并将保持稳定，继续适用。根据 GATT 第 1 条、第 2 条、第 3 条、第 8 条、第 11 条、第 15 条的有关规定，各成员可以合理期待，通过谈判应获得的贸易利益不会因为其他成员实行关税、国内税方面的歧视，或实行数量限制、外汇方面的操纵而抵销（保护对成员之间产品竞争关系的合理期待）。GATT 第 23 条肯定了缔约方可以提出"非违法之诉"来保护相互之间的权利义务平衡。由于 GATT 第 22 条、第 23 条关于争议解决的规定已成为 WTO 争议解决规则的一部分，"非违法之诉"将扩大适用于因执行 WTO 各项新协议引起的争议（因执行《建立世界贸易组织协议》和 DSU 引起的争议除外）。

最早对利益平衡及合理期待（reasonable expectations）原则作出阐述的 GATT 案例是 1950 年"澳大利亚化肥补贴案"。澳大利亚一直使用从智利进口的硝酸钠和从其他国家进口的硫酸铵，1949 年澳政府鉴于庶农爱用胺肥的情况，决定取消对智利进口化肥的补贴，仍保留对进口硫酸铵的补贴，这相当于给来自其他国家硫酸铵进口 25% 的优惠。智利政府认为其 GATT 利益受到损害，向 GATT 申诉，GATT 工作组认为虽然澳大利亚政府的行为不违反 GATT（因两种化肥在关税表中不属于相类似产品而分属不同产品），但智利政府在关税减让谈判时一定会期待澳大利亚政府不会单独取消对硝酸钠的补贴，澳大利亚政府的做法打乱了两种化肥的竞争关系，这是智利政府当初不能合理期待的，这将使智利的利益受到抵销和损害。

合理期待不仅可以从 GATT 条款、各成员在谈判中所作的声明和承诺中得出，也可以从另一成员的政策行为、先前的竞争条件中得出。

二、GATT 1994 例外条款

GATT 例外条款是关于在特定情况下，允许 WTO 成员背离 GATT 一般原则和规则的某些规定。从允许背离 GATT 规则的范围看，有的是 GATT 所有原则的例外，引用此项例外采取行动可以不受所有 GATT 原则约束；有的属于 GATT 具体原则的例外，引用此项例外采取行动可以背离某项原则；还有属于 GATT 具体规则的例外。从主体看，有的例外规定适用于所有成员，有些例外只适用于一部分成员。在实施方式上，有的例外需经批准方可实施，有的可自行实施，不需审查批准。GATT 以及WTO 规则中设置的例外条款服务于以下目的：①在解除贸易限制与保护国内市场两个目标上进行协调与平衡；②使 WTO 法适应不断变化的复杂的社会情况；③使 WTO成员不必采取粗暴的破坏 WTO 体制的方式缓解解除贸易限制带来的压力，以及实现其他与 WTO 不抵触的政策目标，保持 WTO 的有效性、多边性、普遍性。

（一）属于整个 GATT 原则规则的例外

1. WTO 成员保留是否接受新义务的权利。WTO 协议第 10 条作出了类似于 GATT第 30 条的规定，即 WTO 成员保留接受世界贸易组织批准的新义务的权利。该条规定了多边贸易协议修改的程序，同时申明：WTO 协议和多边贸易协议的实质修改（指具有改变成员权利义务性质的修改），仅对在 WTO 成员在 2/3 多数批准此修改时同意此修改的那些成员和成员之间有效。

2. 成员国互不适用 WTO 协议和多边贸易协议。WTO 协议第 13 条第 1 款规定：如果一成员在另一方为成员时不同意对其实施本协定和附件 1、附件 2 中的多边贸易协定，则本协定和附件 1、附件 2 中的多边贸易协定在两个成员间互不适用。第 13条第 3 款还规定，如果成员的一方在另一方根据第 12 条加入时不同意对它实施本协议，并且在部长会议批准关于另一方加入条件的协议之前通知部长会议，那么，这两个成员之间应适用第 1 款。WTO 协议第 13 条的规定适用于两种情况：①原 GATT缔约方成为 WTO 创始成员时可以宣布互不适用 WTO 协议和附属的多边贸易协议；②原有 WTO 成员对新加入的成员宣布互不适用上述协议，条件是原有成员在新加入成员的加入议定书被部长会议批准前，将此项安排通知部长会议。WTO 协议第 13 条的规定与 GATT 第 35 条精神是一致的，它体现了成员之间的契约自由原则，这种做法与协议的“一揽子”接受要求并不矛盾。互不适用既可以是多边协议的整体，也可以是其中的一项原则。

3. 一般例外。一般例外是适用于整个 GATT 原则和规则的例外，属于对公共安全秩序的保留，也是 GATT 与人权保护相联系的条款。这类保留也见于《服务贸易总协定》、《与贸易有关的知识产权协议》。此外，《技术贸易壁垒协议》与《动植物卫生检疫措施协议》是对 GATT 第 20 条一般例外的进一步阐述补充，应结合起来理解。

GATT 第 20 条第 1 款规定：缔约方采取的为维护公共道德所必需的措施（a 项）；为保障人类、动植物生命健康所必需的措施（b 项）；有关输出或输入黄金或白银的措施（c 项）；为保证与本协定无抵触的法规、条例（指关于海关监管、知识产权保护、反垄断反欺诈方面法律法令）的执行所必需的措施（d 项）；有关监狱劳动产品的措施（e 项）；为保护本国具有艺术、历史或考古价值的文物而采取的措施（f

项）；为保护可能用竭的天然资源的有关措施（g 项）；为履行国际商品协定所承担的义务而采取的措施（h 项）等（共 10 项），不受关贸总协定的阻碍。但是在采取这些措施时，对情况相同的各国不得构成武断的或不合理的差别待遇，或构成对国际贸易的变相限制。

在 GATT 历史上及 WTO 争议解决中，涉及 GATT 第 20 条一般例外适用的争议案件有越来越多的趋势。由于它的表述简单概括，不够明确，引起较大争议。直到 20 世纪 90 年代 GATT 专家组对"泰国香烟案"和"墨西哥金枪鱼案"作出裁决后，才在一定程度上澄清了其适用范围。[1] 综合这两起案件，专家小组的裁决，可以得出以下结论：①第 20 条中 b 项仅适用于进口国采取的卫生措施，即在进口产品不符合进口国人类、动植物卫生标准时，该国可援用此项规定阻止产品进口，它不适用于产品本身合格、只是其加工方法违反进口国某些标准的进口产品，不能因为某一产品的生产方式不符合进口国规则就对其加以进口限制，这就是"产品与加工标准问题"的争论（参考"墨西哥金枪鱼案"）。②第 20 条中 g 项为保护可能用竭的天然资源采取的措施与 b 项一样不可域外适用，一国只能以保护本国资源环境为理由限制产品进出口，不能以保护别国或全球资源环境为由限制进出口。[2] 在"墨西哥金枪鱼案"中，专家小组强调 GATT 规则不允许为了将国内法强加于另一国而采取贸易限制，这样做会损害多边贸易体制的生存和"两端都开放的道路"的建设，还会导致不仅国内可以运用环境、健康和社会政策理由任意限制进口，而且还要将自己的标准强加于别国。③第 20 条中所述"为……必需的措施"是最少贸易限制的措施，如果存在任何可替代的方式，进口国就不得采取该类贸易限制措施。"泰国香烟案"专家小组认为，有各种与 GATT 相符的措施可以为泰国政府采用来实施其控制吸烟计划，泰国准许国内香烟销售却禁止外国香烟进口与 GATT 不符，不在"必需措施"之列。同时，"必需措施"也是依据有关人类、动植物卫生国际标准或科学证据所必须采取的措施。④第 20 条既适用于影响货物进出口的边境措施，也适用于影响货物在进口国销售的该进口国执行国内规章方面的措施。

世界贸易组织成立后，WTO 争端解决机构审理了多起涉及 GATT 第 20 条适用的

---

[1] GATT1991 年作出裁决的"墨西哥金枪鱼案"起因于美国依据本国《海洋哺乳动物保护法》，以保护可能被误杀的海豚为名，禁止进口墨西哥在东太平洋用围网捕捞的金枪鱼。这项禁令同样适用于为墨西哥捕捞的金枪鱼从事中间加工装罐服务的有关其他国家，除非他们能证明其捕捞方法达到了美国法律规定的海豚保护标准。墨西哥认为美国违反了 GATT 第 1 条、第 3 条、第 11 条，因为从其他地区捕获的金枪鱼可以在美国市场销售；美方则以 GATT 第 20 条 b 项和 g 项作辩解。"泰国香烟案"起因于泰国以美国香烟含有不明化学物和致瘾物，使泰国政府控制吸烟危害的努力受挫为由，禁止美国香烟进口，泰国也以 GATT 第 20 条 1 款 b 项解辩。

[2] 在 DSB 上诉机构审理的"美国虾及虾制品进口禁令"案中，对 GATT 第 20 条作出了有利于环境的解释，认为：海龟属于"可用竭的自然资源（不限于矿物，无生命物）；美国环境法 609 条服务于 GATT 第 20 条 g 项目的（环境法可域外适用）；但美国的措施构成不合理歧视。

案件，援用这一例外的成员鲜有成功的范例。诸多判例形成这一例外规则适用的以下要求：①援引例外的成员应本着最大善意，说明其采取的贸易措施属于 GATT 第 20 条列举的例外政策目标范围，争议的贸易措施与声称的政策目标有直接因果联系；②该成员应证明其贸易限制对于取得第 20 条例外某项政策目标是"必需的"，必需性测试是第 20 条 a、b、d、j 项辩解的特殊要求，对于争议的贸易措施与这些例外中规定的政策目标之间提出了更高的联系和更细致的评估要求，提出辩解的成员不仅要说明贸易措施与政策目标有直接关系，还要证明这些措施对于取得例外中的政策目标不可缺少，并且实质上是有效的；③最少贸易限制原则，这是必需性测试的进一步要求，要考虑是否有可获得的替代措施能够实现相应的政策目标，并且这类措施较少与 WTO 抵触，较少贸易限制，如果有替代措施而没有采用，就说明争议的贸易措施不是必需的；④符合第 20 条引言中的非歧视要求。以上标准按次序适用，成员方的抗辩没能通过前 3 项测试，就没有必要再考虑是否满足最后一项测试要求。

4. 安全例外。GATT 第 21 条规定，缔约方提供有关国家基本安全利益的资料和为国家基本安全利益所采取的行动，以及根据联合国宪章为维持国际和平安全所采取的行动不受总协定的约束。

5. 边境贸易的例外。GATT 第 24 条第 3 款 a 项规定，本协定的规定不得解释为阻止任何缔约方为便利边境贸易而给予毗连国家的优惠。

（二）最惠国待遇的例外

1. 关税同盟和自由贸易区的规定。GATT 第 24 条规定，本协定的各项规定不得阻止各成员在其领土之间建立关税同盟或自由贸易区，或阻止为形成关税同盟和自由贸易区所必需的临时协定。这意味着 WTO 成员之间如果建立了关税同盟或自由贸易区，或为此达成临时协定，其内部成员之间相互给予的优惠不必按照最惠国待遇原则给予关税同盟或自由贸易区以外的其他成员，而只适用最惠国税率。

自由贸易区、关税同盟等是国际经济一体化由低级向高级发展的不同组织形式。自由贸易区是两个以上的关税领土组成的贸易集团，其内部实现了货物、服务等方面的贸易自由，但集团对外却没有共同的关税和贸易政策，其成员在与第三国的关系上保持独立。关税同盟是以一个关税领土代替两个以上的关税领土，同盟内部实现货物等方面的贸易自由，对外则实行单一关税和贸易政策。目前主要的地区贸易集团是北美自由贸易区、东盟自由贸易区和欧盟等。第 24 条例外规则还适用于第三类型的临时协定，它属于向自由区或关税同盟的过渡阶段。

GATT 允许建立地区一体化安排是考虑到这种安排有利于促进贸易自由和贸易增长。尽管在制度设计之初预见到可能的"贸易转移"等消极后果，但在自由贸易区、关税同盟内"实质上取消所有贸易关税和其他贸易法规限制"（第 24 条第 8 款）的情况下，贸易自由和贸易增长带来的好处应该大于可能的消极后果。为防止产生这样结果，GATT 第 24 条对地区性自由贸易安排作出重要限制：①地区安排的成员间必须实质上取消所有产品贸易的关税和其他限制性贸易法规；②参与同盟或自由贸易区或临时协定的成员对贸易集团以外的其他 WTO 成员实施的关税和贸易法规措施不得高于或严于地区集团成立以前的水平；③一成员决定加入关税同盟或自由贸易区，或缔结临时协定，应迅速通知货物贸易理事会，由其进行审议，如经审议认为临时协定不可能在合理期限内形成自由贸易区，应裁定不得维持临时协定。

在 WTO 成立时，地区贸易集团的数量达 80 多个，[1] 其成员加入的动机也多种多样，包括为减轻美国单边贸易措施的压力等；地区贸易集团的功能也向贸易以外的方面延伸（形成政治军事伙伴）。尽管有 GATT 第 24 条的规定，GATT 从来没有拒绝一个类似的自由化安排。有鉴于此，乌拉圭会合谈判达成《关于解释 1994 年关税与贸易总协定第 24 条的谅解》，其主要内容是：重申关税同盟、自由贸易区成立必须与 GATT 第 24 条的规定保持一致，货物贸易理事会有权审议加入此类地区集团的报告，并提出建议；在实施第 24 条过程产生的任何事项可以寻求 WTO 争端解决机构解决；临时协定的合理持续时间是 10 年。

2. 其他 MFN 例外安排。GATT 最惠国待遇原则并不阻止各成员依据相关协议采取反倾销和反补贴措施；也不阻止各成员依据一般例外和安全例外规则采取行动。属于 GATT 允许的优惠安排和南南合作计划如普惠制、洛美协定、加勒比盆地安排也属于最惠国待遇例外。

（三）国民待遇例外

GATT 国民待遇原则不适用于政府采购。一成员可以要求本国中央和地方政府从事公共采购时在本国货与外国货、本国供应商与外国供应商的选择上实行差别待遇，即使外国供应商提供了较优惠产品，该成员政府也可优先从本国供应商处购买。但是 GATT 没有明确规定最惠国待遇原则不适用于政府采购，GATT 第 17 条第 1 款、第 2 款的规定仅限于国营贸易企业从事为政府采购目的的进口时不受最惠国待遇约束。一国不应允许国内采购实体在从事政府采购时对外国相同产品及供应商实行差别待遇。现实是重要的政府采购由 WTO《政府采购协议》调整，它使这个诸边协议的成员之间在政府采购方面相互给予的待遇优于非成员。

另外，国民待遇原则不妨碍政府对国内生产者给予特殊补贴，这项例外应在 WTO《补贴与反补贴措施协议》的约束之下实施。

（四）一般禁止数量限制的例外

GATT 并非绝对地禁止实行数量限制，而允许各成员适当地保留一些限制。事实证明，像美国谈判代表主张的绝对禁止数量限制，不仅缺乏现实可行性，它的经济和社会后果也不尽合理。数量限制是政府宏观调控经济的手段，是贫弱国家保护本国经济的必要措施，如运用得当会有利于各国经济健康发展以及国际贸易实质增长。总之，法律禁止滥用数量限制，允许法律范围内的适当数量限制。这个范围体现在某些例外规定中。

---

〔1〕 〔美〕约翰·H. 杰克逊：《关贸总协定和世贸组织的法理》，高等教育出版社 2002 年版，第 106 页。

1. 普遍禁止的例外。根据 GATT 第 11 条的规定，为下列目的实行的数量限制不在普遍禁止之列：①为防止或减轻出口国食品或其他必需品的紧急匮乏而采取的暂时禁止或限制出口；②进出口的禁止与限制是为了实施国际贸易中初级产品分类定级和市场销售标准或规章所必需的；③对任何形式的农渔产品实行进口限制，如果这种限制是为执行政府下列措施必需的：一是限制相同国内产品允许产销的数量，或者如果相同国内产品产量不大时，限制能直接代替进口产品的本国产品允许产销的数量；二是以无偿或低于市场价格的办法将过剩产品给予国内一些消费团体，以消除国内相同产品的暂过剩；三是限制生产全部或主要直接依赖进口原料而生产的动物产品的数量，如果本国生产的那种原料微不足道。

上述第一种例外所指的"紧急匮乏"包括季节性食品因国外售价暴涨引起的国内供货短缺，或由于可能用竭的资源紧急短缺。第二种例外是为了配合国际初级产品协定的实施。事实上，国际初级产品（指农、林、渔产品及未经加工的矿产原料）交易长期受 GATT 以外的初级产品协定调整，如咖啡协定、锡协定、天然橡胶协定，等等。这些协定把有关初级产品分为不同等级，不同等级的产品实行不同的配额和交易限制。目前国际社会存在的十多个初级产品协定是根据联合国贸发会制定的"商品综合方案"的原则和目标制定的，目的是稳定这些商品的国际市场价格，保证正常的均衡生产供应，保证发展中国家的出口收入和发达国家的消费需求。第三项例外是被经常引用、争议较大的部分，目的是解决农业生产过剩以及对进口国农业部门实行保护，以抵御外来竞争、这项例外规定成了后来主要农产品大国实行农产品保护政策的 GATT 合法性根据。这项例外中所指的"农渔产品"是指未经加工过的鲜品，实施这个允许的例外需遵守以下限制条件：必须有政府对相同产品国内生产和销售的限制措施；对进口的限制是对国内供货限制所必需的；实际限制时必须公布限制的总量或总价值，必须以同样比例限制进口产品和国内产品的规模，避免损害进口产品与国内产品之间的竞争关系。乌拉圭回合谈判达成的《农产品协议》实施后，对农产品进口数量限制应大部分都取消，这项例外的适用将大大减少，农产品贸易主要由《农产品协议》调整。

2. 为保障国际收支实施的进口数量限制。GATT 第 12 条第 1 款规定："虽有第 11 条第 1 款的规定，任何缔约方得为保障其对外金融地位和国际收支，限制进口商品的数量或价格。"此外，GATT 第 18 条专门授权发展中国家在面临国际收支困难条件下可以实施数量限制。为防止缔约方不适当地运用这项例外实行贸易保护，第 12 条其他款项规定了援用这项例外的规则程序和限制条件；后来，东京回合谈判通过《为国际收支而采取贸易措施的宣言》，乌拉圭回合谈判又通过《为国际收支而采取贸易措施的宣言》，通过了 GATT 1994《关于国际收支平衡条款的谅解》，进一步完善了实行这项例外措施的程序。归纳这些文件精神，援引第 12 条以保障国际收支为由实施数量限制应符合以下条件：①只能为防止货币储备严重下降的急迫威胁或制止货币储备严重下降；对于货币储备很低的成员，为使货币储备合理增长而实行的数量限制；②实行数量限制的成员不得对其他成员贸易经济利益造成不必要的伤害，为此应优先使用对贸易有最少破坏作用的从价限制措施（如征收进口附加税、保证金、增加关税等影响货物价格的措施），只有在从价措施不足以应付国际收支的紧急困难时，才可采取新的数量限制；③为国际收支目的实行的进口限制是暂时的，不应超过为解决国际收支恶化状况所需要的水平，为此应以透明的方式管理此种限制，实施限制的成员应公布消除限制措施的时间表；④援引第 12 条第 1 款的成员一方面应与 GATT 国际收支限制委员会进行磋商，接受其审查，委员会将审查结果报告货物贸易理事会后，由其作出结论，有关成员必须执行；另一方面，实行进口限制的成员应与国际货币基金组织进行磋商，由该组织判定其是否面临货币储备严重下降或货币储备很低的困难，接受其监督。

与第 18 条规则相比，第 12 条第 1 款的限制较多，GATT 成员较少适用。

3. 保障条款及 WTO《保障措施协议》（见本章第二节）。

（五）权利义务平衡、合理期待原则的例外

权利义务平衡、合理期待原则的本意是各成员根据多边贸易协议和谈判达成的市场准入承诺形成的权利义务平衡以及合理期待应该受到保护和维持，未经允许不得随意采取关税和非关税措施限制进出口或在给惠方面实行差别待遇，打破这种平衡。但是这项原则也有例外，一个是世界贸易组织规则允许发展中国家成员享有某些非互惠的、差别的、更优惠的待遇，这个问题将在以后专门讨论；另一项例外是世界贸易组织允许在特定情况下，经过一定批准程序，免除某成员根据多边协议应承担的义务（Waiver）。GATT 1947 第 25 条第 5 款对此作出规定，此后，以 WTO 协议第 9 条第 3 款和《关于 GATT 1994 免除义务的谅解》又重新作出规定，严格了免除义务（Waiver）的条件和程序。其主要内容是：①在例外情况下，经部长会议一致同意或经世界贸易组织成员 3/4 多数同意，部长会议可以决定免除一成员根据 WTO 协议和任何多边协议应承担的某项义务。任何需经过渡期后或需要分阶段实施的义务，一成员在经过相关期限仍不能履行义务而请求豁免，需经部长会议的一致同意。②请求免除包括 GATT 在内的任何多边协议规定的义务，需首先将免除义务请求提交相应的分理事会审议，分理事会在 90 日内提出报告交部长会议批准。请求免除 GATT 义务应说明拟采取的措施，所追求的特殊政策目标以及采取与 GATT 相符的措施会妨碍实现政策目标的原因。免除义务的决定必须说明该项免除得以成立的例外情况，免除义务适用的期限、条件、应截止的日期。免除义务一般以 1 年为限，超过 1 年的免除义务应在实施的每一年内进行审查，检验例外情况是否存在，期限和条件是否满足，在此基础上考虑免除义务的修正、延期或终止。

WTO 协议第 9 条第 3 款的规定与 GATT 第 25 条第 5 款的规定相冲突，后者规定免除义务"在本协定其他部分未作规定的特殊情况下"才可适用，而 WTO 协议没有这个限制条件，在冲突范围内，前者应该优先适用。但是，这并不说明 GATT 第 25 条中的限制性规定无意义，即使有 WTO 协议第 9 条第 3 款的规定，如果免除一项义务可以直接援用多边贸易协议中的某项例外规定，直接适用例外条款更容易达到免除义务的目的。

关于 GATT 豁免义务条款适用的最重要的先例是美国于 1955 年经 GATT 缔约方批准无限期地免除了其根据 GATT 第 11 条应履行的义务，这项免除使美国可以背离 GATT 第 11 条及其例外规定，在没有对国内农产品生产实行限制的情况下对农产品进口实行数量限制。美国的农业保护政策最早是依据 1933 年的《农业调整法》第 22 条，该法授权总统对农产品进口实行配额限制以实施其农业支持计划。1951 年美国发生农产品过剩，国会已不满足 GATT 第 11 条例外对农产品数量限制的容许范围（实际上 GATT 第 11 条关于为解决农产品过剩允许实行数量限制的规定正是模仿美国《农业调整法》第 22 条作出的），因此而修改了《农业调整法》第 22 条。修改后的法律授权总统可不顾任何国际协议规定，对更广泛的农产品实行数量限制，当受到缔约方反对后，才寻求义务豁免。以后欧盟效法美国对农产品进口实行可变税率，其他国家也采取不同保护措施，最终导致农产品贸易脱离 GATT 体制。后来美国逐渐认识到农产品支持政策带来巨大的财政负担和其他弊端，自东京回合开始反对实行农产品进口限制，在乌拉圭回合谈判中同意放弃 1955 年获得的义务豁免，条件是其他国家支持农产品的"关税化"。

三、GATT 1994 关于发展中国家特殊待遇的规定

（一）GATT 第 18 条的规定

GATT 产生初期仅有第 18 条针对后来被称为"发展中国家"的特殊规定。第 18 条允许那些只维持低生活水平、经济上处在发展初期的成员，必要时为建立特定国内工业和为解决收支平衡，可以修改关税减让表和实行进口限制等保护措施，但须按一定程序进行。由于 GATT 第 18 条规定的适用受严格程序限制，对发展中国家的优惠也不大，因而在历史上很少被援用。

（二）GATT 第四部分及授权条款

GATT 第四部分题为"贸易与发展"，由第 36～38 条构成。总的目的是：通过采取缔约方联合行动和发达国家缔约方单独行动，促进发展中国家经济发展，保证发展中国家在国际贸易中占有适当份额，尽可能为发展中国家初级产品、加工品和制成品进入世界市场创造有利条件。为实现此目标要求发达国家承担下述义务：①发达国家对其在贸易谈判中向发展中国家成员所承诺减少和撤销关税和其他壁垒的义务，不能希望得到互惠。②优先降低和消除与发展中国家成员出口利益相关的初级产品和加工品的贸易壁垒。③在调整财政措施时，优先放宽或撤除有可能影响发展中国家初级产品出口的财政措施。④在考虑总协定许可的其他措施解决某项特殊问题时，应特别注意发展中缔约方的贸易利益，如果所采取的措施影响其根本利益，在实施前应研究纠正办法（第 37 条第 3 款）。

第四部分最重要的影响就是：①首次承认经济上处于不同发展水平的发达国家和发展中国家的划分，提出了发展中国家在与发达国家的贸易谈判中可以享有某些

"非互惠"（non-reciprocity）的待遇，即发达国家给予发展中国家关税减让时他们不应期望发展中国家作出同样减让，为以后发达国家单方面实施普惠制和在贸易谈判中单方面减让关税提供了法律依据；②第四部分要求在解决总协定某项特殊问题时，特别注意发展中国家的贸易利益和根本利益，这影响到后来对发展中国家的差别优惠待遇扩展到多边贸易规则调整的广泛领域；③第四部分的另一后果是扩大了发展中国家初级产品和工业品的市场准入机会；④根据第四部分安排还设立了新的常设机构——贸易和发展委员会——负责这一部分的实施。但是第四部分没有解决是否应给予发展中国家特别待遇（special treatment）、更优惠待遇（more favorable treatment）的问题。第四部分生效后，不论是发达国家给某些发展中国家的特殊优惠还是发展中国家之间相互给予的优惠都需要履行 GATT 第 25 条第 5 款的豁免义务程序，免除根据 GATT 第 1 条应履行的给予其他缔约方的最惠国待遇义务。

1979 年东京回合谈判结束时，GATT 缔约方通过了一项决议，题为《对发展中国家差别和更优惠待遇、互惠和更全面参与的决定》，因为其内容主要是授权发达国家可以背离最惠国待遇原则，给予发展中国家缔约方差别的和更优惠的待遇，也因为它不是一项强制性义务，该项决议通称"授权条款"。具体内容是：①授权发达国家缔约方可以背离最惠国待遇原则，给予发展中国家差别和更优惠待遇，而不必将这种待遇给予其他缔约方。②给予发展中国家缔约方差别的、更优惠待遇适用于以下领域：按普惠制给予发展中国家产品优惠关税待遇；在多边贸易谈判中达成的非关税壁垒协议中规定差别的、更优惠待遇；发展中国家之间缔结的相互给予优惠关税或减免非关税措施的区域性或全球性安排；对最不发达国家的特殊待遇。③确定普惠制毕业原则。随着发展中国家经济逐步发展和贸易状况改善，它们作出贡献和提供减让的能力也将提高，它们应更充分地参与总协定的权利和义务体制。

授权条款的主要作用是在第四部分的基础上，进一步确立了发展中国家在多边贸易体制中应享有特殊的（special）、差别的（differential）、更优惠的待遇和法律地位，把这种优惠待遇的范围、实施方式明确化、具体化；授权条款还正式承认此前由联合国贸发会议安排实施的普惠制在 GATT 体制中的合法地位，使之成为 GATT 管辖的一项法律制度；依据授权条款，发展中国家享有的差别的、更优惠待遇不需经过 GATT 豁免义务程序，弥补了 GATT 第四部分的不足。但是 GATT 第四部分和授权条款的规定主要是授予权利和承认发展中国家的特殊地位，它们并不是有约束力的法律义务，不能强制施行，由此引发的争议也不能通过 WTO 争端解决机构来解决，因为发达国家给予的优惠是基于"自觉和有目的的努力"，而不是应尽的义务。

（三）普惠制

普惠制即普遍优惠制（general system of preference），是发达国家对于来自发展中国家的某些产品给予的普遍的、非歧视的、非互惠的关税优惠制度。自 20 世纪 60 年代以后，随着发展中国家的崛起，它们对多边贸易关系中严格的互惠原则和最惠国待遇原则产生异议，认为经济实力悬殊的国家之间实行这样的原则使发展中国家负担加重、经济更困难。1964 年在日内瓦召开的联合国贸易和发展会议第一届会议上，七十七国集团发表联合宣言，提出发达国家应给予发展中国家制成品和半制成品出口普通关税优惠待遇。这次会议虽因发达国家反对这一要求而未能达成协议，却导致关贸总协定增加了关于贸易和发展的第四部分。1968 年在新德里召开的联合国第二届贸易与发展会议上以第 21 （Ⅱ）号决议的形式通过了"给予发展中国家的制成品和半制成品出口以非互惠非歧视的普遍优惠制"原则。1970 年贸易与发展会议优惠特别委员会通过一项决定，将普惠制方案具体化。1979 年 GATT 东京回合谈判达成授权条款，使普惠制成为 GATT 体制中的一项制度。

普惠制通过发达国家制定的给惠方案来实施，给惠方案中包括受惠国地区、给惠产品、减税幅度、保护措施、原产地规则等。①给惠国，经合组织和经济互助理事会的所有发达国家都被邀请参加普惠制；②受惠国，根据"自选"原则，优惠给予那些自称为发展中国家的国家，给惠国可以某种理由拒绝给某一发展中国家优惠；③给惠商品，给惠方案列有给惠产品清单，主要是工业制成品和原料，某些敏感商品除外；④减税幅度，普惠制税率是在最惠国待遇基础上的减免，减税幅度是普惠制税率与最惠国税率之间的差额，这意味着只有享受最惠国待遇的国家才享有普惠制；⑤保护措施，给惠国为保护本国经济在普惠制实施中设置的保护措施。主要例外条款有：①如果从受惠国进口某种产品的数量增加对给惠国工业造成损害，给惠国可以取消优惠；②预定限额：给惠国对受惠国产品进口实行限额，包括最高限额和国别配额；③普惠制毕业：给惠国如认为受惠国经济发展，产品有了较强竞争力，可以取消优惠。

应该承认，普惠制为广大发展中国家产品出口，进而发展本国经济创造了有利条件，同时也应看到，由于普惠制不具有法律上的强制性，不是必须履行的义务，其实施带有任意性和歧视性，特别表现在受惠国的选择和普惠制毕业的施行上，如包括美国在内的一些发达国家至今未给我国普惠。通过 GATT 历次多边谈判，成员之间的关税水平已经很低，普惠制的作用也因此而降低。

四、货物贸易市场准入措施

经过 GATT 多次回合谈判，仍存在着一些影响货物贸易自由的不利条件，表现在：工业品领域发展中国家关税偏高；纺织品、服装、农产品贸易长期游离于 GATT 之外，处于贸易受严重限制、竞争受扭曲的状态。乌拉圭回合达成的多项协议在解决上述问题方面取得突破性进展，极大改善了市场准入条件。

（一）工业品

乌拉圭回合谈判工业品关税减让有如下特点：①改变了过去的发达国家较多进行减让，只有少数发展中国家对有限商品进行减让的局面，所有发展中国家都同意按百分比实行线性减让，当然，根据相对互惠原则，发展中国家比发达国家减让的百分比低。②进出口关税约束加强。谈判后，几乎所有进入发达国家市场的工业品均适用经过约束的关税；发展中国家和过渡经济国家关税约束比例分别达到 73% 和

98%。许多发展中国家采用上限约束方式，承诺不将关税提高到超过每一所列商品的上限税率，或适用于某特殊部门的上限税率，或适用于所有产品的上限税率。③关税削减幅度大，发达国家承诺总体削减关税 40%，发展中国家和过渡经济国家削减 30%。关税削减在 5 年期间平均实施，在 2000 年前达到协议规定的最终减让水平，即工业品加权平均关税发达国家从 8.6% 降至 6%。发达国家和一些发展中国家承诺在药品、医疗器械、农用机械、建筑设备、家具、纸张、玩具等商品领域实现零关税。[1]

（二）纺织品、服装

1959 年，美国在 GATT 第 15 届缔约方大会上提出"市场扰乱"的概念，认为包括纺织品在内的一些商品在短期内大量进口会在政治、经济、社会三方面给进口国造成严重后果。商品短期内过量进口造成的市场扰乱不是因倾销或政府补贴造成，而是商品的低成本或低价竞争引起。关贸总协定接受了"市场扰乱"的概念，同意对"低成本供应者"的产品进行数量限制。实行这种限制不需要像采取 GATT 第 19 条保障措施那样应符合一定条件和程序，受限国家也不能获得补偿。1973 年，关贸总协定组织 42 个纺织品进出口国进行谈判，最后达成《国际纺织品贸易协定》（亦称"多种纤维协定"，英文缩写为 MFA），此协定一再续签延长，第 5 个多种纤维协定至 1994 年底到期，此外还有大量的双边纺织品协议与之配合实施。MFA 的主要内容是允许发达国家进口国对纺织品进口实行数量限制，协议规定的纺织品进出口配额标准和设限水平成为各有关国家市场准入的前提条件。协议还允许发达国家以市场扰乱等理由，背离 GATT 实行歧视性国别数量限制。由于 MFA 是在 GATT 组织下达成的，这些不合理安排得以合法存在。

乌拉圭回合谈判达成了《纺织品服装协议》。协议的基本目标是把纺织品服装贸易纳入关贸总协定的调整范围，由世界贸易组织统一管辖，自协议生效时起 10 年过渡期内，WTO 成员可以采取"过渡性保障措施"，对来自特定出口国的进口产品实行数量限制，但需证明从各个来源国的进口都增加，从特定出口国进口急剧大量增加；国内产业受到严重损害；并且接受纺织品监督机构审议。到 2005 年 1 月 1 日，10 年过渡期结束，除非依据保障措施协议说明某种数量限制的合理性，任何成员不得再对纺织品实行数量限制，从而使该部门完全融入正常 GATT 规则体系，进口国也不能再维持配额限制，不能对出口国实行歧视待遇。《纺织品服装协议》本身也不复存在，它是 WTO 协议中惟一规定自行废止的协议。实行上述安排的同时，《保障措施协议》禁止双边签订"自限协议"和"有秩序的销售安排"协议。

（三）农产品

GATT 创始成员并没有想到把农产品排除于多边贸易体制约束之外，但是有两方面因素促成了这一历史事实。一是 GATT 条款本身为各国实行农产品贸易保护留下法

---

〔1〕　外经贸部及海关总署联合编译：《乌拉圭回合协议商用指南》，法律出版社 1996 年版。

律漏洞，按照 GATT 第 6 条第 7 款的规定，缔约方对另一缔约方低价倾销农产品不得征收反倾销税；第 11 条允许缔约方在一定情况下对农产品进口实行数量限制；第 16 条第 2 节第 3 款的意图似乎并不严格禁止对农产品出口的补贴。另一重要因素是 1955 年美国援引 GATT 豁免义务条款（第 25 条第 5 款），要求缔约方全体免除其农产品进口方面的 GATT 义务，获得批准，美国得以合法地限制农产品进口，以实施其农产品价格支持计划。这项豁免影响深远，后来欧共体成立后，也实行同样的农业保护政策，主要发达国家之间在农产品贸易方面的矛盾逐渐加深。此外，各国还提出了农业保护政策的其他理由，如保证足够的粮食供应，维护国家安全；保护农民免受天气和国际价格变动影响；保护农村社会和自然环境；等等。

历史上农产品贸易冲突，GATT 谈判桌上的讨价还价主要在美国与欧共体、日本之间，以及这些发达国家和代表 14 个发展中国家农产品出口国的"凯恩斯集团"之间展开。在乌拉圭回合谈判以前，各国实行的农产品高保护政策体现在：①实行高关税和数量限制措施，严格控制农产品进口，以维持国内垄断性高价，保护农产品生产商的利益；②实行国内价格支持政策，对于农产品生产、销售给予必要的政府补贴，使农产品价格稳定在一定水平；③实行出口补贴，鼓励生产者以相对于国内市场较低的价格向国际市场销售农产品。这些做法严重扭曲了国际农产品贸易，使产品的价格和供应量高于或低于正常水平，政府补贴的结果是抬高了国内市场价格，鼓励了过量生产，而过剩产品在国际市场销售就需要出口补贴，那些没有财力补贴或补贴较少的国家的产品就降低了出口竞争力，受到不公平竞争的损害。[1]

乌拉圭回合谈判达成《农产品协议》，结束了农产品贸易脱离多边贸易规则管辖的历史（美国的豁免义务已经失效），协议规定的农产品贸易自由化措施将为逐步实现这方面的市场开放和市场准入创造条件。这些措施是：

1. 通过边境措施控制进口。各成员对农产品进口限制关税化，取消数量限制和其他税收限制。具体做法是将数量限制和其他措施影响价格的程度（体现为产品进口国国内价格与国际市场平均价格的差价）折算成等量关税，再加到已有的固定关税上，其结果虽然大幅度提高了农产品进口关税（有的税号产品达 350%），却减少了随意性限制，使贸易更加透明。协议允许成员对某些农产品不实行关税化，但须服从于严格限制条件。

2. 约束并削减农产品关税。各成员承诺约束农产品关税化形成的新关税和其他关税，使之不得再提高。各方按一定百分比削减关税约束的农产品，发达国家和过渡经济国家承诺平均削减 36% 的关税，在 6 年内完成；发展中国家平均削减 24%，在 10 年内完成。每一农产品关税至少削减 10%（发达国家为 15%）。最不发达国家可以不削减关税，但应承担约束义务。

---

〔1〕　以小麦为例，欧共体每吨价格为 250 美元，美国国内是 115 美元，国际市场价格为 70 美元。汪尧田主编：《关贸总协定与中国经济》，中国对外经济贸易出版社 1993 年版。

3. 承担现行市场准入和最低市场准入。现有的 WTO 成员通过特殊安排给来自某些国家的农产品进口优惠应保持，使之不受关税化之后的高关税影响，进口方应通过关税配额承担这一部分市场准入。各成员对于过去没有进口或很少进口的某些农产品必须作出最低市场准入承诺（在承诺表中列出），承诺进口量最初为国内消费量的 3%（以 1986 年~1988 年消费总量为基准），以后增至 5%，进口方以关税配额承担这一部分市场准入，配额内产品进口关税不得高于约束关税的 32%。

4. 按百分比从价值上和数量上削减一定比例的出口补贴。自协议生效起 6 年内，逐步减少对农产品出口补贴，发达国家最终减少占基期（1986 年~1988 年间）水平36% 的补贴金额；享受出口补贴的农产品数量也应分期削减，最终削减基期水平的21%。发展中国家这两方面的削减额分别为 24% 和 14%。

5. 按一定百分比削减国内支持水平。协议允许各成员对农产品实行某些种类的国内补贴即绿区补贴，包括政府提供的农业科研、病虫害控制、基础设施和粮食安全、灾害救济等服务，帮助农民进行农业结构调整的援助，环境及区域援助计划中的直接支付等 6 个方面。除此以外的国内补贴应予削减（指黄区补贴，是政府向国内生产者提供价格支持的补贴）。各成员以 1986 年~1988 年间国内支持总水平为基准，发达国家在 6 年内削减总量支持的 20%，发展中国家在 10 年内削减总量支持的13.33%。但是给予某项具体产品的补贴额不超过该产品产值的 5%，可不计入总量支持中。发达国家如补贴总量不超过农业生产总值 5%，发展中国家为 10%，也免除削减义务。

实行这些措施将增加国际农产品进出口，农产品国际市场价格也会逐渐上升，以接近正常水平。但在实施过程中，某些国家过分夸大谷物、肉类等农产品非关税措施的影响，导致量化的关税过高，有可能形成比原来更严重的贸易阻碍。

第二节　WTO 贸易救济措施协议

一、WTO 反倾销协议

（一）范围和法律渊源

倾销是指出口商以低于正常水平的价格向进口国出口和销售产品。它分为长期倾销、短期倾销和偶然性倾销。其中前两种具有不正当竞争性，扭曲了产品价格和正常竞争机制，给进口国相关产业造成影响和损害，对此，各国通常依据国内反倾销法和救济程序采取反倾销措施。由于各国反倾销制度不同，采取反倾销的条件程序也不同。反倾销措施的滥用成为贸易保护主义的工具。WTO 反倾销规则来源于两个基本文件：《关贸总协定》1994 第 6 条规定和《关于实施关贸总协定 1994 第 6 条的协议》（又称《反倾销协议》），这两个文件主要规范 WTO 成员对倾销产品进口的反应，使这种被允许的进口限制和管制措施在公平合理的基础上实施，不至于构成对正常国际贸易的障碍。但是协议并不直接约束外国企业的出口倾销产品行为，协议没有任何约束企业倾销的规则，也没有禁止企业倾销，只是说这类行为应该"谴责"。协议生效后，各成员的国内反倾销法和反倾销措施不得与之相抵触，否则受损害的一方可以提请 WTO 争端解决机构解决争议。

（二）倾销认定

1. 倾销的构成要件。GATT 第 6 条规定，缔约方认识到，用倾销手段将一国产品以低于正常价格的办法引入另一缔约国商业，如果因此对一缔约方领土内已经建立的产业造成实质性损害或实质损害威胁，或实质上阻碍某一国内产业的新建，则该倾销应予以谴责。这说明 WTO 协议允许各成员采取限制措施的倾销行为应具备以下构成要件：

（1）产品以低于正常价格或低于成本出口销售。

（2）该倾销产品给进口国生产相同或类似产品的生产部门造成实质性损害或实质损害威胁；或者阻碍国内工业的新建。

（3）国内损害与倾销产品进口有因果关系。

只有符合以上条件的倾销行为，协议允许 WTO 成员采取反倾销措施。

2. 倾销及损害的认定标准。

（1）确定被调查产品的正常价格。认定正常价格的标准应依次参考：①正常贸易中某产品在出口国供消费的可比价格（国内价格）；②如果某产品没有在出口国销售或销售量低，应参考与该产品同类产品出口到一适当第三国的可比价格（第三国价格）；如果该价格不具有代表性，应比较某产品在原产国的生产成本，加合理的管理成本、销售费用和利润来确定（结构价格）。

（2）确定出口价格。这是正常贸易中进口商购买销售商品实际支付的价格。

（3）出口价格与正常价格比较。协议规定了出口价格与正常价格应进行公平比较的原则，即应基于相同价格水平（通常为出厂价水平），用尽可能相同时间内发生的交易进行比较，并考虑每一个具体案件影响价格可比性的差异。比较方法是：①用加权平均的正常价格与所有可比交易的加权平均出口价格比较。②用每笔交易的正常价格与每笔交易的出口价格进行比较。经比较后如发现产品出口价格低于正常价格即存在倾销。两者的差额为倾销幅度。

（4）损害及其因果关系。确定倾销产品给进口国相关工业造成实质性损害或实质性损害威胁应考虑以下因素：①倾销产品进口数量；②倾销产品的进口价格以及对国内相同或类似产品价格的影响；③对国内工业和国内生产者的影响，如生产、销售，价格下降，库存增加，亏损情况，失业率等。在确定损害与倾销产品进口的因果关系时应特别注意非倾销因素对国内产业损害的影响。

3. 立案调查。这一阶段涉及以下义务：①立案标准。协议要求立案时，进口国主管当局严格审查申诉人的资格，了解国内生产商对一项申诉的支持或反对的程度，符合协议的立案标准是支持申诉的生产商必须占提出支持或反对的生产商所代表的产品总量的 50% 以上；无论如何，支持申诉的生产商所代表的产量至少应占该产业总量的25%。②公告通知义务。一旦决定立案调查时，进口国主管当局应立即公告与调查有关的事项，通知有利害关系的进出口厂商和出口国政府。调查采用问卷调查和实地考察方式。③证据，辩护协商。被诉方收到调查通知后，至少应给予30天时间准备回答，主管机关应给所有各方见面和答辩的机会。主管当局有权要求各方提供资料和证据，拒不提供资料，可依据最佳可得信息制度，在现有可获得资料基础上作出初裁或终裁。④期限及微量倾销处理。调查应在1年内完成，无论如何调查发起后至作出终裁的期间不应超过18个月。如果主管当局不足以认定存在倾销或虽有倾销但倾销幅度不超过2%，或者来自某一国家倾销产品进口量不超过进口国相同产品进口总量的3%则应该停止调查。[1]

4. 初裁、临时措施与价格承诺。《反倾销协议》没有规定作出初裁的时限，应理解为自立案调查之日起1年内的一个合理时间。如果主管当局作出出口商倾销商品的肯定性初裁，它应该公告初裁决定，并可以采取临时性反倾销措施，即向进口商征收临时附加税或保证金。采取临时措施的条件是：①应在不早于公告立案后60日采取；②进口国主管当局已作出关于倾销和损害存在的肯定性初裁；③主管当局认为采取临时措施对防止在调查期间发生损害是必要的。临时措施最长适用期间不超过6个月。肯定性初裁作出后，被控倾销的出口商与进口国主管当局可以在双方自愿基础上签订价格承诺协议，由出口商承诺修订出口商品价格和消除工业损害，若进口国主管当局接受了承诺，则应停止调查。

5. 终裁、征收反倾销税。进口国若作出出口商对其倾销产品的肯定性终裁，它应该公告并可以采取征收反倾销税的措施。反倾销税是进口国对于来自外国的倾销产品征收的一种进口附加税，目的是阻止倾销产品进口和消除倾销造成的损害。反倾销税应在非歧视基础上针对所有经查明倾销并造成损害的某税号的进口产品征收，纳税人是进口倾销产品的进口商，出口商不得直接或间接代替进口商缴纳。在执行税率时应采用经调查认定的个别出口企业的个别税率。反倾销税率不得高于倾销幅度。倾销幅度是被控产品的正常价格与实际进口价格之间的差额，差额越大，倾销幅度越大。反倾销税应自作出终裁之日起对进入消费领域的被控倾销进口产品征收，必要时也可以自采取临时措施起征收（追溯征收），征税期限通常是5年。到期后应进行复审以决定是否继续征收。GATT1994第6条第5款特别强调，在任何成员领土的产品进口至任何其他成员领土时，不得同时征收反倾销税和反补贴税以补偿倾销或出口补贴所造成的相同情况。

WTO《反倾销协议》重申GATT1947第6条注释及补充规定："在进口产品来自贸易被完全或实质垄断的国家，且所有国内价格均由国家确定的情况下，进行价格比较可能存在特殊困难，这时进口方可能认为与此类国家的国内价格进行严格比较

---

〔1〕　除非倾销产品进口量不足3%的成员合计超过该进口成员同类进口产品总量的7%（《反倾销协议》第5条第8款）。

不一定适当。"据此，一些国家针对原产于"非市场经济体制国家"的进口产品采取了歧视性的反倾销措施，表现在：①选用所谓"替代国价格"作为认定正常价格的依据；②在确定反倾销税额时实行所有被控企业单一税率，而不是按这些企业的出口价格分别裁定。中国加入 WTO 议定书第 15 条规定，某一 WTO 成员在中国加入WTO 的 15 年的过渡时期内仍可对原产于中国的被调查产品采用替代国价格作为认定正常价格的标准。然而，只要中国被调查企业提出足够证据证明其产品是在市场条件下生产和销售，该 WTO 成员在进行价格比较时应采用中国企业提供的价格或成本。在中国加入 WTO 的 15 年过渡时期后，WTO 成员不得对原产于中国的产品采用替代国标准。

二、WTO 补贴与反补贴措施协议

（一）补贴与反补贴概述

补贴是指政府向境内的补贴接受者提供任何形式的财政资助、奖励或价格支持。补贴是政府行为，这一点与倾销有实质不同。接受补贴的实体，通常是生产企业或销售公司，并且在国际贸易中受到责难的补贴具有专项性，补贴接受者是个别企业和行业。虽然一些国家将补贴作为政府实现其经济政策的工具，但是在国际贸易中，补贴被认为是一种不公平竞争行为。因为补贴使受补贴的生产者享受了不公平竞争优势，扭曲了它的真实竞争地位；另一方面，补贴也扭曲了国际贸易。农产品的补贴和进口壁垒抬高了国内产品价格，刺激了过量生产，过剩的农产品在补贴刺激下，低价向国际市场出售，造成国际市场过剩。而没有能力进行补贴的国家的农民深受其害。

当代各国国内法和 WTO 规则都普遍地管制对贸易有扭曲限制作用的补贴行为，这种管制分两个途径：①依据国内贸易法，对来源于另一国家的补贴产品进口进行立案调查，在查明补贴产品进口及损害后果的基础上，采取征收反补贴税的贸易救济措施。②运用 WTO 争端解决机制，受补贴产品损害的成员可以请求与补贴成员政府寻求协商及 DSB 的裁决。

反补贴的国际规范主要集中于 WTO 反补贴法中。WTO 反补贴法由两个部分组成：①来源于 GATT1994 第 6 条和第 16 条的规定；②GATT 乌拉圭回合谈判达成的《补贴与反补贴措施协议》（简称 SCM 协议）作为货物贸易多边协议要求所有 WTO成员遵守，SCM 协议对东京回合守则作了较大的修改和补充，协议进一步明确了补贴的定义、范围和界限，首次对补贴进行了分类，严格了补贴的纪律。

（二）WTO《补贴与反补贴措施协议》（SCM 协议）的主要内容

1. 协议的适用范围。WTO《补贴与反补贴措施协议》（以下简称《反补贴协议》）是对 GATT1994 第 6 条、第 16 条关于反补贴协议规定的统一解释、进一步阐述和补充。《反补贴协议》规定各成员依据国内法采取反补贴措施或者依据 WTO 法针对另一成员发起反补贴争议解决应遵守的实体法规则和程序法规则，要求各成员一律遵守。协议与 GATT1994 相关规定都是调整 WTO 成员采取补贴与反补贴措施的有约束力的规则。根据《建立世界贸易组织协定》附件 1A 的解释性说明，当《反补贴协议》与 GATT 相关规定冲突时，前者优先适用。但是关于农产品的补贴和支持问题由 WTO《农产品协议》调整，反补贴协议中的某些重要实体法规则（第 3 条关于禁止性补贴的规定，第 5 条关于可申诉补贴的规定）和程序法规则（第 4 条、第 6 条、第 7 条）不适用于农产品补贴和成员间的争端解决。其他一些规则，主要是第 1 条、第 2 条定义专项性的标准以及第五部分反补贴措施应该同样适用于农产品补贴以及依据国内法发起的争端解决程序。与反倾销协议不同，《反补贴协议》既约束 WTO 成员政府的补贴行为，也约束成员政府对另一成员补贴产品进口的反应。协议规定了控制成员政府采取补贴做法的多边纪律，也规范了一成员政府针对另一成员补贴产品进口采取的单边行动。

2. 补贴的定义。《反补贴协议》共 11 个部分，32 个条款和 7 个附件。新协议远远超出了 GATT1994 第 6 条、第 16 条的规定，后两者仅对非初级产品出口补贴规定了有效的纪律。《反补贴协议》首次在多边体制内界定了补贴的定义和构成要件，运用交通信号灯的方法区分了不同类型的补贴。协议第 1 条将补贴定义为：一成员领土内存在的由政府或任何公共机构提供的财政资助或者任何形式的收入或价格支持以及因此授予补贴接受者的一项利益。第 1 条第 2 款还规定，以上定义的补贴只有在属于专项性补贴时，才会受到本协议有关规定的约束。协议第 1 条还列举了政府或公共机构提供财政资助的表现：

（1）涉及资金的直接转移（如赠款、贷款和投股）、潜在的资金或债务的直接转移（如贷款担保）的政府做法。

（2）放弃或未征收在其他情况下应征收的政府税收（如税收抵免之类的财政鼓励）。

（3）政府提供除一般基础设施外的货物和服务或购买货物。

（4）政府向一筹资机构付款，或委托或指示一私营机构履行以上第 1～3 项列举的一种或多种通常应属于政府的职能，且此种做法与政府通常采用的做法并无实质差别。

协议在上述第 2 项注释中特别指出，按照 GATT 第 16 条注释和本协议附件 1 至附件 3 的规定，对出口产品免征其同类产品供国内消费时所负担的关税或国内税，或免除此类关税或国内税不超过增加的数量不得视为一种补贴。

以上定义说明，GATT 及《反补贴协议》调整的补贴做法应具备以下要件：

（1）补贴是政府或任何公共机构提供的财政资助或收入和价格支持。用于鼓励某类产品的生产和销售。实施补贴的主体是成员政府，包括中央政府或地方政府，主体也包括政府委托其代行政府职能的私人或公共机构。与政府无关的其他私人或团体（如环境组织等）提供的资助不属于补贴。补贴接受者应为给与补贴的政府管辖范围内的企业、产业或特定地区（协议第 2 条第 1 款）。补贴的方式是提供不同形式的财政资助或收入和价格支持，财政资助是资金直接或间接地授予或转移给补贴接受者；收入价格支持并不涉及政府转让资金，而是通过政府实行政策性的价格管制调控，使消费者支付超过正常市场价格的垄断性高价，达到政府补贴生产者的目的。

（2）补贴应该使补贴接受者获得某种利益（benefit）。这是衡量补贴存在的另一个重要的测试标准。不论政府资助或价格支持都要使补贴接受者获得在正常的商业条件或生产条件下不能获得的实际利益，如果虽然有政府提供的贷款或对贷款的担保，接受贷款或担保的实体并没有获得超出一般商业条件的利益，也不能算是补贴。

（3）补贴在法律上或事实上具有专向性（specificity）。多边规则管制的补贴是在一国资源分配中造成扭曲的补贴，普遍性的非专向性的补贴被认为不会造成这种扭曲，不应该加以限制。协议第 2 条认可以下四种类型的专项性补贴：①企业转向性补贴。②产业专向性补贴。③地区专向性补贴。④禁止性补贴。凡法律、法规或政策规定给予上述专门企业、行业、地区的补贴，就具有法律上的专向性；如果没有法律规定，但实施中具有专向性，就是事实上的专向性。

3. 补贴分类。《反补贴协议》用信号灯办法，将补贴分为禁止性补贴（红灯）、可申诉的补贴（黄灯）和不可申诉的补贴（绿灯）。属于禁止性补贴在法律上被禁止；属于可申诉的补贴通常被允许实施，但在某种情况下是可申诉的，即有利害关系的成员可以采取反措施；属于不可申诉的补贴不仅被允许实施，通常也不应该采取反措施。

（1）禁止性补贴。协议第 3 条第 1 款规定了以下属于第 1 条补贴定义范围的补贴应予禁止。一成员不得给予或维持以下补贴：①在法律上或事实上视出口实绩为唯一条件或其他条件之一而给予的补贴，包括附件 1 所列举的补贴；②视使用国产货物而非进口的货物为唯一条件或其他条件之一而给予的补贴，包括附件 1 所列举的补贴。

上述第一类补贴属于出口补贴，既可以是法律上的，基于法律或其他规范性文件的规定判断；也可以是事实上的，根据事实情况判断。但是将补贴给予出口企业这一事实本身并不构成出口补贴，还要符合第 1 条补贴定义所规定的要件，即补贴应该是政府给予的财政资助，是根据出口实绩给予的资助，并且使受补者获得利益，而出口补贴本身就是专向性的，符合专向性标准。

（2）可申诉的补贴。可申诉补贴又称"黄灯补贴"，它是那些不是一律被禁止实施，却又不能自动免除被质疑或申诉的补贴。是否属于这类补贴不仅要依据补贴的定义来判定，还要根据补贴所造成的损害后果来判定。根据《反补贴协议》第 5 条，可申诉的补贴是协议第 1 条规定和列举的任何种类的补贴，并且对其他成员利益造成以下不利影响（adverse effect）：①损害另一成员国内产业；②使其他成员在 GATT1994 第 2 条下直接或间接获得的利益丧失或减损，特别是在 GATT1994 第 2 条下约束减让的利益丧失或减损；③严重侵害（prejudise）另一成员的利益。

（3）不可申诉的补贴。不可申诉的补贴是"绿灯补贴"，《反补贴协议》第 8 条规定了两大类不可申诉的补贴：①不具专向性的补贴；②符合特定要求的专向性补贴，包括企业研究和开发补贴、贫困地区补贴和环保补贴。企业研究开发补贴是指对公司进行研究开发活动的援助，或对高等教育机构、研究机构与公司签约进行研究开发活动的援助；贫困地区补贴是指按照一项总体地区发展规划给予贫困地区的援助；环保补贴是指为促进现有设施适应法律、法规规定的新的环保要求而提供的援助。

协议第9条规定了针对不可申诉补贴的争端解决程序，要求一成员只有在有理由认为该项补贴对其国内产业造成严重不利影响，例如造成难以补救的损害时，该成员才可请求与维持该项补贴的成员进行磋商。

根据协议规定，第8条和第9条关于不可申诉补贴的规定只在《反补贴协议》生效之日起5年内适用，5年期满前180天由反补贴委员会审议该项规定适用的情况，以决定是否继续适用。当此事项在1999年被审议时，委员会没有一致同意其恢复使用，因此，协议第8条和第9条关于不可申诉补贴的规定自1999年12月31日起停止适用。不过考虑《反补贴协议》的定义和分类，许多原属于不可申诉的补贴仍然是不应被责难和采取反措施的。比如非专向性补贴仍不属于协议管制的补贴；为改进环保设施的补贴有积极的外部效应，而较少有贸易扭曲效果。

4. 成员间反补贴多边争端解决程序。针对一成员禁止性和可申诉补贴做法，《反补贴协议》第4条和第7条规定了另一成员可以采取WTO多边争端解决的特殊程序，《关于争端解决规则与程序的谅解》作为一般法同时适用，两者冲突时以前者为准。其中对禁止性补贴（第7条关于可申诉补贴程序略）除了适用DSU一般程序外，其多边争端解决程序还有以下特点：

（1）在磋商阶段，一成员只要有理由认为另一成员正在给予或维持禁止性补贴，即可请求与另一成员协商。申诉方不需要证明有国内损害，只要提交说明、列出补贴证据即可。

（2）在专家组审理阶段，设立常设专家组（PGE），由其审议和决定所涉补贴是否属于禁止性补贴，并向专家报告其结论。常设专家组报告有强制性，专家小组必须接受。

（3）在执行阶段，如所涉补贴属于禁止性补贴，专家组应建议实行补贴的成员立即撤销该补贴。如在指定时间内DSB建议未被遵守，DSB应授权起诉方采取反措施。

（4）加速时限安排，第4条规定协商阶段的时限是30日（比较：DSU为60日）；专家组审理为90日；上诉机构审理为30~60日。

5. 反补贴国内救济程序。除前述关于多边争端解决程序外，《反补贴协议》第五部分还规定了一成员针对另一成员补贴行为采取单边国内救济措施的规则，虽然这两种程序可平行适用，但最终采取的反措施只能是一种。第5部分程序与反倾销协议规定的立案调查、初裁和终裁程序类似，但有以下特点：

（1）不论另一成员采取何种补贴，只有所涉补贴产品进口并造成国内类似产业损害才可发起国内救济程序。

（2）邀请磋商是发起调查方的重要义务，主管当局在接受国内企业申请后，最迟应在调查前邀请可能的被调查成员进行磋商，以澄清事实，寻求满意解决。

（3）此项救济程序中，价格承诺有两种形式：一是出口商同意修改价格；二是出口方政府同意取消补贴或其他消除不利影响措施。

（4）反补贴税是为抵销对产品的补贴而征收的特别关税。应按照补贴接受者所获得的补贴利益计算补贴金额和反补贴税额。反补贴税不得超过经认定存在的补贴金额。

6. 发展中国家特殊待遇。协议将发展中国家分为三类：第一类是由联合国确定的 48 个最不发达国家；第二类是附件 7 列举的 20 个（不包括中国）人均 GDP 不足 1000 美元的发展中国家；第三类是其他发展中国家。并规定：第一类国家可无限期使用出口补贴，在 WTO 成立 8 年内可保留进口替代补贴。第二类国家在人均 GDP 达到 1000 美元前可继续使用出口补贴，在 WTO 成立 5 年内可保留进口替代补贴。第三类国家在 WTO 成立 8 年内可保留出口补贴，5 年内可保留进口替代补贴，这期间内应逐步取消。上述允许维持的补贴仍是可申诉的。

三、保障措施及 WTO《保障措施协定》

（一）定义及法律渊源

保障措施是指当一成员发生了不能预见的情况以及因承担关税减让义务造成进口产品大量增加，以至于对该成员境内生产同类产品的产业造成严重损害或严重损害威胁，该成员可以实施临时性进口限制措施，以保护国内相关产业。这项授权来源于 GATT 第 19 条规定，该条款被称为保障条款。

首先保障措施是自由贸易的"安全阀"，"如果没有自由贸易，我们就无须保障措施"[1]。GATT 规则承认，因为关税减让等市场准入条件分阶段实施，某些国家可能在短期内难以适应新的进口竞争环境，在自由竞争导致大量增加的进口货有可能摧毁国内产业的情况下，必须给进口成员中止实施减让的调整、缓冲机会，实现产业结构合理化和技术创新以适应新的竞争环境，这样自由贸易才符合国内利益，也有助于缓和国内保护主义压力。其次，保障条款的设立也有助于多边贸易体制健康发展，使 WTO 成员以合法的柔和的方式缓解因市场开放带来的竞争压力。从法律性质看，保障措施是在国内产业遭受严重损害的紧急情况下允许采取的例外救济措施，"保障措施是只有在紧急情况下可采取的特殊（extraordinary）救济措施"[2]。再次，保障措施是针对正常的公平进口采取的措施，这与反倾销和反补贴措施有实质不同。

---

〔1〕 John Jackson, *The World Trade System: Law and Policy of International Economic Relations*, Cambridge, MIT Press, 1989, p. 153.

〔2〕 See, US – Line Pipe, Appellate Body Report, WTO/DS202/AB/R, Doc. Num 02 – 0717, pp. 80 ~ 85.

最后，援用第 19 条实施的保障措施既可以是提高关税也可以是实行数量限制，它属于关税减让和禁止实行数量限制的例外，是自由贸易原则的例外。

GATT 保障条款实施的初期产生以下问题：①一些国家采取"选择性保障措施"，进口限制有选择地针对来自某国的应设限商品，而不是来自所有国家的设限商品，认为这样做可以减轻对自由贸易原则的破坏作用；②某些进口国抛开 GATT 而与出口国进行双边谈判，说服其签订"自愿出口限制"和"有秩序的销售安排"协议，要求出口国把某些产品（主要是汽车、电器、农产品等敏感商品）的出口限制在协议规定的配额内，名义上双方自愿，实际上出口国迫不得已，这些都是歧视性进口限制的灰色区域措施，违背 GATT 最惠国待遇原则和禁止实施数量限制原则。历史上引用 GATT 第 19 条保障条款限制进口的情况并不多见，一些国家更愿意采取"灰色区域"措施保护国内产业；③GATT 第 19 条仅有 3 款模糊的规定，不能有效规范这一例外措施的实施。为解决这些问题，乌拉圭回合谈判达成《保障措施协定》，明确了采取保障措施的条件和程序规则。关于 GATT1994 与 WTO《保障措施协定》的关系，有成员曾认为后者替代了前者，因此 GATT 第 19 条中规定的采取保障措施的条件（指关于"因不能预见的情况……"）不适用。但是在 DSB 上诉机构审理的"阿根廷对鞋类进口产品采取保障措施"案中，上诉机构明确指出，GATT 第 19 条与《保障措施协定》都是货物贸易协议有机组成部分，"它们平等适用并对所有成员有平等的效力"[1]。以下结合这两个文件对此问题进行阐述。

（二）采取保障措施的条件

GATT 第 19 条题为"对某些产品进口的紧急措施"，第 1 款 a 项规定："如因不能预见的情况和缔约方在本协定项下负担包括关税减让在内的义务影响，进口至该缔约方领土的产品数量增加如此之大，以至于对该领土内同类产品或直接竞争产品的国内生产者造成严重损害或严重损害威胁，则该缔约方有权在防止或补救此种损害所必需的时间和限度内，中止对该产品全部或部分义务或撤销或修改减让。"《保障措施协定》第 2 条第 1 款规定："一成员只有在根据下列规定确定正在进口至其领土的一产品的数量与国内生产相比绝对或相对增加，且对生产同类或直接竞争产品的产业造成严重损害或严重损害威胁，方可对该产品实施保障措施。"综上所述，一成员采取保障措施应符合以下要求：

1. 发生了不能预见的情况。这是指突然增加的进口量之大以及对国内造成的损害后果是关税减让谈判时无法合理预见的；也意味着因为出现了关税减让谈判时无法预见的新情况使进口大量增加。

2. 进口产品数量近期内急剧增加。在上诉机构审理的"阿根廷对鞋类进口产品采取保障措施"案中，上诉机构指出，一项调查仅仅证明今年的进口产品多于去年或者 5 年前是不够的，"正在进口"意味着增加的进口必须是突然的和最近的。"《保

〔1〕　黄东黎：《国际贸易法学》，法律出版社 2004 年版，第 456 页。

障措施协定》第 2.1 条和 GATT 第 19.1 条 a 项规定的措辞共同要求增加的进口必须是足够近期、足够突然、足够急剧和足够大，无论是质还是量的方面，将导致严重损害或严重损害威胁。"[1] 进口增加包括绝对增加和相对增加（相对于进口国国内产量）。

3. 严重损害或严重损害威胁。这是指大量增加的进口给国内生产类似产品或直接竞争性产品的生产企业造成严重损害或损害威胁。"严重损害"是指对某一国内产业状况的整体的重大减损（《保障措施协定》第 4 条第 1 款 a 项）；"严重损害威胁"是指相关的事实表明前述的实质损害状况明显迫近，即将发生。应考虑销售水平、产量、生产率、设备利用率、利润和亏损及就业的变化。

4. 进口数量增加与国内相关产业的损害有因果关系。属于其他因素造成的国内产业损害不得归因于进口增加。

（三）保障措施的实施

1. 救济方式。保障措施可以是增加关税和实行数量限制，临时保障措施应为增加关税。不论何种方式都不应超过防止严重损害必要的程度。如实行数量限制，该限制不应低于有代表性的最近 3 年平均进口水平；如果实行国别配额，应与有关国家就配额分配达成协议，否则按这些国家最近一段时间在进口国进口总量中所占的比例分配。

2. 时间限制。保障措施是临时性的，不应超过弥补损失所需的合理时间限度。协定规定一般期限是 4 年，延长不超过 8 年（发展中国家为 10 年），期满后应恢复到原来水平。协定禁止对同一产品间隔不足 2 年重新采取保障措施。

3. 非歧视地实施保障措施。协定规定"保障措施应针对正在进口的产品实施，而不考虑其来源（第 2 条第 2 款）"，WTO 成员应遵守最惠国待遇原则，非歧视地实施保障措施，它适用于来自所有国家的同类进口产品，而不应带有选择性。在特殊情况下，允许成员背离最惠国待遇原则，对一个或几个供应国采取保障行动，但进口国应与保障委员会协商，经批准后方可实施。协议要求现有的"灰色区域"措施必须在 4 年内（1999 年 1 月 1 日前）逐步取消（纺织品除外），成员政府承诺不寻求采取或维持任何自愿出口限制有秩序地销售安排或其他类似措施，不得鼓励或支持非政府机构的公私企业采取类似措施。

4. 贸易损失补偿。采取保障措施的成员应给予那些利益受到保障措施不利影响的出口成员提供充分补偿，它可以在其他产品进口或贸易方面做出与出口成员所受损失相当的减让。若进口成员与遭受不利影响的出口成员不能就补偿达成协议，后者可采取相应的报复措施。但协定第 8 条第 3 款规定，如果保障措施符合协议规定，而且保障措施是由于来自出口方产品进口数量的绝对增长引起的，出口方需要在进口国采取保障措施 3 年后才能采取同样的报复措施。

---

〔1〕 黄东黎：《国际贸易法学》，法律出版社 2004 年版，第 450～451 页。

5. 发展中国家特殊待遇。协议要求进口国对来自发展中国家的产品采取保障措施应符合以下条件：来自一发展中国家某产品的进口量超过进口国该产品进口总量的3%；或进口份额低于3%的（若干）发展中国家进口量之和超过进口国该产品进口总量的9%。

（四）采取保障措施的程序

1. 立案和调查。《保障措施协定》第3条第1款概括地规定，进口国主管当局采取保障措施应根据以往制定的程序进行调查和公开后方可实施保障措施。主管当局必须公布一份报告把调查结果公布于众，并安排听证会，使进出口商和其他利害关系方有机会提供证据、陈述意见，进口国主管当局必须提出证据，说明保障措施是否符合公共利益。但这方面程序规定很概括，也没有关于立案标准的要求。

2. 通知。拟采取保障措施的进口成员应通知保障措施委员会对某种产品发起调查的程序和理由、主管部门作出的关于进口造成严重损害或损害威胁的调查结果、关于采取或延长实施保障措施的决定，同时应提交有关证据材料。

3. 协商。拟采取保障措施的成员应提供适当机会与有利害关系的成员进行协商，共同审议有关证据和事实材料，对拟采取的措施交换看法，尽可能达成协议，避免采取保障措施。因采取保障措施引起争议，有关成员可以提请 WTO 争端解决机构裁决。

4. 临时措施。在紧急情况下，如果迟延会造成难以弥补的损失，进口成员可不经磋商采取临时保障措施，主管机构只能在有明确证据表明进口激增已经或正在造成严重损害或严重损害威胁时才可采取临时保障措施，临时措施只能是增加关税，期限不得超过200日，此期限计入总的保障措施期限。

中国加入 WTO 议定书第16条关于一般产品特殊保障条款规定：在中国加入WTO 之后12年的过渡期内，如果原产于中国的某些产品进入任何其他成员领土，其增长的数量对该成员国内同类产品或直接竞争产品造成威胁或市场扰乱，该成员可与中国协商要求限制该产品进口，如协商不成，该成员可单独对原产于中国的某进口产品在必需的范围内实行限制。中国加入 WTO 报告书第241～242段关于纺织品特殊保障条款的规定：在2005～2008年，如果原产于中国的某一类纺织品对其他进口成员造成市场扰乱，该成员可请求与中国进行协商，如果协商不成，该进口成员可以实行临时限制。但4年内对同一种产品只能限制一次，一次只能限制一年。

第三节　WTO 与标准有关的措施协议

一、标准、技术法规对贸易的影响及相关 WTO 法

各国为了提高产品质量、保护本国消费者利益、保护人类、动植物的生命安全和健康都要制定和实施某些技术法规和产品标准。随着人民生活水平的提高和相关技术的进步，各国采纳的技术规章和产品标准越来越复杂，这些规章和产品标准的

不适当运用正在背离其合法目的，变成阻止进口、保护国内企业的工具。[1] 除了它的积极作用外，标准、技术法规对贸易可能的不利影响表现在：①没有经过进口国评估程序的外国产品可能被认为不符合进口国强制性技术标准或卫生标准而阻止进口。②对有些企业而言，执行不同的自愿性标准体系不仅要支付同样的相符成本，而且有的标准难以达到，这样的产品即使进口也不会有好的销售业绩。③由于各国的经济发展水平和自然环境不同，其技术法规产品标准的要求、合格评定程序也不同。任何外国产品进入进口国市场都需要重复评估和检测，需要满足相关的包装说明和标签要求以及标准和证书要求，这会给制造商和销售商带来巨大的评估成本，包括需要了解产品标准的信息成本（翻译解释和咨询成本），检测证明和检验证书成本，履行手续的办公成本和时间消耗。因此，多边贸易体制一直把上述标准带来的问题作为重要的非关税壁垒加以调控。

关贸总协定不包含专门调整缔约方采取与标准有关措施的规范，GATT 第 3 条、第 11 条和第 20 条只是一般性地涉及技术法规和标准的实施。1979 年 GATT 东京回合谈判通过了《技术贸易壁垒协议》，作为诸边贸易协议，规范缔约方与标准有关的措施。乌拉圭回合谈判制定的新的《技术贸易壁垒协议》（简称 TBT 协议）对原协议做了重要修改补充，表现在：①将动植物卫生检疫措施从一般的技术标准措施中分离出来，订立专门的《实施卫生与植物卫生措施协议》（简称 SPS 协议），这两个协议都成为多边协议，增强了约束力；②TBT 协议既规范产品标准，也适用于某些加工和生产方法，从主体看既规范成员政府行为，也约束非政府的或私人的标准化机构，扩大了适用范围；③取消了原协议中的"证书"制度，增加了"合格评定和相互承认"制度，使相互承认作为贸易便利的重要方式得以确立；④规定了标准制度、采纳和适用的良好行为守则，第一次在多边水平为各成员采取合理的与标准有关的措施提供了一般的原则和准则，特别是这个守则扩大适用于私人的非政府标准机构以及各成员地方政府的标准化机构；⑤依据新协议，各成员之间与标准有关的措施引起的争议都应服从 WTO 争议解决机构的裁决，这将为各成员消除与 TBT 协议不符的措施、协调产品标准与贸易竞争的关系提供保证。

目前，WTO 调整与标准有关的措施协议有三个：GATT1994、TBT 协议和 SPS 协议，协议本身并不提供任何产品标准，而提供了各成员在采取与标准相关的措施方面应遵守的纪律。其中后两个协议是 GATT 相关规则的进一步阐述和补充。不同的是，TBT 协议规范各成员采取产品标准、技术法规方面的措施；SPS 协议规范各成员采取卫生标准和法规方面的措施，一项与标准有关的措施应首先考虑是否属于 SPS 协议调整范围，如不属于其范围，则应由 TBT 协议调整。

---

〔1〕 据经合组织统计：不同的国内市场制定的不同技术标准和规章要求，加上为与之相符支付支出的检验和证书成本占企业总生产成本的 2%～10% 之间。参见 Shevry M. Stephenson, "Mutual Recognition and its Role in Trad Facilitation", *Journal of World Trade*, 33 (2), 1999, p. 144.

二、《技术贸易壁垒协议》

（一）宗旨、定义和范围

协议的主要目的是确保技术法规和产品标准的实施不会给国际贸易造成不必要的障碍，不会对情况相同的国家造成不合理的歧视；不得阻止其他成员在适当程度内采用技术规章和标准措施，以保护人类、动植物生命健康，保护环境，保证出口产品质量，防止欺诈行为；鼓励采纳国际标准和合格评定程序。这三方面基本目标体现了采取适当的与标准有关的措施与促进贸易便利的平衡。

协议适用于各成员可能影响国际贸易的关于技术法规、产品标准的制定和实施方面的权利和义务。附件 1 规定，"技术法规是规定产品性能或与之相关的工艺和生产方法，包括适用的管理规定在内的要求强制遵守的文件。该文件也包括或专门适用于产品、产品工艺或生产方法的专门术语、符号、包装、标记或标签要求。""产品标准是指经公认的机构批准的，规定供通用或反复使用的规则、指南或规定产品性能，或与之有关的工艺和生产方法的不要求强制遵守的文件。标准也包括或专门适用于产品、产品的工艺或生产方法的专门术语、符号、包装、标记或标签要求。"附件 1 给出的定义说明，技术法规和产品标准这两类文件有所区别。首先，在制定文件的主体方面，前者由国家授权机构颁布；后者由公认的标准化机构批准和认可。其次，从内容看，前者是规定产品性能或与产品性能相关的工艺和生产方法，显然，非与产品性能相关的工艺和生产方法要求（non—product related process and production methods，NPR – PPMS 标准）包括包装、标签和标志要求不属于 TBT 协议调整的技术法规范围；而对于后者，虽然许多评论认为也 排除 NPR – PPMS 标准，但至少从字面上解释似乎没有完全排除。最后，前者具有强制性；后者不具有强制性。明确区分技术法规与标准有重要意义，因为 TBT 协议关于各成员在采纳和实施技术法规方面应承担义务严于采纳标准方面措施的义务。还应看到，目前广泛存在的由民间机构推行的生态标志计划（eco – labelling scheme）因不属于技术法规，不受协议严格管辖。但是这并不意味着非与产品性能有关的生产或工艺方法要求或标签要求不受 WTO 协议调整，如果志愿性的表明非与产品性能有关的生产或加工方法的生态标志制度由政府管理，或虽由私人管理却由政府干预，这种制度实行的结果是可能违反 GATT 第 1 条、第 3 条第 4 款、第 11 条或可能引起非违法之诉。笔者认为，许多这类生态标志计划应纳入产品标准范围由 TBT 协议调整。

协议第 1 条第 3 款规定，所有产品，包括工业产品和农产品均应遵守本协定的规定。但是为政府采购目的所提出的采购规格不受 TBT 协议约束而受政府采购协议约束。属于 SPS 协议附件 A 定义的卫生与植物卫生措施也不由 TBT 协议调整。

（二）成员政府在制定、采用、实施技术法规方面的主要义务

1.《技术贸易壁垒协议》第 2 条第 1 款规定：各成员在技术法规的制定和实施方面给予从任一成员领土进口的产品的优惠待遇不低于给予国内类似产品和其他国家类似产品的优惠待遇（国民待遇和最惠国待遇）。国民待遇和非歧视待遇义务已经

扩大适用于合格评定程序（第5条）。

2. 各成员确保技术法规的制定、采纳和实施不应给国际贸易带来不必要的障碍。为此，技术规章对贸易的限制不应超过为实现合理目标必需的范围，并考虑这些合理目标未实现所带来的风险。如果技术法规采用的有关情况或目标不存在，则不应维持此类技术法规。这些目标是指符合国家安全要求，防止欺诈行为，保护人类、动植物生命健康，保护环境（第2条第2款）。这里提到的"必需范围"和"不必要的障碍"与GATT第20条相关要求是一致的。即该技术法规措施是为实现合法目的必需的；该技术法规措施是最少贸易限制的；该技术法规措施一般情况下不能超过国际标准所要求的（第2条第3款）。以上要求也适用于与技术法规相符的合格评定程序。而不符合这些要求的技术法规措施就不是必需的，可能构成对国际贸易不必要的障碍。

3. 只要适当，各成员应按照产品性能而不是按照其设计或描述特征来制定技术法规（第2条第8款）。这也是为防止技术法规措施对国际贸易构成不必要障碍。

4. 如果有关的国际标准已经存在或即将拟就，各成员应以国际标准为基础制定技术法规，除非由于环境、气候及其他方面的原因不适用于采用国际标准。一成员在制定、采用和实施技术法规可能对另一成员产生重要影响时，应另一成员请求，须说明该技术法规的合理性（第2条第5款）。基于合法目的并与国际标准相符的技术法规应初步推定不会对国际贸易构成不必要的障碍。各成员应积极参与国际标准化组织和其他国际标准化组织的工作（第2条第4款）。[1]

5. 透明度。各成员应确保立即公布已经采用的所有技术法规或以其他方式使有关成员获得这些技术法规，并熟悉它们。若拟议中的技术法规与国际标准有实质不同，并对其他成员有重大影响，该成员应提前公布技术法规的内容，使其他成员熟悉（第2条）。各成员应建立关于技术规章和产品标准方面的信息中心或咨询点（enquiry point），接受其他成员有关的咨询，对其他成员关于技术规章、产品标准、合格评定程序方面的询问应依据协议作出满意的答复（第10条第1款、第3款）。在与标准有关活动方面，各成员保持其法规、批准程序的透明度至关重要，国际贸易中的许多问题是由于缺少这方面的信息沟通造成的。

6. 为了促进贸易便利，协议还要求各成员应积极考虑接受与其等同的其他成员的技术法规，尽管这些法规与他们自己的不同，只要这些法规能充分满足自己的规章目标（第2条第7款）。

（三）地方政府、非政府机构在制定、采用和实施技术法规方面的义务

根据TBT协议第3条的规定，协议第2条要求中央政府履行的在制定采纳和实

---

〔1〕　目前最重要的国际标准化组织是国际电工委员会（IEC）、国际电信联盟（IIU）和国际标准化组织（ISO）。其中，前两个是专业化组织，ISO是综合的标准化组织，有115个成员。ISO与IEC是全球性的非政府组织，成员由缔约成员的标准化机构组成。

施技术法规方面的各项义务除个别应由中央政府履行的通知义务外都适用于成员领土内的地方政府和有关的非政府组织。各成员不得要求或鼓励其领土内的地方政府或非政府组织以与第2条义务不一致的方式行事的措施（第3条第4款）。在本协定下，各成员对遵守第2条的规定负全责（第3条第5款）。

（四）关于标准的制定、采纳和适用的良好行为守则

TBT协议第4条规定了各成员制定、采纳产品标准方面的义务，主要是为成员各类标准化机构特别是第一次为私人的标准机构制定了《良好行为守则》，使它们的活动与多边贸易法律相符合。该守则向各成员的各类标准机构开放，这些标准化机构应就它们已经接受或退出该守则的事实通告日内瓦国际标准化组织或国际电工委员会情报中心。根据TBT协议第4条的规定，中央政府的标准化机构有义务接受和遵守《良好行为守则》，即该守则对其有强制实施的效力；但是对非政府的标准化机构以及地方政府的标准化机构，守则不要求其强制执行，这些机构可以自愿采纳，尽管协议要WTO成员采取合理措施确保这些机构接受和遵守该守则。

《良好行为守则》规定的主要义务是：①在标准要求方面，一标准机构给予来自WTO任何其他成员产品的待遇不得低于给予国内同类产品或其他国家同类产品的待遇。②标准化机构应确保标准的制定、采纳或实施，不给国际贸易造成不必要的障碍。③成员国内标准化机构应尽可能参加国际标准化组织的活动，以国际标准作为其制定标准的基础。④标准化机构每隔6个月发表和公布其有关标准工作的情况。在采纳某标准前至少应提前60日公布，以便于有关当事方发表意见。

（五）合格评定制度

为保护消费者的利益，各国特别是发达国家都制定了复杂的产品标准和技术法规，外国产品要进入这些国家市场通常要履行一定的表明符合某种产品标准要求的合格评定程序（conformity assessment procedures）。合格评估通常由制造商依据其企业内部质量体系，或应制造商要求由独立的试验室以及中立的第三方检验机构进行，这些评估活动以及相关的检验、证书要求往往背离其合法目的，成为阻止外国产品进口，保护国内企业的手段。TBT协议将各类合理评估活动纳入其管辖范围。协议第5条、第6条规定了中央政府对其境内主管的各标准机构实行的合格评估活动应履行的义务，核心义务是要求国内合格评估程序的制定、采纳和适用方面给予外国供应商类似产品的市场准入条件不得低于国内同类产品或其他国家同类产品及供应商的条件。此外，TBT协议还包括与前述良好行为守则和政府一般义务规定类似的透明度、与国际标准相符、尽量减少贸易限制等义务规定。这些义务规定对中央政府的评定机构是强制性的，对于地方政府和非政府评定机构则无法律约束力。但中央政府有义务确保地方政府和非政府的合格评定机构遵守协议第5条、第6条规定的各项义务。

关于合格评定程序的另一重要内容是协议第6条鼓励各成员之间通过事先谈判和磋商，建立多边相互承认或双边相互承认合格评定程序、评定结果的机制，使进

口产品在经过出口国合格评定程序检验和评定后，其结果得到进口国的自动承认，不需要重新评定，这是实现各成员之间贸易便利的重要途径。协议第 6 条第 1 款规定："各成员保证在可能时接受其他成员合格评定程序的评定结果，即使那些程序与自己的不同，只要那些程序提供的符合相应技术法规或标准的保证与自己的相当。"第 3 款规定："鼓励各成员应其他成员请求参加谈判，以达成双边承认合格评定程序评定结果的协议。各成员可以要求此类协议满足第 6 条第 1 款的标准要求，并使之因可能方便有关产品贸易而令双方满意。"1997 年 12 月，在每 3 年举行一次的技术贸易壁垒协议实施活动评审会上，在讨论合格评定程序时，代表们提出了相互承认的问题，委员会成员表示关注重复检测、重复评估对贸易的限制作用，表示"一个标准，一个检验，一个证书"应成为实现贸易便利，减少成本的目标。

三、《实施卫生与植物卫生措施协议》

《实施卫生与植物卫生措施协议》（简称 SPS 协议）的产生是乌拉圭回合谈判的重要成就，它第一次把传统的动植物卫生检疫措施这种纯技术问题与国际贸易问题联系起来加以规范。GATT 第 20 条第 1 款 b 项允许各成员为保护人类、动植物的生命和健康采取与 GATT 不符的措施，这一例外规定往往被滥用以阻止外国产品，特别是农产品的进口，保护本国的农业。制定 SPS 协议的目的首先是进一步阐述 GATT 相关条款，对 GATT 第 20 条一般例外的适用加以限制，防止各成员滥用国内涉及人类、动植物卫生安全方面的法律限制进口，使有关措施的实施建立在科学基础上；另一目的就是为了配合《农产品协议》的实施，促进各成员开放农产品贸易市场。

（一）定义和范围

SPS 协议适用于可能直接或间接影响国际贸易的卫生与植物卫生措施，各成员应依据本协议的规定制定和适用这些措施（第 1 条第 1 款）。符合本协定的措施应被视为符合 GATT 有关规定的措施（第 2 条第 4 款）。但协议不影响各成员在 TBT 协议下的权利。根据 SPS 协议附件 A 的规定，卫生与植物卫生措施是指各成员用于以下目的的措施：①保护成员领土内的动植物生命或健康免受虫害、病害、带病有机体（organisms）或致病有机体侵入、生长或传播的风险；②保护成员领土内的人类、动植物生命或健康免受食品、饮料、饲料中的添加剂、污染物、霉素、致病有机体产生的风险；③保护成员领土内的人类生命或健康免受由动植物或其产品携带的病害或虫害侵入、生长、传播的风险；④防止或控制成员领土内因虫害侵入、生长、传播造成的其他损害。

上述措施可表现为：食品生产加工方法；用于食品生产的使用、包装和标签要求；杀虫剂、除草剂、肥料的使用要求；关于动物饲养的规则。还包括所有相关法律法规和规章要求和程序，特别是：最终产品标准、加工和生产方法；检测、检验、证书和批准程序；检疫处理（包括运输动植物的相关要求）；统计方法、取样程序、风险评估方法、直接与食品安全有关的包装和标签要求等规定。

（二）基本权利义务

1. 各成员采取适宜卫生措施的权利。协议第 2 条规定了各成员卫生措施方面的基本权利义务，其他条款又对这些权利义务作了详细说明，总的意图是在允许政府采取合法措施保护公共健康与阻止隐蔽的贸易保护之间建立一种平衡。协议规定各成员在不与本协议相抵触的情况下，有权采取为保护人类、动植物生命健康所必需的卫生措施（第 2 条第 1 款）。如有科学理由和经过风险评估，也可采取比国际标准更高的"适宜的"保护措施（第 3 条第 3 款）。在相关的科学证据不充分的情况下，一成员还可以根据可得到的有关国际组织和其他成员采取卫生措施的信息采取临时的卫生措施（第 5 条第 7 款）。

2. 卫生措施的科学性原则。第 2 条第 2 款要求"各成员应保证其卫生措施仅在为保护人类、动植物生命健康所必需的限度内实施，并且根据科学原理，如无充分科学依据则不应再维持。"这项规定是检验一项卫生措施是否符合 WTO 法的根本标准。它意味着任何卫生措施都应有科学依据，除第 5 条第 7 款条规定的情况外，没有科学依据的卫生措施是不适当的措施；如果出现异议，采取卫生措施的成员应负举证责任，证明其卫生措施的科学合理性；而符合国际标准的卫生措施是符合科学性的初步证明。这里所指的"必需措施"是"符合国际标准、准则或建议"的措施或者是经过风险评估与科学证据证明为"适宜的"措施（第 3 条第 2 款、第 5 条）。

3. 非歧视地实施卫生措施。各成员确保他们的卫生措施的适用不得构成在情况相同或类似的成员之间，包括他们自己的领土和其他成员之间的武断的不合理的歧视以及对国际贸易的隐蔽限制（第 2 条第 3 款）。旨在获得适宜的卫生保护水平，防止对人类、动植物生命健康的威胁，各成员应避免武断地或无正当理由地区别他认为在不同情况下的保护水平，如果这种区别导致歧视或对国际贸易的隐蔽限制（第 5 条第 5 款）。SPS 协议没有像 TBT 协议那样正面阐述国民待遇原则和最惠国待遇原则。这意味着只要不在情况相同的成员间构成不合理歧视就允许实行差别待遇。由于气候、病虫害状况成员间有很大不同，对来自不同成员产品实行相同的卫生措施不总是适宜的。

（三）卫生措施的协调

卫生措施的协调包括与国际标准的协调和成员间的协调。

1. 符合国际标准。协议规定：为尽可能在广泛的基础上协调卫生措施，各成员应将其卫生措施基于现存国际标准、准则或建议来订立，只要存在这些国际标准。卫生措施符合国际标准、准则或建议应被视为保护人类、动植物生命健康所必需的，并被推定为与本协议及 GATT 有关条款相符合（第 3 条第 1 款、第 2 款）。这意味着符合国际标准的产品取得了 GATT 合法性的初步证据，进口方若否定国际标准的有效性，以更高的标准来阻止该产品进口，他应当证明其高标准的合理性，即要提出科学证据或经过风险评估（第 5 条第 8 款）。协议确定的国际标准是营养标准委员会、动物流行病国际局、国际植物保护公约框架规定的标准。

2. 国际标准的例外。协议规定：如果有科学理由或根据第 5 条风险评估程序，某成员认为其确立的保护水平是适当的，该成员可以采纳和维持比依据国际标准应取得的更高水平的卫生保护措施。尽管这样，所采取的措施不应与本协议其他条款相抵触（第 3 条第 3 款）。此外，协议关于风险评估的规定主要针对没有采纳国际标准的措施。

3. 接受"等同（equivalence）"卫生措施。第 3 条第 1 款要求各成员接受其他成员"等同"的卫生保护措施，如果这种措施取得了相同的保护水平，尽管这些措施与自己的或其他成员的措施不同。但出口成员对"等同"措施有证明责任，它应该给进口方检验、测试、审查的机会。这项规定与透明度一样，体现了贸易便利原则。其重要意义是承认不同的产品标准、生产方式和检验程序可以取得相同的卫生保护水平，对于进口国因为某出口国卫生标准与其存在微小差异而拒绝其农产品进口的情况不失为一种补救。

（四）风险评估和适当的保护水平

1. 风险评估。SPS 协议第 5 条第 1 款规定，各成员应确保其采取的卫生措施基于一种与其所处环境相适应的对人类、动植物生命健康风险的评估，并参考有关国际组织发展的评估技术。根据附件 A 的定义，风险评估是指评估按照可能适用的卫生措施，虫害、病害在进口成员领土内侵入、生长、传播的可能性，以及相关的生物学后果；或评估食品、饮料、饲料中存在的添加剂、污染物、毒素、致病有机体对人类或动物健康所产生的潜在不利影响。协议没有就具体的评估技术和方法作出说明，仅要求考虑以下因素：可获得的科学证据；相关的加工生产方法；有关的检测、检验、取样方法；特殊的疾病、虫害蔓延流行的情况；无疾病虫害区的存在；相关的生态和环境条件；检疫处理或其他处理方式。

协议实施的实践表明：首先，风险评估的实质是评价病虫害、有毒物进入、生长、传播的现实可能性和所采取卫生措施的必要性，这两方面都应符合第 2 条第 2 款的科学性原则，否则所做的评估不符合附件 A 的定义要求。其次，任何卫生措施的采用都应经过风险评估，特别是那些与国际标准不符的措施。最后，风险评估既是程序要求，也是实体要求。未经风险评估的卫生措施其 WTO 合法性难以成立，而虽经风险评估，却没有满足"最低限的科学客观性标准"的卫生措施，其 WTO 合法性也不能成立。[1]

2. 承认无病疫区和低病疫区。各成员应确保其卫生措施适应某一地区的卫生特点，这个地区可以是货物原产地或目的地的一个国家、一国的一部分或几个国家组成的地区。在评估该地区卫生特点时要特别考虑病疫或虫害的流行程度，消除或控制这些病害的计划存在。各成员应承认无虫害或病疫区的概念，以及低虫害或病疫

---

[1] See, Gavin Goh, "Tipping the Apple Cart: The Limits of Science and Law in the SPS Agreement after Japan - Apples", *Journal of World Trade*, Vol. 40 (4), 2006, p. 664.

区的概念，确定这种地区应考虑诸如地理生态以及疫病监管的情况，及卫生控制措施的有效性（第6条第1款、第2款）。有了这一规定，进口国不应再阻止来自无病害区的产品进口，只要出口方提供其产品产地仍处于无病疫区的证据。

3. 临时措施。协议允许 WTO 成员在科学证据不充分的情况下，有条件地对货物进出口采取临时措施，这是基于环境法中的"预防原则"授予各成员的权利。根据 SPS 协议第5条第7款的规定，采取这种临时卫生措施的条件是存在着进口产品可能危害人类、动植物生命安全的科学信息；这些信息提供的证据尚不充分；应根据现有措施采取适当的卫生措施；应在合理时间内审查临时措施的必要性。

4. 控制、检查、检验和批准程序。SPS 协议要求各成员在进行控制、检查和批准程序方面遵守附录3的各项规定，主要是在履行手续、交纳费用方面实行国民待遇和最惠国待遇（第8条）。

（五）透明度

协议要求按照附录 B 的条款，各成员通知他们卫生措施的变化，并提供有关他们卫生措施的情况。附录 B 规定了与 TBT 协议类似的透明度要求，包括：及时公布有关的卫生标准方面的法规；建立咨询点，及时答复其他成员的咨询；采取与国际标准不同的标准时应及时通知其他成员等。

关于 SPS 协议适用的典型案件是美国、加拿大诉欧盟限制含荷尔蒙牛肉进口案。1996 年和 1997 年，美国和加拿大分别向 WTO 争端解决机构申诉，认为欧盟指令禁止美国、加拿大生产的含天然和人工合成荷尔蒙激素的牛肉及牛肉产品进口和在国内销售违反了 SPS 协议。专家小组认为：营养标准委员会推荐的关于兽医残留物国际标准认定，按良好饲养业行为给牛注射荷尔蒙不可能导致人类健康的危险，同样，欧盟在制定指引时考虑的研究和建议得出的结论亦是荷尔蒙不可能构成健康威胁。由于欧盟指令与国际标准不符，应适用 SPS 协议中采用国际标准的例外规定（第3条第3款和第5条）。欧盟不能提供证据证明其采取高标准时实际考虑风险评估；而研究资料（欧盟提供）又显示荷尔蒙对健康不构成威胁，欧盟指令规定的卫生标准和进口限制没有合理基础。上诉机构维持专家小组这一裁决同时指出：欧盟一方面禁止对人类无害的含荷尔蒙牛肉进口；另一方面却容许公认的一种致癌杀虫剂残留物（carbonax）无限量地存在，违反了 SPS 协议第5条第5款，属于武断地不合理地区别不同保护水平，导致歧视和对国际贸易不合理的限制。欧盟的真实目的是排斥美加牛肉进口，保护国内牛肉生产者。

第四节　WTO 与海关管理有关的措施协议

一、《海关估价协议》

按从价税征收关税时，实际征收的关税额不仅依赖税率标准，也依赖海关当局如何计算完税价格，如果这方面缺乏规范管理，也会构成贸易障碍，抵销关税减让的好处。《海关估价协议》（全称为《关于实施 GATT 1994 年第 7 条的协议》）的目的就是约束海关当局的估价行为，避免随意性，维护货方的正当权利。

（一）海关估价标准

协议规定海关估价应以有关货物的成交价格，即货物进口时由进口商实付或应付的价格（通常表现为发票价格）作为完税价格。在计算成交价格时，大多数国家都是以 CIF 条件作为估价基础，此时货物运往进口国的运费和保险费应计入完税价格，而美国等少数国家以 FOB 条件作为估价基础，在完税价格中排除上述费用。《海关估价协议》要求各成员立法应明确规定以何种价格条件作为估价基础，是否将运费、保险费、装卸费计入完税价格。根据海关合作理事会解释性说明，海关估价的有关货物是指进口时的质量和数量状态下的货物，如果货物与合同不符遭买方拒收或复出口，任何关税都应予退还或免除，如果有缺陷的货物被买方接受，买方获得了降价的权利，实际交运和收到货物的成交价格则以这一降低的价格为基础，如买方因卖方交货延迟获得调价的权利，应以调整的价格作为完税价格依据。总之，对于有缺陷的货物不能以原始合同价格作为成交价格。

协议规定，为取得成交价格，下列费用可以计入成交价格中：①除买货佣金以外的佣金和经纪费；②货物的含劳动力、材料价格的包装和集装箱费用；③为使货物进口，由买方免费或减价提供给卖方的与进口货物生产和销售有关辅助工作费用。包括装置在进口货物中的材料、部件、零件和类似物品；在生产进口货物中所使用的工具、冲模、模具和类似物品；在生产进口货物过程中消费的材料；在进口国以外的其他地方从事的并为进口货物生产所需的工程、开发、工艺设计、计划及草图；④买方必须支付的与所估价货物有关的并且作为所估价货物销售条件的专利权和许可费；⑤进口货物的转售、处置或使用给卖方带来的收益；⑥以到岸价格估价涉及的运输、保险费用。

上述第 1 项中所指的"买货佣金"是指进口商向其代理人因其在国外为他购买所估价货物而支付的佣金，这是买主自己的经营成本，与进口货物的价格无关，应排除在完税价格之外。但是卖方代理为找到买主促成交易而获得的酬金（通常由卖方支付且打入货价中）属于销售佣金，应订入完税价格。第 3 项中的辅助费用是买方以直接或间接（通过向第三者支付）方式或免费方式提供给卖方；辅助用于进口货物的出口生产和销售；辅助价值尚未包括在有关货物价格中，符合这些条件才可将其计入完税价格。第 4 项中所指"与进口货物销售使用"有关的专利权、许可费是广义的，包括使用卖方商标权、专利权、商业秘密权、营销权、版权另支付的费用，如果这些费用与所估价货物有关并作为所估价货物的销售条件但还未计入货价中（与货价分开），则可以将其计入成交价中。第 5 项中的"转售、处置或使用收益"是由出口商约定而由进口商收取的，如提成费等。

如果在协议规定的特殊情况下不能依据成交价格估价，应依次采用以下五种方法计算完税价格：①相同货物成交价格，即同一出口国出口到同一进口国相同货物的成交价格；②类似货物成交价格，即同一出口国出口到同一进口国类似货物的成交价格；③倒扣价格，即应税进口商品或与其相同、类似的进口商品在国内市场的销售价格，扣除相关利润、关税、国内税、国内运输费用和保险费所得的价格；④推定价格，即被估价货物的生产成本加上利润，由出口国向进口国出口的一般费用；⑤合理确定的价格，即在上述方法都不适用时，海关可以以合理方法估价。

根据协议第 7 条第 2 款规定，无论如何，海关不得根据下列情况来确定海关估价：①在进口国生产的货物的销售价格；②选择两者中较高价格作为完税价格的估价制度；③货物在出口国国内市场的价格；④除按第 6 条规定为相同或类似货物的估算价格之外的生产成本；⑤出口到进口国以外的其他国家的货价；⑥最低海关限价；⑦武断的或虚构的完税价格。

第 1 项和第 3 项禁止采用的估价方法曾经是美国和加拿大的估价制度，这一估价方法有悖于协议序言中宣称的"估价程序不得用来对付倾销"的精神，根除这种估价方法是谈判的主要目标。第 2 项、第 5 项和第 6 项禁止反映了《海关估价协议》的主要宗旨，即海关估价应公平、统一、中性，并且"节俭买主"，如果存在两种可选择的价格，应选择买主同意的较低价格；海关估价不应成为贸易保护主义工具或者作为增加财政收入的工具。第 4 项禁止是对协议第 6 条允许采用的以推定价格作为完税价格方法和第 7 条允许的以合理价格作为完税价格方法的说明，即推定价格和合理价格的估算应以进口国的现有价格资料为依据，而不应超出第 6 条规定的合理范围。

（二）海关与进口商的权利义务

海关在获得有关价格和数据的基础上，如有理由怀疑进口商申报材料的真实性或准确性，可以拒绝其申报的价格。同时，海关应给进口商解释其成交价格的机会，如该解释未能接受，海关应以书面形式通知进口商，说明不接受其申报价格而采用其他方法估价的理由。根据乌拉圭回合谈判通过的《关于转移举证责任的决定》，进口商对完税价格的真实性和准确性负举证责任。进口商有权在海关计算完税价格发生迟疑时，向海关提供足额担保或押金以撤回进口商品；有权要求海关对其获得的机密资料保密；有权就海关作出的决定向海关内部的独立机构以及司法机构上诉。上述海关和进口商的权利、各成员立法应作出规定（协议第 11 条）。

二、《进口许可证手续协议》

《进口许可证协议》指出：进口许可证是实施进口许可制度的行政程序。该制度要求申请者向有关管理机构递交申请书或其他文件（报关目的需要的单证除外），作为货物进口到进口成员海关管辖区的先决条件。政府要求进口商取得进口许可证的目的是为了实施在特殊情况下的进口数量限制以及对进口贸易进行统计和监督。根据协议的序言要求，应简化国际贸易中采用的各种行政管理手续及惯例，并使之公之于众和保证其公平适用；应以公开的可预见的方式实施进口许可证，尤其是非自动进口许可证；GATT 各项规定同样适用于进口许可证，确保许可证手续的实施不得违反 GATT 的各项原则和义务，不得阻碍国际贸易。协议提出了发放进口许可证应遵守的规则，内容有：

1. 进口许可证程序是政府管理进口贸易的方式，它要求进口商向主管部门申领进口许可证作为进口货物的先决条件。进口许可证的基本分类是自动进口许可证和非自动进口许可证。自动进口许可证是在所有情况下对申请均需批准，并且保证对进口没有限制作用的许可证（第 2 条第 1 款）。除此之外的许可证是非自动进口许可证，发放非自动许可证是为了对配额和其他进口限制进行管理（第 3 条第 1 款）。实施自动进口许可证程序不得使属于该许可证管辖的货物进口受到限制性影响，符合进口国法律要求的，从事属于自动进口许可证项下产品进口业务的任何个人、商号或机构都同样有资格申请和取得进口许可证；在海关放行前的任何 1 个工作日内，进口商都有权递交进口许可证申请书，如果递交的申请书的手续是完备的，签证当局应在可行的范围内立即予以核准，如果拖延，最多不超过自收到申请以后的 10 个工作日。

2. 除由于实行限制所造成的影响外，非自动许可证不应对进口产生其他贸易限制或扭曲作用。此外，各成员还应做到：①在与有关产品贸易有利害关系的其他成员要求下应提供如下资料：各项限制的管理情况；最近时期发放许可证的资料；许可证在供应国间分配的情况；许可证范围产品的进口统计。②实行限制的成员应尽快将最近分配给供应国的配额按数量或价值通知感兴趣的成员，并应发布公告，公布配额总量和国别配额量、配额开放和截止的日期，使有关各方获得充分信息。③凡符合进口成员法律要求的个人、商号和机构，应具有申请和获得许可证的同样资格，如果许可证申请未获批准，应将其原因通知申请人，申请人有权根据进口成员的国内立法或程序进行上诉。④发放许可证应考虑到申请者的进口实绩以及过去发给该申请人许可证利用的情况；考虑到保证给新的进口商的合理份额；特别考虑那些进口来自发展中国家，尤其是最不发达国家产品的进口商的要求。⑤许可证规定的有效期应该合理，不致影响进口，签证当局在收到申请之日起 30 日内，以先来先办原则签发进口许可证，如同时一并办理，必须在收到申请之日起 60 日内签发。

3. WTO 成员有义务出版公布关于进口许可证程序的所有信息，使进口商和出口商及其政府充分了解提出申请的个人、公司和机构的合法性要求、负责签发许可证的管理机构、许可证管理的产品范围。

4. 申请表格和程序应尽可能简单，不应因文件中的微小错误而拒绝其申请，除非是故意欺诈或严重疏忽，对该差错的处罚不应超过警告程度，如进口货物与许可证标明的有少许出入，只要这种差异符合商业惯例就不应拒绝货物进口。

三、WTO《原产地规则协定》

（一）原产地规则的定义、分类及适用范围

1. 原产地规则是各成员为确定货物的原产地而普遍适用的法律、法规和行政决定。各国依据国内法或地区性条约确定货物的原产地，目前还没有世界范围内统一的原产地规则。关于原产地规则的最重要的分类是优惠原产地规则和非优惠原产地规则，非优惠的原产地规则适用于原产于或运往所有其他国家（WTO 成员或非成员）的进出口货物的非优惠贸易措施的实施。而优惠原产地规则仅适用于协议性或非协议性贸易优惠计划实施。

2. WTO《原产地规则协议》适用于约束各成员的非优惠原产地规则。协议第 1 条规定它适用于各成员实施 GATT 第 1 条、第 2 条、第 3 条、第 11 条和第 13 条下的最惠国待遇；GATT1994 第 6 条下的反倾销税和反补贴税；GATT1994 第 19 条下的保障措施；GATT1994 第 19 条下的原产地标记要求；以及任何歧视性数量限制或关税配额等。其还适用于政府采购和贸易统计。但是协议并没有提供一套统一的确定原产地的标准，而仅仅提供了一个协调各成员原产地规则的计划纲要，以及在协调计划完成前的过渡期内各成员实施原产地规则的纪律。

（二）协调原产地规则的目标和原则

1. 原产地规则应平等适用于第 1 条所列目的。

2. 原产地规则应规定，一特定货物的原产地为完全获得该货物的国家；或该货物生产涉及一个以上国家，则为最后实质性改变的国家。

3. 原产地规则应是客观的、可理解的、可预测的。

4. 原产地规则不得用作直接或间接实现贸易政策的工具，不得对国际贸易产生限制、扭曲和破坏作用。

5. 原产地规则应以一致、公平、合理的方式管理。

6. 原产地规则应依据肯定标准。否定标准可用于澄清肯定标准。

（三）过渡期内的纪律

在原产地规则协调工作计划完成之前，各成员应保证：

1. 在适用税则归类改变标准、从价百分比标准、加工工序标准时应分别明确规定税则目录中的子目或品目、计算百分比、有关货物原产地工序。

2. 原产地规则不得用作实现贸易政策工具，不得对国际贸易产生扭曲限制作用。

3. 适用于进出口货物的原产规则不得严于用于确定货物是否属于国产货物的原产地规则，且不得在其他国家间造成歧视。

4. 原产地规则应以一致、统一、公平合理的方式管理。

5. 原产地规则应以肯定性标准为依据，否定性标准是为澄清肯定性标准。

6. 与原产地有关的法律法规裁决应公布。

7. 应出口商进口商或任何人请求，各成员应在不迟于 150 日公布对有关货物原产地的评定意见。

8. 如对原产地规则修改或采用新的原产地规则，此类修改不得追溯实施。

9. 任何确定原产地的行政行为可由独立的司法、行政、仲裁程序审查。

10. 主管部门的保密义务。

必读法规：

《GATT1994》

《实施卫生与植物卫生措施协定》

《技术贸易壁垒协议》

推荐阅读书目：

1. 石广生主编：《中国加入世界贸易组织知识读本》，人民出版社 2002 年版。

2. 世界贸易组织秘书处编：《贸易走向未来》，张江波、索必成译，张向晨校译，法律出版社 1999 年版。

3. 世界贸易组织秘书处编：《乌拉圭回合协议导读》，索必成、胡盈之译，法律出版社 2000 年版。

4. 赵维田：《世贸组织（WTO）的法律制度》，吉林人民出版社 2000 年版。

5. 朱榄叶编著：《世界贸易组织国际贸易纠纷案例评析》，法律出版社 2000 年版。

6. 黄东黎：《国际贸易法学》，法律出版社 2004 年版。

第十二章
世界贸易组织调整贸易的
新领域

本章要点

　　服务贸易是世界贸易组织规则的一个重要组成部分。随着国际服务贸易的迅速发展，服务贸易在国际贸易中的地位日益重要。本章对《服务贸易总协定》的主要规则、概念和法律问题进行简要介绍和分析。

第一节　《服务贸易总协定》

一、国际服务贸易概述

　　《服务贸易总协定》（以下简称 GATS）没有提供"服务"的定义。笔者认为，服务是活的劳动，它是由服务提供者凭借体力、智力和技能，借助一定的工具、设施和手段，在服务接受者参与下完成某种活动，以直接满足其需要的过程。这与制造产品，最终凝结在产品中的物化劳动有实质区别。货物交易是实物交易，其价值和归属都是确定的和透明的。"而服务交易本质是无形利益的授予"〔1〕许多服务是无形的（intangible service），像数据处理、旅游、诊疗、娱乐、法律咨询等服务，就其纯粹的形态看，这类服务提供不涉及实物，对于服务的支付也不伴随相应的事物的交付。但是以下两类服务提供涉及实物，可称之为有形的服务（tangible service）。一类是无形的服务并入实物，以实物为依托或媒介。前者比如娱乐服务或咨询服务可能涉及软盘或光盘磁带的提供；后者涉及报告资料的提供，服务价值包含在这类实物中，而实物本身有较少价值。由于涉及实物的交付，这类服务也受货物贸易规则管辖。比如 GATT 第 4 条规范电影的国际交易的规定。另一类是无形服务依附于实物交易，如汽车消音器和空调的安装服务、和电站的建设服务等。此类服务中实物

---

〔1〕　See, Thomas L. Brewer, Philip Raworth , *International Ragulation of Trade in Services*, Oceana Publication, 2006, p. 1.

交易有独立价值，但购买者支付的价值中也包含服务价值，只要这类实物是跨境交付就属于国际货物贸易，但电站建设属于投资活动。

国际服务贸易是各种类型服务的跨国交易，关贸总协定秘书处曾列出当今国际服务贸易达150多种，WTO秘书处提供以下12类服务部门和分部门，这也是国家具体承诺表的部门划分：①商业服务（包括法律、会计师等职业服务、与计算机有关的服务、研发服务、租赁服务等分部门）；②通讯服务（包括邮递、电信、视听传播等分部门）；③建筑及相关工程师服务；④分销服务（批发、零售、佣金代理等）；⑤教育服务（包括小学、中学、大学各类教育）；⑥环境服务（污水处理、垃圾处理等）；⑦金融服务（保险、银行及其他金融服务）；⑧健康和相关的社会服务（医院及其他健康服务）；⑨旅游或与之相关的服务（酒店、餐饮、旅行社服务）；⑩健身、文化、体育服务（包括图书馆、剧院、马戏团、博物馆等服务）；⑪运输服务（海运、内河运输、空运、公路运输、铁路运输、管道运输）；⑫其他服务。以上是按部门划分的国际服务贸易类别。

国际服务贸易同传统的货物贸易相比有许多独特之处，这引起了服务贸易统计、监督、管理方式的变化，也给国际服务贸易市场准入带来新问题。①服务贸易是无形的、不可储存的。服务提供者与接受者以某种活动的方式完成服务交换过程，有的在瞬间即完成。许多服务产品具有公共产品性质，服务提供者提供一项服务可同时为许多人享用，这使各国很难统计出真实的服务交易量。②服务贸易具有人身性。虽然服务提供受一定设施、工具手段影响，多数服务是在服务提供者和接受者的互动沟通中完成的，但是服务产品状况更多取决于服务提供者的素质，对服务贸易的调整包括对服务提供者的调整。③服务贸易具有非单一性。某些服务提供需要商业存在以及采取面对面的方式，有的服务提供依赖提供者所处的自然、人文和社会环境，由此牵涉更广泛的国家和社会政策问题，如商业存在涉及开业权、外国直接投资政策，人员流动涉及移民政策，教育文化交流服务涉及道德意识形态政策，这使服务贸易的监督管理更为复杂。④某些服务贸易的发生不需要跨越国境，不能通过边境措施来管制，而主要依靠国家政策、法规、行政措施来管理，管理对象包括提供服务的活动、服务设施机构、服务提供者等各方面，服务贸易的市场准入不是关税问题，而是国家政策、法规措施的限制问题，即能否允许外国服务业进入本国服务市场，能否给予他们国民待遇和最惠国待遇。由于放宽某些服务业限制直接影响国家安全、主权、国家经济的宏观调控，因此服务业市场准入面临更多的困难。

为维护本国经济利益，各国不同程度地实行限制外国服务业进入的政策、法律和做法。以下是对外国服务提供的市场准入限制：①禁止或限制外国服务提供者提供服务（通过许可、授权或要求其为行业协会成员的方式）。②禁止和限制服务接受者使用外国提供的服务。③禁止或限制外国服务业直接投资，包括当地股权要求、资本转移限制、外汇限制。④禁止和限制外国服务提供者在东道国建立永久性商业存在。⑤禁止和限制外国服务提供者进入或暂时进入东道国。⑥禁止和限制外国服务提供者进入电信、交通、银行、销售渠道、证券市场等公共服务网络。⑦要求服务提供者为东道国居民或在东道国有商业存在。⑧禁止和限制提供服务必需的物资进口。

以下是对外国服务提供者法律上的歧视待遇：①经营歧视。包括禁止和限制在东道国获得固定资产；进入公共服务网络高难度、高消费；限制进入职业协会；许可审批的障碍；禁止和限制分销以及相关的服务。②资金歧视。包括：对于收入等高赋税；限制获得补贴、贷款或贷款担保；限制获得保险。③数量限制。包括：限制服务提供者的数量，包括雇员数量；限制服务交易额、资产额以及服务交易的总量。④实绩要求的歧视。包括出口水平、当地含量、强制性技术转让以及培训要求。

以下是事实上的歧视待遇：①要求在东道国采用特殊的公司形式。②禁止或限制使用母国或东道国的专业职称。③禁止或限制使用母国的名称。④禁止和限制雇佣母国国民。⑤要求大多数董事成员为东道国国民。⑥非歧视性的实绩要求；资格证书要求。

二、《服务贸易总协定》框架协议的基本内容

《服务贸易总协定》是与关贸总协定平行的独立的多边贸易协定，调整四种类型的国际服务贸易。其全部内容可分为三部分：第一部分是框架协议，它规定了国际服务贸易一般概念、原则和规则、成员国基本权利和义务，是 GATS 的主体和实质部分；第二部分是各成员提交的服务贸易国家具体承诺表，具有法律上的约束力；第三部分是框架协议的 8 个附件，规定了某些重要服务贸易部门的多边自由化规则，它们是 GATS 不可分割的组成部分。《服务贸易总协定》已被列入 WTO 所管辖的框架协议的附件 1，要求 WTO 成员一起接受。

GATS 框架协议由 6 个部分 39 条组成，规定适用于影响服务贸易所有措施的一般概念、原则和规则。框架协议所规定的义务分为两类：一类是一般性义务，适用于各成员所有服务贸易部门及国际服务贸易做法，不论其是否属于各成员在国家具体承诺表中列出的范围；另一类是具体承诺的义务，主要是国民待遇和市场准入，这类义务性规定仅适用于各成员在国家具体承诺表中列出的项目和领域，并在所列明的条件范围内适用，对于未列明的服务贸易部门和服务贸易做法不适用，这是《服务贸易总协定》的一个重要特点。GATS 还体现了多边服务贸易渐进自由化特点，其序言、第 4 部分第 19 条规定和其他关于具体承诺、后续谈判安排的规定都体现这一点。表现在不要求各成员在批准协议时按照统一的标准立即全面开放市场，而允许成员通过具体承诺自主决定市场开放水平，通过后续的专门服务领域的谈判渐进开放市场；尊重成员间服务贸易不同发展水平，给予发展中国家服务市场开放更大灵活性；规定了不同类型的例外条款。但 GATS 渐进自由化安排是为了实现整体上更高水平的市场开放。

（一）范围与定义

GATS 第 1 条规定："本协定适用于各成员影响服务贸易所采取的措施。""服务"

包括任何部门的任何服务，但是行使政府职权所提供的服务除外。协议第 1 条第 3 款进一步解释"政府行使职权的服务"是指不以商业为基础，也不与一个或多个服务提供者相互竞争的服务提供。前者是指服务提供者不考虑盈利和资金回报，关于是否存在相互竞争的其他服务提供者，应分析特定地区的市场态势，看有无相同或类似的以及可替代的服务提供。WTO 没有指定哪些服务部门属于这类服务，应依据个案分析确定。不过前述服务业的部门划分显然排除公用事业服务（水、电、气的供应）。又考虑到 GATS 第 8 条关于垄断和专营服务提供的规定，至少某些政府和公共机构提供的垄断服务不在例外范围。依据 GATS 空运服务附件，GATS 不适用于航空运输开业权和与开业权有关的服务。开业权是指以有偿或租用等方式往返于一成员领土或在该领土上经营运载乘客、货物和邮件的定期和不定期服务的权利。但是 GATS 适用于航空器的修理和保养服务、空运服务的销售和营销、计算机预订系统服务。

各成员影响服务贸易的措施是指影响服务贸易的法律、法规、行政行为、行政程序等任何措施。[1] 包括中央、地区、地方政府和当局所采取的措施以及代表中央、地区、地方政府和当局行使权力的非政府组织所采取的措施。协定强调："为了履行本协定项下的责任与义务，各成员应采取一切可能的适当措施确保其境内的地区、地方政府和当局及非政府团体履行其责任与义务。"

《服务贸易总协定》第 1 条按照提供服务时服务提供者和消费者所在的领土界线，提出了协定适用的四种服务贸易类型：过境交付、境外消费、商业存在、自然人存在。[2]

1. 过境交付，是指服务提供者自一成员领土向任何其他成员领土提供服务。在此模式下，服务在一国生产或提供，在另一国被消费。这种隔地交易没有服务交易参加者的流动，但是有资金、物资或信息的流动。过去，这种服务的唯一提供方式是国际货物运输。当代，由于技术进步，出现了 IT 和商业方法跨境外包服务、跨境高等教育服务、保险金融服务、咨询服务等新兴产业，许多曾经需要面对面才能提供的服务已经被这种服务提供方式取代。

2. 境外消费，是指在一成员领土内的服务提供者向任何其他成员的服务消费者提供服务。在此模式下，服务接受者访问服务提供者的国家并接受其提供的服务，然后再返回母国，包括跨境旅游、就医，也包括运输工具境外维修保养。

3. 商业存在，是指一国服务提供者通过在任何其他成员领土内设立的商业存在提供服务。在此模式下，服务提供者将其设在外国商业存在的服务提供给外国或第三国的服务接受者。如服务提供者在境外设立的银行、保险公司、运输公司或咨询公司等分支机构。美国曾经不承认美国公司在国外的附属机构提供的服务是国际服

---

〔1〕　见 GATS 第 28 条 C 项的解释。
〔2〕　这四种类型的提法源于 GATS 国家具体承诺表。

务交易，但 GATS 将此类服务作为国际服务模式加以规范。不过如甲国个人或公司永久性地离开所属国到乙国另立商业实体，这属于母国基地改变，其在乙国提供服务是国内服务交易。

4. 自然人存在，是指一成员服务提供者通过在任何其他成员领土内的自然人存在提供服务。即服务提供者以自然人入境方式在服务接受者所在地国家或第三国向服务接受者提供服务。如教师、工程师、医生等职业工作者单独或受雇于母国服务提供者向境外接受者提供服务。

其中第一种类型服务提供者和接受者均在各自领土，第二种类型是服务消费者进入服务提供者领土接受后者的服务，这两种是简单的服务提供；第三种和第四种是服务提供者进入服务接受者的领土通过商业存在或自然人存在提供服务。有的服务只能采用特定一种模式，如旅游服务；而医疗、顾问服务等可选择多种服务提供模式。

实施 GATS 同样需要确定一项服务的来源地，这与货物贸易的原产地问题同等重要。基于服务贸易的特殊性，GATS 按照服务贸易的不同类型提供了确定一项服务来源的不同标准。根据协议第 28 条定义中对"另一成员的服务"的解释，属于跨境交付和境外消费两种模式，另一成员的服务是指"自另一成员领土内或在另一成员领土内提供的服务"。对于海运服务是指船旗国和船东所属国所提供的服务。上述两种服务提供模式中服务来源地依据服务提供者提供服务时所处的领土界限判定，实质是服务提供者所处的地理方位因素判断问题。而对于商业存在和自然人存在模式，另一成员的服务是指"另一成员服务提供者所提供的服务"。服务的来源地按服务提供者身份归属来判定，实质上是服务提供者身份判断问题，就是看服务提供者是否属于另一成员的自然人、法人，或另一成员的商业存在。根据 28 条第 11 项的规定，另一成员的自然人是指具有另一成员国民（国籍）身份或（在涉及单独关税区时）具有另一成员永久居民身份的人。另一成员的法人是指根据另一成员法律设立的任何经营实体（包括各类公司、基金、合伙或协会）并且在另一成员或其他成员领土内从事实质性业务活动。了解认定另一成员法人的标准有助于我们确认属于另一成员法人的商业存在。在通过商业存在提供服务的条件下，另一成员的商业存在是指由另一成员自然人或法人拥有或控制的商业存在。此处的"拥有"是指实际拥有股本超过 50%，此处的"控制"是指拥有任命大多数董事或以其他合法方式指导其活动的权利。

（二）最惠国待遇（MFN）

GATS 第 2 条规定："每一成员应该立即地无条件地给予任何其他成员的服务和服务提供者不低于它给予任何其他国家类似的服务和服务提供者的待遇。"最惠国待遇适用于所有成员的一般义务，既适用于各成员具体承诺的领域，也适用于没有承诺的领域（GATS 不适用的范围除外）。但是与 GATT 最惠国待遇相比，GATS 这一原则有如下特点：

1. 从适用范围看，给惠对象是"其他成员的服务和服务提供者"；给惠的标准是"不低于"给予其他国家（包括 WTO 成员和非成员）类似服务和提供者的待遇，而不是"同等"待遇。这体现了 GATS 为了实现渐进自由化，允许某成员就具体服务领域市场开放作出最惠国待遇的保留，即允许该成员在互惠基础上给另一成员比给予其他国家更优惠的待遇，这种待遇可能超出了该成员在具体承诺表中承诺的水平或普遍给予其他国家（包括 WTO 成员和非成员）的待遇水平，但是，作出 MFN 保留的成员不得援用这项例外给予另一成员低于其在国家具体承诺表中承诺给予的待遇水平（第 16 条及注释），即不得免除其在市场准入和国民待遇方面承诺履行的义务。

2. GATS 最惠国待遇具有普遍性，它意味着：①每一成员应把它在国家具体承诺表中承诺的待遇水平非歧视地适用于所有其他成员，应给予其他成员的服务和服务提供者不低于其在国家承诺表中承诺的待遇标准；②对于未作出具体承诺的领域，每一成员应把它给予其他国家服务和服务提供者的优惠待遇及豁免立即无条件地给予任何其他成员类似的服务及服务提供者。

3. GATS 最惠国待遇具有实质意义，因为它与各成员关于市场准入、国民待遇的具体承诺挂钩，结果形成了一套受到约束的最低市场准入标准，并且在最惠国待遇基础上普遍实施，这使 MFN 不至于空洞无物。

4. GATS 最惠国待遇原则有更大的灵活性，它允许各成员采取两方面例外措施：一是自选的例外（Self Selective Exemptions），各成员可以援引第 2 条第 2 款规定，就国家具体承诺表中某一部门的市场开放作出最惠国待遇的保留（祖父条款保留），条件是作为创始成员应在 GATS 生效前将这种保留列入 GATS 第 2 条例外附件，同时经过世界贸易组织的审查和批准。[1] 按附件规定，各方作出的保留原则上不得维持自协定生效起超过 10 年，但事实上各方列出的保留许多是无限期的。以上是属于自选的例外规定（self-selective exemptions）。另一种是普遍的永久性的例外，经过一定的通知、批准程序某成员可以在特殊情况下引用，这类例外规定有：①GATS 最惠国待遇原则不适用于毗邻的成员之间的边境地区服务贸易，这种服务必须是在当地生产和消费的。②MFN 不适用于经济一体化安排，不应阻碍各成员间签订双边或多边经济一体化协议。条件是这种协议涵盖大多数重要部门，并且在成员之间取消了所有国民待遇的歧视。③GATS 不适用于影响自然人进入另一成员就业市场，不适用于涉及公民权、居留权及永久性受雇。④一般例外，MFN 不得阻止各成员为保护公共道德、社会秩序、为保护人类、动植物生命健康，为避免双重征税等所采取的措施，但在采取这些措施时不得构成歧视待遇。⑤安全例外（内容与 GATT 第 21 条相同）。

_____

〔1〕　在 WTO 协议生效前，世界贸易组织收到 61 份这样的例外清单，其中美国在海运、民用航空服务、基础电信、金融服务都作了保留，事实上在这些核心领域美国的具体承诺表中未作任何承诺。欧盟、加拿大、澳大利亚在文化工业部门未作任何承诺，作了广泛的 MFN 保留。

⑥航空运输开业权例外，本协定不适用航空运输开业权及与行使开业权直接有关的服务（关于航空服务附件）。第三类是具体条款的例外，GATS 最惠国待遇原则及第 16 条（市场准入）、第 17 条（国民待遇）都不适用于政府采购。

（三）透明度

作为一般性义务，GATS 第 3 条规定各成员应迅速（至少在措施实施前）公布影响本协定实施的所有法律、法规和做法，包括国际协议。每年应把所采用的新法规或对现有法律的修改通知其他成员。每一成员应设立一个或更多的咨询点，应其他成员请求回答有关询问。第 3 条附则还对可能损害公共利益或合法商业利益的秘密资料的公布作出限制，规定不得要求成员披露秘密信息，如果这种披露阻碍法律实施或对公共利益有不利影响。

（四）国内管制

GATS 承认各成员政府对本国服务贸易的管理权，允许各成员实施有关的国内法规和措施，履行其 GATS 义务。这些法规涉及许可和授权程序、基于审慎原则的资本要求、技术法规和税法要求、资格和证书要求等，这些管理措施带有公共政策性。GATS 第 6 条要求各成员对已作出具体承诺的部门，应确保影响服务贸易的法规和措施以合理、客观、公正的方式实施。使之在确保市场准入的适当条件下适用，不致构成对服务贸易不必要的障碍，或事实上导致取消其作出的具体承诺。在受影响的服务提供者请求下，成员应提供切实可行的司法、仲裁或行政手段或程序，迅速审查这些措施，并作出公正决定和适当补偿。但是这并不要求一成员以不符合宪法的方式来实行。

（五）资格承认与协调

GATS 第 6 条第 4 款规定，服务贸易理事会应通过其适当设立的机构制定必要纪律保证有关资格要求和程序、技术标准和许可要求的各项措施不致构成不必要的服务贸易障碍；保证前述资格要求和程序、技术标准和许可要求依据客观的透明的标准；关于提供服务能力和资格要求不得超出为保证服务质量所必须限度；许可程序本身不构成对服务提供的限制。关于资格承认，第 7 条规定一成员可以承认另一成员就教育程度、经验、任职资格条件所颁发的许可证或证明。这种承认不要求按最惠国待遇原则自动给予其他成员。这是 GATS 最惠国待遇适用的较温和的领域。但协定要求不论是通过协定安排承认还是自动承认，一成员应给予其他有利害关系的成员充分机会，以谈判加入此类协定或安排；或证明其国内的资格许可应得到承认。在采用标准和准则方面或承认许可证、证明方面，不应造成国家间歧视或限制服务贸易的借口。资格承认涉及职业服务提供，这方面 GATS 允许各成员对境内职业服务提供者保留本国公民资格这一条件限制。

（六）垄断及限制性商业惯例

GATS 第 8 条题为"垄断及专项服务提供者"，用于规范各成员政府所有的或实行垄断服务的企业，核心内容是允许各成员建立和维持国家垄断服务，但是特别要求各成员确保其境内垄断服务提供者在提供垄断服务方面，不得采取与无条件最惠国待遇要求和透明度要求不相一致的行动。第9条题为"限制性商业做法"，旨在约束除政府垄断以外的民间企业之间存在的限制性商业做法，规定一成员就另一成员要求取消这类限制性商业做法请求磋商应给予同情和考虑。GATS 体制的重要漏洞是缺乏关于反竞争行为的控制措施。GATS 既没有针对服务贸易的反倾销规定，也没有对政府补贴作出限制，一成员如果遭受来自外国政府补贴的伤害，只能与该国政府协商，请求给予"同情或考虑"。迄今为止，GATS 仍缺乏保障条款，一国由于服务贸易市场开放造成国内有关行业损害，只能援引第12条国际收支平衡的例外或在金融领域援用审慎例外进行限制。

各成员间不同的国内竞争规则影响服务贸易的开放水平，有关方面呼吁在 WTO 框架内制定统一的多边反垄断法（包括反对限制性商业惯例）。目前这方面的重要进展是一个私人工作组于1993年7月向 GATT 递交了一份《国际反垄断法（草案）》（简称 DIAT），设想把它作为 GATT 或 WTO 的诸边贸易协定。从历史上看，GATT1947 缺乏这方面规定是因为起草者假定各国已具备了这些制度，而《哈瓦那宪章》第五章有这方面规定，由于该宪章的夭折才形成今天的缺陷。

（七）市场准入

国际服务贸易中，市场准入本身就是需要谈判才能取得的权利。GATS 实行逐步的有保留的市场准入，该项义务属具体承诺义务，各成员采用列明的方式确定一国开放服务业的范围，各自仅对承诺清单中列明的部门、分部门并根据其中列明的限制条件承担市场准入义务，除此以外无开放市场义务。

GATS 第16条规定：各成员给予其他成员的服务和服务提供者的待遇不应低于根据其国家具体承诺表中所同意和详细规定的期限、限制和条件所提供的待遇。一成员除了在具体承诺表中确定的措施以外，不得在境内维持或采用各种对服务业进入的数量限制措施。[1] GATS 国家具体承诺表（National Specific Commitments Schedules）把各成员服务贸易具体承诺分为两大类：一类是总体承诺（horizontal commitments），亦称"水平承诺"，涵盖所有服务贸易部门；另一类是部门承诺（sector specific commitments），仅涉及个别部门或分部门。两类承诺表都记录了各成员对市场准入的限制和对国民待遇原则的限制，并且各项限制都是按服务贸易四种提供方式作了区分。各成员的承诺分为无条件限制（在表中填 NONE）、有条件限制和非约束（UNBOUND）三种。第一种属于充分承诺，成员承担了相关服务领域市场准入或国民待遇的约束性义务，不得采取任何与市场准入和国民待遇义务不符的限制；第二种属于有限承诺，该成员应详细说明某服务领域将保留哪些与市场准入国民待遇不

---

〔1〕　市场准入限制实质上是限制外国服务提供者在东道国提供服务的能力。GATS 第16条列举了6种数量限制方式，包括限制服务提供者的数量、限制服务交易额和资产额、限制服务业务总额或产出量、限制服务提供者雇员数量、对服务提供者公司形式要求、对外国服务提供者实行股权限制。

符的措施，它只能采取列明的限制条件；第三种属于无承诺，表明该成员保留原有的与市场准入国民待遇不符的措施，也保留采取新的限制的权利。限制条件既可以是非歧视性的，也可以是歧视性的，比如规定"许可只授予 5 家新进入的外国银行"或"只有 10 家新建的本地或外国银行被授予许可"。不论如何，这些限制表明各成员在市场准入与国民待遇方面的最低保证，而不是最高配额，一国准许设立 5 家外国银行意味着它可以发给超过 5 家的许可，但不能低于这个标准。

各成员关于市场准入和国民待遇的具体承诺是 GATS 的核心内容。总协定的影响很大程度上取决于各方所作的承诺，在总体承诺中，发达国家没有对外国服务提供者建立商业存在加以特别限制而由较宽松的一般投资政策法律调整，但是对于自然人流动则加以严格限制，承诺允许的自然人进入仅限于与东道国商业存在有关的人员在公司内部调动和短期商业访问。

还应注意到，GATS 规定的某些普遍的永久性例外条款同样适用于市场准入与国民待遇这两项具体承诺义务。这些例外包括毗邻成员之间边境地区服务贸易例外（第 2 条第 3 款）；经济一体化和贸易自由化安排的例外（第 5 条）；一般例外（第 14 条）；安全例外（第 14 条副则）。国际收支平衡的例外适用于具体承诺的义务。GATS 第 12 条指出，如发生严重国际收支和对外财政困难或其威胁，一成员可对其已经作出具体承诺的服务贸易，包括与此类承诺有关的交易的支付和转移采取或维持限制。在实施此类限制时不得在成员之间造成歧视。程序上应通知理事会，并与国际收支限制委员会进行磋商，接受国际货币基金组织对磋商成员国际收支状况评估，评估结果应作为是否允许援用该例外的依据。

（八）国民待遇

GATS 第 17 条规定：各成员应在国家承诺表中所述的服务部门或分部门中，并且在遵守其中所述的任何条件和资格的前提下，给予其他成员的服务和服务提供者不低于它给予本国同类服务和服务提供者的待遇。同市场准入义务一样，国民待遇也是各成员具体承诺的义务，要求各成员按具体承诺表列举的部门范围、限制条件给外国服务和服务提供者国民待遇，确保其不受服务进口国国内法、国内措施的歧视待遇。对具体承诺表没有列明的部门、分部门或有关成员明确表示非约束的部门，该成员无义务给予其他成员这类服务和服务提供者国民待遇。

国民待遇的标准也是"不低于"给予本国国民的待遇，这里没有采纳"相同待遇"要求，因为服务贸易具有特殊性，有时法律上给予外国服务提供者与本国服务提供者相同的待遇，其结果恰恰造成事实上的不公平。相反，有时法律上的区别对待，恰恰在事实上是公平的。法律上的国民待遇仅仅要求外国服务提供者服从于与东道国国民一样待遇的法律管辖。取消针对外国服务提供者基于外国人身份的法律上的歧视措施。而一旦发生这样的歧视，GATS 的全部要求就是改变这些法律或行政措施，使得在法律上外国人的待遇与本国国民待遇等同。但是法律上的国民待遇不能保证对外国服务或服务提供者的公平待遇，某些非歧视性法律适用的结果恰恰造成事实上的歧视待遇。比如东道国关于银行最低注册资本的要求，对本国银行没有什么问题，而对那些欲进入东道国开业的外资银行则意味着要双重出资（除母国基地出资外的又一份出资）。类似问题还有要求外国保险公司提供保险准备金，要求外国服务提供者必须取得和东道国国民一样的学历资格证书、培训经验等。而要取消事实上的歧视待遇相当困难，这意味着允许外国服务提供者拒绝接受非歧视性的东道国法律，这涉及更大的公共政策问题。因此，除非有明确规定，否则 GATS 国民待遇原则并不意味着扩大适用于取消事实上的歧视待遇。[1] 正是考虑到这些情况，GATS 第 17 条允许各成员给予外国服务和服务提供者的国民待遇形式上可以不同，但实际上不低于本国国民，或对外国服务及服务提供者更有利。

国民待遇义务与市场准入义务是紧密联系的。GATS 国民待遇是进入后的国民待遇。进入前的待遇是市场准入问题。市场准入意在给外国服务提供者进入东道国提供保证，而不考虑在东道国的处境；国民待遇旨在给已进入的外国服务业不低于本国服务业的待遇。相对的，市场准入义务更重要。假如一成员在国民待遇一栏作了充分承诺（无限制），而在市场准入方面未作任何承诺（非约束），国民待遇承诺则没什么意义；反过来一成员在某一服务部门市场准入方面作了实质承诺，即使它在国民待遇一栏未作承诺，也可能给外国服务提供者参与本国服务竞争的机会。

（九）对发展中国家的优惠及差别待遇

GATS 序言、第 4 条和第 9 条对此作了重要规定。第 4 条体现了通过优惠及差别待遇促进发展中国家服务贸易增长的精神，其内容是：①通过各成员协商具体承担的义务，使发展中国家能在世界服务贸易中更多地参与，目的是加强发展中国家国内服务业，提高效率和竞争力；促进其销售渠道和信息网络的改善；促进对于发展中国家具有出口利益的服务业出口和市场准入。②发达国家成员应在协定生效 2 年内建立联系点，以便于发展中国家服务提供者获得下列有关资料：提供服务的商业和技术情况；登记、认可和获得服务的专业条件；获得服务技术的可能性。第 19 条确立了发展中国家成员逐步实现服务贸易自由化原则。其内容是允许个别发展中国家成员在自由化方面采取适当灵活性，允许开放较少的服务部门和较少类型的服务交易，逐步实现市场准入，以符合其经济发展情况；外国服务提供者进入这些发展中国家市场时，这些国家可以附加旨在达到第 4 条目的的准入条件。

在其他条文中也有一些关于发展中国家特殊待遇的规定：①在经济一体化安排中，应给予发展中国家成员在消除服务贸易歧视性措施方面的灵活性，以符合这些

---

[1]　但是也有学者认为 GATS 非歧视原则（最惠国待遇和国民待遇）既禁止法律上的歧视，也禁止事实上的歧视。See, Apostolos Gkoutzinis, "International Trade in Banking Services and the Role of the WTO: Discussing the Legal Framework and Policy Objectives of the General Agreement on Trade in Services and the Current State of play in the Doha Round of Trade Negotiations", *The International Lawyer*, VOL. 39, NO. 4, 2005, pp. 899~900.

国家服务部门发展水平；②在国际收支发生困难情况下，发展中国家可以在承担的义务中实行或维持限制措施，包括对支付转移的限制，以确保为完成其经济发展和经济过渡计划保持一个适当的财政储蓄水平；③WTO 成员应举行谈判，制定一项必要的纪律避免补贴对服务贸易的扭曲影响，这种谈判应确认补贴在发展中国家发展计划中的作用，并考虑发展中国家成员在这方面的灵活需要。

（十）争端解决及例外条款

服务贸易争端由服务贸易理事会负责，按世界贸易组织争端解决的规则和程序处理。GATS 第 23 条允许各成员提起"非违法之诉"，允许使用交叉报复手段制裁不执行裁决的一方。

三、《服务贸易总协定》附件

GATS 共包含 8 个附件，除前 2 个附件外（指《免除成员最惠国待遇义务附件》和《关于提供服务的自然人移动的附件》），其他 6 个附件都是关于具体服务部门的贸易自由规则或进一步谈判的规定。它们是：《航空运输服务附件》、《金融服务附件》、《金融服务附件 2》、《关于海上运输服务谈判附件》、《电信服务附件》、《关于基本电信服务谈判附件》。这些附件是 GATS 协议的组成部分，对于主要服务部门如何实施 GATS 框架协议作出了更具体的规定。

《航空服务附件》规定，GATS 不适用于调整通行权以及其他与该项权利有关的民用航空活动，这类权利由有关的国际公约和双边协议调整。但是，GATS 适用于飞机的修理保养服务、出售或营销空中运输服务、计算机储存服务。

《关于提供服务的自然人移动附件》规定其仅适用于以提供服务为目的的自然人出入境及临时停留，GATS 不适用于涉及公民权、居留权及永久性受雇等。这类问题与大量劳工、移民、国籍管理方面的国内法有关。

《金融服务附件》将银行业务、担保和保险业务都纳入 GATS 管辖范围，附录中允许各成员出于谨慎理由采取保护客户利益、实施货币政策、保证金融体系完整稳定的措施，这些措施可通过协议安排或自动承认的方式确立，但是当这些措施与本协定不符时，上述规定不能作为签字国逃避其承诺的责任和义务的借口。

《电信服务附件》规定各成员有义务确保其他成员服务提供者合理地非歧视地进入和使用本国电讯网及其服务从事商业活动，所提供的服务包括在承诺清单中。成员国可以采取必要措施保证安全和信息秘密，但是这些措施不应构成对服务贸易武断的、歧视的和隐蔽的限制。

GATS 于 1995 年 1 月 1 日生效后，根据其中第 19 条关于逐步自由化的规定，各成员应在协定生效后的一定期间，就进一步扩大服务贸易自由化举行实质性谈判，这种方式可使各成员有充裕时间评估谈判结果，考虑维持、完善、削减甚至取消具体承诺。

在海上运输服务领域，乌拉圭回合没有达成具体承诺。1994 年服务贸易委员会组成海运服务谈判组，授权就国际海上运输、辅助服务、港口设施的获得和使用、限期取消海运服务限制等问题举行谈判，有 34 个国家代表参加。1996 年 6 月，谈判组提交最后报告的期限到来时，因美国拒绝承诺开放市场而未能达成协议。

由 68 个世界贸易组织成员参加的全球基础电信服务谈判于 1997 年 2 月 15 日达成协议，新协议涉及语音电话、数据传输、电传、电报、文传、专线及移动电话，移动数据传输和个人通信等诸方面短途、长途国际电信服务，协议规定各成员必须在规定时间内取消国内市场的政府垄断，全面开放电信市场，允许相互在电信服务方面投资、融资和持股。全球电信业 1995 年总收入为 6000 亿美元，这 68 个世界贸易组织成员占全球电信市场份额的 90% 以上，在电信市场占较大份额的中国、俄罗斯因不是 WTO 成员未参加谈判。

1995 年 7 月 28 日，世界贸易组织在欧盟倡议下达成放宽金融服务贸易的临时协议（第二议定书），该协议由 90 个国家批准，美国因拒绝给其他国家最惠国待遇而退出该协议，表示愿同其他国家达成金融市场准入的双边协议。但是，包括美国在内的 70 个成员最终于 1997 年底达成正式《金融服务贸易协定》（GATS 第五议定书）。全世界金融服务的年营业额达 3000 亿美元。

第二节　GATS 金融服务贸易规则

一、金融服务业的市场开放问题

金融服务是银行、证券、保险机构管理金融资产，为客户提供资金融通和周转，以实现资产增值的业务活动。GATS 金融服务附件把它所调整的金融服务定义为"所有保险和与保险有关的服务"以及"所有银行和其他的金融服务"。其中"银行和其他的金融服务"包括：货币市场工具（如支票、汇票、存款单和现金业务）；外汇业务；衍生产品，包括远期和期权交易；汇率和利率工具，包括对调的和远期利率的证券产品；可转让证券；其他议付工具和金融资产，包括金银。GATS 第 1 条规定其不适用于政府履行职能活动所提供的服务，在金融方面是指"中央银行或货币发行机构或社会实体按货币或汇率政策进行的活动；作为法定社会保障制度或退休计划组成部分的活动；公共实体为政府代销、由政府担保或用政府财力进行的活动"。金融服务提供者是一成员将要或正在提供金融服务的任何自然人或法人，但是不包括公共机构，即履行货币政策职能的中央银行和货币发行机构。

金融服务具有类似于电信业的外化性和双重作用。一方面，金融企业是独立的经济部门，其业务活动本身可以盈利和创造巨额收入；另一方面，金融又是国民经济的中枢，所有其他经济部门都要依赖和使用金融服务。金融业的外化性还表现为其外部效应。金融业掌管着全社会的金融资产，重要金融机构的经营状况已不单是该企业自身的事。一旦经营失败可能引起连锁反应，牵动相当广泛的企业、公众利益，导致其他同业机构倒闭、威胁国家经济安全稳定，甚至引起国际金融风波。与金融机构在国民经济中的中枢作用相比较，金融服务业本身在经济总量中所创造的收入显得无足轻重。所以各国经济工作的重要政策目标就是严格监管金融机构运行，维护金融稳定，保证银行的资本充足性、流动性。金融机构资本充足性和流动性监督是金融审慎监管的主要方面，资本充足性是指银行应保持适当的实有资本水平，使之既能经受坏账损失风险，又能正常运营实现盈利。《巴塞尔协议》确定的标准是银行自有资本与加权风险资产最低比率为8%。资本流动性是银行以适当价格获取资金应付客户提存和满足随时可能发生的资金需要的能力，通常以银行资产负债率衡量。

金融服务业的市场开放首先面临着复杂的监管问题。以银行为例，跨国银行分支机构进入东道国开业将受双重管辖。根据属人主义管辖权原则受依法成立地和资本来源地的母国管辖，母国监管是防止海外分支机构经营不善的风险转移到国内；根据属地主义管辖权原则，要受东道国监管，防止外国银行经营不善损害本国居民利益。由于各国金融监管体制、标准和规范要求不同，不同国家金融服务提供者付出的与监管规范相符的成本也不同，这本来会造成跨国金融交易的不公平竞争，若要服从双重监管，则会增加交易成本，阻碍金融服务的跨国交易。另一种可能发生的情况是投资母国为了提高跨国银行的竞争力，倾向于放宽对本国银行在海外分行的监管，而东道国管理外资银行会遇到诸多困难：首先是管辖权的疑虑，由于存在双重管辖，在没有双边或多边国际协议加以协调，分不清责任时，外国银行的资本充足性、流动性的日常监管、发生风险后的清偿责任都可能引起争议。另外是信息收集的困难，如果外国分行不主动配合东道国监管，后者很难查清外国分行的经营状况及其与总行的关系。这些困难都可能使东道国与母国相互推诿，造成监督上的盲点和漏洞，甚至酿成金融风险。[1]

目前在跨国银行机构监管方面取得的最重要的国际协调是发达国家之间建立的巴塞尔协议体系。1975年，经合组织12个发达国家在瑞士巴塞尔建立了国际银行业管制和监督委员会，签订了《对外国银行机构监督协定》（该协定及后来陆续颁布的关于银行监管的文件统称《巴塞尔协议》），该协定及其修订本（1983）提出了跨国银行的东道国分支机构由投资母国实行综合监管、东道国负一定监管责任的原则。

东道国开放金融服务市场还面临着来自外国金融服务的激烈竞争，可能引发国内投资转移，损害国内金融的稳定。为实现政府对经济的宏观控制和对金融业的审

---

[1] 这类监管失误的典型案例如：1974年德国苛施塔克银行倒闭，与其进行外汇交易的多国银行受损；1982年意大利安布鲁西亚诺银行卢森堡子银行倒闭，200多家外国银行总共蒙受45亿美元损失；1991年总部设在卢森堡的国际商业信贷银行利用下设海外的子公司从事欺诈和大规模洗钱活动，造成恶劣的国际影响，国际商业信贷银行集团（BCCI）总部注册于卢森堡，下设两个子公司分别注册于卢森堡和开曼群岛，经营决策是通过设在其他国家的分支机构进行，难以确定由哪个国家对该银行集团承担监管责任。1982年意大利安布鲁西亚银行在卢森堡的子银行倒闭时，意大利当局认为该行在卢森堡注册，不由其监管；卢森堡当局认为该行以持股公司而不是以银行注册，应由投资母国承担救助责任。

慎监管，当今各国在不同程度地开放本国金融服务市场的同时，都保留了对外国金融业市场准入的经营范围和数量限制，即使是开放程度较高的国家和地区如新加坡、北美自由贸易区成员国也不能例外。这些限制有：①机构和组织形式限制。加拿大只允许外国银行在其境内设立子公司，子公司是加拿大注册的法人，有独立于母公司的资本，独立承担风险，便于监管，澳大利亚、荷兰也有类似规定；日本、新加坡、中国香港地区倾向于外国银行以分行形式在其境内开业。不利的方面是在法律上分行从属于母国总行控制，在东道国不具有独立法人地位，东道国难以实施有效监督；有利的方面是分行有总行强大的资金支持，发生风险由总行负责救助，东道国存款人有较好的安全保障。②开业条件限制。东道国实施严格的审批程序，通常要求外国银行在其母国已经营同类业务，有良好的资信状况以及投资母国实行令人满意的监管，缴纳高额注册资本。③业务范围限制。大多数发展中国家都禁止或限制外国银行经营本币业务，如金融服务较为开放的新加坡规定外国银行不准吸收25万新元以下的居民定期存款；墨西哥规定，每个金融业外国投资者只能在墨西哥境内设立同种类型的一家金融机构，在墨西哥境内的外国金融机构不得在境外设立办事处、分支机构。④经营规模限制。各国普遍地依法控制外国金融机构的规模，典型的做法是限制外国金融机构累积资本占东道国同业金融机构总资本的比重。根据《北美自由贸易区协定》的规定，自2000年起，美国、加拿大投资者可以拥有现存墨西哥银行的全部资本，但是美国、加拿大在墨西哥银行（包括对墨西哥银行的控股）拥有的累积资本不得超过墨西哥所有银行总资本的4%；加拿大法律规定，美国和墨西哥以外的外国投资者拥有的可公开持股的加拿大金融机构的累积资本不得超过同类金融机构总资本的25%。

二、GATS 金融服务贸易规则框架

在乌拉圭回合关于金融服务贸易的谈判中，某些国家的代表考虑到金融服务的重要性，要求制定一个单独的不受其他规则（包括 GATS）影响的金融服务贸易协议，所有成员就实施协议确定的金融服务开放计划立即作出承诺，这个要求遭到广大发展中国家代表反对，最终使金融服务贸易谈判回归到 GATS 框架，成为由 GATS 调整的一个具体服务部门，各成员可以根据国情作出不同水平的变通承诺。

GATS 金融服务贸易规则框架由以下文件构成：

1. 《服务贸易总协定》（GATS）。它是调整所有国际服务贸易的一般规则，对金融服务有重要规范作用。

2. 《金融服务附件1》。它是 GATS 组成部分，要求各成员一律遵守。首先，它包含了调整金融服务的重要原则，并对 GATS 在金融服务领域适用涉及的重要概念、规则作出符合该部门特点的解释；其次，它确定了 GATS 所调整的金融服务范围，将银行、证券、保险服务都纳入了多边贸易规则管辖；最后，它规定允许各成员为维护国内金融稳定而采取审慎措施。

3. 《关于金融服务承诺的谅解》（简称谅解协议）。由美国、欧共体、日本等主要发达国家（OECD 国家）达成的专门适用于金融服务贸易自由的一般规则，它提出了有利害关系的各方应遵守的影响外国金融服务市场准入的指导方针和一般原则。谅解协议不同于 GATS 的 8 个附件，后者是 GATS 的组成部分，与之有同等效力。而谅解协议是谈判各方同意接受的作为具体承诺的"变通方案"，对多数缔约方无严格法律效力。[1] 该文件序言规定，其实施不得与 GATS 条款相冲突，不得损害乌拉圭回合谈判各方以 GATS 第三部分的方式作出具体承诺的权利，即各成员有权选择以 GATS 第三部分而不是以谅解协议为基础作出具体承诺，不必承担更高水平的市场开放义务，这说明谅解协议也是解释各方金融服务具体承诺的法律依据。

4.《金融服务附件 2》。它是不具有一般行为规则性质的技术性规定。1993 年乌拉圭回合部长会议通过了《关于金融服务的决定》（定名为《金融服务附件 2》），实质内容是授权谈判各方在 WTO 协议生效后第 4 个月至第 6 个月的两个月期间继续谈判，修改、完善或撤销原来作出的金融服务具体承诺。

5. GATS 第二议定书。是欧盟等除美国以外的 90 个 WTO 成员谈判达成的关于金融服务具体承诺的临时协议。

6. GATS 第五议定书。即由 70 个成员（欧盟 15 国计为 1 个成员）于 1997 年 12 月 12 日达成的正式的《全球金融服务贸易协定》，包括美国、欧盟在内的 56 个国家提交的经过改善的金融服务具体承诺表和 16 份 GATS 最惠国待遇保留清单是协议的实质部分，该议定书已于 1999 年 3 月 1 日生效。[2]

上述 WTO 调整金融服务的文件中带有一般行为规则性质的文件是前三项，这三个文件规定了世界贸易组织成员在金融服务贸易方面应享有的以下基本权利和应承担的基本义务。

1. 最惠国待遇。GATS 第 2 条规定了最惠国待遇原则。它要求每一成员立即无条件地给另一成员服务和服务提供者不低于给予其他国家类似服务和服务提供者的待遇。GATS 最惠国待遇是各成员应遵守的一般义务，具有实质性的重要意义。在金融服务领域作出具体承诺的成员有两类：一类是根据 GATS 第三部分要求，以国家具体承诺表（National Schedule of Specific Commitments）的方式作出承诺，直接在其中的金融部门或分部门列入国民待遇和市场准入方面限制条件。这类成员有 55 个，他们在国际金融服务市场不占有重要地位；另一类成员以谅解协议的方式作出承诺，它们在金融服务方面有较强竞争力，参加了世界贸易组织成立后进一步开放金融市场

---

〔1〕 对于谅解协议签字方是否有义务专门适用谅解，对此学界有不同看法。许多签字方根据谅解序言规定，认为不必专门适用谅解，欧盟就是用 GATS 方式就自然人存在方式的金融服务提供作出具体承诺。但日本将谅解下的承诺直接并入 GATS 具体承诺，声称其是具体承诺的一部分，这种方式有更大的确定性和可取性。参见，Thomas L. Brewer, Philip Raworth, *International Regulation of Trade in Services*, Oceana Publication, 2006, pp. 1 ~ 6.

〔2〕 从 1994 年乌拉圭回合谈判结束至第五议定书生效，在金融服务领域作出具体承诺的成员已达 104 个。

的谈判，签署了谅解协议、第二议定书或第五议定书，提交了金融服务具体承诺表（Schedule of Specific Commitments）和 GATS 第 2 条最惠国待遇例外清单，附于第五议定书之后。虽然这两类成员作出承诺的方式和水平不同，所有成员均应做到：①把各自在国家具体承诺表或金融服务具体承诺表中作出的金融服务承诺非歧视地适用于所有其他成员。谅解协议各方承担的较高水平义务非歧视地适用于所有其他成员，使作出较低承诺的成员可以从中获得好处。②对于未作出具体承诺的领域，每一成员应把它给予另一成员或非成员金融服务方面的优惠待遇或豁免立即无条件地给予所有其他成员。金融服务领域最惠国待遇的适用同样服从 GATS 普遍的永久性例外，主要是毗邻边境地区交易的例外、经济一体化组织例外、一般例外、安全例外、保障国际收支平衡例外；也要服从各成员作出的最惠国待遇的保留。[1]

2. 国民待遇。GATS 国民待遇原则是具体承诺的义务，各成员可自行确定承诺范围，除此之外不承担义务。但是谅解协议提出了适用于金融服务两项基本义务：①有关成员应允许在其境内设立金融机构的外国金融服务提供者进入该成员境内由公共机构经营的结算和清算系统获取在正常商业途径应获得的官方基金和资金再筹集的便利。②在外国金融服务提供者进入成员境内自律性机构、证券或期货交易市场、清算机构和其他协会组织方面，有关成员应给予外国金融服务提供者国民待遇；当一成员给予本国金融机构直接或间接的金融服务特权时，其境内外国金融机构也应享有。金融服务清算系统相当于电信服务中的公共电信网，阻止进入该系统，金融往来业务无法实现交割。在有些国家，银行、证券协会及委员会等自律性组织承担了大部分政府管理职能，进入这些组织是从事金融业的必备条件或资格，谅解协议规定的这两项义务是成员之间履行的具体承诺义务，是实现金融服务商业存在市场准入的保障。

3. 市场准入。谅解协议提出以下超出 GATS 框架协议要求的市场准入义务：

(1) 现状约束。各成员在具体承诺表中列出的任何条件、限制应仅限于其现存的不符措施（A 节），即有关成员对外国金融服务市场准入不得施加超出现有水平的限制。这一条款意义重大，它使有关成员政府在金融服务方面的决策更加稳定和有预见性；它还弥补了 GATS 的不足：GATS 框架协议没有现状约束要求，有关服务贸易市场准入采取正面列举（positive list），各方承担的义务仅限于具体承诺范围，对未作承诺的领域不受国民待遇和市场准入义务约束（但受 GATS 其他一般性义务约束），这难以避免某些成员在服务贸易市场开放政策上出现倒退和随机变动。

(2) 垄断权。每一成员应在承担义务具体承诺表中注明有关金融服务中现存的垄断权，并努力削减它们的范围或取消这些权力（B 节第 1 段）。此规定比 GATS 第 8 条前进了一步，后者并不要求 WTO 成员在具体承诺表中列明垄断权，只是原则上要

第十二章

[1]　在乌拉圭回合谈判结束时，有 28 个成员（欧盟计为 1 个成员）作出金融服务最惠国待遇保留，其中美国、印度、印度尼西亚、泰国、哥伦比亚后来基本撤回了保留。

求不得滥用垄断权。

（3）公共采购金融服务。每一成员应确保其领域内的其他成员金融服务提供者在由该成员的公共机构购买或获得金融服务方面，享有最惠国待遇和国民待遇（B节第2段）。此项要求超出了 GATS 第13条关于其不适用于政府采购公共服务的限制，使相当重要的金融服务份额纳入 GATS 管辖，对于以吸收批发性金融业务为主的外国金融服务提供者非常有利。

（4）服务贸易跨境提供和跨境消费。协议允许非居民的外国金融服务提供者跨境提供运输类保险、再保险服务，有关成员应给予其国民待遇和最惠国待遇。允许其居民购买任何其他成员境内的金融服务（B节第3段）。跨境金融服务包括跨境提供和跨境消费两个方面，前者是一国服务提供者在其没有设立经营机构的另一国家提供金融服务，它体现了服务提供的流动性和提供能力；后者是指消费者在本国或在境外购买外国金融服务提供者提供的服务，它体现了服务消费的流动性和消费能力。谅解协议要求有关成员接受的跨境提供金融服务仅限于涉及跨国运输类的保险、再保险和辅助性信息服务，不包括其他类保险和较重要的银行证券服务。这后一类服务的跨境提供将给东道国带来监管的困难和较大的市场竞争压力，难以成为东道国普遍接受的义务。而跨境消费包含了《金融服务附件1》第5条涉及的广泛领域，如储蓄、证券、外汇、贷款等各类银行服务。居民过境消费金融服务事实上将受两方面限制：一是各成员所作具体承诺的限制，如仅允许外国银行提供面向东道国居民的批发性存贷款服务；二是服从于东道国金融审慎监管要求的限制。谅解协议不得损害各成员作出不同具体承诺的权利，也不得与 GATS 框架协议（包括《金融服务附件1》）相抵触。

（5）商业存在。应允许其他成员金融服务提供者在其境内设立和扩展金融机构；允许其境内的外国金融机构提供新的金融服务；允许金融服务专家、管理人员暂时入境（第5段、第7段、第9段）。商业存在的市场准入本应属于经过谈判确定的具体承诺义务，此处谅解协议把它作为一项普遍性义务，说明跨国金融服务更依赖商业存在模式。

（6）非歧视性措施。各成员应消除或限制某些非歧视措施的不利影响（B节第10条），这些措施是指以审慎监管名义出台的国内管制措施，在法律上是非歧视性的，但可能造成事实上的歧视或对外国金融服务提供造成严重不利影响。包括阻止金融服务提供者在该成员境内以该成员决定的方式提供所允许的服务；限制金融服务提供者进入该成员境内扩展服务的非歧视措施；影响以提供证券服务为主的提供者的某些共同遵守的银行证券措施及其他措施。

4. 支付和转移。GATS 第11条规定，除本协定第12条规定的情况外（指国际收支平衡例外），各成员不得限制与其具体承诺义务相关的经常项目交易的资金转移和支付（第1款）。各成员不得对任何交易施加与其具体承诺不相符的限制，除非根据本协定第12条规定或应国际货币基金组织请求（第2款）。第11条规定的目的是防止有关成员动用外汇管制手段限制外国服务提供者提供金融服务。如果一成员承诺允许外国服务提供者在境内设立机构或跨境提供金融服务，同时又对经常项目收支转移实行外汇方面的管制和限制，其金融服务具体承诺就会落空，但是第 11 条第 1 款不涉及资本账户的自由兑换和转移。第 11 条第 2 款还规定本协定不影响国际货币基金组织成员根据该组织协议条款应享有的权利和义务，包括使用与该组织协议条款相符的外汇行动。这是指国际货币基金组织成员在国际收支发生严重困难时，经该组织批准，同样可以对经常项目外汇转移实行限制，GATS 不影响这项权利。

5. 例外措施。金融服务市场准入同样服从 GATS 例外规则调整。GATS 一般例外和安全例外的规定与 GATT 的规定基本相同，援用这些例外不得在情况相同的成员之间造成不合理的歧视，或对服务贸易构成变相限制。GATS 第 12 条允许面临严重收支困难的成员为保障国际收支平衡采取限制服务贸易的措施，条件是经过国际货币基金组织和 WTO 国际收支平衡限制委员会审查批准。GATS 建立保障措施的谈判正在进行。

《金融服务附件 1》允许有关成员在金融业国内管理中采取审慎措施，这是针对各成员金融市场开放可能产生的风险，正确处理开放与风险防范关系所作出的一项重要授权。附件 1 是 GATS 框架协议的一部分，其效力高于谅解协议。第 2 条规定，"不应阻止某一成员基于审慎原因所采取的措施，包括为保护投资人、存款人、投保人、金融服务提供者对之有托管责任的人，或者为确保金融体系的完整性和稳定性采取的措施。这些措施凡不符合本协定规定者，不得用作逃避该成员依本协定规定应承担的责任或义务。"目前 WTO 没有就何种措施属于这种审慎措施达成一致意见，也不要求各成员将这些与 GATS 第 16 条、第 17 条不符的审慎措施列入具体承诺表。这些措施一般是指政府采取的货币政策、信用政策和外汇政策措施，它们关系整个金融体系的安全稳定，关系到金融机构资本充足性及履行义务的能力。这些措施只要客观上符合审慎监管目的，在采取措施时与有关成员进行协商取得对方认可，并且在非歧视基础上实施，就是 WTO 所允许的。

第三节　《与贸易有关的投资措施协议》

《与贸易有关的投资措施协议》（简称 TRIMS 协议）属于 WTO 货物贸易多边协议，协议正文共 9 条，外加 1 个序言和附录。

一、协议的宗旨和范围

根据序言规定，协议的宗旨是：避免和取消那些可能引起贸易限制和扭曲作用的投资措施；促进世界贸易的发展和进步，以利于国际投资，实现所有国家特别是发展中国家的经济增长，并确保自由竞争；考虑发展中国家，尤其是最不发达国家贸易发展和金融的需要。总结协议第 1 条及上述规定可以看出：①协议仅适用于与贸易有关的投资措施（TRIMS），意在约束各成员对贸易有扭曲和限制作用的投资措施；②协议并不解决多边投资待遇、投资自由化等更广泛的与货物贸易无直接关系的投资措施问题；③协议不适用于与服务贸易有关的投资措施，因对服务贸易及相关投资的限制导致货物贸易减少不在约束之内，而应由《服务贸易总协定》调整。

TRIMS 协议第 3 条规定，GATT 1994 的所有例外相应地适用于该协议条款中。这意味着 WTO 成员在适当情况下可以援用 GATT 所有例外条款，暂停履行 TRIMS 协议义务。这些例外条款主要有：①第 20 条的一般例外，各成员为维护公共道德，为保护人类、动植物生命或健康等所采取的措施不受本协议约束；②第 21 条的安全例外，各成员可以维护国家安全的理由实施某些 TRIMS；③第 19 条的保障措施例外，成员因履行本协议规定的义务导致进口急剧增加，给国内工业造成损害或损害威胁，可以暂停履行 TRIMS 协议，恢复实施某些 TRIMS；④第 18 条的收支平衡例外，发展中国家为保护幼稚工业，维护国家金融地位和收支平衡，在一定情况下可以暂时背离本协议义务，维护某些 TRIMS。

二、一般义务

协议第 2 条第 1 款规定："无损于依据 GATT 1994 产生的其他权利义务，各成员不得适用与 GATT 第 3 条（国民待遇）和第 11 条（一般取消数量限制）不符合的任何 TRIMS。"协议谈判期间，各国代表根据投资措施对贸易影响的程度将其分为两类：一类是明显地直接针对贸易本身的，如在协议附录中列明的 5 种；另一类是那些有可能在个案中发现有限制和扭曲贸易作用的 TRIMS，如当地股份要求、当地生产要求、外汇汇出限制、技术转让要求、当地生产限制等。不同的 TRIMS 应采取不同的约束层次，对于第一类应该明令禁止，而不需要证明这些投资措施属于第 2 条第 1 款管制的范围，构成对该条款的违反；对于后一类应该区分具体情况，不是一概禁止，只有在个案分析中发现明显地违反 GATT 国民待遇和一般取消数量限制义务，构成对协议第 2 条第 1 款的违反，并且给其他成员造成严重损害，引起争议，才可通过 WTO 争端解决机构解决和加以禁止。协议最终采纳了美国提出的规范模式，分别采用了概括式和列举式相结合的方法约束这两类 TRIMS，第 2 条第 1 款的规定是概括式的，要求各成员不得实施 GATT 第 3 条、第 11 条不符的任何 TRIMS；第 2 款及附录中的注释说明是列举式的，两者相互补充，共同管制违反 GATT 这两项原则的投资措施。

三、禁止实施的 TRIMS

协议第 2 条第 2 款规定：各成员不得适用与关贸总协定第 3 条第 4 款和第 11 条第 1 款规定不符的任何 TRIMS。对照这两个条款可以看出，协议明令禁止的 TRIMS 都是与货物进出口有直接关系，其中一类是违反 GATT 国民待遇原则，即在产品销售、购买、运输、分配、使用等有关国内法律和措施方面（包括投资措施）歧视外国进口产品；另一类是违反 GATT 一般取消数量限制原则，即有关的投资措施限制外国产品进口或本国产品出口。

关于第一类应禁止的 TRIMS，协议附录中列出两种：①要求企业购买或使用原产于本国的产品或用本国原料生产的产品，不管这种要求是指特定产品、产品的一定数量或价值，还是指含有一定数量、价值比例的本地产品；②限制企业购买或使用进口产品的数量，并把这一数量与该企业出口本地产品的价值或数量联系在一起。上面第一种 TRIMS 是当地成分要求；第二种是出口实绩要求，它们明显地歧视或限制外国产品进口销售，而为本国产品出口提供便利，使外国产品处于不利的竞争地位。

第二类协议禁止的投资措施有三种：①限制企业用于当地生产或与当地生产有关的产品进口，或一般地把这种产品进口限制在一定数量，该数量与企业出口本地产品的价值或数量相联系；②通过限制企业获得外汇来限制企业用于当地生产或与当地生产有关的产品进口，或把这种产品进口限制在一定数量，该数量与属于该企业的外汇收入相联系；③限制企业产品出口或为出口的销售，不论这种限制具体是指特定产品、产品的价值或数量，或是指含有一定价值或数量比例的当地产品。上述第一种是贸易平衡要求，第二种是外汇平衡要求，其共同特点是限制企业用于当地生产的进口产品数量或价值，强迫企业出口一定比例的本地产品。第三种 TRIMS是国内销售要求，即限制企业产品出口的数量，有的国家要求外资企业以低于国际市场价格将本应出口的产品在本地销售，这也是扭曲贸易的做法。

上述五种 TRIMS 已在 TRIMS 协议附录中列明，是协议明确禁止的，不管采取这些措施是否造成损害后果，也不管外国投资者是否接受了这些措施，都不允许在成员间实行。

四、其他条款

协议规定，在 WTO 协议生效后 90 日内，各成员应向货物贸易理事会通报其与本协议不符的所有 TRIMS。发达国家成员在协议生效后 2 年内，发展中国家在 5 年内，最不发达国家在 7 年内取消所通报的 TRIMS。在过渡期内，各成员不得修改已通报的TRIMS，以增加其与本协议不符的程度。最不发达国家享有的过渡期限经货物贸易理事会批准可以延长。根据 GATT 透明度原则，每一成员应向秘书处通报其可能含有TRIMS 的出版物（包括地方的）。根据协议设立与贸易有关的投资措施委员会，行使由货物贸易理事会授予的权力。WTO 争端解决的规则与程序适用本协议项下的争议解决。

《与贸易有关的投资措施协议》首次在多边贸易体制内建立了约束各成员投资措施的规则，它的实施有助于排除 TRIMS 造成的贸易障碍和扭曲作用，推动货物贸易自由，也将对各成员投资措施产生一定影响。但是 TRIMS 协议还不是一个综合性的关于多边投资自由的协议，它所要解决的问题实质是贸易方面而不是国际投资本身，它对于国际投资的作用是有限的。

扩展阅读法规书目：

1. WTO《服务贸易总协定》。

2. WTO《与贸易有关的知识产权协议》。

3. WTO《与贸易有关的投资措施协议》。

4. WTO《关于争端解决规则和程序的谅解》。

5. 石广生主编：《中国加入世界贸易组织知识读本》，人民出版社 2002 年版。

6. 王传丽主编：《国际贸易法》，法律出版社 2005 年版。

7. 黄东黎：《国际贸易法学》，法律出版社 2004 年版。

第十二章

第十三章　国际税法

本章要点

　　随着国际经济的发展和国际经济交往规模的扩大，从事跨国经济交易活动的当事人都不可避免地会遇到同一个问题：即同时面对不同国家的税收管辖与税收征收。而各国政府则面临着如何利用税收手段既努力促进国际经贸合作与发展，又有效维护国家税收主权利益的矛盾。国际税法即是为协调与解决上述矛盾与问题应运而生的，它是国际经济法的一个重要分支，它同国际经济法的其他各个分支一样，是一个崭新的法律部门。

　　目前，国际税法主要通过国际税收协调与合作来调整跨国税收征纳过程中产生的国际税收分配矛盾，协调各国税收管辖权冲突，解决国际重复征税与国际重叠征税，防止国际逃税与国际避税，禁止税收歧视等，从而为国际经贸合作与发展创造一个宽松和谐、公平合理的国际税收环境，并促进国际经济贸易和国际经济交往的进一步发展。

第一节　国际税法概述

一、国际税法的概念和法律特征

　　国际税法是国际经济法的重要组成部分，它同国际经济法的其他各个分支一样，是一个崭新的法律部门。国际税法的出现，是国际经济交往发展到一定历史阶段的产物，是在第二次世界大战以后随着世界经济的迅猛发展和国际经济贸易往来的日益频繁而产生的。

　　（一）国际税法的概念

　　由于对国际税法所调整的对象——国际税收关系认识不一，狭义的国际税法学说认为，国际税法只调整国家间的税收分配关系。此学说以德国学者李卜特（G. Lippert）为代表；而广义的国际税法学说则认为，国际税法不仅调整国家间的税收分配关系，还调整国家与跨国纳税人之间的税收征纳关系。此学说以瑞士学者尼奇勒

（A. A. Knechtle）为主要代表。[1]目前，广义的国际税法学说已得到各国学者的普遍赞同。

关于国际税法的基本含义，尽管我国国内学者的具体表述不尽相同，但其实质上并无区别。比如高尔森教授认为："国际税法（International tax law）是调整国际税收关系，即国家间税收分配关系，以及国家与跨国纳税人之间税收征纳关系的各种法律规范的总称。"[2]廖益新教授将国际税法定义为："国际税法是适用于调整在跨国征税对象（即跨国所得和跨国财产价值）上存在的国际税收分配关系的各种法律规范的总称。"[3]刘剑文教授关于国际税法的定义则表述为："国际税法是调整在国家与国际社会协调相关税收的过程中所产生的国家涉外税收征纳关系和国家间税收分配关系的法律规范的总称。"[4]

笔者认为，国际税法的调整对象为国际税收关系，它具有双重含义：包括国际经济活动中主权国家与跨国纳税人之间的税收征纳关系，以及由此而产生的有关国家间的税收分配关系。其中国家间的税收分配关系是国际税法调整的核心，形成这个核心的基础是国家与跨国纳税人之间的税收征纳关系。它反映了各国的征税权及其征税制度，理应囊括在国际税法的调整范围之中。因而，本书对国际税法的概念均是从广义国际税法的角度加以理解；对国际税法的定义则更倾向于使用高尔森教授的界定，因为它不仅符合广义国际税法的基本含义，而且简洁、具体、规范。

（二）国际税法的特征

和国际税法的调整对象相联系，国家在国际税收关系中具有举足轻重的作用，因而国际税法具有较强的公法性质。因此，与国际经济法的其他分支及相邻法律部门相比较，国际税法的法律特征主要表现在以下几个方面：

1. 主体的特殊性。国际税法的主体有两个：一为国家，二为跨国纳税人。作为国际税法主体的国家具有双重属性。其一为一般主权性的主体。作为主权国家，国家在国际税法上既享有权利，又负有义务。如在国际税收条约的谈判、签订与实施过程中，国家即是以一般主权性主体存在的。这时的国家与国际经济法其他分支中的国家主体是一致的。其二为特殊的征税主体。国家作为主体对跨国纳税人行使征税权是征税主体，只享有征税的权利，而不承担任何义务。这时的国家与国际经济法其他分支中的国家主体不一致。作为国际税法主体的跨国纳税人（包括自然人与法人）同时对两个或两个以上国家承担纳税义务，而不享有权利。这与国际经济法其他分支中作为主体的自然人和法人既享有权利又承担义务有所不同。

2. 客体的跨国性。国际税法的客体是纳税人的跨国所得（transnational income），

〔1〕 高尔森主编：《国际税法》，法律出版社1993年版，第1~2页。

〔2〕 高尔森主编：《国际税法》，法律出版社1993年版，第3页。

〔3〕 廖益新主编：《国际税法学》，北京大学出版社2001年版，第9页。

〔4〕 刘剑文主编：《国际税法学》，北京大学出版社2004年版，第14页。

这是国际税法与其他相邻法律部门又一个完全不同的地方。跨国所得主要包括两类：①本国居民来源于国外的所得；②非本国居民取自本国境内的所得。只有在存在着跨国所得的情况下，才会发生国家与跨国纳税人的税收征纳关系，从而才会出现国家间的税收分配关系。因此，国际税法所涉及的税种主要是各国的所得税及少数国家的一般财产税与遗产税，而很少涉及其他税种。近年来，随着社会保障税在发达国家的盛行，国际税法也开始涉及社会保障税这一新的税种。但无论是遗产税、社会保障税，还是其他一般财产税，它们都和所得税一样，是对人税，因而容易导致国家税收管辖权之间的冲突。

3. 法律规范的多样性。国际税法所包括的法律规范种类最多。国际税法既包括国际法规范，又包括国内法规范，这与国际经济法的其他分支相同。但是，国际经济法的其他分支的法律规范只限于实体法规范，而国际税法除了实体法规范之外，还有冲突法规范。如"不动产及其收益由所在国征税"就是一个典型的冲突规范。

4. 权利义务的非完全对等性。如前所述，在国际税收法律关系中，国家主要享有征税的权利，而跨国纳税人则负有纳税的义务，其权利义务是不完全对等的。这也和国际经济法其他分支中主体之间权利义务基本相等完全不同。尽管近年来，人们愈来愈关注纳税人权利的研究，但这也更多地是从宪政的角度来关注和保护纳税人的基本权益，而并不直接否认在税收关系中国家的征税权和纳税人承担纳税义务的基本规范。[1]

二、国际税法的法律渊源与基本原则

（一）法律渊源

1. 国际税收协定。目前，国际税法的渊源主要表现为国际税收条约或协定。自1843 年法国和比利时缔结的第一个双边税收协定到20 世纪90 年代末，世界上业已生效的双边税收协定已有3500 多个。[2]此外还有少数多边税收条约。

2. 涉外税法。各国的涉外税法（foreign – related tax law），尤其是涉外所得税法是国际税法的又一重要渊源。国际税收条约的许多法律规范或内容，都必须通过相关国家国内税法的配合与落实，才能发生实际效力。况且，许多国家的涉外税法都有旨在避免重复征税，防止国际逃税、避税等内容的规定。因此，国际税收关系的调整必须依赖于国际法规范和国内法规范的相互配合才能完成。

---

〔1〕 例如，我国台湾地区学者黄俊杰在其《纳税人权利之保护》一书中即认为："从法律之观点，人民之金钱给付，系作为财政国中国家财政收入之核心要素，国家经由课税权之行使，将人民财产权转换成公法之强制性财政收入。由此可知，在财政国家中，税捐系国家不可或缺之金钱要素。"从而，"'纳税'宪法制度之形成……首先应系税捐基本权之肯认，以有效实践纳税者之权利保护。至于，国家课税权之行使，则仍应受到人民税捐基本权之限制。"参见黄俊杰：《纳税人权利之保护》，北京大学出版社 2004 年版，第 2 页。

〔2〕 参见中国国际税收研究会福州市税务学会主办：《国际税讯》1997 年 12 月第 16 期，第 5 页。转引自廖益新主编：《国际税法学》，北京大学出版社 2001 年版，第 8 页。

3. 其他渊源。国际惯例也是国际税法的渊源，外交使领馆人员的税收豁免原则、外国人税收待遇的无差别原则等都是国际税收方面的惯例。此外，其他国际条约或协定中有关税收问题的规定、国际法院关于税收纠纷的判例等，也可作为国际税法的渊源。

（二）基本原则

主权原则、公平互利原则、共谋国际发展原则等国际经济法的原则，也是国际税法所必须遵循的基本原则。但作为国际税法所特有的原则，最主要、最为各国所公认的则是以下两项原则：即税收管辖权独立原则和税收公平原则。

1. 税收管辖权独立原则。税收管辖权独立原则是国家主权原则在税收领域的直接体现，因此也被称为国家税收主权原则。[1] 它要求在国际税收关系中，各国都必须互相尊重与承认对方国家的税收管辖权。一国的税收管辖权是完全独立自主的，不受任何其他国家的干扰与侵犯；一国也不得以行使本国的税收管辖权为由侵犯或剥夺其他国家的税收管辖权。有关国家间在税收管辖方面的冲突与矛盾，应由相关国家在承认对方管辖权的前提下互相协商，共同寻求解决的方法与途径。

2. 税收公平原则。税收公平原则是公平互利、共谋国际发展的国际法原则的体现与补充。税收公平包括国家间税收分配公平和跨国税收征纳公平两部分内容。[2] 而对跨国纳税人的税收征纳公平又包含横向公平和纵向公平两个方面。横向公平，是指对同等收入的纳税人在相同的情况下应当同等征税；纵向公平，是指对高收入者应当比低收入者征收更多的税。后者是一种表象的不公平，却体现了实质的公平。与此同时，税收公平原则还要求在国际税收领域消除国际重复征税，防止国际逃税、避税，对外国人实行无差别待遇，利用税收手段鼓励向发展中国家投资等。因为上述问题的反面都是有悖于公平原则的：国际重复征税的存在，相对于国内纳税人来说就是对跨国纳税人的不公平；对国际逃税和避税的纵容，就是对奉公守法者的不公平；对外国纳税人的税收歧视本身就是一种不公平；发展中国家与发达国家处于一个不公平的起跑线上，发展中国家在争取国际经济新秩序的斗争中，本身就包含着建立一个公平的、合理的国际税收关系在内。因此，国际税法的目的与任务，就在于建立一个公平合理的国际税收关系，从而为国际经济合作与经贸往来创造良好的条件。

3. 其他税收原则。近年来，国内税法中的税收中性原则和税收效率原则，也被一些学者引入了国际税法领域。[3] 本书也认为，这些原来只在国内税收关系中起重要作用的基本原则，在现代国际税收关系中也具有了越来越重要的意义。所谓国际

---

[1] Brian J. Arnold & Michael J. Mclntyre, *International Tax Primer*, Kluwer Law International, 1995, p. 3. 转引自刘剑文主编：《国际税法学》，北京大学出版社 2004 年版，第 54 页。

[2] 刘剑文主编：《国际税法》，北京大学出版社 1999 年版，第 18 页。

[3] 参见刘剑文主编：《国际税法学》，北京大学出版社 2004 年版，第 59～63 页。

税收中性原则，是指国际税收体制不应对涉外纳税人跨国经济活动的区位选择以及企业的组织形式等产生影响。一个中性的国际税收体制应既不鼓励也不阻碍纳税人在国内进行投资还是向国外进行投资，是在国内工作还是到国外工作，或者是消费外国产品还是消费本国产品。[1]而税收效率原则要求以最小的费用获取最大的税收收入，并利用税收的经济调控作用最大限度地促进经济的发展，或者最大限度地减轻税收对经济发展的妨碍。[2]

三、国际税法的主要内容

国际税法的产生是基于各国税收管辖权独立与国际经济一体化的冲突和矛盾。税收管辖权的积极冲突导致国际重复征税及国际重叠征税的产生；税收管辖权的消极冲突带来国际逃税和国际避税现象的蔓延。因此，消除或避免国际重复征税与国际重叠征税、打击国际逃税和国际避税，成为国际税法最重要的两大核心任务。目前，解决这两大问题的主要途径一是通过各国国内税法，尤其是其涉外税法作出单方规范；另一重要途径则是通过国际税收协调，尤其是采用双边税收协定对彼此的税收管辖权作出合理的划分。由此，国际税法一般涵盖以下几个方面的主要内容：①税收管辖权法律制度；②国际重复征税与国际重叠征税；③国际逃税与国际避税；④国际税收协调与合作；⑤涉外税收法律制度。

由于后两个部分的相关内容往往是对前三个部分所涉具体法律制度的囊括与总结，并且基于本书篇幅所限，所以我们只选取前三个部分作重点介绍，后两个部分的主要内容将融合贯穿于这三个部分的实体制度之中；而在结构上，为了保证国际税收法律制度的完整性，将对第四个部分作扼要的介绍，第五个部分则不再纳入。

第二节　税收管辖权法律制度

一、税收管辖权概述

（一）税收管辖权的含义

税收管辖权（tax jurisdiction）是指一国政府对一定的人或对象进行征税的权力。简单地说，税收管辖权就是一国政府行使的征税权力。一国政府可以自行决定对哪些人征税、征何种税以及征多少税等。国际税收关系中一系列矛盾和问题的产生，都与国家行使税收管辖权有着密切的联系，因此，税收管辖权是国际税法所要研究的一项重要内容。

一国政府行使税收管辖权的依据源于国家主权。国家主权这一国际法上最为重

[1] Lorraine Eden, *Taxing Multinationals：Transfer Pricing and Corporate Income Taxation in North America*, University of Toronto Press, 1998, p. 74. 转引自刘剑文主编：《国际税法学》，北京大学出版社 2004 年版，第 59 页。

[2] 刘剑文主编：《国际税法学》，北京大学出版社 2004 年版，第 61 页。

要的概念一般包含独立权、平等权、管辖权和自卫权等基本权利内容。主权国家具有的这些基本权利已明确记载于《联合国宪章》、《国家权利义务宣言》等具有普遍国际法律效力的国际公约或国际法律文件中，且为长期以来的国际关系实践所确认。[1]"所谓管辖权，是指国家对其领土内或境内的一切人和事物，除国际上公认的享有豁免权者外，有行使管辖的权力。"[2]"管辖权是国家对其领域内的一切人和物行使国家主权的表现。"[3]

主权国家对其领域范围之内的一切人与事物都有行使法律管辖的权力，这是国家主权的重要属性。而税收管辖权即是国家主权在税收领域的体现，是国家主权的重要内容。因此，税收管辖权具有类似于主权的固有属性，它对外表现为一种完全独立自主的、不受任何干预的权力。一国政府完全可以根据本国的经济、政治和法律传统等实际情况，按照自己的意志确定适合本国的税收制度，规定纳税人和征税对象的范围。正因为如此，税收管辖权独立原则，才会为世界各国所普遍接受与遵循。

（二）税收管辖权的基本理论原则

税收管辖权中最重要的基本理论原则是"居住国原则"和"来源国原则"。目前，世界上大多数国家普遍兼采这两种不同的管辖权原则来确定本国的税收管辖权范围。这两种税收管辖权理论，来源于主权国的"属人原则"（principle of person）和"属地原则"（principle of territoriality）。众所周知，主权国家是按照属人原则和属地原则行使其管辖权的。与此相适应，作为国家主权重要内容之一的税收管辖权，各国也是以纳税人或征税对象是否与自己的领土主权存在某种属人性质或属地性质的连结因素为依据来行使权力的。当纳税人与征税国之间存在某种属人性质的连结因素时，征税国则按"居住国原则"对该纳税人行使征税权；当征税对象与征税国存在某种属地性质的连结因素时，征税国则按"来源国原则"对该征税对象的所有人行使征税权。下面将分别阐述这两个原则。

1. 居住国原则。居住国原则（principle of residence state），也称"居住原则"或"居民税收管辖权原则"，它是指一国政府对于本国税法上的居民纳税人来自境内境外的全部财产和收入（即环球所得）实行征税的原则。

在这里，最重要的是怎样确认居民纳税人。按照属人原则，目前各国税法都是以"税收居所"作为属人性质的连结因素来确定纳税居民的。税收居所（tax residence），是国际税法上的一个重要概念，它是指纳税人与征税国之间存在着的以人身隶属关系为特征的法律事实。在自然人方面，表现为纳税人在征税国境内是否拥有住所、居所或具有征税国的国籍；在法人方面，表现为纳税人是否在征税国注册或者其实际管理和控制中心或总机构等是否设在征税国境内。国际税法上将这类属人性质的连结因素通称为"税收居所"。与征税国存在这种税收居所联系的纳税人，就是该国税法上的居民纳税人（resident of tax payer），而这个征税国也相应地称为该纳税人的居住国（residence state）。基于纳税人在本国境内存在税收居所这一事实，居住国政府则可以要求该居民纳税人就其来源于境内和境外的各种收入，即世界范围内的所得，承担纳税义务，这就是居住国原则。由于这种纳税义务不受国境的限制，有些国家也称之为无限纳税义务（unlimited tax liability）。因此，国家根据纳税人在本国境内拥有税收居所这一连结因素而要求其承担无限纳税义务的权力，就是所谓的居民税收管辖权（tax jurisdiction over residents）。

2. 来源国原则。来源国原则（principle of source state），也称"领土原则"或"来源地税收管辖权原则"。它是指一国政府针对非居民纳税人就其来源于该国境内的所得征税的原则。

依国家主权的属地原则，国家对其领土范围内的人与物具有属地管辖权。税收管辖权上的属地性质，是指纳税人的各种所得与征税国之间存在着经济上的源泉关系。这种源泉关系主要表现在其所得直接来源于该征税国的某种地域标志，如不动产所得来源于不动产所在地；营业利润所得来源于营业机构所在地；劳务报酬所得来源于劳务提供地；股息、利息、租金等所得来源于债务人或支付人所在地；等等。这些表示属地性质的地域标志连结因素，国际税法上通称为"所得来源地"或"所得来源国"（source state）。基于这种所得来源地标志，所得来源国政府就有权要求获取该种所得的非居民（non-resident）纳税人就这部分所得承担纳税义务，这就是来源国原则。由于非居民纳税人仅就来源于征税国的所得部分纳税，其他所得不向该国纳税，因而其承担的是有限的纳税义务（limited tax liability）。因此，国家根据非居民纳税人在本国境内存在着所得来源地这一连结因素而要求其承担有限纳税义务的权力，就是所谓的收入来源地税收管辖权（Tax jurisdiction over the area）。

综上所述，根据税收管辖权的"居住国原则"与"来源国原则"，居民税收管辖权和收入来源地税收管辖权是国家税收管辖权的两种不同表现形式。世界上大多数国家在所得税方面都同时行使这两种税收管辖权：作为居住国要求本国的居民纳税人就其世界范围的环球所得承担无限纳税义务；作为来源国要求从其境内取得收入的非居民承担有限的纳税义务。这样可以尽最大可能扩大本国的征税范围。当然，世界上也有少数国家仅依所得来源地行使税收管辖权，而放弃居民税收管辖权，以鼓励资本输出与输入。

二、居民税收管辖权的确认

（一）纳税人居民身份的确认

居民税收管辖权的行使，是以纳税人与征税国之间存在税收居所这一法律事实为前提条件的。因此，对于纳税人居民身份的判定，即确定纳税人与征税国之间是否存在某种税收居所联系的法律事实，成为各国税法的重要内容。

1. 自然人居民身份的确认。各国税法上判定自然人的居民身份，主要有以下标准：

（1）住所标准。凡在一国拥有住所的自然人，便是该国的居民纳税人。住所（domicile）一般是指一个自然人设立其生活根据地并愿意永久定居的场所，通常为配偶和家庭所在地。由于住所体现了自然人与某一特定区域的内在联系，具有永久性和稳定性，易于识别，故许多国家如法国、瑞士、德国等均以住所作为确定自然人居民身份的标准。

如法国法律规定：凡在法国国内有住所的个人，均为法国税法规定的居民。所谓"有住所"是指：在法国国内有利害关系的中心地点和有 5 年以上的经常居所；作为所有权人、使用收益权人或租赁人，在法国国内居住并有主要停留地。[1]中国个人所得税法也明确规定，在中国境内有住所的个人为居民纳税人。所谓在中国境内有住所的个人，是指因户籍、家庭、经济利益关系而在中国境内习惯性居住的个人。[2]

（2）居所标准。居所（residence）一般指一个人经常性居住的场所，但并不具有永久居住的性质。按照居所标准，凡在一国拥有居所的自然人，便是该国的居民纳税人。如英国、加拿大、澳大利亚等国即以居所作为判定自然人居民身份的重要标志。但居所标准往往缺乏某种客观统一的识别标志，以致同一国法院作出的判决也会前后不一、相互矛盾。

譬如加拿大税务法院就分别在 1949 年的鲁塞尔诉国家财政部长一案和 1950 年的麦德隆诉国家财政部长一案中对一个人在加拿大境内拥有住宅是否构成居所作出了前后不一的判决。在前一案件的判决中，加拿大税务法院认为，一个人当其离开加拿大期间仍在加拿大境内保留有住房，这对确认个人的居民身份具有重要意义。而在后一案件中，一个生活在美国但经常往返于美国和加拿大之间航程的船长，虽然其在加拿大境内拥有一幢住宅，并且每年偕同夫人来此住宅度假两周，法院却不认为他在加拿大有居所。[3]

（3）居留时间标准。以自然人在征税国境内居住或停留是否超过一定的时间期限，作为划分纳税居民与非居民的标准。这一标准可以弥补居所标准的不足。但在居留时间的期限上，各国规定不一，有的为半年，如英国、印度、印尼等；有的为 1 年，如中国、巴西、新西兰、日本等。

（4）国籍标准。即以自然人的国籍来确定纳税居民的身份，实行所谓公民税收管辖权（tax jurisdiction over citizens）。凡系一国公民，无论其是否居住在国籍国境内，都是该国的居民纳税人。国籍是最早用于判定居民身份的标准，但随着经济的全球化，人们脱离其国籍国活动的现象愈益普遍，故越来越多的国家已摒弃国籍标准。现仅有美国、菲律宾、墨西哥等少数国家仍坚持以国籍标准确认自然人的居民身份。

目前，同时兼采住所（或居所）与居留时间两项标准是国际上确定自然人居民身份最通常的做法。中国也是同时采用住所与居留时间两项标准。[1]

1924 年美国库克诉泰特案（Cook v. Tait）

[案情]　原告库克是一名在墨西哥城拥有居所并居住在该城的美国公民，他被要求依美国国内收入法，将其收入转回美国缴纳所得税。原告被征了 1193.38 美元的税款。但原告认为，其取得收入的财产位于墨西哥城，遂在支付税金后提起诉讼。但原告的这一辩解遭到了美国联邦最高法院的否定。法院认为：税收管辖权的基础不在于财产的位置在美国国内或在国外，也不取决于该公民的居所位于美国国内还是国外，关键在于被告作为公民同美国之间存在的特殊关系。恰恰是这种关系决定了美国政府对于那些居住在国外且财产也在国外的美国公民拥有税收管辖权。[2]

[法理分析]　在本案中，美国法院以库克是美国公民为由，确认他应就来源于墨西哥，即美国境外的财产承担纳税义务。这种以公民身份确定纳税居民的做法，常被称之为公民税收管辖权。但其实所谓的公民税收管辖权并不是独立于居民税收管辖权和来源地税收管辖权之外的第三种税收管辖权。公民税收管辖权的实质是以自然人的国籍或公民身份为客观标志而要求其承担环球纳税义务，因而本质上仍然是一种属人性质的居民税收管辖权。只不过其确定居民身份的标准并非住所、居所或财产所在地，而是采用"国籍"而已。

2. 法人居民身份的确认。各国税法上对法人或公司的居民身份认定，主要有以下几种标准：

（1）法人注册成立地标准。即法人的居民身份依法人在何国依法注册成立而定。因法人注册地只有一个，所以这一标准的优点是法律地位明确、易于识别。但其缺点是往往不能真实地反映法人的实际经营活动场所，并且还可为纳税人避税创造条件。采用这一标准的国家主要有美国、加拿大等。

（2）法人实际管理和控制中心所在地标准。法人的居民身份决定于法人的实际管理和控制中心设立在哪个国家。董事会或股东大会所在地是判定实际管理中心所在地的重要标志。采用这一标准的主要以英国、德国、希腊、瑞士为代表。比如，在1906 年的比尔斯联合矿业有限公司诉荷奥一案中，原告公司在南非注册成立，其产

---

〔1〕　参见《中华人民共和国个人所得税法》第 1 条；《中华人民共和国个人所得税法实施条例》第 3 条。
〔2〕　陈大钢：《国际税法原理》，上海财经大学出版社 1997 年版，第 27 页。

品的开发与销售也多在南非进行，但该公司的大部分股东却居住在英国，董事会会议也多在英国举行，公司的经营与管理决策均在英国作出。英国法院据此认定，该公司为英国居民公司，应承担纳税义务。[1]

（3）法人总机构所在地标准。法人的总机构指的是负责管理和控制企业的日常经营业务活动的中心机构。采用总机构标准，法人的总机构设在哪一国，该企业则为哪国的居民公司。采用这一标准的主要有日本、法国等。

此外，还有法人主要经营活动所在地标准、法人资本控制标准等。由于没有任何一个确定法人居民身份的标准是完美无缺的，所以实践中许多国家往往兼用两个或两个以上的标准来确定本国税法上的居民公司。我国原《外商投资企业和外国企业所得税法》实际上就是以法人注册地和总机构两个标准结合使用来判定法人的居民身份的。[2]但新企业所得税法则兼采了注册地和实际管理机构所在地标准来确定法人的税收居民身份。[3]

（二）居民税收管辖权冲突的协调

由于各国税法确定纳税居民身份采用的标准不一致，则当纳税人跨越国境从事国际经济活动时，就有可能被两个以上的国家同时认定为本国的纳税居民，从而产生居民税收管辖权的冲突。在居民税收管辖权冲突下的纳税人，将同时对两个或两个以上的国家承担无限纳税义务，其税收负担过重可想而知。因此，在国际税收领域，必须解决居民税收管辖权冲突问题。目前，只能由有关国家间通过双边税收协定来协调解决。

1. 关于自然人居民身份冲突的协调。关于自然人居民身份的冲突，也称双重居所冲突，一般有两种可供选择的解决办法：一是由缔约双方通过协商确定该纳税人应为哪一方的居民。如中国同日本、美国等国家签订的双边税收协定即采用了这一办法。[4]二是采用《经合组织范本》或《联合国范本》所提供的先后顺序来确定自然人的居民身份。

依《经合组织范本》和《联合国范本》（以下简称两个范本）的规定，同时是缔约国双方居民的个人，其身份确定如下：①应认为是其有永久性住所所在国的居民；如果在两个国家同时有永久性住所，或者在其中任何一国都没有永久性住所，应认为是与其个人和经济关系更密切（重要利益中心）所在国的居民；②如果其重要利益中心所在国无法确定，应认为是其有习惯性居处所在国的居民；③如果其在两个国家都有，或者都没有习惯性居处，应认为是其国民所在国的居民；④如果其

〔1〕 高尔森主编：《国际税法》，法律出版社1993年版，第48~49页。

〔2〕 参见原《中华人民共和国外商投资企业和外国企业所得税法》第3条；原《中华人民共和国外商投资企业和外国企业所得税法实施细则》第5条。

〔3〕 参见《中华人民共和国企业所得税法》第2条。

〔4〕 参见财政部、国家税务总局编：《中国对外税收协定集》（第1辑），中国财政经济出版社1985年版，第58、83页。

同时是两个国家的国民，或者不是其中任何一国的国民，应由缔约国双方主管当局通过协商解决。[1]

2. 关于法人居民身份冲突的协调。关于法人居民身份冲突的解决方式也有两种：①由缔约国双方协商确定某一具体法人的居民身份归属；②在税收协定中预先确定一种解决冲突时应依据的标准。两个范本均以实际管理机构所在国为居住国，[2]而我国与日本、法国等国家签订的税收协定则以总机构所在国作为解决法人居民身份冲突的标准。[3]

三、收入来源地税收管辖权的行使

收入来源地税收管辖权，是征税国基于有关的收益或所得来源于本国境内的法律事实，针对非居民行使的征税权。征税国对非居民主张收入来源地税收管辖权的依据在于国家主权的属地原则，也即认定纳税人收益或所得来源于征税国境内。因此，关于收入来源地的识别判定，就成为收入来源地税收管辖权的重要内容。

纳税人的各项收益与所得从性质上一般被划分为四类：营业所得、劳务所得、投资所得和财产所得。由于各国税法上对不同种类性质所得的来源地采用的判定标准与识别原则不一致，因而在跨国所得上，各国也往往产生税收管辖权冲突。下面分别就上述四种所得来说明各国对非居民行使收入来源地税收管辖权的法律实践和国际税法上的协调原则。

（一）对非居民营业所得的征税

营业所得（business income），又称营业利润或经营所得，一般指纳税人从事工业生产、交通运输、农林牧业、金融、商业和服务性行业等企业经营性质的活动而取得的纯收益。在国际税法上，对非居民营业所得的征税，目前各国都普遍接受并实行常设机构原则。

所谓常设机构原则（permanent establishment principle），是指来源国仅对非居民纳税人在境内常设机构获取的工商营业利润实行征税的原则。

两个范本的第7条第1款均对常设机构原则作出了规定：缔约国一方企业的利润应仅在该国征税，但该企业通过设在缔约国另一方的常设机构进行营业的除外。如果该企业通过在缔约国另一方的常设机构进行营业，其利润可以在另一国征税，但其利润应仅以属于该常设机构的为限。

这表明，非居民纳税人在来源国境内是否设有常设机构是来源国对非居民纳税人取自本国境内的营业所得进行征税的前提条件。因此，常设机构在国际税法上是

---

〔1〕 参见《联合国范本》第4条第2款；《经合组织范本》第4条第2款。

〔2〕 参见两个范本第4条第3条。

〔3〕 参见财政部、国家税务总局编：《中国对外税收协定集》（第1辑），中国财政经济出版社1985年版，第58页；财政部、国家税务总局编：《中国对外税收协定集》（第2辑），中国财政经济出版社1987年版，第32页。

一个非常重要的概念。对常设机构范围的扩大或缩小，对常设机构利润的归属与核算原则的不同都将会直接影响缔约国双方的税收权益。所以，虽然常设机构原则对居住国与来源国之间在跨国营业利润上的征税权益分配作了明确划分，但在具体的实施过程中，仍有许多问题需要加以解决。

1. 常设机构的概念和范围。根据两个范本的规定，缔约国一方居民在缔约国另一方从事经营活动，可以基于某种物的因素或人的因素而构成常设机构。

（1）场所型常设机构。从物之因素而言，常设机构首先是指一个企业进行其全部或部分生产、经营的固定场所。这种固定场所必须具备固定性、长期性和营业性三大特征。一般包括管理场所、分支机构、办事处、工厂、车间或作业场所、矿场、油井或气井、采石场或任何开采自然资源的场所以及建筑安装工地等。[1]而商品库存、陈列、展销、为采购货物或收集情报而保有的场所，以及其他任何具有准备性、辅助性的固定场所则不构成常设机构。

比如，甲国的 M 公司在乙国设有一分公司，在丙国设有一常驻代办处。1996 年 10 月，M 公司在丁国又举办了一次为期 3 个月的商品展销会。已知甲国与乙、丙、丁三国均签订有双边税收协定，依协定规定，M 国在乙国设立的分公司、在丙国设立的代办处均在东道国构成常设机构，而在丁国的展销会则不构成常设机构。

在国际税收实践中，常设机构的认定往往成为各国对非居民企业进行税收征收的门槛，也常常成为跨国纳税人与来源地国税收当局产生国际税收纠纷的焦点问题。下述荷兰股份有限公司输油管案即具有典型意义。

荷兰股份有限公司输油管案

[案情] 一家荷兰股份有限公司通过它设置的地下管道向德国的两个地点供应石油产品。所有油管归荷兰公司所有，并通过荷兰境内的电子计算机遥控。荷兰公司没有向德国派驻人员，所有技术、推销人员都在荷兰。德国地段油管的维护与修理则均由独立的承包商担任。德国税务机关认为荷兰公司利用德国境内油管输送石油已构成常设机构，遂决定向荷兰公司征税。荷兰公司不服，起诉至德国税务法院，申辩不存在设置常设机构的问题，其在德国也没有应税的经营资产。德国税务法院驳回了其申辩，荷兰公司又上诉至德国最高税务法院。德国最高税务法院认为，常设机构是进行类似于公司主要机构营业活动的场所，其构成条件包括经营性、固定性和时间上的连续性。据此地下输油管道符合常设机构标准，荷兰公司应在德国承

---

〔1〕 关于建筑安装工地，《联合国范本》规定以连续为期 6 个月以上构成常设机构；《经合组织范本》规定以 12 个月以上为限。我国对外签订的税收协定一般采用《联合国范本》。但随着中国对外投资的扩大，我国后续对外签订的税收协定对此类常设机构规定的时间则较多突破了《联合国范本》甚至是《经合组织范本》的规定。

担纳税义务。[1]

[**法理分析**]　本案争议的焦点在于荷兰设置在德国境内的地下石油输送管道是否构成常设机构。依两个范本之列举，显然没有"管道"类的常设机构，但众所周知，范本的列举并非是限定性的。因而，"管道"是否构成常设机构，只能依常设机构的概念和特征来判断。如前所述，从物之因素而言，常设机构首先是指一个企业进行其全部或部分生产、经营的固定场所，这种固定场所必须具备固定性、长期性、经营性三大特征。在这里，地下石油管道具有固定性、长期性是毋庸置疑的，问题是它是否具有"经营性"，尤其是在荷兰公司没有派驻或雇佣工作人员的情况下。类似的案例还有诸如无人售货机、信息或技术设备的跨境设置等。由此，"人员"因素常常成为这些设施是否构成常设机构的分歧焦点。但另一方面，我们也必须注意到，即使不在当地派驻人员，并不等于这些设施没有"人员"管理或经营，跨境遥控或依赖第三方维护管理同样可以达到经营的目的，最为重要的是缔约国一方企业通过这些跨境设施在缔约国另一方获得了"经营收入"。因此，从维护来源地的税收管辖权出发，国际税收实践中的类似案例，法院一般的最后判决都会认定这些设施构成常设机构。

（2）代表型常设机构。从人之因素而言，缔约国一方企业，在缔约国另一方境内并未通过某种固定的营业场所从事营业活动，但如果其在另一方境内通过特定的营业代理人开展业务，仍有可能构成常设机构的存在。按照两个范本之规定，缔约国一方企业通过依附于该企业的非独立代理人在缔约国另一方从事特定性质的营业活动，如依授权代表该企业签订合同等，一般构成在缔约国另一方设有常设机构。但是，如果缔约国一方企业在另一方境内通过独立地位的代理人进行营业，并不构成在另一方设有常设机构，除非，这种代理人的活动全部或几乎全部是代表该企业。

2. 常设机构利润范围的确定与核算。对常设机构利润范围的确定一般采取"实际联系原则"和"引力原则"；对已归属于常设机构范围的利润的核算则采用"独立企业原则"和"收入费用分配原则"。

实际联系原则（effectively connected principle），是指非居民企业通过其设在来源国境内的常设机构的活动实现的营业利润，以及与常设机构有关联的其他所得（如常设机构对其他企业的投资、贷款所获的股息、利息收益以及特许权使用费等），可以归属于该常设机构的利润范围。至于非居民企业未通过常设机构而取得的营业利润和与常设机构并无实际联系的其他所得，应排除在常设机构的利润范围之外。引力原则（principle of the force of attraction），则是指非居民企业在来源国设有常设机构的情况下，非居民企业在来源国所取得的其他营业所得，尽管未通过该常设机构的

---

〔1〕　参见李金龙主编：《税收案例评析》，山东大学出版社2000年版，第134、139～140页。转引自刘剑文主编：《国际税法学》，北京大学出版社2004年版，第105～106页。

活动而取得，只要产生这些所得的营业活动本身属于该常设机构的营业范围，来源国都可以将它们归纳入常设机构的利润项下进行征税。

　　例如，甲国 A 公司在乙国首都建立一办事处，主要用于接收、发送货物及订立合同、提供售后服务。A 公司董事长在乙国参加地区性经济论坛会议期间，与 B 公司签订了销售 A 公司产品的合同。产品的运输提供均由 B 公司负责。A 公司在乙国的办事处并不知情，但在纳税时，却被要求将 A 公司与 B 公司直接订立合同产生的利润纳入应税所得。A 公司的办事处对此表示不同意，认为其总机构 A 公司的利润与该办事处没有联系，不应由其纳税。乙国的税务机关则认为，A 公司与 B 公司订立合同的营业活动属于该办事处的经营范围，故应由该办事处纳税。双方因此发生争议。[1]

　　在本案中，A 公司办事处所持有的观点为实际联系原则，乙国税务机关所持有的观点即引力原则。采用引力原则，有利于扩大来源国的税收管辖权，但从税务行政的角度考虑，则存在着适用上的困难。因此，从各国实践看，大多数国家在确定常设机构的利润归属时均采用实际联系原则，两个范本也基本倾向于实际联系原则。[2]

　　独立企业原则，是指常设机构虽然在法律地位上不具有独立法人资格，只是总公司或总机构的派出机构，但来源国却将其视为独立的纳税实体，要求其按照正常的市场交易原则来与其他企业及其总机构进行经济交往，并以此来核定常设机构的应得利润。收入费用分配原则，指常设机构在计算利润扣除成本费用时，允许其分摊总机构的部分管理费用。但这部分费用必须是总机构为常设机构的营业所发生的或与常设机构的生产经营有关的费用。独立企业原则与收入费用分配原则的适用，都是为了合理而正确地计算常设机构的营业利润，从而维护来源国的税收权益。

　　3. 常设机构原则的例外——对国际海运和航空运输业利润的征税。上述常设机构原则，不适用于国际海运和航空运输业。这是因为国际运输涉及的国家众多，如按常设机构原则征税，将有碍于国际运输业的发展。按照两个范本的原则，对从事国际海运和航空运输企业的利润，应仅由企业的实际管理机构所在国一方独占征税。这一特殊原则已为世界上大多数国家所签订的税收协定所接受。

　　（二）对非居民劳务所得的征税

　　个人劳务所得（income from service）包括独立个人劳务所得和非独立个人劳务所得两类。独立个人劳务所得（income from independent personal service），指个人独立地从事某种专业性劳务和其他独立性活动所取得的收入。非独立个人劳务所得

---

〔1〕　参见汤树梅主编：《国际经济法案例分析》，中国人民大学出版社 2000 年版，第 123～124 页。
〔2〕　《联合国范本》列入了引力原则，《经合组织范本》未列入引力原则。

(income from dependent personal service)，是指个人由于受雇于他人从事劳动工作所得的报酬，包括工资、薪金和各种劳动津贴等。

1. 对非居民独立劳务所得的征税。对跨国独立劳务所得的课税，国际税法上一般遵循"固定基地原则"（principle of fixed base）和"183 天规则"（183 days rule）。所谓"固定基地"，是指个人进行专业性劳务的场所，其意义几乎相当于常设机构。"183 天规则"和"固定基地原则"是指来源国对非居民纳税人的独立个人劳务所得征税，应以提供劳务的非居民个人某一会计年度在境内连续或累计停留达 183 天或在境内设有经营从事这类独立劳务活动的固定基地为前提条件。[1]中国在对外签订的税收协定中，也多数采用的是"固定基地原则"与"183 天规则"。随着中国加入世贸组织后国际服务贸易的开放，上述征税原则将更具现实意义。

2. 对非居民非独立个人劳务所得的征税。对跨国非独立个人劳务所得的征税，总的原则是由作为收入来源国的一方从源征税。

但两大范本均规定，同时具备下述三个要件的，应当由其居住国征税：①收款人在某一会计年度内在缔约国另一方境内停留累计不超过 183 天；②有关的劳务报酬并非由缔约国另一方居住的雇主或代表该雇主支付的；③该项劳务报酬不是由雇主设在缔约国另一方境内的常设机构或固定基地所负担。[2]上述三个条件，必须同时具备，缺一不可。

此外，对特殊情况下的个人劳务所得，如跨国取得收入的董事、演员、运动员、退休人员、政府职员以及留学生、实习生等特定人员，双边税收协定往往采取特殊的征税规则。

（三）对非居民投资所得的征税

投资所得（income from investment），是指纳税人从事各种间接投资活动而取得的如股息、利息、特许权使用费等收益。来源国对非居民纳税人的投资所得，一般都采取从源预提的方式征税，国际上将此种征税通称为预提税，即由支付人在向非居民支付投资所得款项时按税法规定代为扣缴应纳税款，是所得税的一种源泉控制的征收方式。由于此类所得的成本、费用计算复杂，所以预提税都仅就收入总额（毛收入）计税，不扣除成本、费用，因此预提税的税率一般都比较低。比如在我国，原《外商投资企业和外国企业所得税法》对一般的企业所得税是按 33% 计征，而对投资所得的预提税则是按 20% 计征。[3]新的《中华人民共和国企业所得税法》则将企业所得税降为 25%，而预提税依然是 20%。[4]

---

[1] 《经合组织范本》中没有"183 天"的规定，只有固定基地的规定；并且在其后来的修订中已将有关"固定基地"的规定删去，相关内容纳入"常设机构"的范畴。

[2] 参见两个范本的第 15 条。

[3] 参见原《中华人民共和国外商投资企业和外国企业所得税法》第 5 条和第 19 条。

[4] 参见《中华人民共和国企业所得税法》第 4 条。

为了合理划分来源国与居住国的税收权益，双边税收协定一般都采用"税收分享原则"对跨国投资所得进行税收征收，即来源国依据协定的限制税率规定对投资所得进行预提税征收，而居住国对海外投资所得在来源国已经征过的税要给予承认，并采取相应的避免重复征收的措施。这样即可以确保来源国和居住国都可以享受到对投资收益的税收征税。比如，我国在国内税法中规定 20% 的预提税税率，在双边税收协定中依限制税率则往往只有 10% 左右。

（四）对非居民财产所得的征税

对非居民财产所得，特别是针对非居民运用不动产与转让不动产所取得的所得，各国的通行做法都是由财产所在国征税。但对转让从事国际运输的船舶或飞机，以及属于经营上述船舶或飞机的动产所获的收益，应仅由转让者的居住国一方独占征税。而对非居民运用或转让动产所取得的收入，则由双边税收协定具体划分。

四、电子商务与税收管辖权

随着国际互联网的发展，跨国电子商务交易越来越频繁。基于电子商务交易的无址化、虚拟化特征，传统的国际税法原则在电子商务环境下的适用受到越来越严峻的挑战，而其实质依然是各国在新经济条件下如何行使其税收管辖权的问题。比如，关税及其他流转税在跨国电子商务交易中应如何进行征收，网上交易的所得性质应怎样划分，对国际避税的监管更加复杂、艰巨等。但其中最引人注目的问题是电子商务对前述常设机构原则的挑战。

常设机构原则适用的前提在于企业在来源国有某种基于物的因素或人的因素所构成的具有物理空间形态的"场所"的存在，这是来源国据以征税的客观标志所在。而电子商务与传统贸易的最大区别即在于它的虚拟性。通过跨国电子商务交易，贸易商可以从来源国获取巨大营业利润，却不用在来源国设置任何具有物理空间形态的"场所或机构"，从而使来源国的征税权失去了任何可以依据的客观标志。

比如，欧洲一家公司通过互联网提供货物和劳务给日本顾客，并在日本设置辅助机构用于接受订货和售后服务。这种辅助机构一无存货，二不代表外国公司对外签订合同，依法不能认定为常设机构。故日本税务机关无法对这家欧洲公司来源于本国的收入征税。[1]

为此，发达国家多主张对跨国电子商务交易给予免税，而发展中国家基于维护自身税收权益则主张对通过跨国电子商务交易所获利润应适用常设机构原则对其征税。但对如何适用常设机构原则，却尚未找到最佳途径。有的主张扩大常设机构范围，将网址或支持网址的服务器作为常设机构来认定从而实现其征税；有的主张以网络传输信息的电子数节比特（bit）为征收对象征收比特税；还有的学者提出"虚拟常设机构"的主张；也有学者提出将纯粹的网上交易视为权利转让从而依投资所得进行预提税征收等。上述各种主张虽各有其合理性，但在实践中均会产生这样或

---

〔1〕　参见汤树梅主编：《国际经济法案例分析》，中国人民大学出版社 2000 年版，第 122 页。

那样的问题。比如，网址具有不确定性，销售商可以不将网址设在来源国境内，而将其设在本国或任何第三国境内从而逃避来源国的税收管辖；而征收比特税，因无法区分电子数节的应税收入，从而不适用于所得税的征收；虚拟常设机构的主张，因缺乏客观标志而不具有可操作性；预提税方案则因模糊网上交易所得的性质而被认为违反税收中性原则遭到发达国家的强烈反对。因此，对于跨国电子商务交易所得如何适用常设机构原则的问题，还是一个值得进一步探讨与研究的新课题，也是广大发展中国家在新经济形势下如何维护来源国税收权益的新问题。

第三节　国际重复征税与国际重叠征税

一、国际重复征税与国际重叠征税的含义及其区别

学界关于国际重复征税与国际重叠征税的名称与含义均有较大的分歧。这种分歧首先体现在名称上的不同称谓。除了国际重复征税与国际重叠征税的命名外，还有法律意义的国际重复征税与经济意义的国际重复征税、狭义的国际重复征税和广义的国际重叠征税之谓，另外许多学者还称之为国际双重征税和国际双层征税等。除了名称的不同外，学者们的分歧还主要表现在对国际重复征税的概念范围是否应涵盖国际重叠征税方面。其实，也正是因为学者们对国际重复征税概念范围的认识不一，才产生了上述不同的称谓。比如，高尔森教授和那力教授一直是采用国际重复征税与国际重叠征税的概念，[1]张勇和李泳两位学者则只强调国际双重征税的解决，但也同时认为国际双重征税分为法律性的双重征税和经济性的双重征税。[2]而廖益新教授则认为"国际重复征税概念应该包括法律性质的和经济性质的两种不同类型的重复征税现象"，强调不仅要重视对法律性重复征税的解决，也要注重对经济性重复征税的解决。[3]刘剑文教授采用了"国际双重征税"的称谓，其主要观点倾向于"狭义的国际双重征税专指法律性国际双重征税，而广义的概念则将经济性国际双重征税包括进来"，[4]但在教材章节的编排上仍然使用的是"法律性双重征税"和"经济性双重征税"的概念。

本书以为，综观不同学者的观点与分歧，虽然表面看起来很复杂，但其在本质上并没有直接的冲突。尽管学者们采用了诸多不同的称谓，但所谓国际双重征税或国际重复征税，以及法律性的国际重复征税或说狭义的国际重复征税，都是指基于各国管辖权冲突而造成对跨国纳税人两次或两次以上的多次征税现象；而国际双层

---

〔1〕　参见高尔森主编：《国际税法》，法律出版社1993年版，第79～121页；那力编著：《国际税法学》，吉林大学出版社1999年版，第70～113页。

〔2〕　参见张勇：《国际税法导论》，中国政法大学出版社1989年版，第118～151页；李泳：《国际税收的法律与实务》，上海译文出版社1996年版，第29、49～68页。

〔3〕　参见廖益新主编：《国际税法学》，北京大学出版社2001年版，第123～132页。

〔4〕　刘剑文主编：《国际税法学》，北京大学出版社2004年版，第141～147页。

征税或国际重叠征税，以及经济性的国际重复征税或说广义的国际重复征税，都是指不同国家对跨国股东及其所控公司之间的多次征税现象。至于"重复"与"双重"和"重叠"与"双层"的差异，前者更加强调两个以上国家的多次征税，后者则认为这两类现象都主要发生在两个国家之间，而两个以上国家之间多次征收的现象较少发生而已。故此，为了表述的方便及避免概念的混淆，也为了涵盖两个以上国家的多次征税现象，本书对上述两个概念均统一采用"国际重复征税"和"国际重叠征税"的称谓。

（一）国际重复征税的定义与类型

国际重复征税（international double taxation），也称国际双重征税，是指两个或两个以上国家或地区各自依据自己的税收管辖权按同一税种对同一纳税人的同一征税对象在同一征税期限内同时征税。

国际重复征税，是国际税收关系的焦点，也是国际税法的核心。国际税法的许多法律规范都是解决国际重复征税现象的规范。国际重复征税的产生又与国家税收管辖权有直接的联系。只有在两个或两个以上的国家或地区对同一纳税人都行使税收管辖权的情况下，才会产生国际重复征税。因此，税收管辖权的冲突，是产生国际重复征税的根本原因。国家间税收管辖权的冲突，主要表现为以下三种类型：

1. 居民税收管辖权之间的冲突。居民税收管辖权之间的冲突，主要是由于有关国家确定税收居所的标准不一致，致使一个纳税人在两个或两个以上国家同时被认定为居民纳税人，从而在这些国家都负有无限纳税义务。居民税收管辖权的冲突发生的情况相对较少，且目前国际上自然人与法人的税收居所冲突都已有了各自解决的规则。关于这点已在上一节中介绍过，此处不再赘述。

2. 来源地税收管辖权之间的冲突。当一个纳税主体的同一笔所得被两个或两个以上的国家同时认为来源于本国，该纳税人应在两个或两个以上国家就同一笔所得承担有限纳税义务时，就产生了来源地税收管辖权之间的冲突。其产生的原因在于有关国家对同一种所得采取的确认来源地标准不同。这一类型的税收管辖权冲突发生的概率更少，目前国际上尚无固定的解决规则，只能由有关国家协商解决。

3. 居民税收管辖权与来源地税收管辖权之间的冲突。当纳税人在其居住国以外的其他国家进行经济活动或其他活动而取得收益时，其居住国要对其行使居民税收管辖权，作为居民纳税人，他要对居住国负无限纳税义务；而来源国要对其行使来源地税收管辖权，作为非居民纳税人，他要对来源国负有限纳税义务。因此，该纳税人在来源国所取得的这笔收益必须同时向来源国与居住国承担纳税义务，来源地税收管辖权与居住国税收管辖权之间的冲突由此产生。这种情形之下的重复征税是大量的、普遍的并经常存在的，一般所说国际重复征税即指这一类型，这也是国际税法所要着重解决的问题。如无特别说明，下述国际重复征税均指这一类型的国际重复征税。

（二）国际重叠征税的含义及与国际重复征税的区别

国际重叠征税（international double tax imposition），也称国际双层征税，[1]是指两个或两个以上国家对同一税源的所得在具有某种经济联系的不同纳税人手中各征一次税的现象。

重叠征税主要发生在公司与股东之间。由于公司与股东（包括个人股东与法人股东）在法律上都具有各自独立的人格地位，公司所获利润一般应当依法缴纳所得税，税后利润以股息的形式分配给股东后，股东依法又应当缴纳个人所得税或公司所得税。于是，同一所得在公司和股东手中被各征一次税，重叠征税由此产生。如果公司与股东在同一国内，则为国内重叠征税；如果公司在一国，股东在另一国，即为国际重叠征税。并且，又由于公司的股东可能也是一家公司，该公司又有自己的股东，因此，在母公司与子公司之间、子公司与孙公司之间以及孙公司与重孙公司之间等，同一税源的所得都可能被各征一次税，所以重叠征税中多层次征税的现象是很普遍的。

国际重叠征税与国际重复征税的相同之处在于同一来源的所得在不同的税收管辖下被多次征税，但它们之间也有着本质的不同。其最主要的区别在于：

1. 产生的原因不同。国际重复征税是基于国家间的管辖权冲突，这种冲突往往直接体现在同一纳税期限内；而国际重叠征税则是由于国家税制结构导致的，其主要体现在不同国家税收管辖权的先后叠加。管辖权冲突实际上即是各国税收法律制度的冲突，而管辖权叠加是基于不同国家经济税制结构的差异造成的。这也是为什么国际重复征税被称为狭义的国际重复征税或法律上的国际重复征税，而国际重叠征税则被称作广义的国际重复征税或经济上的国际重复征税的主要原因。

2. 纳税主体不同。国际重复征税是不同国家对同一纳税人的同一所得两次或多次征税；而国际重叠征税则是不同国家对不同纳税人的同一所得两次或多次征税。这是国际重复征税与国际重叠征税之间最基本、最重要的区别。

3. 其他方面的诸多不同。重复征税没有国内重复征税，其有时只涉及个人纳税人，而与公司无关；但重叠征税有国内、国际之分，重叠征税涉及的纳税人中，至少有一个为公司。另外，国际重复征税只涉及同一税种，而国际重叠征税则有可能涉及不同税种。

目前，国际社会已经有了行之有效并为各国所普遍接受的解决国际重复征税的办法，但对国际重叠征税尚无普遍适用的解决办法。因此，国际重叠征税问题是国际税法亟待研究与解决的又一重要课题。

二、国际重复征税与国际重叠征税的消极影响

（一）国际重复征税的不利影响

国际重复征税的存在，首先有悖税收公平原则。相对于国内纳税人来说，跨国

---

〔1〕　参见陈安主编：《国际税法》，鹭江出版社1988年版，第76页。

纳税人要同时承担来源国与居住国的双重纳税义务，担负更沉重的税负。因此，国际重复征税被视为对跨国投资与商业活动的歧视。由于过重税负的存在，国际重复征税严重影响跨国投资者的积极性，从而阻碍国际资本流转、商品流通和经济技术交流。所以，国际重复征税的存在成为国际经济正常交往的重要障碍，避免和消除国际重复征税，具有极为重要的意义。

避免国际重复征税，可以减轻跨国纳税人的税负，消除对国际投资的畏惧心理，促进国际资本的跨国流动，既有利于发达国家输出资本，也有利于广大发展中国家吸引资金与技术，从而促进国际经济的发展。同时，国际重复征税的消除，还有助于协调国家间的税收分配关系，增强国际经济技术及科教、文化、体育等领域的合作。

（二）国际重叠征税的不利影响

国际重叠征税的存在，对国际税收关系及国际经济关系也会产生许多负面影响，主要表现在以下几个方面：

1. 国际重叠征税造成跨国纳税人税负过重，影响国际投资的积极性。同一笔所得，被多次征税，使纳税人负担过重，所获得利润甚少，必然使其在国际投资面前徘徊不定，举步维艰。

2. 国际重叠征税的存在，使公司尽量不分配股息或少分配股息，不仅对公司本身的发展不利，股东所在国不能按时收到投资收益，对国际收支平衡也会产生不利影响。

3. 国际重叠征税的存在，使公司尽量使用借贷资本，而不愿过多吸收股份资本。因为借贷资本利息可以作为成本从应纳税所得中扣除，使公司的应纳税额减少；但股份资本的股息则不能作为成本扣除，只能从税后利润中支付。由此必将增加产品成本，不利于国家财政收入。同时，借贷资本过多还会影响资本结构，对国际经济的正常发展不利。

因此，国际重叠征税的存在，对国际经济的顺利发展不利，消除和避免国际重叠征税意义重大。

三、避免国际重复征税的方法

国际重复征税既源于税收管辖权冲突，因此从逻辑而言，限制各国的税收管辖权，如各国只行使单一的居民税收管辖权，或仅行使来源地税收管辖权，就可以有效地避免税收管辖权冲突，从而完全避免国际重复征税的产生。然而，这既涉及国家主权，又涉及国家的财政利益，实践中几乎没有国家愿意放弃任何一种管辖权。因此，目前避免国际重复征税的唯一解决办法只能是在相互承认对方国家税收管辖权的基础上由双方各自通过国内立法或通过双边税收协定来协商解决。所以，相互承认对方的税收管辖权是避免国际重复征税的前提。由此，居住国首先就要承认来源国的优先征税权；而来源国也必须作出一定的让步与限制，保证居住国的居民税收管辖权不至于在事实上落空。否则，都是对对方国家税收管辖权不予承认的表现。

与此相联系，在国际税收的实践中，避免国际重复征税的具体方法主要有以下几种：

（一）运用冲突规范划分征税权

运用冲突规范将某一征税对象的征税权完全划归一方或分配给双方，从而在一定程度或范围上避免国际重复征税。这是国际税收协定中常用的一般方法，也是某些国家的国内税法中所采用的办法。比如我们在上一节中已介绍过的常设机构原则、对国际海运和航空运输业利润的征税原则、对个人劳务所得征税的固定基地原则和183天规则、对投资所得的税收分享原则等，都是运用冲突规范划分征税权的做法。所以，利用国内法冲突规范与国际法冲突规范划分征税权，是消除国际重复征税的重要方法之一。

（二）免税法（exemption method）

免税法，是指居住国政府对本国居民来源于国外的所得和位于国外的财产免于征税。免税法的实行，可以使跨国纳税人在收入来源国已经纳税的那部分所得，不用再向居住国政府纳税，从而避免重复征税。目前，免税法主要在各国国内法中加以规定，如法国、丹麦、瑞士等欧洲大陆法系及拉美的一些国家。有时，免税法也作为避免国际重复征税的方法被列入国际税收协定之中。

由于具体操作方式及结果的不同，免税法可分为全部免税法和累进免税法两种。

1. 全部免税法（full exemption），也称全额免税法，是指居住国在确定纳税人的应税所得及其适用税率时，完全不考虑应免予征税的国外所得部分。其计算公式为：

居住国应征所得税税额＝居民的国内所得×适用税率

2. 累进免税法（exemption with progression），是指居住国在确定纳税人的国内应税所得的适用税率时，将应免予征税的国外所得部分考虑进去，但对国外所得部分却不予实际征收。其计算公式为：

居住国应征所得税税额＝居民的国内外总所得×适用税率×（国内所得/国内外总所得）

假定某跨国纳税人来自国内外的全部应税所得共计40万元，其中居住国所得为30万元，收入来源国所得为10万元。收入来源国实行30%的比例税率，居住国实行20%至50%的累进税率，30万元所得的适用税率为35%，40万元的适用税率为40%。[1]该纳税人在不同情况下的纳税额分别如下：

	来源国纳税（万元）	居住国纳税（万元）	两国共纳税（万元）
无免税	3（10×30%）	16（40×40%）	19
全部免税	3（10×30%）	10.5（30×35%）	13.5
累进免税	3（10×30%）	12（30×40%）	15

〔1〕　高尔森主编：《国际税法》，法律出版社1993年版，第89页。

可见，采用累进免税法，相对于全部免税法而言，既可以多增加税收收入，以避免因对国外所得免税而使国内所得适用较低的税率，更重要的是又表明本国并未放弃居民税收管辖权。居住国只是在承认来源国有优先征税权的基础上对本国居民税收管辖权采取一定的限制措施，以避免重复征税，减轻纳税人的负担，并未从根本上放弃本国的居民税收管辖权。因此，在实行免税制的国家中，很少有采用全部免税法的，大多实行累进免税法。需注意的是，采用累进免税法，必须以居住国实行累进税率为前提，否则即无实际意义。

（三）抵免法（foreign tax credit）

抵免法，也称外国税收抵免，指纳税人可将已在收入来源国实际缴纳的所得税税款在应当向居住国缴纳的所得税税额内扣除。其基本计算公式为：

居住国应征所得税税额 = 居民的跨国总所得 × 居住国所得税税率 - 允许抵免的已向来源国缴纳的所得税税款

居住国对本国居民纳税人的国外税收实行抵免，既承认了来源国税收管辖权的优先地位，又不放弃居民税收管辖权的行使，从而避免了国际重复征税。即如果来源国实际上并未向跨国纳税人征税，则居住国要按本国税法依法征税。居住国是否对纳税人的国外税收实行抵免，是以纳税人是否实际向来源国纳税为前提的。因此，抵免法为世界上大多数国家所普遍采用，也是国际税收协定所采用最多的避免国际重复征税的方法。中国也是采用抵免法的国家之一。

目前，在国际税收实践中，实行抵免法的国家的普遍做法是实行限额抵免（ordinary credit），也称一般抵免，即居住国允许跨国纳税人扣除其国外已纳税款的最大数额为国外所得部分按居住国所得税税法计算的应纳税额。其基本计算公式为：

抵免限额 = 跨国总所得按居住国税法计算的应纳税额 ×（国外应税所得/跨国总所得）

实行限额抵免的理论根据在于：税收抵免的目的在于消除重复征税，抵免国没有义务用本国的财政收入去补贴外国税收。规定外国税收抵免的最大限额，既可以达到避免重复征税的目的，又可以防止过量的国外税收抵免额造成对国内税收收入的不良影响。

抵免限额（limitation on credit）的计算，在各国依不同情况还有分国限额、综合限额与分项限额之分。

分国限额（percountry limitation），即分别对待本国居民从各个不同的国家取得的所得，一国一个抵免限额，不得互相抵补。其计算公式为：

分国限额 = 国内外全部应税所得按居住国税法计算的应纳税额 ×（某一外国的应税所得/国内外全部应税所得）

综合限额（overall limitation），即将本国居民在国外所取得的全部所得当做一个整体计算抵免限额，各国共用一个限额。其计算公式为：

综合限额 = 国内外全部应税所得按居住国税法计算的应纳税额 ×（国外全部应

税所得/国内外全部应税所得）

对跨国纳税人来说，分国限额与综合限额各有利弊。当纳税人在高税率国和低税率国均有投资的情况下，综合限额优于分国限额；当纳税人在国外的投资出现有的赢利、有的亏损时，分国限额则又优于综合限额。

例1：甲国A公司国内应纳税所得额为100万元，来自乙国分公司的应纳税所得额为20万元，来自丙国分公司的应纳税所得额也是20万元。甲、乙、丙三国的所得税税率分别为46%、60%和30%。[1]则该公司在乙国纳税12万元，在丙国纳税6万元。

（1）如果甲国采用分国限额抵免法避免国际重复征税，则：

乙国限额 =（140×46%）×（20÷140）=9.2万元

丙国限额 =（140×46%）×（20÷140）=9.2万元

A公司向甲国纳税额 =（140×46%）-9.2-6=49.2万元

（2）如果甲国采用综合限额抵免法避免国际重复征税，则：

综合限额 =（140×46%）×（40÷140）=18.4万元

A公司向甲国纳税额 =（140×46%）-12-6=46.4万元

例2：甲国B公司国内应纳税所得额为100万元，来自乙国分公司的应纳税所得额为20万元，来自丙国分公司的应纳税所得额也为20万元，而丁国分公司则亏损10万元。甲、乙、丙、丁四国的所得税税率分别为46%、60%、30%和50%。则该公司在乙国纳税12万元，在丙国纳税6万元，在丁国不用纳税。

（1）如果甲国采用分国限额抵免法避免国际重复征税，则：

乙国限额 =（130×46%）×（20÷130）=9.2万元

丙国限额 =（130×46%）×（20÷130）=9.2万元

丁国限额 =0

B公司向甲国纳税额 =（130×46%）-9.2-6-0=44.6万元

（2）如果甲国采用综合限额抵免法避免国际重复征税，则：

综合限额 =（130×46%）×（30÷130）=13.8万元

B公司向甲国纳税额 =（130×46%）-13.8=46万元

此外，在某些实行分类所得税制的国家还有分项限额的抵免方法，即将纳税人的国外所得按不同项目或类别分别计算抵免限额。其计算公式为：

分项限额 = 国内外该项全部应纳税所得额按居住国税法计算的应纳税额×（国外某一专项应纳税所得额/国内外该项全部应纳税所得额）

分项限额与综合限额、分国限额相结合，又可分为分国不分项限额、分国分项

[1]　参见高尔森主编：《国际税法》，法律出版社1993年版，第102页。

限额和综合不分项限额、综合分项限额四种类型。我国的税收实践中，对法人的国外税收抵免采用的是分国不分项限额，而对自然人的国外税收抵免则适用的是分国分项限额。[1]

（四）扣除法和减税法

扣除法，是指居住国在对跨国纳税人征税时，允许本国居民将国外已纳税款视为一般费用支出从本国应纳税总所得中扣除。其计算公式为：

居住国应征所得税税额 ＝（居民跨国总所得 － 国外已纳税额）×居住国适用税率

例如，某跨国纳税人有国内外应税所得12.7万元，已知其在来源国缴纳所得税5万元。居住国所得税税率为40%，如果居住国不考虑重复征税，则该纳税人应向居住国纳税5.08万元（12.7×40%）；如果居住国采用扣除法避免重复征税，则该跨国纳税人只需向居住国纳税3.08万元〔（12.7－5）×40%〕。

减税法，是居住国对于其本国居民来源于国外的所得进行征税时给予一定的减征照顾。比如，对应纳税额只征90%或85%等。

扣除法与减税法，都是作为避免国际重复征税的辅助措施出现的，其防止重复征税的效果不如免税法与抵免法，只能在一定程度上对国际重复征税有所缓解。

四、国际重叠征税的解决办法

关于对国际重叠征税的解决办法，目前尚无普遍适用的国际法规范。实践中，一些国家为鼓励国际投资而单方面在国内法中谋求解决途径，另外有一部分国际税收协定中有关于解决国际重叠征税的规定。这些解决办法主要是从两个方面着手的：一是由收取股息所在国采取措施；一是由付出股息所在国采取措施。

（一）股息收入国所采取的措施

1. 对来自国外的股息减免所得税。对母公司或个人股东从国外的子公司或投资公司所收取的股息，收取股息的所在国对这部分股息不再征收公司所得税或个人所得税，或者减征股息应缴纳的所得税，这自然可以从根本上避免国际重叠征税或对其有所缓解。在具体操作中，各国做法有所不同。在对股息进行减免税时，有的国家不附带任何条件，完全减免；有的则要求附带一定的条件。比如，要求收息公司持有付息公司股份的比例达到一定数量，持股须达到一定期限，或收取股息必须进行再分配等各种条件。

2. 准许国内母公司与国外子公司合并报税（consolidated tax return）。准许母子公司合并报税，事实上就是对子公司付给母公司的股息免征所得税，从而避免重叠征

---

〔1〕 参见《中华人民共和国企业所得税法实施条例》第78条；原《中华人民共和国外商投资企业和外国企业所得税法实施细则》第84条；《中华人民共和国个人所得税法实施条例》第33条第1款。

税。而准许国内母公司与国外子公司合并报税，则避免了国际重叠征税。凡允许母子公司合并报税的国家所规定的必备条件都是母公司在子公司须持有较高比例的股份，一般规定的持股比例都在 80% ~ 90%，甚至高达 100%，低的也在 50% 以上。此外，有的还规定须经财政部长批准等其他条件。

3. 对外国所征收的公司所得税实行间接抵免。间接抵免（indirect credit），是指母公司所在国对子公司向东道国缴纳的公司所得税所给予的税收抵免。由于母公司的股息收益出自子公司的税后利润，如果母公司所在国先对子公司付出的股息部分所承担的向东道国缴纳的所得税实行抵免，然后再向母公司所收取的股息征收所得税，则可以避免国际重叠征税。对此种抵免称为"间接抵免"，是相对于避免国际重复征税的"抵免法"而言。因为避免国际重复征税的抵免是对同一纳税人采取的措施（一般为总公司与分公司之间，是同一法人），而避免国际重叠征税的抵免是针对母公司与子公司这两个位于不同国家的独立法人而采取的，所以在国际税法上将前一种抵免称为"直接抵免"（direct credit），将后一种抵免称为"间接抵免"。

按国际通行原则，享受间接抵免必须符合下列条件：①享受者为法人股东，而非自然人股东；②法人股东须是直接投资者，而非证券投资者；③该直接投资者必须拥有付出股息的子公司一定数量的股份。

间接抵免的复杂性在于收取股息的公司并非都持有付息公司 100% 的股份；而付息公司也并非都将 100% 的税后利润作为股息进行分配。因此，股息收取国在进行抵免之前，须先算出收取股息公司（即母公司）可获得的间接抵免额，该间接抵免额即为支付股息公司（即子公司）向东道国缴纳的所得税按比例属于股息承担的份额。其计算公式为：

间接抵免额 = 母公司的股息/子公司的税后所得 × 子公司向东道国缴纳的所得税款

这一公式只适用于一般间接抵免。如系多层间接抵免，则须另加一补充公式，即：

间接抵免额 = 母公司的股息/子公司的税后所得 ×（子公司东道国所得税 + 属于子公司承担的孙公司东道国所得税）

比如，对于三层公司，则应先按前述第一个公式计算出子公司对孙公司的间接抵免额（即属于子公司承担的孙公司东道国所得税），然后，再按补充公式计算母公司对子公司及孙公司的间接抵免额。如系四层、五层公司，计算时则需依次再增加计算一至两个层次。

间接抵免额计算出以后，并非一定如额抵免。一般国家在直接抵免中关于抵免限额的规定，也同样适用于间接抵免，即实际抵免额不得超过国外所得应向提供抵免国缴纳的所得税额。因此，母公司的国外所得额为股息与间接抵免额之和，然后再以母公司的国外所得额依母公司所在国的税法计算出抵免限额。当抵免限额大于或等于间接抵免额时，间接抵免额可以完全如额抵免；如果抵免限额小于间接抵免额时，则间接抵免额不能完全得到抵免，其最大抵免限度即以抵免限额为界。请看如下实例：

科迪佳公司1998年度有国内应税所得20万元。其国外子公司该年获利10万元，向东道国纳税3万元，税后利润7万元，支付科迪佳公司股息2.1万元。已知科迪佳公司所属国国内公司所得税税率为50%。

（1）当科迪佳公司所在国不考虑国际重叠征税的负担时，科迪佳公司应向本国缴纳11.5万元的公司所得税。具体计算如下：

科迪佳公司所收股息应承担的东道国税收 = $2.1 \div 7 \times 3 = 0.9$ 万元

科迪佳公司的国外应税所得 = $2.1 + 0.9 = 3$ 万元

科迪佳公司应向本国纳税 = $(20 + 3) \times 50\% = 11.5$ 万元

（2）当科迪佳公司所在国采用免税法避免国际重叠征税时，科迪佳公司应向本国缴纳公司所得税10万元。具体计算如下：

科迪佳公司应向本国纳税 = $20 \times 50\% = 10$ 万元

（3）当科迪佳公司所在国采用间接抵免法避免国际重叠征税时，科迪佳公司应向本国纳税10.6万元。具体计算如下：

间接抵免额 = $2.1 \div 7 \times 3 = 0.9$ 万元

科迪佳公司的国外应税所得 = $2.1 + 0.9 = 3$ 万元

间接抵免限额 = $3 \times 50\% = 1.5$ 万元

科迪佳公司应向本国纳税 = $(20 + 3) \times 50\% - 0.9 = 10.6$ 万元

不过，须注意的是，为了说明问题，我们这里只举了一个纯粹的例子。而实践中投资东道国往往会对本国企业支付出境的股息征收预提税，而股息收入国一般又会依据双边税收协定或本国税法的规定，对已征收的预提税给予直接抵免。因此，直接抵免与间接抵免在实践中往往是同时使用的。

我国税法过去对国际重叠征税一直未采取解决措施，只是在少数双边税收协定中应缔约对方的要求而列入了间接抵免法。但新颁布的《企业所得税法》第一次在我国税法中明确规定了对国际重叠征税可以采用间接抵免的方式进行抵扣。[1]

（二）股息付出国所采取的措施

股息付出国主要以双税率制和折算制来解决国际重叠征税。

1. 双税率制（two - rate system）。双税率制，也称分割税率制（Dual rate system/split - rate system），是指对公司利润中的积累部分和分配部分实行不同的公司所得税率，用于分配的利润税率低，用于积累的利润税率高。由于用于分配的利润适用较低的所得税率，股东收到的股息就更多，股东再依本国税法交纳所得税后的净股息

---

〔1〕 参见《中华人民共和国企业所得税法》第24条。

自然也会较多。这样就在一定程度上缓和了国际重叠征税。

2. 折算制（imputation system）。折算制，也称冲抵制（credit system），是指股东收取股息后应缴纳的所得税税额可以用一部分付息公司已缴纳的公司所得税款予以冲抵。具体做法是：①付息公司在所在国缴纳公司所得税后，其税后利润用于分配股息；②股东收到股息后，付息公司所在国国库按股东所收股息的一定比例退税给股东；③股东再以所收股息与所退税款之和为基数向本国政府依税法缴纳公司所得税或个人所得税。

折算制通过付息国退出一部分付息公司所得税的办法，可以对国际重叠征税起到一定的缓解作用。需注意的是，折算制本是一些国家用于解决国内重叠征税的办法。如果以其解决国际重叠征税，一般须以双边税收协定加以规定，并且还另有许多附带条件的限制。

五、税收饶让抵免

税收饶让抵免，也称税收饶让（tax sparing），是指居住国政府对本国纳税人国外所得因来源国给予税收减免而未缴纳的税款视同已纳税款而给予抵免的制度。在以抵免法避免国际重复征税或国际重叠征税时，按照外国税收抵免制度的规定，只有在收入来源国实际缴纳的所得税税款，居住国才给予税收抵免。近几十年来，广大发展中国家为了吸引外资，发展本国经济，纷纷对外来投资实行大量的税收优惠。然而，跨国纳税人因享受优惠政策而获得减免的税款却由于在来源国未实际缴纳而必须如实向居住国政府纳税。这样，国际投资者不能从来源国的优惠政策中得到实惠，而来源国却将一笔本可征收的税收拱手让给了居住国，使来源国吸引外来投资的优惠政策起不到应有的作用。因此，在国际税收实践中，发展中国家（多为来源国）纷纷要求发达国家（多为居住国）给予税收饶让。

例如，甲国居民公司 A 在某纳税年度内有所得 150 万元，其中 50 万元为来自设在乙国境内的分公司 B 的经营所得。已知甲国公司所得税率为 40%，乙国的公司所得税率为 30%，分公司 B 的 50 万元所得在乙国享受减半征税的优惠，实际缴纳乙国所得税额 7.5 万元。在甲乙两国间的税收协定规定甲国应实行饶让抵免的条件下，甲国对其居民公司 A 在该纳税年度境内外所得应征所得税额为：①甲国允许抵免的 A 公司已缴纳给乙国所得税额为 15 万元（7.5×2 或 7.5+7.5）；②甲国对来源于乙国所得的抵免限额为 20 万元（50×40%）；③甲国应征公司所得税额为 45 万元［（100+50）×40% -15］。从上述计算过程可知，尽管 A 公司实际缴纳乙国税额为 7.5 万元，但居住国甲国在实行饶让抵免的情况下，实际允许 A 公司抵免的乙国税额中包括了因享受减免优惠而未缴纳的 7.5 万元税款。如果甲国不提供饶让抵免，认定 A 公司已缴纳给乙国税额仅限于其实际缴纳的 7.5 万元，并依此数额进行抵扣，则 A 公司最终应缴纳居住国甲国税额将为 52.5 万元，与甲国实行饶让抵免情况下的 45 万元相比，相差 7.5 万元。这表明在居住国甲国没有实行饶让抵免的条件下，作为来源地国乙国给予 A 公司的减免税优惠 7.5 万元，并未使跨国纳税人 A 公司真正受惠，而是全部转化为居住国甲国的税收收入。[1]

　　税收饶让抵免已不同于一般的税收抵免，其目的不再是为了避免国际重复征税，而是为了使来源国的税收优惠收到实效，使国际投资者从来源国的税收优惠政策中得到实惠。因此，税收饶让抵免是一种特殊的抵免制度，它的实行可以使国际投资者和来源国均得到好处。因而，税收饶让抵免的关键在于居住国（多为发达国家）是否同意采取这一特殊制度。由于作为资本输出的发达国家一般都对本国资本输出持鼓励态度，所以大多数发达国家都同意实行税收饶让。从 1964 年日本同意给予斯里兰卡税收饶让以来，实行税收饶让的国家已经越来越多。但是，发达国家又都坚持税收饶让必须在双边税收协定中进行安排。因此，税收饶让在越来越多的税收协定中成为谈判与签约的一项重要内容。

　　须注意的是，由于税收饶让还是一个正在形成与发展中的特殊抵免制度，因而并不是所有的发达国家都承认并实行这一制度，比如美国即是一个坚决拒绝实行税收饶让的国家。而在承认税收饶让的国家中，对实行饶让的具体范围和程度也不一样。两个范本也不对税收饶让抵免作出任何规定。近年来，随着发展中国家经济的逐步发展，发达国家对于是否应继续给予发展中国家税收饶让抵免又提出了一些新的看法和意见，要求重新评价税收饶让抵免的现实意义。

第四节　国际逃税与国际避税

一、国际逃税与国际避税的含义与异同

　　逃税与避税问题，几乎是与税收的产生相伴而生的。而第二次世界大战以后，随着国际商业关系联系的日益紧密，特别是跨国公司的大量涌现，逃税与避税也越来越国际化。尤其是国际避税港的逐渐增多与资本输出国的赋税越来越重所形成的强烈反差，使国际逃税与避税现象越来越严重。目前，国际逃税与国际避税问题已日益受到国际社会与各国政府的关注，同时，它们也不可避免地成为国际税法迫切需要解决的问题之一。

　　国际逃税和国际避税是各国国内逃税和避税活动在国际范围内的延伸和发展。由于各国对逃税和避税本身的认识具有较大差异，因而也导致人们对国际逃税和国际避税的认识有不同的看法。尤其是对避税的概念和性质学界分歧较大，至少有合法说、非法说、中性说等不同观点，还有的学者甚至认为避税是一种"脱法"行为。[2] 从联合国税收专家小组对逃税和避税所作的解释，也可以看出人们对避税概

---

〔1〕　参见廖益新主编：《国际税法学》，北京大学出版社 2001 年版，第 337～338 页。
〔2〕　参见刘剑文、丁一："避税之法理新探（上）"，载《涉外税务》2003 年第 8 期。

念界定的模糊性。该解释指出，"严格意义上的逃税，是指纳税人故意或有意识地不遵守征税国法律的行为。从广义上说，逃税行为一般也包括那纳税人因疏忽或过失而没有履行法律规定应尽的纳税义务的情形，尽管纳税人没有为逃税目的而采取有意地隐蔽的手段。相对而言，避税则是一个不甚明确的概念，很难用能够为人们所普遍接受的措辞对它作出定义。但是，一般地说，避税可以被认为是采取某种利用法律上的漏洞或含糊之处的方式来安排自己的事务，以减少他本应承担的纳税数额。而这种做法实际并没有违反法律。虽然避税行为可能被认为是不道德的，但避税所使用的方式是合法的，而且纳税人的行为不具有欺诈的性质"。[1]

尽管人们对逃税和避税的认识分歧较大，但从上述联合国税收专家组的解释可以看出，通说一般认为逃税是非法行为，而避税至少是不直接违反法律的，或说其形式是不违法的。因此，从这一角度出发，我们给国际逃税和国际避税定义为：

国际逃税（international tax evasion），是指跨国纳税人采取某种非法的手段或措施，以减少或逃避就其跨国所得本应承担的纳税义务，从而违反国际税法的行为。

国际避税（international tax avoidance），是指跨国纳税人利用各国税法的差异或国际税收协定的漏洞，通过各种形式上不违法的方式，以减少或躲避就其跨国所得本应承担的纳税义务的行为。

可见，国际逃税与避税的目的与动机都是为了减轻或消除税负。但是，二者在性质上却有不同之处。国际逃税是纳税人在纳税义务发生以后，以各种非法手段来逃避税负，具有欺诈的性质，是非法行为。而国际避税则是纳税人在纳税义务发生以前，以各种形式合法的手段来安排自己的经济和税收事务，从而达到逃避交税的目的，其行为是不直接违法的，不具有欺诈性。因此，对于逃税行为，当事人应承担相关的法律责任；而对于避税，各国一般只能以完善和修改有关税法或税收协定的方式来解决。

二、国际逃税与国际避税产生的原因及其危害

（一）原因

二战后，国际逃税与国际避税大量产生并迅速发展蔓延，究其主、客观原因，主要表现在以下几个方面：

1. 追逐利润最大化，是国际投资者从事国际逃税与避税的主观原因。追求利润最大化，是任何投资者的最终目标，多获利、少纳税当然也是所有跨国纳税人的共同目标。因此，为了达到少纳税的目的，有的不惜铤而走险，从事国际逃税；有的不惜挖空心思进行所谓的"税收筹划"，从事国际避税。

2. 各国税收制度的差异，为国际投资者从事国际逃税和避税提供了客观上的便利。税收制度属于各国的内政，因而各国都依据本国的具体情况与政策来制定自己

---

[1]　*U. N. Manual for the negotiation of bilateral treaties between developed and developing countries*, U. N. Publication, 1979, p. 22. 转引自刘剑文主编：《国际税法》，北京大学出版社1999年版，第105页。

的税收制度。因此，不同国家之间在税收制度上就会存在较大差异。比如，税收管辖权采取的原则不同，税种与征税对象不同，税率的高低与种类不同，扣除项目的内容不同，优惠措施不同，等等。这些差异都为跨国纳税人逃税和避税提供了可乘之机。此外，各国税务当局在税收管理方面的有效性及各国之间的税务合作程度等诸多因素也会被跨国纳税人所利用。

3. 二战后的几十年里，国际避税港的大量出现和大多数资本输出国竞相提高所得税税率又从客观上促进了国际逃税与避税的迅速增长。战后，一方面是世界主要发达资本主义各国所得税制度的大发展，各国所得税税率的提高已达到了登峰造极的地步；另一方面，世界上一些国家与地区为了吸引资本，促进本地经济的繁荣又纷纷降低税率，甚至对许多商品与所得不征税。于是，大量的避税港出现了。这两方面的剧烈反差，就使得大量的国际投资者纷纷利用避税港来从事国际逃税与避税。

4. 国际交通和通讯的便捷性，尤其是电子信息技术的发展，也为国际逃税、避税提供了想象的空间和操作的便利条件。

（二）危害

国际逃税与国际避税，虽然在性质上不尽相同，但其危害却是相同的。

1. 严重损害有关国家的税收利益。逃税与避税的结果，自然是有关国家该收的税不能按时收上来，国家的财政利益受到严重损害。值得注意的是，国际逃税与避税不仅在资本输出国大量存在，目前在发展中国家也越来越多。跨国纳税人主要利用发展中国家缺乏国际税收经验及涉外征管的不完善、征管水平与技术的落后等弱点，在享受税收优惠的同时进行逃税、避税。因此，国际逃税、避税不仅损害资本输出国的利益，也严重损害作为资本输入国的发展中国家的税收利益。

2. 造成国际资本的不正常移转，引起国际经济关系的混乱。抽逃资金、转移利润等逃税、避税的惯用手法，使大量资金从一国流转到另一国，引起国际资金的不正常流动，造成国际资金流通秩序的混乱。当有关国家的国际收支出现巨额逆差时，则不得不采取限制本国资金外流的措施，从而影响国际经济活动的正常运转。

3. 违背税收公平原则，损害税法的尊严。大量逃税、避税的存在，使逃税者在国际市场上获得不正当的竞争地位，而其他守法经营者则会处于竞争的劣势。因此，国际逃税与避税的存在，就是对守法者的不公平，严重违背税收公平原则，从而也将动摇税法在纳税人心目中的庄严的地位。

综上所述，国际逃税与避税对国际税收关系和国际经济关系都危害极深，如何有效地防止国际逃税与避税，是国际税法的又一重要任务。

三、国际逃税与国际避税的主要方式

要有效地防止国际逃税与避税，就必须对跨国纳税人如何逃税与避税有所了解，才能有针对性地采取措施。

（一）跨国纳税人从事国际逃税的主要方式

跨国纳税人进行国际逃税的方式多种多样，最常见的主要有：

1. 不向税务机关报送纳税资料，隐匿应税所得。即不履行填报纳税申报单的义务，隐匿其应税财产与所得。主要是对跨国纳税人在国外拥有的财产或获得的股息、利息以及薪金、报酬等收入进行隐匿。常用的方法有进行无记名证券投资，将收入转移到国外银行，利用外国银行为客户保密等条件使国内税务当局无法稽查。

2. 谎报所得和虚构扣除。谎报所得表现为以多报少或不如实说明所得的性质，将一种所得谎报为另一种所得，以达到少纳税的目的。比如，将贷款利息作投资股息申报，或正好相反。

虚报成本费用等扣除项目以减少应税所得是纳税人最常采用的一种逃税方式。比如，多摊折旧，虚列利息支出，虚构佣金、技术使用费和交际应酬费等以少报多、无中生有的各种手段。

3. 伪造账册及收付凭证。伪造账册，主要是指设双账：一套账簿为伪造的虚假账目，以应付东道国税务当局的检查；一套为反映企业真实的经营状况的账簿，但严格保密，自行掌握。

伪造收付凭证，主要是在购入时多开发票，在售出时少开发票或不开发票，从而达到少交税的目的。企业的收支凭证是建立账册的原始凭证与依据。因此，建假账总是与伪造收付凭证相联系的，假账必定是以假凭证为基础的。

此外，跨国纳税人还可以通过逃离应纳税国家、转移收入或财产的所有权、滥用税收优惠与税收抵免等形形色色的方式进行国际逃税。

（二）跨国纳税人从事国际避税的主要方式

跨国纳税人进行国际避税的方式更是花样繁多，手法各异，比较典型的主要有以下几种：

1. 通过纳税主体的跨国移动进行国际避税。在自然人方面，跨国纳税人往往以移居国外、压缩居留时间及改变国籍等方式来变更税收居所，达到规避在某一国承担居民纳税人的义务。更有甚者，采取不购置住所（长期住在旅馆、船舶或游艇上）、出境、流动性居留等方式，设法使其不成为任何国家的居民纳税人，逃避税收征管。这种人在国际上被称作"税收逃难者"（a tax refugee）。

在法人方面，跨国纳税人也往往通过选择或变更税收居所的方式进行避税。比如，选择在低税国家注册、变换董事会会议地点或变动主要决策人员居住地及改变决策中心等。

2. 跨国联属企业通过转移定价与不合理分摊成本费用进行避税。联属企业（affiliated group），又称关联企业（related enterprises），一般指存在着一定的股权关系或控制关系的企业，包括总公司和分公司、母公司和子公司以及受同一公司控制的各个子公司与分公司。跨国联属企业，即指分布在不同国家之间的有各种股权关系或控制关系的关联企业。由于跨国联属企业之间存在共同的利益关系，它们往往通过制定内部的非正常交易办法与费用分摊原则来安排各企业之间的经营事务，将利润从高税国家转移到低税国家，从而达到国际避税的目的。联属企业跨国转移利润最常见的手法有两种，即转移定价与不合理分摊成本费用。

（1）转移定价。转移定价（transfer pricing），也称转让定价，是指跨国联属企业之间通过人为不合理的交易价格来达到避税的一种常用手段。转移定价主要发生在股权控制达到一定程度的母、子公司之间，或在同一母公司控制下的两个子公司之间。

独立企业之间的经济交易一般都是根据市场竞争的原则，按公平交易价格实现的。而联属企业之间在同一集团利益的支配下就完全可能背离市场竞争原则，在商品、资本、技术、劳务、信贷及租赁等各种交易中采用人为地抬高或压低交易价格的办法，把利润从高税率国转移到低税率国，从而达到少交税的目的。

例如，跨国公司布朗国际集团有 3 个关联公司 A、B、C，分别设在甲、乙、丙 3 个国家，3 个国家的公司所得税税率分别为 50%、30% 和 20%。A 公司为 B 公司生产组装电视机用的零部件。现 A 公司以 200 万美元的成本生产了一批零部件，本应以 240 万美元的价格直接售给 B 公司，经 B 公司组装后按 300 万美元的总价格投放市场。为了减轻税负，A 公司将该批货物以 210 万美元卖给 C 公司，C 公司转手以 280 万美元的价格卖给 B 公司，B 公司经组装后以 300 万美元的总价格投放市场。[1]通过这一低一高的两次人为作价，布朗国际集团公司减少纳税 13 万美元；同时，甲国减少财政收入 15 万美元，乙国减少财政收入 12 万美元，而丙国则增加财政收入 14 万美元。

（2）不合理分摊成本与费用。众所周知，根据常设机构原则，常设机构在核算利润时，可以合理地分摊总机构的一部分管理费用。而跨国联属企业的总机构与分支机构之间则常利用这一原则，通过不合理地分摊成本和费用的方式，人为地增加某一机构的成本和费用开支，从而减少赢利，达到逃避该机构所在国国家税收的目的。

例如，法国 GRE 公司是一个跨国集团公司，除在中国深圳设有一个分支机构外，还在世界各地拥有数十家分支机构和控股子公司。1994 年，GRE 公司研究出一项专有技术，其开发成本为 2 亿法郎。此项技术研究出来以后陆续在 GRE 公司下属的几个分支机构使用，深圳分支机构是最后一个使用该项技术的。但 GRE 公司出于税收的考虑，将该项技术开发成本的 40% 分摊于深圳分支机构账下，人为地提高了深圳分支机构的产品成本，达到了减少缴纳中国所得税的目的。

转移定价与不合理分摊成本费用是跨国联属企业经常采用的两种逃避国际税收

---

[1]　参见卢福财、匡小平主编：《企业国际避税策略》，江西高校出版社 1995 年版，第 70～71 页。

的方式，只是其分别用于不同的联属企业之间。转移定价常常用于母、子公司或同一母公司之下的子公司之间；不合理分摊成本费用则经常用于总公司与分公司之间。在实践中，跨国纳税人还往往将这两种手段相互结合使用。例如，位于高税国家的母公司通过抬高价格向在低税国家的子公司购进某种技术，然后将此种技术使用于第三国的分支机构。这样，通过转移定价可以减少母公司所在国的税负，而通过把较高的成本费用分摊在分支机构的办法，又可以逃避分支机构所在国的税收。

3. 跨国纳税人利用避税港进行国际避税。避税港（tax haven），一般是指那些对财产和所得不征税或按很低的税率征税的国家或地区。避税港一般都具有政治稳定、交通和通讯便利、商业环境宽松、法律制度健全及有严格的银行保密法与商业秘密法等特点，纳税人正是利用这些特点在避税港进行避税活动的。巴哈马、摩纳哥、百慕大、开曼群岛、巴拿马、哥斯达黎加、我国香港和澳门地区、瑞士、卢森堡、荷兰，等等，都是世界各国公认的避税港。

跨国纳税人利用避税港实现避税，主要是通过在避税港设立"基地公司"（base company）的形式，将在避税港境外的财产和所得汇集在基地公司账户下，达到逃避所在国税收的目的。所谓基地公司，是指那些在避税港设立而实际受外国股东控制的公司，这类公司的全部或主要的经营活动是在避税港境外进行的。跨国纳税人通过基地公司避税的具体方式主要有以下几种：

（1）利用基地公司虚构中转销售业务，实现利润的跨国转移。比如，一笔本应从甲国销往乙国的货物，现在以低价从甲国销往设于避税港的基地公司，再以高价从基地公司销往乙国，而货物实际上仍直接从甲国运往乙国。这样，该笔货物的大部分利润都从甲国公司转移到了基地公司。所以，跨国纳税人在采用这一方式时一般都与转移定价与不合理分摊成本费用等手段结合使用。

（2）利用基地公司作为持股公司，将联属企业各子公司的利润以股息的形式汇集于基地公司，从而达到免缴或缓缴母公司所在国税收的目的。

（3）利用基地公司为信托公司，将避税港以外的财产虚构成基地公司的信托财产，其财产经营所得即可获得免税或少纳税的好处。

此外，跨国纳税人还通过以基地公司为保险公司、金融公司、专利公司、服务公司等形式来从事国际避税活动。

转让定价与在避税港设立基地公司，是跨国公司最常使用的两大国际避税手法。而且，跨国公司还经常将这两大手法结合使用。

4. 跨国投资人有意弱化股份投资进行国际避税。当跨国企业需要资金时，跨国投资人往往减少股份投资，而更多采用贷款投资的形式以达到避税的目的。其原因为：

（1）股份投资的股息不能从应税所得中扣除，只能从税后利润中分配；而贷款利息可以从应税所得中以费用列支扣除。

（2）股份资本往往面临两次以上的重叠征税，而目前许多国家对跨国重叠征税都不予以解决。

（3）股息一般都要被征收预提税。利息虽然也征预提税，但往往税率更低，况且不少国家都免征利息税。

因此，跨国投资人，尤其是跨国集团公司，就利用两种融资形式的国际税负差异，把本应以股份形式投入的资金转为采用贷款方式提供，以此达到少缴税的目的。这类避税安排通常被称作"隐蔽的股份投资"或"资本弱化"（thin capitalization）。

四、国际逃避与国际避税的防范

由于国际逃税、避税危害极大，因此各国政府及国际组织对反逃税、反避税都极为重视。目前，对国际逃税与避税的防止主要还是以各国的国内法救济措施为主，以国际法救济措施为辅。

（一）国内法防止国际逃税与避税的措施

在国内法防止国际逃税与避税方面，主要有一般国内法律措施和特别国内法律措施两种。诸如健全国际税收征管制度、重视税务情报收集、加强对跨国纳税人经济交易活动的税务监督等，虽为一般性措施，不具有特别针对性，但对防止国际逃税、避税具有十分积极的意义。

1. 一般国内法律措施。具体而言，一般国内法律措施主要包括以下内容：

（1）加强国际税务申报制度。许多国家在国内税法上都明确规定跨国纳税人应定期向税务当局申报其国内外的经营活动与财产所得情况。这作为一项法定义务，无论跨国纳税人实际上应否纳税都必须申报。同时，有些国家还规定纳税人对有关国外事实负有举证责任的义务。比如，除非纳税人能够证明有相反的事实存在，否则对避税港所作出的某些付款项目应推定为虚假的支付，不得从应税所得中扣除。

（2）强化税务会计审查制度。强化会计审查制度是加强对纳税人经营活动税务监督的重要手段。各国一般都规定，会计报表，尤其是股份公司会计报表，必须经公证会计师或注册会计师审核才有效。我国也规定，外资企业的会计决算报告，应附送中国注册会计师的查账报告[1]此外，一般还规定，税务机构、政府经济发展局、商业犯罪调查局等，有检查、监督企业常年会计账目的权力。总之，健全的会计、审计制度，是对国际逃税与避税的有力打击。

（3）实行评估所得征税制度。许多国家都对不能提供准确的成本费用凭证，因而无法正确计算应税所得的纳税人和每年所得额较小不便计算应税所得的纳税人，采取评估所得征税制度。评估办法一般是依照同行业纳税人的正常或平均利润水平核定应税所得。实行评估所得征税制度，也是对国际逃税与避税最直接有力的打击。

2. 特别国内法律措施。除一般国内法律措施外，各国还针对跨国纳税人惯常采用的几种国际逃税、避税方式，有针对性地采取一些特别国内法律措施来防止国际逃税与避税。

---

〔1〕　原《中华人民共和国外商投资企业和外国企业所得税法实施细则》第95条第1款。

（1）防止跨国联属企业利用转移定价和不合理分摊成本费用进行国际逃税、避税的法律措施。对于转移定价与不合理分摊成本费用，各国主要采用正常交易原则（也称独立竞争原则）或转让定价税制来对跨国联属企业之间的国际收入与费用进行合理的分配与调整。所谓正常交易原则（principle of arm's length），是指将跨国联属企业的总机构与分支机构、母公司与子公司以及分支机构或子公司相互之间的关系，当作独立竞争的企业之间的关系来处理。按照这一原则，联属企业各个经济实体之间的营业往来，都应按照公平的市场交易价格计算。如果有人为地抬价或压价，有关国家的税务当局则可依据这种公平市场价格，重新调整其应得收入和应承担的费用。因此，独立竞争原则的关键是找到一种真正独立的、公平的市场价格标准。在这方面，美国在其《国内收入法》第482节中对诸如贷款、劳务、货物销售、财物租赁、技术转让等各项交易都规定了较为具体的方法与评判标准。比如，在货物销售方面，税务机关可以按照可比照非受控价格法、转售价格法、成本加成法以及其他合理方法依次进行审定和调整。[1]这些方法与标准，有的已得到有关国际组织的认可与采纳，并为许多国家在国内立法中所仿效。我国税法也引进了独立竞争原则的有关规定。[2]

鉴于上述正常交易原则是对跨国联属企业的转让定价进行事后调整，在执行中存在诸多困难，比如真正具有可比性的第三方独立的交易价格难以寻求，价格调整需对具体交易逐项审查等，对跨国联属企业的经营决策更是存在巨大的不确定性。因此，近年来在美国、加拿大、日本、德国等发达国家开始实施并推行"预约定价协议制"。其基本做法是跨国联属企业在开始内部交易之前，向税务机关提出申请并报送有关材料；税务机关经过认真审查，确定联属企业间交易价格的幅度，并和企业签订定价协议。跨国联属企业在开始内部交易时应遵照协议确定的价格进行。预约定价协议制的核心在于税务机关对跨国联属企业的内部交易定价进行事先确认，避免了事后调整的繁琐和困难，也使企业能预知行为的后果而无后顾之忧。所以，预约定价协议制一经推出，即受到了征纳双方的欢迎，前景可观。我国在2001年新修订《税收征收管理法》及2002年修订《税收征收管理法实施细则》时，不仅保留和细化了原有的正常交易原则，还新引进了预约定价协议制，在《企业所得税法》及其《实施条例》中也有类似规定。[3]

同时，各国也注意到预约定价协议制并不可能完全取代正常交易原则，为了克服传统的正常交易原则在适用中存在的困难和问题，美国和经合组织成员国在推行

---

〔1〕　参见高尔森主编：《国际税法》，法律出版社1993年版，第135～136页。

〔2〕　参见《中华人民共和国企业所得税法》第41～48条；《中华人民共和国企业所得税法实施条例》第109～123条。参见原《中华人民共和国外商投资企业和外国企业所得税法》第13条；《中华人民共和国外商投资企业和外国企业所得税法实施细则》第52～58条。

〔3〕　在2013年修订《税收征收管理法》及《税收征收管理法实施细则》时并未对相关内容作出修改。参见《税收征收管理法》第36条；《税收征收管理法实施细则》第51～56条。

预约定价协议制的同时，也开始着手对传统的转让定价税制进行改革。比如适当放宽和弹性处理正常交易原则中的可比性要求，扩大正常交易原则下可比对象的范围；增补以利润比较为依据的有关管制转移定价新方法，如可比利润法、利润分劈法和交易净利润法等；赋予税务机关在采用各种管制方法上更大的灵活性等。尤其是美国在 1994 年修订的转移定价税制中提出了"最佳方法原则"，授予税务机关可根据具体情况，在传统的比较价格法和新的利润比较法中选择适用最合适的转移定价调整方法，不再有适用顺序上的限制〔1〕。

（2）防止跨国纳税人利用避税港进行逃税、避税的法律措施。针对跨国纳税人利用避税港逃避税收的做法，各国也采取了不少反避税的措施与方法。其主要倾向是适当延伸和扩大居民税收管辖权范围，并结合独立竞争原则，防止纳税人的逃税、避税行为。比如，美国是最早针对避税港采取反避税措施的国家，其做法是取消延迟纳税，即凡是受控制的外国公司的利润，无论是否以股息分配形式汇回美国母公司，都应计入母公司的应纳税所得中征税，不准延期纳税。取消延迟纳税对美国设在避税港的基地公司是一个有力的打击。这一做法后来为日本、加拿大、德国等许多国家所效仿。此外，英国以采用直接阻止设立基地公司的做法实行反避税。而比利时则以禁止非正常的利润转移来制止基地公司的设立，从而达到反避税的目的。

（3）防止纳税人通过变更税收居所逃税、避税的法律措施。针对变更税收居所逃避税收的行为，许多国家都在税法反避税条款中特别规定：纳税人的某些行为有事先取得政府同意的义务；国家对本国居民移居国外的自由加以不同程度的限制。并且，多数国家都要求本国居民在移居外国前必须缴清全部税款。

（4）防止跨国投资人弱化股份资本逃避税收的法律措施。针对跨国投资人故意弱化公司股份资本而增加贷款融资比例以逃避纳税义务的行为，一些国家已开始采取各种不同的措施以限制股东对公司的过高的贷款融资安排。比如，有的通过特别税收立法规定贷款不得超过公司注册资本一定的比例，即所谓"安全岛"法则；有的运用"独立竞争原则"对贷款利息进行必要的调查；有的适用税法上的"滥用法律行为"防止过高的贷款安排。总之，虽然措施各不相同，但其效果都在于限制在以贷款融资掩盖股份融资情况下公司付给贷款股东的利息，不得从公司应税所得中列支扣除，而股东取得的贷款利息应视为股息处理。

最后，需注意的是，各国在长期的反避税实践中逐步认识到，国际避税是跨国纳税人在谋取税收利益的前提下，从经营形式上进行安排的行为，因而其表面上均符合税法的要求，这时要想再从形式上找出破绽，发现避税线索，无异于缘木求鱼。可行的办法是，撇开形式上的安排，抓住国际避税者谋求税收利益的实质，达到反避税的效果。由此，各国近年来纷纷将"实质重于形式"的国际反避税原则应用于实践。下面试以美国的一起反避税案为例进行分析。

---

〔1〕　参见陈安主编：《国际经济法概论》，北京大学出版社 2001 年版，第 509 页。

美国 S 公司国际避税案

[**案情**]　美国 S 公司与荷兰的两家子公司共同组成一家境外合伙企业 P，S 公司投入 50% 的资金，其余的资金由其在荷兰的两家子公司向荷兰 A 银行贷款后入股，P 企业主要从事证券投资业务。合伙契约规定：当 P 企业赢利时，荷兰的两家公司享有利润的 95%，当 P 企业亏损时，S 公司承担 90% 的亏损。第二年，美国税务局进行核查后认定 S 公司规避美国税法，责令 S 公司就 P 公司的所有利润申报纳税。S 公司不服，遂向美国税务法院提起诉讼。在该案中，美国税务局及税务法院均认为，S 公司在荷兰设立的 P 企业在经营上无存在必要，纯属"导管公司"。实质上，S 公司只是直接从荷兰 A 银行借款后进行证券投资，合伙契约的规定使得 S 公司得不到利润，却要承担损失。其实质是在赢利时逃避纳税，亏损时转入 S 公司抵销其应税所得。因而最后法院依据"实质重于形式"的原则判定 P 合伙企业不存在；S 公司应就其通过 P 合伙企业进行证券投资的所有利润纳税。[1]

[**法理分析**]　在本案中，美国 S 公司与其荷兰的两家子公司共同出资设立合伙企业 P，这本身既不违反美国法律，也不违背荷兰的相关立法。而 P 企业本身的经营活动及与其关联企业 S 以及 S 在荷兰的两家子公司之间均不存在诸如转让定价、资本弱化、利用避税地进行避税等现象。因而 S 公司自认为其不存在任何避税问题。但美国税务法院却认为 S 公司与其两家荷兰子公司之间的合伙契约之约定违背常理：S 公司基本上只承担亏损而不享有赢利，这不符合资本追逐利润的本性，而其实质是为了使 P 企业在赢利时将利润转入荷兰的子公司从而逃避美国的税收征管；当 P 企业亏损时则由 S 公司承担，以减少 S 公司本身的企业应纳税所得，从而也减少了 S 公司本身应向美国政府缴纳的公司所得税额。其最后结果是，无论 P 企业赢利还是亏损，S 公司都可以成功地逃避其应负的纳税义务。因而美国法院最后认定 S 公司实质上存在避税行为，应就 P 企业的所有收入所得进行纳税。

从这一案例中，我们可以清楚地看到，如果过多地纠缠于避税的具体形式，防止国际避税往往难以奏效。世界上的避税形式可以说千千万万，而各国税法的反避税措施规定却总是有限的。但如果以"实质重于形式"的反避税原则加以规范，则可以起到防微杜渐的效果。

我国税法除正常交易原则以外，过去一直缺乏对避税的防范性规定。新《企业所得税法》则专门设置了"特别纳税调整"一章，对转让定价、资本弱化以及利用避税港避税等都进行了明确规定，并且也有类似"实质重于形式"的兜底条款规范。[2]

---

〔1〕　参见汤树梅主编：《国际经济法案例分析》，中国人民大学出版社 2000 年版，第 137 页。

〔2〕　参见《中华人民共和国企业所得税法》第 41~48 条。

（二）国际法防止国际逃税与避税的措施

通过国内法防止国际逃税与避税，固然意义重大，但也存在较大的局限性。因为国际逃税和国际避税必然涉及两个或两个以上国家的税法体制，如果单靠一国国内法采取措施还不足以完全解决问题，还需要有关国家间的相互配合，通过国际法上的双边或多边救济措施方可奏效。比如，单就转让定价税制而言，税务机关要认定纳税企业存在转让定价的行为，必须依赖于大量的税收情报与资料，对企业境外所得收入的税收调整与征收，也都必须得到对方国家的配合与认可。目前，国际法上防止逃税与避税的主要救济措施包括以下两个方面：

1. 税务情报交换制度。跨国纳税人往往利用国内税务当局的不知情进行逃税，因此，建立税收情报交换制度是国际合作防止逃税、避税最基本的措施。在这方面，两个范本都对一般情报交换的原则有所规定：缔约国之间有相互提供有关税收情报的义务；情报交换的范围包括缔约国税收立法与稽征管理方面的发展变化，反避税的新经验与新方法，以及具体纳税人的详细情况等；缔约国有对所获情报进行保密的义务等。此外，情报交换的具体方法分为例行的交换、经特别请求的交换与一方主动提供三种。

2. 跨国税务合作。除了税收情报交换之外，在税务行政方面实行跨国合作，是国际法中防止逃税、避税的又一重要内容。目前，在这方面的合作主要限于在征税方面的相互协助，包括缔约国一方代表另一方执行某些征税行为。比如，代为送达纳税通知书、传送纳税申报单与财务报表，对有关纳税人及其财产实施税收保全措施以及代为征收税款等内容。

基于传统的主权观念和国家间相互利益的冲突，跨国税务合作在深度与广度方面都还有待于更大的发展。但是，目前一些发达国家之间已开始在实践中采用双方互派常驻代表的办法，对某些特定税务事项开展联合调查。

第五节　国际税收协定

一、国际税收协定概述

国际税收协定（international taxation agreement），是有关主权国家间通过政府协商谈判而缔结的旨在调整彼此间税收权利义务关系的书面协定。国际税收协定是国际法上调整国家间税收分配关系最主要的法律表现形式，也是国家间协调税制差异和利益冲突、进行国际税务合作的有效形式。

目前，国际税收协定的目的与内容，已不仅限于避免国际重复征税，而是已开始扩展到包括征税权的划分、反对税收歧视、防止国际逃税与避税等多项内容。并且，国际税收协定还成为广大发展中国家争取与实现税收饶让等合理税收权益的最佳途径。因此，从世界历史上第一个税收协定诞生至今，国际税收协定无论从数量上还是从内容上都已经有了巨大发展。而以强调居民税收管辖权为主的《经合组织范本》（全称为《关于对所得和资本避免双重征税的协定范本》，Model Convention for the Avoidance of Double Taxation with Respect to Taxes on Income and on Capital，简称《经合组织范本》或 OECD 范本）和以强调来源地税收管辖权为主的《联合国范本》（全称为《发达国家与发展中国家关于双重税收的协定范本》，Model Double Taxation Convention between Developed and Developing Countries），简称《联合国范本》或 UN 范本）的诞生，更是标志着国际税收协定在质量上已走向成熟化与规范化。

二、国际税收协定的主要内容

（一）结构

由于受两大范本的影响，各国所缔结的税收协定在条款顺序、结构安排上逐渐趋向一致。除协定名称和序言之外，国际税收协定的体系结构大致包括以下几个方面：

1. 协定范围。协定范围包括人的范围与税种范围。人的范围一般适用于缔约国一方或双方的居民。税种范围一般明确规定本协定适用于缔约国双方现行的哪些税种及将来实质相同或相似的税种。

2. 定义。定义条款包括一般定义与特定用语的解释。一般定义主要明确协定基本用语的含义，如"人"、"公司"、"缔约国一方企业"和"缔约国另一方企业"、"国际运输"、"主管当局"等；特定用语的解释主要是对"居民"、"常设机构"等重要概念的内涵与外延的限定。

3. 对所得的征税。这一条款主要是对各项所得作出课税安排，解决缔约国间关于各项所得在征税权上如何划分的问题，是协定的核心。其内容主要包括：①不动产所得；②营业利润；③航运、内河运输和空运所得；④联属企业所得；⑤股息；⑥利息；⑦特许权使用费；⑧财产收益；⑨独立个人劳务所得；⑩非独立个人劳务所得；⑪董事费和高级人员报酬；⑫表演家和运动员的所得；⑬退休金和社会保险金；⑭为政府服务的报酬和退休金；⑮学生和学徒收到的款项；⑯其他所得。

4. 对财产的征税。该条主要对不动产与各种动产的征税权进行划分。需说明的是，《联合国范本》对该条的内容未作强制性规定。协定是否包括对财产征税，留待缔约国双方谈判确定。

5. 消除双重征税的方法。这部分规定了消除双重征税（即重复征税）的两种主要方法：免税法和抵免法，由缔约国双方协商选择使用。在选择以抵免法消除重复征税时，有些国家间的税收协定也在此处对有关税收饶让抵免的问题进行规定。

6. 特别规定。这部分主要是关于国际税收上的无差别待遇、相互协商程序、情报交换、外交代表及领事官员税收豁免等特殊事项的规定。

7. 最后规定。这里主要涉及协定的生效和终止、文字效力等问题的规定。

（二）内容

国际税收协定最重要、最核心的内容，主要包括以下几个方面的问题：

1. 避免和消除国际重复征税。避免和消除国际重复征税主要涉及两个方面的内容，即关于征税权的划分和消除重复征税的方法。

由于国际重复征税的产生是各国税收管辖权重叠的结果，因此，国际税收协定的主要任务就是对跨国纳税人的各项所得的征税权在各缔约国之间进行公平合理的划分，分别规定某项所得该由哪国取得优先或独占的征税权，对某项所得的征税权应进行哪些限制，以此来协调国家间的税收管辖关系，避免国际重复征税的产生。因而，征税权的划分是各缔约国谈判的重点与争执的焦点。

征税权的划分主要涉及营业所得、投资所得、劳务所得和财产所得。关于跨国纳税人的营业所得，国际税收协定一般都规定应由居住国行使征税权，但来源于常设机构的营业所得除外，即应由收入来源国优先行使征税权；关于跨国纳税人的投资所得一般都规定采用税收分享原则，即在承认来源国对非居民纳税人的投资所得拥有优先征税权的基础上，同时又对来源国的征税权加以某些限制，比如，来源国应将预提税的税率适当降低，以保证居住国能分享一部分征税利益；关于跨国纳税人的个人劳务所得，协定一般规定仅由居住国或来源国单独行使征税权；关于跨国纳税人的不动产所得，一般规定应由不动产所在地一方的缔约国优先行使征税权，而动产交易则一般由居住国行使征税权。

在征税权划分的基础上，对于缔约国一方优先征税的税款，缔约国另一方就应采取相应的措施避免重复征税，国际税收协定一般都提供两种最常用的解决国际重复征税的方法，即免税法和抵免法。

2. 税收无差别待遇。所谓税收无差别待遇，即反对税收歧视，其主要含义是保证缔约国一方给予缔约国另一方的纳税居民的待遇不低于给本国居民的待遇。无差别待遇原则是国际税法上的一项重要原则，无差别待遇条款也成为国际税收协定的重要内容。两大范本第 24 条均是关于无差别待遇（non - discrimination treatment）的规定，具体包括：①缔约国一方企业在缔约国另一方常设机构的负担，不应高于进行同样活动的另一方企业；②缔约国一方的企业如为另一方居民全部或部分、直接或间接控制者，该企业的税负和有关条件不应与另一方同类企业有所不同或更重；③除收支两企业有特殊的关系者外缔约国一方企业支付给缔约国另一方居民的利息、特许权使用费和其他款项，在确定该企业应纳税所得额时，应与在相同情况下支付给缔约国一方居民同样给予扣除。总之，无差别待遇条款的总原则是使缔约国双方的国民在相同或类似条件下所享受的税收待遇相同，以便于双方国民在平等的基础上进行经济竞争。但是，协定也规定，缔约国一方由于公民地位或家庭负担等原因，在税收上给予本国居民的个人扣除、优惠和减除，并非必须给予缔约国另一方居民。这已构成对无差别待遇的合理例外。

3. 防止国际逃税与避税。由于跨国纳税人利用各国税制的差异及立法的疏漏与不完善之处进行国际逃税、避税的活动日益猖獗，防止国际逃税和国际避税已成为国际税收协定的重要内容。但目前对此问题的国际合作还仅限于利用情报交换这一手段。而对于情报交换的范围，国际税收协定一般都不列出具体项目，而仅作出原则性的规定，主要包括：交换为实施税收协定的规定所需要的情报；交换与税收协定有关税种的国内法律的情报；交换防止税收欺诈、偷漏税的情报等。

4. 税收饶让抵免。如前所述，尽管两大范本均未对税收饶让抵免作出任何规定，但基于实践的需要，许多双边税收协定中，尤其是在发达国家与发展中国家之间，以及发展中国家相互之间的双边税收协定中都纳入了税收饶让抵免条款的规范。

三、国际税收协定的实施

国际税收协定一经缔结，就将通过缔约各国得到实施。不能实施或未经实施的国际税收协定无异于一纸空文；而实施不当或被他人滥用，则又与缔结国际税收协定的初衷不相符。

（一）国内税法与国际税收协定的关系

国际税收协定在各缔约国内的有效实施，最先遇到的问题即是国际税收协定的法律效力问题。按照国际法的基本原则，国际条约一经缔结并由有关国家批准后，即具有法律效力。国际税收协定也同样如此，经缔约各方签字并经缔约国批准即生效。但是，已经生效的国际税收协定与各国国内税法还有一个如何相互协调的关系问题。

首先，国际税收协定与国内税法是相互补充、相互配合的。国际税收协定的有效实施往往依赖于国内税法，需要国内税法的进一步明确与配合才能适用。国内税法在遇到复杂的国际税收问题时，也常常需要国际税收协定的规范才能加以解决。其次，当国际税收协定与国内税法产生矛盾与冲突时，无论是按照"条约必须遵守"的国际法原则，还是依据国际税收协定本身的特点，都应当是国际税收协定优于国内税法。但是，也须注意，国际税收协定尽管优于国内税法，但不能完全脱离国内税法，必须以国内税法为基础。凡是国内税法中没有开征的税种，在税收协定中一般不能列入。此外，国际税收协定也不能代替国内税法，更不能干涉国内税法的制定与变更。

（二）利用第三国税约

在国际税收协定的实施过程中，另一个应引起足够重视的问题是"利用第三国税约"的问题。所谓利用第三国税约（treaty shopping），是指在两国没有签订税收协定或签订的税收协定对纳税人提供优惠利益较少的情况下，纳税人利用第三国与对方国家签订的税收协定来享受协定所规定的优惠待遇。[1]纳税人要想利用第三国与对方国家签订的税收协定来享受协定所规定的优惠待遇，一般需要通过在第三国设立子公司来实现。这种以利用第三国税约为目的而设立的子公司通常称之为直接导管公司（direct conduit company）。有时，纳税人因其本国与第三国也没有签订税收协定或无法获得较多税收优惠时，则需要寻求在第四国设立一个子公司，该子公司再在第三国设立孙公司来获得第三国与别国所签税收协定的优惠利益。这种方式被称

---

〔1〕　参见高尔森主编：《国际税法》，法律出版社1993年版，第194页。

为设立借助导管公司（stepping – stone company）或踏脚石公司。所以，跨国纳税人通常都是以设立直接导管公司或设立借助导管公司的办法来达到利用第三国税约的目的。

试以荷兰安的列斯群岛避税港结构模式为例：

> 一家美国公司欲从外国贷款人处筹措借款，便首先在荷兰安的列斯群岛注册登记设立一家海外金融公司作为导管公司。该安的列斯群岛金融公司在诸如卢森堡或日内瓦等国际金融中心发行以美元计价的无记名债券。该首笔借款的收入再由该金融公司转贷给其美国母公司，而美国母公司对该金融公司的债务在第二笔借款中作为该金融公司向最终贷款人发行债券的担保。根据荷兰安的列斯群岛与美国签订的所得税条约的规定，美国借款人支付给安的列斯群岛金融公司的利息在美国免予缴纳预提税。而荷兰安的列斯群岛对金融公司支付给外国贷款人的利息免予征收预提税。在这种情况下，无论是美国借款人还是外国贷款人实际上都滥用了美国与荷兰安的列斯群岛之间的税收条约，达到规避上述两笔借款利息所应承担的纳税义务的目的。[1]

利用第三国税约的存在，将使不该享有税收优惠待遇的纳税人享有税收协定的待遇，从而扰乱国际税收秩序，侵害缔约国的财政利益。因此，在国际税收协定的实施中必须对这一问题引起足够的重视，并采取一定的防范措施。目前世界上一些国家已注意这一问题并开始采取一定的措施加以防止。比如，在国内税法中设立专门的反利用第三国税约的条款，或者适用国内税法的反避税条款与反滥用税约条款来防范纳税人利用第三国税约。另外，在签订税收定协定时，也可以通过避免与各国公认的避税港所在国签订协定，或在协定中明确规定某些情形下不得享受协定优惠待遇等办法来防止纳税人利用第三国税约。在前述实例中，如果美国避免与著名的避税港荷兰安的列斯群岛签订税收协定，或虽签订协定但在协定中作出必要的限制性规定，则该税收协定的优惠利益则不会被滥用。

四、中国对外双边税收协定的实践

中国进入国际税收领域的时间较晚。20 世纪 80 年代初，在完善国内税制的基础上，中国陆续同日本、美国、英国、法国、比利时等国家签订了避免双重征税和防止逃避税的协定。随着我国对外开放的深入，我国对外签订的国际税收协定也逐渐增多。截至 2011 年底，中国已先后同世界上 90 多个国家和地区签订了双边税收协

---

〔1〕 参见李泳："试论国际税收条约滥用的法律防范措施"，载丁伟、朱榄叶主编：《当代国际法学理论与实践研究文集·国际经济法卷》，中国法制出版社 2002 年版，第 302~303 页。

定，其中绝大多数已经生效执行。[1]

（一）中国对外签订税收协定的基本原则

中国作为发展中国家，在对外签订税收协定的过程中，既要维护国家的基本权益，又要有利于吸引外资和引进技术，促进对外经济技术合作与交流。因此，中国在对外税收协定的谈判与签约过程中，一贯主张并坚持的重点主要包括以下内容：

1. 强调收入来源国税收管辖权优先原则。作为发展中国家，我国迫切需要吸引资金与技术。因此，这就必然存在资金、技术的单向流入和利润收入的单向流出，中国在客观上处于来源国的地位。因而，我国在对外税收协定的谈判中始终强调来源国税收管辖权优先原则：在协定的签约中尽量采用《联合国范本》的模式；不接受资本输出国缩小常设机构范围的要求；不同意特许权使用费由居住国独占征税的规定；对于其他财产所得，不同意居住国独占征税权，等等。这些措施都有效地维护了我国的正当权益，同时也符合广大发展中国家的利益。

2. 坚持平等互利、友好协商原则。中国在强调来源国征税权优先的基础上，本着平等互利、友好协商的原则，也充分体现和照顾对方国家利益与要求，在一定范围内做出合理的让步。比如，在一定程度上缩小来源地的征税范围，在所有的税收协定中都未采用"引力原则"，在海运、空运所得上尊重居住国的征税权；对投资所得适当降低预提税税率，确保资本输出国也能分享部分税收利益。

3. 要求资本输出国提供税收饶让抵免。对外来投资实行税收减免优惠，是中国对外开放的一项重要政策，也是我国涉外税收立法的重要内容，为了使这些税收优惠措施收到实效，切实起到鼓励跨国投资者来我国投资的作用，我国在税收协定的谈判与签约过程中，一直坚持要求资本输出国提供税收饶收抵免，将我国税法和行政法规所规定的减免税以及在税收协定中接受限制税率所减少的税收，由对方国家视同已征税而给予抵免。与发展中国家签订的双边税收协定，则一般相互给予税收饶让。目前，中国对外签订的双边税收协定中，除美国等少数国家以外，绝大多数国家都在不同程度上对我国提供了税收饶让抵免。但是，随着我国新企业所得税法的颁布，原外资企业和外国企业享有的大量税收优惠已基本取消，我国在未来双边税收协定的缔结与修订中，是否还有必要继续坚持这一原则值得商榷。

另外需要注意的是，随着中国经济实力的增强以及"走出去"战略的实施，中国在国际经济中的总体地位有所变化，即从过去以资本输入为主的国家发展为既有资本输入又有资本输出的国家。由此，近一二十年来我国在双边税收协定的签订中会更加灵活地秉持和实施上述基本原则，比如在对常设机构范围的确定、税收饶让抵免的规范方面等，都有了一定程度的宽松与灵活处置，甚至更有我们单方给予对方国家税收饶让抵免的规定。

────────

〔1〕　资料来源于国家税务总局网站：http://www.chinatax.gov.cn/n480462/n4273674/n4273789/n42738
12/4329633.html.

（二）中国对外双边税收协定的待遇

中国对外签订的双边税收协定，基本上是采用的《联合国范本》的条文结构。考虑国际的通行做法及对方国家的合理要求，我国在缔结的税收协定中，按照所得的不同种类，分别做出了一些优于国内税法规定的税收待遇，以利于相互间经济与文化交流。

1. 对常设机构的限定。对常设机构的确定，中国对外签订的税收协定一般都是按照《联合国范本》的规定，从物的因素和人的因素两个方面加以限定的。特别是关于承包建筑、安装、勘探等工程的场所，协定多以连续存在 6 个月以上者才视为常设机构的规定，比国内税法规定的类似工程无论期限长短均视为常设机构的待遇要优惠得多。

2. 对预提税的征税限定。对于股息、利息、特许权使用费等消极投资所得征收的预提税，我国在对外签订的税收协定中，都按照缔约国双方税收权益分享的原则，实施限制税率征税。一般规定的预提税的限制税率均不超过 10%，这比国内税法规定的 20% 的预提税税率无疑也优惠得多。

3. 对个人劳务所得的征税限定。我国在对外签订的税收协定中，对个人劳务所得的征税，也采取国际通行做法，分别对独立个人劳务所得与非独立个人劳务所得实行不同的税收待遇。

对于独立的个人劳务所得，应仅由居住国行使征税权。但是，如果取得独立劳务所得的个人在来源国设有固定基地或者连续或累计停留超过 183 天者，则应由来源国征税。这相对于国内税法规定的只要在中国境内有个人独立劳务所得而无论有无固定基地与停留时间长短均应依法征税，也要优惠许多。

对于非独立个人劳务所得，中国对外签订的税收协定一般规定原则上应由来源国行使征税权。但是，如果该个人在一个纳税年度内在来源国连续或累计停留不足 183 天，并且该劳务报酬既非来源国的居民所支付，也非雇主设在来源国的常设机构或固定基地所负担，则该非独立个人劳务所得应由其居住国行使征税权，来源国不得征税。此处的 183 天规定，相对于中国国内税法 90 天的规定，也是一种优惠待遇。

第十四章

国际商事争议的解决

本章要点

　　国际商事争议在国际贸易中经常发生，所以有必要对商事争议的概念、性质和解决纠纷的主要方式，以及规则进行系统介绍。本章对国际商事争议解决的主要方式、特点和相关规则进行了较详细的讨论和分析，希望读者从理论和实践两个方面对争议解决有较全面和客观的了解。

第一节　国际商事争议概述

一、国际商事争议的理解

　　在国际商事活动中，由于当事人处于不同国家或地区，其法律制度与文化各不相同，因而，发生争议的可能性远大于国内商事活动。从字面上理解，国际商事争议[1]就是指具有国际因素的商事争议。那么，什么是"商事"争议？如何判断一项商事争议是否具有"国际性"呢？

　　（一）争议的"商事性"

　　尽管一些国家已经签署了规范国际商事行为的国际公约和其他类型的国际文件，但这些国际文件对"商事"一词并没有给予明确界定。例如，关于承认和执行外国仲裁裁决的《纽约公约》适用于商事领域的仲裁裁决的承认和执行，但该公约对"商事"一词没有给予界定。此外，国际统一私法协会（UNIDROIT）主持制定的《国际商事合同通则》专门规范了国际商事合同的成立和履行等事项，但对至关重要的"商事"一词也没有给予定义。但是，联合国国际贸易法委员会在这方面作出了

---

〔1〕　根据我国《民法通则》、《民事诉讼法》以及《合同法》等法律，"民事"是一个广义概念，它包括财产关系和人身关系。商事活动所产生的是财产关系。在有些国家，商事活动特指公司法关系、票据法关系、海商法关系、保险法关系、破产法关系等。但在我国，法律上并没有将商事活动与经济活动区别开来，经济活动就是商事活动。因此，许多学者在表述"国际经济争议"时，使用"国际商事争议"这一措辞。笔者在本章也采用这一通用表述。

尝试。1985 年 6 月 21 日通过的《联合国国际商事仲裁示范法》第 1 条注释载明："'商事'这个术语应给予广义解释，它包括所有商事性质关系所发生的争议，而不问其性质为契约性质与否。商事性质的关系包括但不限于下列交易：供应或交换货物或服务的任何贸易交易；销售协议；商业代理；租赁；建筑工程；咨询、许可、投资和金融；银行；保险；勘探协议或特许；合资企业或其他形式的工业商业合作；空中、海上、铁路或公路的货运或客运。"2002 年 6 月 24 日通过的《联合国国际商事调解示范法》对"商事"一词也采纳了同样表述。[1] 两个示范法之所以没有对"商事"一词给予直接定义，而是采取列举形式，"其用意是对该词作广义解释，以涵盖具有商事性质的各种法律关系产生的事项，而无论此种关系是否为合同关系。"[2] 因此，对"商事"一词，"不能为之作出硬性定义。"[3]

　　我国《民法通则》和《合同法》[4] 没有对"民事"和"商事"或者"经济"加以区别。《民法通则》和《合同法》均采用了广义的"民事"概念，"民事"行为包括了"商事"或者"经济"行为。但是，为了履行《纽约公约》，我国最高人民法院发布了《关于执行我国加入的〈承认和执行外国仲裁裁决公约〉的通知》。该通知第 2 项对"商事"一词作出了如下说明："根据我国加入该公约时已作的商事声明，我国仅对按照我国法律属于契约性和非契约性的商事法律关系引起的争议适用该公约。所谓'契约性和非契约性的商事法律关系'，具体是指由于合同、侵权或者根据有关法律规定而产生的经济上的权利义务关系，例如货物买卖、财产租赁、工程承包、加工承揽、技术转让、合资经营、合作经营、勘探开发自然资源、保险、信贷、劳务、代理、咨询服务和海上、民用航空、铁路、公路的客货运输及产品责任、环境污染、海上事故和所有权争议等，但不包括外国投资者与东道国政府之间的争端。"从上述规定可以看出，我国基本上采纳了联合国国际贸易法委员会对"商事"一词的解释。此外，根据上述解释，我国对"商事"法律关系的解释基本上等同于经济法律关系。商事法律关系也就是经济法律关系。

　　（二）商事争议的"国际性"

　　我国《民法通则》第八章规定了"涉外民事关系的法律适用"，但没有对涉外民

---

〔1〕　该示范法第 1 条注释 1 借鉴了联合国国际贸易法委员会发布的《国际商事仲裁示范法》第 1 条脚注中所阐明的定义。该注释规定："对'商事'一词应作广义解释，以涵盖由于商业性质的所有各种关系而发生的事项，无论这种关系是否属于合同关系。商业性质的关系包括但不限于下述交易：供应或交换货物或服务的任何贸易交易；分销协议；商业代表或代理；保理；租赁；工程建造；咨询；工程；许可证交易；投资；融资；银行；保险；开发协议或特许权；合营企业和其他形式的工业或商业合作；航空、海路、铁路或公路客货运载。"

〔2〕　2002 年《联合国国际贸易法委员会〈国际商事调解示范法〉颁布和使用指南》。

〔3〕　1988 年《联合国国际贸易法委员会国际商事仲裁示范法秘书处说明》。

〔4〕　《中华人民共和国合同法》于 1999 年 3 月 15 日颁布，并于 1999 年 10 月 1 日施行。之前发布的《中华人民共和国经济合同法》、《中华人民共和国涉外经济合同法》、《中华人民共和国技术合同法》废止。

事关系的判断给予界定。2010 年发布的《涉外民事关系法律适用法》第 8 条明确规定："涉外民事关系的定性，适用法院地法律。"但是，该法也没有对涉外民事关系的界定加以说明。鉴于司法审判的需要，最高人民法院在《关于贯彻执行〈中华人民共和国民法通则〉若干问题的意见（试行)》[1] 和《关于适用〈中华人民共和国民事诉讼法〉若干问题的意见》[2] 中将"涉外民事案件"解释为："凡民事关系的一方或者双方当事人是外国人、无国籍人、外国法人的；民事关系的标的物在外国领域内的；产生、变更或者消灭民事权利义务关系的法律事实发生在外国的，均为涉外民事关系。"[3] 2012 年发布的《最高人民法院关于适用〈中华人民共和国涉外民事关系法律适用法〉若干问题的解释（一)》第 1 条进一步解释为："民事关系具有下列情形之一的，人民法院可以认定为涉外民事关系：①当事人一方或双方是外国公民、外国法人或者其他组织、无国籍人；②当事人一方或双方的经常居所地在中华人民共和国领域外；③标的物在中华人民共和国领域外；④产生、变更或者消灭民事关系的法律事实发生在中华人民共和国领域外；⑤可以认定为涉外民事关系的其他情形。"由此可见，我国对涉外民事案件的认定没有采取单一标准，而是采用了多重标准，即主体国籍涉外标准、主体居所地涉外标准、行为发生地涉外标准、标的物所在地涉外标准以及其他可以被认为涉外民事关系的标准。只要符合任何一个涉外标准，即具有涉外性。我国是民商合一的国家，我国法律并没有将"商事"活动与"民事"活动区别开来，"民事"活动包括了"商事"活动，因此，上述司法解释关于"涉外民事案件"的认定标准也就是"涉外商事案件"的判断标准。

　　值得注意的是，"涉外性"和"国际性"是两个不同的概念，"国际性"是一个更加广泛的概念，包括"涉外性"。"涉外性"是从某个国家角度而言的，中国的涉外商事法律关系就是指中国与外国产生的商事关系。而国际商事法律关系则泛指两个国家之间产生的商事关系。因此，严格来讲，涉外商事法律关系的判断标准并不等同于国际商事关系的判断标准。但是，从最高人民法院的上述司法解释来看，尽管它是关于涉外民事关系的认定标准，但该标准并没有刻意强调民事关系的一方必须是中国国民，因此，该标准实际上也是"国际民事关系"的判断标准。即只要具备上述条件之一，该民事关系即为国际民事关系。

二、国际商事争议的类型

　　国际商事争议从不同角度分为不同类型。从发生争议的具体领域而言，国际商事争议分为国际贸易争议、国际投资争议、国际金融争议、国际税收争议等。其中，国际贸易争议是国际商事争议中发生概率最多的一种类型。此外，从国际商事主体

第十四章

---

〔1〕　1988 年 1 月 26 日最高人民法院审判委员会讨论通过。

〔2〕　1992 年 7 月 14 日最高人民法院审判委员会第 528 次会议讨论通过。

〔3〕　参见《最高人民法院关于贯彻执行〈中华人民共和国民法通则〉若干问题的意见（试行)》第 178 条，《最高人民法院关于适用〈中华人民共和国民事诉讼法〉若干问题的意见》第 304 条。

的角度，国际商事争议又可以分为平等主体之间的争议和非平等主体之间的争议。

具体而言，从国际商事主体的角度，国际商事争议分为如下几种类型：

1. 国家之间、国家与国际组织之间基于双边或多边国际商事条约的解释和履行所产生的争端。这类争端属于平等主体之间的争端，其解决通常依据所签条约的规定。由于发生争端的当事人是国家、政府或者国际组织，因此，该类争端的解决方式主要是磋商、斡旋、调停等。有的国际条约还设立了专门的争端解决机构，WTO就是一例。

2. 国家或国际组织与私人（包括法人、非法人组织、自然人）之间的争议。这类纠纷有两种类型：①发生在国家对私人的国际商事活动进行管理过程中的纠纷。例如，国家在对私人采取对外贸易管理措施或者投资管理措施、金融管理措施、税收管理措施过程中发生的纠纷。该类纠纷是管理者与被管理者之间的纠纷，是非平等当事人之间的纠纷，因此，这类纠纷属于国际商事行政纠纷。我国法律已经对国际商事行政纠纷的解决作出了明确规定。例如，我国最高人民法院于2002年8月27日通过了《关于审理国际贸易行政案件若干问题的规定》（自2002年10月1日起施行）。根据该规定，自然人、法人或者其他组织认为中国具有国家行政职权的机关和组织及其工作人员有关国际贸易的具体行政行为侵犯其合法权益的，可以依照《行政诉讼法》以及其他有关法律、法规的规定，向法院提起行政诉讼。②国家与私人基于相互之间订立的国际商事合同所发生的纠纷。国际政府采购合同纠纷就属于这类纠纷。在这类纠纷中，国家是合同的一方，私人是合同的另一方。对于这类合同的性质，国际上有不同理解。有的认为这类合同属于行政合同，也有的认为这类合同主要是民事合同，还有的认为这类合同是综合性合同。我国《政府采购法》第五章专门规范了"政府采购合同"。虽然该章没有明确规定政府采购合同的性质，但规定政府采购合同适用合同法。[1] 而《合同法》又是适用于平等主体的自然人、法人、其他组织之间设立、变更、终止民事权利义务关系的协议。[2] 由此可见，我国法律将政府采购合同视为民事合同。

3. 私人（包括法人、非法人组织、自然人）之间所发生的纠纷。该类纠纷主要体现为国际商事合同纠纷，例如国际货物买卖合同纠纷、国际货物运输合同纠纷、国际货物运输保险合同纠纷、国际贸易结算合同纠纷、国际投资合同纠纷、国际借贷合同纠纷等。

在上述类型的纠纷中，第三类纠纷是国际商事活动中最常见的纠纷，因此，本章所论述的国际商事争议的解决主要是指这类纠纷的解决。前两类争端或纠纷的解决参见本书其他章节（例如WTO、国际投资法）。

---

〔1〕《政府采购法》第43条。
〔2〕《合同法》第2条。

三、国际商事争议的解决方法

国际商事争议的解决方法由国际商事活动的当事人在合同或协议中协商确定。实践中，常用的解决私人之间国际商事争议的方法有两大类：司法解决方法（诉讼）、非司法解决方法。司法解决方法也称司法诉讼方法，它是指由争议当事人在一国法院提起诉讼的方法。非司法解决方法是指诉讼之外的争议解决方法，包括协商、调解、仲裁。[1]

在司法解决方法和非司法解决方法中，仲裁和诉讼是独立的争议解决程序。例如，我国《合同法》第128条规定："当事人可以通过和解或者调解解决合同争议。当事人不愿和解、调解或者和解、调解不成的，可以根据仲裁协议向仲裁机构申请仲裁……当事人没有订立仲裁协议或者仲裁协议无效的，可以向人民法院起诉……"此外，协商和调解既可以作为独立的争议解决程序，也可以与其他争议解决程序（仲裁、诉讼）相结合。我国《仲裁法》和《民事诉讼法》倡导仲裁和调解相结合、诉讼和调解相结合的做法。[2]

此外，对于国际商事争议解决机构，当事人可以选择本国国际商事争议解决机构，也可以选择外国国际商事争议解决机构，还可以选择国际组织下设的国际商事争议解决机构（例如国际商会仲裁院等）。

四、国际商事争议的法律适用

法律适用是指解决法律纠纷所适用的法律。对于同一国际商事争议，如果适用不同的法律，可能导致不同的处理结果，因此，法律适用问题是解决国际商事争议的核心。

《民法通则》第145条及《合同法》第126条对涉外合同的法律适用问题作出了规定。由于这些条文的规定过于简略，缺少可操作性，最高人民法院于2007年7月23日发布了《最高人民法院关于审理涉外民事或商事合同纠纷案件法律适用若干问题的规定》，自2007年8月8日起施行。该规定适用于包括涉外贸易争议在内的涉外民事或者商事合同争议案件，合同争议包括合同的订立、合同的效力、合同的履行、合同的变更和转让、合同的终止以及违约责任等争议。此外，涉及香港特别行政区、澳门特别行政区的民事或商事合同的法律适用，也参照该规定。

为了统一规范涉外民事关系的法律适用问题，我国于2010年10月28日发布了《涉外民事关系法律适用法》（自2011年4月1日起施行）。《涉外民事关系法律适用

---

[1] 有学者认为，近年来，仲裁作为解决国际商事争议的方法，被越来越广泛地适用于解决国际商事争议，它既不属于诉讼的方法，也不属于传统意义上的非诉讼方法，而是逐步地演变成为独立于司法方法与非司法方法的一种独特的争议解决方法。参见：赵秀文编著：《国际商事仲裁法》，中国人民大学出版社2004年版，第4页。

[2] 《仲裁法》第51条第1款规定："仲裁庭在作出裁决前，可以先行调解。当事人自愿调解的，仲裁庭应当调解。调解不成的，应当及时作出裁决。"《民事诉讼法》第9条规定："人民法院审理民事案件，应当根据自愿和合法的原则进行调解；调解不成的，应当及时判决。"

法》是我国关于涉外民事关系法律适用的第一部单行法律，是我国民法的重要组成部分，其旨在明确涉外婚姻家庭、继承、物权、债权、知识产权等民事关系的法律适用，为解决涉外民事争议，维护当事人的合法权益提供依据。关于该法与其他法律之间的关系，该法第 2 条规定："涉外民事关系适用的法律，依照本法确定。其他法律对涉外民事关系法律适用另有特别规定的，依照其规定。本法和其他法律对涉外民事关系法律适用没有规定的，适用与该涉外民事关系有最密切联系的法律。"第 51 条规定："《中华人民共和国民法通则》第 146 条、第 147 条，《中华人民共和国继承法》第 36 条，与本法的规定不一致的，适用本法。"此外，《涉外民事关系法律适用法》实施后，最高人民法院制定的司法解释中关于涉外民事关系法律适用的内容与《涉外民事关系法律适用法》的规定相抵触的，不再适用。[1]

根据上述法律，我国对涉外民事或者商事合同纠纷的法律适用规定了如下制度：

1. 意思自治原则与强制性原则规定相结合。我国《合同法》第 126 条第 1 款规定："涉外合同的当事人可以选择处理合同争议所适用的法律，当法律另有规定的除外……"该规定表明，原则上，解决涉外民事或者商事争议的法律可由当事人协商确定。在进行法律选择时，争议当事人可以选择其中一方所在国家的法律，也可以选择第三国的法律，还可以选择国际公约或者国际惯例。

《合同法》第 126 条关于"法律另有规定的除外"这一措词表明，我国对某些特殊合同可以排除当事人的意思自治，而直接规定其应适用的准据法，即不允许当事人自己选择合同适用的法律。《涉外民事法律关系适用法》第 4 条明确规定："中华人民共和国法律对涉外民事关系有强制性规定的，直接适用该强制性规定。"根据《最高人民法院关于审理涉外民事或商事合同纠纷案件法律适用若干问题的规定》，在中华人民共和国领域内履行的下列合同，适用中华人民共和国法律：①中外合资经营企业合同；②中外合作经营企业合同；③中外合作勘探、开发自然资源合同；④中外合资经营企业、中外合作经营企业、外商独资企业股份转让合同；⑤外国自然人、法人或者其他组织承包经营在中华人民共和国领域内设立的中外合资经营企业、中外合作经营企业的合同；⑥外国自然人、法人或者其他组织购买中华人民共和国领域内的非外商投资企业股东的股权的合同；⑦外国自然人、法人或者其他组织认购中华人民共和国领域内的非外商投资有限责任公司或者股份有限公司增资的合同；⑧外国自然人、法人或者其他组织购买中华人民共和国领域内的非外商投资企业资产的合同；⑨中华人民共和国法律、行政法规规定应适用中华人民共和国法律的其他合同。

2. 适用实体法。实体法是指直接规范法律关系当事人的权利和义务的法律规范。冲突法也称法律适用规范，它只是指明某种法律关系应适用何种法律的规范。因此，

---

〔1〕《最高人民法院关于认真学习贯彻执行〈中华人民共和国涉外民事关系法律适用法〉的通知》（法发〔2010〕52 号）。

冲突规范属于间接调整方法，它不能像实体规范那样直接认定争议当事人是否履行了其义务。因此，如果适用某国法意味着可以适用该国的冲突规范，那么，就会产生反致和转致的问题。反致是指对于某一国际私法案件，法院按照本国的冲突规范本应适用外国法，而该外国法中的冲突规范指定应适用法院地法，法院结果适用了法院地国的实体法。转致是指对于某一国际私法案件，甲国法院按照本国的冲突规范本应适用乙国法，乙国的冲突规范又指定适用丙国法，甲国法院因此适用了丙国实体法。一些学者指出，采用反致会导致恶性循环，有损内国主权等。[1] 但无论如何，适用冲突法将使法律适用问题变得更加复杂。

为了避免这种现象的发生，我国法律规定："涉外民事或商事合同应适用的法律，是指有关国家或地区的实体法，不包括冲突法和程序法。"[2] "涉外民事关系适用的外国法律，不包括该国的法律适用法。"[3] 这意味着，在涉外民事或商事合同法律适用问题上，我国不允许反致或转致。[4] 目前，大多数国家的立法及国际条约均采用我国的上述做法。

3. 法律适用的选择方式。当事人选择法律适用法的方式有两种：明示选择、默示选择。明示选择是指合同当事人在缔结协议时或者在争议发生之后，以文字或者言词明确作出选择合同准据法的意思表示。通行的做法是在合同中约定法律适用条款。默示选择是指当事人在合同中没有明确选择合同的准据法的情况下，由法官根据当事人缔约行为或者一些因素来推定当事人已默示同意该合同受某一特定国家法律的支配。[5] 明示选择因其透明度强和具有稳定性和可预见性，而为各国普遍肯定。[6] 我国要求"当事人选择或者变更选择合同争议应适用的法律，应当以明示的方式进行。"[7] "当事人依照法律规定可以明示选择涉外民事关系适用的法律。"[8]

在我国的司法实践中，经常遇到这样的情形，即当事人之间并没有预先对法律适用进行选择，原告起诉时依据的法律为某国法律，而被告对法律适用未提出异议，

---

[1] 韩德培主编：《国际私法》，高等教育出版社、北京大学出版社2007年版，第132、135页。

[2] 《最高人民法院关于审理涉外民事或商事合同纠纷案件法律适用若干问题的规定》（法释〔2007〕14号）第1条。

[3] 《涉外民事关系法律适用法》第9条。

[4] "最高法院负责人就审理涉外民商事合同纠纷司法解释答记者问"，载《人民法院报》2007年8月8日，第3版。

[5] "最高法院负责人就审理涉外民商事合同纠纷司法解释答记者问"，载《人民法院报》2007年8月8日，第3版。

[6] 韩德培主编：《国际私法》，高等教育出版社、北京大学出版社2007年版，第202页。

[7] 《最高人民法院关于审理涉外民事或商事合同纠纷案件法律适用若干问题的规定》（法释〔2007〕14号）第3条。

[8] 《涉外民事关系法律适用法》第3条。

亦以某国法律进行答辩。[1] 对此，我国法律规定："当事人未选择合同争议应适用的法律，但均援引同一国家或者地区的法律且未提出法律适用异议的，应当视为当事人已经就合同争议应适用的法律作出选择。"[2] 这种规定实际上是一种推定做法。

4. 选择法律适用法的时间。大多数国家规定，对于选择法律适用法的时间，当事人既可以在合同订立时通过合同条款作出选择，也可以在合同订立之后甚至是争议发生之后予以选择。我国法律规定："当事人在一审法庭辩论终结前通过协商一致，选择或者变更选择合同争议应适用的法律的，人民法院应予准许。"[3] 从上述规定可以看出，我国对选择法律适用法的时间采取较为宽松的态度，即便是法院的一审程序已经开始，但在一审法庭辩论结束前，[4] 如果当事人就选择法律适用法或者变更法律适用法达成一致的，该选择仍然有效。之所以作出这种规定，主要是考虑司法实践中经常发生当事人在一审开庭过程中才作出选择或者改变选择。而且，当事人选择或者变更选择合同争议应适用的法律的时间点为"一审法庭辩论终结前"，考虑的是在涉外民事或商事案件中，如果法律适用（准据法）在当事人之间存在争议，当事人往往会在庭审的辩论阶段对法律适用问题进行激烈的对抗，而经过辩论之后当事人有可能对法律适用达成共识，从而会一致同意适用某一国家或者地区的法律。这样规定既尊重了当事人的权利，也有利于案件的审理。[5]

5. 未作出选择时的法律适用法。我国《合同法》第126条第1款规定："……涉外合同的当事人没有选择的，适用与合同有最密切联系的国家的法律。"《涉外民事关系法律适用法》第41条规定："当事人可以协议选择合同适用的法律。当事人没有选择的，适用履行义务最能体现该合同特征的一方当事人经常居所地法律或者其他与该合同有最密切联系的法律。"

最密切联系原则是国际私法中的一项重要原则。它的起源可以追溯到萨维尼的"法律关系本座说"。即每一法律关系都应由依其性质而隶属的法律支配，并认为法律本座之所在亦即联系之所在。之后，美国学者里斯明确提出了"最密切联系原则"并很快为许多国家所接受。[6] 那么，如何认定与合同有最密切联系的地点？在最密切联系原则的具体运用过程中，美国采用了所谓"合同要素分析法"。"合同要素分

---

〔1〕 "最高法院负责人就审理涉外民商事合同纠纷司法解释答记者问"，载《人民法院报》2007年8月8日，第3版。

〔2〕《最高人民法院关于审理涉外民事或商事合同纠纷案件法律适用若干问题的规定》（法释〔2007〕14号）第4条第2款。

〔3〕《最高人民法院关于审理涉外民事或商事合同纠纷案件法律适用若干问题的规定》（法释〔2007〕14号）第4条第1款。

〔4〕 根据《中华人民共和国民事诉讼法》第128条规定，法庭辩论终结，法院应当依法作出判决。

〔5〕 "最高法院负责人就审理涉外民商事合同纠纷司法解释答记者问"，载《人民法院报》2007年8月8日，第3版。

〔6〕 韩德培主编：《国际私法》，高等教育出版社、北京大学出版社2007年版，第103页。

析法"是指法官通过对合同各种要素进行"量"与"质"的综合分析来确定合同的准据法。大陆法系国家则采用"特征履行"的方法来确定合同争议所要适用的法律。"特征履行说"主张按照合同的特征性履行来确定合同的准据法，要求法院根据合同的特殊性质，以某一方当事人履行的义务最能体现合同的本质特性来决定合同的准据法。[1]

我国法律列举了17类合同的最密切联系地法律。根据《最高人民法院关于审理涉外民事或商事合同纠纷案件法律适用若干问题的规定》第5条，人民法院根据最密切联系原则确定合同争议应适用的法律时，应根据合同的特殊性质，以及某一方当事人履行的义务最能体现合同的本质特性等因素，确定与合同有最密切联系的国家或者地区的法律作为合同的准据法。具体而言：①买卖合同，适用合同订立时卖方住所地法；如果合同是在买方住所地谈判并订立的，或者合同明确规定卖方须在买方住所地履行交货义务的，适用买方住所地法。②来料加工、来件装配以及其他各种加工承揽合同，适用加工承揽人住所地法。③成套设备供应合同，适用设备安装地法。④不动产买卖、租赁或者抵押合同，适用不动产所在地法。⑤动产租赁合同，适用出租人住所地法。⑥动产质押合同，适用质权人住所地法。⑦借款合同，适用贷款人住所地法。⑧保险合同，适用保险人住所地法。⑨融资租赁合同，适用承租人住所地法。⑩建设工程合同，适用建设工程所在地法。⑪仓储、保管合同，适用仓储、保管人住所地法。⑫保证合同，适用保证人住所地法。⑬委托合同，适用受托人住所地法。⑭债券的发行、销售和转让合同，分别适用债券发行地法、债券销售地法和债券转让地法。⑮拍卖合同，适用拍卖举行地法。⑯行纪合同，适用行纪人住所地法。⑰居间合同，适用居间人住所地法。[2]《规定》还特别指出，如果上述合同明显与另一国家或者地区有更密切联系的，应适用该另一国家或者地区的法律。从上述规定可以看出，我国立法虽然没有明确规定使用何种方法，但在理论界和司法实践中，普遍认为我们使用的是大陆法系国家的"特征履行"方法。《规定》明确规定了应以"特征履行"来确定合同的准据法。[3]

6. 法律规避的效力。法律规避是指国际民商事关系的当事人为利用某一冲突规范，故意制造某种连接点的构成要素，以避开本应适用的强制性或禁止性法律规则，从而使对自己有利的法律得以适用的一种逃法或脱法行为。对于法律规避行为的法

---

[1]　"最高法院负责人就审理涉外民商事合同纠纷司法解释答记者问"，载《人民法院报》2007年8月8日，第3版。

[2]　已经失效的《最高人民法院关于适用涉外经济合同法若干问题的解答》（1987年10月19日）只规定了13类合同的法律适用问题。《最高人民法院关于审理涉外民事或商事合同纠纷案件法律适用若干问题的规定》采纳了《解答》中关于13类合同的大部分规定，并对《解答》中未提及合同的法律适用问题给予明确。

[3]　"最高法院负责人就审理涉外民商事合同纠纷司法解释答记者问"，载《人民法院报》2007年8月8日，第3版。

律效力，国际上有如下不同理解：所有的法律规避行为均为无效；规避内国法的行为无效，规避外国法的行为有效。但无论如何，如果当事人为了某种特定目的，滥用设立和变更连接点的客观根据的自由，显然不利于法律秩序的稳定。[1]

我国《民法通则》对法律规避问题没有作出明确规定，但《最高人民法院关于贯彻执行〈中华人民共和国民法通则〉若干问题的意见（试行）》第194条对法律规避的效力问题予以了界定："当事人规避我国强制性或者禁止性法律规范的行为，不发生适用外国法律的效力。"根据该规定，如果当事人规避了我国的非强制性或者非禁止性法律规范，则法律规避行为是有效的。我国法律对强制性法律规范和禁止性法律规范并没有给予明确的界定，从法理学上而言，强制性法律规范是指必须履行、不允许人们以任何方式加以变更或违反的法律规范。而禁止性法律规范是指禁止人们作出某种行为或者必须抑制一定行为的法律规范。

值得注意的是，上述司法解释并没有规定规避外国法的行为是否有效。此外，该规定也没有指出在否定规避行为的效力后，如何确定合同的准据法。为此，《规定》作出了补充。根据该规定，当事人规避中国法律、行政法规的强制性规定的行为，不发生适用外国法律的效力，该合同争议应当适用中国法律。但该《规定》仍然没有明确规避外国法的行为是否有效。有学者指出，国际私法上的法律规避应包括一切法律规避在内，既包括规避本国法，也包括规避外国法。至于法律规避的行为是否有效，应视不同情况而定：首先，规避本国法一律无效。其次，对规避外国法的行为要具体分析，区别对待。如果当事人规避外国法中某些正当的、合理的规定，应该认定规避行为无效；反之，如果规避外国法中反动的规定，则应认定该规避行为有效。[2]

7. 适用外国法的例外——公共利益原则。适用外国法的一个重要例外就是公共秩序保留。"公共秩序"是大陆法系国家的用语，英美法系国家多采用"公共政策"（public policy）的表述。在国际私法领域，公共秩序的概念最早出现在13世纪的意大利"法则区别说"中，经胡伯、孟西尼等国际私法学者的发展日益完善。例如，17世纪，荷兰学者胡伯在"国际礼让说"中提出，一个国家出于礼让可以承认外国法的域外效力，但是，要以本国及人民的权利或权力不因此受到损害为前提。1904年的《法国民法典》首次以立法的形式确立了公共秩序保留制度。有关"公共政策"等词的概念，由于其本身的不确定性和含糊性，迄今为止，学者们也很难从学理解释的意义上给出一个详尽无遗的定义。事实上，这也是不可能的，因为我们无法要求政治制度、社会结构和历史文化传统等方面都不相通的各个国家对公共政策达成

---

〔1〕 韩德培主编：《国际私法》，高等教育出版社、北京大学出版社2007年版，第136、138~139页。
〔2〕 韩德培主编：《国际私法》，高等教育出版社、北京大学出版社2007年版，第139页。

第十四章

一致的理解。[1]

但是我国没有采用"公共秩序"或者"公共政策"的措辞，而是采用了"公共利益"的表述。例如，我国《民法通则》第150条规定："依照本章规定适用外国法律或者国际惯例的，不得违背中华人民共和国的社会公共利益。"但是，该规定并没有明确在此种情形下适用哪国法律的问题，因此，《规定》对此给予了补充："适用外国法律违反中华人民共和国社会公共利益的，该外国法律不予适用，而应当适用中华人民共和国法律。"同时，《涉外民事关系法律适用法》第5条也规定："外国法律的适用将损害中华人民共和国社会公共利益的，适用中华人民共和国法律。"与各国的做法类似，我国法律对"公共利益"也没有给予界定。但我国大部分法院对"公共政策"持谨慎态度。[2]

8. 外国法的查明。外国法的查明是指一国法院在审理国际民商事案件时，如果依本国冲突规范应适用某一外国实体法，法院则需查明该外国法的相关内容。

我国法律规定了查明外国法的如下5种途径：由当事人提供；由与我国订立司法协助协定的缔约对方的中央机关提供；由我国驻该国使领馆提供；由该国驻我国使馆提供；由中外法律专家提供。通过以上途径仍不能查明的，适用中华人民共和国法律。[3] 根据该规定，当事人与人民法院在外国法查明方面均承担相应的义务。但是，该规定并没有明确在哪些情况下当事人承担查明外国法的义务。

为此，《涉外民事关系法律适用法》第10条规定："涉外民事关系适用的外国法律，由人民法院、仲裁机构或者行政机关查明。当事人选择适用外国法律的，应当提供该国法律。不能查明外国法律或者该国法律没有规定的，适用中华人民共和国法律。"同时，《最高人民法院关于审理涉外民事或商事合同纠纷案件法律适用若干问题的规定》指出："当事人选择或者变更选择合同争议应适用的法律为外国法律时，由当事人提供或者证明该外国法律的相关内容。人民法院根据最密切联系原则确定合同争议应适用的法律为外国法律时，可以依职权查明该外国法律，亦可以要求当事人提供或者证明该外国法律的内容。当事人和人民法院通过适当的途径均不能查明外国法律的内容的，人民法院可以适用中华人民共和国法律。"[4] "当事人对查明的外国法律内容经质证后无异议的，人民法院应予确认。当事人有异议的，由

───────────

〔1〕 王小莉："从一起撤销仲裁裁决案看我国司法监督的范围"，载广州仲裁委员会主办：《仲裁研究》（第12辑），法律出版社2007年版。

〔2〕 万鄂湘主编：《涉外商事海事审判指导》（2005年第1辑，总第10辑），人民法院出版社2005年版，第198页。

〔3〕 《最高人民法院关于贯彻执行〈中华人民共和国民法通则〉若干问题的意见（试行）》第193条。

〔4〕 《最高人民法院关于审理涉外民事或商事合同纠纷案件法律适用若干问题的规定》（法释〔2007〕14号）第9条。

第十四章

人民法院审查认定。"[1]之所以将当事人在两种不同情形下承担不同义务，理由在于：①当事人自愿选择法律的时，与法官相比，当事人处于纠纷当中，可能更早地关心和接触外国法（在国际商事交往中，当事人在签订合同前一般都会收集外国法资料，对法律风险进行评估），由于当事人经过协商后自愿选择适用某一外国法，则有理由认为当事人已经就在某一外国法环境下对法律风险进行了预测，当事人有义务和能力提供其自愿选择的外国法。②法院依最密切联系原则确定某外国法应予适用，实际是法院选择法律的结果，外国法的查明义务由法院和当事人共同承担比较合理。[2]值得注意的是，《规定》并没有对外国法的具体查明途径作规定，原因在于，随着社会的进步以及法律文化交流的不断开展，外国法的查明途径已经不再限于五种途径，《规定》本身很难穷尽所有查明途径，当事人或者人民法院完全可以通过其认为合适的途径来查明外国法的内容。[3]

第二节　国际商事争议解决的非司法方法

一、协商

协商是在争议发生后当事人最先选择采用的争议解决方法。它是指争议发生后，争议当事人在双方自愿的基础上，针对所发生的争议进行口头或书面的磋商或谈判，自行达成和解协议，友好解决纠纷的方式。

协商方式具有如下特点：①磋商在双方当事人自愿的基础上进行，且达成的和解协议易于被各方当事人履行。协商方式的采用、协商的开始、进行与中断、终止完全由双方当事人自己决定，不受另一方当事人或当事人之外的任何人的干预和限制。任何一方当事人均无权强迫另一方当事人必须通过协商解决争议。即使双方当事人在合同或协议中选用了先行协商方式，这也不意味着必须要以协商方式使争议得到解决。②磋商无须第三者的介入，完全由当事人双方自行解决争议。③磋商根据相关法律和双方签署的合同进行。协商达成的协议应合法，不能违反有关国家的强制性法律规范以及社会公共利益，不得损害第三人的合法权益。④磋商程序简单、形式灵活。协商不需要遵从严格的法律程序，也不须遵从特定的形式，口头协商方式和书面协商方式均可。⑤协商既可以是一种独立的解决争议的程序，也可以结合

---

[1] 《最高人民法院关于审理涉外民事或商事合同纠纷案件法律适用若干问题的规定》（法释〔2007〕14号）第10条。

[2] "最高法院负责人就审理涉外民商事合同纠纷司法解释答记者问"，载《人民法院报》2007年8月8日，第3版。

[3] "最高法院负责人就审理涉外民商事合同纠纷司法解释答记者问"，载《人民法院报》2007年8月8日，第3版。

其他争议解决程序（例如结合仲裁程序[1]或者诉讼程序）。例如，我国《仲裁法》规定："当事人申请仲裁后，可以自行和解。达成和解协议的，可以请求仲裁庭根据和解协议作出裁决书，也可以撤回仲裁申请。"[2]"当事人达成和解协议，撤回仲裁申请后反悔的，可以根据仲裁协议申请仲裁。"[3]《民事诉讼法》第 50 条也规定："双方当事人可以自行和解。"⑥在协商基础上达成的和解协议只构成新合同或对原合同的修改补充。只要和解协议符合形式要件即具有法律效力，当事人应严格执行，否则视为违约。

正是由于协商方式不需第三人介入，而且程序简单灵活，因而，大多数当事人在合同中规定，争议发生后先行协商。很少有当事人在发生争议后不与对方当事人协商而直接提起仲裁或诉讼。

二、调解

调解方式主要源于我国，后被一些国家或国际组织采用。一些国家、国际组织还通过了调解规则。例如，联合国国际贸易法委员会于 1980 年通过了《调解规则》（UNCITRAL Conciliation Rules），供当事人选用。2002 年还通过了《国际商事调解示范法》（UNCITRAL Model Law on International Commercial Conciliation）。

（一）调解与国际商事调解的概念和特点

联合国国际贸易法委员会颁布的《国际商事调解示范法》第 1 条对"调解"采用了广义概念。该条规定："'调解'系指当事人请求一名或多名第三人（调解人）协助他们设法友好解决他们由于合同引起的或与合同关系或其他法律关系有关的纠纷的过程，而不论其称之为调解、调停或以类似含义的措词相称。调解人无权将解决纠纷的办法强加于当事人。"

根据上述规定，调解是指在当事人之外的第三方主持下，由第三方以中间人身份，根据法律和合同规定，参考国际惯例，帮助和促使争议各方在互谅互让基础上达成调解协议，以解决各方争议的解决方式。与磋商和仲裁方式相比，三者均建立在争议双方当事人共同自愿的基础上。为此，有些调解机构为便于争议当事人采用调解方式，特别发布了示范调解条款。例如，中国国际贸易促进委员会/中国国际商会调解中心的示范调解条款如下："本合同之各方当事人均愿将因本合同引起的或与本合同有关的任何争议，提交中国国际贸易促进委员会/中国国际商会调解中心，按照申请调解时该中心现行有效的调解规则进行调解。经调解后如达成和解协议，各方都要认真履行该和解协议所载之各项内容。"

---

〔1〕 有学者将这种形式的磋商称为"商事仲裁和解"。商事仲裁和解是指在仲裁机构受理案件以后，仲裁庭作出终裁裁决之前，双方当事人在自愿的基础上经协商一致，达成和解协议，以解决彼此之间的商事法律争议，从而终结商事仲裁程序的活动。参见谢石松主编：《商事仲裁法学》，高等教育出版社 2003 年版，第 246 页。

〔2〕《仲裁法》第 49 条。

〔3〕《仲裁法》第 50 条。

与磋商方法不同的是，调解方式的使用是以争议双方当事人向第三方提出调解请求为基础的。而且，主持调解的第三人必须以独立和公正的方式协助解决纠纷。与仲裁方式相比，当事人对调解过程和调解结果都拥有完全的支配权，而且调解过程是非裁决性的。在调解中，调解人本着满足纠纷当事人的需要和利益的目的，协助当事人通过谈判达成和解。主持调解的第三方无权将一项解决纠纷的办法强加给当事人。而在仲裁中，当事人委托仲裁庭解决纠纷和对纠纷作出处理，仲裁庭的决定对双方当事人均有约束力。[1]

那么，什么是国际商事调解？联合国《国际商事调解示范法》第 1 条规定："调解如有下列情形的，即为国际调解：①订立调解协议时，调解协议各方当事人的营业地处于不同的国家；或者②各方当事人营业地所在国并非：（a）履行商业关系中大部分义务的所在国；或（b）与纠纷标的事项关系最密切的国家。"根据该规定，"达到国际性标准的要求是，调解协议订立时，调解协议当事人的营业地在不同国家，或者商业关系的义务主要部分履行地国或与纠纷标的关系最密切的国家不是当事人设有营业地的国家。"[2] 可见，该示范法采用了多重标准（包括营业地标准）来认定调解是否为国际调解。同时，示范法也没有将调解所在地和调解机构作为判断是否为国际调解的标准。因为"当事人常常并不正式指定调解地，而且实际上，调解可以在几个地点进行。"[3]

我国并没有制定单独的民事调解规则，而是在《民事诉讼法》第八章以及《仲裁法》第 51 条和第 52 条中对调解作出相应规定。

（二）调解的类型

调解既可以是一种独立的争议解决程序，也可以与其他争议解决程序相结合。当它被不同的调解人使用或者与不同争端解决程序相结合时，就产生了不同类型的调解。

1. 民间调解。民间调解是指在非司法性和非行政性的民间组织、团体或者个人的主持下进行的调解。[4] 主持调解的这些民间组织、团体或者个人被称为"民间调解人"。经民间调解人主持调解所达成的调解协议只构成一项新合同或对原合同的修改补充，对争议双方当事人具有约束力，各方应严格履行，否则视为违约。

根据民间调解人的不同，民间调解可以分为如下类型：

（1）个人调解。个人调解是指自然人以个人身份作为调解人所进行的调解。该自然人由争议各方共同选定，被选定的自然人通常是相关领域的专家，而且不限国籍。

---

〔1〕《联合国国际贸易法委员会〈国际商事调解示范法〉颁布和使用指南（2002 年）》。
〔2〕《联合国国际贸易法委员会〈国际商事调解示范法〉颁布和使用指南（2002 年）》。
〔3〕《联合国国际贸易法委员会〈国际商事调解示范法〉颁布和使用指南（2002 年）》。
〔4〕 尹力：《国际商事调解法律问题研究》，武汉大学出版社 2007 年版，第 16 页。

（2）民间机构调解。一些商会或者行业协会通常设立专门的调解机构，并适用专门的调解规则进行调解。例如，中国国际贸易促进委员会/中国国际商会调解中心（Conciliation Centre of CCOIC）及其各分会的调解中心，就属于我国的常设民间调解机构。

（3）联合调解。联合调解也称共同调解（joint conciliation），是指由中国国际经济贸易促进委员会/中国国际商会调解中心与国外调解机构共同对一个争议案件进行调解的做法。该做法是由中国国际经济贸易促进委员会与美国仲裁协会于1977年共同开创的解决国际商事争议的新方式[1]。

联合调解的程序是，由争议当事人中的一方向另一方发出书面通知，邀请其按照两国调解机构的联合调解规则调解，解决争议。如另一方当事人接受了调解邀请，调解程序开始。当事人可以协商选定两国调解机构秘书处中的任何一个作为案件的行政管理机构，如未选定，由被申请人所在国家的秘书处进行管理。秘书处负责组织安排调解会议。调解程序开始后，双方当事人分别在其所在国的调解机构的调解员名册中指定一名调解员。调解员可以单独会见一方当事人，也可以提出和解建议。调解成功则制作调解书，撤销案件。调解员在调解中提出的建议或当事人所作的承认或接受行为不能作为仲裁或诉讼中的证据。

2. 仲裁机构调解。仲裁机构调解是指由仲裁机构主持进行的调解。它将调解纳入仲裁程序，由仲裁机构在仲裁开始前或在仲裁过程中征求当事人的意见，当事人同意调解的，进行调解，调解成功则制作调解书，并撤销案件。如当事人不同意调解或调解未成功，则继续进行仲裁。通过此种方式达成的和解，由仲裁机构制作调解书或裁决书，由仲裁员签字并加盖仲裁委员会印章后，送达双方当事人，经双方当事人签收后即发生法律效力。签收前一方反悔的，仲裁机构进行继续仲裁。生效后的仲裁机构制作的调解书与仲裁机构作出的仲裁裁决具有同等法律效力，一方不履行调解书的，另一方有权向法院申请执行。对于仲裁与调解相结合的合理性，有学者认为，仲裁与调解相结合是对自然公正原则或正当程序原则的侵害，且容易使调解程序失控，便于仲裁员真正探到当事人的真实意图，违背仲裁原则，这是危险的。[2]

我国采纳了仲裁机构调解的方式。我国《民事诉讼法》第八章规定了如下制度：①调解不是仲裁的必经程序，而是当事人的自愿程序。当事人自愿调解的，仲裁庭应当当庭调解。②调解人由仲裁员担任。③仲裁庭必须在作出裁决前进行调解。④调解不成的，仲裁机构应当及时作出裁决。⑤调解书与裁决书具有同等法律效力。调解达成协议的，仲裁庭应当制作调解书或者根据协议的结果制作裁决书。调解书

〔1〕　1977年有三宗中美当事人之间的合同争议几乎同时提交中国贸促会贸易仲裁委员会和美国仲裁协会仲裁，于是中美两个机构决定在北京进行联合调解，并调解成功。
〔2〕　王生长：《仲裁与调解相结合的理论与实务》，法律出版社2001年版，第161页。

经双方当事人签收后发生法律效力。在调解书签收前当事人反悔的，仲裁庭应当及时作出裁决。此外，当事人请求不予执行仲裁调解书或者根据当事人之间的和解协议作出的仲裁裁决书的，人民法院不予支持。[1] 在我国的仲裁实践中，很多仲裁案件通过调解结案。

3. 法庭调解。法庭调解也称法院调解或司法调解，是指由法院主持进行的调解。目前，已有许多国家的法律规定了法院调解方式，我国也不例外。

我国《民事诉讼法》第八章专门规定了调解问题。法庭调解必须遵守如下规定：①调解不是法院审理案件的必经程序，而是当事人的自愿程序。人民法院审理民事案件，应当根据自愿和合法的原则进行调解；调解不成的，应当及时判决。②调解人由法官担任。人民法院进行调解，可以由审判员一人主持，也可以由合议庭主持，并尽可能就地进行。人民法院进行调解，可以用简便方式通知当事人、证人到庭。调解达成协议，必须双方自愿，不得强迫。调解协议的内容不得违反法律规定。③由法院制作调解书。调解达成协议，人民法院应当制作调解书。调解书应当写明诉讼请求、案件的事实和调解结果。调解书由审判人员、书记员署名，加盖人民法院印章，送达双方当事人。调解书经双方当事人签收后，即具有法律效力。调解未达成协议或者调解书送达前一方反悔的，人民法院应当及时判决。

我国法院审理的许多涉外经济案件都是通过调解解决当事人之间的纠纷。尽管有各种调解方式，但是，所有调解方式与协商方式一样，都是建立在当事人的自愿和互谅互让基础上的。但与协商方式相比，由于有第三方作为调解人，而且调解人具有较多的调解经验，因而有利于调解协议的达成，有利于维护各方当事人的合法权益。此外，与仲裁和诉讼相比，调解方式的明显优势在于程序简单灵活，费用较低。

三、仲裁

（一）仲裁的概念和特点

仲裁一词来自拉丁文，指争议当事人通过协议方式将争议提交第三方（仲裁机构）进行裁决的争议解决方式。仲裁具有如下特点：

1. 仲裁具有自愿性。与协商方式和调解方式类似，仲裁以当事人的共同自愿为前提。即仲裁机构受理仲裁案件必须建立在争议当事人均接受仲裁的前提下，如一方不同意将争议提交仲裁机构，仲裁机构无权受理该项争议。例如，我国《仲裁法》第4条规定："当事人采用仲裁方式解决纠纷，应当双方自愿，达成仲裁协议。没有仲裁协议，一方申请仲裁的，仲裁委员会不予受理。"

2. 仲裁具有专业性和公正性。"仲裁即把争议提交某人裁决，而不是让具有合法

---

〔1〕《最高人民法院关于适用〈中华人民共和国仲裁法〉若干问题的解释》第28条。该司法解释于2005年12月26日由最高人民法院审判委员会第1375次会议通过，自2006年9月8日起施行。

管辖权的法院审理。"[1] 即仲裁案件由仲裁机构专门审理。争议当事人可以选择常设仲裁机构，也可以选择临时仲裁机构。常设仲裁机构备置仲裁员名单供当事人选择。由于名单中的仲裁员基本上都是有关方面的专家，因此，能够保证仲裁裁决的公正性。同时，仲裁机构有权在查明事实的基础上，独立自主地对争议进行裁决，无须征得争议各方当事人的同意。

3. 仲裁裁决具有终局性和可强制执行性。仲裁的司法特征使其区别于谈判、和解以及专家程序等类似机制[2]。"仲裁实行一裁终局的制度。裁决作出后，当事人就同一纠纷再申请仲裁或者向人民法院起诉的，仲裁委员会或者人民法院不予受理。"[3] "裁决书自作出之日起发生法律效力。"[4] 这意味着，仲裁是一种最终解决争议的方法。仲裁裁决作出后，各方当事人必须执行。如一方不履行仲裁裁决，另一方当事人有权申请法院予以强制执行。如果是涉外仲裁裁决而非内国仲裁裁决，胜诉方可以根据《承认和执行外国仲裁裁决公约》（《纽约公约》）以及其他双边或者多边条约的规定，要求缔约方有管辖权的法院予以承认和执行该裁决。正因为如此，有学者指出，仲裁同时具有契约性质和司法性质。因为仲裁协议的本质是当事人自愿订立的契约，而仲裁庭根据此项契约作出的仲裁裁决的效力与法院判决的效力相同，具有可以为法院强制执行的性质。[5]

4. 仲裁程序具有简单性和灵活性。仲裁具有比诉讼方式简单的程序规则，有利于较快解决争议。同时，仲裁实行一裁生效，也节省了争议解决的成本和时间。

5. 仲裁程序具有保密性。为保护各方当事人的商业秘密，有助于各方当事人的进一步合作，仲裁通常以不公开方式进行。例如，我国《仲裁法》第40条规定："仲裁不公开进行。当事人协议公开的，可以公开进行，但涉及国家秘密的除外。"

由于仲裁的上述特点，特别是在外国仲裁裁决的承认与执行方面已经达成了《承认和执行外国仲裁裁决的公约》（《纽约公约》），并有很多国家和地区参加，使得仲裁为更多国家的当事人所选用。

（二）仲裁的分类

1. 国内仲裁、涉外仲裁、国际仲裁。我国将国内仲裁与涉外仲裁分别开来，《仲裁法》第七章专门设置了"涉外仲裁的特别规定"。虽然我国法律并没有直接规定"国内仲裁"、"涉外仲裁"的认定标准，但《仲裁法》第65条规定："涉外经济贸易、运输和海事中发生的纠纷的仲裁，适用本章规定……"根据该规定可以推论，在我国，国内仲裁与涉外仲裁的认定标准是仲裁机构处理的案件是否具有涉外性。

---

〔1〕 戴维·M. 沃克：《牛津法律大辞典》，光明日报出版社1988年版，第53页。

〔2〕 Emmanuel Gaillard and John Savage, Fouchard, Gaillard, Goldman on International Commercial Arbitration, *Kluwer Law International*, 1999, p. 12.

〔3〕 《仲裁法》第9条第1款。

〔4〕 《仲裁法》第57条。

〔5〕 赵秀文：《国际商事仲裁法》，中国人民大学出版社2004年版，第4页。

国内仲裁就是指仲裁机构受理的不具有涉外性的案件。而涉外仲裁就是指仲裁机构就涉外经济贸易、运输和海事案件所进行的仲裁，由此作出的裁决称为涉外仲裁裁决。[1] 无论是国内裁决还是涉外裁决皆是国内仲裁机构作出的裁决。[2] 如前所述，我国的司法解释对涉外民事案件的认定没有采取单一标准，而是采用了多重标准：主体标准、行为发生地标准、标的物所在地标准。有学者指出，应依据上述司法解释界定涉外仲裁。[3]

关于国际仲裁，我国法律对此没有给予界定。有两个主要的标准被单独或者共同使用来界定国际商事仲裁中的"国际"一词：第一个标准要求对争议的性质进行分析；第二个标准集中于当事人，主要看当事人的国籍或惯常居住地或公司的管理控制地。[4] 联合国国际贸易法委员会于 1985 年通过的《国际商事仲裁示范法》对"国际仲裁"上述两个标准均予以采用。该《示范法》作出如下解释："仲裁如有下列情况即为国际性的：①仲裁协议的当事各方在缔结协议时，他们的营业地点位于不同的国家；②下列地点之一位于当事各方营业地点所在国之外：（a）仲裁协议中或根据仲裁协议确定的仲裁地；（b）商事关系的主要部分将要履行的地点或与争议标的最具有密切联系的地点；③双方当事人已明确约定仲裁协议的标的与一个以上的国家有联系。"[5] 从上述规定可以看出，《国际商事仲裁示范法》对"国际"一词的理解是广义的。根据该标准，当仲裁协议的各方当事人在缔结该协议时，其营业地位于不同国家，对该案件的仲裁即为国际仲裁。此外，如果仲裁地点、履约地点或者争议标的地点位于各方当事人营业地所在国以外，或者各方当事人明确同意仲裁协议的标的与一个以上国家有关，则对该纠纷的仲裁也为国际仲裁。[6] 国际商会（ICC）早期时将国际商事仲裁限定为不同国家之间的公民就所发生的争议提起仲裁的情形。但此后又作出了修改。ICC 在其颁布的说明手册中作了如下充分说明[7]："仲裁的国际性质并不意味着当事人必须具有不同国籍。由于实体的缘故，合同可以超越国界，例如，同一国家的两个公民在另一个国家履行的合同或者一个国家与在

---

〔1〕 孙南申教授也持相同观点。孙南申教授认为，国内仲裁是专门解决国内当事人之间经济争议的仲裁，其所解决的争议不具涉外因素；而涉外仲裁是专门解决当事人之间在涉外经济贸易、运输和海事中发生争议的仲裁，即具有涉外因素的仲裁。参见孙南申："涉外仲裁司法审查的若干问题研究——以仲裁协议为视角"，载《法商研究》2007 年第 6 期。

〔2〕 马占军："论我国仲裁裁决的撤销与不予执行制度的修改与完善——兼评《最高人民法院关于适用〈中华人民共和国仲裁法〉若干问题的解释》的相关规定"，载《法学杂志》2007 年第 2 期。

〔3〕 韩健、宋连斌："论我国国际商事仲裁机构与法院的关系"，载《仲裁与法律通讯》1997 年第 8 期。

〔4〕 ［美］艾伦·雷德芬，马丁·亨特等：《国际商事仲裁法律与实践》，林一飞、宋连斌译，北京大学出版社 2005 年版，第 14 页。

〔5〕 联合国国际贸易法委员会《国际商事仲裁示范法》第 1 条第 3 款。

〔6〕 《联合国国际贸易法委员会〈国际商事仲裁示范法〉秘书处的说明》。

〔7〕 李建："中国法院在国际商事仲裁中的地位和作用"，载北京市法学会国际法学研究会编：《国际法学论丛》，当代世界出版社 1999 年版，第 563 页。

其国内经商的外国子公司订立了合同。"从该解释可以看出，国际商会对"国际"的解释也是广义的。

2. 内国仲裁与外国仲裁。从国内立法而言，内国仲裁与外国仲裁的区别上有领域理论和准据法理论。前者以仲裁地在内国还是外国来确定仲裁属内国仲裁还是外国仲裁，后者以仲裁适用的法律是内国法还是外国法为判断标准[1]。《承认和执行外国仲裁裁决公约》(《纽约公约》)是专门规范外国仲裁裁决在内国的承认与执行的。该公约对"外国仲裁裁决"没有给予定义，但是，该公约第 1 条规定："由于自然人或法人间的争议而引起的仲裁裁决，在一个国家的领土内作出，而在另一个国家请求承认和执行时，适用本公约。在一个国家请求承认和执行这个国家不认为是本国裁决的仲裁裁决时，也适用本公约。"该定义为各缔约国判定某项仲裁裁决是否属于外国裁决提供了两项法律标准：①裁决作出地标准，即凡在被请求承认和执行的缔约国本国领土之外的外国领土上作出的仲裁裁决即属外国裁决（在外国作出的裁决）。②非内国裁决标准，即凡依据被请求承认和执行的缔约国的法律不被认为是本国裁决的仲裁裁决也可属于外国裁决（非内国裁决）[2]。有学者认为，两种标准不是一种平行关系，而是一种主从关系。非内国裁决标准只是地域标准的补充和扩延，而不能取代地域标准，它的作用在于扩大公约的适用范围[3]。

我国于 1986 年 12 月 2 日正式加入《纽约公约》,[4] 最高人民法院在《关于执行我国加入的〈承认和执行外国仲裁裁决公约〉的通知》中明确规定："我国对在另一缔约国领土内作出的仲裁裁决的承认和执行适用该公约。"可见，我国只承认仲裁裁决的作出地在外国的仲裁裁决即构成适用于《纽约公约》的外国仲裁裁决或者外国仲裁。但何谓"作出地"，公约和我国法律均没有作出进一步的规定和解释。有学者认为，从《纽约公约》的适用角度来看，"裁决作出地"应指仲裁地，仲裁地通常由当事人约定或由仲裁机构、仲裁庭依照仲裁规则和仲裁程序法指定。当事人住所地或居所地、仲裁机构所在地、仲裁开庭地、仲裁裁决书签署地、仲裁裁决书收到地、仲裁裁决书寄送地、仲裁员住所地既不能直接等同或替代裁决作出地，也不能被直接用来判定某项裁决是否属于《纽约公约》所称的"在外国作出的裁决"[5]。

但是，上述司法解释又与我国《民事诉讼法》第 283 条有所不同。第 283 条规

---

〔1〕 于喜富：《国际商事仲裁的司法监督与协助——兼论中国的立法与司法实践》，知识产权出版社 2006 年版，第 11 页。

〔2〕 黄亚英："外国仲裁裁决论析——基于《纽约公约》及中国实践的视角"，载《现代法学》2007 年第 1 期。

〔3〕 杨树明主编：《国际商事仲裁法》，重庆大学出版社 2002 年版，第 273 页。

〔4〕 参见 1986 年 12 月 2 日通过的《全国人民代表大会常务委员会关于我国加入〈承认和执行外国仲裁裁决的公约〉的决定》。

〔5〕 黄亚英："外国仲裁裁决论析——基于《纽约公约》及中国实践的视角"，载《现代法学》2007 年第 1 期。

定："国外仲裁机构的裁决，需要中华人民共和国人民法院承认和执行的，应当由当事人直接向被执行人住所地或者其财产所在地的中级人民法院申请，人民法院应当依照中华人民共和国缔结或者参加的国际条约，或者按照互惠原则办理。"从该规定可以看出，我国认定何谓"外国仲裁裁决"是看作出裁决的仲裁机构，即外国仲裁机构作出的仲裁裁决为外国仲裁裁决。那么，依此类推，内国仲裁就是指国内仲裁机构作出的裁决。内国裁决包括国内裁决和涉外仲裁裁决。此外，我国《仲裁法》第七章在涉外仲裁方面并没有提及仲裁地问题，因此可以理解为，即便我国仲裁机构受理的涉外经济贸易、运输和海事案件在我国领土之外进行仲裁，该仲裁仍然属于中国的涉外仲裁。所以，从相关规定看，我国《仲裁法》对内国仲裁和外国仲裁的认定实质上是采取仲裁机构标准，即中国仲裁机构受理的案件就是内国仲裁，外国仲裁机构受理的案件就是外国仲裁裁决。对于此种做法，也有学者认为，这种做法与国际上通行的仲裁地标准显然相悖。以仲裁机构的国籍确定仲裁是否"涉外"的方法应予改变，正确的方法应当是：首先以仲裁地决定商事仲裁是否为内国仲裁，对内国仲裁则以争议是否具有涉外因素确定其是否为涉外仲裁，而在内国发生的仲裁是否由中国仲裁机构为之则在所不问。[1] 还有学者认为，外国仲裁裁决应指在我国境外作出的仲裁裁决。此项裁决既包括由外国常设仲裁机构管理下由仲裁庭在我国境外作出的裁决，也应当包括临时仲裁机构（庭）在我国境外作出的裁决；外国仲裁机构裁决并不等同于外国裁决。这里起决定性作用的是仲裁地点是否在我国境外。外国仲裁机构在我国境外作出的裁决为外国仲裁裁决。如果仲裁地点在我国，则仲裁庭适用该外国仲裁机构仲裁规则作出的裁决是我国仲裁裁决，而不是外国仲裁裁决。我国现行立法与实践对外国仲裁机构裁决的国籍的定位不十分明确。应采用国际上普遍适用的仲裁地点决定国际商事仲裁裁决国籍的标准，将《民事诉讼法》第283条中规定的"国外仲裁机构的裁决"修订为"外国仲裁裁决"。[2]

（三）国际立法

目前，世界上大多数国家都制定了仲裁方面的法律。为统一各国仲裁法律，国际社会制定了若干有关国际商事仲裁方面的国际公约。具体而言，国际商事仲裁的国际立法主要有以下几个：①《日内瓦仲裁条款议定书》。该协议书于1921年由国际联盟主持制定。它是世界上第一个关于商事仲裁方面的国际公约。其制定的主要目的是促使各成员国相互承认仲裁协议的效力。②《日内瓦关于执行外国仲裁裁决的公约》。该公约于1927年由国际联盟主持制定，主要目的是弥补《仲裁条款议定书》的不足。③《承认和执行外国仲裁裁决的公约》。由联合国于1958年6月10日在美国纽约主持制定，因而简称《纽约公约》。它是国际商事仲裁方面具有重要影响

---

[1] 于喜富：《国际商事仲裁的司法监督与协助——兼论中国的立法与司法实践》，知识产权出版社2006年版，第20页。

[2] 赵秀文："国外仲裁机构裁决不等于外国仲裁裁决"，载《法学》2006年第9期。

的国际公约。我国于 1986 年加入，1987 年 4 月 22 日起对我国生效。④《联合国国际商事仲裁示范法》（UNCITRAL Model Law on International Commercial Arbitration）。该示范法由联合国国际贸易法委员会于 1985 年 6 月 21 日通过。其目的是向各个国家的仲裁立法提供样板，促进国际仲裁法律制度的统一。由于该示范法吸收了大多数国家的做法，因而被许多国家所采用。该示范法是继《纽约公约》之后在国际商事仲裁领域的又一具有重要国际影响的国际文件。示范法主要规定了总则、仲裁协议、仲裁庭的组成、仲裁庭的管辖权、仲裁程序的进行、裁决的作出和程序的终止、对裁决的追诉、裁决的承认和执行。此外，一些国家还达成了区域性国际公约：①《欧洲国际商事仲裁公约》。1961 年 4 月 21 日由联合国欧洲经济委员会在日内瓦签署，但参加国不多，也很少使用。②《美洲国家之间关于国际商事仲裁公约》。1975 年 1 月 30 日由美洲国家会议在巴拿马城制定。

（四）国内立法

目前，大部分国家制定了专门的仲裁法，如瑞典仲裁法、英国仲裁法、美国统一仲裁法、法国仲裁法令等。也有一些国家在民事诉讼法中加以规定，如德国民事诉讼法、日本民事诉讼法等。我国的仲裁立法包括有关仲裁的法律、行政法规、司法解释及我国缔结和参加的国际公约。我国《民事诉讼法》第二十六章对仲裁作出了专章规定。此外，我国还于 1994 年 8 月 31 日通过了《中华人民共和国仲裁法》，该法共有 80 条，规定了总则、仲裁委员会和仲裁协会、仲裁协议、仲裁程序（申请和受理、仲裁庭的组成、开庭和裁决）、申请撤销裁决、执行、涉外仲裁的特别规定、附则。该法既适用于国内仲裁，也适用于涉外经济贸易、运输和海事中发生的纠纷的仲裁。为澄清《仲裁法》中存在的某些问题，最高人民法院还于 2005 年 12 月 26 日通过了《最高人民法院关于适用〈中华人民共和国仲裁法〉若干问题的解释》，该司法解释已经从 2006 年 9 月 8 日起施行。

（五）仲裁协议

仲裁协议是国际商事仲裁的核心内容，它是意思自治原则在国际商事仲裁中的体现。根据意思自治原则，争议当事人在仲裁协议中有权指定受理争议的仲裁机构、仲裁员、仲裁地点、仲裁所适用的程序法及实体法等项内容。

1. 仲裁协议的概念及分类。仲裁协议是指双方当事人将争议提交仲裁机构解决的共同意思表示。仲裁协议包括合同中订立的仲裁条款和以其他书面方式在纠纷发生前或者纠纷发生后达成的请求仲裁的协议。[1] 具体而言，仲裁协议分为两种类型：仲裁条款、仲裁协议书。仲裁条款与仲裁协议书具有同等法律效力。

---

[1] 《仲裁法》第 16 条。《联合国国际商事仲裁示范法》第 7 条第 1 款也有类似规定："'仲裁协议'是指当事各方同意将他们之间确定的不论是契约性还是非契约性的法律关系上已经发生或可能发生的一切或者某些争议提交仲裁的协议。仲裁协议可以采取合同中的仲裁条款形式或者单独的协议形式。"

（1）仲裁条款。仲裁条款是仲裁协议的基本形式，是指争议当事人在合同中订立的，载明将日后可能发生的争议提交仲裁机构解决的专门条款。为方便仲裁，一些仲裁机构制定并发布了标准仲裁条款供当事人采用。例如，中国国际经济贸易仲裁委员会的示范仲裁条款载明："因本合同引起的或与本合同有关的任何争议，均应提交中国国际经济贸易仲裁委员会，按照申请仲裁时该会现行有效的仲裁规则进行仲裁。仲裁裁决是终局的，对双方均有约束力。"中国海事仲裁委员会推荐的标准仲裁条款为："凡因本合同引起的或与本合同有关的任何争议，均应提交中国海事仲裁委员会，按照申请仲裁时该会现行有效的仲裁规则进行仲裁。仲裁裁决是终局的，对双方均有约束力。"国际商会（ICC）推荐的示范仲裁条款为："关于本合同发生的一切争执，最后应依据国际商会调解和仲裁规则所指定的仲裁员一人或若干人依照该规则解决。"

（2）仲裁协议书。仲裁协议书是指以其他书面方式在纠纷发生前或者纠纷发生后达成的请求仲裁的协议。其他书面形式的仲裁协议包括以合同书、信件和数据电文（包括电报、电传、传真、电子数据交换和电子邮件）等形式达成的请求仲裁的协议。[1]

2. 仲裁协议的形式。实践中，一些仲裁协议是通过口头形式达成的，并得到一些国家法律的承认。但是，大多数国家要求当事人以书面形式订立仲裁协议方为有效。联合国国际贸易法委员会主持制定的《承认和执行外国仲裁裁决公约》以及《国际商事仲裁示范法》也都要求仲裁协议必须是书面形式。

《承认和执行外国仲裁裁决公约》第 2 条规定："①如果双方当事人书面协议把由于同某个可以通过仲裁方式解决的事项有关的特定的法律关系，不论是不是合同关系，所已产生或可能产生的全部或任何争执提交仲裁，每一个缔约国应该承认这种协议。②'书面协议'包括当事人所签署的或者来往书信、电报中所包含的合同中的仲裁条款和仲裁协议。"从上述规定可以看出，《承认和执行外国仲裁裁决公约》对书面形式的解释是广义和宽松的。值得注意的是，联合国国际贸易法委员会于 2005 年 11 月 23 日通过的《国际合同使用电子通信公约》将书面形式发展到电子通信形式。该公约规定："凡法律要求一项通信或一项合同应当采用书面形式的，或规定了不采用书面形式的后果的，如果一项电子通信所含信息可以调取以备日后查用，即满足了该项要求。"[2] 该公约也适用于缔约国加入的《承认及执行外国仲裁裁决公约》。

《联合国国际商事仲裁示范法》第 7 条第 2 款规定："仲裁协议应是书面的。协议如载于当事各方签字的文件中，或载于往来的书信、电传、电报或提供协议记录

---

〔1〕 《最高人民法院关于适用〈中华人民共和国仲裁法〉若干问题的解释》第 1 条。该司法解释于 2005 年 12 月 26 日由最高人民法院审判委员会第 1375 次会议通过，自 2006 年 9 月 8 日起施行。

〔2〕 联合国《国际合同使用电子通信公约》第 9 条第 2 款。

的其他电讯手段中，或在申诉书和答辩书的交换中当事一方声称有协议而当事他方不否认即为书面协议。在合同中提出参照有仲裁条款的一项文件即构成仲裁协议，如果该合同是书面的而且这种参照足以使该仲裁条款构成该合同的一部分的话。"

我国《仲裁法》第16条及《中国国际经济贸易仲裁委员会仲裁规则》[1]《中国海事仲裁委员会仲裁规则》[2] 都要求仲裁协议必须采用书面形式。《仲裁法》对"书面"的含义虽然没有给予具体解释，但《最高人民法院关于适用〈中华人民共和国仲裁法〉若干问题的解释》第1条则规定，书面形式包括合同书、信件和数据电文（包括电报、电传、传真、电子数据交换和电子邮件）等形式。该司法解释实际上参照了我国《合同法》第11条[3]对"书面形式"的规定。

3. 仲裁协议的内容和效力。仲裁协议是仲裁机构受理案件的前提。仲裁主要依据当事人的协议而发生，诉讼则是依据法律规定而发生。[4] 因此，有效的仲裁协议是仲裁机构受理案件的法定前提，是有关争议当事人得以向仲裁机构申请仲裁和仲裁机构得以对提交的争议进行管辖并作出裁决的重要依据。有效的仲裁协议排除了法院对争议的管辖权；反之，如果仲裁协议无效，则排除了仲裁机构的管辖权。因此，仲裁协议效力的正确认定，是各仲裁机构在案件受理和解决仲裁机构与法院管辖冲突中的关键环节。[5]

各国对仲裁协议内容的要求不一，有繁有简。大多数国家只要求当事人只要表明仲裁的意愿，仲裁协议就是有效的，并不要求仲裁协议必须规定某些特定的内容。联合国《国际商事仲裁示范法》也采取此做法。[6] 我国《仲裁法》对仲裁协议的要求相对较为严格，仲裁协议必须具有下列三项内容方为有效：①请求仲裁的意思表示；②仲裁事项；③选定的仲裁委员会。[7] 有学者指出，上述严格的仲裁协议内容要求违背了当事人意思自治的原则，不符合国际商事仲裁发展的趋势，不利于中国

---

[1] 该规则第5条规定："……②仲裁协议应当采取书面形式。书面形式包括合同书、信件、电报、电传、传真、电子数据交换和电子邮件等可以有形地表现所载内容的形式。在仲裁申请书和仲裁答辩书的交换中，一方当事人声称有仲裁协议而另一方当事人不做否认表示的，视为存在书面仲裁协议……"

[2] 该规则第3条规定："仲裁委员会根据当事人在争议发生之前或者之后达成的将争议提交仲裁委员会仲裁的仲裁协议和一方当事人的书面申请受理案件。仲裁协议系指当事人在合同、提单、运单或援引的文件中订明的仲裁条款，或者以其他方式达成的提交仲裁的书面协议……"

[3] 该条规定："书面形式是指合同书、信件和数据电文（包括电报、电传、传真、电子数据交换和电子邮件）等可以有形地表现所载内容的形式。"

[4] 于喜富：《国际商事仲裁的司法监督与协助——兼论中国的立法与司法实践》，知识产权出版社2006年版，第4页。

[5] 朱幼林："浅议对仲裁机构约定不明确的仲裁协议"，载《仲裁通讯》第13期。

[6] 联合国《国际商事仲裁示范法》第7条"仲裁协议的定义和形式"。

[7] 《仲裁法》第16条。

仲裁事业的发展。[1]

我国《仲裁法》和《最高人民法院关于适用〈中华人民共和国仲裁法〉若干问题的解释》（以下简称《仲裁法司法解释》）对以下问题作出了特别规定：

（1）仲裁事项的约定与仲裁协议的效力。我国法律规定，当事人在仲裁协议中必须约定仲裁事项。但是，如果当事人概括约定仲裁事项为合同争议的，基于合同成立、效力、变更、转让、履行、违约责任、解释、解除等产生的纠纷都可以认定为仲裁事项。[2]如果约定的仲裁事项超出法律规定的仲裁范围，仲裁协议无效。[3]

（2）仲裁机构的约定与仲裁协议的效力。在我国，有权受理涉外民事仲裁案件的仲裁机构除了中国国际经济贸易仲裁委员会以及中国海事仲裁委员会之外，还包括设在各地的仲裁委员会。由于我国的仲裁机构众多，如果争议当事人在仲裁协议中没有选定具体的仲裁机构，将出现无法确定哪一机构有权受理仲裁案件的情况。因此，我国《仲裁法》将选定仲裁机构作为仲裁协议的必备内容之一，并将未选定仲裁机构的仲裁协议视为无效。《仲裁法》第18条明确规定："仲裁协议对仲裁事项或者仲裁委员会没有约定或约定不明确的，当事人可以补充协议；达不成补充协议的，仲裁协议无效。"

但在实践中，仲裁协议对仲裁机构约定不明确的情况经常发生。而且，当事人在发生纠纷后，对不明确和不完整的仲裁协议能够达成补充协议的可能性很小。因此，针对这种情况，如果一律认定仲裁协议无效，将不利于经济纠纷的解决，对要求仲裁的一方当事人也是不公平的。[4]为维护仲裁协议的有效性和严肃性，最高人民法院对选定仲裁机构问题作出了如下司法解释：[5]

第一，如果仲裁协议约定的仲裁机构名称不准确，但是能够确定具体的仲裁机构的，应当认定选定了仲裁机构。

第二，如果仲裁协议约定两个以上仲裁机构，当事人可以协议选择其中一个仲裁机构申请仲裁；如果当事人不能就仲裁机构的选择达成一致，仲裁协议无效。

第三，仲裁协议约定由某地的仲裁机构仲裁，且该地仅有一个仲裁机构的，该仲裁机构视为约定的仲裁机构。该地有两个以上仲裁机构的，当事人可以协议选择其中的一个仲裁机构申请仲裁；当事人不能就仲裁机构选择达成一致的，仲裁协议无效。

（3）仲裁协议的主体与仲裁协议的效力。我国《仲裁法》第17条第2项规定，无民事行为能力人或者限制民事行为能力人订立的仲裁协议无效。

---

[1]　蔡鸿达："规范的仲裁条款和国际惯例的探讨"，载《国际商报》1998年2月28日。

[2]　《最高人民法院关于适用〈中华人民共和国仲裁法〉若干问题的解释》第2条。该司法解释于2005年12月26日由最高人民法院审判委员会第1375次会议通过，自2006年9月8日起施行。

[3]　《仲裁法》第17条第3项。

[4]　朱幼林："浅议对仲裁机构约定不明确的仲裁协议"，载《仲裁通讯》第13期。

[5]　《最高人民法院关于适用〈中华人民共和国仲裁法〉若干问题的解释》第3条。

（4）仲裁协议的订立自主性与仲裁协议的效力。我国《仲裁法》第17条第3项规定，一方采取胁迫手段，迫使对方订立仲裁协议的无效。

（5）仲裁协议当事人合并、分立后仲裁协议的效力。《仲裁法司法解释》第8条规定，当事人订立仲裁协议后合并、分立的，仲裁协议对其权利义务的继受人有效。当事人订立仲裁协议后死亡的，仲裁协议对承继其仲裁事项中的权利义务的继承人有效。对于前两款规定情形，当事人订立仲裁协议时另有约定的除外。

（6）适用其他合同或者公约中的争议解决规定问题。《仲裁法司法解释》第11条规定，合同约定解决争议适用其他合同、文件中的有效仲裁条款的，发生合同争议时，当事人应当按照该仲裁条款提请仲裁。涉外合同应当适用的有关国际条约中有仲裁规定的，发生合同争议时，当事人应当按照国际条约中的仲裁规定提请仲裁。

（7）债权债务转移后的争议解决问题。《仲裁法司法解释》第9条规定，债权债务全部或者部分转让的，仲裁协议对受让人有效，但当事人另有约定、在受让债权债务时受让人明确反对或者不知有单独仲裁协议的除外。

（8）对仲裁协议效力异议的提出。《仲裁法司法解释》第27条规定，当事人在仲裁程序中未对仲裁协议的效力提出异议，在仲裁裁决作出后以仲裁协议无效为由主张撤销仲裁裁决或者提出不予执行抗辩的，人民法院不予支持。当事人在仲裁程序中对仲裁协议的效力提出异议，在仲裁裁决作出后又以此为由主张撤销仲裁裁决或者提出不予执行抗辩，经审查符合《仲裁法》第58条或者《民事诉讼法》第217条、第260条规定的，人民法院应予支持。[1]当事人在仲裁庭首次开庭前没有对仲裁协议的效力提出异议，而后向人民法院申请确认仲裁协议无效的，人民法院不予受理。仲裁机构对仲裁协议的效力作出决定后，当事人向人民法院申请确认仲裁协议效力或者申请撤销仲裁机构的决定的，人民法院不予受理。

（9）认定仲裁协议效力的管辖法院。《仲裁法司法解释》第12条规定，当事人向人民法院申请确认仲裁协议效力的案件，由仲裁协议约定的仲裁机构所在地的中级人民法院管辖；仲裁协议约定的仲裁机构不明确的，由仲裁协议签订地或者被申请人住所地的中级人民法院管辖。申请确认涉外仲裁协议效力的案件，由仲裁协议约定的仲裁机构所在地、仲裁协议签订地、申请人或者被申请人住所地的中级人民法院管辖。涉及海事海商纠纷仲裁协议效力的案件，由仲裁协议约定的仲裁机构所在地、仲裁协议签订地、申请人或者被申请人住所地的海事法院管辖；上述地点没有海事法院的，由就近的海事法院管辖。

（10）涉外仲裁协议效力的法律适用。《仲裁法司法解释》第16条规定，中国法院在对涉外仲裁协议的效力审查，适用当事人约定的法律；当事人没有约定适用的法律但约定了仲裁地的，适用仲裁地法律；没有约定适用的法律也没有约定仲裁地

---

〔1〕 经2007年修改后，1991年《民事诉讼法》第217条和第260条已经变更为第213条和第258条。经2012年修改后，上述条文又分别变成第237条和第274条。

或者仲裁地约定不明的，适用法院地法律。

4. 仲裁协议的作用。仲裁协议具有以下效力和作用：

（1）仲裁协议是仲裁机构行使仲裁管辖权的依据。仲裁机构只受理当事人根据双方达成的仲裁协议所提交的争议案件，不受理没有仲裁协议的任何争议案件[1]。我国《仲裁法》第4条明确规定："当事人采用仲裁方式解决纠纷，应当双方自愿，达成仲裁协议。没有仲裁协议，一方申请仲裁的，仲裁委员会不予受理。"

（2）仲裁协议是仲裁机构确定仲裁事项范围的依据。仲裁协议除规定受理案件的仲裁机构外，还应规定仲裁的事项。仲裁机构只能在争议当事人约定的仲裁事项范围内仲裁，不能超越范围。我国《仲裁法》第58条规定，裁决的事项不属于仲裁协议的范围时，经当事人申请，仲裁委员会所在地的中级人民法院有权撤销该仲裁裁决。《承认和执行外国仲裁裁决公约》第5条也规定，如果裁决涉及仲裁协议所没有提到，或者不包括在仲裁协议规定之内的争执，或者协议内含有对仲裁协议范围以外事项的决定，被请求承认和执行裁决的管辖当局有权拒绝承认和执行该项裁决。

（3）仲裁协议排除法院的司法管辖权。仲裁协议排除司法管辖有两方面的含义：

第一，争议当事人达成仲裁协议后必须受仲裁协议约束，依仲裁协议向双方指定的仲裁机构提出仲裁，而不能向法院提起司法诉讼[2]。我国《仲裁法》第5条和第26条分别规定："当事人达成仲裁协议，一方向人民法院起诉的，人民法院不予受理，但仲裁协议无效的除外。""当事人达成仲裁协议，一方向人民法院起诉未声明有仲裁协议，人民法院受理后，另一方在首次开庭前提交仲裁协议的，人民法院应当驳回起诉，但仲裁协议无效的除外；另一方在首次开庭前未对人民法院受理该案提出异议的，视为放弃仲裁协议，人民法院应当继续审理。"此外，《仲裁法司法解释》第7条还规定："当事人约定争议可以向仲裁机构申请仲裁也可以向人民法院起诉的，仲裁协议无效。但一方向仲裁机构申请仲裁，另一方未在仲裁法第20条第2款规定期间内提出异议的除外。"此外，《承认和执行外国仲裁裁决公约》第2条第3款还规定，如果缔约国的法院受理一个案件，而当事人就该案件所涉及的事项已经达成仲裁协议时，除非法院查明该项协议是无效的、未生效的或不可能执行的，

---

〔1〕 值得注意的是，有些领域的仲裁实行强制性仲裁，即法定仲裁。因此，没有仲裁协议并不影响仲裁机构审理案件。例如，我国的劳动争议即实行强制性仲裁。劳动合同的当事人发生争议必须交由劳动争议仲裁委员会解决。我国《仲裁法》关于仲裁协议的规定不适用于劳动争议。参见《仲裁法》第77条、《最高人民法院关于审理劳动争议案件适用法律若干问题的解释》（法释〔2001〕14号）。

〔2〕 例如，我国A公司与英国B公司于某年11月4日签订一份购买大理石板材的出口合同，合同规定采用诉讼方式解决合同争议。合同签订后，双方就有关问题再行进行函电磋商，并将争议解决方式改为仲裁方式。后双方因质量问题发生争议，A公司按照11月4日签订的合同规定向法院提起诉讼，而与此同时，B公司也向仲裁机构提起仲裁申请。在本案中，虽然双方先采用诉讼方式，但因双方在以后的函电磋商中对原先的争议解决方式进行了修改。修改后的仲裁条款构成双方之间的仲裁协议。因此，法院不会也不应受理该案件。

应该依照一方当事人的请求，令当事人将案件提交仲裁。

第二，仲裁机构作出仲裁裁决后，当事人不能就同一纠纷再向法院起诉。例如，中国《民事诉讼法》第273条规定："经中华人民共和国涉外仲裁机构裁决的，当事人不得向人民法院起诉……"但是，如果仲裁裁决被法院裁定撤销或者不予执行的，当事人可以就同一纠纷向法院提起司法诉讼。我国《仲裁法》第9条也有类似规定。

（4）仲裁协议具有独立性。仲裁协议的独立性是指仲裁协议应视为与合同的其他条款分离地、独立地存在的条款或部分，国际商事合同的变更、解除、终止、无效或失效以及存在与否，均不影响仲裁协议的效力，一方当事人仍可依据仲裁协议提交双方约定的仲裁机构仲裁。我国《仲裁法》第19条第1款明确规定："仲裁协议独立存在，合同的变更、解除、终止或者无效，不影响仲裁协议的效力。"例如，在一有关工程承包的仲裁案件中，被申请人曾提出，其承包的合同未得到有关部门准批，因此不具有法律效力，合同中的仲裁条款也因此无效。[1] 显然，这一抗辩是不符合上述规定的。此外，《仲裁法司法解释》第10条还规定："合同成立后未生效或者被撤销的，仲裁协议效力的认定适用仲裁法第19条第1款的规定。当事人在订立合同时就争议达成仲裁协议的，合同未成立不影响仲裁协议的效力。"2010年修订的《联合国国际贸易法委员会仲裁规则》第23条第1款也有类似规定："仲裁庭有权力对其自身管辖权作出裁定，包括对与仲裁协议的存在或效力有关的任何异议作出裁定。为此目的，构成合同一部分的仲裁条款，应视为独立于合同中其他条款的一项协议。仲裁庭作出合同无效的裁定，不应自动造成仲裁条款无效。"

（六）仲裁地点

仲裁地点是指争议案件在何地进行仲裁。仲裁地点的确定对争议当事人至关重要，它决定仲裁所要适用的程序法甚至实体法，决定该地仲裁机构作出的仲裁裁决是否能够得到执行。在签订仲裁协议时，争议当事人选择仲裁地点通常主要考虑以下因素：该地点是否在《纽约公约》缔约国领土范围之内；该地有关仲裁程序法的规定及是否可以选择其他仲裁机构的仲裁规则；该地法院对仲裁裁决的干预程度；该地对境外仲裁员选任的要求；仲裁费用；仲裁声誉等。在实践中，由于争议当事人对本国仲裁方面的法律比较熟悉，通常首先力争在本国仲裁，其次选择到中立的第三国仲裁。无论在何地仲裁，为使仲裁裁决能够在败诉方国家得到执行，该地必须是《纽约公约》的缔约国。

我国《仲裁法》第6条规定："仲裁委员会应当由当事人协议选定。仲裁不实行级别管辖和地域管辖。"从该条规定可以看出，我国也赋予了争议当事人自由选择仲裁地点的权利。

（七）仲裁机构

国际仲裁与国内仲裁一样，是根据当事人的自愿协议，由无利害关系的、非政

---

〔1〕 林一飞："仔细阅读仲裁规则，避免无谓的管辖权争议"，载《仲裁通讯》第4期。

府的裁决者解决争议的一种方式。[1] 因此，仲裁机构属于非政府组织。正是这样的性质，使得仲裁裁决更加具有公正性。

从组织形式上而言，根据仲裁机构有无固定的办公场所和章程，仲裁机构分为两种类型：临时仲裁机构、常设仲裁机构。提交临时仲裁机构进行的仲裁称临时仲裁，也称特别仲裁；提交常设仲裁机构进行的仲裁称为常设仲裁，也称机构仲裁。

1. 临时仲裁机构。临时仲裁机构是指争议双方当事人根据达成的仲裁协议，在争议发生后，按仲裁地所属国的仲裁法律规定，自行选任仲裁员组成的、仲裁裁决作出后即行解散的仲裁机构。因此，临时仲裁机构也称为"特设仲裁机构"。由于临时仲裁庭具有临时设立的性质，因此，临时仲裁机构没有固定的办公场所，也没有专门的仲裁程序规则，更没有为临时仲裁服务的工作人员和设备等。凡是与仲裁审理有关的事项（例如仲裁庭的组成、仲裁地点、仲裁规则等），必须在仲裁协议中予以详细约定。

临时仲裁机构进行临时仲裁的优势在于，争议双方当事人在仲裁员的选任、仲裁程序的决定和适用方面拥有较大的自主权。同时，临时仲裁可以降低争议当事人的成本，因为常设仲裁机构通常会收取仲裁管理费和服务费。但是，由于临时仲裁机构没有固定的组织、地点和仲裁规则，且缺乏相应的行政配备和便利（如文件送达、仲裁场所及记录等），很容易降低仲裁程序的效率。因此，许多争议当事人不愿采用这种仲裁形式。我国《仲裁法》未规定此种形式的仲裁。

2. 常设仲裁机构。常设仲裁机构是依照国际条约或国内法设立的具有固定名称、地址、章程、仲裁程序规则以及组织机构的永久性仲裁机构。常设仲裁机构的优势在于，它有固定的组织机构、组织章程、仲裁程序规则、健全的行政管理制度和完善的设施、可供选择的仲裁员名册等，因此，常设仲裁机构可以为争议当事人提供更好的仲裁服务。但与临时仲裁机构相比，常设仲裁机构的程序比较复杂，且收取的仲裁费用较高。尽管如此，大多数国际商事交易当事人仍然愿意选择在常设仲裁机构进行仲裁。

目前，许多国家根据本国法设立了常设仲裁机构，一些国际组织（例如国际商会）也设立了常设仲裁机构。许多常设仲裁机构每年受理大量国际商事仲裁案件，并在国际上产生了重要影响。

（1）中国常设仲裁机构。由于我国没有规定临时仲裁机制，因此，主要通过设立常设仲裁机构解决仲裁案件。我国涉外仲裁机构最早只有设在中国国际贸易促进委员会（也称中国国际商会）内部的"中国国际经济贸易仲裁委员会"（CIETAC）和"中国海事仲裁委员会"（CMAC）。但自从《仲裁法》于1995年9月1日实施后，涉外仲裁机构除了上述两个机构外，还包括依照《仲裁法》设立的各地仲裁委员会，

---

[1] Gary B. Born, *International Commercial Arbitration in the United States—Commentary & Materials*, Kluwer Law and Taxation Publishers, 1994, p. 1.

如北京仲裁委员会、天津仲裁委员会、广州仲裁委员会等。设在各地的仲裁机构既可以受理国内案件，也可以受理涉外案件。[1]

（2）国际商会仲裁院（ICC International Court of Arbitration）。它是国际商会附设的国际商事仲裁机构，1923 年在法国巴黎成立，它可以在世界各地进行仲裁活动。《国际商会仲裁规则》对仲裁申请、仲裁庭的组成、仲裁程序、法律适用、仲裁裁决的作出等作了明确规定。仲裁收费包括管理费和仲裁员费用。

（3）斯德哥尔摩商会仲裁院（SCC）。1917 年成立，是瑞典的全国性仲裁机构。该仲裁院可以根据当事人的申请采用《联合国国际贸易法委员会仲裁规则》。该院没有仲裁员名册。

（4）伦敦国际仲裁院（LCIA）。1892 年成立。该仲裁院可以根据当事人的申请采用《联合国国际贸易法委员会仲裁规则》。

（5）美国仲裁协会（AAA）。1926 年成立，总部设在纽约，在各主要城市设立分部。它受理争议的范围广泛，不仅包括商事争议，也包括家庭、消费者、劳动雇佣和团体等方面的争议。美国仲裁协会也可以进行调解。该仲裁院可以根据当事人的申请采用其他仲裁规则。

（6）日本商事仲裁协会（JCAA）。1950 年成立，总部设在东京。该仲裁协会可以根据当事人的申请采用《联合国国际贸易法委员会仲裁规则》。

（7）香港国际仲裁中心（HKAC）。1985 年成立。该中心的仲裁事务分为本地仲裁和国际仲裁。本地仲裁适用本地仲裁规则，国际仲裁适用《联合国国际贸易法委员会仲裁规则》。该中心也可以采取调解或调停的方式解决争议。

（8）世界知识产权组织仲裁中心（WIPO Arbitration and Mediation Center）。1993 年 7 月 23 日由世界知识产权组织大会一致同意设立，1994 年 7 月 1 日开始运作。仲裁中心的服务面向个人、企业、国家，不限于缔约国。受案范围是有关知识产权方面的争议，同时也不仅仅限于知识产权争议。

除上述机构外，瑞士苏黎世商会仲裁院（Court of Arbitration of the Zurich Chamber of Commerce）、新加坡国际仲裁中心（SIAC）、解决国际投资争端国际中心（ICSID）等也是国际上较有影响的常设仲裁机构。

（八）仲裁程序规则及仲裁程序

仲裁程序规则是指争议当事人和仲裁机构对争议进行仲裁所应遵循的规则。它包括仲裁申请的提出、答辩、指定仲裁员、仲裁庭的组成、仲裁审理、仲裁裁决的作出以及仲裁裁决的法律效力等内容。仲裁程序规则是仲裁机构进行仲裁的重要行

---

〔1〕《国务院办公厅关于贯彻实施〈中华人民共和国仲裁法〉需要明确的几个问题的通知》（国办发〔1996〕22 号）指出："③新组建的仲裁委员会的主要职责是受理国内仲裁案件；涉外仲裁案件的当事人自愿选择新组建的仲裁委员会仲裁的，新组建的仲裁委员会可以受理；新组建的仲裁委员会受理的涉外仲裁案件的仲裁收费与国内仲裁案件的仲裁收费应当采用同一标准。"

为准则，是保证仲裁公正和顺利进行的必不可少的规范。

仲裁程序规则分为三种：①当事人或临时仲裁机构制定的临时仲裁规则。②常设仲裁机构制定的仲裁规则。例如，CIETAC《仲裁规则》规定了总则、仲裁程序、裁决、简易程序、国内仲裁、附则。中国设在各地的仲裁机构也都制定了各自的仲裁规则。③国际组织制定的仲裁规则。例如，联合国国际贸易法委员会没有设立常设仲裁机构，但于 1976 年 4 月 28 日通过了《联合国国际贸易法委员会仲裁规则》（2010 年修订），供争议当事人自愿采用。该规则规定了总则、仲裁庭的组成、仲裁程序、裁决。由于该规则充分吸收了一些常设仲裁机构仲裁规则的优势，因而得到了很多仲裁机构的承认和采用。

在适用仲裁规则方面，如采用临时仲裁方式，争议当事人可以自由选择仲裁规则。在常设仲裁机构仲裁的，有的仲裁机构规定，如争议当事人选择该机构作为其争议案件的仲裁机构，则必须适用该机构的仲裁规则；而有的仲裁机构则允许当事人自行决定采用其他国际商事仲裁规则，例如，CIETAC《仲裁规则》规定："凡当事人同意将争议提交仲裁委员会仲裁的，均视为同意按照本规则进行仲裁。当事人约定适用其他仲裁规则，或约定对本规则有关内容进行变更的，从其约定，但其约定无法实施或与仲裁地强制性法律规定相抵触者除外。"

1. 仲裁申请。仲裁申请是指争议当事人根据达成的仲裁协议，请求将争议提交仲裁的意思表示。常设仲裁机构对仲裁申请的内容和形式都有一定的要求。根据我国《仲裁法》第 22 条和第 23 条规定，当事人申请仲裁，应当向仲裁委员会递交仲裁协议、仲裁申请书及副本。仲裁申请书应当载明下列事项：①当事人的姓名、性别、年龄、职业、工作单位和住所，法人或者其他组织的名称、住所和法定代表人或主要负责人的姓名、职务；②仲裁请求和所根据的事实、理由；③证据和证据来源、证人姓名和住所。第 27 条规定："申请人可以放弃或者变更仲裁请求。被申请人可以承认或者反驳仲裁请求，有权提出反请求。"CIETAC《仲裁规则》第 10 条规定："当事人依据本规则申请仲裁时应：①提交由申请人及/或申请人授权的代理人签名及/或盖章的仲裁申请书。仲裁申请书应写明：申请人和被申请人的名称和住所，包括邮政编码、电话、电传、传真、电报号码、电子邮件或其他电子通讯方式；申请仲裁所依据的仲裁协议；案情和争议要点；申请人的仲裁请求；仲裁请求所依据的事实和理由。②在提交仲裁申请书时，附具申请人请求所依据的事实的证明文件。③按照仲裁委员会制定的仲裁费用表的规定预缴仲裁费。"

2. 仲裁案件的受理。仲裁机构受理仲裁案件的前提是争议当事人之间达成的仲裁协议和仲裁申请。仲裁机构在收到仲裁申请后，经过审查认为申请仲裁的手续完备的，即向被申请人发出通知。仲裁机构主要审查仲裁申请是否载明仲裁事项、仲裁机构，以及仲裁请求的事项是否在仲裁机构的受理权限范围之内。如仲裁协议中未载明仲裁事项或仲裁机构或约定不明确，当事人对此也未达成补充协议的，仲裁协议无效，仲裁机构不予受理。我国《仲裁法》第 24 条规定："仲裁委员会收到仲裁申请书之日起 5 日内，认为符合受理条件的，应当受理，并通知当事人；认为不符合受理条件的，应当书面通知当事人不予受理，并说明理由。"第 25 条规定："仲裁委员会受理仲裁申请后，应当在仲裁规则规定的期限内将仲裁规则和仲裁员名册送达申请人，并将仲裁申请书副本和仲裁规则、仲裁员名册[1]送达被申请人。"

值得注意的是，如果被提起仲裁的一方当事人对仲裁机构行使管辖权有异议，应在仲裁规则规定的时间内提出管辖权异议。

3. 答辩。一方当事人提交仲裁申请后，大多数常设仲裁机构要求另一方当事人在规定期限内提交答辩书。我国《仲裁法》第 24 条、第 25 条和第 27 条分别规定，仲裁委员会收到仲裁申请书后 5 日内应当决定是否受理并发出通知。同时对受理的案件应将仲裁规则和仲裁员名册在规定时间内送交申请人和被申请人。被申请人应在规定期限内提交答辩状。不提交答辩状的，不影响仲裁程序的进行。申请人可以放弃或变更仲裁请求，被申请人可以承认或反驳仲裁请求，有权提出反请求。CI-ETAC《仲裁规则》第 12 条规定了如下具体时限和要求："①被申请人应在收到仲裁通知之日起 45 天内向仲裁委员会秘书局或其分会秘书处提交答辩书。仲裁庭认为有正当理由的，可以适当延长此期限。答辩书由被申请人及/或被申请人授权的代理人签名及/或盖章，并应包括下列内容：被申请人的名称和住所，包括邮政编码、电话、电传、传真、电报号码、电子邮件或其他电子通讯方式；对申请人的仲裁申请的答辩及所依据的事实和理由；答辩所依据的证明文件。②仲裁庭有权决定是否接受逾期提交的答辩书。③被申请人未提交答辩书，不影响仲裁程序的进行。"

4. 仲裁庭的组成。仲裁庭是对当事人提交的争议进行审理的机构，它独立于司法机关和行政机关，也独立于其他仲裁庭。各国仲裁法和仲裁机构的仲裁规则对仲裁庭的组成都有明确规定，包括仲裁员的指定、仲裁员的任命、仲裁员的回避和责任等。

(1) 仲裁员资格、回避。仲裁员的角色与律师不同。律师在仲裁程序中代表当事人的利益，而仲裁员是当事人指定的旨在解决争议的裁判官，其职责是独立、公正地解决当事人之间的争议。[2] 根据意思自治原则，争议当事人有权指定审理其案件的仲裁员。仲裁员由自然人担任，但有的国家也允许由法人担任。各国对仲裁员资格普遍有以下要求：具有民事行为能力和民事权利能力；具有公正、独立和无私的道德品质；具有一定的专业资格和能力。我国《仲裁法》第 13 条第 2 款和第 67 条对仲裁员资格作出了如下详细规定："仲裁委员会应当从公道正派的人员中聘任仲裁员。仲裁员应当符合下列条件之一：①从事仲裁工作满 8 年的；②从事律师工作满 8

---

[1] 中国国际经济贸易仲裁委员会设立了《国际（涉外）争议仲裁员名册》、《国内争议仲裁员名册》、《金融专业仲裁员名册》、《建设工程与房地产专业仲裁员名册》、《粮食专业仲裁员名册》和《皮革专业仲裁员名册》，提供给各类案件的当事人使用。

[2] 赵秀文编著：《国际商事仲裁法》，中国人民大学出版社 2004 年版，第 16 页。

年的；③曾任审判员满 8 年的；④从事法律研究、教学工作并具有高级职称的；⑤具有法律知识、从事经济贸易等专业工作并具有高级职称或者具有同等专业水平的。""涉外仲裁委员会可以从具有法律、经济贸易、科学技术等专门知识的外籍人士中聘任仲裁员。"需要特别指出的是，根据我国法律，法官不得担任仲裁员，因为法官担任仲裁员超出了人民法院和法官的职权范围，不利于依法公正保护诉讼当事人的合法权益。[1]

为保持仲裁的公正，大多数仲裁机构都规定，仲裁员应该在某种情况下回避。我国《仲裁法》第 34 条规定了仲裁员回避的以下四种情况：仲裁员是本案的当事人或者当事人、代理人的近亲属；仲裁员与本案有利害关系；与本案当事人、代理人有其他关系，可能影响公正裁决；仲裁员私自会见当事人、代理人或者接受当事人、代理人的请客送礼的。国内有学者指出，仲裁进程中回避的对象为"仲裁员"，这显然没有涵盖参与案件审理的全部人员，存在着适用对象过窄的现象。因为《仲裁法》未对专家咨询委员会委员明确规定回避，未对办案秘书、翻译人、鉴定人、勘验人明确规定回避。[2]

（2）仲裁庭的人数。大多数国家或仲裁机构要求仲裁庭应由单数组成（多为 1 人独任或仲裁员 3 人组成仲裁庭），目的是避免僵持现象的发生。也有的国家规定，在仲裁庭处于一对一的僵持状态时，由公断人作出裁决。公断人由仲裁员之外的第 3 人担任，通常是在该案所涉及领域有经验的专业人士。但是，由于公断人只是在仲裁员的意见处于一对一的状态时才介入，而以前仲裁审理的程序并没有参与，这样，就需要公断人对所有案情逐一了解，既耗费时间，也使仲裁费用增加。因此，我国《仲裁法》第 30 条和第 32 条规定，仲裁庭可以由 3 名仲裁员或者 1 名仲裁员组成。由 3 名仲裁员组成的，设首席仲裁员。当事人没有在仲裁规则规定的期限内约定仲裁庭的组成方式或者选定仲裁员的，由仲裁委员会主任指定。此外，独任仲裁员审理仲裁案件可以节省仲裁费用，提高工作效率。

5. 开庭审理。大多数国家或仲裁机构在开庭审理方面都有如下共同规定：①以书面审理为主，在当事人要求下也可以进行口头审理。②仲裁不公开进行，经当事人同意方可公开。③当事人在仲裁审理过程中有权辩论和提供证据。④案件审理中至裁决作出前，一方当事人可以请求仲裁庭或法院对争议标的物或有关财产采取临时保全措施。我国《仲裁法》第 39 条和 40 条分别规定："仲裁应当开庭进行。当事人协议不开庭的，仲裁庭可以根据仲裁申请书、答辩书以及其他材料作出裁决。""仲裁不公开进行。当事人协议公开的，可以公开进行，但涉及国家秘密的除外。"此外，《民事诉讼法》第 272 条规定："当事人申请采取保全的，中华人民共和国的涉外仲裁机构应当将当事人的申请，提交被申请人住所地或者财产所在地的中级人

---

〔1〕《最高人民法院关于现职法官不得担任仲裁员的通知》2004 年 7 月 13 日。
〔2〕王小莉："关于完善我国仲裁回避制度的几点思考"，载《仲裁研究》第 11 辑。

民法院裁定。"

6. 裁决。我国《仲裁法》第53条、第55条、第57条对仲裁裁决作出了如下具体规定：①裁决应当按照多数仲裁员的意见作出，少数仲裁员的不同意见可以记入笔录。仲裁庭不能形成多数意见时，裁决应当按照首席仲裁员的意见作出。②仲裁庭仲裁纠纷时，其中一部分事实已经清楚，可以就该部分先行裁决。③裁决书自作出之日起发生法律效力。当事人应当履行裁决。一方当事人不履行的，另一方当事人可以依照《民事诉讼法》的有关规定向人民法院申请执行。受申请的人民法院应当执行。

（九）法院对仲裁裁决的监督

如上所述，仲裁为一次性裁决，即仲裁裁决作出后即发生法律效力。同时，仲裁也排斥司法管辖。尽管法院并不参加仲裁案件的审理，但是，法院负责仲裁裁决的执行，因此，法院在执行前是否需要对仲裁裁决予以审查以及如何审查至关重要。事实上，大多数国家的仲裁法律都赋予法院一定的监督权，以保证仲裁裁决的公正性。如果仲裁机构在裁决过程中存在违法行为，法院有权撤销仲裁机构作出的裁决或者对仲裁裁决不予以执行。

但是，法院对仲裁的监督范围和监督程度是司法监督的核心问题。从监督的范围而言，可以分为实体性事项的监督和程序性事项的监督。实体性事项的监督是指法院对商事仲裁裁决所认定的事实是否清楚、证据是否充分、适用的法律是否适当等几个方面进行审查。[1] 但是，法院过多的干预仲裁，只会导致仲裁信誉的下降，不利于仲裁机构独立仲裁，从而削弱仲裁的作用。因此，大多数国家的法律要求法院以审查仲裁的程序性问题为原则，尽可能减少对仲裁实体审理内容的干预。但是，也有一些国家的法律允许法院对实体问题进行审理。例如，英国1996年《仲裁法》允许当事人就法律问题向法院提出上诉。《美国联邦仲裁法》未明确规定法院对仲裁实体问题的干预权力，但在美国法院的司法实践中出现了允许当事人协议扩大司法审查范围直至审查仲裁实体问题的判例。[2] 国内有学者指出，法院对仲裁的监督范围实质上是如何处理仲裁裁决的终局性与司法审查权之间的关系，也就是如何维持仲裁制度的效益与公平之间的平衡问题。如果法律允许法院对仲裁进行实质审查，无异于使仲裁程序从属于法院的诉讼程序。[3]

联合国国际贸易法委员会发布的《国际商事仲裁示范法》第34条第2款规定，仲裁裁决只有在下列情况下才能被法院撤销："（a）提出申请的当事一方提出证据证明：①第7条所指的仲裁协议的当事一方欠缺行为能力；或根据当事各方所同意遵

---

〔1〕　谢石松主编：《商事仲裁法学》，高等教育出版社2003年版，第300页。

〔2〕　于喜富：《国际商事仲裁的司法监督与协助——兼论中国的立法与司法实践》，知识产权出版社2006年版，第93页。

〔3〕　肖永平：《肖永平论冲突法》，武汉大学出版社2002年版，第241、242页。

守的法律，或未订明有任何这种法律，则根据本国法律，上述协议是无效的；或②未将有关指定仲裁员或仲裁程序的事情适当地通知提出申请的当事一方，或该方因其他理由未能陈述其案情；或③裁决处理了不是提交仲裁的条款所考虑的或不是其范围以内的争议，或裁决包括有对提交仲裁以外的事项作出的决定，但如果对提交仲裁的事项所作的决定与对未提交仲裁的事项所作出的决定能分开的话，只可以撤销包括有对未提交仲裁的事项作出决定的那一部分裁决；或④仲裁庭的组成或仲裁程序与当事各方的协议不一致，除非这种协议与当事各方不能背离的本法规定相抵触，或当事各方并无此种协议，则与本法不符；或（b）法院认定：①根据本国的法律，争议的标的不能通过仲裁解决；或②该裁决与本国的公共利益相抵触。"从上述规定可以看出，法院撤销仲裁裁决的前提条件是：仲裁存在程序方面的问题；仲裁存在实体方面的问题。而实体方面的问题仅限于仲裁裁决违反了公共利益。

我国《仲裁法》第五章至第七章对于法院监督仲裁问题作出了详细规定。该法赋予法院以作出"裁定"的形式对仲裁裁决行使撤销权、中止撤销程序权、不予执行权。

1. 撤销权。撤销仲裁裁决是指法院经当事人申请，对属于法律规定的具有可撤销情形的仲裁裁决，裁定予以撤销的情形。[1]值得注意的是，我国法律就国内仲裁裁决和涉外仲裁裁决规定了不同的可撤销条件。

《仲裁法》第 58 条专门规定了国内仲裁裁决的撤销问题。根据该规定，国内仲裁的当事人如提出证据，证明裁决有下列情形之一的，可以向仲裁委员会所在地中级人民法院申请撤销裁决：①没有仲裁协议的；[2]②裁决的事项不属于仲裁协议的范围或者仲裁委员会无权仲裁的；[3]③仲裁庭的组成或仲裁的程序违反法定程序的；[4]④裁决所根据的证据是伪造的；⑤双方当事人隐瞒了足以影响公正裁决的证据的；⑥仲裁员在仲裁该案时有索贿受贿，徇私舞弊，枉法裁决行为的。人民法院经组成合议庭审查核实裁决有前款规定的情形之一的，应当裁定撤销。人民法院认为裁决违背社会公共利益的，应当裁定撤销。从上述规定可以看出，法院对国内仲

---

〔1〕 杨成龙："浅析我国撤销仲裁裁决制度的完善——最高院颁布关于仲裁法适用司法解释之后"，载《法制与社会》2007 年第 11 期。此处的司法解释是指《最高人民法院关于适用〈中华人民共和国仲裁法〉若干问题的解释》（法释〔2006〕7 号）。

〔2〕 "没有仲裁协议"是指当事人没有达成仲裁协议。仲裁协议被认定无效或者被撤销的，视为没有仲裁协议。见《最高人民法院关于适用〈中华人民共和国仲裁法〉若干问题的解释》第 18 条。

〔3〕 当事人以仲裁裁决事项超出仲裁协议范围为由申请撤销仲裁裁决，经审查属实的，人民法院应当撤销仲裁裁决中的超裁部分。但超裁部分与其他裁决事项不可分的，人民法院应当撤销仲裁裁决。见《最高人民法院关于适用〈中华人民共和国仲裁法〉若干问题的解释》第 19 条。

〔4〕 《仲裁法》第 58 条规定的"违反法定程序"，是指违反仲裁法规定的仲裁程序和当事人选择的仲裁规则可能影响案件正确裁决的情形。见《最高人民法院关于适用〈中华人民共和国仲裁法〉若干问题的解释》第 20 条。

裁裁决的监督范围不仅包括仲裁程序方面的审查，也包括证据方面的审查。[1]

而在涉外仲裁裁决的撤销方面，《仲裁法》则另有不同规定，法院对我国涉外仲裁机构作出的仲裁裁决的监督范围仅限于仲裁程序方面的审查，不包括证据等实体法方面的审查[2]。《仲裁法》第70条规定："当事人提出证据证明涉外仲裁裁决有民事诉讼法第260条第1款[3]规定的情形之一的，经人民法院组成合议庭审查核实，裁定撤销。"《民事诉讼法》第274条则规定："对中华人民共和国涉外仲裁机构作出的裁决，被申请人提出证据证明仲裁裁决有下列情形之一的，经人民法院组成合议庭审查核实，裁定不予执行：①当事人在合同中没有订有仲裁条款或者事后没有达成书面仲裁协议的；②被申请人没有得到指定仲裁员或者进行仲裁程序的通知，或者由于其他不属于被申请人负责的原因未能陈述意见的；③仲裁庭的组成或者仲裁的程序与仲裁规则不符的；④裁决的事项不属于仲裁协议的范围或者仲裁机构无权仲裁的。人民法院认定执行该裁决违背社会公共利益的，裁定不予执行。"

有学者指出，国内仲裁和涉外仲裁的区别主要在于当事人、争议事实的不同，并不是仲裁模式的不同，即二者不存在本质差别。故对这两种裁决司法监督的要求不应有本质差别。[4]

为防止法院盲目干预仲裁，我国对法院撤销我国涉外仲裁裁决还建立了报告制度。凡一方当事人向法院申请撤销涉外仲裁裁决，如法院经过审查认为具有《民事诉讼法》第274条第1款规定情形之一的，在裁定撤销裁决或通知仲裁庭重新仲裁之前，须报请本辖区高级人民法院进行审查。如高级人民法院同意撤销裁决或通知仲裁庭重新裁决，应将其审查意见报最高人民法院，待最高人民法院答复后方可撤销仲裁裁决或通知仲裁庭重新仲裁。[5]

2. 中止撤销程序权。我国《仲裁法》第11条规定，人民法院受理撤销裁决的申请后，认为可以由仲裁庭重新仲裁的，通知仲裁庭在一定期限内重新仲裁，并裁定中止撤销程序。仲裁庭拒绝重新仲裁的，人民法院应当恢复撤销程序。

3. 中止执行权。我国《仲裁法》第64条规定，一方当事人申请执行裁决，另一方当事人申请撤销裁决的，人民法院应当裁定中止执行。撤销裁决的申请被裁定驳

---

〔1〕　例如，在一案件中，法院撤销了仲裁机构的裁决，认为在仲裁过程中，当事人隐瞒了足以影响公正裁决的证据，造成仲裁庭认定事实失误。见北京市第二中级人民法院撤销北京仲裁委员会（1998）京仲裁字第003号裁决书的裁定（1998）二中经仲字第193号。

〔2〕　有学者认为，应将法院对国内仲裁裁决的监督范围也限定在仲裁程序审查方面。

〔3〕　经2007年修改后变成《民事诉讼法》第258条。再经2012年修改后变成《民事诉讼法》第274条。

〔4〕　杨成龙："浅析我国撤销仲裁裁决制度的完善——最高院颁布关于仲裁法适用司法解释之后"，载《法制与社会》2007年第11期。

〔5〕　《最高人民法院关于人民法院撤销涉外仲裁裁决有关事项的通知》（法〔1998〕40号）。

回的，人民法院应当裁定恢复执行。裁定撤销裁决的，应当裁定终结执行。〔1〕

4. 法院司法审查结果的效力问题。涉外仲裁裁决司法审查结论的法律效力问题，是指人民法院对于当事人申请撤销、不予执行涉外仲裁裁决以及拒绝承认和执行外国仲裁裁决所作出的法院裁定是否发生即时生效法律效力、是否允许当事人上诉（广义上包括抗诉、申诉）的问题。〔2〕

对此，我国法律作出如下规定〔3〕：①当事人向人民法院申请撤销仲裁裁决被驳回后，又在执行程序中以相同理由提出不予执行抗辩的，人民法院不予支持。〔4〕②当事人对人民法院撤销仲裁裁决的裁定不服申请再审的，人民法院不予受理。〔5〕③对人民法院依法作出的撤销仲裁裁决或驳回当事人申请的裁定，当事人无权上诉。④人民法院依法裁定撤销仲裁裁决的，当事人可以根据双方重新达成的仲裁协议申请仲裁，也可以向人民法院起诉。〔6〕概括而言，上述"法院裁定"是具有即时生效的法律效力的，即不能上诉，不能申请再审，也不能抗诉。〔7〕

（十）仲裁裁决的承认与执行

仲裁裁决的承认与执行是仲裁程序的最后环节。由于仲裁机构属民间性质，因此，不具有强制执行仲裁裁决的能力。各国法律大多规定，如败诉方不执行仲裁裁决，胜诉方有权要求有关国内法院对仲裁裁决予以强制执行。一般情况下，多由败诉方财产所在地法院负责执行。此外，外国仲裁裁决在内国的承认与执行涉及一国的国家主权，因此，外国仲裁裁决的承认和执行有三种途径：依公约或条约承认与执行；依照互惠原则承认与执行；依照国内法承认与执行。〔8〕

1. 《承认和执行外国仲裁裁决公约》。为统一各国在承认和执行外国仲裁裁决方面的分歧，一些国家于 1923 年在日内瓦签署了《日内瓦仲裁条款议定书》，1927 年签署了《日内瓦执行外国仲裁裁决公约》。但上述公约在执行外国仲裁裁决上的条件

〔1〕《最高人民法院关于适用〈中华人民共和国仲裁法〉若干问题的解释》第 25 条对此作出进一步解释：人民法院受理当事人撤销仲裁裁决的申请后，另一方当事人申请执行同一仲裁裁决的，受理执行申请的人民法院应当在受理后裁定中止执行。

〔2〕傅林涌："刍议涉外仲裁裁决司法审查结论的法律效力"，载《对外经贸实务》2007 年第 6 期。

〔3〕最高人民法院发布了与此有关的如下司法解释：《关于人民法院裁定撤销仲裁裁决或驳回当事人申请后当事人能否上诉问题的批复》、《关于当事人对人民法院撤销仲裁裁决的裁定不服申请再审人民法院是否受理问题的批复》、《关于当事人因对不予执行仲裁裁决的裁定不服而申请再审人民法院不予受理的批复》、《关于人民检察院对撤销仲裁裁决的民事裁定提起抗诉，人民法院应如何处理问题的批复》。

〔4〕《最高人民法院关于适用〈中华人民共和国仲裁法〉若干问题的解释》第 26 条。

〔5〕《最高人民法院关于当事人对人民法院撤销仲裁裁决的裁定不服申请再审人民法院是否受理问题的批复》（1999 年 1 月 29 日）。

〔6〕《最高人民法院关于人民法院裁定撤销仲裁裁决或驳回当事人申请后当事人能否上诉问题的批复》（1997 年 4 月 23 日）。

〔7〕傅林涌："刍议涉外仲裁裁决司法审查结论的法律效力"，载《对外经贸实务》2007 年第 6 期。

〔8〕林一飞编著：《中国国际商事仲裁裁决的执行》，对外经济贸易大学出版社 2006 年版，第 9 页。

过于严格，需要制定更加简便的国际公约，以方便外国仲裁裁决的执行，保证仲裁裁决的真正有效性，维护胜诉一方当事人的合法权益。为此，联合国经济与社会理事会在纽约召开了有 45 个国家和有关国际组织的代表参加的国际商事仲裁会议，于 1958 年 6 月 10 日在纽约通过了《承认和执行外国仲裁裁决公约》（New York Convention on Recognition and Enforcement of Foreign Arbitral Award，简称《纽约公约》），公约于 1959 年 6 月 7 日生效。1923 年《日内瓦仲裁条款议定书》、1927 年《日内瓦执行外国仲裁裁决公约》在《纽约公约》的缔约国之间不再执行。实际上，上述两个公约的缔约国几乎都参加了《纽约公约》，《纽约公约》已经完全取代 1923 年《日内瓦仲裁条款议定书》和 1927 年《日内瓦执行外国仲裁裁决公约》。由于《纽约公约》放宽了条件，简化了程序，使外国仲裁裁决更容易得到执行，因而具有广泛的成员，使得该公约成为国际上影响较大的公约之一。

《纽约公约》共有 16 条内容，适用于因自然人或法人之间的争议而产生且在申请承认和执行地所在国以外的国家领土内作成的仲裁裁决。由于《纽约公约》的适用范围较宽，不仅适用于商事仲裁裁决，同时还适用于非商事仲裁裁决。很多国家在加入该公约时对此作出了保留。例如，《美国联邦仲裁法》第 202 款规定，《纽约公约》在美国仅适用于按美国法律所认为的"非领土性"或"非国内性"的仲裁协议。而且，联邦法庭只能认可执行那些由"被认为是商业性"的关系所产生的外国仲裁协议或仲裁书。[1]

我国于 1986 年 12 月 2 日正式加入《纽约公约》，但提出了如下两项保留[2]：一是我国只在互惠基础上对在另一缔约国领土内作出的仲裁裁决的承认和执行适用该公约；二是只对根据我国法律认定属于契约性和非契约性商事法律关系引起的争议适用该公约。

外国仲裁裁决在本国执行十分复杂，它不仅涉及争议各方当事人的经济利益，也涉及仲裁地和执行地所在国的国家利益，因此，许多国家对外国仲裁裁决的执行都以外国仲裁裁决首先获得本国承认为前提条件，并且还附加了很多要求。关于拒绝承认和执行外国仲裁裁决的条件，根据《纽约公约》第 5 条和第 6 条的规定，一缔约国必须承认和执行另一缔约国的仲裁裁决，除非在下列情况下方可拒绝承认和执行：①仲裁协议的双方当事人根据对其适用的法律，当时处于某种无行为能力的情况之下；或者根据双方当事人选定适用的法律或在没有这种选定时，根据作出裁决国家的法律，仲裁协议无效。②作为裁决执行对象的当事人，没有被给予指定仲裁员或进行仲裁程序的适当通知，或者由于其他情况而不能对案件提出意见。③裁决涉及仲裁协议未提到的或不包括在仲裁协议规定范围之内的争议；或者裁决内含

---

〔1〕 詹姆斯·吉莫曼："仲裁书在美国的认可和执行"，载《国际商报》1998 年 4 月 11 日。
〔2〕 见 1986 年 12 月 2 日通过的《全国人民代表大会常务委员会关于我国加入〈承认和执行外国仲裁裁决的公约〉的决定》。

有对仲裁协议范围以外事项的决定。但是，对于仲裁协议范围以内事项的决定，如果可以和对于仲裁协议范围以外的事项的决定分开，则该部分的决定仍然可予以承认和执行。④仲裁庭的组成或仲裁程序与当事人间的协议不符，或当事人之间没有这种协议时，与进行仲裁国家的法律不符。⑤裁决对当事人还未产生法律效力，或者被作出裁决的国家或据其法律作出裁决的国家的管辖当局撤销或停止执行。⑥争议的事项依照被请求国的法律，不可以用仲裁方式解决。⑦承认或执行该项裁决将与被请求国的公共政策相抵触。

值得注意的是，一些当事人经常援用公共秩序保留条款（有的国家称公共政策或者公共利益）请求不予承认和执行外国仲裁裁决。由于不同国家的政治制度和文化传统存在差异，各国对公共秩序的解释不尽完全相同，而且，即便是在同一个国家，其对公共秩序的解释也随时代的不同而有所变化。但是，从整体而言，大多数国家的法院对公共政策的适用都采取非常严格的态度。例如，在英国法院受理的Deutsche Schachtbauund Tiefborhgesellschaft MBH v. Shell International Petroleum Co. Ltd. (t/a Shell International Trading Co.) 案件中，法院认为，证明违反公共政策，需要表明"存在某些不合法性或者裁决的执行将对公共政策造成明确的损害，或者裁决的执行对通情达理和得到充分信息的一般公众成员的彻底冒犯"。[1] 此外，美国法官在解释公共政策时持狭义观点，认为公共政策是指裁决执行地关于公平和道德的最基本的观念。美国鲜有以公共政策为由成功地阻碍涉外仲裁裁决执行的案例。自美国加入《纽约公约》以来，仅在一个案例中，法院部分拒绝执行了一宗国际商会（ICC）仲裁的裁决书。[2] 在《戴西和莫里斯论冲突法》一书中，莫里斯将公共秩序原则表述为："一国法院不执行和不承认一项依据一个外国法产生的权利、权力、能力、无行为能力或法律关系，如果这种权利、权力、能力、无行为能力或法律关系的执行或承认，会与其本国的公共政策不一致。"[3] 正因为各国对公共秩序问题没有统一解释，《纽约公约》对此也没有规定统一标准。由于公共秩序内涵的不确定性，《纽约公约》第5条2（b）长期以来被学者认为是公约中的一个漏洞，它使得法院可以公共秩序为由随意拒绝执行公约项下的裁决，从而和制定《纽约公约》的初衷相违背。

尽管我国法律对"社会公共利益"没有给予明确的界定，但是，我国的司法实践在适用公共秩序保留条款时采取了从严的态度。在大多数案件中，当事人主张裁决违反公共政策的理由往往是裁决结果不公平、违反诚信原则，或者执行裁决会影

〔1〕 林一飞编著：《中国国际商事仲裁裁决的执行》，对外经济贸易大学出版社2006年版，第17页。
〔2〕 林一飞编著：《中国国际商事仲裁裁决的执行》，对外经济贸易大学出版社2006年版，第107页。
〔3〕 ［英］J. H. S. 莫里斯主编：《戴西和莫里斯论冲突法》，李双元等译，中国大百科出版社1998年版，第116页。

响社会稳定等，这些理由显然不能成立。[1]

2. 我国关于仲裁裁决承认与执行的规定。我国于 1986 年 12 月 2 日批准加入了《承认和执行外国仲裁裁决公约》（1987 年 4 月 22 日起在中国生效）。为执行该公约，最高人民法院于 1987 年 4 月 10 日发布了《关于执行我国加入的〈承认和执行外国仲裁裁决公约〉的通知》，1995 年 8 月 28 日发布了《关于人民法院处理与涉外仲裁及外国仲裁事项有关问题的通知》。[2] 此外，我国《民事诉讼法》对外国仲裁裁决在中国的承认和执行也作出了专门规定。

（1）我国涉外仲裁裁决在国内的执行。我国《仲裁法》第 62 条以及《民事诉讼法》第 273 条均规定，一方当事人不履行仲裁裁决的，对方当事人可以向被申请人住所地或者财产所在地的中级人民法院申请执行。值得注意的是，涉外仲裁裁决不予执行的条件与国内仲裁裁决不予执行的条件是有很大差别的。

《民事诉讼法》第 237 条规定："对依法设立的仲裁机构的裁决，一方当事人不履行的，对方当事人可以向有管辖权的人民法院申请执行。受申请的人民法院应当执行。被申请人提出证据证明仲裁裁决有下列情形之一的，经人民法院组成合议庭审查核实，裁定不予执行：①当事人在合同中没有订有仲裁条款或者事后没有达成书面仲裁协议的；②裁决的事项不属于仲裁协议的范围或者仲裁机构无权仲裁的；③仲裁庭的组成或者仲裁的程序违反法定程序的；④裁决所依据的证据是伪造的；⑤对方当事人向仲裁机构隐瞒了足以影响公正裁决的证据的；⑥仲裁员在仲裁该案时有贪污受贿，徇私舞弊，枉法裁决行为的。人民法院认定执行该裁决违背社会公共利益的，裁定不予执行。裁定书应当送达双方当事人和仲裁机构。仲裁裁决被人民法院裁定不予执行的，当事人可以根据双方达成的书面仲裁协议重新申请仲裁，也可以向人民法院起诉。"显然，该规定第 4、5 项是对实体问题的审查。

但是，对于涉外仲裁裁决，法院只能从程序上进行审查是否予以执行。因此，上述第 4、5 项不包括在内。《民事诉讼法》第 274 条规定："对中华人民共和国涉外仲裁机构作出的裁决，被申请人提出证据证明仲裁裁决有下列情形之一的，经人民

---

〔1〕 万鄂湘、于喜富："我国仲裁司法监督制度的最新发展——评最高人民法院关于适用仲裁法的司法解释"，载《法学评论》2007 年第 1 期。

〔2〕 根据该通知，凡起诉到人民法院的涉外、涉港澳和涉台经济、海事海商纠纷案件，如果当事人在合同中订有仲裁条款或者事后达成仲裁协议，人民法院认为该仲裁条款或者仲裁协议无效、失效或者内容不明确无法执行的，在决定受理一方当事人起诉之前，必须报请本辖区所属高级人民法院进行审查；如果高级人民法院同意受理，应将其审查意见报最高人民法院。在最高人民法院未作答复前，可暂不予受理。凡一方当事人向人民法院申请执行我国涉外仲裁机构裁决，或者向人民法院申请承认和执行外国仲裁机构的裁决，如果人民法院认为我国涉外仲裁机构裁决具有民事诉讼法规定情形之一的，或者申请承认和执行的外国仲裁裁决不符合我国参加的国际公约的规定或者不符合互惠原则的，在裁定不予执行或者拒绝承认和执行之前，必须报请本辖区所属高级人民法院进行审查；如果高级人民法院同意不予执行或者拒绝承认和执行，应将其审查意见报最高人民法院。待最高人民法院答复后，方可裁定不予执行或者拒绝承认和执行。

法院组成合议庭审查核实，裁定不予执行：①当事人在合同中没有订有仲裁条款或者事后没有达成书面仲裁协议的；②被申请人没有得到指定仲裁员或者进行仲裁程序的通知，或者由于其他不属于被申请人负责的原因未能陈述意见的；③仲裁庭的组成或者仲裁的程序与仲裁规则不符的；④裁决的事项不属于仲裁协议的范围或者仲裁机构无权仲裁的。人民法院认定执行该裁决违背社会公共利益的，裁定不予执行。""仲裁裁决被人民法院裁定不予执行的，当事人可以根据双方达成的书面仲裁协议重新申请仲裁，也可以向人民法院起诉。"[1]

　　例如，在中国国际经济贸易仲裁委员会作出的广州总统大酒店有限公司与杨光大仲裁一案中，最高人民法院经审理后指出：本案涉及不同当事人签订的三份合同，即：广州总统大酒店有限公司于 1995 年 12 月 17 日分别与香港高速货运有限公司、潮粤海鲜楼签订的《租赁总统大酒店潮粤海鲜楼合同》、《总统大酒店、潮粤海鲜楼经营管理协议》，于 1996 年 10 月 17 日与高速货运杨光大签订的《总统大酒店与潮粤海鲜楼补充管理协议》。在广州总统大酒店有限公司与香港高速货运有限公司签订的租赁合同中，双方约定将争议"提交中国国际经济贸易仲裁委员会北京分会按照该会的仲裁规则进行仲裁"。鉴于中国国际经济贸易仲裁委员会仅在上海和深圳设有分会，在北京没有分会，且各分会均适用与北京总会不同的仲裁规则，因此，该合同约定的仲裁机构实际上并不存在，中国国际经济贸易仲裁委员会北京总会无权依据该款约定仲裁广州总统大酒店有限公司与香港高速货运有限公司或者合同签字人杨光大之间的租赁合同纠纷。在广州总统大酒店有限公司与高速货运杨光大签订的补充管理协议中，双方约定将争议"提交中国国际经济贸易仲裁委员会深圳分会依该会仲裁规则进行仲裁"。鉴于补充管理协议的一方当事人为杨光大个人，而提请中国国际经济贸易仲裁委员会深圳分会仲裁的申请人是高速货运，因此，中国国际经济贸易仲裁委员会深圳分会亦无权仲裁广州总统大酒店有限公司与高速货运之间的任何纠纷。依照《中华人民共和国仲裁法》第 16 条、第 18 条及《中华人民共和国民事诉讼法》第 260 条第 1 款的规定，有关法院对本案所涉中国国际经济贸易仲裁委员会〔2000〕贸仲裁字第 0148 号裁决书和中国国际经济贸易仲裁委员会深圳分会〔2000〕深国仲结字第 23 号裁决书均应当不予执行。[2] 再例如，在香港展裕发展有限公司与福建黎明大酒店有限公司酒店经营管理纠纷一案中，最高人民法院指出：香港展裕发展有限公司因与福建黎明大酒店有限公司发生酒店经营管理纠纷提起仲裁后，福建黎明大酒店有限公司在仲裁庭首次开庭前即向中国国际经济贸易仲裁委员会深圳分会提出对仲裁条款效力的异议，该分会没有依法对此异议作出决定。首次开庭时，福建黎明大酒店有限公司再次对仲裁条款的效力明确提出书面异议，表

---

〔1〕《民事诉讼法》第 237 条。

〔2〕《最高人民法院关于不予执行中国国际经济贸易仲裁委员会作出的广州总统大酒店有限公司与杨光大仲裁一案请示的复函》（〔2001〕民四他字第 41 号）。

明其并未放弃异议的权利，但该分会仍未对此作出决定。仲裁庭继续审理并作出仲裁裁决，其仲裁程序不仅不符合相关仲裁规则，而且明显违法。根据《中华人民共和国民事诉讼法》第260条（即2012年《民事诉讼法》第274条）第1款第3项的规定，对贸仲会〔98〕深国仲结字第106号裁决书不予执行。[1]

对于国内和涉外仲裁裁决是否有必要实行撤销和不予执行双重司法监督是个颇具争论性的问题。有学者建议，我国仲裁裁决撤销与不予执行制度的修改方向有两个：一是废除对撤销与不予执行裁决内外有别的双轨监督机制，对国内裁决和涉外裁决采取统一的程序审查标准；二是废除对国内仲裁裁决既撤销又不予执行的双重司法监督机制，对国内仲裁裁决包括我国仲裁机构作出的涉外裁决仅实行撤销仲裁裁决的司法监督。[2]

（2）我国涉外仲裁裁决在外国的承认和执行。我国《民事诉讼法》第280条第2款规定："中华人民共和国涉外仲裁机构作出的发生法律效力的仲裁裁决，当事人请求执行的，如果被执行人或者其财产不在中华人民共和国领域内，应当由当事人直接向有管辖权的外国法院申请承认和执行。"

我国已是《纽约公约》的成员国，我国涉外仲裁机构作出的涉外仲裁裁决在公约缔约国内可以申请承认和执行；如果执行程序被申请人所属的国家不是《纽约公约》缔约国，则根据体现互惠原则的双边条约或协定中订立的执行仲裁裁决的内容予以办理。

（3）外国仲裁裁决在我国的承认与执行。我国《民事诉讼法》第283条规定："国外仲裁机构的裁决，需要中华人民共和国人民法院承认和执行的，应当由当事人直接向被执行人住所地或者其财产所在地的中级人民法院申请，人民法院应当依照中华人民共和国缔结或者参加的国际条约，或者按照互惠原则办理。"该规定表明，我国根据裁决的作出机构判定一项裁决是否为外国仲裁裁决，如果裁决由外国仲裁机构作出，该裁决即为外国仲裁裁决。

具体而言，我国针对来自不同外国的仲裁裁决作出了如下不同规定：①对于来自《纽约公约》成员方的仲裁裁决，由当事人直接向被执行人住所地（自然人户籍所在地或居住地、法人主要办事机构所在地）或其财产所在地的中级人民法院提出申请，人民法院将依照我国加入的《纽约公约》的规定办理人民法院对申请进行审查，经审查符合《纽约公约》规定的承认与执行的条件并且没有拒绝执行的条件的，应当裁定承认其效力，并依《民事诉讼法》规定的程序通知被执行人在指定期限内

第十四章

---

[1] 《最高人民法院关于不予执行展裕发展有限公司与福建黎明大酒店有限公司酒店经营管理纠纷一案仲裁裁决的复函》（〔2002〕民四他字第26号）。

[2] 马占军："论我国仲裁裁决的撤销与不予执行制度的修改与完善——兼评《最高人民法院关于适用〈中华人民共和国仲裁法〉若干问题的解释》的相关规定"，载《法学杂志》2007年第2期。

履行，逾期不履行的，予以强制执行。反之，驳回其申请，拒绝承认和执行。[1]②对于来自与我国订有双边仲裁协议的国家的仲裁裁决，依照双边仲裁协议办理。[2]③对于来自与我国没有双边或多边仲裁协议的国家的仲裁裁决，依照互惠原则办理。

值得注意的是，尽管我国没有临时仲裁制度，但是，我国关于外国仲裁机构裁决的承认与执行的规定也适用于外国临时仲裁机构作出的仲裁裁决。因为临时仲裁庭的裁决与常设仲裁机构项下的仲裁裁决具有相同的法律效力，均为《纽约公约》规定的裁决。[3]例如，在德国奥特克公司向我国法院申请承认与执行由临时仲裁庭在伦敦作出的仲裁裁决一案中，武汉海事法院裁决承认与执行由临时仲裁庭在伦敦作出的仲裁裁决。[4]

四、选择性争议解决方法（ADR）

（一）选择性争议解决方法（ADR）及其特点

ADR 发轫于 20 世纪 70 年代中期的美国。[5]此后，一些国际组织和国家开始越来越多地采用"解决争议的替代方式"（alternative dispute resolution，ADR）方式。例如，国际商会（ICC）已经开始以各种形式提供 ADR 程序。[6]

对于何谓 ADR，国际上有两种不同理解：①ADR 泛指诉讼以外的争议解决方法，包括仲裁、调解等方式。在美国，ADR 的含义极为广泛，它包括传统的诉讼方式以外的几乎所有争议解决方法。[7]②ADR 泛指仲裁和诉讼之外的争议解决方法。例如，根据国际商会（ICC）的理解，"ADR 只是指那些中立者不会作出可以生效的决定或者裁决的程序"[8]，ADR 是一种是以某种形式协商解决争议的方式[9]。我国大部分学者也持这种观点。ADR、仲裁与司法诉讼属于不同的解决争议的方法，现代意义上的 ADR，并不包括仲裁解决争议的方法。[10]按照这种理解，通过 ADR 方式达成的协议并不具有法律约束力，因此，如果一方当事人不履行达成的协议，仍然需要以仲裁或诉讼方式解决。概括而言，这种含义上的 ADR 方式具有如下特点：①它是

---

〔1〕《最高人民法院关于执行我国加入的〈承认和执行外国仲裁裁决公约〉的通知》。

〔2〕 我国与许多国家签署的双边司法协助协定都规定了仲裁裁决的相互承认和执行问题。

〔3〕 赵秀文："从奥特克案看外国临时仲裁裁决在我国的承认与执行"，载《政法论丛》2007 年第 3 期。

〔4〕 万鄂湘主编：《中国涉外商事海事审判指导与研究》2002 年第 1 卷（总第 2 卷），人民法院出版社2002 年版，第 133～142 页。

〔5〕 尹力：《国际商事调解法律问题研究》，武汉大学出版社 2007 年版，第 4 页。

〔6〕 陈立彤、李菁译："备用争议解决方式（ADR）的功能及在国际商事领域的应用"，载《国际商报》1999 年 6 月 20 日。

〔7〕 尹力：《国际商事调解法律问题研究》，武汉大学出版社 2007 年版，第 6 页。

〔8〕 参见国际商会网站：http：//www.iccwbo.org/drs/english/adr/guide.asp.

〔9〕 陈立彤、李菁译："备用争议解决方式（ADR）的功能及在国际商事领域的应用"，载《国际商报》1999 年 6 月 20 日。

〔10〕 赵秀文："论选择性争议解决方法及其适用"，载《法学杂志》2005 年第 5 期。

当事人自愿解决争议的方法；②它以解决当事人之间的争议为目的，没有特定规则遵循，具体做法上也比较灵活；③ADR 不是解决争议的最终方法，不影响当事人将争议提交法院解决或者根据仲裁协议提交仲裁；④ADR 可以单独使用，也可以在仲裁和司法诉讼程序中使用。[1] 实践中，一些当事人已经在某些合同中约定 "ADR—仲裁方式"。例如，香港新机场工程即采用了此种方式。其工程承包合同规定以下顺序的争议解决方式：将争议提交工程师解决；调解；裁判；仲裁。其中，调解、裁判、仲裁由香港国际仲裁中心管理。[2]

（二）选择性争议解决方法（ADR）的类型

如前所述，国际商会将 ADR 理解为仲裁和诉讼之外的争议解决方法。根据国际商会（ICC）制定的《ADR 规则》（ICC ADR Rules），ADR 主要有如下方式：

1. 调解和调停。调解和调停是在争议当事人之外的中立第三方的主持下，由第三方以中间人的身份在分清是非和责任的基础上，根据法律和合同规定，参考国际惯例，为争议当事人提供解决争议方案及有关意见，促使争议各方在互谅互让基础上达成公平的调解协议，解决各方争议的方法。

联合国国际贸易法委员会对 ADR 方法没有给予界定，但对 ADR 与调解方法的关系作出了如下解释[3]："《国际商事调解示范法》对'调解'一词是作为一个广义概念使用的，它是指某个人或若干人组成的小组协助当事人友好解决纠纷的过程。实践中，通常用调解、调停中立评判、小型审判或类似术语等表述方式来称呼由第三人协助当事人解决纠纷的程序。为了通过调解方法解决纠纷，通常使用各种方法和程序，这些方法和程序可以被视作是对传统争议解决方式的替代办法。示范法使用'调解'一词来涵盖所有这些程序。从业人员按第三人所采用的方法或第三人参与程序的程度的不同来区分这些表述方式。但是，从立法者角度而言，没有必要区分第三人使用的各种程序方法。在某些情况下，不同表述方式只是语言上的用词不同而已，并非反映了所可能使用的每一种程序方法的独特性。总之，所有这些程序都有一个共同特点，即第三人的作用局限于协助当事人解决纠纷，第三人无权将一项具有约束力的裁决强加给当事人，只要'纠纷的替代解决'程序具备这些特点，即涵盖在示范法范围内即可。示范法并未提及'替代解决办法'这一概念，因为这一概念的含义并未澄清，它可能被广义理解为纠纷司法解决方法以外其他各类替代解决方法（例如仲裁），这些方法最后一般都形成一项具有约束力的裁决。因为示范法的范围局限于无约束力类别的解决纠纷方法，所以，示范法仅涉及纠纷的替代解决方法这一概念下所涵盖的部分程序。"从上述表述可以看出，联合国国际贸易法委员会也认为 ADR 方法是涵盖调解方法的。

---

〔1〕 赵秀文编著：《国际商事仲裁法》，中国人民大学出版社 2004 年版，第 5 页。
〔2〕 朱建林："ADR 的几种做法"，载《国际商报》1998 年 9 月 5 日。
〔3〕 《联合国国际贸易法委员会〈国际商事调解示范法〉颁布和使用指南（2002 年）》。

2. 中立者的评价（Neutral evaluation）。即由双方当事人聘请一个中立者，由其提供意见。例如，美国公共资源中心提供了一项"中立庭审者协议"制度，[1] 由各方向中立者递交其最佳解决方案，由中立者向各方指出该方案的可行性，如果可行，中立者帮助各方达成和解方案。

3. 微型听审（mini-trial）。微型听审主要用于解决公司之间的争议。它是指将争议提交给一个专门小组，小组成员包括双方公司各自的一名高级管理人员（与争议无关）及一名作为首席的中立的第三人。专门小组对争议进行审理，并作出一致意见。如三人不能达成一致意见，由首席提出一致解决方案。

4. 任何其他争议解决方式。任何其他争议解决方式是指上述方法之外的不包括仲裁和诉讼的争议解决方式。

5. 综合性争议解决方式。指上述各种 ADR 方式的结合。

第三节　国际商事争议解决的司法方法

一、国际商事诉讼及其特点

国际商事诉讼是国际民事诉讼的一种，它是指国际商事争议当事人将其争议提交某一国家的司法机关——法院予以审理，并作出判决的争议解决方法。因此，国际商事诉讼是一种通过司法程序解决争议的方式。

与仲裁相比，诉讼具有如下特点：①诉讼必须遵从严格的法律程序。各国法律都明确规定了本国法院必须遵守的司法程序。例如，中国《民事诉讼法》重点规范了管辖、审判组织、回避、诉讼参加人、证据、期间和送达、调解、财产保全和先予执行、对妨害民事诉讼的强制措施、诉讼费用、审判程序、执行程序等。其中，第四编还专门规定了"涉外民事诉讼程序的特别规定"，该编没有规定的，适用《民事诉讼法》的其他规定。②法院对案件的管辖权不依赖争议当事人的协议。法院作为国家的司法机关，具有维护法律尊严、维护国家和当事人合法权利的职责。它依据国内法律规定受理案件，并依法作出判决或裁决，无须当事人的事先协议。但是，某些专属管辖的案件则排除当事人的协议管辖。例如，中国《民事诉讼法》第 34 条规定："合同或者其他财产权益纠纷的当事人可以书面协议选择被告住所地、合同履行地、合同签订地、原告住所地、标的物所在地等与争议有实际联系的地点的人民法院管辖，但不得违反本法对级别管辖和专属管辖的规定。"③诉讼受仲裁的排斥。只要争议当事人约定以仲裁方式解决纠纷，法院就无权受理。案件仲裁裁决作出后，法院也不再受理。例如，中国《民事诉讼法》第 271 条规定："涉外经济贸易、运输和海事中发生的纠纷，当事人在合同中订有仲裁条款或者事后达成书面仲裁协议，

---

〔1〕　陈立彤、李菁译："备用争议解决方式（ADR）的功能及在国际商事领域的应用"，载《国际商报》1999 年 6 月 20 日。

提交中华人民共和国涉外仲裁机构或者其他仲裁机构仲裁的，当事人不得向人民法院起诉。当事人在合同中没有订有仲裁条款或者事后没有达成书面仲裁协议的，可以向人民法院起诉。"但是，"仲裁裁决被人民法院裁定不予执行的，当事人可以根据双方达成的书面仲裁协议重新申请仲裁，也可以向人民法院起诉。"[1] ④诉讼具有公开性。大多数案件公开进行审理，个别情况下不公开进行。例如，中国《民事诉讼法》规定：人民法院审理民事案件，依照法律规定实行合议、回避、公开审判和两审终审制度，除涉及国家秘密、个人隐私或者法律另有规定的以外，应当公开进行。离婚案件、涉及商业秘密的案件，当事人申请不公开审理的，可以不公开审理。人民法院对公开审理或者不公开审理的案件，一律公开宣告判决。⑤诉讼通常是两审终审。一方如对法院作出的判决或裁决不服，可以向上一级法院提起上诉。

相对于其他争议解决方式，国际商事诉讼较为复杂，而且法院判决在外国的执行方面比较困难，因此，国际商事诉讼通常是在当事人无法通过协商或调解解决争议，而且也没有达成仲裁协议的情况下采用。但无论如何，它是解决国际商事争议的最终手段之一。

二、国际商事诉讼案件的管辖权

（一）国际商事诉讼案件管辖权的概念

国际商事行为具有涉外因素，通常涉及两个或两个以上国家的当事人，因此，在发生纠纷后，哪一国家的法院有权受理案件至关重要。一个案件由不同国家的法院审理往往会得到不同的处理结果，而不同的处理结果又涉及到争议各方当事人的经济利益。关于国际民事案件，国际上并不存在一般性的在世界范围内分配管辖权的法律规则，而是根据各国的国内法来确定本国的管辖权。[2]

国际商事诉讼案件管辖权就是指由哪一国法院享有审理某一国际商事诉讼案件的资格和权力。它是一个国家的法院审理案件的依据。如果某国法院对某一国际商事纠纷案件没有管辖权，就无权受理该案并作出判决，即便作出判决，其作出的判决也不会得到有关国家的承认与执行。国际民事诉讼的各项程序，如向国外当事人送达诉讼文书、调查取证乃至对一国法院生效裁判的承认与执行的司法协助等均须以确认一国法院对案件具有国际民事诉讼管辖权为前提。[3]

（二）确立国际商事诉讼案件管辖权的原则

国际商事诉讼管辖权的目的在于解决某一国民商事案件由何国法院受理和审判的问题。因此，国际商事诉讼案件管辖权是国家主权的一种体现，属国内法规范的范畴。目前，在确立国际商事诉讼案件管辖权方面，各国主要采取以下原则：级别管辖原则、属地管辖原则、属人管辖原则、协议管辖原则和专属管辖原则。我国在

---

[1] 《中华人民共和国民事诉讼法》第275条。
[2] 李旺：《国际民事诉讼法》，清华大学出版社2003年版，第2页。
[3] 蔡彦敏："论国际民事诉讼的管辖权"，载《现代法学》1998年第5期。

涉外民事诉讼（包括国际商事诉讼）管辖权方面采用了级别管辖原则、属地管辖原则、协议管辖原则和专属管辖原则。

1. 级别管辖原则。发生国际商事争议案件后，如果采取司法诉讼方式，首先要确定由哪个级别的法院管辖。我国法院的设置依次是基层人民法院、中级人民法院、高级人民法院、最高人民法院。关于涉外合同和侵权纠纷案件，信用证纠纷案件，申请撤销、承认与强制执行国际仲裁裁决的案件，审查有关涉外民商事仲裁条款效力的案件，申请承认和强制执行外国法院民商事判决、裁定的案件，第一审由下列人民法院管辖：①国务院批准设立的经济技术开发区人民法院；②省会、自治区首府、直辖市所在地的中级人民法院；③经济特区、计划单列市中级人民法院；④最高人民法院指定的其他中级人民法院；⑤高级人民法院。上述中级人民法院的区域管辖范围由所在地的高级人民法院确定。对国务院批准设立的经济技术开发区人民法院所作的第一审判决、裁定不服的，其第二审由所在地中级人民法院管辖。涉及香港、澳门特别行政区和台湾地区当事人的民商事纠纷案件的管辖，参照上述规定处理。但发生在与外国接壤的边境省份的边境贸易纠纷案件、涉外房地产案件和涉外知识产权案件，不适用上述规定。[1]

在海事诉讼方面，海事和海商纠纷的诉讼案件的一审法院在 1984 年 12 月以前是各地中级人民法院。1984 年 12 月以后，随着我国对外经济活动的增多，海事案件大量出现，而海商案件又比较复杂，涉及到许多方面的专业知识，因此，1984 年 11 月 14 日通过了《关于在沿海港口城市设立海事法院的决定》，授权最高人民法院决定海事法院的设置、变更和撤销。根据该决定，海事法院只管辖第一审海事和海商案件，不受理刑事案件和其他民事案件。对海事法院的判决和裁定的上诉案件由海事法院所在地的高级人民法院管辖。到目前为止，我国共有 10 个海事法院[2]。为专门规范海事诉讼的程序，1999 年 12 月 25 日，全国人大通过了《海事诉讼特别程序法》，2000 年 7 月 1 日起生效。该法是对《民事诉讼法》涉及海事诉讼的补充和扩大。其主要特点是将过去涉及船舶扣押和拍卖的有关规定纳入其中。此外，还规定了海事强制令、海事证据保全、海事担保、涉外送达、船舶碰撞、共同海损、海上保险的代位求偿权、海事赔偿限制责任基金、海事请求、债券登记和受偿顺序、船舶优先权等。根据 2001 年 8 月 9 日最高人民法院通过的《最高人民法院关于海事法院受理案件范围的若干规定》（自 2001 年 9 月 18 日起施行），海事法院的收案范围包括海事侵权纠纷案件、海商合同纠纷案件、其他海事海商纠纷案件、申请执行海事法院及其上诉审高级人民法院和最高人民法院就海事请求作出的生效法律文书的案件。

---

[1] 《最高人民法院关于涉外民商事案件诉讼管辖若干问题的规定》（法释〔2002〕5 号）。

[2] 广州海事法院、上海海事法院、大连海事法院、天津海事法院、青岛海事法院、北海海事法院、宁波海事法院、武汉海事法院、海口海事法院、厦门海事法院。

2. 专属管辖原则。专属管辖原则是指一国主张其法院对某些案件具有独占的管辖权，任何其他国家的法院对这类案件都无权管辖。专属管辖原则是国家主权原则在国际民事案件管辖权问题上的显著表现。对于与国家及国民根本利益密切相关的诉讼案件，如涉及国家公共政策或国家重要政治、经济利益的诉讼案件，由本国法院专属管辖，而排除其他国家对该案件的管辖权，这是国家主权原则的必然要求。[1]通常情况下，各国对位于本国境内的不动产纠纷、继承纠纷、租赁纠纷、破产纠纷等都列入专属管辖范围。

根据我国法律，属于专属管辖的争议有如下类型：①外商投资合同纠纷。因在中国履行中外合资经营企业合同、中外合作经营企业合同、中外合作勘探开发自然资源合同发生争议提起的诉讼，由中国法院管辖。[2] ②不动产纠纷。因不动产纠纷提起的诉讼，由不动产所在地人民法院管辖。[3] ③港口作业纠纷。因港口作业中发生纠纷提起的诉讼，由港口所在地人民法院管辖。[4] 对于上述专属管辖事项，当事人不得以书面协议选择其他国家法院管辖。[5]

值得注意的是，在中华人民共和国境内履行的中外合资经营企业合同、中外合作经营企业合同、中外合作勘探开发自然资源合同，必须适用中华人民共和国法律。[6]

3. 协议管辖原则。协议管辖原则是各国普遍采用的原则，它是当事人意思自治原则在国际商事诉讼管辖权问题上的具体体现。协议管辖是指依照当事人在法律允许的范围内通过协商达成的关于选择管辖法院的协议来确定管辖法院的原则。由此可见，允许当事人协议选择管辖法院，实际上等于将各国的国际民商事管辖权交由当事人重新进行分配，即通过当事人的协议赋予一些法院管辖权，同时也剥夺了一些法院的管辖权。[7] 协议管辖权原则实质上是赋予了有关诉讼当事人一种只有国家立法机关和司法审判机关才能享有的权利。[8] 正因为如此，协议管辖原则强调对那些对有关国家及其国民的根本利益影响不大、与相关国家的联系程度较低的国际民事案件，可以基于当事人双方的合意选择确定管辖法院。[9]

在协议选择管辖范围上，很多国家将其严格限于涉及财产权的诉讼。在协议选

---

〔1〕　蔡彦敏：“论国际民事诉讼的管辖权”，载《现代法学》1998 年第 5 期。

〔2〕　《中华人民共和国民事诉讼法》第 266 条。

〔3〕　《中华人民共和国民事诉讼法》第 33 条。

〔4〕　《中华人民共和国民事诉讼法》第 33 条。

〔5〕　参见《最高人民法院关于适用〈中华人民共和国民事诉讼法〉若干问题的意见》（法发〔92〕22号）第 305 条。

〔6〕　《中华人民共和国合同法》第 126 条。

〔7〕　邓杰：“论国际民事诉讼中的协议管辖制度”，载《武汉大学学报（社会科学版）》2002 年第 6 期。

〔8〕　韩德培主编：《国际私法》，高等教育出版社、北京大学出版社 2007 年版，第 472 页。

〔9〕　韩德培主编：《国际私法》，高等教育出版社、北京大学出版社 2007 年版，第 470 页。

择管辖的方式上，有的国家只承认明示的协议管辖或书面的协议管辖，而不承认默示的协议管辖或口头的协议管辖。[1]但有的国家承认特定类型的默示管辖，例如，原告虽然在本无管辖权的法院提起诉讼，但是被告对此并不提出异议而进入案件审理，致使该法院享有管辖权。这种管辖也称为应诉管辖。[2]

我国《民事诉讼法》第34条规定："合同或者其他财产权益纠纷的当事人可以书面协议选择被告住所地、合同履行地、合同签订地、原告住所地、标的物所在地等与争议有实际联系的地点的人民法院管辖，但不得违反本法对级别管辖和专属管辖的规定。"属于中华人民共和国人民法院专属管辖的案件，当事人不得用书面协议选择其他国家法院管辖。[3]

4. 属地管辖原则。属地管辖原则又称地域管辖原则。它是指一国对其本国领土范围内的一切人、物、法律行为都具有司法管辖权，但享有司法豁免权者除外。具体而言，属地管辖的确认从以下几方面进行：①被告的住所、居所或营业地在本国领土范围内。住所是法律确认的自然人的中心生活场所。[4]居所是指一个人在一定时间之内居住的处所，居所的成立并不要求当事人有永久居住的意思。[5]各国关于住所、居所和营业地的概念并不相同。我国法律规定："公民以他的户籍所在地的居住地为住所，经常居住地与住所不一致的，经常居住地视为住所。"[6]"公民离开住所地最后连续居住1年以上的地方，为经常居住地。但住院治疗的除外。"[7]"法人的住所地是指法人的主要营业地或者主要办事机构所在地。"[8]"当事人的住所不明或者不能确定的，以其经常居住地为住所。当事人有几个住所的，以与产生纠纷的民事关系有最密切联系的住所为住所。"[9]"当事人有2个以上营业所的，应以与产生纠纷的民事关系有最密切联系的营业所为准；当事人没有营业所的，以其住所或者经常居住地为准。"[10]②诉讼标的物所在地或被告财产所在地在本国领土范围内。③国际经济合同订立地、履行地、侵权行为发生地在本国领土范围内。以上三方面中，只要具备其中一方面条件，本国法院即拥有司法管辖权。属地管辖原则最早在

〔1〕 蔡彦敏："论国际民事诉讼的管辖权"，载《现代法学》1998年第5期。

〔2〕 李旺：《国际民事诉讼法》，清华大学出版社2003年版，第37页。

〔3〕《最高人民法院关于适用〈中华人民共和国民事诉讼法〉若干问题的意见》（法发〔92〕22号）。

〔4〕 张俊浩主编：《民法学原理》，中国政法大学出版社1997年版，第122页。

〔5〕 李旺：《国际民事诉讼法》，清华大学出版社2003年版，第27页。

〔6〕《中华人民共和国民法通则》第15条。

〔7〕《最高人民法院关于贯彻执行〈中华人民共和国民法通则〉若干问题的意见试行》（1988年1月26日最高人民法院审判委员会讨论通过）。

〔8〕《最高人民法院关于适用〈中华人民共和国民事诉讼法〉若干问题的意见》（法发〔92〕22号）。

〔9〕《最高人民法院关于贯彻执行〈中华人民共和国民法通则〉若干问题的意见（试行）》（1988年1月26日最高人民法院审判委员会讨论通过）。

〔10〕《最高人民法院关于贯彻执行〈中华人民共和国民法通则〉若干问题的意见（试行）》（1988年1月26日最高人民法院审判委员会讨论通过）。

德国被采用，目前已为大多数国家所认可并使用，因为属地管辖中，人、物和行为直接处于国家的支配之下，可以立即行使，而单纯的属人管辖则不能够立即行使，故属地管辖优于属人管辖。[1]

我国法律对属地管辖作出了如下规定：①协议管辖优先，无协议管辖则适用属地管辖。即如果国际商事当事人没有对管辖法院予以协议，则按照法律规定的属地管辖处理。②原告就被告原则。《民事诉讼法》第 21 条和第 265 条分别规定：对公民提起的民事诉讼，由被告住所地人民法院管辖；被告住所地与经常居住地不一致的，由经常居住地人民法院管辖。对法人或者其他组织提起的民事诉讼，由被告住所地人民法院管辖。同一诉讼的几个被告住所地、经常居住地在两个以上人民法院辖区的，各人民法院都有管辖权。但是，因合同纠纷或者其他财产权益纠纷，对在中华人民共和国领域内没有住所的被告提起的诉讼，如果合同在中华人民共和国领域内签订或者履行，或者诉讼标的物在中华人民共和国领域内，或者被告在中华人民共和国领域内有可供扣押的财产，或者被告在中华人民共和国领域内设有代表机构的，可以由合同签订地、合同履行地、诉讼标的物所在地、可供扣押财产所在地、侵权行为地或者代表机构住所地人民法院管辖。③根据纠纷类型确定管辖地的原则。《民事诉讼法》第 23～32 条规定：因合同纠纷提起的诉讼，由被告住所地或者合同履行地人民法院管辖；因保险合同纠纷提起的诉讼，由被告住所地或者保险标的物所在地人民法院管辖；因票据纠纷提起的诉讼，由票据支付地或者被告住所地人民法院管辖；因公司设立、确认股东资格、分配利润、解散等纠纷提起的诉讼，由公司住所地人民法院管辖；因铁路、公路、水上、航空运输和联合运输合同纠纷提起的诉讼，由运输始发地、目的地或者被告住所地人民法院管辖；因侵权行为提起的诉讼，由侵权行为地或者被告住所地人民法院管辖；因铁路、公路、水上和航空事故请求损害赔偿提起的诉讼，由事故发生地或者车辆、船舶最先到达地、航空器最先降落地或者被告住所地人民法院管辖；因船舶碰撞或者其他海事损害事故请求损害赔偿提起的诉讼，由碰撞发生地、碰撞船舶最先到达地、加害船舶被扣留地或者被告住所地人民法院管辖；因海难救助费用提起的诉讼，由救助地或者被救助船舶最先到达地人民法院管辖；因共同海损提起的诉讼，由船舶最先到达地、共同海损理算地或者航程终止地的人民法院管辖。

5. 属人管辖原则。属人管辖原则是指根据当事人的国籍来确定法院的管辖权。只要争议当事人一方具有某国国籍，该国法院就可以行使司法管辖权。概括而言，属人管辖就是指国家有权对自己的国民实施管辖。[2] 由于属人管辖会导致过多地保护本国当事人的利益，因此采用这一原则的国家并不太多。但是，有些采用属地管辖原则的国家为了保护本国人的利益，将属人管辖原则作为属地管辖原则的补充。

---

[1] 李旺：《国际民事诉讼法》，清华大学出版社 2003 年版，第 13 页。

[2] 李旺：《国际民事诉讼法》，清华大学出版社 2003 年版，第 13 页。

同时，采用属人管辖原则的国家也将属地管辖原则作为补充。

在许多国家，以上确认管辖权的原则是兼用的。

（三）管辖权冲突

各国法院的管辖权是根据其国内法确立的，因各国规定不同，有可能发生管辖权冲突。管辖权冲突属于法律冲突中的司法冲突，根据冲突的表现形态，可分为积极冲突和消极冲突。管辖权的积极冲突是指对同一个国际民商事案件，两个或两个以上国家的法院均主张管辖权。管辖权的积极冲突导致管辖权的竞合，进而导致判决两歧或多歧现象的发生，其确定的内容也往往难以得到他国的承认与执行，从而会导致当事人的权利义务关系处于不稳定状态。[1] 管辖权积极冲突还会导致争议当事人挑选法院（forum shopping），即当事人选择对自己有利的法院起诉。此外，还会导致当事人高昂的诉讼费用、拖延诉讼程序、诉讼结果不确定等。管辖权的消极冲突则是指对同一个国际民商事案件，两个或两个以上国家的法院均不主张管辖权。管辖权的消极冲突又会使当事人"投诉无门"，同样使其权利义务关系难以确定和得不到保护。[2] 因此，管辖权的积极冲突和消极冲突均不利于国际民商事案件的解决。

管辖权的积极冲突是涉外民商事诉讼管辖权冲突体现得最为广泛、表现最激烈也是最棘手的一类冲突类型。[3] 管辖权的积极冲突会导致诉讼竞合。国际民商事诉讼中的诉讼竞合是指相同当事人就同一争议，基于相同事实及相同目的，同时在两个或两个以上国家的法院进行诉讼的现象，[4] 也被称为双重诉讼、一事两诉、平行诉讼。国际诉讼竞合分为两种类型：一种类型是在 A 国法院诉讼的原告成为在 B 国法院诉讼的被告，而在 A 国诉讼的被告成为在 B 国诉讼的原告，即原被告逆转型。另一种是原被告相同型，即原告在不同国家的法院提起数个诉讼。前者也称对抗诉讼，后者也称为重复诉讼。[5] 那么，何谓"同一民商事案件"？不同国家的判断标准颇有出入，在程度上亦有严格与宽泛之分。欧盟国家普遍使用相同诉因、相同当事人作为判断标准。总体看来，对于案件的同一性，目前世界各国都倾向于采用较为宽泛、弹性的判断标准，只要两诉的当事人相同（不要求当事人地位相同），两诉是基于相同事实提出、目的在于解决相同争议的，都可视为同一涉外民商事案件。[6]

为了避免产生诉讼竞合，一些国家采取了不方便法院原则（forum non convenience，也称不方便管辖原则）、一事不再理原则等。"不方便法院原则"起源于苏格兰，之后开始为其他国家所采纳，[7] 尤其是在英美法系国家的司法实践中得到了非

---

〔1〕 蔡彦敏："论国际民事诉讼的管辖权"，载《现代法学》1998 年第 5 期。

〔2〕 蔡彦敏："论国际民事诉讼的管辖权"，载《现代法学》1998 年第 5 期。

〔3〕 徐卉：《涉外民商事诉讼管辖权冲突研究》，中国政法大学出版社 2001 年版，第 18 页。

〔4〕 李双元等：《中国国际私法通论》，法律出版社 1996 年版，第 573 页。

〔5〕 李旺：《国际民事诉讼法》，清华大学出版社 2003 年版，第 52 页。

〔6〕 徐卉：《涉外民商事诉讼管辖权冲突研究》，中国政法大学出版社 2001 年版，第 22 页。

〔7〕 袁泉："不方便法院原则三题"，载《中国法学》2003 年第 6 期。

常普遍的认同和采用。[1] 它是指在基于平行管辖原则确定各有关国家法院对某一国际民事案件同时具有管辖权的情况下，受诉法院基于该案的审理将给法院及相关当事人带来不便，并影响有关国际民事法律争议的迅速解决而拒绝行使管辖权。[2] 对于确定一国法院为不方便法院的标准，各国在立法上没有明确的规定，各国法院将综合与诉讼有关的各种因素，对之进行通盘考虑和细致分析，以权衡利弊。[3] "一事不再理原则"是指对于判决已经发生法律效力的案件，除法律另有规定外，法院不再重新受理，有关当事人也不得再行起诉。[4]

为了避免管辖权冲突，统一各国有关国际民商事案件管辖权的国内立法，一些国家签署了如下多边国际公约：①《布斯塔曼特法典》。1928 年 2 月，第六届泛美会议于古巴首都哈瓦那通过了《国际私法法典》。该法典是哈瓦那大学国际私法教授布斯塔曼特领导起草的，因此又称《布斯塔曼特法典》。该法典第 4 卷第 2 编对民事和商事案件的国际管辖权问题规定了一般原则。②《关于法院对民商事管辖权和判决执行的公约》（《布鲁塞尔公约》）。它是一个地区性的国际公约。1968 年 9 月 27 日由欧洲共同体国家（比利时、联邦德国、法国、意大利、卢森堡和荷兰）在布鲁塞尔签订，1973 年 2 月 1 日生效。该公约就民商事案件管辖权和法院判决的承认和执行问题作出了统一规定。在管辖权方面，公约确立了以双方当事人住所地为确定法院管辖权的基本原则。为了解决平行诉讼问题，公约第 21 条规定了"先受理原则"，该条第 1 款规定："相同当事人间就同一诉因在不同缔约国法院起诉时，首先受诉的法院以外的其他法院应主动放弃管辖权，让首先受诉的法院审理。"第 23 条规定："属于数个法院有专属管辖权的诉讼，首先受诉的法院以外的法院应放弃管辖权，让首先受诉法院审理。""首先受理"的判断则看送达的先后，先送达者为先受理，就可以继续行使管辖权，而后受理的法院则应终止管辖。③《关于法院对民商事管辖权和判决执行的公约》（《卢加诺公约》）。该公约以《布鲁塞尔公约》为蓝本，由欧共体与欧洲自由贸易联盟于 1988 年在卢加诺缔结。④《选择法院协议公约》（Convention on Choice of Court Agreement）。1965 年 11 月 25 日，一些国家在海牙召开的国际私法会议第十次会议上签订了《协议选择法院公约》，但公约至今只有以色列签署，尚未生效。由于参加国有限，1992 年，经美国提议，海牙国际私法会议决议起草一个全球性关于管辖权以及承认和执行法院判决方面的公约。自 1996 年以来，特设委员会定期举行会议。1999 年，《民商事管辖权与外国法院判决的承认与执行公约》草案形成，但并未得到大多数国家的认同。2001 年 6 月的特设委员会会议后，各参与公约谈判的成员国出现重大分歧，因此，较实际的目标是先专注于以选用法

---

〔1〕 李双元、谢石松：《国际民事诉讼法概论》，武汉大学出版社 2001 年版，第 331 页。
〔2〕 韩德培主编：《国际私法》，高等教育出版社、北京大学出版社 2007 年版，第 472 页。
〔3〕 张茂：《美国国际民事诉讼法》，中国政法大学出版社 1999 年版，第 95 页。
〔4〕 韩德培主编：《国际私法》，高等教育出版社、北京大学出版社 2007 年版，第 508 页。

院协议为基础的司法管辖权以及承认和执行根据该协议作出的判决事宜制定一项涵盖范围较窄的公约。2005 年 6 月 14 日，海牙国际私法会议第二十届外交大会最终通过了《选择法院协议公约》。它是第一项全球性的涉及民商事管辖权和判决承认与执行的公约。它与《承认和执行外国仲裁裁决公约》为并行文书。后者以仲裁协议为基础，而《选择法院协议公约》则以选择专审法院协议为基础。如选择法院协议有效，则由所选择的法院作出判决，公约缔约国应予以承认和执行。公约共 5 章 34 条，主要规定了适用范围、缔约国法院的管辖权和判决的承认与执行。公约适用于就民商事事项签订排他性选择法院协议的国际案件，但消费者合同和雇佣合同除外。排他性选择法院协议是指双方或多方当事人排他地指定某一缔约国法院或者某一缔约国的一个或多个具体法院处理因某一特定法律关系而产生或可能产生的争议。排他性选择法院协议指定的缔约国法院应当就协议所涉及事项享有管辖权，除非根据该国法律协议无效。并且，被选择法院不得以争议应当由另一国法院审理为由，拒绝行使管辖权。

虽然我国没有加入上述国际公约，但我国缔结或参加的某些国际公约有的也规定了管辖权问题，如《统一国际航空运输某些规则的公约》、《国际铁路货物联运协定》、《国际油污损害赔偿责任公约》等。我国《民事诉讼法》第 260 条规定："中华人民共和国缔结或者参加的国际条约同本法有不同规定的，适用该国际条约的规定，但中华人民共和国声明保留的条款除外。"因此，在国际铁路货物联运、国际航空运输和国际油污损害方面发生国际商事争议时，我国将遵守上述公约中有关管辖权的规定。而对上述范围之外的其他绝大多数国际民商事案件的管辖权问题，则遵照我国国内立法的有关规定。

我国《民事诉讼法》第 35 条规定："两个以上人民法院都有管辖权的诉讼，原告可以向其中一个人民法院起诉；原告向两个以上有管辖权的人民法院起诉的，由最先立案的人民法院管辖。"该规定显然是规范国内诉讼竞合的，即在国内诉讼中，禁止双重诉讼或平行诉讼。在国际民商事诉讼中，我国《民事诉讼法》对此没有作出任何规定，但最高人民法院发布的《关于适用〈中华人民共和国民事诉讼法〉若干问题的意见》则规定："中华人民共和国法院和外国法院都有管辖权的案件，一方当事人向外国法院起诉，而另一方当事人向中华人民共和国法院起诉的，人民法院可予受理。判决后，外国法院申请或者当事人请求人民法院承认和执行外国法院对本案作出的判决、裁定的，不予准许；但双方共同参加或者签订的国际条约另有规定的除外。"[1]从上述司法解释可以看出，我国法院在处理国际民商事诉讼管辖权积极冲突时允许平行诉讼[2]对于中国和外国均有管辖权的案件，中国并没有放弃管

---

〔1〕《最高人民法院关于适用〈中华人民共和国民事诉讼法〉若干问题的意见》（法发〔92〕22 号）第 306 条。

〔2〕 李旺主编：《涉外民商事案件管辖权制度研究》，知识产权出版社 2004 年版，第 45 页。

辖权，中国法院可以受理。这一规定体现了"平等者之间无管辖权"精神。但是，对于法院在何种情况下可以不受理这类案件，上述法律并没有作出明确说明。因此，这意味着中国法院可以适用"不方便法院原则"和"一事不再理原则"解决管辖权的积极冲突。

三、国际商事诉讼案件的审理程序

我国《民事诉讼法》第二编对审判程序作出了详细规定。

（一）两审终审

我国对民商事诉讼采两审终审制："第二审人民法院的判决、裁定，是终审的判决、裁定。"[1]

对于涉外民商事案件的一审法院，我国作出了特殊规定。根据《最高人民法院关于涉外民商事案件诉讼管辖若干问题的规定》第 1 条的规定，有权审理涉外民商事案件的一审法院为：①国务院批准设立的经济技术开发区人民法院；②省会、自治区首府、直辖市所在地的中级人民法院；③经济特区、计划单列市中级人民法院；④最高人民法院指定的其他中级人民法院；⑤高级人民法院。第二审法院则为上述法院的上一级法院。上述中级人民法院的区域管辖范围由所在地的高级人民法院确定。对国务院批准设立的经济技术开发区人民法院所作的第一审判决、裁定不服的，其第二审由所在地中级人民法院管辖。涉及香港、澳门特别行政区和台湾地区当事人的民商事纠纷案件的管辖，参照上述规定处理。但发生在与外国接壤的边境省份的边境贸易纠纷案件、涉外房地产案件和涉外知识产权案件，不适用上述规定。[2]

涉外民商事案件的审理在以下方面具有特别规定：

1. 诉讼期间。诉讼期间是指受诉法院、当事人和其他诉讼参与人单独进行诉讼活动时必须遵守的时间期限。[3] 由于涉外当事人处于其他国家，因此，各国民事诉讼法在诉讼程序的各环节均给予外国人以更长的时间。这些涉及如下期限：①答辩期限。《民事诉讼法》第 268 条和第 125 条分别规定，被告在中华人民共和国领域内没有住所的，人民法院应当将起诉状副本送达被告，并通知被告在收到起诉状副本后 30 日内提出答辩状。被告申请延期的，是否准许，由人民法院决定。被告不提出答辩状的，不影响人民法院审理。②上诉期限与答辩期限。《民事诉讼法》第 269 条规定，在中华人民共和国领域内没有住所的当事人，不服第一审人民法院判决、裁定的，有权在判决书、裁定书送达之日起 30 日内提起上诉。被上诉人在收到上诉状副本后，应当在 30 日内提出答辩状。当事人不能在法定期间提起上诉或者提出答辩状，申请延期的，是否准许，由人民法院决定。③审结期限。《民事诉讼法》第 270 条规定，人民法院审理涉外民事案件的期间，不受本法第 149 条、第 176 条规定的限

---

[1] 《中华人民共和国民事诉讼法》第 175 条。

[2] 《最高人民法院关于涉外民商事案件诉讼管辖若干问题的规定》（法释〔2002〕5 号）。

[3] 韩德培主编：《国际私法》，高等教育出版社、北京大学出版社 2007 年版，第 499 页。

制。《民事诉讼法》第 149 条和第 176 条是关于非涉外案件审结期限的规定。根据这两条规定，人民法院适用普通程序审理的案件，应当在立案之日起 6 个月内审结。有特殊情况需要延长的，由本院院长批准，可以延长 6 个月；还需要延长的，报请上级人民法院批准。人民法院审理对判决的上诉案件，应当在第二审立案之日起 3 个月内审结。有特殊情况需要延长的，由本院院长批准。人民法院审理对裁定的上诉案件，应当在第二审立案之日起 30 日内作出终审裁定。上述期限的规定不适用于涉外案件。而涉外案件的审结期限是多长时间，我国法律并没有作出明确规定。

2. 诉讼保全。我国《民事诉讼法》第 81 条和第 101 条规定，在证据可能灭失或者以后难以取得的情况下，当事人可以在诉讼过程中向人民法院申请保全证据，人民法院也可以主动采取保全措施。因情况紧急，在证据可能灭失或者以后难以取得的情况下，利害关系人可以在提起诉讼或者申请仲裁前向证据所在地、被申请人住所地或者对案件有管辖权的人民法院申请保全证据。证据保全的其他程序，参照适用本法第九章保全的有关规定。申请人在人民法院采取保全措施后 30 日内不依法提起诉讼或者申请仲裁的，人民法院应当解除保全。

3. 外国人在民商事诉讼中的法律地位。外国人的民商事诉讼地位是指外国人在内国进行民商事诉讼享有诉讼权利和承担诉讼义务的情况。对于外国人的民商事诉讼地位，大多数国家给予国民待遇。我国在《民事诉讼法》中也给予外国人以国民待遇，并辅之以对等待遇。我国《民事诉讼法》第 5 条规定："外国人、无国籍人、外国企业和组织在人民法院起诉、应诉，同中华人民共和国公民、法人和其他组织有同等的诉讼权利义务。外国法院对中华人民共和国公民、法人和其他组织的民事诉讼权利加以限制的，中华人民共和国人民法院对该国公民、企业和组织的民事诉讼权利，实行对等原则。"

4. 诉讼代理。在民商事诉讼中，委托他人代为诉讼是非常普遍的现象。诉讼代理是指诉讼代理人基于当事人或其法定代理人的授权以当事人的名义代为实施诉讼行为，而直接对当事人发生法律效力的行为。[1] 我国在国际民事诉讼代理方面作出如下法律规定：①必须出具授权委托书。《民事诉讼法》第 59 条规定："委托他人代为诉讼，必须向人民法院提交由委托人签名或者盖章的授权委托书。授权委托书必须记明委托事项和权限。诉讼代理人代为承认、放弃、变更诉讼请求，进行和解，提起反诉或者上诉，必须有委托人的特别授权。侨居在国外的中华人民共和国公民从国外寄交或者托交的授权委托书，必须经中华人民共和国驻该国的使领馆证明；没有使领馆的，由与中华人民共和国有外交关系的第三国驻该国的使领馆证明，再转由中华人民共和国驻该第三国使领馆证明，或者由当地的爱国华侨团体证明。"第 264 条又规定："在中华人民共和国领域内没有住所的外国人、无国籍人、外国企业和组织委托中华人民共和国律师或者其他人代理诉讼，从中华人民共和国领域外寄

---

[1] 韩德培主编：《国际私法》，高等教育出版社、北京大学出版社 2007 年版，第 461 页。

交或者托交的授权委托书，应当经所在国公证机关证明，并经中华人民共和国驻该国使领馆认证，或者履行中华人民共和国与该所在国订立的有关条约中规定的证明手续后，才具有效力。"②代理人可以是律师、领事或其他人。如果外国人、无国籍人、外国企业和组织在人民法院起诉、应诉，需要委托律师代理诉讼的，必须委托中国律师。《民事诉讼法》第 263 条规定："外国人、无国籍人、外国企业和组织在人民法院起诉、应诉，需要委托律师代理诉讼的，必须委托中华人民共和国的律师。"领事代理是国际民事诉讼中的一项特殊代理制度，它是指一国家的驻外领事，可以依照有关国家的国内立法和有关国际公约的规定，在其管辖范围内的驻在国法院，依职权代表其派遣国国民（包括法人）参与有关的诉讼程序，以保护有关自然人或法人在驻在国的合法权益。[1]我国法律规定，外国人、无国籍人、外国企业和组织也可以委托其本国人或者本国外交人员。《最高人民法院关于适用〈中华人民共和国民事诉讼法〉若干问题的意见》第 308 条规定："涉外民事诉讼中的外籍当事人，可以委托本国人为诉讼代理人，也可以委托本国律师以非律师身份担任诉讼代理人；外国驻华使、领馆官员，受本国公民的委托，可以以个人名义担任诉讼代理人，但在诉讼中不享有外交特权和豁免权。"第 309 条规定："涉外民事诉讼中，外国驻华使、领馆授权其本馆官员，在作为当事人的本国国民不在我国领域的情况下，可以以外交代表身份为其本国国民在我国聘请中国律师或中国公民代理民事诉讼。"

5. 诉讼语言。根据《民事诉讼法》第 262 条，人民法院审理涉外民事案件，应当使用中华人民共和国通用的语言、文字。当事人要求提供翻译的，可以提供，费用由当事人承担。

（二）审判监督程序

根据《民事诉讼法》第十六章的规定，我国实行如下审判监督制度：各级人民法院院长对本院已经发生法律效力的判决、裁定、调解书，发现确有错误，认为需要再审的，应当提交审判委员会讨论决定。最高人民法院对地方各级人民法院已经发生法律效力的判决、裁定、调解书，上级人民法院对下级人民法院已经发生法律效力的判决、裁定、调解书，发现确有错误的，有权提审或者指令下级人民法院再审。

当事人对已经发生法律效力的判决、裁定，认为有错误的，可以向上一级人民法院申请再审；当事人一方人数众多或者当事人双方为公民的案件，也可以向原审人民法院申请再审。当事人申请再审的，不停止判决、裁定的执行。当事人的申请符合下列情形之一的，人民法院应当再审：①有新的证据，足以推翻原判决、裁定的；②原判决、裁定认定的基本事实缺乏证据证明的；③原判决、裁定认定事实的主要证据是伪造的；④原判决、裁定认定事实的主要证据未经质证的；⑤对审理案件需要的主要证据，当事人因客观原因不能自行收集，书面申请人民法院调查收集，

---

〔1〕 谢石松：《国际民商事纠纷的法律解决程序》，广东人民出版社 1996 年版，第 238 页。

人民法院未调查收集的；⑥原判决、裁定适用法律确有错误的；⑦审判组织的组成不合法或者依法应当回避的审判人员没有回避的；⑧无诉讼行为能力人未经法定代理人代为诉讼或者应当参加诉讼的当事人，因不能归责于本人或者其诉讼代理人的事由，未参加诉讼的；⑨违反法律规定，剥夺当事人辩论权利的；⑩未经传票传唤，缺席判决的；⑪原判决、裁定遗漏或者超出诉讼请求的；⑫据以作出原判决、裁定的法律文书被撤销或者变更的；⑬审判人员审理该案件时有贪污受贿，徇私舞弊，枉法裁判行为的。当事人申请再审，应当在判决、裁定发生法律效力后 6 个月内提出；有第 200 条第 1 项、第 3 项、第 12～13 项规定情形的，自知道或者应当知道之日起 6 个月内提出。

按照审判监督程序决定再审的案件，裁定中止原判决、裁定、调解书的执行，但追索赡养费、扶养费、抚育费、抚恤金、医疗费用、劳动报酬等案件，可以不中止执行。

人民法院按照审判监督程序再审的案件，发生法律效力的判决、裁定是由第一审法院作出的，按照第一审程序审理，所作的判决、裁定，当事人可以上诉；发生法律效力的判决、裁定是由第二审法院作出的，按照第二审程序审理，所作的判决、裁定，是发生法律效力的判决、裁定；上级人民法院按照审判监督程序提审的，按照第二审程序审理，所作的判决、裁定是发生法律效力的判决、裁定。人民法院审理再审案件，应当另行组成合议庭。

最高人民检察院对各级人民法院已经发生法律效力的判决、裁定，上级人民检察院对下级人民法院已经发生法律效力的判决、裁定，发现有第 200 条规定情形之一的，或者发现调解书损害国家利益、社会公共利益的，应当提出抗诉。地方各级人民检察院对同级人民法院已经发生法律效力的判决、裁定，发现有第 200 条规定情形之一的，或者发现调解书损害国家利益、社会公共利益的，可以向同级人民法院提出检察建议，并报上级人民检察院备案；也可以提请上级人民检察院向同级人民法院提出抗诉。各级人民检察院对审判监督程序以外的其他审判程序中审判人员的违法行为，有权向同级人民法院提出检察建议。

有下列情形之一的，当事人可以向人民检察院申请检察建议或者抗诉：①人民法院驳回再审申请的；②人民法院逾期未对再审申请作出裁定的；③再审判决、裁定有明显错误的。人民检察院对当事人的申请应当在 3 个月内进行审查，作出提出或者不予提出检察建议或者抗诉的决定。当事人不得再次向人民检察院申请检察建议或者抗诉。

人民检察院提出抗诉的案件，接受抗诉的人民法院应当自收到抗诉书之日起 30 日内作出再审的裁定；有第 200 条第 1～5 项规定情形之一的，可以交下一级人民法院再审，但经下一级人民法院再审的除外。

四、法院判决的承认与执行

（一）外国法院判决的承认与执行概述

根据国家主权原则，任何国家法院的判决原则上只能在该国领域内具有法律效力，并可以强制执行，而在外国则没有法律效力。但由于国际商事纠纷的当事人身处不同国家，如果一国法院对其纠纷作出的判决不能在另一方当事人所在国家执行，则这一国际商事诉讼案件的判决就变得没有实际意义，不能真正保护当事人的合法权益。为解决这一问题，必须使一国法院的判决在他国得到承认和执行。

外国法院判决的承认和执行是指一国承认外国法院的判决在本国境内具有与本国法院判决同等的法律效力，并在承认的基础上根据一方当事人的请求或作出判决法院的请求，按照本国法和本国缔结或参加的国际条约规定的条件和程序，在本国境内强制执行外国判决。可见，外国法院判决的承认是执行外国法院判决的必要前提条件。如果没有有关国家的明确承认，外国法院的判决在该国领域内就没有任何法律效力。[1]承认外国法院判决是执行外国法院判决的前提条件；执行外国法院判决是承认外国法院判决的必然结果。[2]但承认外国法院判决并不一定导致执行外国法院判决。

值得注意的是，各国立法均要求请求得到承认和执行的外国法院判决必须是终局判决，即已经生效的判决。关于终局判决，大多数国家规定，当某一判决不能再被提起司法救济时，才是一个终局判决。中国存在再审制度和审判监督程序，国内法院作出的判决可能会发生变更，但是，终局性的判决并非是绝对不可变更的判决，尽管当某一判决不能再被提起司法救济时，它就是一个终局性的判决，但终局性的判决也可以求助于特别的司法救济程序。

在外国法院判决的承认与执行方面，一些国家签署了如下国际公约：①《关于法院对民商事管辖权和判决执行的公约》（《布鲁塞尔公约》）。1968年9月27日由欧洲共同体国家（比利时、联邦德国、法国、意大利、卢森堡和荷兰）在布鲁塞尔签订，1973年2月1日生效。该公约规定，在承认和执行缔约国法院判决方面，不需要特殊程序，也不对判决作实质审查。但对属于下列情况的判决不予承认：违反承认国公共秩序的判决；债务人没有适当地得到关于诉讼的通知；判决与承认国家机关的同类决定相抵触。②《关于法院对民商事管辖权和判决执行的公约》（《卢加诺公约》）。该公约以《布鲁塞尔公约》为蓝本，由欧共体与欧洲自由贸易联盟于1988年在卢加诺缔结。③《关于承认与执行外国民事和商事判决的公约》。1971年在海牙国际私法会议上通过并签署。这是唯一一个全面规定承认与执行外国法院判决的全球性国际公约，它详细地规定了承认与执行外国法院判决的范围、条件和程序，以及诉讼竞合时的处理原则等。但该公约的参加国家到目前只有塞浦路斯、荷

---

〔1〕　李旺：《国际民事诉讼法》，清华大学出版社2003年版，第128页。

〔2〕　韩德培主编：《国际私法》，高等教育出版社、北京大学出版社2007年版，第507页。

兰和西班牙，原因是该公约在许多方面没有起到协调各国不同法律制度的作用。[1]

④《选择法院协议公约》。该公约于 2005 年 6 月 14 日在海牙国际私法会议第二十届外交大会上通过。它是第一项全球性的涉及民商事管辖权和判决承认与执行的公约。它与《承认和执行外国仲裁裁决公约》为并行文书，后者以仲裁协议为基础，而《选择法院协议公约》则以选择专审法院协议为基础。如选择法院协议有效，则由所选择的法院作出判决，公约缔约国应予以承认和执行。我国没有加入上述公约。

（二）我国法院判决与外国法院判决的相互承认与执行

1. 我国法院判决在外国的承认与执行。我国《民事诉讼法》第 280 条规定，人民法院作出的发生法律效力的判决、裁定，如果被执行人或者其财产不在中华人民共和国领域内，当事人请求执行的，可以由当事人直接向有管辖权的外国法院申请承认和执行，也可以由人民法院依照中华人民共和国缔结或者参加的国际条约的规定，或者按照互惠原则，请求外国法院承认和执行。由此可见，我国法院判决在国外的执行请求可以由当事人直接向外国法院提出，也可以由我国法院向外国法院提出。

2. 外国法院判决在我国的承认与执行。请求我国承认和执行外国法院的判决，必须遵守如下规定：①请求人可以是当事人，也可以是外国法院，并且只能向我国中级人民法院他提出请求。我国《民事诉讼法》第 281 条规定，外国法院作出的发生法律效力的判决、裁定，需要中华人民共和国人民法院承认和执行的，可以由当事人直接向中华人民共和国有管辖权的中级人民法院申请承认和执行，也可以由外国法院依照该国与中华人民共和国缔结或者参加的国际条约的规定，或者按照互惠原则，请求人民法院承认和执行。②我国法院对外国法院判决予以审查后作出是否给予承认和执行的裁定。我国《民事诉讼法》第 282 条规定："人民法院对申请或者请求承认和执行的外国法院作出的发生法律效力的判决、裁定，依照中华人民共和国缔结或者参加的国际条约，或者按照互惠原则进行审查后，认为不违反中华人民共和国法律的基本原则或者国家主权、安全、社会公共利益的，裁定承认其效力，需要执行的，发出执行令，依照本法的有关规定执行。违反中华人民共和国法律的基本原则或者国家主权、安全、社会公共利益的，不予承认和执行。"上述规定主要涉及如下问题：首先，法院作出决定的形式。从上述规定可以看出，我国是以法院作出裁定而不是判决的方式认定是否承认和执行外国法院判决。而且，当事人对该裁定不服的，不能提起上诉。其次，审查外国法院判决的标准。根据我国国内法审查相关内容。最后，审查内容。我国法院对外国法院作出的判决主要审查以下方面：外国法院的判决和裁定是否违反中国法律的基本原则或者外国法院的判决是否违反中国的国家主权、安全、社会公共利益。我国法并没有明确界定"社会公共利益"的含义。③对与我国没有条约关系或互惠关系的，不接受其请求。我国法律规定，

---

[1] 徐宏：《国际民事司法协助》，武汉大学出版社 1996 年版，第 236 页。

当事人向中华人民共和国有管辖权的中级人民法院申请承认和执行外国法院作出的发生法律效力的判决、裁定的，如果该法院所在国与中华人民共和国没有缔结或者共同参加国际条约，也没有互惠关系的，当事人可以向人民法院起诉，由有管辖权的人民法院作出判决，予以执行。[1]

五、国际贸易行政诉讼

行政诉讼是指当公民、法人或者其他组织认为行政机关和行政机关工作人员的具体行政行为侵犯其合法权益时向法院提起的诉讼。[2] 国际贸易行政诉讼则是指针对国际贸易行政案件提起的诉讼。国际贸易行政案件包括有关国际货物贸易的行政案件、有关国际服务贸易的行政案件、与国际贸易有关的知识产权行政案件和其他国际贸易行政案件。[3] 例如，针对反倾销裁定、反补贴裁定、保障措施裁定提起的诉讼即属于该类诉讼。

根据最高人民法院于 2002 年 8 月 27 日通过的《关于审理国际贸易行政案件若干问题的规定》（自 2002 年 10 月 1 日起施行），我国对国际贸易行政案件的审理作出了如下特别规定：

1. 起诉。自然人、法人或者其他组织认为中国具有国家行政职权的机关和组织及其工作人员有关国际贸易的具体行政行为侵犯其合法权益的，可以依照《行政诉讼法》以及其他有关法律、法规的规定，向法院提起行政诉讼。当事人的行为发生在新法生效之前，行政机关在新法生效之后对该行为作出行政处理决定的，当事人可以依照新法的规定提起行政诉讼。

2. 管辖法院。第一审国际贸易行政案件由具有管辖权的中级以上人民法院管辖。法院审理国际贸易行政案件，应当依照《行政诉讼法》，并根据案件具体情况，从以下方面对被诉具体行政行为进行合法性审查：①主要证据是否确实、充分；②适用法律、法规是否正确；③是否违反法定程序；④是否超越职权；⑤是否滥用职权；⑥行政处罚是否显失公正；⑦是否不履行或者拖延履行法定职责。

3. 适用法律。法院审理国际贸易行政案件，应当依据中国法律、行政法规以及地方立法机关在法定立法权限范围内制定的有关或者影响国际贸易的地方性法规。地方性法规适用于本行政区域内发生的国际贸易行政案件。法院审理国际贸易行政案件，参照国务院部门根据法律和国务院的行政法规、决定、命令，在本部门权限范围内制定的有关或者影响国际贸易的部门规章，以及省、自治区、直辖市和省、自治区的人民政府所在地的市、经济特区所在地的市、国务院批准的较大的市的人

---

〔1〕《最高人民法院关于适用〈中华人民共和国民事诉讼法〉若干问题的意见》（法发〔92〕22 号）第318 条。

〔2〕 参见《中华人民共和国行政诉讼法》第 2 条。

〔3〕 最高人民法院于 2002 年 8 月 27 日通过的《关于审理国际贸易行政案件若干问题的规定》（自 2002年 10 月 1 日起施行）。

民政府根据法律、行政法规和地方性法规制定的有关或者影响国际贸易的地方政府规章。法院审理国际贸易行政案件所适用的法律、行政法规的具体条文存在两种以上的合理解释，其中有一种解释与中国缔结或者参加的国际条约的有关规定相一致的，应当选择与国际条约的有关规定相一致的解释，但中国声明保留的条款除外。

4. 对外国人的待遇。外国人、无国籍人、外国组织在中国进行国际贸易行政诉讼，同中国公民、组织有同等的诉讼权利和义务，但有《行政诉讼法》第 71 条第 2 款规定的情形的[1]，适用对等原则。涉及香港特别行政区、澳门特别行政区和台湾地区当事人的国际贸易行政案件，参照上述规定处理。

第十四章

---

〔1〕　该款规定：外国法院对中华人民共和国公民、组织的行政诉讼权利加以限制的，人民法院对该国公民、组织的行政诉讼权利，实行对等原则。

图书在版编目（ＣＩＰ）数据

国际经济法/莫世健主编. —2版. —北京:中国政法大学出版社，2014.5
ISBN 978-7-5620-4589-2

Ⅰ. ①国…　Ⅱ. ①莫…　Ⅲ. ①国际经济法　Ⅳ. ①D996

中国版本图书馆CIP数据核字(2014)第073796号

出 版 者	中国政法大学出版社
地　　址	北京市海淀区西土城路25号
邮　　箱	fadapress@163.com
网　　址	http://www.cup1press.com（网络实名：中国政法大学出版社）
电　　话	010-58908285(总编室)　58908334(邮购部)
承　　印	固安华明印业有限公司
开　　本	720mm×960mm　1/16
印　　张	34.5
字　　数	715千字
版　　次	2014年5月第2版
印　　次	2014年5月第1次印刷
印　　数	0 001~4 000
定　　价	56.00元